PTSD ———— WORKING WITH COMPLEXITY IN PTSD

트라우마 치유를 위한 최신 인지치료

Hannah Murray · Sharif El-Leithy 공저 | 유나래 · 박성현 공역

PTSD 복합성 다루기

학지사

역자 서문

제가 20대에 처음 인지행동치료(CBT)를 접했을 때는 인간을 너무 기계적으로 다루는 치료법 같아 보였고, 재미도 없고 시대에 뒤떨어진 느낌이라 거부감이 많이 들었습니다. 하지만 다양한 심리치료를 경험하고, 학교와 직장에서 실제 내담자들을 만나면서 즉각적으로 활용할 수 있는 기법의 필요성을 절감하게 되었습니다.

2020년에는 옥스퍼드 마음챙김 재단의 마음챙김 기반 인지치료(MBCT) 트레이닝 코스에 참여했고, 변증법적 행동치료(DBT)도 배우면서 우울과 불안을 가진 내담자들에게 적용해 보니, 그 효과를 직접 체감할 수 있었습니다. 이 경험을 통해 CBT의 근본 원리와 기법에 대해 더 깊이 이해하고 싶다는 동기가 생겼습니다. 그제야 젊은 시절 CBT를 너무 단편적으로 보고 무시했던 것이 얼마나 아쉬운 선택이었는지 깨닫게 되었습니다.

외상 치료에 관심이 많았던 저는 미국에서 SE(Somatic Experiencing)와 예술치료를 배웠지만, 당시 상담 분야에서 이를 수용하기는 쉽지 않았습니다. 이후 언어 상담에 더 적합한 감각운동심리치료(Sensorimotor Psychotherapy)를 한국에 소개하며 번역 작업도 진행했습니다. 그러나 신체치료를 임상 현장에 적용하다 보니 내담자들에게 직접적으로 활용하기 다소 어려운 부분이 있었습니다. 물론 이는 제 경험이 부족해서일 수도 있습니다.

임상 현장에서 바로 적용할 수 있는 외상 치료법을 찾던 중 CT-PTSD(Cognitive Therapy for PTSD)를 알게 되었고, 이 치료법을 다룬 책을 번역해서 한국의 상담사들에게 소개하고 싶다는 강렬한 동기가 생겼습니다. 이 책은 영국 NHS(국민보건서비스) 소속 심리치료사들이 PTSD를 인지치료로 다룰 수 있도록 교육 프로그램에 활용되고 있습니다.

저는 의료인 시절부터 영국 NHS 공공의료 시스템에 관심을 가지고 있었으며, 이후 심리치료가 공공 의료 형태로 제공되는 것에 깊이 공감하게 되었고, 이러한 시스템이 한국에도 필요하다고 느꼈습니다. 영국에서는 NHS 내의 IAPT(Improving Access to Psychological Therapy)를 통해 CBT를 저렴하게 이용할 수 있는 시스템을 구축해 왔습니다. 현재 우리나라에서 진행되고 있는 '전국민마음투자지원사업' 또한 IAPT를 모델로 삼고 있는 것으로 알고 있습니다.

이런 와중에 2023년 국제인지행동치료학회에서 이 책의 저자 중 한 명인 Sharif El-Leithy 박사님을 만나서, NHS의 공공 의료 환경에서 장기 상담이 아닌 단기 상담(약 10~15회기)으로 PTSD 치료가 가능한지 질문했습니다. Sharif El-Leithy 박사님은 모든 과학적 데이터와 근거가 CT-PTSD의 효과를 뒷받침하고 있으니 두려워하지 말고 자신감을 가지고 치료하라고 조언해 주셨습니다. CT-PTSD는 과학적 증거 기반 치료로서, 상담사와 내담자 모두가 믿고 의지할 수 있는 강력한 도구라는 점을 다시금 깨닫게 해주었습니다.

이 책은 영국의 참전 용사, 테러, 약물 남용, 고문, 난민 등 외상 사례들을 다루고 있습니다. 우리나라는 전쟁, 독재, 이념 갈등, 사회적 참사 등으로 인해 전 국민이 심각한 트라우마에 노출된 역사를 가지고 있습니다. 제주 4.3 사건과 5.18 광주 민주화 운동은 많은 사람에게 신체적, 정서적 외상을 남겼고, 세월호 참사와 이태원 참사는 한 세대 전체에 심리적 충격을 안겨 주었습니다. 이를 치유하기 위한 국가와 사회적 시스템의 실패, 진실 규명의 부족, 2차 가해 등은 트라우마를 지속시키는 주요 요인이 되었습니다.

특히, 세월호 참사는 한국 사회에서 심리치료의 중요성을 재조명하는 계기가 되었습니다. 국가적 차원에서 PTSD 치료 프로그램이 마련되었고, 상담 및 심리치료 분야에서도 다양한 치료 기법이 적극적으로 수용되었습니다. 그러나 진정한 치유는 개인의 심리적 치료뿐만 아니라, 사건의 진실을 규명하고 책임을 인정하며, 피해자에 대한 회복적 정의를 모색하는 사회적 합의를 통해 이루어져야 가능하다고 믿습니다. 개인적 치유와 사회적 치유가 함께 일어날 때 비로소 다시 건강한 공동체를 회복하는 선순환이 일어날 것이라 생각합니다.

이 글을 쓰는 현재에도 대한민국에서는 또 다른 트라우마를 촉발할 수 있는 계엄령 관련 상황이 전개되고 있습니다. 이는 저와 제 아래 세대가 처음 겪는 일로, 저 역시 불안감 속에서 일상을 유지하려 애쓰고 있습니다. 한 치 앞을 내다볼 수 없는 불확실한 상황이지만 심리 상담사로서 제가 할 수 있는 일은 PTSD와 트라우마 증상으로 고통받는 분들이 조금이라도 편안함을 되찾고 그 속에서 의미와 가치를 발견하며 앞으로 나아갈 수 있도록 돕는 것이라 생각하며, 이러한 저의 소명을 잊지 않으려 합니다. 역사를 돌아보면서 우리는 온갖 끊이지 않았던 고난과 환란을 불굴의 의지로 극복해 온 강한 심성을 가진 민족이라는 믿음 또한 놓치지 않으려 마음먹습니다.

내담자분들이 상처에서 벗어나는 데 그치지 않고, 그 상처를 통해 성장하는 초인적인 힘을 발휘하는 모습을 볼 때마다 저는 한 영혼에 대한 깊은 경외와 아름다움, 그리고 존경을 느낍니다. 이는 인간의 힘만으로는 불가능한 영역이라는 생각이 듭니다. 내담자분들이 신을 믿든 믿지 않든, 그분들에게 신의 가호가 있길 기도하는 마음으로 항상 함께하고 있습니다.

또한 최근 제주항공사고로 돌아가신 유가족들에게도 이 책이 조금이나마 도움이 되길 바라며, 치유되시기를 간절한 마음으로 기도합니다.

마지막으로 이 책을 번역하는 과정에서 함께해 주신 박성현 교수님께 깊은 감사를 드립니다. 교수님의 전문성과 통찰은 이 책의 번역을 한층 더 풍부하고 정확하게 만들어 주었습니다. 함께 작업하는 동안 배울 수 있었던 점이 매우 많았으며, 그 덕분에 이 책이 완성될 수 있었습니다. 그리고 이 책을 선뜻 출판해 주신 학지사 김진환 사장님과 저작권 담당부의 이수정 대리님, 어려운 책을 꼼꼼히 살펴주신 편집부 백소현 실장님께도 진심으로 감사드립니다.

2025년 1월

삼성물산 리조트부문 책임상담사

Psy.D 유나래

한국어판 서문

『Working with Complexity in PTSD』의 공동 저자로서, 이 책이 처음으로 한국어로 번역된 것을 보게 되어 깊은 영광을 느낍니다. 공동 저자인 Hannah Murray와 제가 이 책을 집필할 당시, 우리의 목표는 PTSD 치료의 어려움을 다루기 위한 실용적이고 실천적인 지침서를 만드는 것이었습니다. 이 책이 다양한 문화권에서 독자들에게 공감을 얻고, 이제 한국어라는 새로운 언어로 생명을 얻는 것을 보는 것은 우리가 바랐던 것 이상입니다.

이번 번역은 개인적으로도 매우 의미가 큽니다. 안타깝게도 Hannah는 더 이상 우리 곁에 없습니다. Hannah는 제 동료이자 소중한 친구였으며, 그녀의 외상 치료에 대한 열정, 근거 기반 실천에 대한 헌신, 그리고 사람들과의 탁월한 연결 능력은 이루 말할 수 없었습니다. 그녀는 이 책이 번역되고 새로운 치료사 공동체에 받아들여지는 것을 매우 자랑스러워했을 것입니다. 이 번역서는 그녀의 기억과 외상 치료 분야에 남긴 그녀의 지속적인 기여에 바치는 헌정입니다.

개인적인 의미를 넘어, 이번 번역 작업은 외상의 보편성과 치유의 여정을 보여 주는 증거이기도 합니다. 외상은 국경을 알지 못하지만, 우리가 외상을 이해하고 대응하는 방식은 문화, 언어, 그리고 맥락에 의해 형성됩니다. 이 책이 한국의 독자들에게 다가감으로써, 치료사, 내담자, 그리고 공동체가 회복을 향한 공동의 노력 속에서 연결되는 하나의 다리가 되기를 바랍니다.

이 책은 치료실에서의 우리의 경험에서 비롯되었습니다. 내담자로부터 배우고, 그들과 함께 장애물을 헤쳐 나가며, 근거 기반 실천을 유지하면서도 개별 내담자의 필요에 맞게 창의적으로 적응하는 방법을 찾으면서 말입니다. 각 장은 치료사를 염두에 두고 집필되었으며, 복합적인 치료 원칙을 이해하기 쉽고 적용 가능하게 만드는 데 중점을 두었습니다. 저는 이 책이 여러분에게 새로운 영감을 주고, 내담자의 독특한 필요에 맞게 도구를 조정하며, 문화적으로 적절한 방식으로 회복을 촉진하는 새로운 방법을 찾도록 돕기를 바랍니다.

이 책을 읽는 모든 분께, 이 책이 여러분의 작업에서 믿음직한 동반자가 되기를 바랍니다. 앞이 불확실할 때 명료함을, 도전이 닥칠 때 창의성을, 복합성이 압도할 때 자신감을 제공하기를 바랍니다. 이러한 원칙을 실천함으로써, 여러분은 외상으로 고통받는 사람들에게 희망과 힘을 회복시키기 위해 노력하는 전 세계 치료사 공동체의 일부가 됩니다.

이 글은 이 책의 모든 페이지에 지혜와 연민을 담아준 Hannah를 위해, 그리고 내담자의 삶에 변화를 만들기 위해 이 책을 손에 든 모든 치료사를 위해 바칩니다. 이 여정에 함께해 주셔서 감사합니다.

2025년 1월, 런던
Dr. Sharif El-Leithy

추천사

이 책의 서문을 쓰게 되어 매우 영광스럽게 생각하며, 책을 미리 읽을 수 있는 기회를 얻게 되어 기쁩니다. 이 분야에서의 임상가, 연구자, 그리고 트레이너로서 저는 임상 감독자, 워크숍 참가자, 그리고 특히 외상 후 스트레스 장애(PTSD)를 가진 내담자들과의 작업을 통해 많은 것을 배웠습니다. 이러한 경험들은 대부분 다양한 복합적인 문제들을 중심으로 이루어졌습니다. 이제 이 책을 통해 이러한 질문들에 대한 해답을 얻을 수 있는 중요한 교재가 마련되었습니다.

Hannah와 Sharif가 소개하는 치료 접근법은 외상 후 스트레스 장애 인지치료(CT-PTSD)입니다. 이 치료법은 1990년대 후반에 Anke Ehlers와 David Clark가 개발한 것으로 시작되었으며, 이후 여러 팀원들에 의해 발전되었습니다. 이 치료법은 무작위 대조 시험과 일상적인 임상 진료에서 매우 탁월한 효과를 보여 주었으며, 이는 전 세계적으로 PTSD 치료를 위한 많은 가이드라인의 일부를 구성하고 있습니다. 그러나 우리는 임상가로서 종종 기존의 가이드라인을 넘어, 다양한 복합적인 문제와 함께 작업해야 할 때가 있습니다. 이러한 상황에서는 어떻게 해야 할까요? 우리는 다양한 위험에 직면하게 됩니다. 내담자들에게는 적용되지 않는다고 주장하며 단순히 근거 기반을 버릴 위험이 있습니다. 변화가 없거나 심지어 악화되는 상황에서도 정해진 방법을 경직되게 따르는 위험이 있습니다. 또한 모델과 치료의 근간이 되는 핵심 원칙에서 벗어나 개념적으로 일관성 없는 절충주의에 빠질 위험이 있습니다.

하지만 Hannah와 Sharif는 이러한 위험 사이에서 '충실성 내 유연성'의 예시를 제공하며 우리를 안내합니다. 특정 상황이나 특정 인물과 관련된 CT-PTSD의 사용에 대한 많은 암묵적인 편견들이 이 책 전반에 걸쳐 부드럽게, 그러나 단호하게 해체됩니다. 이 책은 다양한 유형의 복합성을 고려하는 데 매우 유용한 프레임워크를 제공하며, '복합 PTSD'와 단순히 동의어로 간주되지 않는 복합성의 정의와 관련된 문제에 대한 개념적 명확성을 제공합니다. 핵심 유지 과정, 외상 기억의 본질, 사람들이 경험에서 얻은 의미, 그리고 그들이 대처하기 위해 사용하는 행동은 여전히 중요합니다. 이러한 측면들은 '기억의 복합성' '인지적 복합성' '대처의 복합성'을 다루는 여러 장에서 중요한 틀을 제공합니다. 추가적인 장들에서는 이 작업에 내재된 다른 맥락적인 복잡성을 다룹니다. 이 프레임워크는 향후 이 분야에서 추가적인 증거를 수집하는 데 도움이 될 것입니다.

노르웨이의 스릴러 작가 Jo Nesbo는 '유령을 다루는 기술은 유령이 무엇인지 알 때까지 감히 유령을 오랫동안 열심히 바라보는 것'이라고 말했습니다. 이 유령은 삶이 없고 무기력한 존재이지만, 이는 우리가 다루는 개인적인 기억뿐 아니라, 임상가로서 우리가 마주하고 처리해야 할 복합적인 문제를 인식할 때도 적용됩니다.

Hannah와 Sharif와 다양한 역할로 오랫동안 함께 일할 수 있었던 것은 저에게 영광이었습니다. 그들은 CT-PTSD의 실무자, 임상 감독자, 트레이너로서 다년간의 경험을 보유하고 있습니다. 이들은 임상 기술과 결합된 명확한 사고의 결정적인 조합을 가지고 있어 PTSD 치료에 대한 깊은 이해와 무엇보다도 실제 적용을 가능케 합니다. 저는 그들로부터 많은 것을 배웠으며 여러분도 그렇게 될 것입니다. 여러분이 지금 이 책을 읽고 필요할 때마다 참고하고, PTSD의 효과적인 치료를 위한 핵심 원칙을 중심으로 여러분과 여러분의 내담자의 임상적 창의성을 촉진시키는 데 활용하길 바랍니다. 이 책은 여러분이 항상 필요로 했던 책입니다. 바로 여기 있습니다!

컨설턴트 임상 심리학자

Dr. Nick Grey

$$저자\ 서문$$

치료 관점에서 PTSD는 동반이환, 일생 또는 반복되는 외상과 같은 임상적 복합성과 관련이 있는 경우가 많아 효과적인 치료를 제공하기 어려울 수 있습니다. 그럼에도 불구하고, 대부분의 치료 연구 및 교육 문헌은 추가적인 복합적인 문제 없이 나타나는 단일 사건 성인 외상을 치료하는 데 초점을 두고 있습니다. 이 책에서는 그 반대로 접근하고자 합니다. 우리는 PTSD 치료 중 마주할 수 있는 더 복합적인 문제들에 초점을 맞추고, 흔히 발생할 수 있는 공통적인 장애물들을 다루고자 합니다.

우리가 설명하는 접근법은 인지행동치료(CBT), 특히 외상 후 스트레스 장애에 대한 인지치료(CT-PTSD; Ehlers & Clark, 2000)에서 비롯되었습니다. 그러나 우리가 논의하는 문제는 보편적인 것입니다. 예를 들어, 다중 외상 기억을 가진 사람과 어디서부터 시작해야 하는지, 또는 대인관계 외상이 있는 사람과 신뢰를 구축하는 방법 등은 어떤 치료 모델을 사용하든 관련이 있습니다. 첫 번째 장에서는 CT-PTSD가 복합적인 문제를 다루는 데 특히 적합하다고 생각하는 이유에 대해 설명하지만, 다른 치료 모델도 PTSD를 다루는 데 매우 효과적이라는 점을 인정합니다.

CT-PTSD는 PTSD 치료에 대한 매우 우수한 증거 기반을 갖추고 있습니다. 이 치료법의 강점 중 하나는 유연성이며, 복합적 문제를 다룰 때는 이론적 일관성을 유지하면서도 치료에서 발생하는 어려움을 극복하기 위해 창의성과 적응력을 발휘해야 하는 경우가 많습니다. 원칙은 엄격하게 지키되 전술과 기법에는 유연하게 대처하는 균형(Whittington, & Grey, 2014)이 우리 접근법의 핵심입니다. 예를 들어, 우리는 다른 치료 접근법에서 개발된 기법뿐만 아니라 임상 경험과 수년 동안 다른 숙련된 PTSD 전문가들로부터 배운 사고, 글쓰기, 가르침을 광범위하게 활용할 수 있지만, 항상 치료 공식 내에서 작업해야 하며 각 개입에서 어떤 과정을 목표로 삼고 있는지 알아야 합니다. 이 책에는 이러한 '충실성 내 유연성' 접근법에 대한 많은 예가 나와 있습니다.

이 책은 임상가에 의한, 임상가를 위한 책입니다. 첫 번째 혹은 두 번째 장 이후에는 실질적인 적용에 초점을 맞추기 위해 너무 많은 이론에 얽매이거나 지나친 연구 데이터를 제시하지 않으려고 노력했습니다. 임상에서 가장 흔히 발생하고 근거 기반 치료법을 실행하는 데 장애가 될 수 있는 복합성의 영역을 포함시켰습니다. 책 전체에 걸쳐 사례 예시, 축어록, 공식화 도표, 치료에 도움이 될 만한 '핵심 인지'의 예를 찾을 수 있습니다. 이 모든 사례는 실제 사례를 기반으로 하지만 익명성을 유지하기 위해 수정되었습니다. 또한 임상수련 및 교육과정에서 흔히 발생하는 문제 유형에 따라 '자주 묻는 질문(FAQ)'과 '유용한 팁(Top Tips)'도 포함시켰습니다.

차례

PART 1

기초   17

PART 2

기억 작업의 복합성   67

PART 3

인지 작업의 복합성 205

PART 4

대처 전략의 복합성 297

PART 5

동반이환 347

PART 6

치료사가 다루어야 할 복합적인 이슈들   417

PART 1

기초

WORKING WITH COMPLEXITY IN PTSD

Chapter 1

PTSD와 복합성의 이해

외상 후 스트레스 장애(PTSD)는 매우 위협적이거나 재앙적인 경험 이후에 발생할 수 있는 흔하고 심각한 상태이다. PTSD로 발병된 사람들 중 상당수는 자연적으로 회복되지만, 약 1/3은 만성적이고 때로는 평생 지속되는 심리적 어려움을 겪게 된다.

PTSD를 겪고 있는 많은 사람들은 외부적으로는 정상적인 삶을 살고 있다. 그러나 이 질병의 특징인 회피, 고립, 무관심으로 인해 환자들이 치료를 받으러 오는 데 시간이 걸리고, 설령 치료를 받더라도 이 질병이 제대로 인식되지 않는 경우가 많다. 이뿐만 아니라, PTSD는 종종 질병 및 조기 사망과 같은 다양하고 불리한 신체적, 사회적 문제와 깊게 연관되어 있다. 지난 20년 동안 외상 사건의 심리적 영향에 대한 연구를 통해 PTSD에 대한 이해가 크게 증진되었으며(Olff et al., 2019, 리뷰 참조), 매우 효과적인 여러 치료법이 개발되어 전 세계적으로 보급되고 있다. 그러나 증거에 기반한 '황금 표준' 치료법을 사용하더라도 모든 PTSD 환자가 회복되는 것은 아니며 상당수가 잔존 증상을 남긴다. 또한 PTSD 치료의 '최신 기술'을 종합적으로 검토한 교과서들이 있지만(예: Friedman et al., 2021; Schnyder, & Cloitre, 2015), '실제' 임상 환경에서 치료 효과를 극대화하는 최선의 방법에 대해서는 여전히 많은 의문이 남아 있다(Bryant, 2019). 이 장에서는 PTSD가 어떻게 발생하고 유지되는지 이해하는 데 도움이 되는 핵심 원칙에 대해 논의한다. 그런 다음 복합성 문제에 대해 무엇을 의미하는지와 어떻게 접근하는지 다룰 것이다.

원칙과 이론: 간단한 개요

PTSD와 관련된 주요 메커니즘에 대한 연구는 특정 원칙을 중심으로 통합되었다; 이러한 원칙은 치료 접근법의 기초를 형성하기 때문에 중요하다.

PTSD는 학습 경험이다

외상 후 사람들이 경험하는 증상은 매우 불쾌한 학습 경험의 결과로 이해할 수 있다. PTSD의 행동 모델은 고전적 조건형성 과정 및 조작적 조건형성 과정 모두에 초점을 맞춘다(Mowrer, 1947, 1960). 외상 중에 경험한 강렬한 두려움은 사건에 대한 기억과 당시에는 중립적이었던 다양한 자극과 연관되어 다시 만나면 동일한 감정적 반응을 유발한다. 기억과 관련된 자극을 피하는 것은 이러한 조건 반응이 자연적으로 소멸되는 것을 막는다(Keane et al., 1985). 이러한 모델은 외상과 관련된 두려움을 유발하는 단서에 반복적으로 노출하여 증상을 줄이는 것을 목표로 하는 노출 기반 치료를 뒷받침한다. 현대 학습 이론은 고전적 및 조작적 조건형성 모델을 기반으로 외상 후 발생하는 광범위한 감정적 경험을 설명하며, 노출 기반 치료 후에도 많은 사람들이 완전히 회복되지 않거나(Arch, & Craske, 2009), 회복된 것처럼 보이지만 나중에 '공포의 재발'을 경험할 수 있다는 연구 결과(Craske, & Mystkowski, 2006)도 설명한다. 한 가지 가능한 설명은 성공적으로 노출되는 동안 외상의 조건화 과정에서 학습된 원래의 연상이 지워지지 않았거나 '미학습'된 상태로 남아 있다는 것이다. 대신, 조건화된 자극이 '안전하다'라는 새로운 이차 억제 학습이 형성된다. 이러한 새로운 학습은 이전의 위협적인 연상과 경쟁하여 조건화된 공포 반응을 소멸시킨다. 따라서 외상 후 자연적으로 회복되지 않거나 노출 치료의 효과를 보지 못하는 이유 중 하나는 노출 중 억제 학습과 억제 신경 조절의 결함 때문일 수 있다. Michelle Craske와 동료들(2014)은 이러한 아이디어를 바탕으로 노출 치료 중 획득한 억제 학습을 향상시킬 수 있는 기술을 개발했다. 이를 위해 위협적인 예측 결과를 테스트하거나, 제시된 자극의 유형과 수를 다양화하며, 다양한 맥락에서 노출을 시행하는 등의 기법을 적용했다(Craske et al., 2014).

학습 이론은 PTSD의 인지적 모델의 일부이기도 하다. 예를 들어, Anke Ehlers와 David Clark(2000)은 PTSD 증상의 지속성을 설명하는 데 있어 연상 학습 과정의 역할을 강조했다. 이들은 PTSD에서 침투 기억이 종종 가장 큰 위협이 발생한 순간이 아닌, 그 직전의 기억과 관련된 경우가 많다고 설명한다.

또한 PTSD의 외상 기억들이 학습된 '경고 신호' 역할을 하며, 다가오는 위협을 예측하는 기능을 하기 때문이라고 설명한다. 외상 기억은 또한 강력한 지각적 기폭으로 인해 쉽게 유발된다. 이는 암묵적 기억의 한 형태로, 사람들은 외상 당시 존재했던 환경의 자극을 인지하는 지각 역치가 낮아지고 민감도가 증가한 상태를 의미한다.

PTSD는 기억장애이다

PTSD의 핵심 특징 중 하나는 혼란스러운 기억이며, 재경험 증상은 정상적인 기억을 넘어선다. 대신, 외상 기억은 생생한 감각적 세부 사항, 강렬한 감각, 그리고 일반적인 자전적 기억(autobiographical memories)과 다른 '현재감'을 강하게 동반한다. 이러한 생생한 비자발적 기억과 함께 외상의 일부분을 의도적으로 떠올리는 데 어려움을 있거나, 세부 사항을 기억하지 못하거나, 외상을 상기할 때 공허한 느낌을 받을 수 있다. 이러한 증상은 외상 기억이 처리, 부호화, 저장되고 검색되는 과정에서 문제가 발생했음을 나타낸다.

PTSD를 설명하려는 여러 이론들이 외상 기억의 처리 방식을 중점적으로 다루었다. Mardi Horowitz(1975)는 외상 기억이 활성화된 기억 저장 시스템에 남아 있으며, 개인이 기존의 지식과 경험에 맞춰 이를 통합하고 저장하려는 동안 지속적으로 재경험된다고 주장했다. 외상 관련 침투 기억이 지속되는 것은 이러한 통합이 완료되지 않으면서 활성 기억 시스템이 외상 내용을 반복해 재경험하기 때문이라고 설명한다. Peter Lang(1977)의 '공포 네트워크' 개념은 불안 장애 연구에서 출발해, Edna Foa와 동료들(1989)에 의해 PTSD의 감정 처리 이론으로 확장되었다. 이 이론은 외상 기억이 사건에 대한 지각적 및 인지적 정보와 더불어 언어적, 생리적, 행동적 반응을 나타내는 상호 연결된 교점(node)의 네트워크로 처리된다고 설명한다. 이 네트워크는 위험에 대처하기 위한 '프로그램'처럼 작동하여, 일치하는 촉발 요인이 있을 때 네트워크가 활성화되면서 도피 또는 회피 행동을 유도한다. PTSD에서는 공포 네트워크 내의 교점 간 연결이 매우 강하고 과도하며, 활성화 임계치가 낮아 공포 반응이 쉽게 촉발되고, 외상 기억의 재경험, 과각성, 회피 행동으로 이어진다.

Chris Brewin과 동료들(Brewin et al., 1996, 2010)은 대신 뇌의 다른 부분과 관련된 이중 기억 처리 시스템을 제안한다. 여기서 외상 기억은 두 가지 유형의 표상으로 부호화된다. 첫 번째는 감각적 세부 사항과 감정 상태를 포함하는 낮은 수준의 지각적 표상이다(이전에는 '상황적 접근이 가능한 기억'이라고 불렸던 S-reps (역주: sensory representations, 감각적 표상)). 두 번째는 공간, 시간, 개인의 삶과 관련된 맥락에 대한 정보와 함께 감각 기억에 대한 개념적 설명을 포함하는 더 높은 수준의 맥락적 표상(C-reps, 또는 '언어적으로 접근 가능한 기억'(역주:

contextual representations of an event, 사건의 맥락적 표상))이다.

Brewin 모델에 따르면, PTSD 재경험 증상은 외상 경험의 강도를 반영하는 매우 강한 감각적 표상(S-reps), 외상 중 개념적 인지 처리의 붕괴로 인해 상대적으로 약한 맥락적 표상(C-reps, 기억의 일부가 완전히 누락될 수 있음), 그리고 두 표상 간의 느슨한 연결에서 비롯될 수 있다. 성공적인 처리에서 강력하고 상세한 맥락적 표상(C-reps)이 일치하는 감각적 표상(S-reps)과 긴밀하게 결합되어 함께 활성화되므로 주관적 기억의 생생함과 '현재감'을 감소시킨다. 치료에서는 이를 '외상 기억의 모든 세부 사항을 말로 표현하는 것'이라고 설명하지만, 구조적으로 감각적 표상(S-reps)을 잘 표현하는 한 강력한 맥락적 표상(C-reps)은 반드시 언어적으로 부호화될 필요는 없다.

Brewin(2006)은 '회상 경쟁(retrieval competition)'이라는 개념도 소개한다. 그는 PTSD에서 감각적 표상(S-reps)이 맥락적 표상(C-reps)보다 더 쉽게 촉발되고 접근되기 때문에 외상 경험에 대한 기억에 노출될 때 '회상 경쟁'에서 이겨야 한다고 제안한다. 이는 PTSD 회복의 관점에서 보면, 맥락적 표상(C-reps)이 감각적 표상(S-reps)보다 더 쉽게 접근할 수 있어야 하며, 이렇게 할 경우 기억이 더 쉽게 맥락적 방식으로 회상될 수 있다는 것이다.

Brewin 이중 표상 이론을 설명하는 데에는 소리와 음악의 은유가 유용하다. 소리는 원시적인 '감각적' 형태인 음파와 악보의 음표와 같은 '맥락화된' 개념적 형태로 모두 표현될 수 있다. 외상 기억은 매우 큰 소리를 듣는 것처럼 매우 감각적이고 혐오스러울 수 있다. 이 감각적 표상(S-reps)을 맥락적 표상(C-reps)으로 부호화하는 것은 음파를 음표로 변환하고 음정, 템포, 강도의 모든 변화를 설명하는 주석을 붙이는 것과 같다. 내용은 동일하지만 우리가 읽고, 이해하고, 기억하기 쉬운 형태로 표현된다. PTSD에서는 이 맥락적 표상(C-reps)의 음악 악보 일부가 누락되거나, 감각적 표상(S-reps)의 소리 파동과 일치하지 않아 해당 부분이 억제되지 않고 쉽게 촉발된다. 이러한 기억은 '악보를 읽는 것'이 아니라 '다시 듣는 것'처럼 느껴진다.

이제 그 소리가 단일 악기가 아니라 오케스트라 전체가 연주하는 음악이라고 상상해 보자. 모든 악기가 같은 악보에 따라 조율되어 있다면 음악은 일관성 있게 들리게 된다. 그러나 간격이 있거나 일부 음표가 잘못 표기되거나 악기의 전체 라인이 누락되면 음악은 일관성을 잃고 분리되어 불협화음처럼 들릴 것이다. 마찬가지로 PTSD에서도 맥락적 표상(C-reps)이 불완전해서 중요한 인지적, 정서적, 생리적, 고유 수용성 또는 감각적 세부 정보가 누락될 수 있다. 성공적인 처리를 위해서는 감각적 표상(S-reps) 외상 기억이 이러한 모든 수준에서 완전히 제시되어야 한다.

또한 외상 기억은 악보에 제목과 날짜를 부여하는 것처럼 시간과 공간 내에서 맥락에 맞게 제시되어야 한다.

그리고 마치 악보를 도서관에 있는 다른 모든 악보와 함께 정리하는 것처럼, 개인의 이전 경험과 신념 체계에 맞춰 정리되어야 한다. 외상 기억의 특성은 Ehlers 및 Clark(2000)의 인지 모델에서도 중요한 부분이다.

이 모델은 외상 당시의 인지 처리가 외상 기억의 성격(및 관련된 평가—나중에 더 자세히 다룰 것)에 영향을 미쳐 PTSD의 발병을 예측하는 요인 중 하나라고 가정한다.

- 데이터 중심 처리, 즉 개념적 처리보다는 지각적 처리
- 자기 참조 처리의 결여, 즉 다른 자전적 기억과 연결하여 경험을 처리하는 데 어려움이 있음
- 해리(van der Kolk & Fisler, 1995)
- 정신적 패배, 즉 외상 중에 자율성을 완전히 상실하고 '포기'감을 경험하는 경우

Beierl 등(2020)은 이 네 가지 처리 결함이 외상 기억의 '파편화'와 관련이 있으며, 이는 그 자 체로 PTSD 증상을 강력히 예측한다는 사실을 발견했다.

PTSD는 감정에 의해 유발된다

PTSD 경험의 핵심에는 두려움뿐만 아니라 수치심, 공포, 분노, 무력감, 절망감, 죄책감, 슬픔 등의 다양한 감정이 있다. 이러한 감정은 외상 당시에 복합적인 방식으로 상호작용할 수 있는데, 예를 들어 분노를 느끼면서 부끄러움을 느끼거나 다시 무력감을 느끼는 것에 대해 두려움을 가질 수 있다. 또한 PTSD를 겪는 사람들은 종종 정서적 무감각을 경험하며 강한 감정과 무뎌진 감정 사이를 오갈 수 있다. 이는 특히 어릴 때, 여러 번 또는 지속적으로 외상을 경험한 사람들에게서 두드러지게 나타나게 된다. Janina Fisher(1999)는 '감정 온도 조절기' 비유를 사용하여 감정이 지나치게 강렬해지거나('뜨거워짐') 감정이 단절되어 무감각해지는('차가워짐') 것을 막는 역할을 한다고 설명한다. 일부 외상 생존자의 경우, 감정 온도 조절기가 더 이상 자동으로 감정 온도를 조절하지 않아 극심한 더위와 추위로 이어지기 때문에 감정 온도 조절기를 '수동으로' 조절하는 방법을 배워야 할 필요가 있다.

감정은 PTSD를 유지시키는 핵심 요인이다. 불쾌한 감정에 대처하고 이를 피하려는 노력은 부적응적일 수 있다. 이는 의도치 않게 PTSD 증상을 악화시키거나 유지하는 결과를 가져올 수 있으며, 일시적으로 효과가 있을 수 있지만 장기적으로는 추가적인 문제를 야기할

수도 있다. 감정에 대한 신념도 중요하다. 예를 들어, '이 감정을 통제하지 않으면 압도당할 것이다.' 또는 '내 고통을 드러내면 나는 약한 사람이다.'는 식의 신념이 그렇다. 감정은 또한 중요한 의미를 나타내는 단서이기도 하다. 치료에서 '감정을 따라가다 보면' 개인의 PTSD를 지탱하는 주요 문제 평가로 이어지는 경우가 많다.

PTSD는 개인적 의미에서 비롯된다

외상 중 위협에 대한 주관적인 평가는 신체적 부상처럼 객관적인 지표만큼 PTSD 발병에 중요하다(Blanchard et al., 1995). 외상 이후 사람들은 사건과 그 사건에서 자신의 역할에 대해 다양한 부정적이고 매우 개인적인 설명을 만들어 낼 수 있으며, 이를 통해 외상을 개별적이고 일시적인 사건이 아니라, 전반적으로 큰 영향을 미치는 사건으로 인식하게 된다(Ehlers, & Clark, 2000). 우리는 종종 이러한 평가를 '의미'라고 부르며, 여기에는 개인의 외상 이전 신념도 포함될 수 있다. 이러한 의미는 외부적일 수 있는데, 예를 들어 세상이 위험하거나 예측 불가능하다는 것이나, 내부적일 수도 있다. 내부적 의미는 자신이 잘못했거나 재앙을 불러일으켰으며, 희생당할 만하다고 생각하는 것이다(Dunmore et al., 2001). PTSD의 지속성과 관련된 부정적인 의미에는 정서적 및 생리적 반응에 대한 파국적 해석도 포함된다. 예를 들어, '외상 중에 겁에 질려 눈물을 흘린 나는 나약하다.', 외상성 스트레스 증상('이 침투 기억들은 내가 정신을 잃고 있다는 것을 의미한다.'), 사건의 결과('나는 결코 극복할 수 없을 것이다, 이제 내 삶은 무의미하다.'), 그리고 다른 사람들의 반응('사람들은 내가 아직도 이 영향을 받고 있는 것을 한심하게 생각한다.' '아무도 나를 이해할 수 없고, 이해하려고 하지도 않는다.')이 있다.

외상에 대한 인지적 반응은 근본적으로 개인이 외상 경험을 자신의 세계관에 맞추려는 노력으로 이해할 수 있다. Jean Piaget(1970)는 새로운 정보를 기존의 스키마에 맞추는 '동화' 과정과, 새로운 정보에 대응하여 스키마 자체를 변화시키는 '조절' 과정을 처음으로 설명했다. 외상적 경험은 안전, 신뢰, 권력, 존중, 친밀감과 관련된 근본적인 스키마를 심각하게 파괴할 수 있으며(McCann, & Pearlman, 1990), 스키마의 변화가 극단적이거나 과도하게 일반화되는 '과잉 조절'로 이어질 수 있다(Resick, & Schnicke, 1993). 예를 들어, '아무도 믿을 수 없다.'는 결론을 내리는 것이다. 세상은 안전하고 자비로운 곳이며, 자신이 가치 있는 존재라는 근본적인 가정이 외상으로 인해 '산산조각'날 수 있다(Janoff-Bulman, 1992). 반면에, 이전에 가지고 있던 부정적인 핵심 스키마는 외상 경험을 통해 더욱 확고해질 수 있다.

PTSD를 대처하려는 노력으로 인해 의도치 않게 PTSD가 유지된다

PTSD를 겪는 사람들은 당연히 가장 자연스럽거나 과거에 효과적이었던 방법을 활용하여 가용한 모든 자원을 동원해서 자신의 감정과 증상에 대처하려고 할 것이다. 이는 기존의 대처 목록, 개인적 상황, 지원 네트워크에 따라 다르게 나타난다. 일부 대처 시도는 전략적으로 이루어질 수 있다. 예를 들어, 외출을 피하거나, 인간관계에서 물러나거나, 위험을 예방하기 위해 과도한 예방 조치를 취하는 등 취약함에 대처하는 것이 이에 속한다(안전 추구 행동). 감정 억제, 무감각, 해리성 분리와 같은 습관적이거나 자동적인 대처 방식도 있을 수 있다. 외상 사건을 이해하고 받아들이려는 시도는 의미를 찾기 위해 반추하거나, 부당함에 대해 생각하고 외상을 막기 위해 다른 방법을 선택할 수 있었는지 고민하게 만들기도 한다. 자해나 위험 감수 행동과 같이 겉으로 보기에는 도움이 되지 않는 전략조차도 부정적인 감정을 차단하거나 주의를 돌리기 위한 정서적 대처의 한 형태로 작용할 수 있다.

이러한 대처 전략은 의도치 않게 외상 후 자연스러운 회복을 방해하고 PTSD를 유지시키는 결과를 낳는다. 이들은 외상 기억과 그 의미를 해결하는 데 필요한 감정적 처리를 막을 수 있다. 또한 외상과 관련된 부정적인 신념에 도전할 수 있는 새로운 경험들을 제한하거나 왜곡할 수 있다. 일부 대처 방식은 신체적, 사회적, 심리적 동반 질환을 촉진하여 추가적인 문제와 손실을 초래하게 된다. 예를 들어, 촉발 요인을 피하기 위해 일을 할 수 없어 생기는 재정적 문제, 사회적 고립과 위축으로 인한 우울증, 알코올 남용으로 인한 건강 문제 등이 그 예이다.

심리치료

이러한 원칙들은 PTSD를 위한 심리치료로 발전해 왔으며, 각각 다른 점에 중점을 둔다. 학습 이론은 PTSD를 위한 행동치료를 개발해 외상 관련 자극에 대한 노출을 강조한다. 감정 처리 이론에 기반한 지속적 노출 치료(Foa et al., 2007; Foa, & Rothbaum, 1998)는 외상 기억의 상상적 재연과 외상 사건을 상기시키는 실제 상황 노출(in vivo exposure)을 사용하여 두려움 네트워크를 재활성화하고, 두려운 연상과 양립할 수 없는 새로운 비위협적 정보를 도입한다. 인지 처리 치료(Cognitive processing therapy; Resick et al., 2016; Resick, & Schnicke, 1992)는 외상에 대한 부정적인 인식을 식별하고 해결하는 소위 '고착 지점'에 초점을 맞추며, PTSD에서 흔히 나타나는 신뢰, 친밀감, 권력, 안전, 자존감 등의 특정 인지적 주제를 다룬다.

우리가 선호하는 접근법은 PTSD를 위한 인지치료(CT-PTSD; Ehlers & Clark, 2000)로, 앞서 논의한 모든 원칙을 통합하고 있으며, 이는 2장에서 자세히 설명할 것이다. 이 접근법을 선호하는 이유를 설명하기 위해서는 먼저 PTSD의 복합성에 대해 우리가 어떻게 생각하는지 설명할 필요가 있다.

🌿 PTSD의 복합성

복합성(Complexity)이란 무엇을 의미하는가

심리적 장애에서 복합성의 개념을 구체화하는 것은 까다로운 일이며, 일부에서는 이 용어가 남용되어 중증도, 위험, 만성성, 재발 또는 '저항성' 치료 반응과 같은 다양한 임상적 특징을 대신하고 심지어 치료사가 치료 실패를 설명하기 위해 이후에 적용하기도 한다고 주장한다(Barton et al., 2017). PTSD에서 복합 외상(여러 번, 장기간 또는 반복되는 외상 사건을 줄여서 말함), 복합 반응(심각한 증상 및 여러 동반이환 등), 복합 치료(여러 구성 요소가 있거나 장애물에 부딪힌 치료)의 개념이 혼용되는 경우가 많다.

보다 정확한 임상적 정의를 찾기 위해 Barton 등(2017)은 문제가 '여러 개의 움직이는 부분을 가지고 있으며 때때로 예측할 수 없게 행동하는' 경우에 복합성이 발생한다고 주장한다. 일반적으로 이러한 역동적인 부분들은 PTSD의 핵심 문제를 넘어서는 생물학적, 심리적, 사회적 요인들이다. 우리는 여기에 개인 내의 여러 가지 상호작용, 즉 그들의 경험, 신념, 증상, 행동, 환경 간의 상호작용을 포함시킬 것이다. 이러한 변화와 상호작용이 PTSD를 가진 내담자들을 다양하고 흥미롭게 만드는 요소이다.

Barton 등(2017)의 정의는 복합성과 그 잠재적 영향, 즉 치료 전달 과정에서 발생하는 합병증을 유용하게 구분한다. 여기서 합병증이란 생물학적, 심리적, 사회적 요인들이 상호작용하여 치료에 장벽을 만들고, 치료적 관계를 어렵게 하고, 장애의 일반적인 유지 과정을 변화시키는 것을 의미한다(p. 2). 복합성이 반드시 치료의 합병증으로 이어지는 것은 아니다. 예를 들어, 사람들은 종종 심각한 동반이환이 있는 경우에도 PTSD 치료에 반응한다는 것을 알고 있다(Ehlers et al., 2013). 실제로 치료는 임상적 복합성과는 무관한 아주 단순한 이유, 예를 들어 치료를 받으러 가는 교통비를 감당할 수 없는 것과 같은 단순한 이유가 치료를 복잡하게 만들 수도 있다.

Judith Herman(1992)이 처음 제안한 '복합 외상 후 스트레스 장애(complex PTSD)'가 PTSD와 구별되는 진단인지 여부는 많은 논쟁의 대상이 되어 왔다. 가장 최근의 진단 통계 편람

(DSM-5; American Psychiatric Association, 2013)에서는 이 진단을 포함시키지 않았지만, 무모하고 자기 파괴적인 행동, 지속적인 부정적인 외상 관련 신념 및 감정, 뚜렷한 비인격화 및 비현실화로 특징지어지는 해리성 하위 유형 등 복합 PTSD와 일반적으로 연관된 증상을 포함하도록 PTSD의 기준을 확장했다.

반면에, 최신 국제질병분류(ICD-11; World Health Organization, 2018)에서는 이제 복합 PTSD를 별도의 진단명으로 포함하고 있으며, 이는 PTSD의 증상(DSM-5에 비해 더 좁은 범위의 증상 목록)과 함께, '자기 조직화 장애'를 반영하는 정서 조절 장애(과잉 및 과소 활성화), 관계 장애, 지속적인 부정적 자아 개념을 포함한다.

이 책에서는 '자기 조직화 장애'보다 더 넓은 스펙트럼의 복합적인 문제를 다루고자 했기 때문에 복합 PTSD에 대한 언급을 피하고 있다. 하지만 우리가 설명하는 많은 내담자는 ICD-11의 복합 PTSD 진단 기준을 충족할 가능성이 높다. 복합 PTSD에 초점을 맞추지 않은 또 다른 이유는, 이 진단이 임상 증상을 설명하는 데 유용하긴 하지만, 무엇이 치료를 복잡하게 만들고 그렇지 않은지를 설명하지는 못하기 때문이다. 이 책에서는 PTSD와 관련된 복합성의 유형에 초점을 맞추고, 이러한 복합성을 이해하고 치료를 조정하는 방법에 대해 논의하고자 한다.

[그림 1-1]에서 볼 수 있듯이, 우리는 개인과 시스템 모두에서 '여러 역동적인 부분'을 반영하는 구조로 책을 구성했다. 복합성에 대한 섹션에는 다음과 같은 내용이 포함되어 있다:

- PTSD의 일부를 구성하는 기억, 인지 및 대처 전략
- PTSD를 둘러싸고 있는 심리적, 신체적, 사회적으로 위험한 동반이환
- 치료 관계와의 상호작용 및 다양성의 문제

마지막 장에서는 치료사를 위한 자기 관리에 대해 추가로 다룬다.

복합적인 PTSD 치료

최근까지 복합 PTSD에 대한 진단적 정의가 부족하고 '복합'으로 분류되는 증상의 다양성으로 인해 효과적인 치료법의 개발과 검증에 어려움을 겪어 왔다. 실제로 가장 복합적인 증상을 보이는 사람들은 연구 실험에서 제외되는 경우가 많기 때문에 현재의 근거 기반 PTSD 치료법이 이 그룹에서도 효과적인지 명확하지 않다. 하지만 최근의 연구에 따르면 복합 PTSD를 가진 사람들도 기존의 증거 기반 치료법에서 동등한 효과를 보인다는 고무적인 결

과가 보고되고 있다 (Hoeboer et al., 2021). 일반적인 임상 환경에서 외상 중심 치료법을 보급하려는 연구에는 지속적 노출 치료(Prolonged exposure; Foa et al., 2013), 인지처리치료(Chard et al., 2012), 내러티브 노출치료(Gwozdziewycz, & Mehl-Madrona, 2013), 인지치료(Ehlers et al., 2013; Gillespie et al., 2002) 등을 포함하고 있으며, 이는 심각한 동반이환을 겪거나 생애 초기에 다중 외상을 경험한, 일반적으로 '복합적'으로 여겨지는 사람들에게도 효과가 있는 것으로 입증되었다.

　　Herman(1992)은 외상 처리 단계 이전의 뚜렷한 '안정화' 단계를 거치고 마지막으로 관계, 사회화, 일 등 중요한 삶의 영역과의 '재통합' 단계를 포함한 복합 PTSD에 대한 단계 기반 치

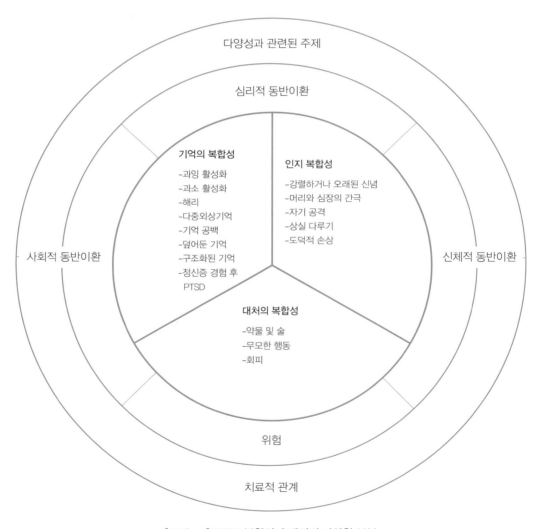

[그림 1-1] PTSD 복합성 속에서의 다양한 부분

료 접근법을 제안했다. 높은 안면 타당도, 전문가 합의 지침에 포함(McFetridge et al., 2017), 단계 기반 모델에 기반한 효과적인 치료 패키지 개발(Cloitre et al., 2002)에도 불구하고, 단계 기반 접근법이 외상 처리 개입보다 우수하다는 증거는 제한적이며, 일부 비평가들은 단계 기반 치료가 임상 시간을 불필요하게 낭비하며 결과를 향상시키지도, 중도 탈락률을 줄이지도 못한다고 주장한다(de Jongh et al., 2016).

임상 실무의 현실은 이 두 입장 사이의 중간 어딘가에 위치할 수 있으며, 최근 가이드라인에서는 더 이상 모든 내담자에게 뚜렷한 안정화 단계를 권장하지 않는다(International Society for Traumatic Stress Studies, 2019). 오히려 단계적 치료와 비단계적 치료의 이분법적 구분을 넘어 내담자의 필요에 맞춘 다중 구성 요소 또는 모듈화된 개입을 통해 복합성에 접근하는 것이 가장 효과적이라고 제안한다(Cloitre, 2021; Coventry et al., 2020). 우리의 경험에 따르면 대부분의 내담자, 심지어 복합적인 증상을 가진 내담자조차 대부분 별도의 안정화 단계가 필요하지 않다. 그러나 즉각적인 위험, 심각한 해리, 치료 관계를 위태롭게 하는 대인관계 문제, 외상 기억을 다룰 수 없을 정도로 불안정한 감정 조절 문제가 있을 경우, 외상 기억을 처리하기 전에 또는 외상 처리 중에 '필요에 따라' 안정화 개입을 시행한다. 또한 핵심적인 PTSD 증상 외에도 내담자의 특정 목표나 문제를 해결하기 위해 필요에 따라 추가 모듈을 사용한다. 우리는 '일률적인' 안정화 패키지는 피하며, 모든 내담자가 각각 다른 필요를 가지고 있기 때문에 외상 기억 작업을 효율적으로 진행할 수 있는 만큼만 안정화 개입을 한다. 일반적으로 CT-PTSD 모델을 유지하되, 개별화된 CT-PTSD 공식을 통해 적절한 기법을 선택하여 적용한다.

🌱 CT-PTSD가 복합성과 잘 맞는 이유

주어진 다양한 치료 접근법 가운데 우리는 왜 CT-PTSD에 중점을 두기로 결정했을까? NICE 가이드라인(National Institute for Health and Care Excellence, 2018) 및 실제로 발표된 대부분의 다른 가이드라인(American Psychiatric Association, National Health and Medical Research Council, Institute of Medicine, International Society of Traumatic Stress Service; Forbes et al., 2010)에서는 상담과 같은 비지시적 치료보다는 외상 중심 치료, 특히 외상 중심 CBT와 안구 운동 감각 소실 및 재처리(EMDR)를 권장하고 있다. 하지만 그 범위 안에도 다양한 치료 모델이 존재하며, 그중 상당수는 견고한 근거를 가지고 있다. 복합성 문제를 다룰 때 CT-PTSD를 선호하는 가장 큰 이유는 다음과 같다.

1. 증거 기반

CT-PTSD에 대한 증거 기반은 매우 강력하며, 무작위 대조 실험(Ehlers et al., 2003, 2005, 2014), 배포 실험(Gillespie et al., 2002), 일상적인 임상 진료 검토 및 평가(Ehlers et al., 2013)에서 매우 좋은 효과를 보고했다. 일상적인 임상 진료 검토 및 평가 연구가 복합성을 고려할 때 중요한 이유는 이 책에서 논의하는 복합성의 '실제 세계'의 특성 중 많은 것들이 내담자에게 나타날 가능성이 높기 때문이다. 우리가 속해 있는 치료실에서도 이 책에서 설명하는 접근 방식과 같이 CT-PTSD를 기반으로 하되 내담자의 필요에 맞게 조정한 치료법을 정기적으로 평가하고 있으며, 비슷한 결과를 얻고 있다. PTSD 전문 서비스를 제공하는 치료실의 내담자들은 일반적으로 심리적, 신체적 동반이환을 가지고 있을 뿐만 아니라 이전에 다른 서비스에서 치료에 실패했던 어려움을 가지고 있다. 우리가 치료 서비스를 제공하는 지역은 사회적 박탈 수준이 높기 때문에 일반적으로 사회적 어려움과 다중적이고 지속적인 외상에 대한 노출, 지속적인 위협에 직면해 있다. 많은 내담자가 난민이기 때문에 통역사를 통해 치료가 진행되는 경우도 많다.

2. 유연성

CT-PTSD는 계획된(Protocol) 치료가 아닌 공식화 중심(Formulation-based) 치료이므로 모든 치료 요소를 특정 순서대로 따르거나 모든 내담자에게 동일한 방식으로 제공할 필요가 없다. 대신 내담자의 요구와 목표에 유연하게 대응할 수 있다. 내담자가 위험한 행동을 하고 있나? 대처 전략을 다루는 공식 부분부터 시작해 본다. 내담자가 외상에 대해 이야기하는 것을 너무 부끄러워해서 막막한가? 수치심과 관련된 인지 평가에 먼저 집중해 본다. 직장으로 복귀하는 것이 주된 목표이지만 공유 사무실 공간에 앉아 있는 것만으로도 너무 자극을 주는 사람과 함께 일하고 있나? 먼저 촉발 요인 대한 자극을 변별해 보는 것부터 시작한다.

복합적인 문제를 다룰 때 유연성은 특히 중요하다. 이것은 치료의 요소를 수정하고 전달되는 순서를 변경하여 개별화된 치료를 가능하게 한다. 공식에 충실하면서도 각 개입이 어떤 과정을 목표로 삼고 있는지 추적함으로써 필요에 따라 모델의 영역을 이동할 수 있다. 이 책의 목적은 원칙에 충실하면서도 기술과 전술에 적응하고 창의적인 방식으로 '충실성 안에서의 유연성' 접근 방식(Whittington, & Grey, 2014)을 보여 주고자 하는 것이다.

3. 다른 모델들을 간결하게 종합함

이 장에서 논의한 여러 모델들은 일부 중복되어 있다(검토 참조: Schnyder et al., 2015). CT–PTSD는 기억 처리 모델과 사회 인지 모델을 훌륭하게 종합한 것이다. 기존 임상 실험에서는 기억 작업과 인지 작업을 개별적인 요소로 보거나 기존 치료 패키지에 추가하는 방식으로 접근했지만, CT–PTSD 모델에서는 이들이 서로 밀접하게 연결되어 있다. 기억 작업은 평가에 접근하고 활성화하는 데 사용되며, 새로운 의미는 외상 기억에 다시 통합된다. CT–PTSD 공식화 원칙에 부합하는 경우, 다른 접근법에서 적용된 혁신적인 기법들도 통합할 충분한 여지가 있다. 예를 들어, 언어적 서술 대신 그림, 물건 및 이미지를 사용하여 주요 외상 기억, 의미 및 감정을 개념적으로 나타내고 처리하고 업데이트할 수 있다.

4. CT–PTSD는 종단 및 유지 모델로 이루어져 있음

인지 모델은 이전 경험과 신념이 외상 처리에 미치는 영향을 포함한다. 이는 왜 많은 내담자의 외상이 회복되지 않는지를 이해하는 데 필수적이다. PTSD를 겪는 많은 사람들은 생애 초기의 외상 경험을 가지고 있으며, 이러한 경험이 PTSD 증상을 직접적으로 유발하거나 개인의 핵심 신념 체계에 영향을 미쳐 '성격 형성'에 기여했을 수 있다. 예를 들어, 어린 시절 방치된 사람은 그 시기의 특정 기억을 재경험하지 않을 수 있지만, 자신이 사랑받을 가치가 없다는 강한 인식을 가질 수 있다. 이는 성인이 되어 외상을 다시 겪었을 때 그 영향을 심화시키는 깊은 감정적 상처로 이어질 수 있다. 이러한 신념은 외상을 이해하는 렌즈가 되며, 개인이 외상 경험을 어떻게 받아들이는지를 결정한다. 외상이 개인에게 특정한 방식으로 영향을 미친 과정을 통합하는 치료 모델을 사용하는 것은 외상 관련 평가를 효과적으로 다루는 데 필수적이다. 특히 여러 차례 또는 지속적인 외상을 경험한 경우, 장기적이고 변화하기 어려운 신념을 다룰 때 더욱 중요하다.

5. 경험과 감정이 중심이 됨

인지 모델의 핵심은 PTSD의 '감각 느낌(felt sense)'을 경험하는 것이다. 여기에는 외상으로 인한 강렬하고 해로운 감정이 포함된다. 우리는 항상 내담자가 감정적으로 경험하는 부분에서 시작해야 하며, 이를 통해 PTSD와 관련된 감정을 유지하는 과정을 살펴볼 수 있기 때문이다. 감정은 종종 누군가의 개인화된 평가를 이해하는 데 중요한 단서를 제공한다.

때로는 내담자가 말로 표현할 수 있는 평가와 그들이 느끼는 감정이 일치하지 않을 때가 있다. 예를 들어, 내담자가 외상 중에 '나는 죽어가고 있다.'고 생각했지만 죄책감을 느꼈다고 말한다면, 우리는 중요한 부분을 놓치고 있다는 것을 알 수 있다. '내가 이런 일이 일어나게 놔뒀구나.' 또는 '충분히 저항하지 못했구나.'와 같은 평가가 죄책감이라는 감정으로 이어질 수 있다. 외상 중에 이러한 평가가 명확한 생각으로 떠오르지 않았을 수 있기 때문에, 내담자가 모든 평가를 표현하는 것이 어려울 수 있다. 이것이 우리가 외상 기억을 상기시키고, 감정을 통해 여러 의미의 층을 탐색하는 이유이다. CT-PTSD 개입은 감정에 뿌리를 두고 있다. 우리는 기억 작업을 통해 외상 관련 감정에 접근하고 이를 유발할 뿐만 아니라, 내담자가 교정된 감정 경험을 할 수 있도록 도와야 한다. 이런 이유로 행동 실험, 활성화된 상태에서 기억을 업데이트하는 작업, 이미지 재구성 같은 경험적 기법이 유용하다.

6. 타당화와 정상화하는 특성을 지님

공식화 기반 접근법을 사용한다는 것은 내담자와 함께 문제가 어디서 시작되었고 무엇이 그것을 지속시키는지를 이해하려는 과정을 의미한다. 이를 통해 우리는 내담자의 경험이 전적으로 이해 가능하고 논리적임을 보여 준다. 이는 PTSD를 겪는 많은 사람들이 자신이 정신적으로 약하거나, 마음이나 뇌가 영구적으로 손상되었다는 등의 부정적인 신념을 가지고 있기 때문에 중요한 요소이다. 우리는 PTSD 증상의 본질, 그 획득 및 유지에 대한 대화를 통해, 문제가 개인의 결함이 아닌 이해 가능한 과정으로 인해 발생한 것임을 설명한다. 개별화된 공식을 공유함으로써 내담자의 다양한 경험에 질서를 부여하고 의미를 찾아주는 과정 자체가 매우 치료적이다.

개인의 PTSD가 어디서 비롯되고 무엇이 그것을 지속시키는지 설명함으로써, CT-PTSD 모델은 PTSD를 어떻게 치료할 수 있는지 알려준다. 더불어, PTSD를 유지시키고 자연적 회복을 방해하는 피드백 루프를 끊는 방법을 알려준다. 모델의 모든 화살표는 하나의 과정으로, 한 영역에서 변화를 주면 다른 영역에도 영향을 미친다. 이는 치료에 구조를 제공하여 각 개입이 무엇을 목표로 하고 있는지 명확하게 이해할 수 있게 한다. 또한 이것은 내담자에게 희망을 준다. PTSD가 지속되는 이유를 이해한다면, 그것을 변화시킬 수 있는 가능성이 있기 때문이다. 희망은 PTSD 치료에서 중요한데, 우리는 내담자에게 가장 힘든 경험에 대해 이야기하고 그로 인해 발생하는 어려운 감정에 접근하는 과정을 요청해야 하기 때문이다.

7. 잘 견딜 수 있음

PTSD는 일반적으로 치료 중도 탈락률이 높은 장애로 알려져 있다(Imel et al., 2013). 이는 고통스러운 주제를 다루는 어려움, 장애 진단의 일부인 회피, 많은 내담자가 직면하는 어려운 삶의 상황 때문일 수 있다. 하지만 CT-PTSD는 임상시험에서 다른 근거 기반 치료법보다 훨씬 낮은 중도 탈락률을 보였으며, 이는 일상적인 임상 치료에서도 마찬가지이다. 여기에는 여러 가지 이유가 있겠지만, CT-PTSD 접근 방식의 유연성이 그중 하나라고 생각한다. 특정 프로토콜이 없기 때문에 치료사는 내담자의 목표에 따라 치료를 개별적으로 맞추고, 중재 전략의 전달 방식과 시기를 내담자의 필요에 따라 조정할 수 있다. 지속 노출과 달리, 외상 기억에 대한 작업은 문제적 의미에 접근하여 즉시 수정하는 방식으로 진행되며 반복적인 재노출이 필요하지 않다. 따라서 상상적 재연은 매 세션이 아니라 몇 번만 이루어지며, 내담자가 어려움을 느낄 경우 CT-PTSD 원칙을 유지하면서 다양한 방식으로 조정할 수 있다. 협업과 유연성을 강조함으로써 내담자가 치료 과정을 스스로 통제하고 있다고 느끼게 하여 심리적 안정감을 제공할 수 있다. 이러한 요소들을 종합적으로 볼 때, 이 치료법은 덜 부담스럽고 내담자들이 더 잘 견딜 수 있다고 생각한다.

추천 도서

Brewin, C. R., & Holmes, E. A. (2003). Psychological theories of posttraumatic stress disorder. *Clinical Psychology Review, 23*(3), 339-376.

Cloitre, M. (2021). Complex PTSD: Assessment and treatment. *European Journal of Psychotraumatology, 12*(sup1), 1866423.

Ehring, T., Kleim, B., & Ehlers, E. (2012). Cognition and emotion in posttraumatic stress disorder. In D. Robinson, E. Watkins, & E. Harmon-Jones (Eds.). *Handbook of cognition and emotion* (pp. 401-420). Guilford Press.

Chapter 2

PTSD를 위한 인지치료

시안은 친구들과 외출한 밤에 폭행을 당했다. 그는 폭행에 대한 악몽을 꾸었으며, 가해자에게 분노를 느꼈으며 사람이 많은 곳에서 불안감을 느꼈다. 치료사는 그에게 외상의 기억을 다시 떠올리고 업데이트하는 데 도움을 주었으며, 그들은 기억과 관련된 촉발 요인을 다루기 위해 자극 변별을 사용했고, 또한 그가 다시 공격당할 것이라는 그의 신념을 다루기 위해 행동 실험을 진행했다.

Ehlers와 Clark(2000)의 PTSD 인지 모델은 이전 장에서 논의한 많은 이론을 통합하여 하나의 인지–행동 공식으로 구성되었다. 이 모델은 이론의 종합성과 몇 가지 독특한 치료 기법으로 구별된다. PTSD 인지 모델은 개별화된 인지–행동 치료를 제공하기 위해 포괄적이면서도 유연한 틀을 제공한다.

이 장에서는 PTSD 인지 모델과 이로부터 파생된 치료법인 PTSD 인지치료(CT–PTSD)를 간략하게 살펴볼 것이다. PTSD 인지 모델을 설명한 Ehlers와 Clark의 원본 논문(2000)은 여전히 훌륭한 입문서로 남아 있으므로 읽어 보길 권장한다. 이 장은 단순한 요약 및 복습에 불과하므로 이 접근 방식이 처음이라면 추가 교육을 받는 것이 좋다. CT–PTSD를 개발한 팀은 www.oxcadatresources.com에서 훌륭한 서면 및 동영상 교육 자료도 무료로 제공하고 있다.

🌱 인지 모델

　Ehlers와 Clark(2000)의 모델은 PTSD의 핵심 경험을 과거의 외상에도 불구하고 현재까지 지속되는 심각한 위협감으로 설명한다. 이러한 위협감은 신체적일 수도 있고(안전하지 않고 위험하다는 느낌) 심리적일 수도 있다(실패, 패배 또는 저하된 느낌). 이러한 현재의 위협감은 세 가지 과정에 의해 형성된다. 이전 경험, 신념, 대처 스타일, 그리고 외상 자체의 특성은 이 세 가지 과정에 모두 영향을 미칠 수 있다.

　첫 번째 과정은 외상 사건이나 그 결과에 지나치게 부정적인 의미를 부여하는 것과 관련이 있다. 예를 들어, 이제 세상을 예측할 수 없는 곳으로 인식하거나, 다른 사람을 위험하다고 여기거나, 자신을 비난하거나 나약하다고 생각한다면 이는 지속적인 위협감을 유발하게 된다.

　두 번째 과정은 외상 기억 자체의 특성과 관련이 있다. 이 모델에 따르면 외상 사건의 최악의 순간들이 주로 감각적이거나 '데이터 중심'으로 처리될 때, 그와 관련된 기억은 정교하지 못하고, 연결되지 않으며, 개인의 다른 자전적 기억들과 맥락이 결여된 채 남게 된다. 그 결과, 외상 기억이 촉발되면 그 당시 가지고 있었던 위협적인 인상이나 부정적인 신념을 수정할 수 있는 다른 정보에 접근하기 어려워지는 것이다. 다시 말해, 이러한 순간들의 기억들은 개인이 현재 알고 있는 내용(예: 생존했다는 사실 또는 최악의 순간 동안 믿었던 것이 부정확할 수 있다는 사실)으로 '업데이트'되지 않았다는 것이다. 외상 당시의 강력한 조건화가 맥락화의 부족과 함께 외상 기억과 연관된 감정을 외상 당시와 일치하는 감각적 단서에 의해 예측할 수 없이 쉽게 촉발된다는 것을 의미한다. 이는 현재의 위협감을 더욱 증가시킨다.

　마지막으로, 위협감을 줄이기 위한 인지적 · 행동적 전략이 의도치 않게 문제를 유지시킬 수 있다. 이러한 전략은 PTSD 증상을 직접적으로 증가시키거나(예: 기억 억제는 '반동 효과'를 통해 침투 증상을 증가시킨다) 위협감 자체를 증가시킬 수 있다(예: 위험에 대한 과도한 경계는 초조함을 증가시킨다). 기억 억제와 회피, 안전 추구 행동, 반추는 또한 개인이 외상 기억을 세부적으로 이해하고 맥락화하여 외상과 관련된 부정적인 의미를 확인하거나 재평가하는 것을 방해한다.

　이 모델은 [그림 2-1]에 설명되어 있다. 이 버전은 원래 모델에서 약간 수정된 것으로, 모델의 상단 상자에 관련 정보가 많을 수 있기 때문에 명료성을 위해 상자를 분리했다. 그러나 원래의 구성 요소와 그들 간의 상호작용은 동일하다. 각 상자에는 해당 내용이 무엇인지에 대한 몇 가지 지시 사항을 주석으로 추가했다. 화살표에도 라벨을 붙여 설명을 첨부했다. 화살표는 인과적 메커니즘을 나타내며, 치료의 잠재적인 목표가 된다. PTSD를 이해하는 핵심은 모델의 각 구성 요소 간의 동적 상호작용, 즉 평가, 대처 전략 및 기억 특성의 상호작용 기능과 그 결과에 있다.

화살표는 무엇을 의미하나

A: 외상 이전의 요인과 경험은 외상 사건이 인지적으로 처리되는 방식에 영향을 미칠 수 있으며, 이는 차후 외상 기억과 외상 관련 판단에 영향을 미친다. 예를 들어, 어린 시절 학대를 당한 생존자는 피할 수 없는 상황에 대응하여 감정적으로 단절하거나 해리하는 법을 배웠을 수 있다. 따라서 나중에 외상을 겪을 때 더 쉽게 감정적으로 분리될 가능성이 있으며, 그로 인해 외상 동안 인지 처리가 저하되어 정교하지 못한, 공백이 있을 수 있는 기억을 형성하게 된다. 이로 인해 자신이 정신적으로 무너지고 있으며, 끔찍한 일이 일어났지만 기억해 내지 못한다고 판단할 수 있다. 이전의 신념은 사건이 어떻게 판단되는지를 이해하는 데 중요하다. 항상 자신이 어떤 상황도 관리할 수 있다고 믿어온 사람은 완전히 통제할 수 없는 충격적인 경험으로 인해 이러한 신념이 산산이 부서져 '나는 내가 생각했던 사람이 아니다.' 또는 '나는 아무것도 통제할 수 없다.'와 같은 판단으로 이어질 수 있다. 반대로, 이미 매우 부정적인 자아상을 가지고 있던 사람은 외상을 자신이 쓸모없거나 가치 없는 사람이라는 증거로 인식할 가능성이 더 높다.

B: 특정 사건 관련 요인은 인지 처리와 외상 기억 및 판단의 특성에도 영향을 미칠 수 있다. 예를 들어, 교통사고에서 뒤에서 갑자기 치는 등 매우 갑작스럽고 예상치 못한 외상 사건은 처리가 매우 어려울 것이며, 그 결과 감각적이면서도 맥락이 부족한 외상 기억을 남길 것이다. 해당 사건이 발생하는 동안 사람들은 상황을 이해할 기회가 없었기 때문이다. 이러한 유형의 외상은 '언제든지 나쁜 일이 일어날 수 있다.'는 예측 불가능성에 대한 신념을 형성할 수 있다. 특히 장기간 지속되거나 모욕적인 외상(예: 고문)은 정신적 패배감을 초래할 수 있으며, 이와 관련된 개념 처리의 붕괴는 물론 '나는 포기했고 저항하지 않았다.' 또는 '나는 더 이상 인간이 아니다.'와 같은 신념을 유발할 수 있다.

C: 외상의 후유증이나 결과도 종종 평가에 영향을 미친다. 예를 들어, 영구적인 신체적 부상, 사랑하는 사람의 죽음, 강제 이주와 같은 중대한 삶의 변화나 상실은 '내 삶이 파괴되었다.' 또는 '나는 더 이상 예전의 내가 아니다.'와 같은 신념을 갖게 할 수 있다.

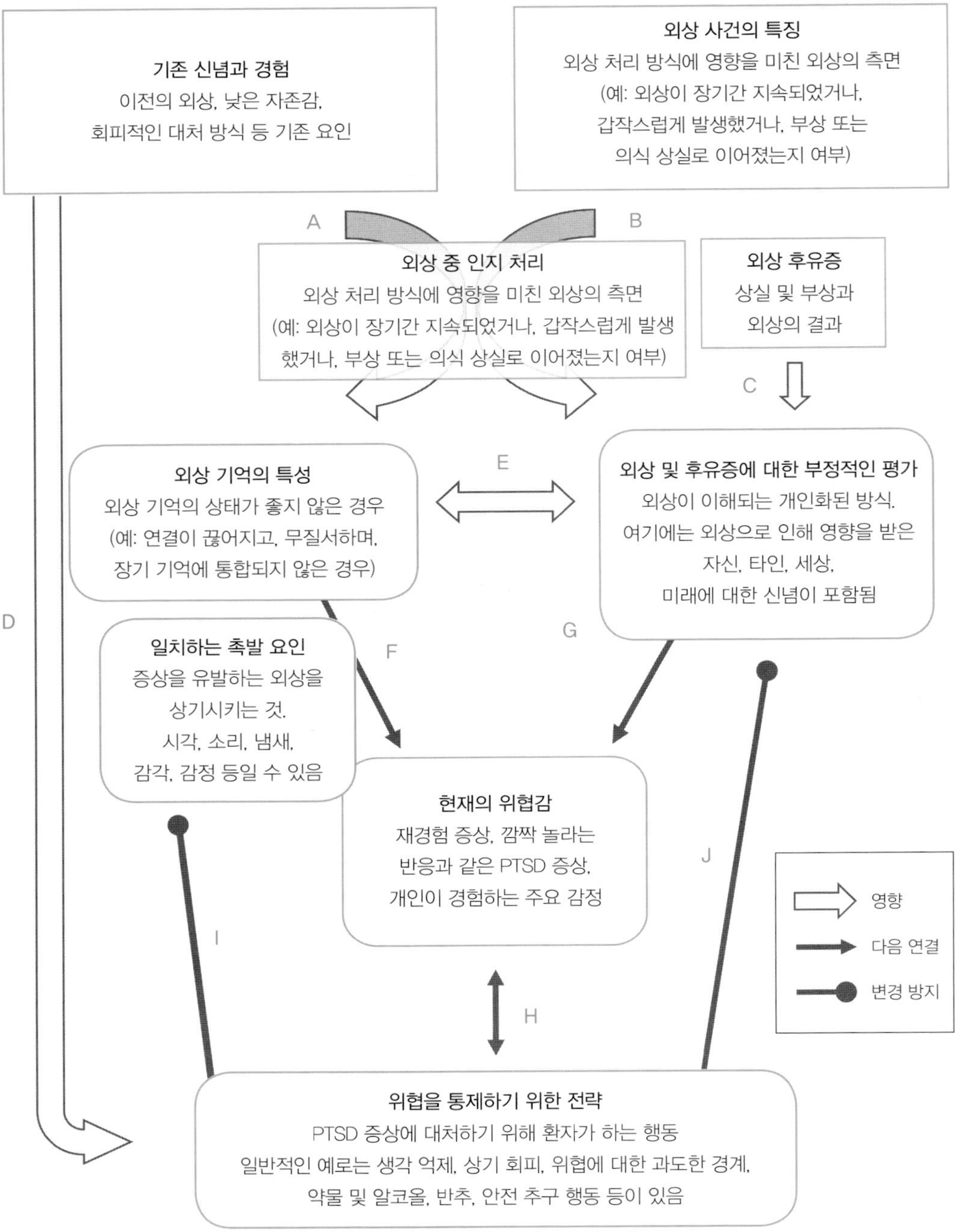

기존 신념과 경험
이전의 외상, 낮은 자존감,
회피적인 대처 방식 등 기존 요인

외상 사건의 특징
외상 처리 방식에 영향을 미친 외상의 측면
(예: 외상이 장기간 지속되었거나,
갑작스럽게 발생했거나, 부상 또는
의식 상실로 이어졌는지 여부)

A   B

외상 중 인지 처리
외상 처리 방식에 영향을 미친 외상의 측면
(예: 외상이 장기간 지속되었거나, 갑작스럽게 발생
했거나, 부상 또는 의식 상실로 이어졌는지 여부)

외상 후유증
상실 및 부상과
외상의 결과

C

외상 기억의 특성
외상 기억의 상태가 좋지 않은 경우
(예: 연결이 끊어지고, 무질서하며,
장기 기억에 통합되지 않은 경우)

E

외상 및 후유증에 대한 부정적인 평가
외상이 이해되는 개인화된 방식.
여기에는 외상으로 인해 영향을 받은
자신, 타인, 세상,
미래에 대한 신념이 포함됨

일치하는 촉발 요인
증상을 유발하는 외상을
상기시키는 것.
시각, 소리, 냄새,
감각, 감정 등일 수 있음

F   G

현재의 위협감
재경험 증상, 깜짝 놀라는
반응과 같은 PTSD 증상.
개인이 경험하는 주요 감정

J

→ 영향
→ 다음 연결
●— 변경 방지

I   H

D

위협을 통제하기 위한 전략
PTSD 증상에 대처하기 위해 환자가 하는 행동
일반적인 예로는 생각 억제, 상기 회피, 위협에 대한 과도한 경계,
약물 및 알코올, 반추, 안전 추구 행동 등이 있음

[그림 2-1] PTSD 수정된 인지모델

출처: reprinted from *Behaviour Research and Therapy*, *38*(4), Ehlers, A. and Clark, D., A cognitive model of posttraumatic stress disorder, 319-145, (2000), with permission from Elsevier

D: 이전의 대처 스타일은 PTSD에 대처하는 방식에 영향을 미칠 수 있다. 예를 들어, 문제를 무시하거나, 약물이나 알코올로 자가 치료를 하거나, 다르게 대처할 수 있었던 것에 집착하는 경향이 있는 사람은 외상 사건 이후에도 이러한 방식으로 대처할 가능성이 더 높을 수 있다.

E: 외상 기억의 특성과 평가 사이에는 상호 관계가 있다. 외상 기억의 생생한 '지금 여기'의 특성은 사람들이 외상이 과거가 아니며 여전히 위험에 처해 있거나 정신을 잃었다고 결론을 내리게 할 수 있다. 평가는 또한 외상 기억을 회상하는 방식에도 영향을 미칠 수 있다. 예를 들어, 외상 발생에 대한 책임이 자신에게 있다는 강한 신념이 있는 사람은 이러한 평가를 뒷받침하는 외상의 순간을 더 많이 떠올리고 그렇지 않은 기억을 떠올리지 않을 가능성이 높다.

F: 외상 기억이 충분히 정교하지 않고 장기기억으로 완전히 통합되지 않으면 쉽게 촉발될 수 있다. 이러한 기억은 강박적이고 감각적인 기억의 형태로 돌아와 마치 '지금 여기'에서 일어나는 것처럼 느껴진다. 증상을 다시 경험하게 하는 촉발 요인은 종종 외상의 특정 요소와 일치한다. 때로는 외상이 발생한 장소로 돌아가거나 가해자와 닮은 사람을 보는 것과 같이 명백한 자극일 수 있지만, 미묘한 자극도 있다. 예를 들어, 외상 당시에 존재했던 감각적인 세부 사항과 유사한 색상, 냄새, 신체 감각 또는 자세일 수 있다.

G: 외상이 어떻게 평가되었는지가 PTSD 경험에서 중요한 현재 위협감과 강한 감정에 영향을 미친다. 예를 들어, 외상 사건 이후 세상을 더 위험하다고 평가하거나, 자신을 덜 유능하다고 평가하거나, 다른 사람을 덜 신뢰할 수 있다고 평가한 경우 계속해서 위협을 느낄 것이다. 내부적인 위협은 외상의 영향에 대한 평가에서도 발생한다. 예를 들어, '내가 망가진 것 같다.' '나는 정신을 잃었다.' '나는 절대 극복하지 못할 것이다.'와 같은 평가에서도 발생하게 된다. 특정 평가는 종종 매우 독특하며 어떤 사람에게 PTSD가 지속되는지를 이해하는 데 중요하다.

H: 대처 전략은 PTSD 증상에 대한 내담자의 자연스러운 반응이다. 위로 향하는 화살표는 일부 대처 전략들이 PTSD 증상에 미치는 직접적인 영향을 나타낸다. 예를 들어, 침투적인 기억을 억누르려는 시도는 종종 반동 효과를 일으켜 기억이 더 자주 떠오르게 만든다. 위협에 대한 과도한 경계는 모호한 위험 신호에 주의를 기울여 개인이 더 많은

불안과 위협을 느끼게 할 수 있다.

I: 대처 전략은 두 가지 다른 과정을 통해 PTSD의 유지에 기여할 수 있다. 첫째, 외상 기억
을 생각하거나 이야기하는 것을 피하는 전략(주의 분산, 억압, 약물 또는 알코올 사용, 촉
발 요인 회피 등)은 그 기억들이 자전적 기억 체계에 통합되지 않고 단절된 상태로 남게
된다. 기억을 회피한다는 것은 세부 사항이 채워지지 않고, 새로운 정보로 업데이트되
지 않으며, 맥락을 파악하는 데 도움이 되는 다른 경험의 기억과 연결되지 않는다는 것
을 의미한다.

J: 다른 유지 과정은 외상 평가를 통해 이루어진다. 일부 대처 전략은 평가를 검증하고 업
데이트하는 것을 방해할 수 있다. 예를 들어, 위협을 느낀 사람이 혼잡한 장소에 가지
않거나 안전을 찾는 행동(낯선 사람과 눈을 마주치지 않는 등)을 취하는 경우, 이러한 예
방 조치가 실제로 그들을 안전하게 지켜준 것인지 또는 어쨌든 안전했었는지 알 수 없
게 된다. 촉발을 피하기 위해 철수하면 삶이 영구적으로 망가졌다는 신념이 지속된다.
타인으로부터 고립되면 자신에 대한 타인의 판단에 관한 신념을 시험할 수 없게 된다.
반추는 종종 일어난 일에 의미를 부여하려는 시도지만, 부정적인 평가에 도전하기보
다는 오히려 부정적인 평가를 강화하는 경향이 있다. 자기 공격은 '내 잘못이야.' 또는
'내가 이런 일을 당해도 싸.'와 같은 책임 평가에서 비롯될 수 있으며, 미래의 성과를 개
선하거나 보상하려는 의도가 있지만 오히려 그러한 신념을 강화시킨다. 걱정도 마찬
가지로 미래의 위협에 대비하는 기능을 하지만, 대신 위험에 대한 신념과 예방 조치의
필요성을 강화시킨다.

🌱 PTSD에 대한 인지치료

이 모델은 CT-PTSD의 기초를 형성하며 치료에서 세 가지 주요 목표를 가지게 된다.

- 외상과 그 결과에 대한 위협적 평가(개인적인 의미)를 수정하는 것
- 외상 기억을 정교화하고 맥락화하며 촉발 요인을 변별하여 재경험을 줄이는 것
- 현재 위험감을 유지하거나 기억의 정교화나 의미 재평가를 방해하는 인지 및 행동 대
  처 전략을 감소시키는 것

기본 원칙

CT-PTSD는 CBT의 중요한 원칙을 토대로 공식화되며, 협력적이고 구조화된 치료로, 경험적 증거에 기반한다(Westbrook, 2014 참조). 다른 CBT 모델과 마찬가지로, CT-PTSD는 내담자의 개인화된 평가를 식별하고 다루기 위해 안내적 탐색을 사용한다. 치료사는 내담자의 신념을 바꾸려 하기보다는 호기심을 가지고 탐구하는 자세를 가진다. 치료사는 내담자들의 신념과 이에 대한 증거를 검토한 후 잠재적인 대안적 시각을 고려한다.

핵심 기법

공동 사례개념화

CT-PTSD의 초기 세션은 정보를 수집하고, 심리교육을 제공하며, 내담자의 PTSD를 유지하는 핵심 주기를 설명하는 공식화 작성을 포함한다. 일반적으로 세션 1이 끝날 때까지 몇 가지 핵심 사항으로 요약된다.

삶을 되찾거나 다시 세우기(재건하기)

첫 번째 세션에서 치료사는 내담자가 외상 이후 단절했던 삶의 영역에 대해 묻는다. 많은 경우, 사람들은 이전에 그들의 삶에 의미와 즐거움을 주던 활동과 관계로부터 물러나게 되며, 이는 그들이 자신의 삶이 영구적으로 나쁘게 변했다고 믿게 만든다. '삶을 되찾기'는 이러한 활동을 점진적으로 다시 도입하는 과정이며, 치료사는 내담자가 이전에 소중히 여겼던 활동으로 돌아가는 데 장애가 되는 장벽을 극복하도록 격려하면서 치료가 진행된다. 내담자가 이전의 활동에 다시 참여할 수 없는 경우도 있다.

예를 들어, 이사로 인한 변화, 영구적인 신체적 부상, 또는 평생의 외상으로 인해 건강한 '기준선'이 없는 경우에는 치료의 초점이 자신이 가지지 못했던 것을 '찾아가거나' 원하는 삶을 '재건'하는 데 맞춰질 수 있다.

상상적 재연/내러티브 글쓰기

상상적 재연은 상상 속에서 외상 기억에 접근하는 방법 중 하나이다. 일반적으로 내담자에게 눈을 감고 현재 시제인 1인칭으로 말하도록 요청한다. 이는 기억에 정서적 몰입을 하고, 산만함을 줄이기 위한 것이다. 내담자에게 자신의 인식, 생각, 감정, 신체적 감각을 포함하여 외상 사건을 자세히 설명하도록 요청한다. 상상적 재연의 대안은 외상에 대한 이야기를 글로 작성하는 것이다. 이 방법은 특히 해리에 취약한 일부 내담자, 외상이 매우 장기화되었거나 기억이 매우 혼란스러운 경우에 선호된다. 상상적 재연이 서술적 글쓰기보다 더 효과적이거나 그 반대의 경우라는 증거는 없으므로, 두 기법을 상호 교환적으로 또는 조합하여 사용할 수 있다. 내러티브 글쓰기는 일반적으로 치료사와 함께 준비하며, 상상적 재연과 비슷한 수준과 범위의 세부 사항을 담도록 한다.

FAQ 상상적 재연은 몇 번 해야 하나요?

CT-PTSD에서 재연의 목표는 외상 기억을 보다 완전한 형태로 만들어 단절된 기억을 줄이고, 자전적 기억으로 통합하는 데 도움을 주며, 핫스팟과 주요 개인적 의미를 파악하는 것입니다. 이는 첫 번째 재연 세션에서 달성될 수도 있고, 몇 차례의 시도가 필요할 수도 있습니다. 평균적으로 하나의 외상 사건 전체를 상상으로 재연하는 것은 보통 CT-PTSD에서 2~3회 정도만 이루어집니다.

일부 내담자는 외상 기억에 완전히 접근하여 문제가 되는 평가를 자발적으로 업데이트하기 때문에, 재연 후 증상에 즉각적인 긍정적 효과를 경험하기도 합니다. 주된 감정이 두려움이나 공포였던 외상은 종종 빠르게 업데이트되며 한두 번의 재연 세션만으로도 큰 변화를 가져올 수 있습니다. 반면, 죄책감, 수치심, 분노, 굴욕감 등 외상 후 감정이 더 복잡한 경우에는 관련 평가가 자발적으로 업데이트될 가능성이 낮기 때문에 인지적 재구성이 필요하므로 핫스팟을 즉시 다루는 것이 가장 좋습니다. 새로운 평가가 이루어진 후에는 상상적 재연을 다시 사용하여 핫스팟을 업데이트할 수 있습니다.

외상을 재연하거나 기록한 후, 내담자에게 가장 고통이 심했던 순간들, 즉 '핫스팟'을 식별하도록 요청한다. 이 순간들은 보통 중요한 개인적 의미를 담고 있어 추가적인 작업의 초점이 된다.

FAQ 핫스팟이 무엇인지 어떻게 알 수 있나요?

재연 또는 내러티브 글쓰기 세션이 끝난 후, 우리는 내담자에게 외상 기억 중 가장 고통스럽거나 생생하게 떠오르거나, 마치 '현재 일어나고 있는 것처럼' 느껴졌던 순간들을 물어봅니다. 외상 기억이 아직 생생할 때 이 질문을 하는 것이 도움이 됩니다. 또한 치료사는 재연 중에 내담자가 가장 감정적이거나 멀리 떨어져 있는 것처럼 보이는 순간, 얼굴이 붉어지거나 몸이 떨리는 신체적 반응이 나타나는 순간, 혹은 내담자가 기억을 건너뛰거나 언급을 피하는 순간을 관찰해 핫스팟을 파악할 수 있습니다. 핫스팟을 식별하는 또 다른 방법은 침투, 플래시백, 악몽에서 가장 자주 재체험되는 외상 부분을 파악하는 것인데, 이는 제대로 처리되지 않고 가장 쉽게 유발되는 외상 기억을 나타낼 가능성이 있습니다.

외상 기억 업데이트하기

핫스팟이 확인되면 치료사와 내담자는 그 순간에 얽힌 감정과 의미를 탐색하고 문제가 되는 의미를 '업데이트'할 수 있는 새로운 정보를 식별하기 시작한다. 어떤 경우에는 이러한 업데이트가 쉽게 식별되어 외상 기억에 즉시 추가될 수 있다. 다른 경우에는 안내적 탐색을 통해 추가적인 탐색이 필요하다. 업데이트에 추가적인 세부 정보를 더하고, 그것이 의미있게 느껴지도록 하는 방법을 도입하면, 내담자들이 외상 기억이 다시 떠오를 때 업데이트가 '고정'되는 데 도움이 될 수 있다.

의미 있는 업데이트가 생성되면 외상 기억에 다시 통합된다. 이는 핫스팟이 활성화된 지점에서 기억을 일시 정지한 후 새로운 업데이트 정보를 불러오는 방식으로 상상적 재연 중에 수행할 수 있다. 내러티브를 글로 작성한 경우, 업데이트 내용을 적절한 지점에 다른 색상으로 기록할 수 있다. 업데이트를 강화하기 위해 이미지를 사용할 수도 있다. 예를 들어, 사람들에게 상처가 치유되는 모습을 떠올리도록 요청하여, 영구적으로 손상된 것으로 생각했던 핫스팟을 업데이트할 수 있다.

일부 핫스팟은 의미 있는 업데이트를 찾기 위해 더 많은 작업이 필요할 수 있으며, 필요에 따라 다양한 인지 재구성 기법을 사용할 수 있다. 예를 들어, 외상이 자신의 잘못이라고 강하게 믿는다면, 설문조사나 책임 파이 차트와 같은 기법을 사용하여 이러한 신념에 대한 증

캐시는 난산 중에 죽을 줄 알았습니다. 치료사는 최악의 상황이 무엇이냐고 물어보았고, 캐시는 '딸을 만나지 못한다는 것'이라고 대답했습니다. 캐시는 자신이 죽을 것이라고 믿었던 순간을 떠올리면서 '나는 살아남았다.'라는 새로운 정보로 업데이트하는 동시에, 추가적인 의미를 부여하기 위해 자세한 내용을 덧붙이도록 권유 받았습니다. 캐시는 "이제 딸을 매일 볼 수 있다는 것을 알아요. 오늘 아침에 유치원에 데려다줬는데, 눈이 내리기 시작했는데, 정말로 기뻤어요."라고 말했습니다. 치료사는 핫스팟을 떠올리라고 권유하고, 그 후에는 눈 속에서 행복하게 놀고 있는 딸의 사진을 보면서 이 새로운 의미를 강화하도록 격려했습니다.

거를 조사하는 데 시간이 걸릴 수 있다. 외상을 겪으면서 자신이 가치 없다고 믿었고, 이것이 자신에 대해 오랫동안 가지고 있던 신념이 확인되는 것으로 느껴진다면, 긍정적인 데이터 기록, 행동 실험 및 증거의 역사적 검토와 같은 기법을 사용하여 의미 있는 대안을 모색하기 위해 여러 차례의 세션이 필요할 수 있다.

FAQ 상상적 재연과 이미지 재구성의 차이점은 무엇인가요?

상상적 재연(Imaginal Reliving)은 상상 속에서 외상 기억을 다시 경험하고 사건의 순간순간 세부 사항을 말로 표현하는 과정입니다. 이미지 재구성(Imagery Rescripting)은 종종 동일한 방식으로 시작하지만, 기억은 실제로 일어난 것에서 벗어나 사건이 다르게 펼쳐지거나 끝나는 것을 상상하는 데 중점을 둡니다. 일반적으로 새롭게 구성된 기억은 더 긍정적인 느낌을 주도록 상상됩니다. 예를 들어 친구에게 도움을 받을 수 있도록 해서, 그 순간에 비해 무력하거나 외로웠던 기분을 덜어주도록 '기억을 새롭게 구성하는' 것입니다.

이미지 재구성은 PTSD의 독립적인 치료법으로 사용되어 왔지만(Arntz, 2012), CT-PTSD에서는 일반적으로 상상적 재연의 보조 도구로 사용되어 새로운 의미나 업데이트를 '강화'하는 데 도움이 됩니다. 따라서 CT-PTSD의 관점에서 볼 때, 이미지 재구성은 기억 업데이트로 간주됩니다. 예를 들어, 그때 혼자 있었더라도 지금은 혼자가 아니라는 정보를 가져오는 것입니다.

이미지 재구성은 내담자가 복잡하고 경직된 다층적 의미를 업데이트하고 지나치게 압도적으로 느껴지는 이미지와 기억을 통제하는 데에 효과적입니다. 또한 생각, 감정, 감각을 동시에 활성화할 수 있으므로 '머리와 마음의 간극'을 메우는 데 도움이 됩니다(14장). 이미지 재구성의 활용 방법에는 여러 가지가 있으며, 성인 자아 불러오기, 고인과의 대화, 도덕적 권위자에게 상담 받기, 사후 세계 이미지, 힘과 숙달 등 다양한 변형이 설명되어 있습니다.

인지 작업

외상 당시 평가를 다루기 위해 정보를 업데이트하는 것 외에도, 외상 이후(또는 외상 이전부터 형성되어 외상으로 인해 확인된 것으로 보이는) 죄책감, 수치심, 분노, 지나치게 일반화된 위험감 등 부정적인 감정을 유발하는 외상 관련 신념에 대해서도 인지 구조화 기법을 통해 다루게 된다. 앞서 설명한 것처럼, 다양한 인지 기법이 사용될 수 있으며, 일반적으로 안내적 탐색 및 행동 실험에 중점을 둔다. 이러한 기법은 12장에서 더 자세히 설명되어 있다.

자극 변별

자극 변별 또는 '그때 대 지금'은 침투적 기억의 촉발 요인을 다루기 위한 기법이다. 이는 촉발 요인이 외상 기억과 어떤 방식으로든 연관되어 있다는 개념에 기반한다. 예를 들어, 빨간색은 피에 대한 기억을, 연기 냄새는 화재에 대한 기억을 유발할 수 있다. 그러나 촉발 상황의 다른 많은 세부 사항, 즉 그 사람이 안전하다는 점과 그 기억이 과거의 일이라는 것을 강조하는 세부 사항은 다를 수 있다. 자극 변별은 이러한 차이에 주목하는 것이다.

치료사는 먼저 내담자가 침투적 기억을 촉발하는 요인을 식별하도록 돕는다. 어떤 촉발 요인은 명백하지만, 다른 촉발 요인은 더 미묘할 수 있다. 플래시백과 같은 침투 증상은 갑자기 튀어나오는 것처럼 느껴질 수 있지만, 대개는 약간의 추적 작업을 통해 촉발 요인을 식별할 수 있다. 이 과정에서 침투 일지를 작성하는 것은 매우 도움이 될 수 있다. 각 촉발 요인에 대해 내담자와 치료사는 일치하는 특징과 촉발 상황 및 외상 간의 차이점을 명시한다.

> 길버트는 자신의 차가 과속하는 파란색 차량과 충돌한 교통사고를 겪었습니다. 도로에서 파란색 차량을 보면 외상 기억이 촉발되는데, 이는 그의 기억을 괴롭히는 사건이었습니다. 그의 치료사는 최근에 이 촉발로 인해 발생한 사례를 물었고, 그들은 함께 유사점과 차이점을 나열했습니다.

차이점을 논의한 후, 다음 단계는 의도적으로 촉발 요인을 마주하고 모든 차이점을 주의 깊게 관찰하는 것이다. 이는 치료 세션에서 사진, 동영상 또는 음성파일과 같은 전자 자료를 사용하거나 '외부활동'을 통해 촉발 요인에 직접 노출되는 방식으로 진행될 수 있다. 위의 예에서 길버트와 그의 치료사는 먼저 온라인에서 파란색 자동차 사진을 보며 이 기술을 연습한 다음, 근처의 번잡한 도로로 나가서 실제 자동차를 보면서 연습했다. 길버트는 운전 중에도 틈틈이 이 기법을 연습했다. 이 기법에 익숙해질수록 촉발 요인을 예기치 않게 마주했을 때도 쉽게 적용할 수 있을 것이다.

도움이 되지 않는 대처 전략 축소/대체하기

PTSD와 관련된 현재의 위협감에 대처하기 위해 내담자가 사용하는 전략들을 파악하고, 이러한 전략이 문제를 유지하는 것으로 보일 때는 그 해당 전략을 중단하거나 대체하도록 권장한다. 다양한 전략의 비용과 이점을 검토하는 등 안내적 탐색이 사용되며, 대처 전략을 중단하는 효과를 검증하기 위해 행동 실험이 이어진다. 이에 대한 자세한 내용은 4부에서 다룬다.

표 2-1 길버트의 자극 변별표

그때-차 사고	같은가 혹은 다른가?	지금-파란차를 볼 때
파란 차	✓	파란 차
차 모델-아우디	✗	차 모델-도요타
비오고 추운 날	✗	맑은 날씨
2015년 10월	✗	2020년 6월
M25 도로 주행	✗	M40 남쪽 길 주행
차에 혼자 있음	✗	배우자가 옆에 앉아 있음
다른 차가 과속중	✗	다른 차가 정속 운행중
위험한 상황	✗	위험하지 않음
청바지와 잠바를 입었음	✗	반바지와 티셔츠 입음

현장 방문

치료가 끝나는 시점에는 치료사와 내담자는 외상이 발생했던 현장으로 돌아간다. 치료사는 내담자가 외상 당시('그때')의 현장과 현재('지금')의 현장 사이의 모든 차이점을 주의깊게 관찰하도록 장려한다. 때로는 현장에서 명백한 변화가 있을 수 있으며, 또한 시간, 날짜, 치료사의 존재, 날씨 등 다른 차이점이 강조될 수 있다. 외상의 장소를 현재와 비교함으로써, 외상이 발생했던 시기와는 다르게 느껴지도록 도와준다(Murray et al., 2016). 또한 치료사와 내담자는 현장에서 외상을 재구성하며 당시 일어난 일을 되짚어 볼 수 있다. 이를 통해 기억의 공백을 채우거나 경험을 이해하는 데 도움이 되는 추가 정보가 드러날 수 있으며, 때로는 잘못된 평가를 수정하는 데 도움이 된다.

현장 방문 전에 구체적 행동 실험을 계획할 수도 있고, 현장 방문 중에 다른 실험을 계획할 수도 있다. 현장에서 관련자와 대화하는 것이 유용할 수 있으며, 이를 위해 사전 준비가 필요할 수 있다. 예를 들어, 병원이나 산부인과를 방문할 때는 현장에 있었던 직원과 이야기

하젤은 시속 30마일로 운전하던 중 보행자를 치어 숨지게 했고, 언제나 자신의 반응이 너무 느렸다고 자책하고 있었습니다. 현장에서 하젤과 치료사는 보행자가 도로에 들어섰을 때 자신의 차가 어디에 있었는지 파악한 다음, 고속도로 규정 홈페이지에서 정지 거리를 조회했습니다. 그 결과, 즉시 브레이크를 밟았더라도 제동 거리 때문에 충돌을 피할 수 없었다는 결론을 내렸습니다.

를 나누면 어떤 일이 있었는지 더 많은 정보를 얻을 수 있다.

　안전상의 이유나 현실적인 이유로 외상 현장으로 돌아갈 수 없는 경우, Google Street View 또는 Google Earth와 같은 도구를 사용하여 가상으로 현장을 방문함으로써 실제 현장 방문과 동일한 목적을 달성할 수 있다. 현장 방문을 위한 치료사 가이드는 Murray 등(2015)을 참조한다.

🌱 치료실 노트: 시안

　시안은 친구들과 함께 외출 중에 폭행을 당한 후 PTSD가 발병되었다. 한 무리의 남성들이 술집에서 시안의 친구가 그들을 밀쳤다고 주장하면서 대립했고, 시안은 싸움을 말리기 위해 개입했다. 시안은 남성 중 한 명에게 주먹을 맞고 바닥에 쓰러진 채 다른 남성에게 발길질을 당했다. 시안은 잠시 의식을 잃었다가 경비원들이 그를 밖으로 끌어내면서 깨어났다. 폭행 사건으로 기소된 사람은 없었다.

　시안은 부모님과 여자친구의 권유로 치료를 받기 시작했다. 시안은 폭행당하는 악몽을 자주 꾸었고, 사람이 많은 장소에서 얼굴 근처에 갑작스러운 움직임이 있을 때 플래시백을 경험했다. 시안은 폭행 당시를 상기하며 가해자들이 '도망갔다'는 사실에 분노를 느꼈다. 시안은 사람이 많은 곳에서 불편함과 불안감을 느껴 친구들과 외출하는 것을 그만두었다. 시안은 짜증을 내고 여자친구와 다투기도 했다. 그의 사례 공식화는 [그림 2-2]에 나와 있다.

　첫 번째 세션에서 시안과 치료사는 그의 문제에 대해 논의하고 초기 사례 공식화와 치료 목표를 수립했다. 또한 치료 목표에 합의하고 '삶을 되찾기' 활동에 대해 논의를 시작했다. 시안은 예전에는 체육관에 가거나 친구들과 어울리는 것을 좋아했지만, 이제는 혼잡한 곳에서 불안을 느꼈다. 시안과 치료사는 이러한 활동을 되찾기 위한 초기이지만 실천 가능한 몇 가지 작업을 설정했다. 이에 따라 집에서 운동을 시작하고, 매일 짧은 산책을 하며, 친구 몇 명에게 메시지를 보내는 실천 가능한 작업을 설정했다.

　시안은 첫 번째 세션에서 폭행에 대해 간략하게 이야기했고, 두 번째 세션에서는 상상적 재연을 통해 외상 기억을 더욱 정교하게 다루었다. 두 가지 핵심 기억은 주먹이 얼굴을 향해 날아오는 것을 보았지만 아무것도 막을 수 없었던 순간과 바닥에 쓰러져 발로 차이면서 절망과 굴욕감을 느꼈던 순간이었다. 시안은 과제로 외상에 대한 이야기를 서술하기로 합의했다. 그날 밤 병원에서 혼자 기다리던 또 다른 순간에 대한 기억이 떠올랐고, 그는 자신을 위로해 줄 사람이 없어서 외롭고 속상했던 감정을 기억했다.

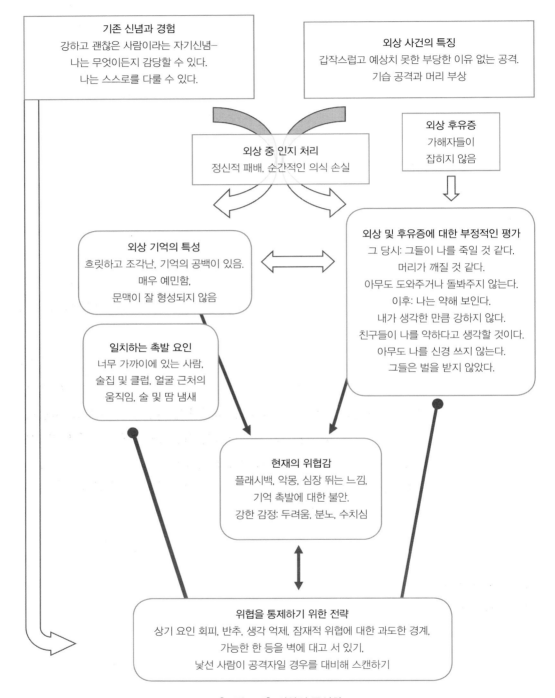

[그림 2-2] 시안의 공식화

시안과 치료사는 핫스팟에서 경험한 감정과 당시 그의 머릿속을 스쳐 지나간 생각에 대해 이야기했고, 몇 가지 새로운 정보를 통해 의미를 업데이트하기 시작했다. 예를 들어, 당시에는 심각하게 다쳤다고 생각했지만 심각하지 않았다는 사실을 쉽게 확인할 수 있었다. 외상 이야기를 통해 더 많은 정보가 밝혀졌다. 예를 들어, 시안은 친구들에게 병원에 따라오지 말라고 했고, 여자친구가 한 시간 만에 병원에 도착했다는 것이었다. 이로 인해 분노와 외로움을 덜 느꼈다고 했다.

다른 업데이트는 약간의 인지적 재구성이 필요했다. 예를 들어, 시안은 친구들이 자신을 나약한 사람으로 보고 폭행 이후 자신을 피한다고 믿었기 때문에 이것이 사실인지 알 기회가 없었다. 치료사의 권유로 시안은 친구 몇 명을 자신의 집으로 초대하여 폭행 당일에 대해 이야기했다. 친구들은 가해자들에게 분노를 표현했을 뿐 시안이 다르게 대처했어야 한다거나 시안이 약하다고 생각한다는 징후는 전혀 보이지 않았다. 시안의 친구들은 그를 보게 되어 기쁘게 생각했고, 다음 주말에 자신의 집에 놀러 오라고 초대했다. 이는 사람들이 자신을 신경 쓰지 않는다는 시안의 신념을 해소하는 데 더 큰 도움이 되었다. 이러한 업데이트는 상상적 재연 과정에서 외상 기억에 통합되었고, 시안의 글쓰기에도 기록되었다. 시안의 핫스팟 및 업데이트에 대한 요약은 〈표 2-2〉에 나와 있다.

치료 중반에는 시안의 증상이 현저히 감소했다. 치료사와의 치료 경과 검토 후, 치료 후반부의 목표를 설정했다. 시안은 사람이 많은 곳에서 여전히 불안감을 느꼈지만, 밤에 다시 외출하고 싶어 했다. 또한 가해자들이 처벌받지 않은 것에 대해 여전히 분노를 느끼고 있었다. 시안과 치료사는 사람이 많은 장소에 있을 때 자신을 보호하지 않으면 다시 공격당할 것이라는 그의 신념을 검증하기 위한 행동실험 계획을 세웠다. 또한 '그때 대 지금' 기법을 검토

표 2-2 시안의 핫스팟과 업데이트

핫스팟	주요 감정	주요 접근	업데이트
얼굴에 주먹 맞기	충격 공포	아플 것 같다.	아팠지만 영구적 손상은 없었다. 얼굴은 이제 괜찮다.
바닥에서 발길질 당함	굴욕감 절망감	나는 두들겨 맞고 있는데 맞서 싸워야 한다. 모두가 나를 약하다고 생각할 것이다.	나는 수적으로 열세였고 내가 할 수 있는 것은 아무것도 없었다. 나는 약하지 않고 내 동료들도 그렇게 생각하지 않는다.
응급실에서 혼자 기다리기	외로움 화남	아무도 나와 함께 가줄 만큼 신경 쓰지 않는다.	친구들에게 오지 말라고 했는데, 내가 부탁했으면 왔을 것 같다. 대니는 한 시간 후에 도착했다.

하고, 세션 중에 얼굴에 물건을 가까이 가져가면서 촉발 요인을 줄이는 연습을 했다.

시안과 치료사는 가해자에 대한 반추의 장단점에 대해서도 이야기를 나눴다. 시안은 반추하는 것이 기분을 나쁘게 하고, 여자친구와의 관계에 영향을 미치며, 가해자들을 어떤 식으로든 처벌하지 못한다는 결론을 내렸다. 또한 그는 인과응보를 믿었으며, 자신이 직접 보지 못하더라도 가해자들은 어떤 식으로든 나쁜 행동에 대한 벌을 받을 것이라는 점을 깨달았다. 시안은 가해자들에 대한 집착을 멈추고 자신의 미래에 집중하기로 결심했다.

외출하는 것이 좀 더 편해지기 시작하자 시안은 처음에는 한가한 시간대에, 나중에는 더 붐비는 시간대에 체육관을 다니기 시작했고, 자신의 삶을 되찾기 시작했다. 시안은 동네 술집에서 친구들을 만나기로 약속하고 불편한 점이 있으면 '그때 대 지금' 기법을 활용해 연습했다. 점차 자신감이 회복되었다. 치료를 마치기 전에 시안은 치료사의 도움을 받아 치료 청사진을 준비했는데, 여기에는 치료 기간 동안 배운 내용을 요약하고 지속적인 진행 상황과 장애물에 대처하는 방법에 대한 계획이 담겨 있었다.

추천도서

Ehlers, A., & Clark, D. M. (2000). A cognitive model of posttraumatic stress disorder. *Behaviour Research and Therapy, 38*(4), 319-345.

Grey, N. (2007). Post-traumatic stress disorder:Treatment. In S. Lindsay & G. Powell (Eds.). *The handbook of clinical adult psychology* (pp. 185-205). Routledge.

Chapter 3

평가 및 공식화

파티마는 동네에서 칼부림을 당한 후 계속해서 두통을 겪고 있었다. 파티마는 집을 나가는 것이 두려웠고, 동네가 위험하다는 강한 신념을 가지고 있었다. 파티마의 치료사는 파티마의 PTSD를 평가하는 동시에 두통 일지를 통해 추가 정보를 수집하여 촉발 요인을 파악하고, 파티마가 거주하는 지역의 안전에 대한 객관적인 데이터를 검토하여 파티마가 실제로 위험에 처해 있는지 파악했다.

평가 방법과 다루는 내용은 주로 평가의 목적 및 우리가 일하고 있는 맥락에 따라 달라진다. 예를 들어, 연구 환경에서는 평가가 기준 데이터로 작용할 수 있기 때문에 증상을 측정하는 데 중점을 둘 수 있다. 의학−법률적 맥락에서는 전문가 증인으로서 인과관계, 예후 및 신뢰성 문제를 평가하도록 요구 받을 수 있다. 이 장에서는 주로 임상 환경에서의 평가에 초점을 맞추며, 전반적인 목표는 다음과 같다:

- 내담자가 제시하는 현재 문제와 요구 사항 파악
- 심리적 장애 및 공존이환의 확인
- 심리치료 및 특정 임상 경로의 적합성 평가
- 개인 맞춤형 공식화 및 치료 계획 수립을 위한 정보 제공
- 치료를 위한 기반 마련

평가의 목표에 따라 우리는 임상 면담, 구조화된 평가 도구, 자가 보고 측정, 증상 일지, 관찰 등 다양한 도구를 사용한다. 이는 평가가 간단하거나 복잡한 경우 모두 해당되지만, 이

장에서 설명한 대로, 복잡한 평가에서는 더 자세한 분석과 증상 추적을 위한 몇 가지 추가적인 방법이 필요할 수 있다.

🌿 내담자에게 편안하고 유용한 평가 과정 만들기

심리 평가의 맥락이 무엇이든, 우리의 최우선 과제는 내담자가 편안하게 느끼고 존엄성, 인간성, 존중을 받으며 치료받을 수 있도록 하는 것이다. 심리 평가 과정은 우리에게 익숙할지 몰라도, 내담자에게는 낯설 수 있으며, 더군다나 자신의 삶에서 가장 끔찍한 경험을 낯선 사람에게 이야기해야 하는 상황에 직면할 수 있다. 그러므로 많은 사람들이 불안해하는 것은 어쩌면 당연한 일이다. 우리의 일부 내담자들은 다른 사람으로부터 통제, 속임수, 착취, 학대를 당한 경험이 있으므로, 우리를 신뢰하고 즉시 대인 관계를 형성하는 것이 어려울 수 있다. 우리는 상담 시작부터 치료의 기초를 마련할 협력적인 관계를 구축하기 위해 최선을 다해야 한다(24장 참조). 다음은 고려해야 할 몇 가지 영역이다:

- 물리적 안전: 일부 내담자 중에는 작은 방, 문과 창문이 닫힌 상태(교도소에서 갇혀 있었던 경우), 또는 문이나 창문에 등을 맞대고 앉아 있는 것(폭행을 당한 경우)과 같은 물리적 환경 요소는 촉발 요인이 될 수 있다. 환경을 더 편안하게 만들 수 있는 방법이 있는지 물어보고, 방을 재배치하거나 다른 방을 사용할 준비를 한다. 가능하면 문을 두드리는 소리와 같은 불필요한 소음을 최소화하도록 노력한다.
- 소개 및 설명하기: 내담자를 환영하고, 내방한 것에 대해 감사를 표하고, 자기 소개를 하고, 내담자가 어떻게 불리기를 원하는지 묻는다. 치료사의 역할, 평가 목적, 기밀 유지 및 한계에 대해 가능한 한 명확하게 설명한다. 내담자가 불안할 때 많은 정보를 이해하기 어려울 수 있으므로 필요한 경우 천천히 진행하고 반복해야 한다.
- 연민을 표현하기: 내담자가 이야기할 때 언어적, 비언어적 행동을 통해 공감과 연민을 표현한다. 물론 모든 내담자에게 이 방법을 사용하지만, PTSD가 있는 내담자들은 위협, 거부 또는 판단의 신호에 특히 민감할 수 있으므로 무조건적인 긍정적 존중을 더욱 명확하게 보여 줄 필요가 있다.
- 타당화 및 정상화: 가능하면 내담자의 말을 직접 사용하여 요약하여 듣고 있음을 보여 준다. 내담자의 고통과 어려운 경험을 모두 타당화하는 말을 한다. 우리는 주로 "당신이 겪은 상황을 고려하면, 당신이 …한 것이 어쩌면 당연한 일일 것입니다."와 같은 문

장으로 시작하여 우리가 내담자의 반응이나 행동을 이해한다는 것을 보여 준다. 평가 중에는 일반적으로 PTSD와 그 유병률에 대한 정보를 제공하여 내담자의 증상을 끔찍한 사건에 대한 공통적인 반응으로 정상화한다.

- 문화적 고려 사항: 25장에서 논의했듯이 심리적 문제에 대한 이해, 심리학자의 역할, 고통의 표현은 문화마다 다를 수 있다. 또한 평가에서 효과적인 의사소통이 이루어질 수 있도록 필요에 따라 통역 및 번역 도구를 사용하는 등 언어 사용 방법도 고려해야 한다.

FAQ 내담자가 다른 사람을 평가에 데려오면 어떻게 해야 하나요?

평가(및 치료)를 위해 내담자와 단둘이 만나는 것이 가장 이상적입니다. 이에는 여러 가지 이유가 있습니다. 내담자는 다른 사람을 보호하려 하거나 말을 검열할 수 있으며, 우리가 실제로 원하는 내담자의 관점을 얻지 못하고 대신 다른 사람에게 의존할 가능성이 있습니다. 또한 (드물지만) 다른 사람이 학대적이거나 강압적일 가능성이 있고, 내담자가 무슨 말을 하는지 감시하기 위해 동석할 수 있습니다. 그러나 평가의 첫 번째 목표는 내담자가 편안하게 느끼도록 하는 것이므로. 내담자가 원할 경우 다른 사람을 초대할 수 있습니다. 가능하면 평가 세션의 일부(또는 두 번째 세션)를 내담자와 단둘이 진행하도록 요청합니다. 파트너. 친구, 가족을 포함하면 다음과 같은 이점도 있습니다. 이들은 내담자의 어려움에 대한 유용한 관점을 제공할 수 있고, 치료 중에 중요한 지지 역할을 할 수 있습니다. 내담자가 동의하는 경우. 우리는 피드백 세션에서 공식화와 치료 계획을 논의할 때 그들을 초대할 수 있습니다.

🌱 임상 평가에서 다룰 내용

임상 평가 수행에 대한 자세한 설명은 다른 곳에서 확인할 수 있지만, 여기서는 다루어야 할 내용을 간략하게 요약할 것이다.

- 현재 생활 상황(예: 직장/학업, 주거 상황, 인간관계 상태)
- 내담자의 주요 문제와 그 문제의 역사(문제 발생 시기, 진행 경과, 촉발 요인)
- 문제로 인해 중요한 기능 영역에 미치는 영향(인간관계, 직장 등 중요한 영역에서 문제의 영향)
- 외상 사건을 포함한 중요한 삶의 사건에 대한 발달 및 개인 역사

- 주요 외상 사건에 대한 간략한 설명과 PTSD 증상과의 연관성
- 위험평가(자신에 대한 위험, 타인에 대한 위험, 타인으로부터의 위험)
- 약물 및 알코올 사용, 복용 중인 약물
- 신체 건강 문제
- 치료 이력 및 치료 목표

임상 평가의 한 가지 목표는 특정 환경에서 제공되는 치료가 내담자의 필요에 적합한지 확인하는 것이다. 이는 팀의 전문적인 구성과 단기 또는 장기 개입이 제공되는지 여부와 같은 설정에 따라 달라질 수 있다. 단기 CBT의 적합성을 평가할 수 있는 척도가 존재한다(예:

FAQ 평가 시 외상에 대해 얼마나 물어봐야 하나요?

많은 내담자가 평가에 참석할 때 자신의 외상에 대해 이야기하기를 기대하며, 무슨 일이 있었는지 간략하게 설명할 의향이 있습니다. 처음에는 외상에 대해 말하는 것을 꺼리는 경우도 있지만, 치료가 진행됨에 따라 기꺼이 이야기할 수도 있습니다.

일반적으로 의뢰서에는 환자의 외상 병력에 대한 정보가 포함되지만, 우리는 PTSD 평가의 일환으로 외상 경험에 대해 묻는 것이 중요하다고 생각합니다. 이는 기준 A를 충족하는지 확인하고 재경험 및 회피 증상의 내용과 관련시키기 위함이기도 합니다. 외상에 대한 질문은 외상 중심 치료 접근법의 적합성과 어느 정도 견딜 수 있는지 판단하는 데도 도움이 되며, 사례 공식화에 필요한 정보를 제공할 수 있습니다. 마지막으로, 이는 내담자가 부끄러워서 언급하지 않을 수 있는 경험을 확인하는 데에도 도움이 됩니다. DSM-5용 생활 사건 체크리스트(LEC-5; Weathers et al., 2013a)와 같은 외상 노출 설문지는 모든 외상 사건을 빠르게 확인할 수 있는 방법을 제공하며, 더 자세한 내용을 묻기 위해 부드럽게 시작합니다.

평가 단계에서는 주요(최악의) 외상에 대한 완전한 설명을 강요하지 않습니다. 따라서 많은 후속 질문이나 인지적 주제에 대해 자세히 파고들지 않습니다. 일반적으로 "이 단계에서 외상 경험에 대해 자세히 이야기할 필요는 없지만, 무슨 일이 있었는지 아주 간략하게 물어봐도 괜찮을까요? 편하신 만큼만 말씀해 주세요."라고 말합니다. 대부분의 경우 이렇게 하면 충분한 정보를 이끌어 내는 동시에 내담자 자신의 이야기를 완전히 통제할 수 있도록 지원할 수 있습니다. 내담자가 자세한 설명을 시작하다가 화를 내거나 해리 상태가 시작되면, 부드럽게 멈추고 나중에 치료 과정에서 다시 해당 이야기로 돌아올 것이라고 알려줍니다. 우리는 항상 내담자가 외상에 대해 이야기하는 것에 대한 용기를 칭찬하고, 내담자의 경험과 고통을 인정합니다.

'치료에 대한 준비 여부 질문지'; Ghomi et al., 2020). 그러나 우리의 지식 범위에서는 PTSD 치료의 결과를 구체적으로 예측할 수 있는 공개된 척도는 없다. 따라서 치료를 결정할 때는, 치료 결과의 조절 요인의 심각도(Novakova, 2019)를 고려하여 치료 경로 결정에 이용한다. 예를 들어, 평가 중 보속 혹은 감정의 분리(perseveration or detachment) 정도, 관여하기 어려운 개인의 이력, 전반적인 증상의 부담 등이 있다(요청 시 전체 목록 제공 가능). 이러한 특징이 있다고 해서 치료가 배제되지는 않지만, 잠재적인 치료 합병증을 나타낼 수 있으며, 그중 많은 부분이 이 책의 주제가 된다.

PTSD 측정

PTSD를 측정할 수 있는 다양한 방법이 있으며, 여기서는 가장 자주 사용되는 몇 가지 방법을 소개한다. 미국 재향군인회 웹사이트(https//:www.va.gov)는 평가 도구와 정보를 얻을 수 있는 좋은 출처이다. PTSD 측정은 임상 평가의 일부를 구성하지만 그 자체만으로는 치료 계획을 수립하기에 충분하지 않다.

자기 보고 증상 설문지

우리는 가장 일반적으로는 DSM-5 PTSD 기준과 일치하며 무료로 제공되는 20개 항목으로 구성된 DSM-5용 PTSD 체크리스트(PCL-5; Weathers et al., 2013b)를 사용한다. 이는 기준 A 사건을 평가하는 생활사건 체크리스트(LEC-5)와 함께 사용해야 한다. ICD-11의 경우, 자가 보고 설문지인 국제 외상 설문지(International Trauma Questionnaire; Cloitre et al., 2018)가 개발되었으며, 국제 외상 노출 측정(International Trauma Exposure Measure; Hyland et al., 2020)과 함께 사용된다. 이 설문지는 27개 언어로 제공된다.

임상가가 진행하는 면담

임상가가 시행하는 반구조화 면담은 PTSD 진단 기준에 따라 내담자의 증상을 확인하는 것으로, PTSD 진단을 내리는 가장 좋은 방법이다. 가장 흔히 사용되는 것은 DSM-5 기준에 따라 PTSD를 진단하는 구조화된 임상 면담 버전(SCID-5-CV; First et al., 2016)과 임상가가 실시하는 PTSD 평가 척도(Clinician-Administered PTSD Scale; CAPS-5; Weathers et al., 2013c)

이다. 이들은 모두 DSM-5 기준에 따라 PTSD를 진단하며 해리성 하위 유형을 포함한다. ICD-11에 해당하는 임상 면담 도구인 국제 외상 면담(International Trauma Interview, ITI; Cloitre, 2020)은 현재 개발 중에 있다.

복합 PTSD 평가 도구

복합 PTSD(ICD-11에 정의됨)는 국제 외상 설문지(ITQ)와 국제 외상 면담(ITI)을 사용하여 평가할 수 있다. 또는 ICD-11의 복합 PTSD 항목 세트를 임상가가 실시하는 PTSD 평가 척도(CAPS-5)에 추가하여 두 가지 진단 기준 세트를 동시에 평가할 수 있다(Lechner-Meichsner, & Steil, 2021).

FAQ 무엇이 침투이고 무엇이 반추인지 어떻게 구분하나요?

침투와 반추를 구분하는 것은 어려울 수 있습니다. 만약 내담자가 "항상 그 생각을 해요."라고 말한다면 이는 두 가지 중 어느 것을 의미하는지 알기 어렵습니다. 이를 더욱 복잡하게 만드는 것은 침투가 반추를 유발할 수도 있고, 그 반대도 마찬가지이며, 두 가지를 모두 경험하는 것이 매우 흔하다는 점입니다. 먼저 내담자에게 침투와 반추의 차이를 설명하는 것이 좋습니다. 침투는 다시 경험하는 증상으로, '현재'의 느낌을 가집니다. 이는 명확한 기억 없이 외상과 관련된 강한 감정(이른바 '감정은 있지만 기억이 없음')을 다시 경험하는 경우를 포함할 수 있습니다. 반면, 반추는 외상에 대해 '맴도는' 생각을 반복하며, '현재'의 느낌을 동반하지 않습니다. 우리는 또한 내담자에게 "그 생각이 시작되었을 때 무엇을 하고 있었습니까?"라고 물어봅니다. 침투는 보통 외상을 상기시키는 자극에 의해 갑자기 나타나는 반면, 반추는 내담자가 외상의 특정 측면을 해결하려고 하거나 자신을 괴롭히는 어떤 부분에 집착하는 더 의식적인 사고 과정입니다.

인지평가

치료 직전에 평가를 실시하는 경우, 우리의 목표 중 하나는 공식화에 관련된 정보를 수집하는 것이다. 따라서 다음과 같은 사항에 대해 알아야 한다:

- 현재 대처 전략(침투 및 강한 감정에 대한 반응, 회피, 안전을 느끼기 위한 방법 또는 증상 관리 방식)

- 침투 기억의 내용(악몽과 플래시백을 다시 경험하는 것), 이는 주로 주요 기억의 핫스팟을 식별하는 출발점이 됨
- 핫스팟과 관련된 인지 주제(예: "그가 나를 죽일 줄 알았어요.") 및 그 이후에 발전한 인지 주제(예: "나는 미쳐가고 있어요.")
- 관련된 이전 경험, 외상 이전의 신념과 대처 방식
- 촉발 요인(기억이나 강한 감정을 떠올리게 하는 자극들)

이러한 영역을 조사하기 위해 설문지를 사용할 수 있으며, 치료 공식화를 위한 정보를 제공하고 치료 중 경과 추적하는 데 유용하다. 특히 내담자가 자신의 생각, 행동 또는 대처 전략을 식별하는 데 어려움을 겪을 때 이러한 설문지가 유용하다. 다음의 설문지는 OxCADAT 자료 웹사이트에서 무료로 이용할 수 있다.

- 외상 후 인지 척도(Post-Traumatic Cognitions Inventory ;Foa et al., 1999)
- 외상 기억 설문지(Trauma Memories Questionnaire; Ehlers et al., 2005)
- 침투에 대한 대응 설문지(Response to Intrusions Questionnaire, Clohessy 및 Ehlers, 1999)
- 안전 행동 설문지(Safety Behaviours Questionnaire, 미공개 자료)

복합성 평가하기

복합성(Complexity) 평가는 지금까지 논의한 것과 동일한 원칙과 구조를 따른다. 또한 우리는 조사하고자 하는 영역을 상기시키기 위해 28페이지의 모델을 고려한다.

다중 외상

다중 외상 경험은 평가 시 특정 문제를 야기할 수 있으며, 누적적인 영향을 어떻게 해석해야 할지는 더욱 중요하다. 예를 들어, 사람들은 여러 차례의 외상을 경험했을 수 있지만, 그중 한두 가지 외상만 관련된 PTSD 증상을 보일 수 있다. 또는 이전의 외상으로 인해 생긴 증상이 나중에 발생한 외상이나 사건 이후에야 다시 나타나는 지연성 재경험 증상을 보고할 수 있다. 종종 여러 외상에 대한 기억이 혼재하고 얽히는 경우가 많으며, 한 기억이 다른 기억을 촉발할 수 있다. 또한 악몽은 여러 외상의 요소나 주제를 결합하여 나타날 수 있고, 촉발 요인 역시 여러 사건과 연관될 수 있다.

평가과정에서는 생활사건 체크리스트(LEC-5)와 같은 설문지를 활용하여 외상 경험을 문

소냐는 학대적인 관계 이후 PTSD가 생겼습니다. 그녀는 남편과 12년 동안 결혼 생활을 했고, 남편은 소냐를 여러 차례 신체적, 정서적, 성적으로 학대했습니다. 평가 시에 소냐의 상담사는 어떤 사건이 소냐에게 가장 큰 고통을 주었고, 어떤 사건이 침투적 기억과 악몽의 형태로 자주 재경험되는지 물었습니다. 소냐는 세 가지 특정한 '최악' 사건을 확인했습니다. 그들은 또한 소냐의 다른 증상, 즉 고조된 경계 반응과 부정적인 자기 신념의 발전을 파악했습니다. 소냐는 언제나 낮은 자존감을 가지고 있었지만, 남편이 결혼 초기에 모욕적인 발언을 시작한 후 이는 점차 악화되었습니다. 소냐의 경계 반응은 처음으로 신체적 학대를 당한 후 시작되었지만, 그녀가 관계에서 벗어나고 그가 자신을 찾을까 두려워하는 시점에서 훨씬 심해졌습니다.

서화한 다음, 내담자의 PTSD 증상과 관련된 외상을 식별하려고 노력한다(또는 그 반대로 한다). 임상가가 실시하는 PTSD 평가척도(CAPS-5)와 같은 임상 평가 도구와 DSM-5용 PTSD 체크리스트(PCL-5)와 같은 자가 보고 도구는 응답자에게 자신의 증상을 한 번에 하나의 외상(일반적으로 확인된 지표 또는 최악의 사건)에 고정하도록 요청한다. 그러나 실제로는 내담자가 '최악의' 외상이 무엇인지 또는 어떤 증상이 어떤 외상과 관련이 있는지 식별하는 것이 어려울 수 있다. 따라서 경우에 따라 각 외상 또는 외상 유형(외상 군집이라고도 함)에 대해 별도의 측정하는 것이 도움이 된다. 재경험 증상은 일반적으로 특정 기억과 관련짓기가 쉬운 편인데, 이는 침투, 플래시백, 악몽의 내용이 사건의 특정 부분을 반영하고, 촉발 요인도 그 당시의 감각적 특징과 일치해야 하기 때문이다. 외상 관련 회피 및 경계 역시 외상 촉발 요인과 관련이 있어야 하지만, 시간이 지남에 따라 과도하게 일반화될 수 있다.

인지 및 감정의 부정적인 변화, 만성적인 과각성 증상 등은 특정 외상과 연관 짓기 어려울 수 있다. 따라서 이러한 증상의 발병 시기를 특정 외상과 시간적으로 연관시키는 것이 유용하다. 다만 어떤 증상은 발병이 지연되는 경우도 있고, 때로는 추가적인 외상이나 다른 생활 사건에 의해 촉발될 수 있다. 타임라인을 작성하고 침투 일지를 작성하면 특정 외상과 증상을 연관시키는 데 도움이 될 수 있다(7장 참조).

심리적 동반이환

PTSD를 가진 대부분의 사람들은 다른 심리적 질환의 증상을 겪을 것이며, 많은 사람들은 또한 신체 건강 문제와 사회적 어려움도 경험할 것이다. 이러한 문제를 전체적으로 파악하고 어떤 동반이환이 치료에 어려움을 일으킬 수 있는지 확인하는 것이 도움이 될 수 있다(이

지니는 집에 침입한 남성에게 성폭행을 당했습니다. 그 후 지니는 악몽과 과도한 경계 반응을 포함한 PTSD 증상을 경험했습니다. 지니는 때로는 공격자의 목소리가 지니를 지켜보고 있다고 말하고 자신이 추적되고 감시당하고 있다고 믿는 등 일부 정신증적 증상도 경험했습니다. 지니는 때때로 목소리에 반응하여 자해를 하기도 했습니다. 정신증적 증상은 PTSD의 결과로 나타났지만 지니에게는 매우 고통스럽고 위험한 행동을 촉발했기 때문에 지니의 정신건강 팀은 PTSD 치료에 앞서 항정신병 약물의 사용을 제안했습니다. 초기 세션에서는 목소리에 대응하고 더 안전하게 대응하는 방법에 대해 논의되었습니다. 지니의 PTSD 증상이 치료 과정에서 개선되는 동안 목소리도 감소하였고 지니는 팀의 주의 깊은 모니터링을 통해 약물을 점진적으로 줄였습니다.

러한 문제는 5부에서 더 자세히 다루어진다).

　초기 평가 시간이 구조화된 임상 면담(QuickSCID-5; First, & Williams, 2021) 또는 간이 정신진단 검사(Brief Symptom Inventory; Derogatis, 1993)와 같은 선별 도구를 사용하여 잠재적인 심리적 동반이환을 파악한 다음 관련 구조화된 임상 면담-임상용 버전(SCID-5-CV)과 같은 상세한 평가를 수행할 수 있다. 증상이 상세하고 변동이 크거나 특이한 경우 포괄적인 다면적 평가 도구를 사용하여 다양한 심리적 질환과 중요한 임상적 특징을 스크리닝하는 것이 도움이 된다. 예를 들어, 성격평가도구(Personality Assessment Inventory, PAI; Morey, 2003)가 있다.

　내담자의 증상이 두 가지 이상의 질병 기준을 충족하는 경우, 서로 다른 문제의 심각성과 영향, 그리고 그들이 어떻게 상호작용하는지 고려하여 치료 계획을 개발해야 한다. 5부에 설명된 대로, 단일 치료 환경 내에서 또는 다른 전문가 및 팀과 협력하여 다양한 문제를 해결하기 위해 순차적, 동시적 또는 통합적 치료 계획이 필요할 수 있다.

기타 관련 증상

　PTSD 증상 이외에도 일부 사람들은 PTSD 진단으로 설명되지 않는 외상 후 반응을 겪을 수 있다. 이에는 신체 증상, 만성 통증, 뇌전증, 근육 약화, 식사나 수면 장애, 그리고 강박 행동 등이 포함될 수 있다. 이러한 증상은 다른 원인이 있을 수 있으므로 PTSD 발병과 동시에 나타나고 다른 설명이 명백하지 않은 경우 주의 깊은 평가가 필요하다.

　우리는 이러한 증상을 이해하기 위해 내담자와 협력적인 접근을 취하며, 사슬 분석(기능 분석의 한 버전; Rizvi & Ritschel, 2014)과 같은 기법을 사용하여 증상이나 행동이 발생하기 전의 사건(상황, 생각, 감정 포함)의 연속성, 취약성 요소, 그리고 어떤 결과가 있는지를 살펴본다. 평가의 일부로 최근 사례를 검토하고 내담자에게 증상과 그 촉발 요인에 대한 일지를 쓰도록 요청한다(21장).

외상 후에 비전형적인 증상이 발생하는 이유에 관한 정상화에 대한 설명은 종종 평가 과정에서 유용하다. 어떤 경우에는 증상이 실제로 외상과 관련이 있는지 여부가 명확하지 않거나, 내담자가 가설적인 관련성에 동의하지 않을 수 있다. 그럴 경우 PTSD 치료를 하나의 실험으로 제시할 수 있다. 즉, 추가 증상이 PTSD 증상과 함께 해결된다면 증상들이 관련있다고 결론지을 수 있다. PTSD가 성공적으로 치료되었으나, 다른 증상이 남아 있다면, PTSD를 배제한 후에는 추가 탐구와 대안적인 치료 계획을 고려할 수 있다.

대인관계 문제

대인관계를 형성하고 유지하는 데 어려움이 있는 경우, 이는 치료적 동맹 형성에 영향을 미칠 수 있다. 평가 과정은 협력적인 치료가 가능한지 여부를 확인하고 치료적 관계를 위한 기초를 마련하는 기회를 제공한다. 신뢰 문제, 적대감, 지각된 판단, 어려운 감정에 대한 회피 등은 모두 흔히 나타날 수 있으며, 평가 과정에서 드러날 수 있다. 치료사는 이 기회를 활용해 대립하지 않고 이러한 문제를 관찰하여 '공개'하고, 이러한 문제의 기원과 영향에 대해 논의할 수 있다. 나아가 이러한 문제가 내담자의 삶과 이전 치료 경험에 어떤 영향을 미쳤는지 논의한 다음, 이러한 문제를 치료에서 어떻게 다룰 것인지, 치료 목표로 삼을 것인지 협의할 수 있다.

사회적 문제

22장에서는 PTSD 이외에도 주거, 금전, 직업 또는 법적 문제와 같은 심각한 사회적 문제를 가진 내담자와의 작업 방법에 대해 설명한다. 평가 과정에서 이러한 사회적 문제를 확인하고, 내담자의 심리적 문제를 현재 치료할 수 있는지 또는 사회적 문제에 필요한 지원을 받은 후에 치료해야 하는지에 대해 협력적으로 결정한다.

이를 평가하기 위해 내담자의 사회적 문제에 대한 집착의 정도와 그 영향을 고려한다. 이를 시각적으로 나타내는 것이 유용할 수 있는데, 예를 들어 현재의 문제(PTSD 포함)를 나타내기 위해 파이 차트를 그리면서 각 문제에 적절한 크기의 '파이 조각'을 할당할 수 있다. 이를 통해 PTSD가 현재 주요 문제인지 여부를 판단하는 데 도움이 된다.

평가 과정 자체도 PTSD 이외의 문제들로 인한 집착과 간섭을 측정하는 유용한 도구이다. 예를 들어, 평가 세션 중에 내담자가 PTSD에 집중할 수 있는지, 아니면 다른 문제들로 인해 주의가 산만해지는지, 그리고 정기적으로 세션에 참석하고 과제(세션 간 증상 일지 작성과 같은)를 완료할 수 있는지 여부를 평가한다. 또한 다가오는 법정 소송, 주택 퇴거 또는 추방과 같은 삶의 주요 사건이 임박한 경우 이를 고려하여 치료를 제공할 수 있는 안정적인 '시기'를 언제 어떻게 찾을 수 있을지 계획해야 한다.

위험

23장에서 설명한 것처럼 PTSD는 종종 다양한 위험과 관련이 있어 신중한 평가가 필요하다. 일부 내담자는 자해 및 자살 충동을 보이고, 일부는 분노 조절에 어려움을 겪거나 복수에 집착하여 다른 사람에게 위험을 가할 수 있으며, 일부는 학대하는 사람이 근처에 살거나 스토킹을 당하는 등 다른 사람으로부터 위험에 처해 있다. 가끔은 내담자가 이전에 신고되지 않은 범죄를 폭로하며, 가해자가 지속적인 위험을 초래할 가능성이 있다면 보호 절차를 고려해야 한다.

위험 평가 및 관리는 임상 진료의 표준적인 부분이기 때문에 여기에서 기본 내용을 반복하지 않겠지만, PTSD와 관련된 몇 가지 추가 고려 사항이 있다. 첫째, 일부 내담자는 치료 과정에서 외상 기억에 접근하면 일시적으로 PTSD 증상이 증가할 수 있으며, 이는 일부 위험을 초래할 수 있다. 그러나 PTSD 증상이 지속되면 장기적으로 위험이 증가하므로 우리는 단기적인 위험과 치료의 잠재적 이점을 균형을 맞추어 고려해야 하는 경우가 많다. 23장에

브래들리는 동네에 사는 한 남성에게 폭행을 당했습니다. 경찰이 개입했지만 기소는 취하되었습니다. 브래들리는 그 남성이나 그의 친구들이 자신을 다시 공격할까 봐 집 밖으로 나가지 못했습니다. 따라서 매주 치료 세션을 받으러 가는 것도 꺼려했습니다. 브래들리의 위험 요소에 대한 정보를 수집하기 위해 치료사는 최근 발생한 사건에 대해 물었습니다. 그를 폭행한 남자를 본 적이 있는지, 언제 어디서 봤는지, 무슨 일이 있었는지 등을 물었습니다. 1년 전 폭행 사건 이후 브래들리는 가해자를 세 차례 목격했는데, 모두 지역 번화가에서였습니다. 그때마다 브래들리는 돌아서서 걸어갔고, 공격자는 뒤따라오지 않았습니다. 이 남성이나 그의 친구들이 온라인, 전화, 직접 만나서 연락한 적도 없었고 위협을 가한 적도 없었습니다. 이 정보를 검토한 결과, 이 남성이 브래들리를 다시 폭행할 위험은 상대적으로 낮다는 결론을 내렸습니다. 치료사와 브래들리는 공공장소에서 그 남성을 발견하면 어떻게 대처할지(걸어서 피하기), 그 남성이 브래들리에게 접근하거나 위협할 경우 어떻게 대처할지(사람이 많은 곳으로 이동하여 경찰에 신고)에 대한 안전 계획에 합의했습니다.

서는 PTSD 치료 중 위험을 가장 잘 관리할 수 있을지 여부와 결정하는 방법에 대해 다룬다.

둘째, PTSD를 가진 내담자는 위험에 대한 감지 능력이 높아져 있어서 실제로 위험하지 않은 상황에서도 위험을 느낄 수 있다. 그러나 다른 일부 사람들은 객관적으로 위험에 처해 있을 수 있다. 예를 들어, 이전에 공격당한 사람에게 위협을 받거나 위험한 직업에 종사하고 있는 경우이다. 평가 과정에서는 위험의 본질에 대한 객관적인 데이터를 수집하여 적절하게 안전 계획을 수립하는 것이 중요하다.

외상 전 정신건강

PTSD를 겪는 많은 사람들은 외상 이전부터 심리적 문제가 있었고, 외상 이후 악화되었을 수 있다. 평가 시, PTSD가 주된 문제인지 아니면 다른 문제가 우선시되어야 하는지 확인하는 것이 필요하다. PTSD가 주된 문제인 경우, PTSD가 효과적으로 치료되더라도 기존의 문제가 지속될 수 있음을 설명한다. PTSD 치료 이후에는 추가적인 평가와 치료계획이 고려될 수 있다.

추가 측정 도구

추가 설문지를 통해 표준 PTSD 평가에서 다루지 않는 증상을 더 자세히 알아보고 치료 중 이를 추적하는 것이 도움이 될 수 있다. 다양한 설문지들이 있지만 여기서는 널리 사용되고 신뢰성이 검증되어 임상적으로 설명이 가능한 몇 가지를 선택했다:

- 해리: The Dissociative Experiences Measure, Oxford(DEMO; Černis et al., 2018) 또는 특성 상태 해리 설문지(TSDQ; Murray et al., 2002에서 각색, oxcadatresources.com에서 제공).
- 애도: The International Prolonged Grief Disorder Scale(IPGDS; Killikelly et al., 2020)
- 도덕적 손상: Moral Injury Outcome Scale(MIOS; Yeterian et al., 2019)
- 정신적 오염: Posttraumatic Experience of Mental Contamination Scale (Brake et al., 2019)
- 무모함: Posttrauma Risky Behaviours Questionnaire (Contractor et al., 2020).

🌿 치료 계획 및 공식화

일반적으로 평가가 마무리되는 시점에는 진단에 대한 의견을 피드백하고, 잠정적인 치료 공식화를 제안하고, 치료 계획에 동의한다. 다음은 포함해야 할 몇 가지 영역들이다:

- **치료의 초점 합의**: 내담자의 목표를 검토하고 치료 목표에 합의하여, 제안된 치료 과정에서 어떤 것이 실현 가능한지 논의한다. 만약 외상 중심 치료를 제공하지 않기로 결정한다면 대안적인 치료 계획을 논의한다.
- **심리교육**: 일반적으로 내담자가 원할 경우 다른 사람들과 공유할 수 있는 심리교육 리플릿을 포함하여 PTSD에 대한 몇 가지 기본 정보를 제공한다. 현재 나타나는 문제의 성격에 따라 문제가 되는 증상을 정상화하거나 특정 유형의 외상이 미치는 일반적인 영향을 설명하는 등 좀 더 자세한 정보를 제공할 수도 있다.
- **기본적인 공식화 도식**: 이는 내담자마다 다를 수 있지만, PTSD 증상이 서로를 어떻게 유지하는지 또는 내담자 증상의 여러 측면이 어떻게 상호 연관되는지를 보여 주는 간단한 '악순환' 도표로 표현할 수 있다. Ehlers와 Clark(2000)의 모델에 기반한 전체 공식은 초기 단계에서 부담이 될 수 있어 일반적으로는 공유하지 않지만, 회피가 어떻게 기억처리를 방해하는지와 같은 핵심 유지를 중심으로 설명한다.
- **피드백 받기**: 평가 과정, 협력 방식, 논의된 내용에 대한 내담자의 피드백을 요청한다. 질문할 시간을 충분히 주고 추가 질문이 있는 경우 연락할 수 있는 기회를 제공한다.

🌱 치료실 노트: 파티마

지역 병원의 신경과에서 파티마의 반복되는 심한 두통으로 인해 심리치료를 의뢰하였다. 신경과 팀은 두통의 신체적 원인은 찾지 못했지만, 우울증과 불안 증상을 확인했으며 스트레스와 관련이 있을 가능성이 높다고 결론을 내렸다.

파티마의 요청으로 딸과 함께 평가에 참석했다. 파티마의 치료사는 서로를 소개하고 평가의 목적을 설명한 후 파티마가 평가를 더 쉽게 받을 수 있는 방법이 있는지 물었다. 파티마는 영어가 모국어는 아니지만 이전에 통역이 필요하지 않다고 말한 적이 있었기 때문에 치료사는 파티마가 이해하지 못하는 부분이 있으면 설명을 요청하도록 권유했다.

파티마는 두통과 혼자 외출하는 것에 대한 두려움이 주된 문제라고 말했다. 파티마는 자신이 '위험한 지역'에 살고 있으며 집 근처에서 칼을 든 강도를 당한 적이 있다고 말했다. 파티마는 이제 젊은 남성을 매우 경계하고 가족 구성원이 동반하지 않으면 집을 나가지 않았다. 파티마의 딸은 파티마의 불안은 강도를 당한 후부터 시작되었으며, 그 전에는 혼자서 이 지역을 여행하는 데 자신감이 있었다고 말했다. 파티마는 또한 강도를 당한 후 두통이 시작되었다고 확인했다.

파티마는 자신의 개인사를 설명했다. 파티마는 에리트레아(Eritrea)에서 자랐고, 결혼 직후인 1980년대에 영국으로 이주했다. 그녀에게는 네 명의 자녀가 있었는데, 그중 세 명은 아직 집에 살고 있었다. 파티마는 에리트레아 전쟁 중 시체와 가족들의 죽음을 목격하고, 공습을 받아 고향 마을을 떠나야 하는 등 여러 가지 충격적인 사건을 경험했다. 하지만 파티마는 이러한 사건과 관련된 PTSD 증상을 보고하지 않았다.

파티마는 강도 사건과 관련하여 PTSD 진단을 받았다. 파티마는 심각한 부상을 입지는 않았지만 자신의 생명이 위험하다고 생각했다. 파티마는 후드를 쓴 남성에게 쫓기는 악몽을 꾸고 칼을 본 기억을 떠올렸다. 파티마는 혼자 외출하는 것을 피하고, 그 사건을 떠올리지 않으려고 애썼다. 파티마는 집 안팎에서 자신의 안전에 대한 신념에 큰 변화가 생겨 대부분의 시간 동안 두려움을 느꼈다. 또한 강도를 당한 후 시작된 불안감, 과잉 경계, 수면 장애, 집중력 저하, 짜증과 같은 과각성 증상을 보고했다. 그리고 PTSD 증상과 동시에 시작된 심각한 우울증 증상을 보고했다.

파티마는 자신이나 타인에 대한 위험은 없다고 보고했지만, 이웃들이 매우 위험하다고 느꼈고 시의회에 이사를 해달라고 반복해서 요청했다. 파티마의 치료사는 동네의 위험에 대한 객관적인 데이터를 수집하려고 노력했다. 이 지역에는 마약 거래와 과도한 소음 등 반사회적 행동에 대한 몇 가지 문제가 있었다. 파티마는 지역 버스 정류장에서 강도를 당한 다른 여성에 대해 알고 있었다. 하지만 파티마와 그 가족이 이 지역에 살았던 30년 동안 파티마가 범죄의 피해를 입은 것은 단 한 번뿐이었고, 남편과 자녀들은 이 지역이 안전하다고 느꼈다고 말했다. 따라서 파티마가 현재 심각한 위험에 처해 있다는 객관적인 데이터는 거의 없었고, 오히려 파티마의 PTSD 증상이 동네의 위험을 더 크게 느끼게 하는 것 같았다.

치료팀은 파티마의 두통에 대한 더 많은 정보를 수집하기 위해 파티마에게 두통과 주관적인 스트레스 수준에 대한 일지를 기록하도록 요청하여 이 두 가지가 관련이 있는지 검증하려고 했다. 다음 세션에서 파티마는 일지를 부분적으로 작성하면서 세 번의 두통이 있었다고 보고했지만, 항상 스트레스를 받고 있었기 때문에 두통이 스트레스와 관련이 있는지 확신할 수 없었다. 치료팀은 사슬 분석 기법을 사용하여 최근의 두통을 조사했다. 파티마는 두통이 시작되기 얼마 전에 수면 부족, 딸의 아기 울음소리, 칼 범죄에 관한 기사 읽기 등 스트레스를 촉발할 수 있는 요인들을 보고했고, 두통의 원인 중 하나가 스트레스라는 데 동의했다.

파티마의 치료사는 그녀에게 PTSD에 대한 몇 가지 정보를 제공하고 잠정적인 치료법을 항목별로 설명해 주었다. 또한 몇 가지 요점을 설명하기 위해 몇 가지 유지 주기를 작성했다. 전체 공식은 [그림 3-1]에 나와 있다.

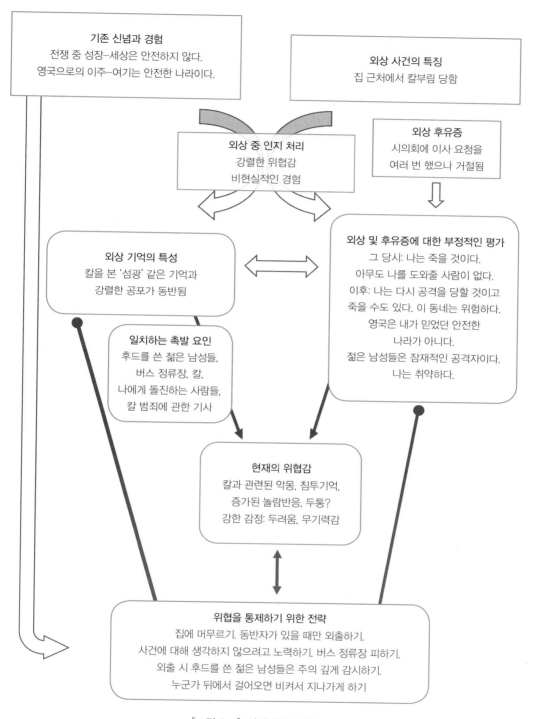

기존 신념과 경험
전쟁 중 성장–세상은 안전하지 않다.
영국으로의 이주–여기는 안전한 나라이다.

외상 사건의 특징
집 근처에서 칼부림 당함

외상 중 인지 처리
강렬한 위협감
비현실적인 경험

외상 후유증
시의회에 이사 요청을
여러 번 했으나 거절됨

외상 기억의 특성
칼을 본 '섬광' 같은 기억과
강렬한 공포가 동반됨

외상 및 후유증에 대한 부정적인 평가
그 당시: 나는 죽을 것이다.
아무도 나를 도와줄 사람이 없다.
이후: 나는 다시 공격을 당할 것이고
죽을 수도 있다. 이 동네는 위험하다.
영국은 내가 믿었던 안전한
나라가 아니다.
젊은 남성들은 잠재적인 공격자이다.
나는 취약하다.

일치하는 촉발 요인
후드를 쓴 젊은 남성들,
버스 정류장, 칼,
나에게 돌진하는 사람들,
칼 범죄에 관한 기사

현재의 위협감
칼과 관련된 악몽, 침투기억,
증가된 놀람반응, 두통?
강한 감정: 두려움, 무기력감

위협을 통제하기 위한 전략
집에 머무르기. 동반자가 있을 때만 외출하기.
사건에 대해 생각하지 않으려고 노력하기. 버스 정류장 피하기.
외출 시 후드를 쓴 젊은 남성들은 주의 깊게 감시하기.
누군가 뒤에서 걸어오면 비켜서 지나가게 하기

[그림 3-1] 파티마의 공식화

- 파티마는 강도를 당한 이후 자신이 살고 있는 지역이 안전하지 않다고 느꼈다. 과거에 겪었던 전쟁과 에리트레아를 떠나야 했던 경험으로 인해 그녀는 '안전하지 않다.'라는 신념에 더 취약해졌을지도 모른다. 그녀는 영국이 안전하다고 믿었지만 최근의 경험으로 인해 이러한 신념은 산산이 부서졌다.
- 지역에는 몇 가지 문제가 있었지만 강도 사건 이후 객관적으로 더욱더 덜 안전해진 것은 아니었다. 그러나 파티마에게는 그렇게 느껴졌을 것이다. 이는 강도 사건의 기억이 제대로 저장되지 않았기 때문일 수 있으며, 기억이 여전히 생생하게 느껴져 침투 기억과 악몽으로 자주 되살아나면서 그녀가 안전하지 않다고 느끼게 만들었다. 파티마는 그 사건을 생각하거나 이야기하지 않으려고 애썼지만, 오히려 그 기억이 더 고정되는 결과를 낳았다.
- 파티마의 안전에 대한 신념은 혼자 나가는 것을 피함으로써 유지되고 있었다. 왜냐하면 그녀는 무슨 나쁜 일이 다시 일어날지 알아볼 기회가 전혀 없었기 때문이다.
- 파티마의 두통은 스트레스와 PTSD 증상과 관련이 있을 수 있다. 치료를 통해 파티마가 스트레스와 불안감을 덜 느끼면 두통이 나아질 수 있는지 알아볼 수 있는 기회가 될 것이다.

그들은 가능한 치료 계획에 대해 논의했다. 파티마는 두통이 줄어들고, 외출 시 불안감을 덜 느끼며, 숙면을 취하는 등의 목표를 달성하기 위해 외상에 초점을 맞춘 치료를 시도해 보고 싶다고 했다. 파티마의 최종 목표는 아파트에서 이사하는 것이었고, 치료사는 파티마를 대신해 주택 부서에 편지를 쓰기로 했다. 파티마는 그동안 치료에 집중할 수 있을 것이라고 생각했고, 평가 결과 파티마가 협력 관계를 형성하고 외상에 집중하며 치료의 구조 안에서 작업할 수 있는 능력이 있는 것을 보여 주었다.

추천 도서

Doyle, A. M., & Thornton, S. (2002). Psychological assessment of sexual assault. In P. Petrak & B. Hedge (Eds.). *The trauma of sexual assault:Treatment, prevention, and practice* (pp. 99-134). Routledge.

Grey, N. (2007). Post-traumatic stress disorder: Investigation. In S. Lindsay & G. Powell (Eds.). *The handbook of clinical adult psychology* (pp. 164-184). Routledge.

PART 2
기억 작업의 복합성

WORKING WITH COMPLEXITY IN PTSD

외상 기억의 과잉 활성화

칼라는 폭행을 당한 후 PTSD가 생겼다. 치료 과정에서 칼라는 외상에 대해 이야기할 때 극도로 고통스러워지며 공황 발작을 일으킨 후 세션을 중단해 달라고 요청했다. 칼라의 치료 사는 이전에 그랬던 것처럼 칼라가 치료를 중단할까 봐 걱정했다. 치료의 과제는 외상 기억 이 과도하게 활성화되는 원인을 이해하고 칼라가 치료의 창 내에 머물도록 돕는 것이었다.

🌱 치료의 창

치료에서 강한 신념과 감정을 확인하고 변화시키기 위해서는 내담자가 외상 기억을 떠올 려서 이에 접근해야 한다. 외상 기억은 일부 감정 및 평가와 함께 내재되어 있어, 특정 상황 에서 이러한 기억이 촉발되면 활성화된다. 따라서 생각과 감정을 변화시키는 것은 이러한 기억이 활성화될 때 가장 쉽게 이루어진다. 그러나 외상 기억이 너무 강하게 활성화되면 내 담자의 명확한 사고, 언어 표현, 그리고 생각과 감정을 업데이트하는 능력을 압도할 수 있 다. 이것이 '치료의 창' 개념이다. 이는 '기억을 처리하는' 데 필요한 최적의 감정적 각성 수 수준을 의미하며, 이 과정에서 감각적 세부 사항을 언어적 · 개념적 표현으로 전환하고 관련 된 의미와 감정을 재구성하는 것이다. 골디락스(Goldilocks, 역주: '골디락스와 세 마리 곰'의 동 화에서 유래한 표현)는 죽을 맛볼 때 너무 뜨겁지도, 차갑지도 않고, 딱 적당한 온도를 찾고자 했다!

외상 기억을 다룰 때, 내담자가 당시 느꼈던 감정을 다시 경험하길 원하지만, 그 감정에 압도당하거나 안전한 환경에 있다는 사실을 잊지 않도록 노력해야 한다. 우리는 내담자에

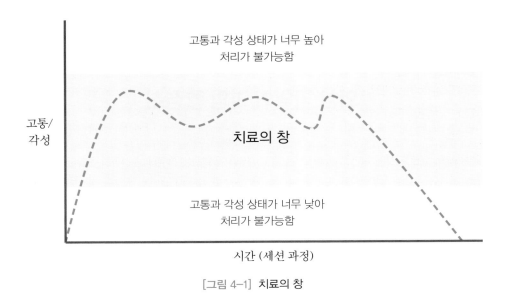

고통과 각성 상태가 너무 높아
처리가 불가능함

고통/
각성

치료의 창

고통과 각성 상태가 너무 낮아
처리가 불가능함

시간 (세션 과정)

[그림 4-1] **치료의 창**

게 '한 발은 현재에, 한 발은 과거에'라고 조언하지만, 어떤 사람들에게는 이게 쉬운 일이 아니다. 다양한 요인들이 개인의 치료의 창에 머무르는 능력에 영향을 미치며, 이에 대해 이 장에서 자세히 다룰 것이다.

[그림 4-1]은 치료의 창의 관점에서 좋은 재연 세션이 어떻게 보일 수 있는지를 보여 준다. 기억이 활성화되면 일부 고통과 각성이 발생하지만 치료의 창에 머물러 있다가 세션이 끝날 무렵에는 감소한다.

치료의 창에 대한 다른 이해 방법은 1장에서 소개한 음악 비유를 사용하는 것이다. 세션에서 외상 기억이 과도하게 활성화되면 압도적인 소음처럼 느껴진다. 소음이 너무 크면 그 소리를 이해하거나 직접적으로 생각할 수 없다. 음악이 시끄럽게 울려 퍼지는 가운데 시험을 치른다고 상상해 보자. 소리가 크면 그 소음을 끄거나 어떤 방식으로든 피하고 싶을 것이다. 내담자가 외상 기억에 압도당하면 동일한 방식으로 행동하려고 할 것이다.

반면에 기억이 충분히 활성화되지 않으면 음악이 너무 조용해서 모든 세부 사항을 듣기 힘들다. 따라서 세션에서 외상 기억에 제대로 접근하지 못하면 내담자가 중요한 신체적, 감각적, 정서적 세부 사항을 모두 기억하고 말로 표현하여 정교하고 맥락에 맞는 버전을 만들어 내지 못할 것이다. 이후에는 이러한 정보가 자전적 기억의 감각적 버전과 함께 저장되기 어려워진다.

따라서 우리는 골드락스 수준을 원한다-딱 적당한 수준을 목표로 한다. 즉, 우리가 외상 기억을 되살리는 동안(그리고 세션의 다른 부분에서도) 외상 기억 강도에 대해 주의를 기울이

FAQ CT-PTSD에서 기억 작업 중에 SUD(주관적 고통 단위) 등급을 매겨야 할까요?

CT-PTSD에서는 일반적으로 상상적 재연이나 다른 형태의 기억 작업 중에는 SUD(주관적 고통 단위) 등급을 측정하지 않습니다. SUD 등급을 매기면 내담자의 주의를 기억에서 벗어나게 하므로 일반적으로 도움이 되지 않습니다. 대신, 일반적으로 나중에 고통, 생생함, '현재감'에 대한 평가가 이루어집니다. 일반적으로 노출 기법에 기반한 치료에서는 외상 기억이 촉발하는 불안에 습관화하는 것이 목표이므로, SUD 등급이 일정 수준까지 떨어질 때까지 노출을 지속합니다. 그러나 CT-PTSD에서는 기억과 관련된 의미에 주된 관심을 두고 가장 큰 고통과 관련된 핫스팟에 집중합니다. '현재감'은 기억이 과거처럼 느껴지는지 여부를 알려주는 유용한 지표이므로 기억이 얼마나 잘 처리되고 있는지 확인하는 데 도움이 됩니다.

하지만 SUD 등급이 유용한 경우도 있습니다. 누군가가 과잉 활성화나 해리를 경험하고 있을 때, SUD 등급을 측정하면 치료의 창 안 어디에 있는지, 언제 '볼륨 낮추기' 기술을 적용해야 하는지 추적하는 데 도움이 될 수 있습니다. 또한 등급을 측정하면 현재에 주의를 집중하고 기억에서 잠시 주의를 돌릴 수 있어 그 자체로 강도를 낮추는 데 도움이 됩니다. 마지막으로, 등급을 묻는 것은 내담자가 과정을 더 잘 통제할 수 있도록 도와줍니다. 여기서는 화이트보드에 0~100도로 표시된 온도계를 그려놓고 정기적으로 '온도 체크'를 합니다. 온도가 합의된 한계를 넘으면 이야기를 중단하고 '냉각시키려' 노력합니다. 이렇게 하면 모니터링이 공동 책임이 되어 내담자가 자신의 감정을 객관적으로 볼 수 있게 하고, 감정적 각성을 조절할 수 있는 과정을 스스로 인식하도록 도울 수 있습니다.

고 내담자가 치료의 창 안에 머물 수 있도록 해야 한다. 이것은 여러 가지 이유로 중요하다. 첫째, 변화가 일어나기에 가장 효과적인 수준이다. 둘째, 강도를 조절하는 방법을 가르쳐서 내담자가 자신의 기억을 통제할 수 있도록 돕는다. 마지막으로, 이는 내담자가 고통스러운 기억 작업을 견딜 수 있다는 것을 의미한다.

외상 기억의 과잉 활성화란 무엇인가

외상 기억이 과도하게 활성화되면 매우 생생하고 침투적으로 느껴져 사람들은 감정과 감각에 압도당하는 느낌을 받는다. 일반적으로 이러한 상황이 발생하면 내담자는 극도로 흥분하거나 동요하거나 짜증을 내며, 떨림이나 구토와 같은 생리적 징후를 보이며, 기억 작업

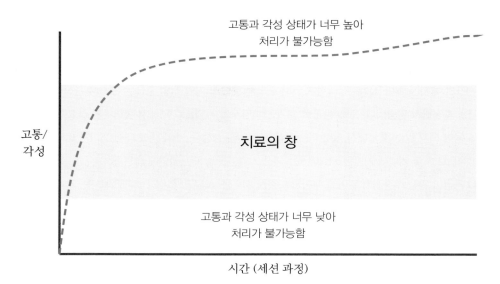

[그림 4-2] 과잉 활성화된 외상 기억

이나 세션을 중단하고 싶어 하는 등 치료실에서 이러한 증상을 쉽게 확인할 수 있다. 치료의 창 그래프에서 과잉 활성화는 [그림 4-2]와 같다.

외상 기억의 과잉 활성화는 여러 가지 이유로 원치 않는 결과를 초래할 수 있다. 첫째, 내담자가 고통을 많이 느끼며 그 후 한동안 증상이 더 심해질 수 있기 때문이다. 이는 내담자에게 혐오감을 줄 수 있다. 그 결과 치료가 도움이 될 것이라는 신뢰를 훼손시킬 수 있고, 치료 중단 및 중도 탈락으로 이어질 수 있다. 둘째, 외상 기억이 과도하게 활성화되면 유용한 처리를 방해하므로 도움이 되지 않는다.

내담자는 새로운 정보를 개발하거나 접근하는 데 어려움을 겪거나, 기억에 머무르는 동안 중요한 세부 사항을 인식하는 데 어려움을 겪을 것이다.

🌿 왜 과잉 활성화가 발생하는가

과잉 활성화의 원인을 이해하면 개입의 초점을 맞추는 데 도움이 될 수 있다. 다음은 몇 가지 일반적인 기저 과정이다.

선천적으로 높은 이미지 능력

여러 가지 요인들이 개인의 정신적 이미지 형성 능력에 영향을 미친다(James et al., 2016). 어떤 사람들은 이미지를 떠올리는 데 어려움을 겪지만, 어떤 사람들은 이미지가 쉽게 형성된다. 선천적으로 이미지 능력이 높은 사람들은 치료 중에 접하는 기억이 더 강렬하고 생생하여 더 큰 고통을 겪을 수 있다. 이미지 능력이 매우 높은 사람들은 '사진 같은' 기억을 가지고 있거나, 예술적 감각이 있거나, '디테일을 보는 눈'이 좋다고 말하기 때문에 이를 알아차릴 수 있다. 이들에게 상점에 걸어가는 상상과 같은 중립적인 이미지 작업을 요청하면 매우 상세하고 다감각적인 묘사가 나오며, '실제로 그 안에 있다.'는 느낌을 받는다고 보고할 것이다.

외상의 의미가 너무 고통스러움

외상의 의미가 극도로 부정적이고 깊이 내재되어 있어 기억에 접근하면 고통스러운 감정이 발생할 수 있다.

바흐람은 이란 경찰의 일원이었습니다. 그는 근무 중 종교 교리에 위배되는 사소한 범죄를 저지른 사람들에게 가혹한 처벌을 내리는 등 경찰의 전략이 점점 더 극단적으로 변하고 있다는 것을 알고 있었습니다.

어느 날, 바흐람과 그의 동료들은 정부에 반대하는 것으로 알려진 여성들을 체포하라는 지시를 받았습니다. 그들은 여성들을 숲으로 데려가 처형하라는 명령을 받았습니다. 바흐람은 겁이 났지만 어떻게 해야 할지 몰랐습니다. 항의하면 자신도 처형당할 것이라고 믿었기 때문입니다. 그래서 그는 도망쳐서 곧바로 가족과 함께 나라를 떠났습니다. 바흐람은 여성들을 체포할 당시의 기억을 떠올리며 '내가 그들을 죽게 내버려두었으니 나도 살인자나 다름없다.'는 생각에 깊은 괴로움을 느꼈습니다. 바흐람은 좋은 일을 하고 싶어서 경찰에 입문했기 때문에 이런 신념은 그에게 엄청난 고통이었습니다. 그는 기억을 떠올리자마자 참을 수 없는 수치심과 분노가 밀려와 기억 작업을 중단했습니다.

기억을 가지고 있다는 것의 의미가 너무 고통스러울 때

때때로 가장 고통스러운 의미는 외상 자체에 대한 평가가 아니라 PTSD 증상을 가지고 있다는 것에 대한 개인의 해석에서 비롯된다. 경험한 기억의 의미가 너무 고통스러울 경우, 유해한 감정을 유발하고 외상 기억을 유용하게 처리하는 것을 방해할 수 있다.

> 패이션스는 10대 시절 영국으로 인신매매되어 매춘을 강요당했습니다. 인신매매범들은 패이션스가 도망치지 못하도록 하기 위해 패이션스가 도망치려 할 때 저주를 내린다는 주술('흑마술') 의식을 행했습니다. 패이션스는 카메룬 시골에서 자랐고, 패이션스의 지역사회는 주술을 강하게 믿고 있었습니다. 인신매매범들로부터 구출되었을 때, 패이션스는 주술이 자신을 죽일 것이라는 두려움 때문에 자신에게 일어난 일에 대해 말하기를 거부했습니다. 패이션스는 그 기억을 저주가 시작되었다는 신호로 해석했고, 누구에게 말하든 저주를 받을 것이라고 생각했으며, 결코 인신매매범들로부터 벗어날 수 없을 것이라는 극심한 두려움에 시달렸습니다.

핵심 인지

- 외상은 내가 끔찍한 사람이라는 것을 보여 준다.
- 기억을 다시 경험한다는 것은 끔찍한 일이 일어나고 있거나 일어날 것임을 의미한다.
- 당시 숨을 쉴 수가 없어서 거의 죽을 뻔했다–그 기억을 떠올리면 똑같은 일이 다시 일어날 수 있다.
- 내 감정을 통제할 수 없다.
- 내 감정을 강하게 표현하지 않으면 내 감정을 진지하게 받아들이지 않을 것이다.

동반이환 공황장애

PTSD를 가진 사람 중 일부는 공황장애를 동반하거나, 외상을 상기시킬 때 공황발작을 경험하기도 한다(20장). 외상을 상기시키는 것에 대한 고통과 생리적인 각성은 일반적인 PTSD 증상이며, 사람들은 때로는 공황 상태에 빠질 수 있다. 그러나 공황 발작은 공황 증상에 대한 치명적인 오해와 연결되기도 한다. 예를 들어, 자신을 폭행한 전 파트너와 닮은 사람을 보고 생리적인 각성이 촉발되는 경우이다. 내담자는 뜨거워지고 땀을 흘리며 심박수가 증가한다. 여기까지는 전형적인 PTSD 증상이다. 그러나 내담자가 '내 심장에 문제가 있어, 심장마비가 올 것이고 나는 죽을 것이다.'라고 생각한다면(공황 발작 사이클을 일으킴)(Clark, 1986), 이러한 오해는 공황 발작으로 이어져, 치명적인 잘못된 해석으로 인해 공황 발작이 지속된다.

때때로 공황 증상과 대처 행동은 외상의 특정 측면을 상기시키기도 한다. 이는 개인이 외상 당시에도 비슷한 방식으로 느끼거나 대처했기 때문일 수 있다. 예를 들어, 고문에 대한 매우 흔한 생리적 반응은 과호흡이다. 내담자가 외상 기억을 떠올릴 때 공황 증상이 발생해 숨이 가빠지면, 숨을 빠르고 강하게 들이쉬면서 흉부 압박감이 악화되고, 이는 과거의 과호흡 기억을 다시 떠올리게 할 수 있다. 이러한 방식으로 공황 증상과 외상 기억이 서로를 증폭시키며 빠르게 악순환의 피드백 루프를 형성하게 된다(Otto, & Hinton, 2006).

DSM-5에 따르면 외상 촉발 요인에 반응하는 공황 발작만으로는 공황장애의 기준을 충족시키지 못한다. 그러나 만약 누군가가 갑작스러운 공황 발작을 경험하거나 외상과 무관한 경험으로 인해 공황 발작을 경험하는 경우, 추가적인 공황장애 진단이 가능할 수 있다. 이러한 구분 은 외상 촉발 요인에 대한 자극 변별만으로 도움을 주는지, 아니면 공황장애 치료가 추가로 필요한지를 결정하는 데 중요하다.

감정 이해

감정을 이해하고 묘사하는 능력이 낮은 경우, 즉 감정표현불능증(Alexithymia)은 PTSD와 관련이 있다(Frewen et al., 2008). CBT에서 우리는 종종 내담자에게 감정에 이름을 붙이고 평가하도록 요청하며, 감정을 말로 표현하는 것(감정 라벨링)이 불안 치료를 향상시킬 수 있다는 증거도 있다(Kircanski et al., 2012). 그러나 일부 내담자에게는 이 과정이 어려울 수 있다.

감정표현불능증은 치료의 창을 가로막을 수 있다. 자신의 감정을 이해하기 어려운 상황에서 외상 기억을 활성화하면 강한 고통을 유발하지만, 이를 말로 표현하는 것이 어렵다. 일부 내담자는 기분이 어떠냐는 질문에 '나쁘다'고만 말하고 자신의 고통을 100/100으로 평가하는 것이 흔하다. 감정을 구분하고 감정의 미세한 차이를 인식하는 것은 어려울 수 있다. 또한 어떤 사람들은 외상 당시 자신의 생각과 감정을 자세하게 표현하는 데 어려움을 겪기 때문에 이를 업데이트하는 것이 더 어렵다. 예를 들어, 감정에 대해 이야기하지 않는 환경에서 자란 사람은 감정에 대한 어휘가 제한적일 수 있다.

이러한 모든 내담자에게 감정을 언어로 표현하고 정량화할 수 있는 방법을 찾는 것은 매우 가치가 있다. 이는 치료 전반에 걸쳐 의사소통을 도울 뿐만 아니라 감정이 지나치게 압도적으로 느끼는 것을 줄여주고 내담자가 치료의 창 안에 머무르도록 돕는다. 게다가 감정표현불능증이 있거나 감정을 이야기하는 데 어려움을 겪는 것은 종종 사람들의 다른 영역, 예를 들면 인간관계에도 영향을 미치기 때문에, 이 분야에서 몇 가지 기술을 배우는 것은 치료실 밖에서도 도움이 된다.

감정 조절 장애

어떤 사람들에게는 감정을 조절하는 것이 큰 도전이며, 극단적인 감정 사이에서 휩쓸리는 자신을 발견할 수 있다. 이는 어린 시절 외상을 경험한 사람들에게 흔한데 특히 감정 상태가 적절하게 인식되거나 반응하지 않고, 심지어 용납할 수 없는 것으로 처벌받는 환경에서 자란 사람들에게는 일반적이다. 감정이 강력하게 느껴지고, 쉽게 촉발되며, 진정되는 데 시간이 오래 걸릴 수 있다. 이러한 패턴 중 일부는 어릴 때부터 '고착화'되어 외상 기억을 치료하는 데 어려움을 초래할 수 있다. 이는 치료의 창을 벗어날 가능성이 높아지며, 극단적이거나 위험한 대처 행동을 유발할 가능성이 있기 때문이다.

🌱 기억의 과잉 활성화 관리하기

외상 기억의 과잉 활성화는 내담자에게 당황스러움과 불쾌감을 유발하므로, 우리는 내담자가 자신의 감정을 최대한 통제하고 그 통제에 대한 평가를 할 수 있도록 돕고자 한다. 과잉 활성화의 원인에 따라 다양한 대응 방법이 있다. 처음 기억 작업을 시작할 때 내담자가 극심한 스트레스를 받아 세션을 중단해야 했다면, 다음 시도 전에는 내담자가 활성화를 관리하는 데 도움이 되는 도구를 개발하는 것이 도움이 된다. 이 시점에서 기억 작업을 과제로 주는 것은 좋지 않다. 내담자의 고통을 관리하는 데 도움을 줄 수 없기 때문이다. 대신, 기술 연습을 과제로 주는 것이 바람직하다(예: '유용한 팁' 참조). 가능하면 내담자에게 기술을 개발하는 과정을 행동 실험으로 설정하여 해당 기술이 얼마나 도움이 될지 예측하고 검증해 보도록 한다. 이를 통해 감정에 대한 부정적인 신념, 예를 들어 감정이 얼마나 통제하기 어려운지에 대한 신념을 업데이트하고, 과잉 활성화에 기여할 수 있는 감정 관련 신념을 개선하는 데 도움이 될 수 있다.

그러나 주의할 점은 어느 정도의 고통은 정상적이라는 것이다. 눈물을 흘리고, 얼굴이 붉어지며 안절부절못하더라도 격려를 받아 외상 기억에 머무르고 세션을 끝까지 마칠 수 있는 사람은 추가적인 개입이 필요하지 않다. 최적의 기억 활성화는 일반적으로 견딜 수 있는 수준에서 한두 단계 낮은 수준이다. 이러한 기술은 치료의 창에 전혀 머무를 수 없을 정도로 극심한 고통을 경험하여 외상 기억을 처리할 수 없거나, 안전하지 않은 방식으로 반응하는 사람들을 위한 것이다.

감정을 측정하고 인식하기

먼저, 내담자의 감정을 측정하고 인식할 수 있는 방법을 제공한다. 세션 중 다양한 시점에서 SUD(주관적 고통 단위) 평가를 요청하여, 내담자가 자신의 감정을 평가하는 방법을 익히도록 돕는다. '볼륨 낮추기' 전략을 실행하기 전에 내담자가 기억에 접근할 때 안전하다고 느낄 수 있도록 수용 가능한 최대 SUD 등급을 미리 합의하는 것도 좋다.

감정 어휘가 매우 제한적인 사람은 외상 기억과 무관한 감정에 이름을 붙이는 연습을 함께 한다. 함께 다양한 감정의 목록을 작성한다. 누군가가 '기분이 나쁘다.'고 말할 때, 목록에서 자신의 감정에 맞는 단어를 선택해 좀 더 구체적으로 표현할 수 있도록 도와준다. Martina Mueller의 워크숍에서 들은 좋은 연습 중 하나는, 내담자에게 TV 프로그램(드라마가 가장 적합함)을 시청하고 각 장면에서 각 캐릭터가 느끼는 감정을 명명하도록 요청하는 것이다. 이 연습은 가족, 친구 또는 파트너와 함께 시작할 수 있다. 감정에 대한 대화는 감정을 더 잘 이해하고 다루기 쉽게 만드는 과정의 시작이 될 수 있다.

공황 발작 다루기

기억 작업이 공황 발작을 일으키는 경우에는 이를 해결해야 한다. 누군가가 공황발작을 겪고 있는 동안에 아무런 처리가 이루어지지 않기 때문에 치료과정에서 이탈할 수 있다. 따라서 이러한 상황에 대처하기 위한 대책이 필요하다. 공황 발작이 외상을 상기시키는 자극에만 촉발되거나 외상 기억의 일부인 경우, 내담자와 함께 자극 변별을 연습하고 '그때 대 지금'을 구별하는 연습을 충분히 하도록 한다. 예를 들어, 먼저 어떤 일이 있었는지에 대한 몇 가지 핵심단어를 기록하고, 그 후 서서히 이야기를 구축하며 내담자가 강도를 낮춰야 할 때마다 '그때 대 지금'을 사용하는 방식으로 전환하는 등 기억에 점진적으로 접근한다. 대부분의 경우 이 방법만으로도 PTSD 치료를 받기에 충분하며, 공황 발작이 PTSD로 인한 부차적인 증상이라면 자연스럽게 해결될 것이다. 만약 공황 증상과 대처 행동이 외상 기억 안에 내재되어 있다면(예: 당시에 과호흡을 했다면), 자극 변별에서 특히 이 부분에 집중한다.

그러나 각성 증상의 파국적인 평가로 인해 공황장애가 있는 경우, 공황장애에 대한 인지

치료 기법이 필요할 수 있다(Clark, 1986). 여기에는 공황 발작을 유지하는 요인에 대한 공동 공식화를 수립하고, 증상에 대한 위협적인 해석에 대한 인지적 작업, 내부감각 수용 노출(또는 자극감응훈련, 신체감각노출; interoceptive exposure) 과제와 안전 추구 행동을 줄이기 위한 행동 실험이 포함된다. 외상 후 공황장애가 발생한 경우, PTSD가 성공적으로 치료되면 추가적인 개입 없이도 공황장애가 해결될 수 있다. 따라서 외상 기억을 치료하는 데 필요한 범위 내에서만 공황발작에 대한 작업을 수행하는 것이 좋다. 물론 해결되지 않을 경우, 추가적인 치료가 필요할 수 있다.

감정 조절 지원

감정 조절에 상당한 어려움을 겪는 사람에게는 외상 기억을 다루기 전에 안정화 작업이 필요할 수 있다. 다시 한번 강조하지만, PTSD의 성공적인 치료는 감정 조절 문제에 긍정적인 영향을 미치므로 기억 작업을 견딜 수 있을 정도로만 안정화를 하는 것이 좋다. 가능하면

🐘 유용한 팁: 감정 조절 지원

PTSD 치료의 초기 세션에서 정상화 및 공식화 작업을 수행하면, 외상 후 발생하는 어려운 감정을 위협적이지 않게 이해하는 데 도움이 됩니다. 다음은 시도해 볼 수 있는 몇 가지 다른 기법입니다.

- 초기에 자극 변별 훈련하기: 촉발 요인에 대해 더 명확하게 파악하고 이에 대처하는 전략을 익히면 침투에 대한 통제력을 키우는 데 도움이 됩니다.
- 감정과 대처 전략 모니터링: 감정 일지를 활용하여 감정을 추적하고 촉발 요인을 학습하며, 어떤 대처 전략이 가장 효과적인지를 확인합니다. 이는 자기인식을 향상시키고 상황에 맞게 개입을 조정하는 데 도움이 됩니다.
- 도움이 되는 전략과 도움이 되지 않는 전략 나열: 대부분의 사람들은 어떤 전략이 어려운 감정을 다루는 데 도움이 되고, 어떤 것이 그렇지 않은지를 알고 있습니다. 따라서 내담자에게 그 목록을 작성하고 세션에서 유용한 전략을 연습하도록 권장합니다. 또한 약간 도전적인 상황에 대응할 때 이를 적용해 보도록 합니다.
- 추가 전략 개발: 도움이 되는 전략을 찾는 데 어려움을 겪는 사람들에게는 세션 시간을 활용하여 안전한 장소 이미지, 그라운딩 기법, 호흡 및 이완 연습과 같은 새로운 전략을 연습

해 봅니다. 또한 식사, 수면, 운동과 같은 도움이 되는 자기 관리의 우선순위를 정하는 것
도 좋습니다.

• 극단적인 감정에 대처하기: 극단적인 감정에 대처하기 위한 (서면) 계획을 세우는 것이
중요합니다. 특히 위험한 행동의 맥락에서 이러한 계획이 유용할 수 있습니다(18장). 주
의를 분산시키거나 '타임아웃'과 같은 전략이 유용할 수 있습니다.

• 정서적 반응 공식화하기: '다섯 가지 영역' 모델(Greenberger, & Padesky, 1995)과
같은 기본적인 CBT 공식화를 사용하면 감정적 반응을 더 잘 이해하고, 촉발하는 생각에
대한 도전과 같은 활동으로 이어질 수 있습니다.

• 변증법적 행동치료에서 차용: 원래 경계선 성격장애를 위해 개발된 변증법적 행동 치료
(DBT; Linehan, 1987)에는 감정 조절을 위한 기술 훈련 요소가 포함되어 있으며, 이는
감정 조절 장애가 특징인 많은 장애에 적용될 수 있습니다. 자세한 내용은 Linehan 등
(2007)을 참조하세요.

외상 기억을 다루는 작업과 병행하여 진행하는 것이 바람직하다. 감정 조절 기술을 배우는
것은 감정 표현을 원치 않는다는 것을 의미하는 것은 아니다. 오히려 어려운 감정을 관리하
고 압도되는 감정에 대처하는 데 도움이 되는 도구들은 치료를 더 견딜 만하게 하고 안전하
게 진행될 수 있도록 돕는다.

평가에 대한 작업

과잉 활성화의 원인이 외상의 의미나 침투적 기억의 의미와 관련된 신념일 경우, 외상 기
억을 재검토하기 전에 이러한 평가를 파악하고 다루어야 한다. 기억이나 감정에 대한 신념

제임스는 십대 시절 그루밍 성폭력을 당한 경험으로 인해 자신이 '손상되었다'고 믿었으며, 미
래의 파트너가 자신을 거부할 것이라고 생각했습니다. 제임스의 치료사는 이러한 신념을 탐색하
기 위해 안내적 탐색 기법을 사용하여 증거를 검토하고, 제임스가 동일한 신념에 대해 다른 사람
들에게 어떻게 말할지 토론했습니다. 또한 다른 사람들이 성적 학대를 당한 사람들을 어떻게 보
는지에 대한 제임스의 신념을 검증하기 위해 설문조사를 개발했습니다.

과 같이 외상 또는 PTSD 경험에 대한 고통스러운 평가도 많은 고통과 현재의 위협감을 촉발할 수 있기 때문에 내담자의 공식화에서 중심적인 부분을 차지할 것이다. 최악의 의미가 확인되면 치료사는 어떤 인지 재구성 기법을 사용할지 결정할 수 있다.

기존 신념

감정에 대한 기존의 신념은 기억이 과도하게 활성화되는 패턴의 기저에 깔려 있을 수 있다. 예를 들어, 이전에 감정을 표현하는 것이 부담스러웠거나, 괴로움을 드러냈다가 비난을 받거나 처벌을 받은 적이 있을 수 있다. 이러한 이전의 기억과 다시 그런 상황이 발생할 것이라는 생각은 기억 작업 중에 감정의 '불에 기름을 붓는' 역할을 한다. 다른 사람들은 어린 시절 자신의 필요가 충분히 충족되지 않았던 경험을 했기 때문에, 자신의 괴로움을 매우 강하게 표현하지 않으면 자신의 고통을 심각하게 받아들이지 않을 것을 두려워한다. 이러한 유형의 경험과 신념에 대해 논의하고 이를 정상화하는 것은 종종 사람들이 자신의 감정을 더 잘 통제할 수 있다고 느끼는 데 큰 도움이 되며, 이러한 과정에 이름을 붙임으로써 그 과정을 인식하는 데 도움이 된다. 때로는 기저에 있는 신념과 그와 관련된 기억에 대해 추가적인 작업이 필요할 수도 있다.

볼륨 낮추기

과잉 활성화의 원인이 무엇이든, 기억 작업 중에는 내담자를 치료의 창 안에 유지하는 전략을 사용할 수 있다. 이러한 기법을 '볼륨 낮추기'라고 부르는 이유는 기억의 강도를 낮추는 것이 목표이기 때문이다. 내담자에게 온도 은유를 사용하는 경우에는 '냉각' 기법이라고 부른다.

볼륨을 낮춰서 재연하기

상상적 재연을 위한 전형적인 지침은 눈을 감고, 일인칭 및 현재 시제로 말하며 가능한 한 많은 세부 사항을 포함하는 것이다. 이는 사람들이 외상 기억의 모든 세부 사항과 연결되도록 도우며 방해 요소를 최소화하는 데 목적이 있다. 기억에 압도되는 경향이 있는 사람들에게는 강도를 낮추기 위해 다른 지침을 제공한다. 밝은 조명이 있는 방에서 눈을 뜨고 과거 시제로 말하면서 상상으로 재연하는 훈련을 실시한다. 필요한 경우 처음 몇 번의 시도에는 간단한 세부 사항만 포함할 수 있다. '온도'를 측정하고 격려하기 위해 자주 중단하며 내담자의 주의를 다시 상담실로 이끌어 내기 위해 더 자주 말하고 명확한 질문을 한다. 긴 침묵을 자제하고 대신 이야기를 끊기 전에 요약하고 이해도를 확인한다. 이러한 방식으로 내담자의 활성화 수준을 추적할 수도 있다.

기억 작업의 진행 상황에 따라 나중에 다시 강도를 높일 수 있지만, 초기 회상 세션에서는 내담자가 멈출 필요 없이 외상에 대한 설명을 끝내는 것을 목표로 한다. 이야기 끝에 도달하는 것은 내담자가 비교적 안전한 위치에 있었던 한 지점에 도달하는 것을 의미하며, 이는 외상 기억이 견딜 수 있다는 강력한 증거이다.

더 높은 수준에 집중하기

내담자가 외상 기억의 감각적, 생리적, 정서적 요소에 압도되면 고통이 발생하기 쉽다. 오케스트라를 상상해 보면, 일부 악기가 너무 크게 연주되어 다른 악기 소리가 묻어버리는 상황이다. 우리가 기억의 다른 요소에 주의를 기울이면, 기억이 균형을 이루고 강도가 감소하는 데 도움이 될 수 있다. 감정, 감각, 냄새, 맛과 같은 내부 세부 사항에 대해 많은 질문을 하는 대신, 주변에서 볼 수 있는 것과 같은 기억의 외부 감각 요소에 대해 더 많이 물어보는 것이 중요하다. 또한 "그 순간 머릿속에 무슨 생각이 들었나요?" "무슨 일이 일어나고 있다는 것을 알 수 있었나요?"와 같은 질문을 통해 더 높은 인지 과정에 주목한다(이러한 질문은 과거형으로 사용되며 '볼륨 낮추기' 회상을 사용하고 있기 때문이다). 이러한 질문은 감각 처리에 초점을 맞추어 처리하는 대신에 더 복잡한 개념적 처리와 관련된 뇌 부분을 활성화시킨다. 우리는 이를 내담자의 신경계를 '위로' 올리는 것으로 비유하며 종종 위장(gut)에서 머리로 향하는 '손전등'이라고 표현한다.

상상적 재연보다는 내러티브 글쓰기

외상에 대한 이야기를 쓰는 것은 일반적으로 상상적 재연보다 몰입도가 떨어진다. 이것은 속도를 늦추고, 글쓰기라는 추가적인 인지적, 신체적 작업은 현재에 집중하는 데 도움이 된다. 또한 외상 상처 내러티브를 점진적으로 더 쉽게 구축할 수 있다. 몇 가지 핵심 사항만으로 시작하여 내담자가 각성 상태를 모니터링하고 관리하는 데 능숙해지면서 서서히 더 많은 세부 정보를 추가하여 내러티브를 완성할 수 있다. 내담자가 다른 언어를 사용하거나 글을 읽을 수 없는 경우에는 그림을 사용하여 내러티브를 만들거나 통역사의 도움을 받아 내담자의 언어로 작성하도록 요청할 수 있다. 내러티브 작성 후 기억의 '볼륨을 높이는 것'이 도움이 된다면 상상적 재연 단계로 넘어갈 수 있다. 또 다른 대안은 기억의 타임라인을 만드는 것이다(7장). 이것은 치료사와 함께 작성하며 사건의 시간적 순서에 따라 시각화한다.

다른 관점으로 재연하기

또 다른 대안은 다른 관점에서 기억을 재연하는 것이다. 일반적으로 재연은 '현장 관점'에서 이루어지는데, 이는 당시 내담자가 경험한 시각을 통해 이루어지는 것이다. 그러나 '관찰자 관점'을 취함으로써 사건을 목격자나 조망적 관점으로 다시 재연하는 것은 종종 사람들을 기억에서 약간 멀리 떨어뜨리는 데 도움이 되며, 또한 이는 치료의 창 안에 기억을 유지하는 데 도움이 될 수 있다.

우리는 특히 '보드 게임 재연'이라고 부르는 것을 선호한다. 바닥에 화이트보드나 플립차트 종이를 깔고 내담자와 함께 외상 현장을 위에서 내려다보는 것처럼 대략적인 지도를 그린다. 그 후 문구류나 에센셜 오일 병과 같은 손에 잡히는 편리한 물건을 사용하여 주요 인물과 사물을 표현하고, 이들을 활용해 외상을 위에서 관찰하는 것처럼 재연하는 동시에 이야기를 다시 들려준다. 주변을 돌아다니며 관찰자 시점을 사용하는 것은 약간의 거리를 두는 데 유용한 방법이다. 전직 군인과 같은 일부 내담자에게는 지도를 사용하여 정찰 작전을 계획하는 것과 같이 익숙한 기법을 활용하는 것이 도움이 될 수 있다. 또한 주요 생각, 감정, 업데이트 사항을 적은 포스트잇 메모를 외상 지도에 붙여 내러티브에 통합될 수 있도록 한다. 다른 재연 방법과 마찬가지로, 내담자가 외상 기억과 그것이 촉발하는 감정을 더 잘 견딜 수 있게 되면 필요한 경우 더 몰입도 높은 재연을 구축할 수 있다.

거리를 두는 이미지 연습

기억과 거리를 두는 또 다른 방법은 이미지 조작 연습을 하는 것이다. 특히 이미지화 능력이 높은 사람들에게 도움이 될 수 있다. 먼저 중립적인 이미지로 연습하여 내담자가 이미지를 조절하는 데 익숙해지도록 한다. 내담자에게 구석에 텔레비전이 있는 넓은 방에서 영화가 상영되고 있다고 상상하게 하고, 리모컨으로 영화를 일시 정지, 되감기, 끄기, 볼륨을 음소거했다가 서서히 높이기, 화면을 컬러에서 흑백으로 바꾸고 다시 흑백으로 바꾸기, 화면을 점으로 축소하고 교체하거나 다른 화면을 옆에 배치하는 등 상상 속에서 다양한 방법으로 영화를 조작할 수 있도록 한다. 내담자가 이미지를 조작하는 기술에 익숙해지면 '영화'를 외상 기억으로 변경한다. 내담자는 이전과 마찬가지로 일시 정지, 되감기, 끝까지 빨리 감기, 색상, 볼륨 등을 변경하여 조작할 수 있다. 내담자는 가능하다고 느끼면 화면 전체를 자세히 볼 때까지 화면에 점점 더 가까이 다가가는 것을 상상할 수 있다.

이 연습은 다양한 방식으로 도움이 될 수 있다. 외상 기억의 강도를 조절할 수 있는 권한

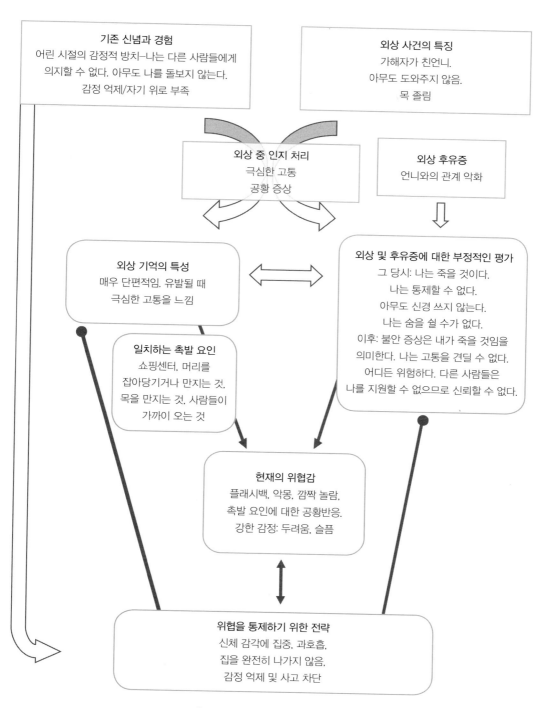

기존 신념과 경험
어린 시절의 감정적 방치–나는 다른 사람들에게
의지할 수 없다. 아무도 나를 돌보지 않는다.
감정 억제/자기 위로 부족

외상 사건의 특징
가해자가 친언니.
아무도 도와주지 않음.
목 졸림

외상 중 인지 처리
극심한 고통
공황 증상

외상 후유증
언니와의 관계 악화

외상 기억의 특성
매우 단편적임. 유발될 때
극심한 고통을 느낌

외상 및 후유증에 대한 부정적인 평가
그 당시: 나는 죽을 것이다.
나는 통제할 수 없다.
아무도 신경 쓰지 않는다.
나는 숨을 쉴 수가 없다.
이후: 불안 증상은 내가 죽을 것임을
의미한다. 나는 고통을 견딜 수 없다.
어디든 위험하다. 다른 사람들은
나를 지원할 수 없으므로 신뢰할 수 없다.

일치하는 촉발 요인
쇼핑센터. 머리를
잡아당기거나 만지는 것.
목을 만지는 것. 사람들이
가까이 오는 것

현재의 위협감
플래시백, 악몽, 깜짝 놀람.
촉발 요인에 대한 공황반응.
강한 감정: 두려움, 슬픔

위협을 통제하기 위한 전략
신체 감각에 집중, 과호흡.
집을 완전히 나가지 않음.
감정 억제 및 사고 차단

[그림 4-3] 카를라의 공식화

을 내담자에게 부여하여, 기억이 압도적으로 느껴지면 음소거하거나 일시 정지할 수 있고, 자신의 상태에 따라 더 가까이 또는 더 멀리 이동할 수도 있다. 이는 재연에 추가적인 인지적 작업을 더하여 기억에 대한 몰입을 줄여준다. 또한 외상 기억이 조절될 수 있다는 메시지를 전하는 데 도움이 된다.

🌱 치료실 노트: 카를라

카를라는 언니에게 폭행을 당한 후 PTSD가 생겼다. 카를라의 언니는 마약 중독 문제가 있었고 카를라게 돈을 요구했다. 카를라가 거절하자 언니는 카를라에게 소리를 지르고 뺨을 때리고 목을 조르기 시작했다. 그들은 쇼핑센터에 있었고, 사람들은 지켜보기만 하고 개입하지 않았다. 카를라는 도움을 청하기 위해 상점에 뛰어들었지만 무시당했다. 그 당시 카를라는 아무도 자신을 도와주지 않을 만큼 관심이 없다고 믿었다. 얼마 지나지 않아 카를라는 폭행에 대한 침투 기억과 플래시백, 그리고 그 기억이 떠오를 때 공황 발작이 일어나는 등 PTSD 증상을 경험하기 시작했다. 카를라는 외상을 유발하는 상황을 만날까 봐 외출을 거의 하지 않는 등 극도로 피하는 행동을 보였다.

카를라가 PTSD 치료를 시작했을 때, 카를라는 폭행에 대한 이야기를 하려고 했으나 극심한 고통과 공황 발작에 시달렸다. 카를라는 폭행에 대해 이야기하는 것이 증상을 악화시킨다고 믿었기 때문에 이전에 치료를 중단한 적이 있었다. 카를라의 치료사는 이런 상황이 다시 발생하지 않도록 조심스러웠으며, 카를라의 공황 발작에 대한 공식화를 작성하는 데 여러 세션을 사용했다(그림 4-3).

카를라의 개인력은 그녀의 증상을 이해하는 데 특히 중요했다. 어렸을 때 카를라는 어머니가 돌아가신 후 이모의 보살핌을 받았다. 이모에게는 다른 자녀가 있었고 카를라는 자신이 원치 않는 귀찮은 존재로 느껴졌다. 어떤 일에 화가 나면 감정을 밀어내는 경향이 있었고, 도움을 청하는 대신에 감정을 해결하지 않았다. 다른 사람들이 자신을 돌봐줄 것이라고 믿지 않아서였다. 이런 식으로 카를라는 효과적으로 스스로를 달래는 방법을 배우지 못했다. 이제 성인이 되어 어려운 감정에 직면한 카를라는 통제를 벗어난 듯 느꼈고, 어떻게 대처해야 할지 몰라졌다. 이는 기억과 마주했을 때 카를라 감정을 증폭시켰다. 돌봄을 받지 못하고 돌봄을 받을 자격이 없다는 느낌은 다른 사람들이 카를라를 돕지 않았을 때 외상을 겪으면서 다시 촉발되었다.

특히 카를라가 목을 졸린 경험이 있었기 때문에 외상의 성격도 중요했다. 카를라는 외상을 떠올리면 숨을 쉴 수 없는 느낌이 들어 바로 공황 발작으로 이어졌다.

카를라의 PTSD는 회피 행동으로 유지되었다. 카를라는 공황 발작이 일어날까 봐 폭행에 대해 생각하지 않으려고 노력했고, 어떻게 해야 할지 몰라 자신의 감정을 밀어냈다. 그 결과 외상 기억은 처리되지 않은 채 고도로 감각적이고 쉽게 촉발되는 형태로 남아 있었다. 또한 그녀는 기억을 촉발하는 자극을 피했고, 그 결과 매우 위축되어 최악의 두려움이 현실화되지 않을 것임을 발견하는 기회마저 차단했다.

이러한 공식화의 단순화된 버전이 카를라와 논의되었다. 이는 카를라의 증상을 정상화하고 공황 발작 중에 무슨 일이 일어나고 있는지에 대한 대안적인 설명을 제공하는 데 도움이 되었다.

당시 카를라는 숨을 쉴 수 없고 질식하는 것처럼 느껴졌지만, 외상 당시의 일을 다시 경험하고 있을 가능성을 받아들였다.

카를라와 치료사는 숨이 막히는 외상 기억과 공황 발작을 경험한 기억을 구별하기 위해 자극 변별 훈련을 했다. 그들은 목에 아무것도 없다는 것을 보여 주기 위해 목을 만지는 등 이러한 구별을 더 명확하게 할 수 있는 방법을 연습했다. 또한 근처에 서 있는 사람들과 같은 외상 관련 자극도 구별하는 연습을 했다. 카를라는 공공장소에서 불안감을 덜 느끼기 시작했고 공황 발작도 줄어들었다.

카를라와 치료사는 카를라가 화가 났을 때 진정할 수 있는 여러 가지 방법에 대해서도 논의했다. 개 쓰다듬기, 휴대폰으로 게임하기, 에센셜 오일 냄새 맡기 등 몇 가지 방법을 알아냈다. 과제로 카를라는 하루에 여러 번 자신의 감정을 평가하는 연습을 했다. 괴로움이 60점 이상으로 높아지면 카를라는 진정 기법 중 하나를 사용하여 감정을 낮췄다. 이는 그녀의 감정을 통제할 수 있는지 테스트하기 위한 행동 실험으로 논의되었다.

6번의 세션이 끝난 후, 카를라는 외상에 대해 생각할 수 있게 되었다. 카를라는 처음에 최소한의 세부 사항으로 무슨 일이 있었는지 타임라인을 작성하기 시작하기로 동의했다. 치료사는 정기적으로 SUD 점수를 매겼고, 80/100이 넘으면 치료를 중단하고 대처 전략을 사용했는데, 이는 치료사가 자신을 도와줄 수 있다고 믿을 수 있는지에 대한 카를라의 신념을 테스트하는 데도 도움이 되었다.

이후 여러 차례의 세션 동안, 카를라와 치료사는 타임라인에 더 자세한 내용을 추가하고, 카를라가 죽지 않았다는 등의 정보를 업데이트했다. 또한 사람들이 신경 쓰지 않아서 개입하지 않았다는 신념을 업데이트를 하기 위해 주변인의 관점에서 그 장면을 상상해 보았다. 카를라는 사람들이 충격과 놀라움에 휩싸여 어떻게 도움을 줄지 모르는 상황일 수도 있다는 사실을 깨달았다. 또한 폭행 직후 한 상점의 경비원이 그녀가 괜찮은지 확인하려고 다가왔다는 사실도 기억해 냈다.

　외상 기억에 대한 자세한 내용을 발전시키자 카를라의 재경험 증상이 현저히 개선되었다. 악몽과 플래시백이 멈췄다. 카를라는 여전히 공공장소에서 불안감을 느꼈지만 더 이상 공황 발작을 겪지 않았다. 치료 후반기에 카를라와 치료사는 폭행 사건이 발생한 쇼핑센터를 다시 방문했다. 카를라는 약간의 공황 증상을 경험했지만 외상의 기억으로 인해 불안이 촉발된 것이며 신체적 위험에 처한 것은 아니라는 것을 스스로에게 상기시킬 수 있었다.

　카를라가 치료를 받는 동안 카를라 언니는 절도죄로 복역 중이었고, 카를라는 언니를 면회할 준비가 되어 있지 않았다. 카를라 언니에게 편지를 써서 폭행에 대한 자신의 감정을 표현하고 조금 기다렸다가 편지를 보낼지 여부를 결정하기로 했다. 카를라는 언니가 자신을 사랑하지만 중독으로 인해 상처를 주는 행동을 한다는 것을 알고 있었다. 카를라는 언니가 교도소에서 진행 중인 약물 남용 프로그램에서 최선을 다하길 바랐다. 카를라는 어린 시절에 대해서도 썼다. 그녀는 둘 다 원치 않고 사랑받지 못한다고 느꼈고, 성인이 되어서도 그런 감정을 떨쳐버리기 힘들다는 것을 깨달았다. 편지를 쓰면서 카를라는 남편과 다른 형제자매를 포함해 자신을 사랑해 주는 사람들이 있다는 사실을 깨달았다. 치료 계획에서 카를라는 치료 후 지속적인 과제로 긍정적 데이터 기록(positive data log)을 사용하여 사람들이 자신을 아끼고 있다는 증거를 알아차리고 기록하는 것을 꼽았다. 또한 치료사를 신뢰하는 법을 배우는 과정을 통해 자신과 타인, 미래에 대해 무엇을 배웠는지 되돌아보았다.

추천도서

Briere, J. N., & Scott, C. (2014). *Principles of trauma therapy: A guide to symptoms, evaluation, and treatment (DSM-5 update)*. Sage.

Liness, S. (2009). Cognitive therapy for post-traumatic stress disorder and panic attacks. In N. Grey. (Ed.). *A casebook of cognitive therapy for traumatic stress reactions* (pp. 147-163). Routledge.

Chapter 5

외상 기억의 과소 활성화

교도관으로 10년 동안 근무하던 넬슨은 폭동이 발생하여 인질로 잡힌 적이 있었다. 치료 중에는 얼굴을 손으로 가리고 외상을 기억하지 않으려 애썼다. 넬슨은 외상 당시의 자신의 반응이 부끄러웠으며, 치료사 앞에서는 나약하게 보이고 싶지 않았다. 따라서 치료는 그가 외상 기억을 회피하는 데 중점을 두는 대신, 그의 감정에 대한 신념을 이해하고 다루고 해결하는 데 초점을 맞췄다.

어떤 내담자는 외상 기억을 활성화하거나 관련된 생각 및 감정과 연결하는 데 어려움을

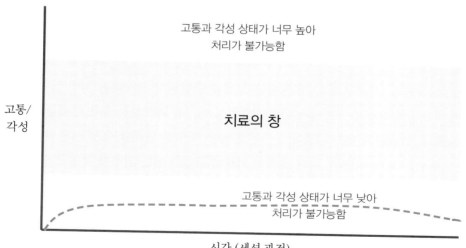

[그림 5-1] 비활성화된 외상 기억

겪을 수 있다. 외상 기억이 과소 활성화된 치료 세션은 그래프에서 [그림 5-1]과 같다. 이러한 세션에서 치료의 창에 도달하지 못하면 외상 기억에 내재된 의미에 접근하거나 변경하기가 매우 어려워진다. 예를 들어, 내담자는 외상이 자신의 잘못이 아니라는 새로운 정보를 논리적으로 이해할 수는 있을지라도, 기억 자체와 연결되지 않으면 증상을 다시 경험할 때 이 새로운 정보에 접근할 수 없으며, 외상을 떠올릴 때 죄책감과 수치심을 느끼게 된다.

🌱 왜 활성화가 잘 안 되는가

외상 기억을 활성화하기 어려운 데에는 몇 가지 이유가 있으며, 그 이유를 이해하면 개입 방법을 찾는 데 도움이 된다.

실제로 PTSD가 아닌 경우

만약 누군가가 외상 기억을 재연할 때 거의 고통이나 동요를 느끼지 않는다면, 그들이 PTSD의 재경험 증상(생생하고 불쾌한 기억, 후각, 악몽 및 그 기억을 떠올릴 때의 정서적, 생리적 각성)을 가지고 있는지 확인하는 것이 중요하다. 누군가가 외상에 대한 공포스러운 악몽을 꾸지만 외상에 대해 이야기할 때 고통을 느끼지 않는다면, 그것은 활성화 부족의 경우일 가능성이 크다. 그러나 재경험 증상이 나타나지 않는다면 외상이나 자신의 감정에 대해 반추하는 것일 수 있으며, PTSD가 그들의 문제에 가장 적합한 이해가 아닐 수 있다(반추와 침투의 차이점은 56페이지 참조).

물론, 내담자가 다른 유형의 문제에 어려움을 겪고 있을 수 있다. 외상적 사건은 우울증, 정신증, 섭식장애, 성격장애 등 많은 다른 장애를 유발하거나 악화시킬 수 있다. 내담자는 여전히 치료를 통해 도움을 받을 수 있으며, 외상 이력을 파악하는 것은 문제를 공식화하는 데 중요하다. 그러나 치료는 내담자의 주된 문제를 가장 잘 해결할 수 있는 방법에 기반해야 한다. 일부 CT-PTSD 기법은 다른 장애의 치료에 관련이 있는 경우에 적용될 수 있다. 예를 들어, 이미지 재구성 기법은 사회불안장애나 우울증에서 외상 기억을 다룰 때 사용할 수 있다(Wild & Clark, 2011; Wheatley et al., 2007).

낮은 이미지 능력

일부 사람들은 비정상적으로 높은 상상 능력을 가지고 있지만, 약 10% 인구는 정신적 이미지를 생성하는 데 어려움을 겪는다(Faw, 2009). 따라서 재연 등 상상력에 의존하는 치료 기법은 매우 어렵고 답답하며 도움이 되지 않을 가능성이 높다. 내담자에게 중립적인 이미지(예: 일출)를 생성하도록 요청하거나, 그날의 치료 여정과 같은 최근 기억을 되살리거나, 이미지 능력을 측정하는 도구를 사용하여 이미지 능력을 확인할 수 있다(Pearson et al., 2013). 시각적 이미지를 떠올리는 데 어려움을 겪거나 감각적 세부 사항으로 기억을 되살리는 데 어려움을 겪는다면 심상 능력이 낮을 수 있다. 이러한 경우에는 상상력에 덜 의존하는 형태의 기억 작업을 사용해야 할 수도 있다.

외상 당시 마비

만약 누군가가 외상 당시 무감각한 느낌을 경험했다면, 외상 기억에 접근할 때 무감각한 느낌을 느낄 수 있다. 여기서의 문제는 그들이 기억을 활성화할 수 없다는 것이 아니라, 외상 당시 마비가 재경험되고 있다는 것이다. 내담자는 때때로 외상 당시 무감각했는지 여부를 기억할 수 있는 경우가 있다. 또 다른 확인 방법은 재경험 증상과 관련된 감정을 모니터링하는 것이다. 내담자가 플래시백이나 악몽을 겪을 때 무감각한 느낌을 다시 경험한다면, 아마도 기억이 저장된 방식(그리고 외상 당시의 느낌)일 것이다. 반면, 플래시백이나 악몽에서는 감정을 느끼지만 상상적 재연 중에는 이를 되살릴 수 없는 경우, 이는 외상 당시가 아닌 외상 후 마비일 가능성이 높다.

감정에 대한 신념

과소 활성화의 흔한 이유 중 하나는 감정에 대한 신념 때문에 외상 기억을 피하는 것이다. 예를 들면, 외상 기억과 관련된 감정에 압도될까 두려워하는 경우가 있다. 어떤 사람들에게는 이 회피가 의도적이고 의식적일 수 있지만, 종종 자동적으로 일어난다. 우리 모두는 감정 스키마를 갖고 있다. 이는 주로 우리의 감정에 대한 신념 구조로서, 일반적으로 우리의 양육 및 문화적 영향과 연관되어 있다(Leahy, 2002, 2007). 감정을 표현하지 않는 가정에서 자랐거나 감정이 위험하다고 배운 사람들은 강한 부정적 감정에 대한 자동 반응으로 감정을 억누르거나 피하는 경향이 있다.

코너는 군인 가정에서 자랐고, 사관학교를 다녔으며, 17세에 군대에 입대했습니다. 코너의 아버지는 엄격했고 어렸을 때부터 코너에게 어떤 일에 대해 화가 나더라도 불평하지 말라고 가르쳤습니다. 코너의 어머니는 코너가 10대였을 때 심한 우울증을 앓아 정신병원에서 시간을 보냈습니다.

군대에서 일련의 외상적 경험을 겪은 후 PTSD가 발병하면서, 그는 자신의 감정이 '엉망이 된' 것처럼 느끼기 시작했습니다. 그는 자신의 감정을 회피하고 묻어두는 것으로 대처했습니다. 군대에서 행군 중 육체적 고통을 견뎌낼 때 마음을 비우는 데 집중하는 법을 배웠고, 지금도 부정적인 감정을 느낄 때 이 방법을 사용하고 있습니다. 치료 과정에서 코너는 매우 침착하고 절제된 모습을 보였지만, 끔찍한 악몽과 가끔씩 다중 감각적 플래시백도 보고했습니다.

코너의 치료사는 감정에 대한 그의 신념을 부드럽게 탐색했습니다. 코너는 감정을 위험하다고 생각했고, 어머니가 감정을 통제하지 못하고 감정에 압도되었기 때문에 건강이 나빠졌다는 견해를 밝혔습니다. 그는 자신에게도 똑같은 일이 일어날까 봐, 자신이 분리되어 '구석에 앉아서 울고 있는' 상태가 될까 봐 두려웠습니다.

시작하기 좋은 방법은 내담자의 감정에 대한 견해를 탐구하는 것이다. 내담자에게 외상을 떠올리면 감정적으로 어떤 일이 일어날 것인지, 그리고 얼마나 오래 그렇게 느낄 것인지 물어볼 수 있다(Leahy, 2007). 이러한 질문을 통해 감정적 변화에 대한 재앙적 두려움을 파악하는 데 도움이 된다. 때로는 '최악의 상황은 무엇인가요?' '최악의 상황은 어디로 이어지나요?'와 같은 '하양식 화살표(downward arrow)' 질문을 통해 최악의 의미를 파악해야 할 때도 있다. 또한 '가정에서 감정을 어떻게 표현했나요?' '과거에 감정을 통제할 수 없었던 적이 있었나요?'와 같이 과거 경험에 대해 물어볼 수도 있다.

치료사 반응에 대한 신념

기억 작업의 감정적 영향에 대한 논의를 통해 드러나는 신념 중 일부는 치료사와 관련이 있다. 일부 내담자는 외상에 대해 이야기하거나 세션 중에 감정적으로 변하면 치료사가 자신을 부정적으로 판단할 것이라고 생각한다. 또 다른 내담자 중에는 치료사를 보호하고 싶어 하며, 치료사가 불쾌한 내용을 듣고 영향을 받을까 봐 이야기하는 것을 꺼린다.

이와 같이, 이러한 신념을 탐구하는 것이 가장 좋은 시작점이다. 일부 내담자는 외상 기억에 대해 이야기할 때 치료사가 어떻게 생각할지 걱정할 수 있다. '그런 걱정을 하고 계신가요?' 또는 '자세히 이야기할 경우 다른 사람들이 어떤 영향을 받을지 걱정되나요?'와 같은 질문을 통해 이러한 걱정을 탐색할 수 있다. 또한 기억을 재연하거나 다른 형태의 기억 작업 중 내담자가 기억의 어려운 부분을 피하거나 감정을 억누르는 것처럼 보이면 '그때 무엇이 당신을 방해했나요?' 또는 '그 부분에 대해 더 자세히 이야기하면 어떤 일이 일어날 것 같나요?'와 같은 질문을 통해 내담자의 경험을 더 자세히 이해할 수 있다.

핵심 인지

- 내가 화를 내는 것이 안전하지 않다.
- 나는 감정적인 사람이 아니다.
- 나는 외상에 대해 생각하면 견딜 수가 없다.
- 내가 감정적이 되면 치료사는 내가 미쳤거나 약하다고 생각할 것이다.

외상의 의미에 대한 신념

외상 기억의 활성화 부족에 영향을 미칠 수 있는 마지막 유형의 신념은 외상의 의미와 관련된 것이다. 어떤 사람들에게는 외상이 너무 고통스러운 개인적인 의미를 지니고 있어서 그들이 대처할 수 있는 유일한 방법은 자신을 마비시키거나 기억을 억누르는 다른 방법을 찾는 것이다. 다시 말해, 이 과정은 매우 의도적인 과정일 수도 있고, 습관처럼 이루어질 수도 있으며, 완전히 자동적이어서 자신의 통제를 벗어난 것처럼 느껴질 수도 있다.

알리키는 전 남자친구에게 납치되어 차 트렁크에 묶여 있었습니다. 알리키는 그 사건에 대해 끔찍한 악몽을 꾸지만, 이야기할 때는 거의 감정을 느끼지 못했습니다. 어느 순간 치료사는 알리키가 항상 진술하듯이 사건에 대해 이야기하고 매번 같은 '정형화된' 구절을 사용한다는 사실을 깨달았습니다. 알리키는 경찰에 진술을 한 적이 있으며 필요할 때마다 사건의 '안전한' 버전을 개발해 이야기했습니다. 알리키는 큰 감정을 느끼지 않고도 이런 식으로 이야기할 수 있었습니다. 치료사가 이에 대해 물었을 때, 알리키는 자신이 그 사건을 마치 다른 사람에게 일어난 일이나 영화에서 본 것처럼 자주 생각한다는 사실을 깨달았습니다. 이는 자신이 얼마나 위험에 처했는지 받아들이지 않기 위해 자신을 보호하는 방법이었습니다. 치료사가 알리키에게 외상이 자신에게 일어났다는 사실을 받아들이면 어떤 의미를 가지는지 물었을 때, 알리키는 눈물을 흘리며 자신이 사랑하고 믿었던 사람이 실제로 자신을 죽이고 싶어할 정도로 자신을 미워했고, 따라서 다른 사람들도 같은 방식으로 행동할 수 있다는 의미라고 대답했습니다. 이 의미는 알리키가 받아들이기에는 너무 고통스러웠기 때문에 알리키는 사건을 다시 이야기할 때 그것이 자신과 상관 없는 일처럼 말하는 방법을 찾았습니다. 알리키는 자신이 이런 일을 너무 많이 해왔기 때문에 이제는 아무 생각 없이 그렇게 한다는 것을 깨달았습니다.

🌿 활성화되지 않은 외상 기억 관리하기

치료의 창에 대해 투명하고 협력적인 접근을 취하는 것이 도움이 된다. 외상 기억의 '볼륨 높이기' 기법 중 일부는 내담자가 느끼는 감정을 의도적으로 높이려는 것이므로 그 근거를 잘 이해하면 참여를 촉진하는 데 더욱 도움이 될 것이다. 따라서 치료의 창에 대한 심리교육(예: 음악 은유 사용)과 외상 기억 및 관련 의미와 감정에 완전히 접근하는 것의 중요성을 설명하는 것은 치료의 창 안에서 작업이 공동의 과제가 된다는 점에서 중요하다. 또한 이는 외상 기억을 지나치게 활성화하여 그 경험이 압도적으로 느껴지지 않도록 내담자를 안심시킬 필요가 있다.

신념과 함께 작업하기

감정, 치료사의 반응 또는 외상의 의미에 대한 신념이 외상 기억의 활성화 부족의 원인 중 하나인 경우, 이러한 신념을 파악하고 해결할 수 있다. 주요 기법은 안내적 탐색(guided discovery)으로, 이를 통해 개인의 신념을 알아보고 잠재적인 대안을 식별하고 검증하는 것이다. 심리교육도 도움이 되는데, 이는 내담자 자신의 감정과 다른 증상들이 PTSD의 정상적이고 이해 가능한 부분이라는 것을 인식할 수 있도록 돕는다.

신념이 감정에 관한 것일 경우, 치료사는 내담자가 이전 경험의 영향을 받아 우리 모두가 감정에 대해 다르게 생각할 수 있다는 것을 이해하도록 도울 수 있다. 어려운 감정으로부터 자신을 보호하는 방법을 개발하는 것은 이해할 수 있고 정상적이다. 그런 다음 신념을 검토할 수 있다. 예를 들어, '화가 나면 자제력을 잃고 히스테리를 부리며 진정할 수 없다.'와 같은 신념에 대한 찬반 증거를 검토하는 것이다. 내담자가 자신이나 다른 사람에게 이런 일이

트루디는 어렸을 때 울었다는 이유로 심한 체벌을 받았기 때문에 감정을 품는 것이 위험하다고 믿었습니다. 치료사는 트루디에게 감정이 때때로 수용 가능하고 유익할 수 있으며, 부정적인 감정은 경험하기 불쾌하지만 대개 시간이 지나면 사라지고 항상 부정적인 결과로 이어지지는 않는다는 등의 대체 이론을 고려하도록 격려했습니다. 질문을 통해 트루디는 긍정적인 감정이든 부정적인 감정이든 끔찍한 결과를 초래하지 않고 지나갔던 때를 식별할 수 있었습니다. 또한 트루디가 어렸을 때 벌을 받은 이유에 대한 대안적인 설명도 고려했는데, 여기에는 그 처벌이 트루디가 받아들이지 않는 부모의 양육 신념을 반영했을 수 있다는 것입니다. 트루디는 감정 조절을 줄이기 위한 몇 가지 행동 실험을 시도하고 그 결과를 검토하는 데 동의했습니다. 트루디는 파트너와 함께 슬픈 영화를 보고, 친구와 함께 코미디 쇼를 보러 가고, 조카의 생일 파티에 참석했습니다. 그때마다 트루디는 평소에 감정에 대한 통제력을 줄이려고 노력했고, 그 결과 더 많은 감정을 느끼기는 했지만 심각한 부정적인 결과는 나타나지 않았습니다.

일어난 경험이 있는지 확인해 본다. 또한 자제력을 잃는 경험이 침투적 외상 기억을 경험할 때 발생한 적이 있는지(침투적 외상 기억은 상상적 재연을 통해 의도적으로 기억에 접근하는 것보다 더 강렬할 수 있음), 감정을 갖는 것의 장점과 단점은 무엇인지, 특정 상황에서 감정이 어떤 유용한 기능을 할 수 있는지 등 특정 신념을 검증하기 위해 행동 실험을 수행할 수 있다. 예를 들어, 감정을 억누르지 않을 때의 효과를 검증하기 위해 일부러 속상한 일을 생각하게 함으로써 감정을 특정 수준(예: SUD 등급 30/100)까지 높인 후, 감정을 억누르지 않았을 때 어떤 일이 일어나는지 관찰할 수 있다.

신념이 치료사의 반응과 관련된 경우, 치료사의 전문적 배경 및 교육 과정에 대한 정보를 제공하는 것이 도움이 될 수 있다. 예를 들어, 치료사가 치료의 기술적 측면뿐만 아니라 정서적 지원을 받을 수 있는 정기적인 슈퍼비전을 받는다는 사실을 알려주는 것이 좋다. 내담자는 치료사가 다양한 외상 경험을 가진 내담자들과 함께 일해 왔으며, 매우 고통스러운 내용을 포함한 다양한 사례를 다루었다는 사실을 알게 되면 안심할 수 있다. 우리는 때때로 치료실을 '실험실'로 비유하기도 하는데, 마치 독성 물질을 다루는 것처럼 서로에게 안전한 작업을 위해 '심리적 보호 장비'와 시스템을 갖추고 있기 때문이다. 또한 내담자에게 기밀 유지에 대해 상기시키고, 내담자가 우리에게 말하는 고통스러운 내용이 다른 곳에서 반복되지 않는다는 점을 명확히 하는 것도 도움이 될 수 있다. 수치심이나 부끄러움을 느끼는 내담자들은 치료사가 혐오감이나 판단, 고통의 징후를 보이는지 주시할 수 있음에 유의해야 한다.

내담자의 발언에 충격을 받지 않고 비판적인 태도를 보이지 않기 위해 언어와 태도 모두에서 내담자에게 무조건적인 긍정적 존중을 명확히 표현해야 한다. 이는 포커페이스를 유지하고 정상적인 감정적 반응을 보여 주지 않아도 된다는 것을 의미하지 않는다. 다만, 내담자가 부정적인 판단의 징후에 민감할 수 있다는 사실을 염두에 두어야 한다. 이러한 모습을 모델링하기 위해 "정말 끔찍한 경험이에요." 또는 "정말 고통스러워 보입니다."와 같은 표현을 사용하면서 차분하게 유지하고 세션의 구조를 유지하는 것이 도움이 될 수 있다.

FAQ 세션에서 감정을 표현해도 괜찮을까요?

치료사들은 로봇이 아닙니다. 치료사도 우리 자신의 경험과 감정을 가진 인간임을 보여 줄 때 내담자들이 우리와 더 잘 연결될 수 있습니다. 물론, 치료의 중심은 치료사가 아닌 내담자여야 하므로 얼마나 많이 자신을 드러내는 것에 대한 경계를 설정하고, 내담자가 치료사에게 책임감이나 보호적인 감정을 갖지 않도록 주의해야 합니다.

세션에서 힘든 내용을 들었을 때, 그것이 영향을 미쳤음을 보여 주는 것은 괜찮습니다. 한 번 어떤 사람이 '내담자와 함께 울어도 좋지만, 그들보다 늦게 시작하고 그들보다 먼저 끝내라.'고 말한 적이 있습니다. 다시 말해, 우리는 감정을 보여 줄 수 있지만 여전히 내담자의 고통을 담아내면서 내담자가 경험한 모든 것에 대해 듣고 도움을 줄 수 있는 능력이 있다는 것을 보여 주어야 합니다.

마지막으로, 신념이 외상의 의미와 관련된 경우, 기억 작업을 다시 시작하기 전에 이러한

알리키는 외상과 관련된 고통스러운 의미를 받아들이기 어려워했지만, 사랑했던 사람이 자신에게 상처를 줄 수 있었고, 다른 사람들도 마찬가지일 수 있다는 신념을 확인하고 논의하면서 도움을 받았습니다. 처음에는 알리키에게 동일한 외상을 겪은 친구에게 무엇이라고 말할지 고민하게 하는 등의 소크라테스식 대화를 통해 이 문제를 다루었습니다. 또한 알리키가 신뢰했던 사람들과 그중 몇 명이 알리키에게 상처를 주었는지에 대한 역사적 검토도 진행되었습니다. 알리키는 자신에게 상처를 준 사람은 소문을 퍼뜨린 한 친구 외에는 없었으며, 자신과 가까운 대부분의 사람들은 신뢰할 만한 사람들이었다는 결론에 도달했습니다. 이러한 방식으로 신념을 탐구한 결과, 알리키의 신념 강도가 낮아졌으며, 그녀는 회피해 왔던 두려움과 배신의 감정과 더 잘 연결될 수 있었습니다.

의미를 먼저 다루는 것이 도움이 될 수 있다.

볼륨 높이기

치료의 창 안에서 기억을 활성화한다는 공동의 목표가 설정되고, 이를 방해하는 신념이 해결되었다면, 치료사와 내담자는 기억의 세부 내용과 관련된 감정에 완전히 접근하기 위해 '볼륨을 높이는' 실험을 함께 시도할 수 있다.

재연 강도 높이기

주의가 쉽게 산만해지거나, 이미지를 떠올리는 데 어려움을 겪거나, 외상 기억과 정서적으로 연결되는 데 어려움을 겪는 사람에게는 상상적 재연의 강도를 높이는 것이 도움이 될 수 있다. 내담자에게 1인칭, 현재 시제로 말하도록 요청하고, 눈을 감고, 치료실의 조명을 어둡게 하고, 창문 블라인드를 닫고 컴퓨터 화면을 끄는 등 산만함을 줄일 수 있는 환경을 조성한다. 치료사는 내담자가 기억을 떠올리는 데 방해가 되지 않도록 최소한으로 개입하고, 기억을 떠올린 후에만 평가를 진행해야 한다. 일부 내담자는 자의식을 느끼기 때문에 재연하는 동안 치료사가 고개를 돌리거나 눈을 감는 것을 선호하는 경우도 있다.

감정과 감각에 집중하기

질문을 통해 내담자의 주의를 집중시키고, 내담자가 외상을 경험한 때의 감정과 신체적 감각에 주목하도록 장려한다. 내담자가 어려운 순간을 피하거나, 과거 시제로 넘어가거나, 감정을 최소화하는 매우 연습된 또는 사무적인 외상 설명을 하지 않도록 주의한다. 내담자에게는 감정과 신체적 감각을 점진적으로 묘사하도록 유도하며(예: 최악의 순간 뱃속에서 느껴지는 감각, 미각, 후각, 촉각 등), 이를 통해 경험의 강도를 높일 수 있다.

촉발 요인 도입

특히 이미지 생성에 어려움을 겪는 내담자의 경우, 세션에 촉발 요인을 도입하여 외상 기억을 활성화할 수 있다. 촉발 요인의 조합은 더 강한 반응을 위해 사용될 수 있으며, 이는 노출 치료의 일부로 사용될 때 재발을 방지하는 데 도움이 된다는 연구 결과도 있다(Craske et al., 2014).

자스민은 보행자 전용 다리가 무너진 후 PTSD를 겪었습니다. 자스민은 비슷한 다리를 보거나 불안정한 표면을 걸을 때 강한 감정을 경험했지만, 이미지 생성에 어려움을 겪어 상상적 재연을 통해 외상 당시의 감정과 연결할 수 없었습니다. 자스민은 치료사와 함께 온라인에서 다리의 사진을 찾아 외상 당시의 감정에 접근하기 위해 사용했습니다. 또한 치료실에서는 외상의 몇 부분을 재연하였으며, 자스민이 추락했을 때의 몸의 자세를 재현했습니다. 가장 효과적인 개입은 치료 센터 근처의 기차역에서 유사한 보행자 전용 다리를 찾아 그 위를 걷는 연습을 하는 것이었습니다. 이를 통해 자스민은 외상 당시 느꼈던 감정에 더 잘 접근할 수 있었습니다. 치료사의 격려를 받아 다리 위에 서서 외상에 대해 이야기하고 외상 내러티브를 업데이트하는 과정을 포함시켰습니다.

현장 방문

촉발 요인을 도입하는 더 강력한 방법은 외상이 일어난 현장을 직접 방문하는 것이다. 일반적으로 치료가 끝날 무렵에 실시하지만, 활성화되지 않은 외상 기억을 다루는 경우 치료 초기에 현장 방문을 하는 것이 효과적일 수 있다. 이 작업은 필요에 따라 가상으로 수행할 수 있지만, 외상 기억에 대한 촉발 요인이 많을 수 있으므로 가능하다면 실제 현장 방문이 더 효과적이다.

🌱 치료실 노트: 넬슨

넬슨은 교도관으로 일하던 중 폭동 때 죄수에게 감방에 인질로 잡혔다. 죄수는 넬슨의 목에 칼을 대고 살해 위협을 했다. 넬슨은 겁에 질려 죄수에게 살려달라고 애원했다. 그 이후 넬슨은 너무 겁에 질려 죄수와 동료들 앞에서 수치스럽게 느꼈다. 그는 직장에서 '체면을 잃었다.'고 생각하며 직장을 그만두고 싶어했다. 치료를 시작할 때, 넬슨은 자신이 겪은 일을 상상적 재연하기 어려워했으며, "그저 이야기하고 있을 뿐"이라고 말했다. 넬슨의 치료사는 그가 기억에 완전히 접근하지 못하는 것을 우려하여 감정에 대한 대화를 시작했다. 또한 넬슨이 외상에 대해 이야기할 때 얼굴을 가리고 고개를 돌리는 것을 관찰했다. 넬슨은 자신이 혼자 있는 것을 선호하는 감정이 없는 사람으로 묘사했다.

넬슨의 배경에는 다양한 요인이 관련되어 있었다. 넬슨은 원래 자메이카 출신으로 자메이카에서는 '남자는 남자다워야 한다.'는 의미로 화를 내거나 약한 모습을 보이지 않는다고 설명했다. 그의 아버지는 넬슨과 그의 형제들에게 어린 시절 울거나 불평하지 말고 '강해져야 한다.'고 가르치는 등 가족 내에서 이러한 신념이 계속되었다. 가족은 넬슨이 열 살 때 영국으로 이주했고, 넬슨은 학교에서 괴롭힘을 당했다. 넬슨은 괴롭힘에 맞서면서 자신이 화난 것처럼 보이지 않으면서 '스스로를 다스리는 법'을 배웠다고 말했다. 전반적으로 넬슨은 어린 시절의 경험으로 남자가 감정을 느끼거나 표현하는 것은 용납될 수 없으며, 그렇게 하면 다른 사람들이 자신을 나약하게 보고 이용할 것이라는 신념이 강화되었다. 교도관들 사이에서는 죄수들 앞에서 취약한 모습을 보이지 않아야 하는 문화가 있었으며, 죄수들 사이에서는 '약하다'고 생각되는 교도관을 끊임없이 놀리는 문화가 있었기 때문에 넬슨은 교도소에서 근무하는 동안 이러한 신념을 유지했다.

넬슨과 치료사는 이 정보를 공식화에 추가했다([그림 5-2]). 치료사는 넬슨이 외상에서 나오는 고통스러운 감정을 재연하는 것이 어려운 것은 자신이 '남자다워야 한다.'는 가르침을 받았기 때문에 놀라운 일이 아니라고 인정했다. 또한 넬슨이 왜 외상에 대해 생각하기가 그렇게 어려웠는지 이해할 수 있었는데, 그에게 있어 살려달라고 애원하는 것은 자신이 '연약하고' 나약하다는 것을 의미했기 때문이었다. 치료사는 이러한 외상을 경험한 사람이라면 누구나 이를 공개하는 것을 부끄러워할 수 있다고 정상화해 주었다. 이로써 넬슨은 자신이 치료사 앞에서 수치심을 느끼며, 외상 중에 어떻게 행동했는지와 세션 중에 감정을 나타내면 치료사가 부정적으로 평가할 것이라는 신념을 인정할 수 있었다.

넬슨의 치료사는 치료의 창에 대한 개념과 안전하다고 느껴지는 방식으로 기억에 접근하는 것의 중요성을 설명했다. 또한 외상 치료사로서 자신도 비슷한 외상 경험을 여러 번 들어봤으며, 넬슨을 판단하는 것이 아니라 지지하기 위해 여기 있다는 것을 설명했다. 두 사람은 감옥에서는 감정을 표현하는 것이 약점으로 여겨졌지만 치료 환경에서는 감정을 표현하는 것이 중요한 진전으로 여겨졌다는 점에서 서로의 업무 환경의 차이에 대해 논의했다. 다음은 두 사람의 세션에서 발췌한 내용이다:

T(치료사): 방금 있었던 일에 대해 어떻게 느꼈어요?

N(Nelson): 전 감정적인 사람이 아니라서요. 제 스타일이 아니에요.

T: 네, 그런 것 같네요. 불편하게 느끼나요?

N: 네, 너무 어색해요!

T: 만약 감정적이게 된다면 그게 당신에게 어떤 의미가 있을까요?

N: 싫어할 거예요.

T: 그러면 그것이 당신에게 어떤 것을 의미할까요?

N: 그냥, 그건 제가 아니에요. 다른 사람들은 다르게 말하지만, 제 생각에는 남자가 할 일이 아니라고 생각해요.

T: 감정적인 건 남자가 하는 일이 아니에요?

N: 그래도, 어떤 남자들은 감정적이긴 하지만, 나 같은 남자, 직장에서 일하는 강한 남자들에게는 아니에요.

T: 그래요, 어떤 남자들은 감정적이긴 하지만 일하는 남자나 강한 남자는 아니군요. 강한 남자의 예를 들어주실 수 있나요?

N: 군인, 경찰. 아시다시피 일할 때 강해져야 하는 사람들 말이에요.

T: 제가 잘 이해하고 있는지 확인해 볼게요. 그럼 직업상 강해야 하는 특정 직업을 가진 남자들은 감정적으로 변하지 않나요? 울지도 않나요?

N: 아뇨! 절대 안 울어요.

T: 좋아요, 그럼 작은 실험을 해 볼까요? 여기 구글 이미지에서 우는 군인 사진을 검색하면 뭐가 나올까요?

N: 진짜 군인은 아니에요. 아마 영화 배우들인가 봐요.

T: 한번 시도해 볼까요? [구글 이미지에 '우는 군인'을 입력하고 페이지를 스크롤한다] 이거 어떻게 생각하세요?

N: 많네요, 놀랍네요.

T: 많죠? 무엇이 눈에 띄나요?

N: 남자, 여자, 다른 군대, 흑인, 백인 등 다양한 사람들이에요.

T: 강한 남자가 우는 것에 대한 당신의 신념은 어떤 의미인가요?

N: 군인들도 가끔 울기는 하죠. 하지만 전장에서는 거의 울지 않을 것 같아요.

T: 군인들이 언제 울 수 있을 것 같아요?

N: 장례식 같은 사진들을 보면 친구가 죽었을 때 울 수도 있겠죠. 가족을 다시 만날 때 우는 경우도 있고, 오랫동안 떨어져 있었을 때일 수도 있어요. 어떤 사진들은 고통스러워 보여서 뭔가 나쁜 일이 생긴 것 같아 보여요.

T: 그러면 강한 남자가 가끔 나쁜 일이 생겼을 때 울어도 괜찮다고 생각하시나요?

N: 하, 알겠어요! 군인이 울 수 있다면 나도 울어도 상관 없다는 거겠죠.

T: 네, 그렇게 생각해요. 저는 경찰, 군인, 정말 강한 남자들과 다양한 경험을 한 남자들과 함께 일해 봤어요. 때로는 그들이 울기도 하지만 그게 그들이 강하지 않다는 걸 의미하지는 않는다고 생각해요.

N: 모두가 가끔은 고통을 느끼잖아요.

T: 맞아요. 우리는 모두 인간이기 때문에 때로는 고통을 느끼게 되죠. 이 모든 것에 대해 정말 잘 이야기하고 계세요. 기분이 어때요?

N: 네, 말하는 것에 좀 더 익숙해진 것 같아요. 그래도 울지는 않을 거예요!

T: 괜찮아요, 울지 않아도 돼요. 하지만 울고 싶다면 울어도 되고, 폭동에서 느낀 감정이나 기분에 대해 언제든 얘기해도 돼요. 단지 화나기 위해서가 아니라 외상 후 스트레스 장애 치료와 관련된 특정 맥락에서 외상 기억을 다루는 데 도움이 될 수 있을 거예요. 그렇게 해 보고 싶으세요?

N: 당연하죠. 그날은 제 인생 최악의 날이었어요.

T: 네, 정말 끔찍했죠. 무슨 일이 있었는지 다시 얘기해 볼까요?

넬슨과 함께한 감정 표현에 관한 작업은 여러 차례에 걸쳐 이루어졌으며, 그는 점차 자신의 감정에 더 접근할 수 있게 되었다. 넬슨이 가장 힘들었던 순간은 자신이 곧 죽을 거라고 믿고 살려달라고 애원할 때였다. 이때 그는 무력감, 패배감, 수치심을 느꼈다. 넬슨과 치료사는 남성들에게 넬슨의 행동이 용인될 수 있다고 생각하는지 묻는 설문조사를 만들어 배포했다. 대부분의 사람들은 그 상황에서 벗어나기 위해 무엇이든 했을 것이며, 죄수에게 감정적으로 호소하는 것이 좋은 전략이라고 응답했다. 설문조사 응답자 중 한 명이 넬슨이 좋아하는 비유를 들었는데, 딱딱한 나무는 폭풍우에 쉽게 쓰러지지만, 바람에 구부러지고 휘어지는 나무는 쓰러지지 않는다는 것이었다. 넬슨은 자신이 죄수에게 반응하는 방식이 자신이 강하지 않다는 뜻이 아니라 살아남기 위해 필요한 모든 것을 했다는 의미임을 깨닫기 시작했고, 이는 넬슨의 자신에 대한 신념에 변화를 가져왔다.

점차 넬슨은 기억을 덜 억누르기 시작했고, 상상적 재연과 촉발 요인 도입을 통해 외상 기억의 '볼륨'을 높일 수 있었다. 예를 들어, 넬슨은 폐쇄된 공간에 의해 외상이 촉발되었기 때문에 아주 작은 방에서 재연 세션을 진행했다. 넬슨은 직장에 복귀할 계획을 세우고 상사와 함께 현장 방문을 준비했다. 교도소에 처음 복귀했을 때 넬슨은 상당히 감정이 격해졌지만 동료들의 환영을 받았다. 동료들의 긍정적인 반응은 그가 외상 기간 동안 인간적으로 행동했으며 다른 사람들이 그를 나약하게 보지 않았다는 새로운 신념에 더 많은 증거를 제공했다.

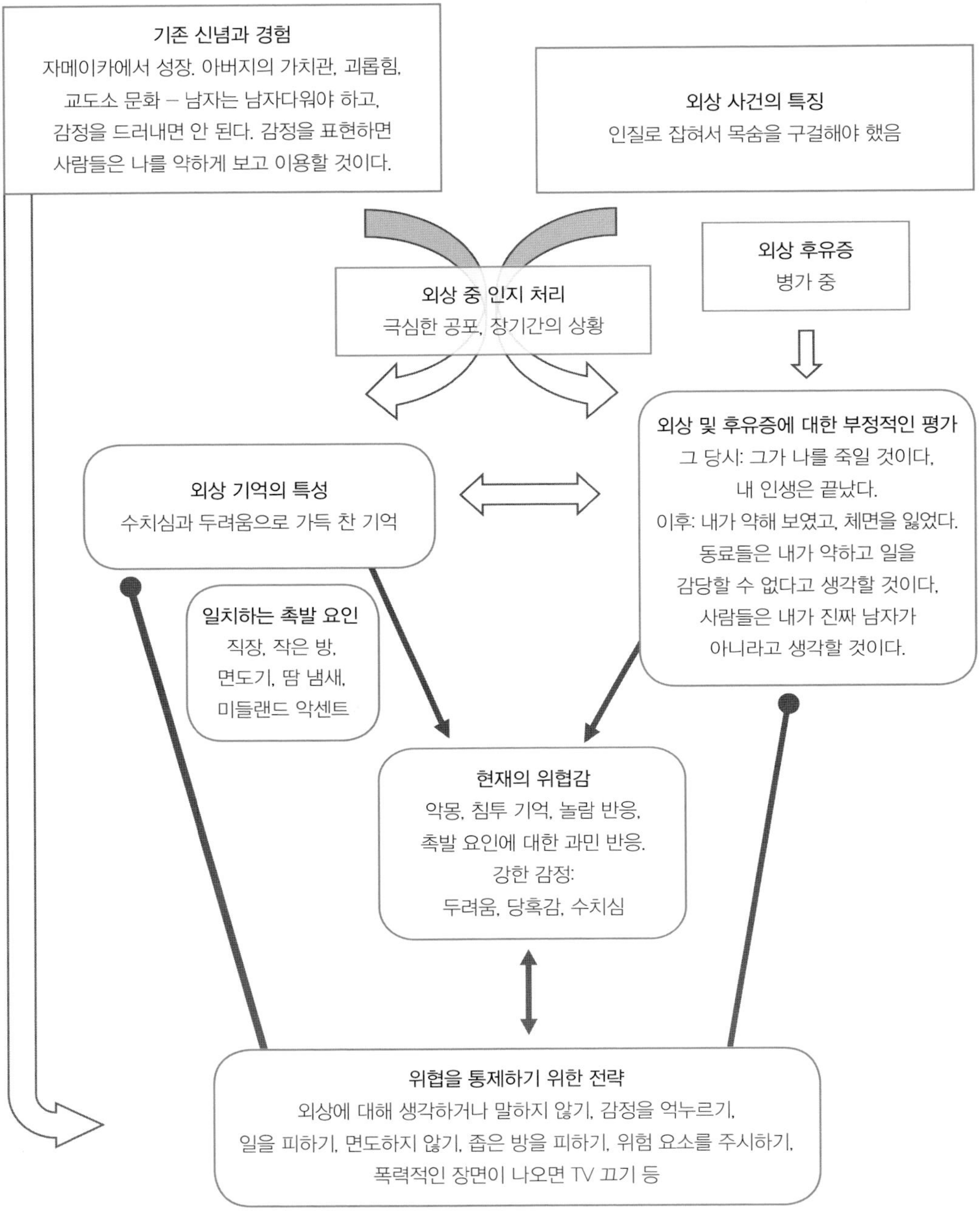

기존 신념과 경험
자메이카에서 성장. 아버지의 가치관. 괴롭힘.
교도소 문화 – 남자는 남자다워야 하고,
감정을 드러내면 안 된다. 감정을 표현하면
사람들은 나를 약하게 보고 이용할 것이다.

외상 사건의 특징
인질로 잡혀서 목숨을 구걸해야 했음

외상 중 인지 처리
극심한 공포, 장기간의 상황

외상 후유증
병가 중

외상 및 후유증에 대한 부정적인 평가
그 당시: 그가 나를 죽일 것이다.
내 인생은 끝났다.
이후: 내가 약해 보였고, 체면을 잃었다.
동료들은 내가 약하고 일을
감당할 수 없다고 생각할 것이다.
사람들은 내가 진짜 남자가
아니라고 생각할 것이다.

외상 기억의 특성
수치심과 두려움으로 가득 찬 기억

일치하는 촉발 요인
직장, 작은 방,
면도기, 땀 냄새,
미들랜드 악센트

현재의 위협감
악몽, 침투 기억, 놀람 반응,
촉발 요인에 대한 과민 반응.
강한 감정:
두려움, 당혹감, 수치심

위협을 통제하기 위한 전략
외상에 대해 생각하거나 말하지 않기, 감정을 억누르기,
일을 피하기, 면도하지 않기, 좁은 방을 피하기, 위험 요소를 주시하기,
폭력적인 장면이 나오면 TV 끄기 등

[그림 5-2] 넬슨의 공식

추 천 도 서

Leahy, R. L. (2007). Emotional schemas and resistance to change in anxiety disorders. *Cognitive and Behavioral Practice, 14*(1), 36–45.

Chapter 6

해리

라일라는 성폭행을 당한 경험이 있었고, 치료 중 그 기억이 떠오를 때마다 주변을 인식하지 못하고 움직일 수 없게 되는 해리 증상을 보였다. 치료사는 라일라에게 해리를 조절하는 전략을 가르쳤고, 적응된 재연 기술을 사용하여 라일라가 치료의 창에서 머무를 수 있도록 도왔다.

해리는 행동, 기억, 정체성, 의식, 감정, 지각, 신체 표현 및 운동 조절의 정상적인 통합이 방해되거나 중단되는 것으로 정의된다(APA, 2013). 이 용어는 해리 과정과 증상 또는 경험을 모두 지칭하는 데 사용된다. 해리 현상에는 비인격화(예: 극도로 피곤할 때 자신의 몸에서 분리된 느낌)와 시간 감각의 변화 같은 경미한 일시적 해리부터 복잡하고 지속적인 해리 장애에 이르기까지 매우 다양한 범위의 해리 현상이 존재한다. 해리 현상과 그 발생 원인에 대해서는 여전히 많은 논란이 있지만(Loewenstein, 2018), 해리는 단순히 심각도의 연속선상에 위치하는 것이 아니라 질적으로 구별되는 여러 범주로 나눌 수 있다(Holmes et al., 2005).

많은 PTSD 환자들은 일반적으로 경미한 수준에서 중등도의 해리를 경험한다. 플래시백은 '주의가 집중되는(tuning in)' 형태의 해리 경험이며, 사람들은 일시적으로 현재 주변 환경과의 접촉을 잃고 외상 기억이 다시 일어나는 것처럼 몰입하게 된다. 무감각, '멍해짐' 및 기억 공백, 즉 '주의가 멀어지는(tuning out)' 형태의 해리도 PTSD에서 흔하다. '주의가 멀어지는' 형태의 해리는 비인격화나 비현실화 같은 일반적인 방식으로 발생할 수도 있고, 외상 기억이나 불안과 같은 촉발 요인에 대한 반응으로만 발생할 수도 있다.

해리는 종종 고통스러운 경험에서 정신적으로나 감정적으로 벗어나는 방법으로 이해된다. 이러한 이유로 많은 사람들은 외상 당시(peri-traumatically) 해리 상태를 경험하게 되며,

이는 외상 기억이 어떻게 저장되는지에 영향을 미칠 수 있다. 해리는 외상 이전에 이미 존재했던 문제나 성향일 수도 있으며, 외상 기억이 이후에 유발되거나 PTSD 증상에 대처하기 위한 수단으로 해리를 경험할 수도 있다. 이 장에서는 이러한 '분리' 유형의 해리에 중점을 둘것이다. 이는 PTSD와 함께 흔히 발생하기 때문이다. 반면 '구획화(compartmentalisation)' 유형의 해리는 전환 장애, 해리성 둔주, 해리성 정체성 장애와 같은 것으로 외상과 연관이 있을 수 있지만 이는 훨씬 덜 흔하다.

🌱 해리의 이해

해리의 진화적 모델

다양한 이론적 모델 중에서도 우리가 내담자와 논의하는 데 도움이 되는 모델은 '방어 연쇄(defense cascade)'이다(Schauer & Elbert, 2010; [그림 6-1]). 이 모델에 따르면 해리는 동물과 인간을 포함한 생명체가 생명이 위협받았을 때 사용하는 본능적인 방어 전략 중 하나로 진화했다고 제안한다. 급작스러운 위험에 직면하면 먼저 몸이 얼어붙고 위협적인 상황을 인식하는 방향으로 움직인다(놀람 반응). 위협이 실제적이고 임박한 것으로 평가되면 '투쟁 또는 도피 반응'이 활성화되어 교감신경계가 작동하여 위협으로부터 도망치거나 자신을 방어할 준비를 하게 한다. 그러나 안전하게 도망치거나 반격할 수 없다면, 우리는 움직일 수 없는 '공포' 단계, 즉 '겁에 질려 경직된 상태'에 빠진다. 이러한 반응은 포식자로부터 벗어나기 위해 '죽은 척'하거나 복종하는 것처럼 보이도록 진화했을 가능성이 있다. 또한 부상을 입었을 때 추가 피해를 최소화할 수 있으며, 실제로 칼에 찔리거나 강간을 당하는 등 관통성 외상을 입었을 때 해리 반응이 흔히 나타난다. 이러한 전략이 효과가 없을 경우, 마지막 생존전략은 피해를 최소화하기 위해 '늘어짐' 또는 '기절'하는 것이다. 공포 단계에서의 경직된 부동 상태와 과도한 각성이 사라지고, 교감신경계가 억제되면서 부교감신경계가 활성화된다. 그 결과 힘없이 축 처지고, 몸이 맥박과 호흡이 느려지면서 사물이 더 멀게 느껴지고 비현실적으로 느껴지며, '유체이탈' 경험을 하거나 통증을 포함한 감각에 무감각해질 수 있다. '기절' 단계에서는 의식을 완전히 잃거나 기억이 사라질 수 있다.

Schauer와 Elbert가 제시한 방어 연쇄는 사람에게서 실험적으로 입증된 바는 없다. 그러나 이 모델은 몇 가지 이유로 도움이 되는 경험적인 방법으로 여겨진다. 첫째, 내담자가 외상 경험 중 또는 이후에 마비나 비현실감을 경험하는 것이 정상적 반응이라고 설명함으로써, 해리를 의식적인 선택이 아닌 '생존을 위한 본능적 반응'으로 이해할 수 있게 도울 수 있다. 이는 외상 중 '반격하지 못한 것'에 대한 자기 공격적 신념에 도전하는 데 도움이 된다. 둘째, 이 모델은 PTSD를 겪는 사람들 중 일부는 외상 중에 해리를 경험하고 일부는 그렇지 않은 이유를 설명한다. 상대적으로 짧은 외상을 경험했거나 도망치거나 반격할 수 있었을 경우, 그들은 주로 '투쟁 또는 도피' 활성화 단계에 머물렀을 것이다. 따라서 외상 기억을 다시 경험할 때, 아드레날린이 솟구치며 강렬한 두려움, 분노 또는 흥분상태를 경험하게 된다. 그러나 더 오랜 시간 지속된 외상에서는 도망치지 못하거나 움직일 수 없었던 사람들이 '방어 연쇄'의 후반 단계로 이동하여 플래시백 중에 무력감, 패배감, 기진맥진 또는 무감각함을 느낄 가능성이 높다. 마지막으로, 이 모델은 해리가 외상 중에 발생하고 이후에도 지속되는 이유, 그리고 치료 과정에서 재발하는 이유를 설명한다. 해리는 스트레스에 대해 학습된 행동 반응으로, 외상 기억이 유발될 때마다 다시 활성화된다. 이런 일이 자주 발생할수록 해리 반응이 더 빠르게 일어나며, 외상 경험이 반복되는 사람일수록 해리 상태에 빠르게 도달하게 된다. 또한 이 반응은 시간이 지남에 따라 더 많은 촉발 요인으로 일반화되어 더 자주 활성화될 것이다.

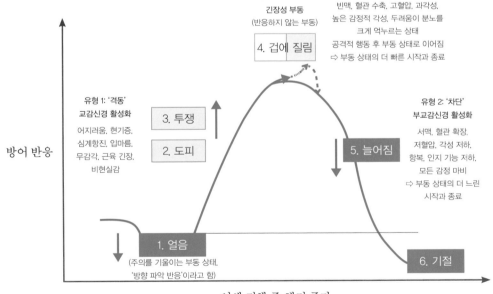

[그림 6-1] 방어 연쇄

출처: Schauer & Elbert, 2010, *Zeitschrift für Psychologie/Journal of Psychology*, 2010, 218(2)의 허가를 받아 사용): 109-127

습득된 해리

많은 사람에게 해리는 자발적인 통제 밖의 자동적인 반응이다. 그러나 다른 사람들에게는 고통이나 괴로움에 대한 의도적인 대처 전략으로 시작될 수 있다. 예를 들어, 우리가 함께 일했던 일부 전직 군인 내담자들은 장거리 행군과 같은 군사 훈련의 육체적 고된 상황에 대처하기 위해, 그리고 (보통 나중에) 그들이 직면한 고통스러운 상황에 대처하기 위해 의도적으로 해리하는 방법을 배웠다. 학대받은 어린 시절을 보낸 다른 내담자들은 고통에서 벗어나기 위해 벽의 한 지점을 응시하거나 반복적으로 몸을 흔들며 스스로를 달래는 방법을 배웠다. 나중에 이러한 전략은 고통을 관리하는 습관화된 방법이 된다. 이러한 내담자들은 다른 방법으로는 감정을 관리할 수 없다고 믿거나 감정을 표현하는 것이 자신을 위험에 빠뜨릴 수 있다고 생각하는 경우가 있다. 따라서 감정에 대한 신념을 살펴보는 것이 중요하다(5장).

플래시백

플래시백은 일반적으로 기억이 잘 통합되지 않고 맥락화되어 있지 않다는 신호이므로, 유발되었을 때 강력한 신체 및 감각적 세부 사항으로 경험된다. 내담자는 플래시백을 경험하는 동안 매우 괴로워하고 흥분하는 등 Schauer와 Elbert가 설명한 교감신경계 활성화의 '격동'을 다시 경험할 수 있다. 외상이 오래 지속되었거나 피할 수 없는 경우, 내담자들은 플래시백 동안 '차단'된 해리를 경험할 수 있으며, 이때 '주의가 멀어진' 것처럼 보인다.

플래시백은 일반적으로 상상적 재연이나 내러티브 글쓰기와 같은 방법을 통해 외상 기억이 완전히 처리되면 감소하는 경향이 있다. 이러한 활동은 플래시백을 유발할 수 있어 세션에서 신중히 다뤄야 하는 부분이다. 플래시백은 매우 고통스러울 뿐만 아니라, 내담자는 플래시백 중에는 맥락을 이해할 수 있는 정보에 접근할 수 없다. 그러나 내담자와 함께 치료를 진행하기 위해서는 플래시백을 유발할 수 있는 계산된 위험을 감수해야 한다. 결국, 외상에 중점을 둔 치료에서 내담자가 해리를 경험하는 경우도 여전히 효과적일 수 있음이 연구에서 입증되었다(Hoeboer et al., 2020). 이는 섬세한 균형이 필요한 작업이기 때문에 '실패하지 않는' 관점에서 함께 협력적으로 진행되어야 한다. 내담자가 세션 중에 플래시백이 일어날 경우, 치료사는 신속하고 단호하게 내담자를 지원하여 플래시백이 종료되도록 돕고, 그 경험에서 교훈을 얻어 다음 세션에서는 서로의 접근 방식을 개선하도록 노력해야 한다. 가끔씩 플래시백 중에 내담자가 다른 방법으로는 기억하거나 표현할 수 없었던 외상에 대한 새로운 정보를 알게 되면, 이를 외상 내러티브에 통합할 수 있다.

외상 기억에 미치는 영향

외상 당시의 해리 및 이후에도 계속되는 해리는 PTSD의 위험 요인으로 간주되고 있다 (Carlson et al., 2012). 외상 중에 뇌가 정보를 적절하게 처리하지 못하면 명확하고 연속적이며 일관된 기억을 형성하지 못한다. 불명확하고 단절된 기억은 자전적 기억 시스템에 저장되기 어려워서 쉽게 촉발되고 침투적인 형태로 나타날 수 있다. 내담자는 기억의 단편, 단일감각(unisensory), 감정적 또는 신체적 기억을 기억할 수 있지만, 이를 배치하거나 의미를 파악하는 데 어려움을 겪을 수 있다. 이는 '기억 없는 감정'을 초래할 수 있다(Ehlers & Clark, 2000). 더욱이 외상을 생각하거나 이야기하는 것이 해리 없이 어렵다면, 사건을 '감정적으로 처리'하거나 사건을 이해하고 감각적 기억을 맥락화하며 그것을 과거의 일로 인식하고 개념적 기억 표현으로 만드는 것이 어려울 수 있다.

평가에 미치는 영향

해리는 기억 형성에만 영향을 미치는 것뿐만 아니라, '나는 나약하다.'와 같은 신념을 강화하여 현재의 위협감을 불러일으키기 때문에 문제가 된다. 외상 당시의 해리와 PTSD 간의 관계는 자아에 대한 부정적인 평가를 일부 매개로 한다고 알려져 있다(Thompson-Hollands et al., 2017). 내담자가 외상 중에 해리를 경험했을 것으로 파악되면, 우리는 내담자의 신념을 탐색해야 한다. 예를 들면, '나는 그냥 거기 누워서 아무것도 하지 않았다.'와 같은 당시의 반응에 대한 평가뿐만 아니라 '나는 다시 얼어붙어 취약해질 것이다.'와 같이 미래에 대한 의미, 또는 '나는 제정신이 아니었다.'와 같이 보다 포괄적인 의미를 어떻게 부여하는지 살펴

핵심 인지

- 단절만이 유일한 대처 방법이다.
- 모든 것이 비현실적으로 느껴진다.
- 나는 내 마음을 통제하지 못하고 있다.
- 유리창 너머에서 지켜보는 것 같은 느낌이 든다.
- 나는 내 감정을 차단하기 위해 이렇게 해야 한다.
- 시간이 흐르는 동안 나는 시간 감각을 잃어버린다.
- 외상에서 움직이지 않거나 맞서 싸우지 않는 것은 내가 그 일이 일어나도록 내버려 둔 것이다.

본다. 또한 정신적 패배감(외상을 겪는 동안 존엄성, 자율성, 인간성 상실과 관련된 '포기'의 감정)은 PTSD의 중요한 예측 인자로 알려져 있다(Kleim et al., 2007). 정신적 패배는 '차단' 해리 반응과 밀접한 관련이 있으며, 후기 단계의 방어 연쇄에 대한 인지적 대응일 수 있다(Wilker et al., 2017).

🌿 해리 관리

심리교육

가장 먼저 시작해야 할 일은 내담자가 자신의 해리가 왜 발생했는지 이해하도록 돕는 것이다. 대부분의 사람들은 '투쟁 또는 도피'라는 개념에 익숙하지만, 도피할 수 없는 경우 다른 방어 반응이 뒤따른다는 사실을 잘 알지 못한다. 우리는 방어 연쇄 모델을 사용하여 해리를 뇌가 우리를 보호하기 위해 작동하는 자동화된 '내재화된' 대처 반응으로 정상화한다. 해리는 일반적으로 '승산이 없는' 상황에서 우리가 가진 유일한 대처 자원이다. 이러한 정상화 설명은 매우 중요한 개입으로, 내담자가 혼란스럽고 두려운 경험을 이해하도록 돕고, 자신이 정신적으로 문제가 있거나 약하다는 생각, 혹은 치료할 수 없다는 신념을 해소하는 데 도움이 된다. 단기적으로 해리는 극심한 신체적, 심리적 고통으로부터 우리를 보호하고 잠재적으로 부상을 줄이는 역할을 한다. 그러나 지금 위험이 지나간 상황에서 해리는 더 이상 생존에 도움이 되지 않으며, 장기적으로는 감정 처리를 방해하여 PTSD로부터의 회복을 저해할 수 있다.

촉발 요인 식별

해리를 통제하는 데 있어서 중요한 부분은 촉발 요인을 식별하는 것이다. 촉발 요인은 주로 외상에 대한 기억을 떠올리게 하는 요소로, 외상 당시의 감각적인 세부 사항이나 내적 경험인 고통이나 수치심과 같은 것들이 포함될 수 있다. 예를 들어, 가정 폭력 이력이 있는 사람은 언성이 높아지는 것이나 전 파트너의 면도 후 냄새, 또는 비난을 받는 것과 같은 감정적인 경험들이 촉발 요인이 될 수 있다.

촉발 요인을 식별하는 좋은 방법은 일지를 쓰는 것이다. 어떤 촉발 요인은 명백하지만 어떤 촉발 요인은 미묘해서 발견하기 위해 약간 수사하듯이 탐색하는 작업이 필요하다. 해리 경험('주의가 멀어지는' 분리 또는 '주의가 집중되는' 플래시백)은 촉발 요인을 인식할 수 있는 기회를 제공한다. 치료사는 내담자가 세션 중에 해리되는 경우, 촉발 요인을 '역추적'하여 촉발 요인을 파악하는 데 도움을 줄 수 있다.

그라운딩

그라운딩 전략은 주의를 현재에 다시 집중하게 하는 방법이다. 효과적으로 사용하기 위해서는 내담자가 촉발 요인을 직면했을 때 빠르게 사용할 수 있어야 하므로, 쉽게 기억하고 접근할 수 있으며 주의를 끌어야 한다.

그라운딩 전략은 다음과 같다:

- 감각적(Sensory): 소금 냄새와 같은 강한 냄새(에센셜 오일보다 더 강력함), 강한 향의 과자나 껌 같은 맛, 얼음 조각, 스트레스 볼, 찬물로 얼굴을 씻거나 뿌리는 것, 손목에 헤어밴드를 감는 것 등 만질 수 있는 것들
- 신체적(Physical): 몸을 움직이거나, 스트레칭을 하거나, 다리와 팔을 흔들거나, 근육에 긴장을 주는 것(특히 '차단' 해리인 기절을 경험하는 경우 효과적임)
- 언어적(Verbal): '나는 안전하다.' 또는 '나는 집에 있다.'와 같은 특정 문구를 사용하는 것
- 주의 집중(Attentional): 현재 환경을 둘러보고 눈에 보이는 모든 파란색 물체 이름을 말하기, 휴대폰에 저장된 사진이나 메시지 보기 등

사람에 따라 일부 그라운딩 전략이 다른 것보다 더 효과적일 수 있으므로, 내담자가 선호하는 기법을 찾기 위해 여러 방법을 시도해 볼 수 있다. 만약 '주의가 집중되는' 플래시백을 작업 중이라면, 촉발 요인 또는 기억의 양상과 일치하는 그라운딩 전략을 사용해 본다. 예를 들어, 특정한 냄새가 촉발 요인이거나 촉발된 기억의 일부인 경우, 소금 냄새 또는 다른 강력한 냄새를 사용하는 것이 가장 효과적인 그라운딩 기법이 될 수 있다. 만약 피의 맛을 다시 경험한다면, 강한 민트 향이 더 적합할 수 있다. 손에서 강한 통증을 플래시백으로 경험하고 있다면, 핸드크림으로 부드럽게 마사지하도록 유도한다. 여러 가지 기법을 조합하여 여러 감각을 자극할 수도 있다. 긍정적인 의미나 최근의 기억을 나타내는 그라운딩 도구도 특히 효과적일 수 있다.

빈번하고 심한 해리를 경험하는 사람에게는 그라운딩 기법을 충분히 연습하는 것이 필요

표 6–1 그라운딩 일지에서 발췌한 예시

촉발 요인	침투	강도 (0 – 100)	그라운딩방법	강도 (0 – 100)
전파트너처럼 보이는 남자	그가 나를 바닥에 누르고 있었음	100	주의를 둘러봄	90
면도 후 냄새	'크리스마스 사건'	90	소금 냄새	50
나를 안아주는 앤서니	침대에 눌려 있음	100	앤서니를 바라보며 움직이기	40
두통	머리에 주먹질 당함	70	소금 냄새 맡기, 머리 쓰다듬기	30

하다. 이 과정에는 의도적으로 촉발 요인을 도입하고 세션 내에서 그라운딩 기술을 사용하는 것이 포함된다. 유용한 과제로는 촉발 요인, 사용한 그라운딩 전략, 그라운딩 전후의 해리 경험 강도를 기록하는 그라운딩 일지를 작성하는 것이 있다(〈표 6–1〉의 일지 예시 참조). 이는 어떤 전략이 내담자에게 가장 효과적인지를 확인하는 데 도움이 된다.

참고로, 그라운딩은 진정 또는 평온 전략과는 다소 다르다. 해리 중에는 우선적으로 주의를 현재로 다시 돌리는 것이 중요하다. 그러나 내담자가 각성이 증가하여 곧 해리될 가능성이 있는 경우, 감정 조절 전략을 사용하여 치료의 창으로 다시 되돌릴 수 있다.

자극 변별

해리 촉발 요인을 다루는 또 다른 중요한 기법은 자극 변별이다. 내담자가 그라운딩 기술을 사용하여 주의를 현재로 되돌리면 '그때'의 외상과 '지금'의 상황 사이의 차이를 알아차리기 시작할 수 있다. 이를 더 자주 수행할수록 더 쉬워지고, 외상을 상기시키는 요소들이 더 이상 해리의 촉발 요인으로 작용하지 않게 될 것이다. 그라운딩은 자극 변별의 일부가 될 수 있다. 예를 들어, 방 안의 모든 물건에 이름을 붙이고 만지면서 과거 외상과 다른 현재의 상황을 인식하는 그라운딩 훈련을 할 수 있다. 빠르게 해리되는 사람들의 경우, 촉발 요인이 없는 상태에서 '지금'을 먼저 알아차리는 연습을 통해 필요할 때 더 쉽게 접근할 수 있도록 한다. 움직일 때 큰 소리로 말하는 것도 도움이 될 수 있다.

기억작업 조정하기

기억 작업은 해리에 취약한 사람에게도 여전히 유용하고 효과적이다. 그러나 외상 기억이 활성화될 때 해리되는 경우, 4장에서 설명한 '볼륨 낮추기' 기법을 사용한다. 구체적으로 내러티브 글쓰기, 조감도 재연하기, 또는 상상적 재연의 강도를 낮추는 것이다. 감정과 감각보다는 인지에 집중하며 거리를 두는 기법을 사용할 수 있다. 미리 연습한 그라운딩 도구를 준비해 두고, 내담자에게 자신이 얼마나 주의가 집중되거나 멀어지는 상태인지 체계적으로 평가하도록 요청하고, 몇 분마다 멈춰서 그라운딩 및 자극 변별을 사용하면서 진행한다. 해리가 더 잘 통제되면 기억 작업의 강도를 점차적으로 높일 수 있다.

해리를 예방하는 데 효과적인 또 다른 조정 방법은 재연하는 동안 계속 움직이는 것이다. 이것은 제자리에서 걷거나 가능하다면 외부 환경에서 걷는 것일 수 있다. 치료사와 함께 부드러운 공을 앞뒤로 전달하거나, 재연하는 동안 밧줄의 양쪽 끝을 잡고 당기는 것도 효과적일 수 있다. 피젯 스피너, 루빅스 큐브, 종이를 찢거나 스트레스 볼을 쥐어짜서 내담자가 안정감을 유지할 수 있도록 할 수도 있다. 내담자가 볼 수 있는 곳에 시각적 방해물을 두면 집중하는 데 도움이 된다. 또한 내담자가 말을 잃는 경우를 대비해서 화이트보드를 보이게 두는 것도 도움이 될 수 있다.

기억 작업 중에는 치료사는 내담자가 오래 멈추거나, 말을 더듬거나, 말과 움직임이 느려지거나, 지시에 반응하지 않거나, 먼 곳을 보거나, 고개를 숙이는 등 해리의 징후가 있는지 면밀히 관찰해야 한다. 내담자의 느낌이 어떤지 정기적으로 확인하고, 해리 현상이 나타나면 잠시 멈춰서 현재 시점으로 다시 주의를 환기시킨다. 해리에 취약한 사람은 치료의 창에 머무는 것이 균형 잡힌 행동이 될 수 있으므로, 치료사와 내담자가 함께 협력하여 외상 기억에 대한 참여 수준을 모니터링하고 조정해야 한다.

세션 이후에 할 일을 계획한다. 내담자가 혼란스럽거나 해리된 상태일 때 집으로 가는 방법을 준비한다. 해리 때문에 기억력이 저하될 수 있어서 세션 중에 무슨 일이 있었는지 기록하거나 오디오 녹음을 남긴다. 세션 간에는 내담자가 스스로를 안정시킬 수 있다면, 계속 움직이거나 서면으로 업데이트를 유지하면서 세션 녹음을 들을 수 있다. 지속적으로 '분리된'는 느낌을 받거나 무감각한 사람, 또는 강한 감정에서 벗어나기 위해 의도적으로 해리를 사용하는 사람에게는 다른 전략이 필요하다. 이런 경우에는 5장에서 설명한 대로 기억을 부드럽게 '볼륨을 높여서' 치료의 창으로 다시 가져오는 방법을 논의할 수 있다.

FAQ 해리성 뇌전증이란 무엇인가요?

PTSD를 겪는 일부 사람들은 해리성(기능적, 심리적, 비뇌전증이라고도 함) 뇌전증과 같은 기능적 신경학적 증상뿐만 아니라 쇠약, 기절 및 감각 이상과 같은 다른 기능적 신경학적 증상도 겪을 수 있습니다(예: 일시적인 시각 상실). 이러한 증상들은 일반적으로 '분리' 해리보다는 '구획화' 해리로 간주됩니다. 이러한 증상을 나타내는 내담자는 의료적으로 평가되어야 하지만 유기적인 원인이 발견되지 않으면 심리학적 설명과 개입이 가장 적절할 수 있습니다. 일부 기능적 증상은 일시적인 해리의 형태일 수 있으며, 냄새나 청각을 상실하는 것과 같은 현상이 포함됩니다. 다른 경우는 외상 관련 및 다른 스트레스 요인과 함께 나타나거나 사라질 수 있습니다. 예를 들어, 팔다리에 힘이 빠지는 것입니다. 증상을 모니터링하고 촉발 요인을 식별하는 것을 권장합니다. 이러한 요인들이 외상과 관련이 있다면 자극 변별과 그라운딩 같은 기술을 가르칠 수 있습니다. 최근의 해리성 뇌전증 모델(예: Brown, & Reuber, 2016a)은 기대 과정, 감정 억제 및 감정 조절과 관련된 것들을 강조하며, 이러한 경험에 대한 정상화된 설명을 만들고 증상에 대한 신념을 식별하고 해결하는 것과 이 장에서 논의한 치료의 창을 관리하는 것이 도움이 될 것입니다. 기능적 신경학적 증상(또는 실제로 다른 형태의 해리)을 겪는 사람이 모두 외상 병력을 가지고 있는 것은 아닙니다(Brown, & Reuber, 2016b). 일부 임상가들은 유기적인 원인이 밝혀지지 않은 경우 '억압된' 외상으로 인해 발생한 것으로 가정할 수 있지만 다른 설명이 있을 수 있으므로 주의가 필요합니다.

외상 당시의 해리: 주의 집중(Tuning in)에서 주의가 멀어지기(Tuning out)까지

외상을 겪는 동안 해리된 사람은 기억에 공백이 있을 수 있고, 이는 그 당시 경험을 정확하게 기록하지 못할 수도 있다. 때로는 이러한 기억을 작업하는 과정에서 외상 당시 해리가 감정과 의미에서 거리를 두도록 도와주었지만, 그럼에도 불구하고 감각 기억에 부호화된 생각과 감정 등 다른 감정과 의미의 층위가 드러날 수 있다. 이러한 핫스팟은 평소처럼 작업할 수 있다. 만약 그렇지 않다면, 해리된 기억을 가능한 한 많이 말로 표현하려고 노력하는 것이 좋다. 내담자가 외상 당시 해리를 언어적으로 해석하여 감정, 지각, 감각을 설명하면서 '지금 내가 아는 것은, 그 끔찍한 상황을 견디기 위해 해리가 되었다는 것이며, 그로 인해 그 당시 아무것도 느끼지 못했다는 것이다.'라고 업데이트를 돕고, 물리적인 업데이트를 하기 위해 그라운딩을 사용하여 '그때는 해리를 해야 했지만 지금은 안전하게 그라운딩을 통해 다시 현실을 느낄 수 있다.'와 같이 도울 수 있다.

해리성 기억상실로 인해 회상 공백이 있는 경우, 타임라인을 활용하여 공백을 '지도화'하고 실제로 무엇이 발생했는지 추정하는 것이 도움이 될 수 있다. 완전한 내러티브가 더 쉽게 처리될 수 있기 때문이다(8장 참조). 공백 동안에는 종종 몇 시간 동안이나 먼 거리를 이동했더라도 실제로는 별다른 일이 일어나지 않은 경우가 많아 이는 안심할 수 있는 업데이트가 될 수 있다. 외상 당시의 주의가 분산된 기억을 '고정'함으로써 내담자가 해리를 현재로 다시 경험하는 것을 막는데 도움이 된다. 기억 표현의 일부만 기억되고 다른 부분이 빠진 경우, 예를 들어 내담자가 신체적 감각을 기억할 수 있지만 시각적 기억이 없다면 다른 감각에서 어떤 경험을 했을지 상상하도록 도와준다. 그러나 내담자가 추가하는 내용이 '최선의 추측'임을 확인하고 '최악의 경우'가 아닌지 주의 깊게 살펴본다.

> 켈리는 전 파트너에게 목이 졸렸고, 목 주변의 압박과 검은색으로 보이는 것만 기억했습니다. 켈리는 "그의 손이 제 목을 감는 것을 느꼈습니다."라고 서술하면서 표현의 공백을 메꿨습니다. "이제야 제가 너무 무서워서 뇌가 얼어붙었다는 것을 알았습니다. 이를 해리라고 하는데, 제 마음이 일어난 일로부터 저를 보호하는 방식이었어요. 저는 말하거나 움직일 수 없었습니다. 기억은 나지 않지만 부엌 벽에 밀려 있었고 그가 제 목을 조르기 시작했을 때 휴대폰을 떨어뜨렸는데 나중에 바닥에서 휴대폰을 발견했습니다. 반항하거나 도망치려고 하면 더 다칠 수 있었기 때문에 그 상황에서는 몸을 움츠리는 것이 옳은 행동이었을 거예요. 몸은 무감각했지만 속으로는 매우 무서웠어요. 지금 생각해 보면 그가 저를 죽이지 않았다는 것을 알았기 때문에, 그리고 제가 가까스로 도망칠 수 있었다는 것을 알고 있기에, 그런 감정을 지금은 허용할 수 있습니다. 또한 이제 더 이상 해리 상태가 아니기 때문에 주위를 둘러보고 보이는 모든 사물의 이름을 부를 수 있습니다."

🐘 유용한 팁: 양파를 생각하세요

해리는 대처 전략이며, 내담자가 오랫동안 자신을 고통스러운 감정으로부터 보호하기 위해 사용해 온 방법일 수 있다는 것을 기억하세요. 이 전략을 제거하는 것은 노출되는 것처럼 느껴질 수 있으며, 내담자가 억누르고 있던 어려운 감정을 표면 위로 끌어올릴 수 있습니다. 우리는 해리를 양파의 껍질과 같은 보호막이라고 생각합니다. 그 껍질을 벗겨내면 내담자는 아직 다루지 못한 새로운 의미와 감정의 층을 만나게 됩니다. 한 내담자는 "회색의 흐릿한 곳에서 갑자기 모든 것이 훨씬 더 밝고 강렬하며 선명한 땅으로 이동하는 느낌이었는데, 그렇게 힘들 줄은 몰랐어요."라고 말했습니다. 이는 치료 과정의 중요한 부분이므로, 우리는 회피보다는 수용과 처리를 촉진하는 대안적인 대처 방법을 제공하여 내담자가 점차적으로 해리를 줄일 수 있도록 지원합니다. 양파의 껍질 밑에 있는 층을 다루기 위해서는 더 많은 작업이 필요할 것입니다. 양파 비유는 또한 내담자가 해리를 줄였을 때 왜 외상을 더 강하게 경험할 수 있는지, 또는 한 가지 나쁜 감정을 해결하면 왜 다른 감정으로 대체되는지 이해하는 데 도움이 될 수 있습니다. 양파를 떠올리게 함으로써 희망을 심어주고 이를 발전의 신호로 재구성하는 데 도움이 될 수 있습니다.

🌱 치료실 노트: 라일라

라일라는 사귀던 남성에게 성폭행을 당한 지 1년 후에 치료를 받으러 왔다. 그녀는 축구 경기를 보러 그의 집에 갔었다. 두 사람은 키스를 시작했지만 남자가 옷을 벗기려 하자 라일라는 저항했다. 남자는 점점 더 강압적으로 대했고 라일라는 움직이거나 말할 수 없게 되었다. 성폭행 후 남성은 아무렇지 않은 듯 행동하며 계속해서 라일라에게 데이트를 신청했지만, 라일라는 이를 거절했다. 라일라는 무슨 일이 있었는지 혼란스러웠고 친구들에게 성폭행이 아니라 '어색한 섹스'라고 말했다. 어린 시절 라일라의 의붓아버지는 신체적, 정서적으로 학대를 일삼았고, 라일라와 자매들에게 끔찍한 체벌을 가했다. 예를 들어, 정숙에 대한 엄격한 규칙을 어기면 뺨을 때리거나 지하실에 가두었다.

라일라는 성폭행 후 다양한 해리 증상을 보였다. 라일라는 공공장소, 특히 사람이 많은 곳에 있을 때 주변 환경과 단절된 느낌을 받았다. 가해자로 보이는 남성을 보거나 남성과 단둘이 있을 때 강력한 해리성 플래시백을 경험했다. 성폭행을 당하기 전에는 의붓아버지로부터 학대를 당한 침투적 기억이 전혀 없었지만, 이제는 가끔씩 자신을 '걸레'라고 부르는 의붓아버지의 목소리가 머릿속에서 들렸다. 라일라는 자신을 때리고, 화상을 입히고, 꼬집는 등 자해를 하기 시작했다. 치료 과정에서 라일라는 외상에 대해 이야기할 때마다 해리되어 몸이 얼어붙어 움직이거나 말을 할 수 없게 되었다.

치료 과정에서 위협에 대처하기 위한 대처 전략으로서 해리 모델에 대해 논의하고, 여러 세션 동안 공유된 공식화를 만들어 나갔다([그림 6-2]). 라일라는 어린 시절 학대를 당하는 동안 정신적으로 '사라지는' 해리를 배웠다. 외상을 겪는 동안 라일라가 위협을 느낄 때 이

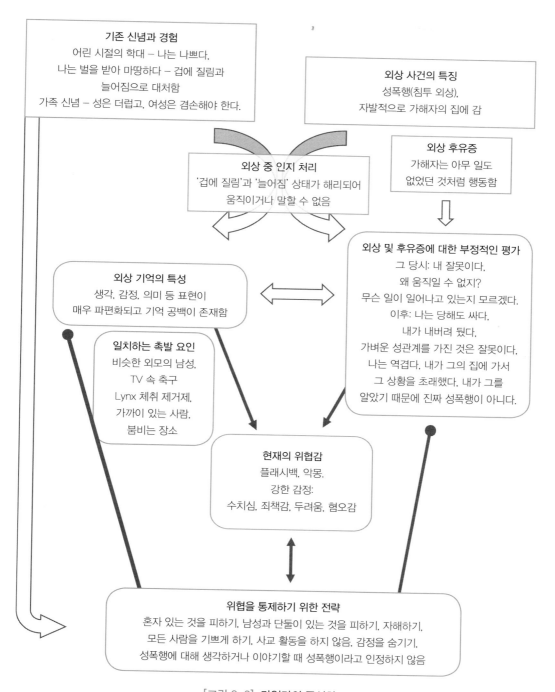

기존 신념과 경험
어린 시절의 학대 – 나는 나쁘다.
나는 벌을 받아 마땅하다 – 겁에 질림과
늘어짐으로 대처함
가족 신념 – 성은 더럽고, 여성은 겸손해야 한다.

외상 사건의 특징
성폭행(침투 외상).
자발적으로 가해자의 집에 감

외상 중 인지 처리
'겁에 질림'과 '늘어짐' 상태가 해리되어
움직이거나 말할 수 없음

외상 후유증
가해자는 아무 일도
없었던 것처럼 행동함

외상 및 후유증에 대한 부정적인 평가
그 당시: 내 잘못이다.
왜 움직일 수 없지?
무슨 일이 일어나고 있는지 모르겠다.
이후: 나는 당해도 싸다.
내가 내버려 뒀다.
가벼운 성관계를 가진 것은 잘못이다.
나는 역겹다. 내가 그의 집에 가서
그 상황을 초래했다. 내가 그를
알았기 때문에 진짜 성폭행이 아니다.

외상 기억의 특성
생각, 감정, 의미 등 표현이
매우 파편화되고 기억 공백이 존재함

일치하는 촉발 요인
비슷한 외모의 남성.
TV 속 축구
Lynx 체취 제거제.
가까이 있는 사람.
붐비는 장소

현재의 위협감
플래시백, 악몽.
강한 감정:
수치심, 죄책감, 두려움, 혐오감

위협을 통제하기 위한 전략
혼자 있는 것을 피하기, 남성과 단둘이 있는 것을 피하기, 자해하기,
모든 사람을 기쁘게 하기, 사교 활동을 하지 않음, 감정을 숨기기,
성폭행에 대해 생각하거나 이야기할 때 성폭행이라고 인정하지 않음

[그림 6-2] 라일라의 공식화

반응이 촉발되었고, 그녀는 겁에 질려 움직일 수 없는 '공포' 상태에 빠졌다. 이 반응은 라일라가 외상 기억에 접근할 때 다시 촉발되었다. 저항하지 않았기 때문에 라일라는 성폭행을 자신의 잘못으로 해석하고 부끄러움을 느꼈다. 종교적이고 혼전 성관계를 승인하지 않는 의붓아버지는 딸들의 옷차림과 행동에 엄격했고, 이는 라일라가 그 남자의 집에 가서 성폭행을 '초래'한 것이라는 신념의 기초를 형성했다.

라일라는 자신의 해리 증상을 모니터링하기 시작했다. 라일라는 촉발 요인과 다양한 해리 증상을 확인했다. 치료사는 세션과 과제에서 실습되는 다양한 그라운딩 기술과 자극 변별을 가르쳤고, 이를 세션과 숙제로 연습했다. 몇 가지 침투 사례는 인지와 관련이 있었기 때문에, 라일라와 치료사는 그라운딩한 후에 상기시켜야 할 정보를 요약한 진술을 개발했다. 그들은 라일라의 다양한 해리 증상 유형, 촉발 요인, 조기 경고 신호, 가장 효과적인 대응 방법을 도표로 만들었다(〈표 6-2〉).

라일라가 자신의 해리를 더 잘 통제하기 시작하면서 외상과 관련된 몇 가지 주요 평가가 확인되었다. 라일라의 수치심을 유발하는 주요 평가는 자신이 성폭행을 '허용했다'는 것이었다. 이는 반격하지 않아 '가벼운 섹스'를 한 '헤픈 여자'가 되었다는 것이었다. 라일라의 치료사는 그녀에게 이러한 신념에 대한 증거를 검토해 보라고 권유했다. 라일라는 남자와 적극적으로 싸우지는 않았지만 남자가 옷을 벗기려고 할 때 분명히 '아니요'라고 말했다는 증거를 발견했다. 라일라와 치료사는 성적 동의의 정의를 조사하고 메트로폴리탄 경찰이 제

표 6-2 라일라의 해리 차트

	플래시백-Dan	의붓아버지 목소리	얼어붙은 느낌	자해	멍해짐
촉발 요인	남자와 단둘이 있을 때	높은 목소리	물리적으로 가까울 때	남성의 관심	외출
	그를 닮은 남자	발자국	면도 후 냄새	내 외모를 언급하는 사람	바쁜 장소
	TV로 보는 축구	단정하지 않은 옷차림		성적 느낌	새로운 사람 만나기
조기 경고 신호	이미지	소음 듣기	말이 잘 나오지 않음	수치심을 느낌	걱정스러운 기분
	심박수 증가	말하지 않음	팔을 움켜쥐기	아픈 느낌	시간이 빨리 지나가는 느낌
	무감각	자신을 꼬집고 싶은 강한 충동	다리 긴장		아래를 쳐다봄

〈계속〉

	플래시백-Dan	의붓아버지 목소리	얼어붙은 느낌	자해	멍해짐
내가 해야 할 일	그가 거기 없다는 것을 내 자신에게 보여 주기	거울보기	소금 냄새 맡기	손 위에 앉기	주변 둘러보기
	얼굴에 초점 맞추기	주위를 둘러보기	발가락 꿈틀거림	충동 서핑 (마음챙김기술)	그라운딩: 소금, 박하 등 냄새 맡기
	그때 대 지금	내가 있는곳- 어릴 적 집이 아님	콧노래	업데이트된 플래시카드 읽기	
	돌아다니기		스트레스 공		
내가 알아야 할 상황	그는 여기에 없다.	그는 여기 없다.	나는 움직일 수 있다.	나는 걸레가 아니다.	내가 인식하고 있으면 더 안전하다.
	난 거기에 없다.	난 이제 성인이다.	이는 일시적 현상이다.	나는 나 자신에게 관심을 끌려고 하는 것이 아니다.	나는 두려워할 것이 없다.
	나는 그럴 만한 짓을 하지 않았다.	아무도 나를 때리지 않을 것이다.	나는 위험하지 않다.	성적 느낌은 정상이다.	

작한 동의에 관한 비디오를 함께 시청했다. 그들은 라일라의 행동이 성관계에 대한 동의로 간주될 수 없으며, 그녀가 완전히 움직이지 않는 것을 보면 그녀가 성관계를 원하지 않았고 즐기지도 않았다는 것이 분명하다고 결론지었다. 라일라와 치료사는 이번 일에 대한 라일라의 책임에 대한 의견을 수렴하기 위해 설문조사를 개발했다.

대부분은 사람들은 라일라의 책임이 없다고 답했다. 라일라는 자신이 당한 일을 성폭행으로 인식하기 시작했다. 비록 라일라는 죄책감과 수치심이 줄어들긴 했지만, 이러한 평가의 변화로써 그녀는 신뢰했던 사람으로부터 침해를 받았다는 사실을 인식하고 더욱 화가 나게 되었다.

기억 작업은 '볼륨 낮추기' 기법을 사용하여 서서히 다가갔다. 라일라는 피젯 스피너를 사용하여 손을 계속 움직이며, 몸이 움직이지 않거나 자해하지 않도록 '조감도' 재연을 시도하기로 동의했다. 처음에는 저녁의 첫 번째 부분만 재연하고 정기적으로 휴식을 취하며 그라운딩 전략을 사용했다. 치료사는 라일라가 외상으로 인해 움직일 수 없는 부분에서는 치료실을 돌아다니며 이야기를 나누도록 격려했다. 치료사는 라일라가 왜 움직이거나 말을 할수 없는지, 지금 일어나는 일에 대한 책임이 라일라에게 있지 않으며, 지금은 안전하다는 등의 정보를 즉시 재연에 포함시켰다. 점차적으로 라일라는 기억을 되살릴 때 더 많은 세부 사항을 추가하고 정보를 업데이트할 수 있게 되었다.

라일라와 치료사는 촉발 요인 회피를 줄이기 위한 일련의 행동 실험을 계획했다. 먼저 라일라는 더 붐비는 장소로 가면서 현재에 주의를 기울이기 시작했다. 라일라는 해리되지 않았을 때 더 불안감을 느꼈고, 그러한 감정으로부터 자신을 보호하기 위해 '멍해지고 있었다'라는 사실을 깨달았다. 처음에는 불안했지만, 주변에서 무슨 일이 일어나고 있는지 인식하면서 라일라는 자신이 위험에 처하지 않았다는 것을 알 수 있었다. 또한 라일라는 팔을 드러내는 등 일부러 노출이 적은 옷차림을 시도하며 자신이 성인이라는 사실을 상기시켰고, 그 결과 벌을 받지 않을 것이라고 스스로에게 다짐했다.

회피 성향이 줄어든 라일라는 삶의 과제를 되찾는 데 도움이 되었고, 외상 이후 중단했던 친교와 사회 활동에 다시 참여하기 시작했다. 아직 다시 데이트를 할 수 있는 상황은 아니었지만 오랜 친구를 시작으로 남자와 단둘이 있는 연습을 했고, 친구와 함께 살사 수업에 가서 낯선 남자와 가까워지는 것을 시험해 보기도 했다. 라일라는 외상 촉발 요인에 직면할 때 가끔씩 해리 증상을 경험했지만, 그라운딩 전략과 자극 차별을 사용하여 이에 대처할 수 있었다.

추천 도 서

Carlson, E. B., Dalenberg, C., & McDade-Montez, E. (2012). Dissociation in posttraumatic stress disorder part I: Definitions and review of research. *Psychological Trauma:Theory, Research, Practice, and Policy*, 4(5), 479-489.

Chessell, Z. J., Brady, F., Akbar, S., Stevens, A., &Young, K. (2019). A protocol for managing dissociative symptoms in refugee populations. *the Cognitive Behaviour Therapist*, 12(e27), 1-16.

Kennedy, F., Kennerley, H., & Pearson, D. (Eds.). (2013). *Cognitive behavioural approaches to the understanding and treatment of dissociation*. Routledge.

Chapter 7

다중외상기억

존은 경찰 생활 동안 여러 차례 외상 사건을 경험하고 목격했으며, 언제나 자신은 아무런 영향을 받지 않았다고 생각해 왔다. 그러나 특히 감정적으로 힘든 사건 이후, 그는 다양한 외상 기억을 다시 경험하기 시작했다. 치료사는 어떤 외상을 치료에 우선시해야 할지 선택하기가 어려웠다. 그들은 침투 기억과 PTSD 증상을 촉발하는 의미에서 공통점을 찾았으며, 다양한 경험을 가장 잘 대표하는 기억을 중점적으로 다루면 다른 외상 기억에도 효과가 확산되길 기대했다.

PTSD를 겪는 많은 사람들은 한 번 이상의 외상 사건을 경험했다. 예를 들어, 일부는 서로 관련 없는 여러 외상을 겪었으며, 다른 시기에 발생한 두 건의 사고를 경험한 경우도 있다. 군인이나 응급 구조대원처럼 외상에 반복적으로 노출되는 직업에 종사하거나 전쟁, 학대 관계, 감옥에 구금되어 고문을 당하는 등 지속적인 위협 속에서 반복적인 외상을 경험한 사람들도 있다. 여러 번의 외상 사건에 노출되면 그 횟수에 비례해서 PTSD의 유병률이 증가하게 된다(Wilker et al., 2017). 이 장에서는 이러한 현상이 왜 발생하는지 논의하고, 각각의 외상이 부적응적인 신념과 비효율적인 대처 전략에 미치는 영향을 이해하고, 어디서부터 치료를 시작해야 할지 결정하는 과정에 대해 논의할 것이다.

🌱 다중외상 경험이 미치는 영향

기억처리에 미치는 영향

반복적인 외상 노출은 특히 뇌가 아직 발달 중인 어린 시절에 깊은 심리적이고 신경생 물학적인 영향을 미칠 수 있다(van der Kolk, 2003). 반복된 위험 상황에 노출되면 우리의 뇌는 더욱 위협 지향적으로 변화하며, 이는 감각 정보를 처리하고 대응하는 방식에 영향을 미치게 된다. 모호한 상황에서는 지속적으로 높은 위험 환경에 노출된 사람은 위험을 더 크게 인지하고, 이는 뇌와 신체에서 더 강력한 위협 반응을 활성화시킨다. 또한 위협이 지나간 후에도 신경계가 다시 안전한 상태로 돌아가는 데 더 오랜 시간이 걸린다.

이러한 빠른 반응성과 느린 회복의 패턴은 기억 형성 방식에 영향을 미쳐 PTSD의 위험을 증가시킨다. 즉각적인 위협 반응은 뇌의 변연계(특히 편도체) 주도로 이루어지며, 이는 피질의 개입을 우회한다. 위협적인 상황에서는 정보를 생각하거나 다른 기억과 통합할 시간이 없으며, 최우선 과제는 신속하게 반응하는 것이다. 이로 인해 '데이터 중심' 처리 방식이 증가하며, 개념적 또는 자기 참조적 처리(사건을 자전적 기억 시스템 내에서 이해하고 배치하는 것)는 줄어든다. 이는 PTSD를 예측하는 요인 중 하나이며(Beierl et al., 2020), 외상 당시 해리도 이와 같은 방식으로 외상 노출이 잦을수록 더 자주 나타난다. '외상 부담'이 증가하면 공포 네트워크가 확장되고 연결이 강화되면서 잠재적 촉발 요인도 더욱 증가하게 된다(Wilker et al., 2017).

일반적으로, 우리가 안전한 상황에 있으면 발생한 일을 생각하고 되돌아보고 이해하는 더 정교한 형태로 기억을 정리하는 개념적 처리과정이 지속된다. 그러나 계속되는 위협 상황에서는 이러한 과정이 일어나지 않는다. 학대하는 파트너와 함께 있는 가정처럼 위협을 상기시키는 환경에 있으면 외상 기억과 관련된 공포 네트워크가 지속적으로 활성화될 수 있다. 이 과정에서 해리 또는 패배감과 같은 반응이 나타나면, 개념적 처리는 더욱 억제되며 개인은 더 깊이 해리 상태에 빠지거나 폐쇄적인 상태를 유지하게 된다. 또한 무력감과 해리는 패배감을 강화시키며, 결과적으로 자신이 약하거나 무가치하다는 부정적인 자기평가를 초래한다.

다중 외상 노출로 인한 신경생물학적 변화에 대한 정보를 알게 되면, 우리와 내담자들은 회복 가능성에 대해 절망할 수 있다. 그러나 외상 경험이 많은 사람 중에서도 상당수는 심각한 정신 건강 문제를 겪지 않으며, 문제가 발생하더라도 많은 사람들이 완전한 회복을 이루기도 한다. 학대와 방치의 경험이 신경생물학적 변화를 일으키는 것처럼, 안전하고 사랑에 기반한 경험도 뇌의 변화를 일으킨다. 내담자가 이러한 안전하고 사랑이 깃든 경험에 접근하고 흡수할 수 있도록 돕는 것은 만성적인 외상 경험을 가진 사람들을 위한 치료에서 중요한 부분이 된다.

평가에 미치는 영향

다중 외상 경험은 시간이 지남에 따라 여러 층위의 의미가 형성된다. 예를 들어, 폭행과 같은 단일한 외상 사건이 발생한 후, 누군가는 잘못된 시간에 잘못된 장소에 있었고, 그 일이 불행한 우연의 결과이며 다시는 일어나지 않을 것이라고 중립적으로 설명할 수 있다. 그러나 다른 상황에서 다시 폭행을 당하게 되면, 이것이 단순한 우연으로 보기에는 지나치게 반복적인 패턴처럼 보일 수 있고, 그 대신 자신이 취약하게 보이거나 행동한다거나, 혹은 자신이 생각했던 것보다 세상에는 잠재적인 공격자가 훨씬 더 많다는 등의 다른 결론에 도달할 수 있다. 이러한 위협적인 평가는 자신과 타인에 대한 정신적 표상의 중심이 되며, 이는 안전을 유지하기 위해 추가적인 예방 조치를 취하기 시작하면서 PTSD를 지속시키는 순환으로 이어질 수 있다.

어린 시절의 외상은 신념 형성에 큰 영향을 미칠 수 있는데, 어릴 때부터 자신과 타인, 세상에 대한 핵심 신념이 왜곡될 수 있고, 이후 외상 경험이 이러한 신념을 확인하는 것처럼 보이면서 성격과 정체성 발달에 영향을 미칠 수 있기 때문이다. 내담자들은 안전과 보살핌에 대한 기준이나 '충분히 좋은' 삶의 토대가 형성되지 않았기 때문에 "정상이 무엇인지 모르겠다."고 말한다. 12장에서는 다중 외상으로 인해 흔히 발생하는 더 깊이 뿌리 내린 평가를 다루는 방법에 대해 설명할 것이다.

핵심 인지

- 나에게는 나쁜 것을 끌어당기는 무언가가 있다.
- 아무도 믿을 수 없다.
- 모든 남자는 잠재적 학대자 및 강간범이다.
- 나는 더 이상 견딜 수 없다.
- 나는 결코 정상적인 삶과 관계를 가질 수 없을 것이다.

대처에 미치는 영향

신념이 다중 외상 경험으로 확인될 수 있는 것처럼, 대처 전략도 시간이 지남에 따라 강화되어 변화하기 어려워질 수 있다. 예를 들어, 과거에 힘든 경험을 술로 자가 치료하여 극복하고 이로 인해 부정적인 감정에서 어느 정도 벗어난 적이 있는 사람은 또 다른 외상 사건에 직면했을 때 이 전략을 다시 사용할 가능성이 높다. 특히 아동의 경우, 외상에 노출되었을 때 사용할 수 있는 대처 전략이 거의 없기 때문에, 해리 현상과 같은 대처 방식이 더 쉽게 유발되고, 외상에 반복적으로 노출될수록 이를 의식적으로 통제하기 어려울 수 있다.

PTSD 증상에 대처하는 일부 방법은 유감스럽게도 사람들을 더 큰 외상의 위험에 빠뜨릴 수 있다. 예를 들어, 약물과 알코올은 아동기 외상과 성인기 외상 간의 관계를 일부 매개하는 것으로 밝혀졌다. 아동기 학대를 경험한 생존자는 약물을 사용할 가능성이 높으며, 이로 인해 더 많은 대인관계 학대의 위험에 노출될 가능성이 높아진다(Testa et al., 2010). 마찬가지로, 쉽게 촉발되는 분노와 공격성은 자기 보호의 일환으로 추가적인 갈등을 초래할 수 있다. 따라서 이러한 전략은 치료의 중요한 대상이 된다.

대처 전략이 직접적으로 위험하지 않더라도, 예를 들어 반추하거나 고립되는 경우, 이는 종종 PTSD를 유지하는 데 기여할 수 있으므로 확인하고 줄이거나 중단해야 한다. 그러나 이러한 과정을 거치는 것은 불안하게 느껴질 수 있다. 결국 대처 전략은 내담자가 생존하고 앞으로 나아가기 위한 최선의 노력인 경우가 많기 때문이다. 하지만, 이러한 대처 전략이 도움이 되지 않는다고 단순히 지적하고 이를 중단하라고 제안하는 것은 효과적이지 않을 수 있다. 대신, 먼저 내담자가 자신의 대처 전략을 이해하고 그 기능과 이점을 파악한 다음, 단기적(생존)과 장기적(회복/번영) 측면에서 비용을 평가할 수 있도록 도와준다. 이렇게 하면 내담자의 가장 극단적인 대처 방법도 이해하고 정상화할 수 있으며, 이로 인해 의도치 않게 초래하는 비용에 대해 인식하도록 도울 수 있다. 이는 과도하게 학습된 대처 전략을 줄이기 위한 근거와 동기를 형성하는 데 도움이 된다. 또한 부적응적인 대처 전략을 대처할 수 있도록 새로운, 보다 비용이 적게 드는 대처 방식을 개발하는 작업을 필요로 할 수 있다.

🌱 어디서부터 시작할지 결정하기

내담자가 여러 차례 외상을 경험한 경우, 치료사가 직면하는 문제 중 하나는 어디에 집중할지 선택하는 것이다. 치료사와 내담자 모두 압도당할 수 있으며, 어떤 기억을 목표로 삼을

지 고민하느라 소중한 세션 시간이 낭비될 수 있다. 어디서부터 시작할지 결정하는 방법은 다음과 같다.

어떤 외상이 PTSD와 관련이 있는지 파악하기

다중 외상을 경험하는 것은 다중 외상에서 PTSD 증상이 나타나는 것과는 다르다. 어떤 사람들은 여러 외상 중 한두 가지만 다시 경험할 수 있다. 다른 사람들은 많은 사건을 다시 경험하거나 기억이 '흐릿하게' 뒤섞여 어떤 증상이 어떤 외상과 관련이 있는지 파악하기 어려울 수 있다. 때로는 수년 후의 사건이 이전의 외상에서 비롯된 PTSD 증상을 유발하여 증상을 파악하기가 더욱 어려울 수 있다.

클라이브는 소방관으로 근무하는 동안 수많은 사망자를 목격했지만, 자신의 딸과 비슷한 나이의 어린이가 사망한 화재 현장에 출동하기 전까지는 PTSD를 겪지 않았습니다. 그는 이 사건 이후 PTSD를 앓기 시작했고, 수년 동안 출동했던 다른 화재에 대한 악몽을 꾸기 시작했는데, 대부분 그 전에는 떠올리지 않았던 것들이었습니다.

다중 외상이 발생한 경우, 구조화된 PTSD 임상 면담과 자기 보고 척도와 같은 평가 도구를 정확하게 적용하는 것이 어려울 수 있다. 치료 계획에 도움이 되려면 각 외상 사 건에 대

스테파니는 어린 시절 키가 크고 마른 체형으로 인해 괴롭힘을 심하게 당한 경험이 있습니다. 성인이 된 후에는 그 경험을 '과거의 일'로 여겼지만, 이를 통해 자신을 '쉬운 목표'로 여기게 되었고, 더 이상은 누구에게도 지고 싶지 않다고 다짐했습니다. 성인이 된 스테파니는 겉으로는 자신감이 넘치는 것처럼 보였지만, 폭력적인 습격을 당했을 때 근본적인 부정적인 신념이 다시 활성화되어 외상을 어떻게 처리하는 데 강력한 영향을 미쳤습니다. 스테파니는 강도를 당한 것이 자신의 잘못이라고 확신했으며, 그녀의 말에 따르면 '평소처럼' 자신을 보호하지 못했기 때문이라고 생각했습니다. 이 괴롭힘은 PTSD를 촉발하지는 않았지만, 스테파니의 자아상을 정의하는 데 큰 영향을 미쳤고, 결과적으로 그녀는 습격 당시 패배감을 느끼게 되었으며 이를 자신이 '실패자'임을 확인하는 데 사용하게 되었습니다.

스테파니와 치료사는 성인 시점에서 겪은 폭행에 대해, 그것이 자신의 잘못이 아니며 자신을 지키지 못해서 폭행이 일어난 것이 아니라는 사실을 구두로 업데이트하기로 합의했습니다. 이러한 해석은 어린 시절 괴롭힘 경험에서 비롯된 것이기 때문에, 그녀는 상상 속에서 어린 시절의 자신을 찾아가 위로하고 괴롭힘이 자신의 잘못이 아니라고 말함으로써 이 메시지를 '과거로 돌아가' 전달했습니다. 이러한 과거 기억을 연결하고 재구성함으로써 스테파니는 성인 시점에서 폭행 사건에 대한 기억을 떠올릴 때, 이 새로운 의미를 더 신뢰할 수 있도록 도왔습니다.

해 개별적으로 평가해야 한다. 이로 인해 때로는 실질적인 문제가 발생할 수 있다. 예를 들어, 어린 시절에 여러 번의 외상을 겪은 내담자는 불면증이 첫 번째 외상 이후부터 시작되었는지, 두 번째 외상 이후부터 시작되었는지, 아니면 열 번째 외상 이후부터 시작되었는지 기억하지 못할 가능성이 높다. '이전에 즐겼던 활동에 대한 흥미를 잃었다.'라는 질문은 수십 년 동안 PTSD를 겪은 사람에게는 대답하기 어려운 질문일 수 있다.

그러나 PTSD 재경험 증상은 일반적으로 그 내용과 발병 시기가 특정 외상 사건과 관련이 있을 수 있으며, '조사 작업'을 통해 그 연관성을 파악할 수 있다. 일반적으로 재경험한 외상 사건에 집중하는 것이 가장 효과적이다. 그러나 다른 외상적인 삶의 사건들도 내담자의 PTSD를 이해하는 데 매우 중요한 요소일 수 있으며, 이러한 사건들도 내담자의 공식화에 포함되어야 한다. 이때 '이전 경험 및 신념' 항목을 활용하면 유용할 수 있다.

이전의 외상을 다시 경험하지 않는 경우에는 일반적으로 상상적 재연과 같은 기법을 사용할 필요가 없다. 대신, 보통은 이전의 외상의 의미를 이해하고 치료에서 다루는 것이 중요하며, 이를 위해 인지 기법을 사용한다. 경우에 따라서는 이러한 초기 기억을 다루고 과거로부터 '주입(feed-in)'되는 영향을 끊기 위해 이미지 재구성을 사용하기도 한다.

타임라인 활용

타임라인은 기억의 복합성을 다룰 때 가장 먼저 사용하는 기억 중심 기법 중 하나이다. 타임라인을 사용하여 특정 외상 사건의 세부 사항을 지도화하고, 이를 작업하기 위한 구조로 활용하며, 기억의 순서에서의 공백, 단편화 또는 혼란을 식별한다(제8장). 또한 여러 외상 사건이 포함된 타임라인을 사용하여 특정 기간이나 내담자의 전 생애를 지도화하고, 더 자세한 기억 작업을 위한 '대상'을 식별하고 선택한다. 타임라인을 사용하는 10가지 이유는

다음과 같다:

1. 협업적이고 창의적이며 의사소통의 장벽을 극복하는 데 도움이 될 수 있다.
2. 내담자가 자신의 기억을 개념적으로 표현할 수 있는 준비된 틀을 제공하며 자전적 기억 시스템을 활성화한다.
3. 모든 것을 일관된 순서로 정리하여 기억을 처리하는 데 도움이 된다.
4. 재경험 증상이 다른 외상 사건의 내용과 발병 시점에 따라 어떻게 일치하는지 식별하는데 도움이 된다.
5. 특정 신념, 대처 전략, 감정이 언제 형성되었는지, 그리고 이후 사건에 어떻게 영향을 받았는지 식별할 수 있다.
6. 외상 사건에 대한 맥락을 제공하여 평가 작업을 할 때 도움이 될 수 있다. 예를 들어, 이전의 모든 사건을 개괄적으로 파악하면 내담자가 인생의 어느 시점에 내린 결정을 이해하거나 이후 사건에 특정 방식으로 대응한 이유를 이해하는 데 도움이 될 수 있다.
7. 자기의식이 강한 내담자에게는 보다 위협적이지 않은 방식으로 작업할 수 있다. 치료사와 내담자의 주의가 서로에게 집중되는 대신 화이트보드에 집중되기 때문이다.
8. 타임라인은 점진적으로 구성되고 여러 층으로 쌓이면서 작업할 수 있으며, 과잉 활성화와 해리를 조절하면서 여러 출 처의 정보를 통합할 수 있도록 한다.
9. 내담자의 생애 전반의 기억이 혼란스럽게 뒤섞여 있을 때, 이를 질서정연하게 정리할 수 있다. 다만, 광범위한 외상 역사를 전체적으로 보는 것은 내담자에게 상당한 부담이 될 수 있다. 이런 이유로 긍정적인 삶의 사건을 타임라인에 포함시키는 경우가 많다
10. 긍정적인 인생 사건을 포함함으로써 외상 기억이 내담자의 인생관을 결정짓는 중심적 요소가 되는 것을 방지할 수 있다.

타임라인을 구성하는 방법은 다양하다. 전형적인 서술형 타임라인의 예시는 [그림 7−1]에 나와 있다. 필요에 따라 세부 사항을 추가하거나 변경할 수 있도록 가능한 경우 화이트보드를 사용하는 것이 일반적이다. 또 다른 타임라인을 구성방법은 [그림 7−2]와 같이 특정 범주에 세부 사항을 추가하는 것이다.

만약 내담자가 영어를 구사하지 못하는 경우 통역사에게 타임라인 아래에 문서 번역본을 추가하도록 요청한다. 또는 내러티브 노출 치료의 '생명줄' 접근법(NET; Schauer et al., 2011)과 유사한 상징적 버전을 사용할 수 있다. 이는 치료실 바닥에 밧줄(또는 밧줄이 외상 기억을 유발하는 경우 리본)을 깔아두고, 돌과 꽃과 같은 물체를 배치하여 각각 부정적인 삶의 사건

과 긍정적인 삶의 사건을 나타내는 방식이다. 이는 내담자의 삶의 이야기 속에 외상 사건을 통합하는 데 유용한 방법을 제공한다. 내러티브 노출치료(NET)에서는 치료사와 내담자가 각 돌에 대해 자세히 이야기하며(이 과정을 노출이라고 한다), 일반적으로 여러번 반복하지 않고 한 번만 진행한다. CT-PTSD와 달리 내러티브 노출치료(NET)에서는 핵심 감정과 의미를 논의하거나 업데이트하지 않는다. 또한 타임라인은 EMDR에서 기억 처리 대상을 식별하기 위해 광범위하게 사용된다(Lombardo, 2012).

침투 일지

내담자가 자신에게 가장 큰 영향을 미치는 외상 사건을 식별하는 데 어려움을 겪는 경우, 침투 일지([그림 7-3])를 통해 어떤 기억이 가장 자주 재경험되거나 가장 큰 고통을 일으키는지 파악할 수 있다. 이러한 '실시간' 데이터 수집은 일반적으로 내담자에게 증상에 대해 회고적으로 묻는 것보다 훨씬 유익하고 정확하며, 내담자가 외상 기억의 촉발 요인을 기록하도록 유도하는 추가적인 이점이 있다.

이 양식은 다소 장황하기 때문에 종종 내담자가 사용하기 쉬운 체크 박스 버전으로 만들기도 한다. 타임라인에서 또는 논의를 통해 확인된 외상을 나열하고 라벨을 붙인 후, 내담자가 관련된 침투 기억을 경험할 때마다 해당 상자에 체크하도록 요청한다([그림 7-4]). 사용되는 형식에 상관없이, 내담자에게 침투 기억과 반추의 차이점을 명확히 설명하여(56페이지) 내담자가 재경험 증상과 관련된 부분만 양식에 기록하도록 하는 것이 중요하다.

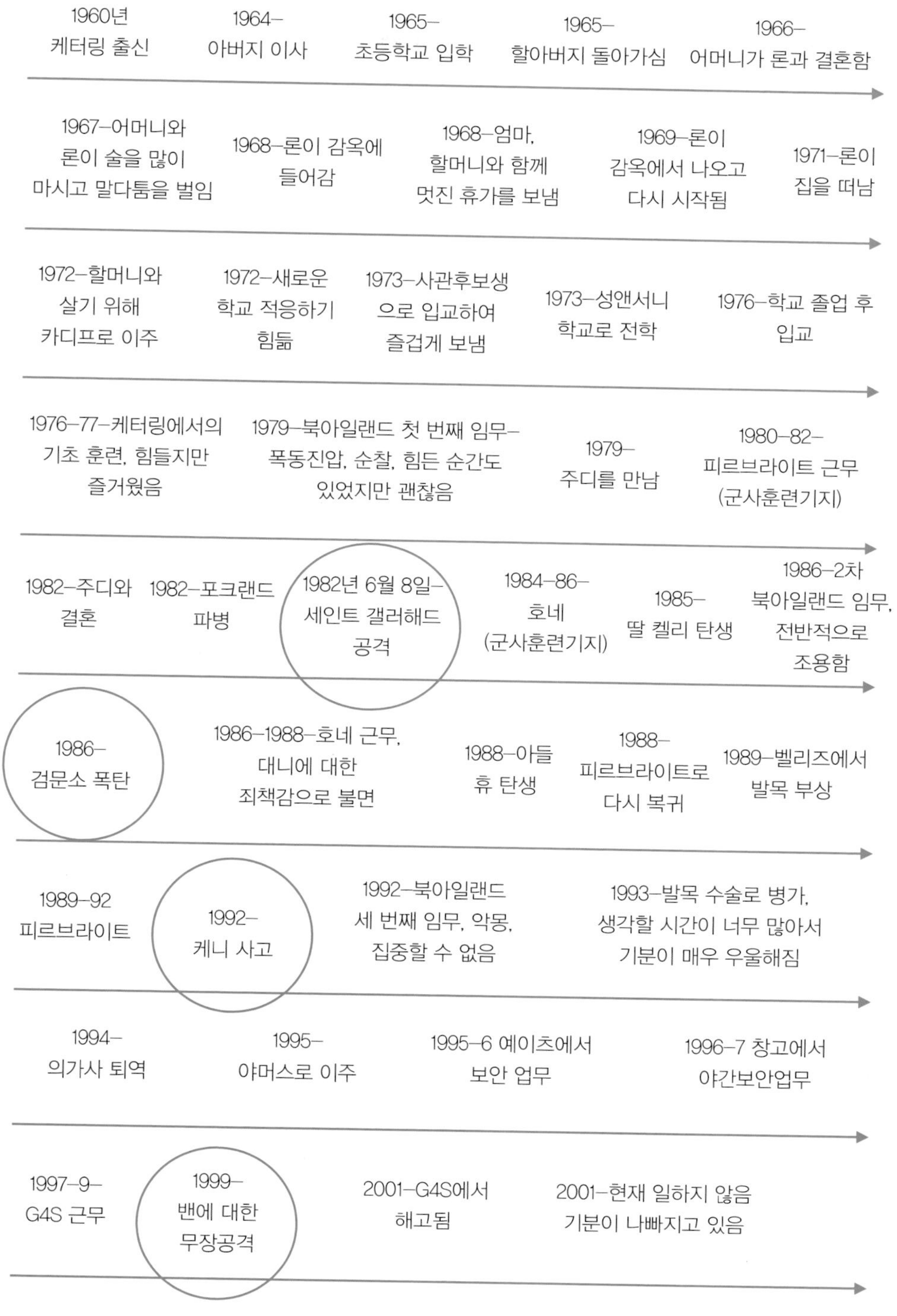

1960년
케터링 출신

1964–
아버지 이사

1965–
초등학교 입학

1965–
할아버지 돌아가심

1966–
어머니가 론과 결혼함

1967–어머니와
론이 술을 많이
마시고 말다툼을 벌임

1968–론이 감옥에
들어감

1968–엄마,
할머니와 함께
멋진 휴가를 보냄

1969–론이
감옥에서 나오고
다시 시작됨

1971–론이
집을 떠남

1972–할머니와
살기 위해
카디프로 이주

1972–새로운
학교 적응하기
힘듦

1973–사관후보생
으로 입교하여
즐겁게 보냄

1973–성앤서니
학교로 전학

1976–학교 졸업 후
입교

1976–77–케터링에서의
기초 훈련, 힘들지만
즐거웠음

1979–북아일랜드 첫 번째 임무–
폭동진압, 순찰. 힘든 순간도
있었지만 괜찮음

1979–
주디를 만남

1980–82–
피르브라이트 근무
(군사훈련기지)

1982–주디와
결혼

1982–포크랜드
파병

1982년 6월 8일–
세인트 갤러해드
공격

1984–86–
호네
(군사훈련기지)

1985–
딸 켈리 탄생

1986–2차
북아일랜드 임무,
전반적으로
조용함

1986–
검문소 폭탄

1986–1988–호네 근무,
대니에 대한
죄책감으로 불면

1988–아들
휴 탄생

1988–
피르브라이트로
다시 복귀

1989–벨리즈에서
발목 부상

1989–92
피르브라이트

1992–
케니 사고

1992–북아일랜드
세 번째 임무. 악몽,
집중할 수 없음

1993–발목 수술로 병가,
생각할 시간이 너무 많아서
기분이 매우 우울해짐

1994–
의가사 퇴역

1995–
야머스로 이주

1995–6 예이츠에서
보안 업무

1996–7 창고에서
야간보안업무

1997–9–
G4S 근무

1999–
밴에 대한
무장공격

2001–G4S에서
해고됨

2001–현재 일하지 않음
기분이 나빠지고 있음

[그림 7–1] 생애 타임라인 예시: 로버트

어디서부터 시작할지에 대한 장단점

타임라인과 침투 일지를 사용해 가장 문제가 되는 외상 기억을 파악해야 한다. 다음 단계는 어떤 기억을 더 자세히 다룰지 결정하는 것이다. 다양한 선택사항이 있다.

최악의 기억부터 시작하기

가능하다면, 우리는 내담자들에게 가장 문제가 되는 외상 기억부터 시작하도록 권 장한다. 왜냐하면 이것이 가장 빠른 증상 개선을 가져올 수 있으며, 치료에 대한 자신감을 심어줄 것으로 기대되기 때문이다. 또한 다른 기억들이 덜 침투적으로 변하는 '도미노 효과'가 발생할 가능성이 더 크다.

최악의 기억으로 시작하는 것은 내담자가 적극적으로 참여하고 동기부여가 충분하며, 외상 기억에 대해 이야기하는 데 큰 어려움이 없거나 4장과 5장에서 설명한 치료의 창에 문제가 크게 없는 경우에 적합하다.

날짜	1994~1999	2000	2001~2007
주거 상황	맨체스터, 엄마, 아빠, 아담	시설로 들어감	엄마에게 돌아감
일/학습		초등학교 입학	초등학교 다님
관계	엄마와 아빠와 가깝게 지냄	가족들이 그리움, 직원들이 친절함	엄마와 더 좋아졌으나, 아빠는 만나지 않음
주요 사건	엄마 아빠가 마약을 하고 싸우는 것	보호시설로 이동, 양육권에 대한 법정소송	엄마가 마약에서 회복되고 좋아진 것 같음. 학교가 좋아짐

날짜	2007~2011	2011	2011~2013
주거 상황	위탁가정에 보내짐	퇴소 후 보호시설로 이사	스티브와 그의 아파트에 지냄
일/학습	새로운 중학교에서 시작	대학 입학	대학 중퇴
관계	가족과 이야기하지 않음. 위탁가족이 좋음.	스티브와 사귀기 시작	스티브만 만나고 다른 친구들을 잃음
주요 사건	새학교에서 괴롭힘을 당함. 자해하기 시작	정신과 치료 받음	스티브의 통제력이 점점 강해지고 가끔씩 나를 때림

〈계속〉

날짜	2013	2014	2014~지금
주거 상황	스티브와 함께 있음	호스텔로 이사	카렌 이모와 함께 있음
일/학습	부츠에서 일을 시작했지만 병가로 인해 직장을 잃음	일하지 않음	카렌의 미용실에서 파트타임으로 일함
관계	스티브와 자주 싸움, 고립됨	스티브 만나거나 헤어짐 엄마와 다시 연락	스티브를 만나지 않음. 가까운 가족만 만남
주요 사건	스티브가 계단에서 밀쳐서 팔이 부러짐	호스텔에 스티브가 침입했을 때 경찰에 신고, 기소됨	스티브에게 접근 금지 명령이 내려짐, 치료 시작

미래 계획

날짜	2020	2021 이후
주거 상황	로비와 함께 있음	나만의 공간 확보
일/학습	대학 마케팅과정으로 돌아감	마케팅 관련 직종에 취업하기
관계	긍정적인 우정 쌓기	새로운 관계(폭력적이지 않은)
주요 사건	PTSD 치료	아직 모르겠음

[그림 7-2] 생애 타임라인 분류: 제이드

날짜 및 시간	상황 및 촉발 요인	어떤 침투증상이 있었나?	침투로 인해 얼마나 괴로웠나?(0~100)	그 기억이 지금 일어나고 있는 것처럼 얼마나 느껴졌나? (0~100)

[그림 7-3] 침투 일지의 예

	월요일	화요일	수요일	목요일	금요일	토요일	일요일
세인트 갤러해드	✓✓	✓	✓✓	✓✓✓		✓✓	✓✓✓
체크포인트	✓		✓✓		✓		
케니의 사고		✓✓		✓✓	✓	✓	✓
밴 공격				✓			

[그림 7-4] 로버트를 위한 체크박스 형식의 침투 일지

덜 고통스러운 기억부터 시작하기

내담자가 가장 고통스러운 기억을 언급하기를 꺼리거나, 참여도가 낮거나, 장애물(예: 해리, 위험)이 우려되는 경우, 다른 선택지로 덜 고통스러운 기억부터 시작하는 방법이 있다. 이는 내담자가 기억에 초점을 맞춘 기법을 시도해 보고, 재경험 증상을 줄이는 데 성공함으로써, 가장 고통스러운 기억을 다룰 치료에 대한 신뢰를 높일 수 있는 기회를 제공한다. 그러나 이 접근법의 단점은 문제의 핵심을 직접 다루지 않기 때문에, 가장 고통스러운 기억을 다루는 것보다 치료 효과가 작을 수 있다는 것이다. 또한 회피를 묵인할 위험이 있다. 내담자뿐만 아니라 치료사에게도 가장 불쾌한 기억을 피하고 싶은 유혹이 있을 수 있기 때문에, 이 접근법을 선택하는 이유가 충분히 타당한지 확인할 필요가 있다.

'쉬운 승리' 기억으로 시작하기

내담자가 치료를 중도에 그만둘 우려가 있는 경우, 가능하다면 먼저 '쉬운 승리' 기억을 시작점으로 삼는다. 이는 빠르고 쉽게 업데이트될 수 있는 기억을 선택하여 내담자가 성공 경험을 얻도록 돕는다. 또한 내담자가 기억 작업의 결과에 대해 압도되거나 위험할 것이라는 강한 부정적인 신념을 가지고 있을 때에도 유용하다. 예를 들어, 내담자가 기억 작업을 하면 압도되거나 위험해질 것이라는 두려움을 행동 실험을 통해 테스트할 수 있다.

빠르게 업데이트되는 기억은 일반적으로 기존 신념과 맞지 않는 의미를 가지고, 주요 정보가 명확하게 기억에 통합되지 않은 경우가 많다. 예를 들어, '나는 죽을 거야.'를 '나는 죽지 않았고 살아남았다.'로 업데이트하는 것이, '나는 쓸모없는 사람이기 때문에 이런 일을 당해도 싸다.'와 같은 평가를 업데이트하는 것보다 훨씬 더 빠르고 쉽게 외상 기억에 추가할 수 있다. 특히 이러한 평가가 기존의 핵심 신념을 반영하는 경우 더욱 그렇다. 일반적으로, 두려움에 기반한 기억은 수치심, 패배감, 분노, 또는 굴욕이 주요 감정인 기억보다 더 쉽게 해결되는 경향이 있다.

앞서 언급했듯이, 가능하다면 여전히 가장 문제가 되는 기억을 우선적으로 다루는 것을 선호하지만, 필요할 때만 이 선택지를 고려한다.

첫 번째부터 시작하기

또 다른 선택지는 내담자가 PTSD 재경험 증상을 겪고 있는 가장 초기의 외상부터 시작하여 시간순으로 외상 기록에 접근하는 것이다. 이 접근 방식은 내담자가 일관된 삶의 서사를 구성하고 특정 신념이 어떻게 형성되었는지 추적하는 데 도움이 된다. 또한 내담자가 다양한 외상 사건의 누적된 영향을 인식하고 자신이 왜 어려움을 겪고 있는지 정상화하는 데 도움이 된다.

　　그러나 시간순으로 외상 역사를 다루는 접근법에는 한 가지 위험이 있다. 세션 횟수가 제한된 경우, 나중에 발생한 중요한 외상을 충분히 다루지 못할 가능성이 있다. 또한 최악의 사건을 먼저 다루는 것보다 증상을 빠르게 완화하는 데 효율성이 떨어질 수 있다.

대표적인 기억 선택하기

　　내담자는 종종 동일한 유형의 외상을 여러 번 경험할 수 있다(예: 일정 기간 동안 반복적으로 동일한 방식으로 고문을 받았거나, 파트너로부터 여러 차례 폭행을 당한 경우). 이러한 상황에서는 '대표적인' 기억을 선택하는 것이 유용할 수 있다. 이러한 유형의 기억은 수많은 경험을 요약한 사례나 대표적인 시뮬레이션으로, 내담자와 함께 구성하여 공통적인 특징(예: 어떻게 시작하는지)과 주요 고통스러운 생각, 감정 및 감각을 모두 포함하게 된다. 이 접근 방식의 장점은 내담자가 모든 외상 사건을 자세히 설명하지 않아도 된다는 점이다. 대표 기억이 효과적으로 업데이트되면, 내담자가 경험한 매우 유사한 다른 기억도 도움이 될 것이다. 또한 시간이 지나면서 기억이 혼합되거나 불분명해진 경우에도 대표적인 기억을 활용한 작업이 도움이 될 수 있다.

🌱 학습 효과 극대화: 도미노 효과

　　여러 외상 기억을 다룰 때는 한 외상 기억 세트에서 새로운 학습을 다른 외상 기억으로 일반화하도록 장려한다. 많은 경우, 반복된 외상 노출은 유사한 유형일 가능성이 높다(예: 직무를 수행하면서 외상을 경험했거나 반복적인 학대를 당한 경우). 이는 한 세트의 외상 기억을 처리함으로써 다른 기억도 맥락화될 수 있음을 의미한다. 구체적으로 외상 사건들이 유사하지 않더라도 그와 연관된 평가는 유사할 수 있다. 예를 들어, 사고를 당한 후 무력감과 갇힌 느낌을 받은 사람은 그 사건이 서로 무관하더라도 이후 외상에서 동일한 평가와 감정을 경험할 가능성이 더 높다.

　　한 세트의 기억을 다룬 후, 다른 기억에서 재경험이 변화했는지 확인해 볼 필요가 있다. 때로는 이러한 변화가 교차 의미의 업데이트, 메타인지의 변화, 덜 회피적인 대처 스타일로 인해 발생할 수 있다. 그렇지 않은 경우, 교차 의미를 파악하고 내담자가 학습한 내용을 다른 외상 기억에 일반화하도록 유도하여 '도미노 효과'를 촉진한다.

　　한두 가지 기억을 세션에서 다루고 업데이트하면 내담자는 세션 사이에도 동일한 과정을 적용할 수 있어서 세션 시간을 절약할 수 있다. 대신 그 시간을 외상 내러티브를 검토하고 까다로운 핫스팟을 업데이트하거나 예상치 못한 장애물을 해결하는 데 활용할 수 있다.

달리아는 콩고민주공화국에서 정치 활동을 했다는 이유로 투옥되어 고문을 당했습니다. 간수에게 성폭행당한 외상 기억을 치료한 후, 치료사는 달리아에게 다른 외상 기억에 비추어 자신이 배운 것을 생각해 보라고 권유했습니다.

T(치료사): 이제 그 기억이 조금 덜 침투하는 것 같네요?

D(달리아): 네, 지금은 다르게 느껴져요. 진짜처럼 생생하지 않고 선명하지 않아요.

T: 정말 좋아요. 기억할 때 느끼는 감정도 달라졌나요?

D: 네, 예전에는 너무 더럽게 느껴졌어요. 지금은 그 사람이 더러웠다는 걸 알아요. 그들은 저를 꺾기 위한 방법으로 사용했어요. 저를 동물로 만들려고요. 그들은 저를 침묵시키고 싶었지만 이제 저는 제 목소리가 있다는 것을 알아요.

T: 좋아요, 그건 정말 기억해야 할 중요한 사실이에요. 일지를 쓰면서 매를 맞았던 기억처럼 다른 괴로운 기억도 있었나요?

D: 네, 막대기와 철사로 때리곤 했어요.

T: 간수가 당신을 성폭행할 때 느꼈던, 더럽고 동물처럼 느껴졌던 감정이 구타를 당할 때의 느낌과 비슷했나요, 아니면 달랐나요?

D: 정말 똑같았어요. 왜냐하면 그들은 우리가 목소리도 없고 힘도 없는 것처럼 우리를 작게 만들려고 똑같은 짓을 했으니까요. 동물처럼요.

T: 그렇군요. 그렇다면 성폭행 기억에 대해 이야기했던 것들 중 일부와 우리가 업데이트한 것들이 구타 기억과도 관련이 있다고 생각하나요?

D: 네, 맞아요. 그들은 저를 침묵시키고 싶었지만 저는 목소리가 있어요. 그들은 저를 동물로 만들고 싶었지만 저는 여전히 여성입니다. 그들이야말로 동물이죠.

T: 물론이죠. 그래서 다른 기억을 다뤘던 것처럼 구타에 대한 기억도 똑같이 다루면 도움이 되지 않을까 싶어요. 그 기억에 똑같은 새로운 정보를 가져올 수 있을까요?

D: 네, 도움이 될 것 같아요.

🌿 융합된 기억 또는 아주 초기 기억

일부 사람들에게는 외상 기억을 분리하고 우선순위를 정하는 것이 어려울 수 있다. 왜냐하면 이러한 기억은 매우 파편화되어 있거나 시각적인 세부 사항이 결여되어 있거나, 다른 기억과 결합되어 있기 때문이다(기억의 일부가 다른 여러 기억을 촉발하는 경우). 또한 특정 사건에 대한 기억이라기보다는 지각적, 인지적, 감정적 요소들이 유사한 여러 사건과 관련된 것처럼 보이는 '융합된' 침투 기억이 있을 수 있으며, 이러한 기억들은 특정 장소와 시간을 정확히 파악하기 어렵게 만든다. 이러한 현상은 반복적이고 지속적인 감금 외상에서 흔히 나타나며, 아동기의 기억 체계가 아직 완전히 발달하지 않았기 때문에 아주 어린 시절의 기억에도 자주 나타난다. 예를 들어, 내담자는 침대에 누군가가 들어오는 악몽을 꾸거나 특정 신체 감각을 경험할 때 강한 공포를 느끼지만 이러한 침투 기억을 특정 기억과 연결 짓기는 어렵다. 이로 인해 상상적 재연이나 구체적 내러티브를 구성하기 어려울 수 있으며, 기억은 명확한 맥락 없이 단절된 감각적 기억들의 조합으로만 접근될 수 있다.

여기에는 여러 가지 선택지가 있다. 가능한 경우에는 기억을 정교화하고 맥락을 제공하려고 노력한다. 기억이 서로 결합된 경우에는 타임라인을 만들어 기억을 개별적으로 분리하고 정리한다. 기억이 매우 초기이거나 불분명한 경우 상상적 재연을 통해 그 기억에 접근하고 최대한 이야기를 정교하게 만들려고 노력한다. 감각적 기억을 상기시킬 때 추가적인 세부 사항에 접근할 수 있으며, 보다 완전하고 맥락이 잘 정리된 기억은 자전적 기억 시스템에 더 쉽게 저장될 것이다. 분리하기 어려운 '융합된' 기억에 대해서는 중요한 의미에 접근하고 이를 업데이트하기 위해 대표적인 기억을 다루는 것도 가능하다. 이미 언급한 대로, 이러한 접근법은 연결된 다른 기억도 업데이트하는 데 도움이 될 수 있다. 기억을 분리하기 어렵고 불분명한 경우, 이미지 재구성을 사용하는 것도 선택지 중 하나이다. 이 접근법의 장점은 완전하고 명확한 기억이 반드시 필요하지 않다는 점이다.

내담자가 단편적인 기억, 흐릿한 세부 사항 또는 감각적 기억만을 떠올릴 수 있는 경우에도, 우리는 상상적 내러티브를 구성할 수 있다. 그러나 이야기를 변경하기 전에, 우리는 내담자가 외상과 관련된 감정과 의미에 접근하도록 도와주고, 그들이 기억하는 부분을 활성화시킨 후에 재구성 작업을 시작한다.

기억을 어떻게 재구성할지 선택할 때, 내담자에게 어떤 변화가 있다면 감정적으로 다르게 느낄 수 있는지 질문한다. 주요 목표는 내담자가 당시에 충족되지 못한 감정적 필요를 충족시키는 것이다. 예를 들어, 내담자가 두렵고 외로웠다면, 재구성에서는 그들이 안전하고 돌봄을 받는다고 느낄 수 있는 방법을 포함시켜야 한다. 이를 달성하는 방법은 내담자에게 달려 있다. 예를 들어, 돌봐주는 사람, 슈퍼히어로, 치료사 등 누군가가 재구성에 등장하여 도움을 주기를 원하는지, 탈출 수단을 원하는지, 자기 자신에게 반격하거나 결과를 어떻게 든 바꿀 수 있는 능력을 부여받고 싶은지 물어본다. 어린 시절 학대에 대한 대표적인 재구성 기법 중 하나는 성인이 된 자신이 그 장면에 들어가 학대를 멈추게 하는 것이고, 그 후에 아이를 위로하는 것이다(Arntz & Weertman, 1999). 내담자가 아이디어를 생각하기 어려울 때, 우리는 다양한 재구성 방안을 제안하여 고려하도록 한다. 또한 내담자가 의미와 감정의 여러 층을 탐색할 수 있도록 다양한 재구성을 시도할 수 있다.

다리아는 자신의 고문 기억의 대표적인 이미지를 재구성했습니다. 다리아는 당시 완전히 무력하고 패배감을 느꼈으며, 이제는 결코 정의를 얻을 수 없다는 생각에 분노를 느끼고 있었습니다. 첫 번째 재구성에서 그녀는 경비원들을 처벌하고 엄청나게 강해져서 그들을 때려잡아 그들도 상처를 입고 모욕을 당하는 느낌을 알게 하고 싶어졌습니다. 재구성된 이미지는 그녀가 무력함 대신 강함을 느끼게 도왔지만, 폭력적인 사람이 아닌 그녀에게는 불편했습니다. 그녀의 분노는 계속되었으며, 고향의 비인간적인 상황에 대한 슬픔도 함께 느껴졌습니다.

두 번째 재구성에서 다리아는 대신 강력한 천사로 감옥에 돌아가 벽을 뚫고 감옥에 갇힌 정치 활동가들을 해방하는 상상을 했습니다. 함께 그들은 경비원들을 헤이그에 끌고가서 재판에 회부했고, 다리아는 자신에게 어떤 일이 있었는지 증언했습니다. 다리아는 경비원들이 유죄 판결을 받고 그들이 소중히 여기는 사람들로부터 멀어져 다시는 누구에게도 해를 가할 수 없게 사막으로 추방되는 것을 상상했습니다. 첫 번째 재구성은 그녀의 무력함을 감소시키는 데 도움이 되었지만 비공격적인 가치관과 맞지 않았습니다. 두 번째 버전은 무력함과 패배감을 둘 다 효과적으로 감소시켰습니다. 다리아에게 정의를 경험하게 하고, 자신의 목소리를 통해 인간다운 존재임을 회복시키는 방법이었습니다.

🕵️ 유용한 팁: 가능한 한 효과적인 상상적 재구성 만들기

우리는 아직 재구성이 어떻게 작용하는지는 알지 못하지만, 효과적인 재구성은 다음과 같은 특징이 있다는 증거가 점차 나타나고 있습니다(Looney et al., 2021):

- 신뢰성: 재진술이 실제로 일어날 수 있는 일인지 여부를 의미하지 않습니다. 내담자의 선

호에 따라 마법의 힘, 슈퍼히어로 등과 같은 환상적인 이미지든, 현실적인 시간과 공간에서 실현 가능한 재구성이든 감정적으로 믿을 수 있고 설득력 있게 느껴져야 합니다.

- 기억 속의 감정 다루기: 내담자가 당시 필요로 했던 것을 충족할 수 있는 재구성을 찾아봅니다. 더러움과 오염으로 느꼈다면 깨끗함을 느낄 수 있는 재구성을 시도합니다. 두려움을 느꼈다면 안전을 찾을 수 있는 방법, 무력감을 느꼈다면 힘을 얻을 수 있는 재구성을 찾아봅니다. 여러 가지 감정적 욕구가 있다면 추가적인 요소를 재구성에 도입하거나 각 욕구에 대해 여러 번 재구성을 시도할 수 있습니다.
- 생생함: 재구성된 기억이 원래의 것보다 더 강하게 활성화되도록 하려면, 재구성된 내용을 최대한 생생하고 세밀하게 만들어야 합니다.
- 좋은 시뮬레이션: 재구성은 영화를 연출하는 것과 같이 논리적으로 흐르고, 세밀하며, 상상하기 쉬워야 합니다.
- 기억 양식에 부합: 내담자가 강한 감각적 외상 기억을 가지고 있다면, 새로운 지각적 정보를 풍부하게 포함한 재구성을 촉진합니다. 내담자가 기억 속에서 인지적 내용이 많았다고 보고한다면, 예를 들어 '내가 모든 것을 잘못하고 있다고 생각한다.'고 하면, 그들에게 누군가가 말로 확신을 주는 방식의 인지적 및 언어적 재진술을 포함시킵니다.
- 통합: 새로운 재구성은 연습이 필요합니다. 내담자에게 녹음 듣기, 글쓰기, 그림 그리기, 또는 콜라주를 만들도록 숙제를 내주어 연습을 유도하세요.
- 좋은 균형의 치료사 안내: 내담자는 초기에는 좋은 재구성을 활성화하는 데 도움이 필요할 수 있지만, 치료가 진행됨에 따라 점점 더 자율적으로 재구성할 수 있도록 지속적인 안내가 중요합니다.

🌱 치료실 노트: 존

존은 50대 초반에 치료를 받기 위해 찾아왔다. 존은 오랜 외상 역사를 가진 은퇴한 경찰관이었다. 그는 어렸을 때 한 신부에게 수년에 걸쳐 성적으로 학대를 당했다. 이러한 경험은 그에게 약자를 보호하려는 강한 동기를 부여했고, 이것이 경찰에 입문하게 된 주요 동기가 되었다. 존은 경력 대부분을 심각한 교통사고 조사관으로 일했다. 그 결과 그는 수많은 사고 현장에 출동했고 불쾌한 광경도 많이 목격했다.

존의 PTSD는 친구의 자살 현장 출동으로 촉발되었다. 그는 만약 더 빨리 도착했다면 친구의 생명을 구할 수 있었을지도 모른다는 자책감에 시달렸다. 이 사건 이후 몇 달 동안 존은 친구를 구할 수 없는 악몽을 꾸었고, 수년 동안 겪었던 수많은 사고 장면을 다시 경험하기 시작했다. 때로는 어린 시절에 경험했던 성적 학대의 장면도 다시 떠올랐다. 그의 고통은 [그림 7-5]에서 확인할 수 있다.

존의 치료사는 그의 경험을 타임라인으로 구성하는 데 도움을 주었다. 학대에 대한 기억을 분리하고 명확하게 표현하기는 어려웠다. 존은 첫 번째 사건을 상당히 명확하게 기억할 수 있었지만, 그 이후의 학대 기억은 혼란스럽고 융합되어 있었으며, 날짜나 시간을 기억하지 못했다. 마찬가지로 존의 수많은 교통사고에 대한 기억도 분리하거나 날짜를 정하기가 매우 어려웠다. 존은 특정 장면의 이미지를 떠올렸지만, 순서를 정하기 어려웠고, 특정 사건과 일치하지 않는 '고립된' 이미지가 많았다.

사고 기억이 가장 빈번하고 괴로운 기억이었기 때문에 존과 치료사는 이 기억을 먼저 다루기로 합의했다. 그들은 자주 반복되는 이미지, 즉 자동차 앞유리로 던져진 옷을 일부만 입은 여성의 모습을 선택했다. 존은 이 이미지를 다시 경험할 때 주로 공포, 무력감, 죄책감을 느꼈으며, 이 여성이 존엄성을 잃은 상태에서 비인간적인 대우를 받았다는 평가와 증거를 위해 현장을 기록할 때 낯선 사람들이 그녀를 보거나 옮기지 못하도록 보호했어야 했다는 생각과 연결되었다. 이 순간을 회상하면서 남편이 사고 현장에 도착했지만 경찰 저지선 뒤에서 강제로 제지당했다고 기억했다. 존은 이에 대해 분노하고 상처받았으며, 남자나 그의 아내를 도울 수 없다는 무력감을 느꼈다. 그는 자신이 항상 사람들을 돕기에는 너무 늦게 도착했고, 마치 죽은 후에 나타난 '독수리'와 같다는 평가를 내렸다.

존과 치료사는 이러한 평가에 대해 논의했다. 존의 치료사는 동료들이 존이 하는 일에 대해 어떻게 생각하는지 물었고, 존은 죽음과 시신, 슬픔에 잠긴 가족들에게 지속적으로 노출되기 때문에 인기 없는 역할이라고 답했다. 존은 그런 역할을 맡은 것에 대해 동료들 사이에서 존경을 받았다. 치료사가 이 직업에서 중요한 것이 무엇인지 물었을 때 존은 죽은 사람들에 대한 존중과 존엄성을 보장하고, 사랑하는 사람들이 훼손된 시신을 찾지 못하도록 보호하며, 사고의 원인을 규명하여 정의를 실현하고 미래의 죽음을 예방하고 싶다고 답했다. 그는 '죽은 자의 수호자'라는 표현을 사용했다. 증거를 함께 검토하면서 존은 '독수리'라는 표현보다 이 표현이 자신의 역할을 더 잘 설명한다는 데 동의했다. 그는 자신이 맡은 일이 어려운 일이지만 잘 해냈다는 것을 인정할 수 있었다.

존과 치료사는 사고 현장의 기억을 재구성했다. 존은 여성의 시신을 깨끗이 닦고 덮은 후 평화로워 보이는 안전한 장소로 옮겼다. 존의 남편을 더 차분한 환경으로 데려가 가족을 불러들여 남편을 위로하고 아내가 세상을 떠났다는 소식을 차분하게 전했다. 존은 두 사람과

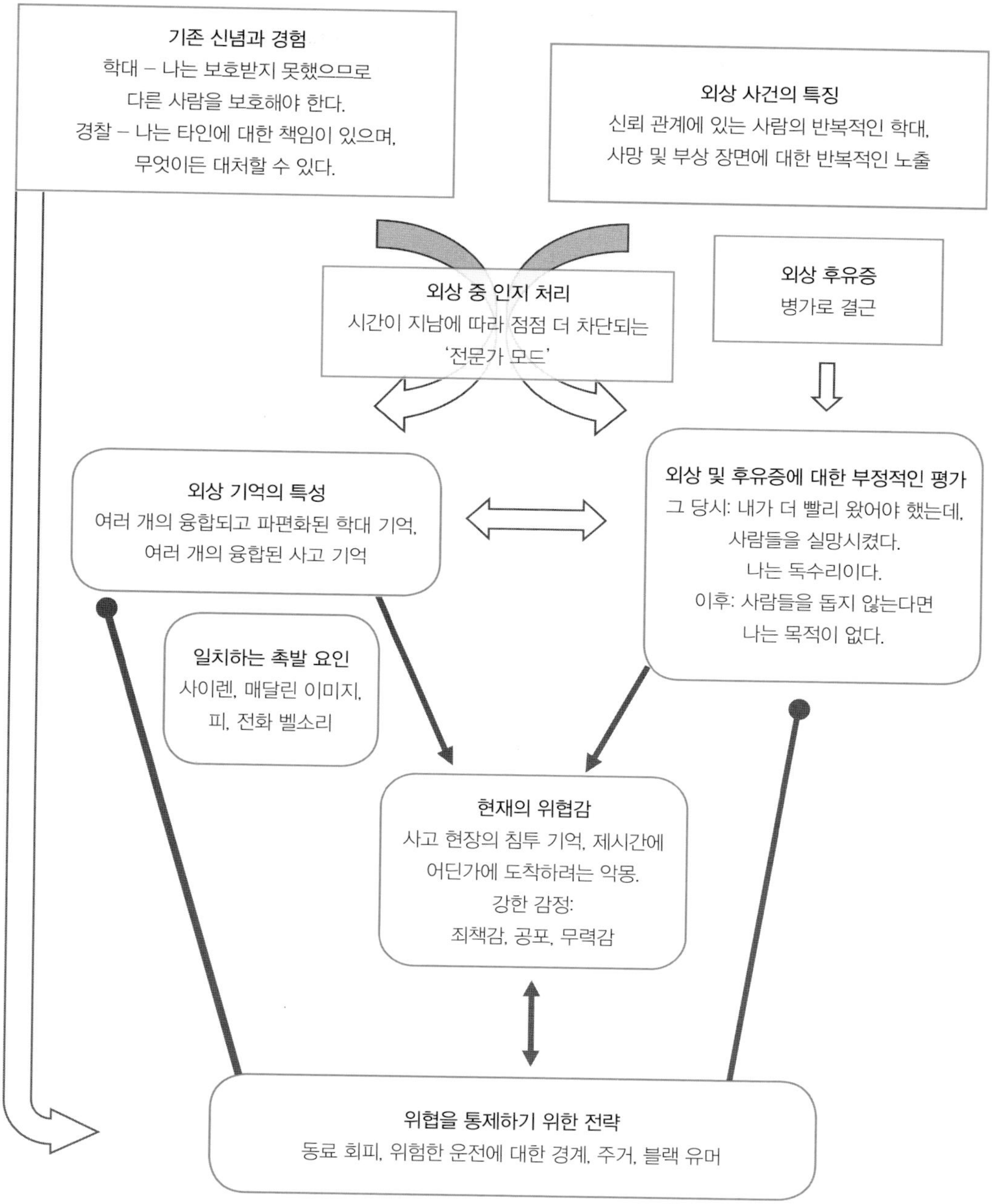

기존 신념과 경험
학대 – 나는 보호받지 못했으므로
다른 사람을 보호해야 한다.
경찰 – 나는 타인에 대한 책임이 있으며,
무엇이든 대처할 수 있다.

외상 사건의 특징
신뢰 관계에 있는 사람의 반복적인 학대.
사망 및 부상 장면에 대한 반복적인 노출

외상 중 인지 처리
시간이 지남에 따라 점점 더 차단되는
'전문가 모드'

외상 후유증
병가로 결근

외상 기억의 특성
여러 개의 융합되고 파편화된 학대 기억.
여러 개의 융합된 사고 기억

외상 및 후유증에 대한 부정적인 평가
그 당시: 내가 더 빨리 왔어야 했는데.
사람들을 실망시켰다.
나는 독수리이다.
이후: 사람들을 돕지 않는다면
나는 목적이 없다.

일치하는 촉발 요인
사이렌, 매달린 이미지,
피, 전화 벨소리

현재의 위협감
사고 현장의 침투 기억, 제시간에
어딘가에 도착하려는 악몽.
강한 감정:
죄책감, 공포, 무력감

위협을 통제하기 위한 전략
동료 회피, 위험한 운전에 대한 경계, 주거, 블랙 유머

[그림 7–5] 존의 공식화

함께 시간을 보내며 남편이 아내에게 작별 인사를 하는 모습을 상상했고, 사고 현장이 잔해나 피가 없어지고 도로가 다시 정상적으로 회복되면 사고 현장에 꽃이 몇 송이 놓여 있는 모습을 상상했다. 존은 그 기억이 덜 고통스럽게 느껴지기 시작했으며, 그 장면을 여러 번 상상하는 연습을 했다.

치료사는 존이 다른 사고 현장에 침투되는 경험을 할 때마다 이와 유사한 재구성을 적극 권장했다. 그는 현장을 '청소'하고 고인과 사랑하는 사람들을 더 이상의 고통으로부터 보호하도록 격려했다. 존은 또한 자신이 하고 있는 힘든 일에 필요한 지원을 받고, 동정심을 가진 동료와 대화하고, 아내의 포옹을 받는 모습을 상상하는 이미지를 개발했다. 그러자 점차 사고 현장이 떠오르는 횟수가 줄어들기 시작했다.

존은 친구의 자살을 막기 위해 제때에 도착하지 못한 것에 대해 계속 죄책감을 느끼고 있었다. 하지만 친구가 어떻게 죽었는지 자세히 이야기하면서 존은 친구가 자살이 실패하지 않도록 치밀하게 계획했다는 사실을 깨달았다. 존은 친구가 죽기를 원했으며, 아무리 노력해도 아무도 그를 구할 수 없었을 것이라는 결론에 이르렀다. 존은 친구의 시신을 발견한 후 침착하고 조심스럽게 시신을 수습하고, 친구가 느꼈을 고통에 대해 미안하다고 말하며 외상적인 상황을 재구성했다.

치료사는 존에게 최선을 다했음에도 불구하고 모든 사람을 구할 수 없었다는 이 새로운 평가가 다른 외상과도 관련이 있는지 물었다. 존은 자신이 치명적인 사고를 당한 사람들을 구해달라는 요청을 받고도 구하지 못한 것에 대해 죄책감을 느꼈다는 사실을 깨달았다. 사람들을 구하려는 욕구는 존이 어린 시절 학대를 받았던 경험과 자신이 느꼈던 고통으로부터 다른 사람들을 보호하려는 열망에서 비롯된 것이었다. 그는 상상적 재구성을 통해 학대받았던 기억 속으로 들어가 신부를 체포하고 어린 자신을 위로하는 상상을 했다.

추천도서

Stallworthy, P. (2009). Cognitive therapy for people with post-traumatic stress disorder to multiple events: Working out where to start. In N. Grey (Ed.). *A casebook of cognitive therapy for traumatic stress reactions* (pp. 194–212). Routledge.

Wheatley, J., & Hackmann, A. (2011). Using imagery rescripting to treat major depression: Theory and practice. *Cognitive and Behavioral Practice*, *18*(4), 444–453.

Chapter 8

외상 기억의 공백

에디는 신분 오인으로 갱단에게 폭행을 당했다. 그는 여러 차례 의식을 잃었고, 그 결과 습격에 대한 그의 기억은 단편적이고 불연속하며 혼란스러웠다. 에디는 더 명확하게 기억할 수 없다는 사실에 좌절했다. 치료 과정에서 기억의 공백을 지도로 작성하여 일관된 내러티브를 만들었고, 이는 그가 조각난 침투 기억을 조직하고, 연결하며, 처리하는 데 도움이 되었다.

PTSD를 가진 많은 사람들은 외상 경험을 명확하고 일관되게 회상하지 못한다. 기억에는 공백이 있거나 흐릿하고 조직화되지 않아 혼란스러운 부분이 있을 수 있다. 어떤 경우에는 외상을 거의 기억하지 못하며, 침투 기억이 재경험될 때만 단편적인 세부 사항을 확인할 수 있다. 다른 사람들은 기억의 '섬'과 같은 짧은 간헐적 회상과 함께 자신이 생각하거나 두려워하는 일에 대한 구성된 이미지를 가지고 있을 수 있다.

일부 내담자는 기억의 공백에 대해 우려할 수 있다. 예를 들어, 내담자들은 기억 공백이 뇌 손상을 입었거나 기억의 공백 동안에 무언가 끔찍한 일이 일어났다고 생각할 수 있다. 외상 기억의 공백은 상상적 재연과 같은 일부 기법을 방해할 수 있다. 이 장에서는 불완전한 외상 기억을 가진 사람들에게 CT-PTSD를 어떻게 활용하는지 살펴볼 것이다.

🌱 기억 공백의 원인은 무엇일까

기억 공백의 원인은 다양하며, 일반적으로 기억의 부호화 및 저장 또는 이후의 기억 회상에 영향을 미친다. 즉시 명확하지 않은 경우, 가능한 원인(또는 원인의 조합)을 파악하는 것이 도움이 될 수 있다. 이는 무엇을 해야 할지 결정하는 데 도움이 되며, 내담자에게 정상화된 설명을 제공할 수 있기 때문이다. 다음은 몇 가지 일반적인 원인이다.

약물 및 알코올

누군가가 외상 당시 음주 또는 약물 중독 상태였던 경우(자발적으로, 약물 복용을 통해, 또는 가해자가 약물을 강제로 먹인 경우) 기억에 영향을 미칠 수 있다. 각기 다른 물질은 각기 다른 방식으로 기억의 질과 중독 상태 사람의 경험과 행동에 영향을 미친다. 종종 일부 시각적 기억은 온전하지만 이미지가 흐릿해지거나 혼란스러울 수 있다. 어떤 사람들에게는 명시적 기억이 완전히 상실되거나 암묵적 또는 신체적 기억에 의해 유발된 '기억 없는 감정'만 있을 수 있다. 예를 들어, 강간이나 강도를 용이하게 하기 위해 물뽕(GHB)이나 로히프놀과 같은 약물을 복용한 사람은 의식을 완전히 상실하거나 신체가 마비되는 등 기억이 희미하고 흐릿할 수 있다(Gauntlett-Gilbert et al., 2004).

의식 상실

머리와 같은 신체 손상이 포함된 외상은 외상 당시 의식 상실로 이어질 수 있으며, 이는 당연히 기억 공백을 초래할 것이다. 의식을 잃기 전의 기억은 머릿속을 스쳐 지나가는 섬광처럼 단편적이거나 찰나적일 수 있다. 사람들은 외상 중에 의식을 잃거나 의식이 간헐적으로 끊어지면서 단편적으로 단절된 기억만 남을 수 있다. 외상성 뇌손상은 회상성 기억상실과 선행성 기억상실을 일으킬 수 있으며, 이는 해당 기간 동안 깨어 있고 반응하는 것처럼 보였던 시기조차 기억상실이 발생할 수 있다.

해리

외상 당시 해리를 겪은 사람은 일어난 일을 모두 기억하지 못할 수 있다. 기억에 특정 세부 사항이 누락되거나 관점이 왜곡될 수 있다. 예를 들어, 외상 당시 '유체이탈' 상태를 경험한 사람은 관찰자 관점에서 시각적 기억을 떠올리고, 자신의 몸이 어떻게 느껴졌는지와 같은 감각적 세부 사항에 접근하지 못할 수 있다.

　다른 경우에는 외상 기억이 부호화되어 저장되어 있지만, 기억이 촉발되거나 특정 핫스팟에 접근할 때 해리되기 때문에 내담자가 의도적으로 기억에 접근하는 데 어려움을 겪을 수 있다. 이러한 경우 전체 기억이 존재하고 회복 가능한 경우가 많지만, 기억 작업은 6장에서 설명한 전략을 사용하여 신중하게 접근해야 한다. 또한 외상을 회상할 때 해리가 일어나거나, 외상 당시 경험했던 해리를 생생하게 재경험하는 사이에 복잡한 상호작용이 있을 수 있다.

정상적인 망각

　망각과 부정확성은 기억의 정상적인 특징이며, PTSD를 가진 사람들은 때때로 자신이 외상에 대해 얼마나 많이 기억해야 하는지를 과대평가하기도 한다(Kopelman, 2002). PTSD를 가진 사람들은 일반적으로 자전적 기억의 세부 사항을 회상하는 데 어려움을 겪을 수 있다는 증거도 있다(McNally et al., 1994). 이로 인해 외상 기억은 중심적인 세부 사항에 대해서는 매우 정확한 경향이 있지만 주변적인 세부 사항에 대해서는 정확하지 않을 수 있다는 연구 결과도 있다(Christianson, & Safer, 1996). 이로 인해 특정 세부 사항을 회상하는 데 약간의 공백이나 불일치가 발생할 수 있다. 또한 외상으로 이어지는 사건은 당시에는 중요하지 않았기 때문에 장기기억에 저장되지 않았을 가능성이 높아 잊어버리는 것이 일반적이다. 예를 들어, 외상이 발생하기 몇 시간 또는 며칠 전에 있었던 일은, 외상이 발생한 이후에야 그 중요성이 뒤늦게 느껴질 수 있다. 이는 외상이 어떻게 발생했는지 추적할 때만 중요하게 여겨질 수 있다.

어린 시절의 기억

　어린 시절의 외상은 성인 시기의 기억과는 다르게 기억되기도 한다. 2세 미만의 어린이는 대부분의 사건을 명시적인 언어적 기억으로 저장하지 않는다. 비록 어린 나이부터 행동적이거나 암시적인 기억 방식이 시작된다는 증거가 있지만(Cordon et al., 2004), 어린 시절의 기억은 흐릿하거나 조각난 경우가 많다. 이러한 기억들은 명확하지 않다고 해서 덜 혼란스럽지는 않다. 또한 이러한 기억들은 겉으로 보기에는 특별하지 않은 단순한 장면으로 이루어져 있지만 무언가 잘못되었다는 강한 느낌을 동반할 수도 있다. 때로는 매우 명확한 기억이 존재하지만 나이나 장소 등 맥락이 부족한 경우도 있다. 아동이 외상 경험에 대해 느끼는 감각과 나중에 회상하는 기억의 질은 아동의 연령, 성별, 발달 단계, 보호자와의 상호작용에 따라 영향을 받는다(Salmon, & Bryant, 2002).

🌿 기억 공백에 대한 신념

내담자는 기억의 공백에 대한 괴로운 신념을 가질 수 있다. 이는 기억하지 못한 동안 무슨 일이 있어났을지에 대한 두려움이거나, 공백이 뇌 손상, 정신질환, 억압 또는 자신을 신뢰할 수 없다는 표시라고 여기는 경우가 있다. 연구에 따르면 기억 공백에 대한 신념은 외상 기억 자체의 조직화보다 PTSD를 유지하는 데 더 중요한 것으로 밝혀졌다(Bennett & Wells, 2010).

안젤리크는 어머니로부터 신체적, 정서적 학대를 받았던 어린 시절에 대한 기억이 조각조각 흩어져 있었습니다. 언니는 여러 사건들을 기억하고 있었지만, 안젤리크는 전혀 기억하지 못했습니다. 그중에는 둘 다 하룻밤 동안 나무 창고에 갇혀 벌을 받았던 일도 있었습니다. 안젤리크는 자신이 이러한 사건들을 기억하지 못하는 것이 걱정스러웠고, 학대로 인해 뇌가 영구적으로 손상되어 기억 체계를 신뢰할 수 없다는 신호라고 생각했습니다.

안젤리크의 치료사는 그녀가 기억력 공백에 대한 다양한 설명을 고려하도록 도왔습니다. 그들은 함께 기억이 어떻게 작동하는지에 대한 정보를 살펴봤습니다. 예를 들어, 우리의 뇌는 비디오 레코더처럼 사건을 정확하게 기록하는 것이 아니라 나이, 기분, 사건의 의미 등 다양한 요인에 의해 영향을 받는다는 사실을 알게 되었습니다. 안젤리크는 어린 시절의 사건 중 자신은 기억하지만 언니는 기억하지 못하는 사건과 서로 의견도 다른 사건이 있다는 것을 깨달았고, 이는 두 사람 모두 100% 정확한 기억을 가지고 있지 않다는 것을 시사한다고 느꼈습니다. 안젤리크의 치료사는 해리에 대한 정보도 제공했으며, 안젤리크는 어린 시절부터 해오던 해리가 기억에 영향을 미쳤을 수 있다는 것을 인식하게 되었습니다.

안젤리크와 치료사는 또한 최근의 사례를 통해 현재 안젤리크의 기억 시스템이 제대로 작동하는지 검증했습니다. 안젤리크는 자신의 기억 시스템이 완벽하지 않다고 느꼈지만, 어린이집에서의 일이 아이들과 부모의 이름, 음식 취향 및 알레르기, 동요와 노래 가사와 같은 많은 정보를 완벽하게 기억하고 있다는 것을 깨달았습니다.

따라서 이러한 신념을 다루면 외상의 중심 의미를 약화시키고, PTSD를 유지시키는 반추와 회피 같은 행동이 줄어들어 PTSD 증상을 완화할 수 있다. 따라서 외상 기억을 다루기 전에 내담자와 기억 공백에 대한 우려를 논의하고 이를 해결하는 것이 중요하다. 특정 약물, 부상 또는 발달 단계의 영향과 같은 기억 공백의 원인에 대한 심리교육은 공백을 정상적인 현상으로 받아들이는 데 도움이 될 수 있다. 상상한 시나리오를 포함하여 공백 기간 동안 일어난 일에 대한 두려움을 부드럽게 탐색하고 잠재적인 설명과 검증 가능한 증거를 고려할 수 있다. 많은 사람이 기억 공백 기간 동안 끔찍한 일이 일어났다고 생각하지만, 실제로는 그렇지 않다. 그러나 내담자가 기억하지 못하는 속상한 세부 사항이 있을 수 있으므로, 치료사는 내담자와 함께 기억 공백 기간 동안 무슨 일이 있었는지 더 알아보는 것의 비용과 이점을 탐색해야 한다('유용한 팁' 참조).

핵심 인지

- 기억할 수 없다는 것은 끔찍한 일을 억압하고 있다는 것/내 뇌가 영구적으로 손상되었다는 것을 의미한다.
- 기억에 대해 충분히 오래 생각하거나 머물러 있으면 무슨 일이 일어났는지 알아내거나 기억할 수 있을 것이다.
- 약물을 먹인 사람을 믿고 내 음료를 지키지 않은 나는 너무 잘 속는다
- 내가 술에 취한 것은 내 잘못이다/다른 사람들이 나를 탓한다.
- 모든 것을 기억하지 못하면 PTSD에서 회복할 수 없다.
- 기억의 공백이 있다는 것은 내가 확신할 수 없다는 것을 의미한다/다른 사람들이 그 일이 실제로 일어났다고 믿지 않을 것이다.

🌿 공백을 이용한 기억 작업

기억이 명확하지 않거나 완전하지 않아도 외상 기억을 처리하는 데에는 타임라인, 상상적 재연, 핫스팟 업데이트 및 자극 변별과 같은 일반적인 전략들을 사용할 수 있다. 기억이 얼마나 많이 회상될 수 있는지에 따라 이러한 기법들을 적절히 조정해야 할 수도 있다.

공백 지도 작성

처음에는 외상에 대한 타임라인이나 서면 내러티브를 활용하여 '공백 지도 그리기'를 한다. 목표는 내담자가 기억할 수 있는 세부 사항을 적고 공백이나 불분명한 기억을 확인하는 것이다. 타임라인에서는 알 수 없는 기간을 나타내기 위해 지그재그 선을 그리지만, 실제 기간을 추정할 수 있는 경우도 있다. '공백 지도 그리기'를 사용하면 조각난 기억이나 혼란스러운 기억을 조직화하고 이를 순서대로 정리하는 데 도움이 된다. 실제로 타임라인을 작성할 때는 화이트보드를 사용하는 것이 좋고, 서면 내러티브는 전자 문서를 사용하여 변경 사항과 세부 사항을 쉽게 추가할 수 있다. [그림 8-1]은 약물 유도 성폭행 사건에 대한 기억을 지도로 그린 샘의 타임라인으로, 기억의 공백이 표시되어 있다.

공백 채우기

다음 단계는 무슨 일이 있었는지 최대한 완전하고 일관된 내러티브를 만들어보는 것이다. 조각난, 흐릿한 기억은 우리의 뇌가 의미를 찾기 어려워한다. 불쾌한 기억일지라도 완전한

🦜 유용한 팁: 내담자가 기억 공백을 채우고 싶어하는지 논의하기

기억 공백에 대한 일반적인 두려움은 기억하지 못한 더 끔찍한 일이 발생했을까 봐 걱정하는 것입니다. 실제로 그런 경우는 드물지만, 간혹 기억을 복원하는 과정에서 외상에 대한 새롭고 매우 충격적인 정보를 발견하는 경우가 있습니다. 특히 공백의 원인이 해리일 경우, 이 보호막이 벗겨지면(113페이지의 양파를 기억하세요!) 더 자세한 내용을 떠올릴 가능성이 높습니다. 따라서 우리는 이러한 가능성에 대해 내담자와 대화를 나누고, 잠재적으로 새로운 것을 배우는 것에 대해 어떻게 느끼는지 확인해야 합니다.

내담자들은 종종 나쁜 일이 있더라도 무슨 일이 있었는지 알고 싶다고 말합니다. 이는 PTSD 모델에 부합하는 것으로, 기억과 그 의미를 계속 회피하면 문제가 되는 증상이 유지되기 때문에 외상과 관련된 의미가 무엇이든 간에 이를 해결해야 합니다. 하지만 내담자가 기억의 공백을 채우는 과정을 안전하고 통제할 수 있다고 느끼도록 해야 하므로, 이러한 결정의 잠재적 이점과 비용을 신중하게 논의합니다. 또한 문제가 발생할 경우 어떻게 관리할 것인지에 대한 계획도 세웁니다.

기억은 단편적이고 불규칙한 기억보다 처리하기 쉬우므로 증상의 재경험을 줄이는 데 도움이 된다. 하지만 공백을 채우려고 하기 전에 '유용한 팁' 상자를 읽어보는 것이 도움이 된다.

공백을 메우는 작업이 내담자에게 도움이 될 가능성에 대해 내담자와 합의가 이루어지면, 실제로 무슨 일이 일어났는지 파악하는 데 도움이 되는 '조사 작업'을 시작해 본다. 이렇게 하면 몇 가지 가능성이 나올 수 있으며, 내담자와 함께 논의하고 평가하고 잠재적으로 검증해 볼 수 있다. 다음은 몇 가지 선택사항이다.

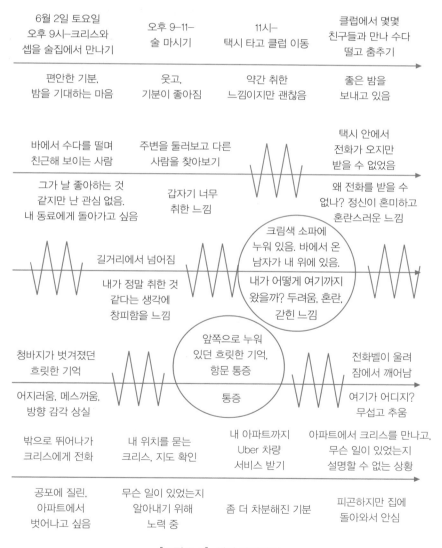

[그림 8-1] 샘의 타임라인

상상적 재연

때로는 상상적 재연을 통해 더 많은 기억에 접근할 수 있다. 이는 특히 기억 공백의 원인이 해리일 때 더 효과적이다. 의식을 상실했거나 약물의 영향을 받은 경우 상상적 재연을 통해 기억을 완전히 회복할 수는 없지만, 의식 상실 전후의 세부 정보에 접근하여 누락된 부분을 이해하는 데 도움이 될 수 있다.

외상 현장 다시 방문하기

외상 현장을 다시 방문하는 것은 종종 기억의 공백을 메우는 데 도움이 될 수 있다. 외상이 발생한 실제 환경에 존재하는 여러 가지 강력한 단서들은 잠재적으로 접근하기 어려운 기억의 일부를 촉발할 수 있다. 우리는 경찰이 목격자의 기억을 활성화하기 위해 범죄 재구성을 사용하는 것과 비슷한 원리라고 내담자에게 설명할 수 있다. 외상 현장을 다시 방문하는 것이 물리적으로 불가능한 경우, 구글 스트리트 뷰와 같은 온라인 자료를 사용하거나 해당 장소의 사진을 참고하여 더 많은 기억에 접근할 수 있는 맥락적 세부 정보를 제공하는 데 도움이 될 수 있다.

외상 현장을 다시 방문해서 기억에 접근할 수 없더라도 어떤 일이 일어났는지 파악하기 위한 정보를 수집하는 데 도움이 될 수 있다. 예를 들어, 외상에 대한 기억을 '걸어보는 것'은 종종 가장 가능성이 높은 장소나 사건의 순서에 대한 정보를 제공하고, 어떻게 일어났는지에 대한 단서를 발견할 수 있다.

공간적 구조도

외상을 지도화하는 또 다른 방법은 외상 장면의 공간적 구조도를 작성하는 것이다. 이는 현장의 배치를 위에서 내려다 본 것처럼 스케치하고 '조감도 재연'을 사용하여 사건에 대한 기억 또는 알려진 내용을 '연출'하는 방식으로 이루어진다. 지도나 경찰 현장 도면과 같은 기존 자원을 사용할 수도 있다. 현장 방문과 마찬가지로, 이를 통해 기억에서 누락된 부분을 떠올리는 데 도움이 될 수 있으며, 가장 가능성이 높은 사건의 흐름을 정리하는 데도 유용하다.

외상의 다른 설명

기억의 공백에 대한 정보는 다른 출처를 통해서도 수집할 수 있다. 예를 들어, 현장에 있었던 다른 사람들이 누락된 세부 정보를 제공할 수 있으며, 내담자가 경찰 목격자 진술서에 접근할 수 있거나 현장에 있었던 사람을 알고 있을 수 있다. CCTV 영상, 언론 보도, 조사 등을 통해 추가 정보를 얻을 수도 있다. 여러 출처의 정보와 내담자의 기억 사이에 불일치가 있을 수 있으므로 먼저 내담자에게 이러한 가능성에 대해 미리 알려주는 것이 도움이 된다. 또한 내담자에게 목격자 진술의 한계와 문제점에 대한 심리교육을 제공하여 불일치하는 진술을 균형 있게 이해할 수 있도록 도울 수 있다. 차이의 문제가 핵심적인 의미에 결정적인 영향을 미치는 경우, 내담자가 다른 가능성을 모두 고려하도록 돕는 것이 중요하며, 확실하게 알 수 없다는 것이 무엇을 의미하는지 설명하는 것이 중요하다.

논리

추가 정보가 없고 기억의 누락된 부분을 회상하려는 시도가 모두 실패한 경우, 논리를 사용하여 가장 가능성이 높은 사건의 전개 과정을 고려할 수 있다.

아말은 바다에서 수영 중 뇌전증 발작으로 익사할 뻔했습니다. 그는 해변에서 깨어나 다른 수영자에 의해 구해진 모습과 가족들의 걱정스러운 표정은 기억하고 있었지만 발작이나 구조에 관한 기억은 없었습니다. 이 일로 아말은 다시 수영을 할 수 있을지 걱정하며 괴로워했습니다. 다른 수영자를 찾을 수 없었기 때문에 아말은 논리와 조사 작업을 통해 무슨 일이 있었는지를 파악하기로 했습니다. 아말의 가족은 그가 발작을 일으켰을 때 어디에서 수영을 하고 있었는지 대략적으로 파악할 수 있도록 해변에서 그가 끌려온 지점을 보여 주었습니다. 아말은 스마트워치를 착용하고 있었기 때문에 수영을 얼마나 오래 했는지, 언제 발작을 일으켰는지 알 수 있었습니다. 그는 해변에 있던 안전요원과 대화하여, 그날 다른 수영객들이 강한 해류 때문에 어려움을 겪었다는 정보를 얻었습니다. 이는 아말이 발작을 일으킬 수 있었던 이유로, 보통 스트레스에 반응하여 발작이 일어날 수 있었습니다. 외상을 재구성하는 과정에서 아말은 나머지 기억을 떠올릴 수는 없었지만 외상에 대한 설명의 일부 공백을 메우는 데 도움이 되었습니다. 또한 매우 이례적인 사건이었으며, 수영장에서 다시 수영을 시작해도 안전하다는 사실에 안심할 수 있었습니다.

모호하거나 분리된 기억의 맥락 파악하기

만약 기억이 모호하거나 일부 지각 정보(특히 시각적 코드)가 부족한 경우, 맥락에 맞는 세부 정보를 추가하면 기억이 더 완전하게 느껴지고 처리하기가 쉬워진다. 예를 들어, 어떤 일이 일어났을 가능성이 가장 높은 상황과 장소, 시간, 날짜, 다른 사람의 존재 여부와 같은 사실적 정보를 추가하면 모호한 기억이 보다 구체적이고 이해하기 쉽게 느껴질 수 있다. 마찬가지로 내담자가 외상을 겪는 동안 해리되어 기억의 일부 측면은 기억하지만 다른 측면은 기억하지 못하는 경우, 다양한 수준의 표현으로 공백을 채워 볼 수 있다. 예를 들어, 생리적

> ### 👀 유용한 팁: 기억을 제안할 때 주의하기
>
> 9장에서 설명하겠지만, 내담자에게 의도치 않게 잘못된 기억을 암시할 수 있습니다. 따라서 외상의 혼란스러운 부분을 이해하도록 돕고자 할 때는 유도 질문을 하거나, 너무 많은 제안을 하거나, 기억의 내용에 노골적으로 영향을 미치는 것을 피해야 합니다. 대신, 추가적인 기억이 떠오를 수도 있고 그렇지 않을 수도 있음을 분명히 하고, '공백 메우기' 기법을 사용하여 기존 기억을 활성화하거나, 가능한 시나리오를 증거 기반으로 평가(시뮬레이션)하는 방식이 바람직합니다. 겉으로 보기에 '회복된' 새로운 기억(9장)의 공백을 메우려 하지 말고, 자연스럽게 떠오르도록 내버려두는 것이 좋습니다.
>
> 때로는 내담자가 기억하지 못하는 것이 문제가 아니라, 자신의 경험을 말로 표현하지 못하거나 공개하는 데 두려움을 느끼는 것이 문제일 수 있습니다. 따라서 내담자가 실제로 기억하지 못하는 것인지, 혹은 기억하고 있지만 말하지 않으려는 것인지 그 공백의 '질'을 확인하는 것이 중요합니다. 다시 한번 강조하지만, 이러한 상황에서 '추궁'하거나 추측을 하는 것은 매우 조심해야 하며, 특히 치료사가 추측한 내용이 맞아떨어질 경우, 내담자가 당황할 수 있으므로 주의해야 합니다. 대신 조산사처럼 내담자의 자연스러운 과정을 지원하도록 노력해야 합니다!

세부 사항은 기억하지만 맥락적이거나 시각적 정보는 기억하지 못하는 경우 이러한 정보를 추가하거나 그 반대의 경우도 마찬가지로 적용할 수 있다.

타임라인 또는 내러티브 완성하기

기억의 공백에 대한 추가 정보가 나온 경우, 이를 타임라인이나 서술에 다른 색으로 추가할 수 있다. 내담자가 확실하게 기억하는 사건, 다른 사람들이 목격했다고 보고하는 기억, 침투 기억이나 악몽 속에서만 떠오르는 기억, '최선의 추측' '최악의 경우'로 구성된 이미지, '실제' 공백 등 다양한 수준의 확실성을 타임라인에 추가할 수도 있다. 이를 통해 내담자는 모호함과 고통스러운 침투에 대해 비판적이고 수용적인 태도를 유지하면서 가능한 한 완전한 형식으로 외상 내러티브를 보고 작업 기억에 저장할 수 있다. 세션 중에 또는 숙제로 읽어보고 자세한 내용을 추가하는 것도 유용한 연습이 될 수 있다. 또한 채워지지 않은 공백에 대한 대화를 시작하고 상상적 재연을 위한 '구조적 틀'을 구조를 제공하는 데 도움이 된다.

재연할 수 있는 것을 재연하기

공백이 거의 없는 경우, '빠르게 감기'를 통해 전체 외상 내러티브를 재연할 수 있다. 개념적 정보(공백에 대해 현재 알고 있는 내용)를 추가하는 것 외에도 공백을 이미지를 통해 '지각적으로' 재구성할 수 있다. 상상력이 풍부한 사람들은 자연스럽게 이 작업을 수행할 수 있다. 예를 들어, 케빈의 경우 상처받은 자신을 안심시키고 보호해 주는 주변 사람들의 모습을 (현장의 관점에서) 상상하도록 유도하여 '기억은 나지 않지만 사람들이 나를 보호해 주었고, 혼자가 아니었다.'는 의미로 공백을 업데이트할 수 있다.

내담자가 알고 있거나 의심하는 내용을 시각화하도록 격려하면 일부 공백이 훨씬 더 큰 불편감을 초래할 수 있다는 점에 유의한다. 이러한 더 완전하지만 만들어진 기억을 형성하는 것의 장단점을 사전에 논의하고, 새로운 고통스러운 이미지에 대한 업데이트나 재구성을 준비해야 한다. 예를 들어, 가장 가능성이 높은 상황을 지각적으로 재구성하는 것은 그 상황이 긍정적이거나(예: 구조됨), 내담자가 현재 상상하는 상황이 훨씬 더 나쁜 경우 도움이 될 수 있다. 한 가지 방법은 관찰자 관점(예: 조감도)에서 더 충격적인 지각 재구성을 보거나, 기억의 더 안전한 지점으로 '빠르게 감기'를 하는 것이다.

만약 기억에 공백이 많고, 기억이 지나치게 파편화되어 전체 사건을 재연하기 어려운 경우, 순간적으로라도 다시 경험한 기억의 일부를 되살리는 것도 대안이 될 수 있다. 기억의 작은 조각이라도 그 기억에 담긴 핵심적인 감정, 감각, 의미를 상세히 묘사한 다음, 여러 단계에 걸쳐 업데이트된 정보를 추가하는 것은 이러한 순간에 대한 재경험 증상을 줄이는 데 도움이 될 수 있다.

케빈은 퇴근길에 자전거를 타고 집으로 가던 중 자전거 사고를 당해, 그 충격으로 여러 번 의식을 잃었습니다. 다음은 기억을 되살리는 세션의 일부를 발췌한 것입니다:

T(치료사): 자, 이제 눈을 감고 마음의 눈으로 그날로 돌아가 보세요. 당신은 방금 퇴근해서 큰 도로를 따라 자전거를 타고 있습니다. 무엇이 보이시나요?

K(케빈): 저는 큰길에 있습니다. 출퇴근 시간이라 차도 많고 자전거도 많아서 상당히 붐비고 있습니다.

T: 지금 기분이 어떠세요?

K: 교통체증 때문에 약간 스트레스를 받았어요. 덥고, 무더운 날이에요.

T: 정말 잘하고 계세요. 다음은 어떻게 되나요?

K: 모던길의 교차로로 내려오는데 뒤에서 사이렌 소리가 들렸어요.

T: 무슨 생각이 드세요?

K: 그냥 멈추고 차를 세우려고요. 하지만 제가 멈추기도 전에 밴이 갑자기 자전거 전용 차선으로 들어왔어요. 순간적으로 밴이 움직이는 것을 보았지만 아무것도 할 수 없었습니다.

T: 그 순간에 기분이 어땠나요?

K: 무서웠어요. 저를 덮칠 것 같았어요. 그러다 공중에 떠서 아무것도 보이지 않아요.

T: 정말 잘하고 있어요. 공중에 떠 있는 기분이 어때요?

K: 끔찍하고 통제 불능이에요. 아플 거예요.

T: 땅에 떨어진 게 기억나요?

K: 아니요, 아무것도요.

T: 좋아, 그럼 이제 기억을 빨리 감기로 전환해 봐요. 다음으로 기억나는 것은 무엇인가요?

K: 누군가 제 옆에 웅크리고 앉아 저에게 말을 걸었어요. 목소리가 들렸어요. 누군가 '움직이지 마'라고 말했어요.

T: 무엇이 보이나요?

K: 아무것도 없고, 그냥 검은색이에요.

T: 몸에 감각이 느껴지나요?

K: 저는 옆으로 누워 있어요. 딱딱한 바닥이 느껴져요. 어깨와 머리에 통증이 있어요. 다리에 감각이 없어요.

T: 그 순간에 다른 기억이 있나요?

K: 아뇨, 다시 깜깜해졌어요.

T: 좋아요, 그럼 다시 빨리 감기로 전환합니다. 다음으로 기억나는 것은 무엇인가요?

그런 다음 나중에 케빈과의 세션에서 기억을 재연하는 과정의 일부로 부족한 부분을 채우기 위해 정보를 추가할 수 있습니다.

K: 저는 공중으로 들어올려지는 느낌이 들었어요. 무섭고 통제할 수 없는 느낌이 들어요. 착지할 때 아플 거라는 걸 알아요. 그러고 나면 그냥 아무것도 없어요.

T: 그 기억의 공백에 대해 지금 우리가 아는 것은 무엇인가요?

K: 포장 도로에 부딪혔을 때 10분 정도 기절해 있었어요. 팔꿈치가 부러진 채로 착지한 것 같아요. 한 보행자가 저를 도와주려고 구급차를 불렀어요. 밴은 멈췄고 뒤에 있던 차도 멈췄어요. 밴 운전자는 제가 사각지대에 있었다고 말했어요. 그들은 구급차가 올 때까지 저와 함

께 기다렸어요. 제가 신음소리를 냈던 것 같아서 혹시나 부러졌을지도 모른다는 생각에 옮기지 않기로 했어요.

T: 네, 좋아요. 다음으로 기억나는 것은 무엇인가요?

FAQ 기억을 재연할 수 없다면 어떻게 하나요?

간혹 내담자가 외상 기억이 전혀 없는데도 PTSD 증상을 보고하는 경우가 있습니다. 이러한 경우는 드물지만, PTSD의 기준을 충족하려면 외상을 다시 경험해야 하므로 외상에 대한 기억이 없다고 보고하는 경우 이러한 증상을 주의 깊게 평가해야 합니다. 그러나 어떤 사람들은 외상 당시의 순간에 대한 악몽을 꾸거나, 무슨 일이 있었는지 기억하지 못하더라도 주제와 연관된 내용으로 악몽을 꾸기도 합니다. 또 다른 사람들은 의식적인 기억이 없더라도 사건에 대한 회피 및 경계와 함께 신체적 · 정서적 반응을 보입니다(PTSD를 충족하려면 회상 및 행동을 외상과 구체적으로 연결할 수 있어야 함)(McNeil, 1996).
외상의 재경험된 부분은 아무리 단편적이더라도 이 장에서 설명한 대로 정교하게 묘사하고, 되살리고, 업데이트할 수 있습니다. 외상을 요약하고 핵심적인 감정과 의미를 활성화하는 대표적 또는 상징적 이미지로 작업할 수도 있습니다. 보고된 재경험 증상이 촉발 요인에 대한 정서적이거나 생리적 반응뿐이라면, 촉발 요인을 파악하고 심상 노출(imaginal exposure) 및 실제 상황 노출(vivo exposure) 및 자극 변별 절차를 사용하여 반응을 줄이는 데 중점을 둘 수 있습니다. 여러 촉발 요인을 동시에 다양한 맥락에서 작업함으로써 이를 더욱 효과적으로 처리할 수 있으며, 이를 '심화된 소멸'이라고 합니다(Craske et al., 2014). 또한 외상과 관련된 '추가된 의미' 문제와 촉발 요인을 마주했을 때의 위협적인 기대감도 해결할 수 있습니다. 이미지 재구성은 주제별 악몽에 새로운 의미와 결말을 부여하는 데도 유용하게 활용할 수 있습니다.

루시아는 테마파크 놀이기구에서 떨어져 크게 다쳤을 때 사고에 대한 의식적인 기억이 전혀 없었습니다. 그녀는 사고를 떠올리게 하는 상황에서 심한 떨림, 다리와 허리의 통증, 메스꺼움 등 강한 생리적 반응과 극심한 고통을 겪었으며, 떨어지는 것에 대한 악몽을 꾸기도 했습니다. 루시아는 치료사와 함께 인터넷에서 롤러코스터 타는 장면을 보거나, 높은 곳을 방문하거나, 트램펄린에서 뛰어내리거나, 궁극적으로는 테마파크를 방문하는 등 다양한 촉발 요인에 대한 자극 변별 작업을 했습니다. 또한 루시아의 추락하는 악몽을 이미지 재구성을 통해 거대한 마시멜로 위에 안전하게 착지하여 부드럽게 튕기다가 부드럽게 가라앉은 다음 편안하게 누워 마시멜로를 조금씩 갉아먹는 결말로 변경하는 작업을 했습니다.

새로운 의미 도입하기

평소와 같이 기억을 정교하게 다듬은 후, 상상적 재연과 이미지 재구성을 통해 문제가 있는 평가를 업데이트하기 위해 새로운 의미를 도입한다.

업데이트하기

일반적인 업데이트 과정을 따를 수 있다. 기억이 매우 파편화되어 있고 공백이 긴 경우, 전체 기억을 재연하고 업데이트하는 것보다 한 번에 하나의 핫스팟을 업데이트하는 것이 더 쉬울 수 있다.

상상적 재연과 정교화 후에도 케빈은 외상의 한순간이 침투되는, 즉 공중을 날아다니는 듯한 느낌을 계속 겪었습니다. 이 느낌은 종종 미끄러운 바닥을 걸을 때 촉발되었으며, 자신이 고통스럽게 착지하여 심각한 부상을 입을 것이라는 신념과 관련이 있었습니다. 이 신념에 대한 새로운 정보에 대해 논의한 후, 그는 재연 중에 핫스팟을 업데이트했습니다:

T(치료사): 그 순간을 떠올릴 수 있나요?

K(케빈): 네.

T: 무슨 일이 있나요?

K: 그가 저를 친 다음에 저는 공중으로 날아가고 있어요. 공중에 있는 시간이 가장 길던 것 같아요. 끔찍한 느낌이에요. 완전히 통제 불능이었고 착지하면 정말 아플 것 같아요.

T: 어떤 점이 가장 끔찍한가요?

K: 고통이 예상되고, 고통이 다가올 것을 알면서도 멈출 수 없는 것이요.

T: 그 순간에 대해 지금 우리가 알고 있는 것은 무엇인가요?

K: 아마도 공중에 떠 있던 시간은 1초 정도였을 거예요. 단지 더 길게 느껴졌을 뿐이에요. 지금은 괜찮아요. 팔이 부러지고 잠시 기절했지만 크게 다치지는 않았고, 지금은 팔도 괜찮고 뇌 손상도 없어요.

T: 이제 몸이 괜찮다는 것을 보여 주기 위해 몸을 움직일 수 있나요? 팔과 머리를 만져보고 더 이상 다치지 않았다는 것을 스스로 보여 줄 수 있을까요? 정말 좋네요. 기분이 어때요?

K: 괜찮아요. 팔이 약간 뻐근하지만 움직일 수 있고, 부러지지도 않았어요.

T: 다행이네요. 착지할 때 통증에 대해 우리가 지금 알게 된 것은 무엇인가요?

K: 사실 통증은 기억나지 않아요. 그때 기절했던 것 같아요.

T: 좋아요, 그 순간을 상상해 보세요. 공중에서 날고 통증을 예상하는 그 순간을 상상하면서 새로운 정보를 받아들여 보세요. 통증은 오지 않을 것이고, 당신은 통증을 느끼지 않을 거예요. 어때요?

K: 이상하지만 좋아요. 통증이 오지 않아요. 착지하지만 통증이 느껴지지 않아요. 나중에 팔이 아팠는데 그때는 구급대원이 와서 도와줬어요.

T: 이제 하늘을 날던 기억을 떠올려 보세요. 몇 번 위아래로 점프할 수 있나요? 어떤 느낌이 드나요?

K: 떨어질 것 같아요.

T: 괜찮아요, 잘하고 있어요. 계속 점프하고, 한 발에서 다른 발로 점프하면서 비행의 기억을 짧은 동영상처럼 머릿속에 떠올려 보세요. 지금 얼마나 안전하게 착륙하고 있나요?

K: 안전하게 착륙하고 있어요! 땅이 단단한 게 느껴져요.

T: 잘했어! 이제 착지가 확실해졌으니 얼마나 실감이 나나요?

K: 네, 발이 공중에 떠 있는 것을 기억하고 있는데도 평평하게 착지하고 있는 것이 느껴져요.

이미지 재구성

새로운 의미를 도입하는 또 다른 방법은 이미지 재구성이다. 이 방법은 기억이 불분명하거나 기억의 대부분이 사라져 다시 기억하고 업데이트하기 어려울 때 특히 유용하다. 이미지 재구성은 다양한 방식으로 사용할 수 있으며, 내담자와 함께 다양한 옵션을 탐색할 수 있다. 예를 들어, 성인의 자아를 어린 시절의 기억 속으로 불러들이거나, 외상 기억의 결말을 바꾸거나 내담자가 당시에는 하고 싶었지만 할 수 없었던 일을 할 수 있도록 돕는 방식이다. 이미지 재구성은 내담자가 원하는 방식으로 기억의 공백을 메우는 데도 사용할 수 있다.

마우라는 이웃 중 한 명이 자신을 악마로 믿는 정신증으로 인해 인질로 잡혔습니다. 이웃은 마우라를 심하게 폭행하여 그녀는 의식을 잃었습니다. 당시 마우라는 자신이 죽을 것이라고 생각했고, 구조된 기억이 없어 계속 불안을 느끼게 되었습니다. 마우라는 '나는 구조되어 안전한 곳으로 옮겨졌다.'는 의미를 부여하기 위해 경찰이 아파트 문을 부수고 이웃을 체포하여 병원으로 데려가는 등 기억하지 못하는 장면을 상상하기로 했습니다. 치료사는 마우라가 경찰과 함께 안전하게 느끼고 병원에 온 남편이 그녀를 돌봐주는 느낌에 집중하도록 격려했습니다. 또한 마우라와 남편이 반려견과 함께 집에서 안전하게 지내는 모습과 이웃이 안전한 정신과 시설에서 치료를 받고 있는 최근의 기억으로 '빠르게 감기'를 진행했습니다. 이 새로운 이미지의 의미는 '나는 이제 안전하며, 이웃이 다시는 나를 해칠 수 없다. 나는 사랑으로 둘러싸여 있다.'는 것이었습니다.

🌿 치료실 노트: 에디

에디는 신분 오인으로 갱단에게 폭행을 당했다. 그는 공원으로 끌려가 야구 방망이로 구타당하고 칼에 찔렸다. 에디의 폭행에 대한 기억은 혼란스럽고 공백이 있었다. 에디의 공식은 [그림 8-2]에 나와 있다.

에디는 자신의 기억이 더 명확해지면 자신을 폭행한 남성들(잡히거나 기소되지 않은)을 경찰에 신고하고 폭행에 대한 정의를 실현할 수 있다고 믿었기 때문에 기억의 공백으로 인해 괴로워했다. 에디의 치료사는 머리에 충격을 받아 기억의 공백이 생겼을 가능성이 높기 때문에 에디에게 기억이 회복되지 않는다면 어떤 기분이 들지 물었다. 에디는 자신이 할 수 있는 모든 노력을 기울인다면 이를 받아들이겠다고 대답했다.

에디와 치료사는 외상에 대한 이야기를 작성하여 공백을 구성하고, 사건을 순서대로 정리하고, 핫스팟을 식별했다. 에디는 이야기를 집으로 가져가 몇 번 읽어보고 기억나는 세부 사항을 추가했다. 다음 세션에서 그는 치료사와 함께 외상을 재연하면서 기억의 공백을 빨리 감기며 이야기를 이어나갔다. 이로써 에디는 땅바닥에 누웠을 때의 흙냄새를 기억하는 등 더 많은 감각적 세부 사항을 발견했다.

에디와 치료사는 구글 지도를 사용하여 공격이 발생한 장소를 찾아냈다. 그들은 공원으로 돌아가 외상 당시 밤의 경로를 되짚어가며 기억의 공백 동안 무슨 일이 일어났는지에 추가적인 단서를 찾았다. 이 방문은 에디가 이해하지 못한 기억의 일부를 이해하는 데 도움을 주었는데, 그중에는 에디가 누워 있던 나무 사이로 비친 가까운 가로등 빛과 어둠의 패턴도 포함되어 있었다. 이는 또한 에디가 폭행 이후 불빛이 깜빡이는 비디오 게임을 할 때 불안감을 느낀 이유를 설명해 주었고, 자극 변별을 통해 다시 게임을 즐길 수 있게 되었다.

에디는 여전히 공격자의 얼굴 이미지를 선명하게 볼 수 없었다. 이야기를 나누던 중 에디는 그날 밤이 어두웠고 공격자들이 후드를 뒤집어쓰고 있었기 때문이라는 사실을 깨달았

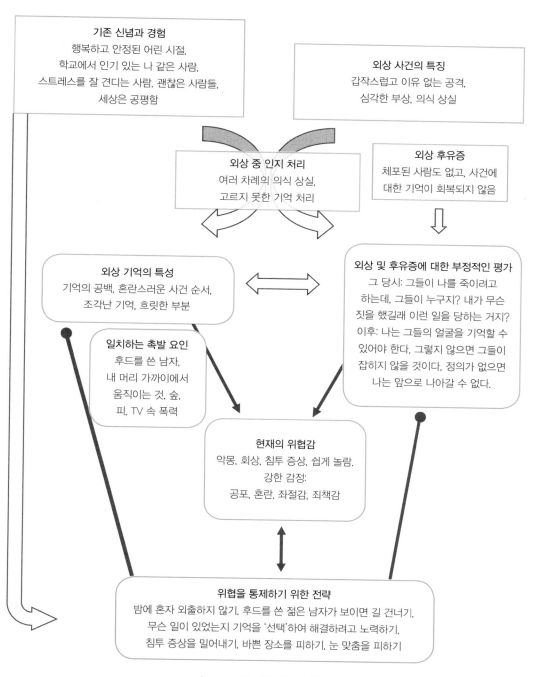

기존 신념과 경험
행복하고 안정된 어린 시절,
학교에서 인기 있는 나 같은 사람,
스트레스를 잘 견디는 사람, 괜찮은 사람들,
세상은 공평함

외상 사건의 특징
갑작스럽고 이유 없는 공격,
심각한 부상, 의식 상실

외상 중 인지 처리
여러 차례의 의식 상실,
고르지 못한 기억 처리

외상 후유증
체포된 사람도 없고, 사건에
대한 기억이 회복되지 않음

외상 기억의 특성
기억의 공백, 혼란스러운 사건 순서,
조각난 기억, 흐릿한 부분

외상 및 후유증에 대한 부정적인 평가
그 당시: 그들이 나를 죽이려고
하는데, 그들이 누구지? 내가 무슨
짓을 했길래 이런 일을 당하는 거지?
이후: 나는 그들의 얼굴을 기억할 수
있어야 한다. 그렇지 않으면 그들이
잡히지 않을 것이다. 정의가 없으면
나는 앞으로 나아갈 수 없다.

일치하는 촉발 요인
후드를 쓴 남자,
내 머리 가까이에서
움직이는 것, 숲,
피, TV 속 폭력

현재의 위협감
악몽, 회상, 침투 증상, 쉽게 놀람.
강한 감정:
공포, 혼란, 좌절감, 죄책감

위협을 통제하기 위한 전략
밤에 혼자 외출하지 않기, 후드를 쓴 젊은 남자가 보이면 길 건너기,
무슨 일이 있었는지 기억을 '선택'하여 해결하려고 노력하기,
침투 증상을 밀어내기, 바쁜 장소를 피하기, 눈 맞춤을 피하기

[그림 8-2] 에디의 공식화

다. 또한 그는 자신의 주의가 공격자들이 사용하는 야구 방망이에 집중되어 있었다는 것을 인식했다. 치료사는 '무기 집중'이 심리학자들이 외상 연구에서 발견한 것이며, 이는 적응적 생존 전략이라는 것을 확인해 주었다. 에디가 갑자기 '기습 공격'을 당했고, 수적으로 열세였으며, 머리에 많은 타격을 입었기 때문에 공격자의 얼굴을 제대로 볼 수 없었던 것은 당연한 일이었다. 에디는 이것이 가장 논리적인 설명이며 범인의 신원을 파악할 수 없음을 받아들였다. 또한 무기를 들고 다니며 낯선 사람을 공격하는 습관이 있는 사람들은 결국 잡히거나 자신이 공격의 피해자가 될 것이라고 추론했는데, 이는 '돌고 돌아 돌아온다.'는 외상 이전의 세상은 공평하다는 그의 관점과도 일치했다.

에디와 그의 치료사는 기억 공백 기간 동안 일어난 일에 대한 정보를 이탤릭체로 서술에 추가했다:

"야근을 마치고 기차를 타고 있습니다. 피곤해서 집에 가서 자고 싶어요. 기차 안에서 어떤 남자가 계속 저를 쳐다보고 있어요. 누군지는 모르겠지만 뭔가 문제를 일으키려는 것 같아요. 그는 계속 휴대폰으로 채팅을 하며 저를 쳐다봅니다. 불안한 기분이 들어요. 카샬튼에서 내려 집으로 걸어가고 있어요. 모퉁이에 있는 술집 앞을 지날 때 후드를 쓴 남자 여섯 명 정도가 있어요. 그들 중 적어도 두 명은 방망이를 들고 있습니다. 그들은 저를 붙잡고 때리기 시작했고 저는 바닥에 쓰러져요. 그들은 저를 그로브로 끌고 가요. 너무 놀랐고 무슨 일인지도 모르겠어요. 강도를 당하는 건가? 하지만 그들은 아무것도 요구하지 않고 저를 발로 차고 주먹으로 때리기만 해요. 제 얼굴에 부츠가 날아오고 통증이 느껴지더니 눈앞이 캄캄해져요. *지금 생각해 보니 머리를 걷어찼을 때 의식을 잃은 것 같아요. 제가 의식을 잃고 있는 동안 그들은 저를 술집 옆 그로브 공원 깊숙한 곳, 개울가 근처로 끌고 간 것 같아요. 아마도 도로에서 멀어서 눈에 덜 띄기 때문이었을 거예요.*

한 남자가 제 얼굴에 대고 '켄니' 또는 '케미'라고 외치는 소리에 잠에서 깨어나요. '저들이 날 죽이려나 보다.'라는 생각이 들고, 숲속에서 미친놈들과 함께 내 인생이 이렇게 끝나는 게 무섭고 슬프네요. 그 후로 기억이 나지 않아서 다시 기절했을 거예요. 제 머리 위에서 이상한 빛의 패턴이 보이고, 사람들이 소리를 지르며 웃고, 대마초 냄새가 났던 게 기억나요. *지금 생각해 보면 머리에 충격을 받아 다시 의식을 잃었을 가능성이 높아요. 제 기억은 상당히 혼란스러워요. 머리에 부상을 입었을 때 흔히 있는 일인 것 같아요. 아마 의식을 잃었다가 되찾았을 거예요. 그들은 제 주변을 어슬렁거리며 이야기하고 웃고 대마초를 피우는 것 같아요. 빛의 패턴은 아마도 나무 사이로 들어오는 가로등 불빛이었을 거예요. 기억은 나지 않지만 어느 순간 배를 두 번 찔린 것 같아요. 그들은 아마도 나를 다른 사람, 아마도 라이벌 갱단의 일원으로 생각하고 죽이려고 했겠지만*

저는 살아 남았습니다. 그다음 기억나는 것은 제가 혼자였다는 거예요. 배가 젖어 있고 피가 묻어 있다는 것을 깨달았습니다. '심하게 다쳤구나, 움직일 수 없구나, 여기서 혼자 죽겠구나.'라는 생각이 들었어요. 정말 외롭고 당황스러워요. 주머니에서 휴대폰을 꺼내 999번을 누릅니다. 교환원의 목소리는 들리지만 말을 할 수는 없었어요. 저는 제 몸을 끌고 다시 큰길로 갑니다. 정말 고통스럽고 기절할 것만 같아요. 길에 한 여자가 있었는데 겁에 질린 표정으로 그냥 가버렸어요. 완전히 버려진 것 같고 죽을 것만 같아요. 이제야 제가 죽지 않았다는 걸 알았어요. 전 살아있어요. 그 여자는 겁에 질렸지만 다른 누군가가 곧 날 도와줬어요. 다른 사람이 길을 걷고 있는 게 보였어요. 저는 휴대폰을 스피커폰으로 바꿔서 그에게 내밀었어요. 저는 앞쪽으로 누워 있었고 제 주위에 피가 퍼져 있는 것이 보였습니다. 병원에서 깨어나서 엄마가 수술을 받았지만 괜찮아질 거라고 말해 주기 전까지 그게 제가 기억하는 마지막 장면입니다. 피를 너무 많이 흘려서 기절했다는 걸 이제야 알았어요. 저는 그 남자에게 제 휴대폰을 건네주었어요. 그는 999 교환원에게 전화를 걸어 구급차를 불렀어요. 그는 자신의 점퍼로 제 배에서 나오는 출혈을 막고 제 생명을 구해 주었어요. 병원으로 이송되어 응급 수술을 받았어요. 저는 살아서 이 이야기를 전할 수 있게 되었습니다."

기억의 공백 정보가 포함된 외상을 되살린 후, 에디는 침투 기억과 악몽이 줄어들었다는 것을 발견했다. 죽을 것 같았던 순간을 포함하여 여러 핫스팟이 남아 있었다. 에디와 치료사는 외상 기억에 업데이트를 추가한 후 다시 외상을 재연하기로 했다. 에디는 머리 가까이에서 무언가가 움직이면 계속해서 매우 불안해했다. 이는 그가 발로 차고 머리 주위를 가격당한 기억의 핫스팟과 관련이 있는 것으로 보였다. 세션에서 에디가 머리 주변에서 손을 움직이면서 자극변별을 사용하여 연습했다. 에디는 이발소에 가는 등 실제 상황에서도 연습을 했다. 나머지 치료 세션에서는 안전과 관련된 신념을 다루었으며, 공원에 가기, 두건을 쓴 남성에게 길 묻기, 밤에 거리 걷기 등 나머지 촉발 요인을 다루었다.

천 도 서

Ehlers, A. (2010). Understanding and treating unwanted trauma memories in posttraumatic stress disorder. *Zeitschrift für Psychologie/Journal of Psychology*, *218*(2), 141–145.

Gauntlett-Gilbert, J., Keegan, A., & Petrak, J. (2004). Drug-facilitated sexual assault: Cognitive approaches to treating the trauma. *Behavioural and Cognitive Psychotherapy*, *32*(2), 215–223.

Chapter **9**

회복된 기억

수는 테러 공격 후 PTSD 치료를 받던 중 어린 시절 학대에 대한 '회복된' 기억을 점점 더 많이 인식하게 되었다. 그녀의 치료사는 새롭게 떠오르는 어린 시절 외상 기억에 의도치 않게 영향을 주지 않으면서도 두가지 외상 경험의 역할을 공식화하고 수의 PTSD 증상을 해결해야 했다.

외상 사건에 대한 기억은 잊혀졌다가 나중에 기억해 내거나 '회복'될 수 있으며, 종종 특정 사건이나 기억에 의해 촉발되기도 하고 때로는 치료 중에 촉발되기도 한다. 회복된 기억의 정확성과 잘못된 기억이 회상될 가능성에 대한 논란이 있으며, 치료사가 의도치 않게 외상에 대한 기억을 심어주거나 영향을 미쳤다는 비난을 받기도 한다. 따라서 치료사들은 이러한 문제로 인해 치료에서 회복된 기억을 다루는 데 신중을 기하게 되고, 증거에 기반한 접근 방식으로 PTSD 증상을 다루지 못할 위험이 높아진다.

회복된 기억은 내담자가 기억하는 것과 기억하지 못하는 것에 대한 우려, 새로운 기억이 관계에 미치는 영향, 잠재적인 보호 및 법적 문제와 같은 다른 문제를 치료 중에 제기할 수 있다. 이 장에서는 이러한 다양한 문제에 대해 논의하고 회복된 기억을 다루는 방법에 대한 몇 가지 지침을 제공한다.

🌿 회복된 기억 논쟁

Freud는 처음으로 억압이라는 개념을 통해, 사람들이 외상 기억을 의도적이든 아니든 자신의 의식에서 추방하여 지나치게 압도적인 고통으로부터 보호하기 위한 방어 메커니즘으로 사용한다고 설명했다. 그러나 이러한 기억들이 일종의 감정적이고 행동적 문제로 드러날 때가 있다고 보았다. 이 개념은 주로 억압된 기억을 회복하는 것을 목표로 하는 여러 치료 형태를 뒷받침했으며, 이러한 기억들이 심리적 어려움의 근원이라고 여겼다. 이를 위해 최면, 회귀 기법, 소듐 아미탈과 같은 약물을 사용하는 기법 등이 사용되었다. 그러나 이러한 안전하지 않은 치료 기법에 대한 우려는 몇몇 유명한 법정 소송에서 제기되었는데, 그 중 하나는 환자의 아버지가 학대에 대한 거짓 기억을 심어준 치료사를 고소한 사건이었다(Ramona vs. Isabella; Mullins, 1996).

이러한 우려는 기억의 오류와 가변성에 대한 획기적인 연구 결과가 발표되면서 더욱 커졌다. Elizabeth Loftus는 실험실 연구에서 거짓 기억을 심는 것이 가능하다는 것을 증명했고(Loftus, & Pickrell, 1995), 적어도 일부 회복된 기억은 거짓일 가능성이 있다고 주장했다(Loftus, 1993). 그녀와 다른 연구자들은 특히 『치유할 용기: 아동 성학대 생존자를 위한 가이드』(Bass, & Davis, 2002)와 같은 자기 도움 안내서에 대한 우려를 표명했다. 이 책에서는 독자들이 '자신에게 학대당한 느낌이 든다면, 아마도 실제로 그런 일이 있었을 가능성이 크다.'(p.21)라고 주장했다. 또한 환자가 그 기억을 회상하지 못할 때에도 학대 가능성을 가정하는 생존자 그룹이나 치료사에 대한 우려도 제기했다(Loftus, 1993).

회복된 기억은 수년 동안 격렬하고 감정적인 논쟁의 대상이 되어 왔으며, 여전히 풀리지 않은 의문들이 남아 있다. 다음은 주요 연구 결과에 대한 간략한 개요이다:

- 회복된 기억, 특히 어린 시절의 성적 학대에 대한 기억은 매우 흔한 것으로 나타났다: 외상 생존자의 상당수가 외상을 기억하지 못하는 시기가 있었다고 보고했으며, 한 연구에서는 약 16%에 달한다(Williams, 1995).
- 어린 시절의 외상에 대한 기억은 대부분 정확하다: 외상 당시 2세 이상의 아동은 나중에 정확한(때로는 단편적인) 세부 사항을 기억할 수 있으며(Terr, 1988), 연구자들이 성적 학대에 대한 회복된 기억을 검증했을 때 대부분의 경우 그 기록을 확인할 수 있었다(Coons, 1994).
- 기억은 또한 오류와 조작의 영향을 받을 수 있다: 외상에 대한 기억을 포함한 기억은 시간이 지남에 따라 다르게 회상되는 경우가 많으며(Southwick et al., 1997), 잘못된 정보나 암시적인 질문의 영향을 받을 수 있다(Weingardt et al., 1995).
- 특정 조건하에서 일부 사람들에게 거짓 기억을 심어줄 수 있다: Loftus의 고전적인 '쇼핑몰에서 길을 잃다.' 패러다임과 같은 실험실 연구(Loftus & Pickrell, 1995)는 사람들이 사실

일어나지 않은 사건을 기억한다고 믿게 만들 수 있다는 것을 보여 주었다. 이러한 연구는 치료사가 내담자에게 거짓 기억을 심어줄 수 있다는 우려를 불러일으킬 수 있지만, 치료 환경은 실험실 조건과는 다르다. 치료사는 고의로 내담자를 오도할 가능성이 낮고 외상 기억은 더욱 명확하게 기억되는 경향이 있기 때문이다

- 거짓 기억은 내용이나 질적으로 실제 기억과 구별할 수 없다: McNally 등(2004)은 (외계인 납치에 대한) 가능성이 매우 낮은 기억이 PTSD 내담자에게서 검증 가능한 외상 경험과 유사한 생리적 상태를 유발한다는 사실을 발견했다. '거짓' 기억도 '진실' 기억만큼이나 실제처럼 느껴질 수 있는 것으로 보인다

🌱 현재 가이드라인

현재의 지침에 따르면, 회복된 기억과 관련된 상황에서 임상가는 어떤 태도를 취해야 할까? 1990년대에는 이 주제에 대한 논의가 활발히 이루어졌고, 여러 기관에서 이에 대한 지침을 발표했다. 호주심리학회(1994), 미국심리학회(Alpert et al., 1998), 영국왕립정신의학회(Brandon et al., 1998)는 모두 회원들에게 내담자에게 의도치 않게 잘못된 기억을 심어줄 수 있으니 주의하라는 지침을 발표했다.

영국심리학회(Frankland & Cohen, 1999)에서 발표한 지침의 상당 부분이 후속 연구에 반영되었으며(업데이트 내용은 French, 2006 참조), 최근 간행물(예: 호주 심리치료 및 상담 연맹, 2017, 다른 지침에 대한 유용한 요약도 제공)에도 반영되어 있다. 다음은 치료사를 위한 몇 가지 핵심 사항이다:

- 이전에 떠올리지 못했던 외상 기억이 나타날 가능성에 열려 있어야 한다.
- 기억의 회복을 진지하게 받아들이고, 이것이 내담자의 현실임을 인정하며, 내담자의 감정을 존중해야 한다. 그러나 회복된 기억의 역사적인 진실에 대해 성급한 결론을 내리지 않도록 주의해야 한다.
- 비정상적이고 극적이며 강력하고 생생한 기억이나 신체적 감각의 회상은 역사적 진실의 증거로 신뢰할 수 없다.
- 섭식 문제와 같은 특정 증상은 학대가 발생했다는 믿을 만한 증거가 될 수 없다.
- 초기의 생활 사건에 대한 불확실성과 모호함을 견디고, 내담자가 불확실성과 모호함을 견디도록 도와야 한다. 사실적인 진실이 영원히 알려지지 않을 수도 있다.

- 회복된 기억은 역사적으로 사실일 수도, 사실이 아닐 수도, 부분적으로 사실일 수도 있다.
- 자신의 결론을 내담자에게 강요하거나 제안하지 않도록 주의해야 한다.
- 스스로 나타나지 않은 기억을 '찾아내려는' 노력을 피하고, 기억을 드러내기 위해 최면과 같은 기술을 사용하지 말아야 한다.
- 회복된 기억이 중요한 치료 목표인 경우, 회복된 기억을 다루는 것을 피하지 말아야 한다.
- 회복된 기억이 가족 및 사회 네트워크에 미치는 영향을 인식해야 한다.
- 아동 보호 지침을 숙지하고 기밀을 유지해야 할 때와 깨야 할 때를 파악해야 한다.
- 기록 작성 및 적절한 슈퍼비전을 찾는 것과 관련된 실천 지침을 기억해야 한다.

🌱 회복된 기억의 이해

기억이 잊혀졌다가 다시 회상되는 메커니즘은 아직 결정적으로 밝혀지지 않았다. 억압 이론은 여전히 논쟁의 여지가 있다(예: Brewin, & Andrews, 2014; Patihis et al., 2014). 이 이론은 기억이 의도적이고 노력적으로 의식적인 인식을 피하고, 나중에는 무의식적으로 억압된다는 아이디어에 기반하고 있다. 외상 당시 기억이 완전히 부호화되거나 저장되지 않은 해리, 회피(의식적 억제, 최소화 및 부정), 회상 단서 및 간섭 부족으로 인한 '단순' 망각, 수치심으로 인한 논의(연습) 부족, 상태 의존적 회상 단서 부족, 가해자의 폭력 위협으로 인한 '강제 침묵' 또는 이들의 조합을 포함한 다른 가능한 메커니즘이 제안되었다(Smith, & Greaves, 2017).

서로 다른 메커니즘이 작용하고 있으며 회복된 기억의 유형도 다양할 수 있다. 어떤 내담자는 특정 사건이나 기간에 대한 완전한 기억상실증을 보고하기도 하지만, 다른 내담자는 어떤 일이 있었다는 느낌은 항상 있었지만 세부 사항을 기억할 수 없거나 기억하고 싶지 않다고 말한다. 시간이 지나면서 더 선명해지는 모호한 기억이나, 자의든 타의든 완전한 그림으로 구체화되지 않은 분명한 기억의 파편들을 가진 내담자도 있다. 일부 내담자는 오랫동안 생각하지 않았던 사건을 이후의 경험에 비추어 재평가하기도 한다. 학대가 항상 외상 직후에 끔찍하게 느껴지는 것은 아니며, 당시에는 이상하거나 혼란스럽게만 느껴졌던 경험이 나중에 끔찍하거나 수치스러운 것으로 재평가되는 경우도 있다.

기억 회복을 위한 촉발 요인으로는 성인 외상에서 감각적·감정적·인지적 특징이 일치하는 강력한 상기 요소가 있다. 다른 촉발 요인으로는 자녀가 있거나 자녀가 자신이 학대를 당했던 시기의 나이가 되었을 때, 유사한 사건에 대한 언론 보도, 같은 가해자의 다른 피해자가 학대를 신고할 때, 성적 경험, 새로운 친밀한 관계가 시작될 때 등이 있다(Harvey, 1999). 고통스러운 기억, 생각, 감정에 대한 회피를 줄이는 외상 중심 치료를 받는 것도 촉발 요인이 될 수 있다.

🌿 회복된 기억으로 임상적으로 작업하기

회복된 기억은 내담자와 치료사 모두에게 불안을 야기할 수 있다. 잠재적인 위험 중 하나는 치료사가 최고의 효과를 발휘할 가능성이 있는 근거 기반 치료를 보류할 수 있다는 것이다. 따라서 우리의 접근법은 회복된 기억으로 인해 발생하는 PTSD 증상을 치료할 때 약간 조정이 필요하더라도, 항상 기억되던 외상 경험에서 비롯된 PTSD를 치료하는 방식과 동일하게 접근하는 것이다.

기억을 진지하게 받아들이기

거짓 기억 논쟁의 가장 우려스러운 결과 중 하나는 학대의 기억을 회복한 사람들이 자신의 경험을 진지하게 받아들이지 않거나 의심받는 상황에 처할 수 있다는 것이다. 기억이 정확하든 그렇지 않든, 그것들은 일반적으로 매우 고통스럽다. 외상 사건에 대한 기억은 그 자체로도 충격적인데, 여기에 더해 내담자는 나중에 자신이 외상을 겪었다는 사실을 깨닫는 것, 특히 보호자의 손에 의한 학대를 겪었다는 사실을 깨닫는 것의 의미에 대해 고민하게 된다. 따라서 다른 외상 생존자들과 마찬가지로 우리의 첫 번째 목표는 내담자의 경험과 그들이 어떤 영향을 받았는지 존중하고, 공감하고, 검증하고, 지지하는 것이다.

심리교육 및 공식화

내담자들은 종종 왜 이전에 기억이 떠오르지 않았는지, 왜 이제야 기억이 떠오르는지에 대해 의문을 품는 경우가 있다. 특히 초기 기억은 흐릿하고 단편적인 경우가 많기 때문에 자신의 기억이 정확한지에 대한 우려를 나타내기도 한다. 따라서 회복된 기억의 특성, 기억이 잊혀졌다가 다시 떠올랐는지, 그리고 지연된 기억이 어떤 요인에 의해 촉발되는지에 대한 대화를 시작하고 심리교육을 제공하는 것이 도움이 될 수 있다. 내담자가 공감할 수 있는 설명은 기억이 잠시 동안 의식에서 사라졌다가, 강렬한 상기 요인이나 변화된 상황에 의해 다시 떠올랐으며, 기억이 어떤 방식으로든 새로운 의미를 가지게 되거나 억제 능력이 변화했기 때문일 수 있다는 것이다.

우리는 종종 회복된 기억이 항상 진실한지, 때로는 부정확한지, 아니면 실제 사건과 상상된 기억이 혼합된 것인지에 대해 심리학 연구에서 논쟁이 있어 왔으며, 이에 대한 명확한 해답은 아직 나오지 않았다고 간략히 설명한다. 그러나 사람들 중에는 사실로 입증된 회복된 기억을 가진 경우도 있다. 또한 일부 사람들은 '실제' 기억과 마찬가지로 진실하고 실제로 느껴지는 거짓된 기억도 가지고 있다. 그리고 많은 경우, 우리는 정확히 무슨 일이 일어났는지 결코 알 수 없다. 이 주제를 도입하는 목적은 내담자가 의도적이든 아니든 자신의 기억을 '구성'하고 있을 수 있다는 것을 암시하기보다는 호기심과 협력적 탐구의 자세를 장려하기 위함이다.

우리의 경험상 대부분의 내담자들은 무슨 일이 정확히 일어났는지 알 수 없다는 사실을 받아들이고 그 불확실성을 안고 살아가는 방향으로 대화가 진행된다. 일부 내담자들은 자신의 기억이 정확하다고 단호하게 믿고 있으며, 우리는 이를 바꾸려 하지 않는다. 우리의 임무는 진실을 판가름하는 중재자가 아니라 고통을 덜어주는 데 있다.

의미에 집중하기

또 다른 우선순위는 내담자가 기억에 부여하는 의미를 이해하고, 이러한 의미가 어떻게 고통에 기여하는지 탐색하는 것이다. 예를 들어, 때때로 그 기억이 이전에 기억되지 않았다는 사실이 고통의 주요 원인이 될 수 있으며, 치료사는 관련 평가를 다루는 데 도움을 줄 수 있다. 다른 경우에는 기억을 회복하는 것이 외상이 발생했다는 것을 깨닫게 되어, 이로 인한 가족 관계나 삶의 여러 측면에 영향을 미칠 수 있다.

핵심 인지

- 이것은 내가 손상되었음을 의미한다.
- 내가 기억하지 못하는 다른 나쁜 일이 있을 수 있다.
- 나는 더 이상 내 기억을 믿을 수 없다.
- 나는 무엇이 진짜 기억이고 무엇이 아닌지 모르겠다.
- 나를 돌봐주어야 할 사람들이 나를 해쳤고, 이제 누구를 믿어야 할지 모르겠다.

피오트르는 아내가 첫 아이를 낳은 후 어린 시절 학대에 대한 기억을 회복하기 시작했습니다. 아내는 피오트르가 아기에 대해 지나치게 불안해하며 다른 사람이 아기를 안아주는 것을 원하지 않는다는 것을 알아차렸습니다. 아내가 이에 대해 물었을 때, 피오트르는 어렸을 때 자신을 돌봐주던 이웃에게 학대를 당했던 기억이 떠오르고 있다고 고백했습니다. 그는 이러한 기억에 대해 매우 부끄러워했고, 과거의 경험을 해결하지 않으면 자신이 좋은 부모가 될 수 없을 것이라는 두려움도 함께 느꼈습니다.

치료 과정에서 피오트르의 치료사는 이러한 새로운 기억의 의미를 탐구했습니다. 그들은 피오트르가 오랫동안 학대 기억을 떠올리지 못하다가 이제서야 기억이 회복되는 이유에 대해 가능한 설명을 논의했습니다. 또한 피오트르가 학대 기억에 대해 느끼는 수치심과 좋은 부모가 될 수 있을지에 대한 불안감도 함께 다뤘습니다. 안내적 탐색을 통해 피오트르는 학대에 대한 책임이 자신에게 있지 않다는 것을 받아들이기 시작했고, 여전히 훌륭한 부모가 될 수 있다는 사실을 깨달았습니다. 그 기억들은 불쾌했지만 특별히 침투적인 것은 아니었으며, 악몽이나 플래시백 형태로 재경험하지도 않았습니다. 따라서 아들을 양육하는 데 대한 불안감을 줄이고 과거를 받아들이고자 하는 피오트르의 목표는 기억에 초점을 맞춘 개입 없이도 달성될 수 있었습니다.

이러한 경우, 기억 자체의 내용보다는 기억과 관련된 의미와 그 기억의 출현이 개입의 주요 영역이 된다. 평소와 마찬가지로 개입은 공식화와 내담자의 목표에 따라 달라지게 된다. 어떤 경우에는 기억을 회복하는 것의 의미를 다루는 것만으로도 충분한 개입이 될 수 있다. 만약 기억이 침투적으로 나타나고 내담자가 새로운 기억과 관련된 PTSD 증상을 보고하는 경우에는 일반적인 외상 중심 접근법을 사용할 수 있다.

관계에 미치는 영향

외상 기억을 회복하는 것은 종종 가까운 관계에 영향을 미치게 된다. 어떤 사람들에게는 이것이 치료를 받으러 오는 고통의 원인이 되기도 한다. 특히 회복된 기억이 가족에 의한 학대에 관한 것이거나, 내담자가 가해자와 여전히 접촉하거나 관계를 유지하고 있거나, 보호자가 내담자의 학대를 알아차리지 못했거나 믿지 않았거나 보호하지 못한 경우, 이 문제가 두드러지게 나타난다.

초기 외상의 기억을 회복하는 것은 관계에 미치는 영향을 받아들이는 것이기 때문에 혼란스럽고 고통스러운 과정일 수 있다. 우리는 내담자가 새로운 기억을 가족에게 공개할지

사만다는 어린 시절 오빠로부터 학대를 받았던 기억을 되찾았는데, 이는 젊은 시절에 겪은 성폭행으로 인해 촉발되었습니다. 사만다는 가까운 사이는 아니었지만 일 년에 몇 번씩 가족 행사에서 오빠를 만나는 등 오빠와 지속적인 관계를 유지하고 있었습니다. 사만다는 어머니가 오빠의 학대에 대해 알고 있다고 믿을 만한 이유가 있었는데, 어머니가 오빠가 자신을 학대하는 것을 목격하고 중단하라고 소리쳤지만 그 후로는 다시 그 일에 대해 이야기하지 않았습니다.

사만다와 치료사는 앞으로 가족과의 상호작용을 어떻게 관리할지 논의했습니다. 사만다의 어머니는 현재 치매로 건강이 좋지 않았고, 사만다는 그동안의 일에 대해 어머니와 대면하지 않기로 결정했습니다. 하지만 그녀는 오빠에게 편지를 써서 오빠가 한 일을 기억하고 있으며 더 이상 연락하지 않겠다고 알렸습니다. 또한 사만다는 오빠를 경찰에 신고했고, 경찰은 오빠를 심문한 후 더 이상의 조치는 취하지 않았습니다. 사만다는 오빠가 참석하는 가족 행사에는 참석하지 않기로 결정했지만, 관계를 유지하고 싶은 가족 구성원들과는 따로 만남을 가지기로 했습니다.

또는 어떻게 다룰지를 결정하기 전에 시간을 갖고, 치료과정에서 이러한 기억에 대한 자신의 생각과 감정을 논의할 것을 권장한다. 분명한 예외는 내담자나 치료사가 가해자로부터 현재 위험이 있다고 판단하는 경우이다(다음 섹션 참조). 치료사의 역할은 종종 내담자가 친밀한 관계 내에서 새로운 기억을 어떻게 다룰지 고려하도록 돕고, 내담자가 어떤 결정을 내리든 그 결정을 지지하는 것이다.

내담자가 고려해야 할 또 다른 측면은 회복된 기억을 누구와 공유할 것인지이다. 예를 들어, 파트너와 가족에게 자신의 경험을 공개할지 여부를 결정해야 한다. 우리는 내담자가 다른 사람들로부터 지지와 확증을 받을 수 있는 경우부터 무시하거나 믿지 않는 것, 명백한 거부, 심지어 위협에 이르기까지 다양한 반응을 예측하고 대비하도록 도움을 준다. 치료사는 내담자와 함께 어떤 말을 할지 고민하고, 공개의 각 가능한 결과에 대한 계획을 세움으로써 '최선을 바라면서, 최악의 상황에 대비하는' 접근을 도울 수 있다. 때로는 내담자에게 지지적인 가족 구성원을 치료 세션에 초대할 것인지 물어보기도 한다. 이를 통해 첫 공개를 할 수 있는 '안전한' 환경을 제공하거나 공개 계획을 세우는 데 도움을 받을 수 있다.

보호 및 기밀 유지

내담자가 학대 받은 기억을 회복했지만 가해자가 여전히 생존해 있는 경우, 그 가해자가 여전히 다른 사람에게 위험을 끼칠 가능성이 있는지 항상 고려해야 한다. 특히 내담자가 정보를 공개하면 다른 사람이 위험에 처할 가능성이 있다고 판단될 경우, 치료사는 공개와 관련된 법적 및 직업적 책임에 대해 내담자와 처음부터 투명하게 소통해야 한다. 임상 정보를 어디에 어떻게 기록할지, 내담자가 알려준 내용을 바탕으로 어떤 조치를 취할 것인지, 누가 그 정보에 접근할 수 있는지 미리 설명한다. 이렇게 함으로써 치료사가 하는 모든 조치는 가능한 한 예측 가능하며 내담자의 선택과 자율성을 지지해야 한다. 내담자가 회복된 기억을 사회복지 서비스나 경찰에 공개하는 선택지를 이해하고 비교 검토하도록 돕고, 내담자가 그렇게 하기로 결정하면 그 과정을 지원할 수 있다. 반면, 내담자의 의사에 반하여 공개해야 할 수도 있으며, 내담자의 이익과 의사를 전문적 및 법적 책임과 조화시키는 것은 까다로울 수 있다. 이러한 문제는 23장과 영국심리학회에서 발간한 '과거(역사적) 아동 성학대 공개 관리에 관한 지침' 문서(BPS, 2016)에서 더 자세히 설명하고 있다.

법적 문제

이전에 겪었던 외상 기억을 회복하는 과정에서 내담자가 가해자를 상대로 법적 조치를 취하려는 경우가 있다. 치료사로서 우리의 역할은 법적 조치와 관련된 문제를 논의하되, 내담자의 결정을 지지하고 지원하는 것이다. 내담자가 경찰에 연락하기로 결정한 경우, 내담자의 외상을 최초로 공개한 사람이 치료사라면 증거를 제출하도록 요청받을 수 있으며, 상담 기록은 중요한 증거 자료로 간주될 수 있다(범죄 기소 서비스(CPS) 지침, 2020, 초안 버전 참조). 내담자가 현재 법적 조치를 취하지 않더라도 향후 법적 조치를 취하기로 결정할 수 있다. 모든 임상 기록 및 시청각 자료를 포함한 모든 치료 기록은 소급하여 입수할 수 있으며, 이러한 맥락에서 가해자를 포함하여 제3자에게 공개될 가능성도 존재한다.

회복된 기억에 대한 논쟁이 논란이 되는 이유 중 하나는 기억의 신뢰성이 법정 소송에서 학대 생존자가 제출하는 증거의 신뢰도를 평가하는 데 중요한 역할을 하기 때문이다. 내담자가 법적 소송을 제기할 경우, 치료사가 제공한 치료가 내담자의 기억에 영향을 미쳤다고 주장하여 증거에 이의를 제기할 가능성이 있다. 따라서 정확한 기록을 남기는 것이 평소보다 훨씬 더 중요하다. 또한 임상적 결정을 내릴 때 슈퍼비전을 활용하고(그리고 슈퍼비전 기록을 보관하며), 다음 섹션의 지침에 따라 의도치 않게 기억 회복에 영향을 미칠 위험을 줄여야 한다. 그러나 22장에서 논의한 바와 같이, CPS 지침(2020, 초안 버전)은 법적 소송으로 인해 치료를 지연해서는 안 되며, 내담자의 복지가 최우선이라는 점을 명확히 하고 있다.

FAQ 기억의 정확성이 매우 낮으면 어떻게 해야 하나요?

대부분의 경우, 내담자의 기억의 정확성에 직접적으로 이의를 제기하는 것은 도움이 되지 않으며 불필요합니다. 하지만 간혹 내담자의 경험이 현실적으로 매우 일어나기 힘들어 보이는 경우가 있습니다(가능한 지표는 McNally, 2018 참조). 우리는 먼저 어떤 사건은 단순히 너무 극단적이거나 특이하기 때문에 믿기 어려울 수 있다는 점을 상기합니다. 무엇보다 중요한 것은, 이러한 기억이 '사실'이 아니더라도 내담자에게 고통스럽고 의미 있는 정신적 표현이라면 여전히 유효한 개입의 대상이 될 수 있다는 점입니다. 우리는 이러한 침투성 기억들을 역사적 기록이 아닌 심리적 증상으로 취급합니다.

매우 드물게, 외상 사건이 설명된 대로 실제로는 일어날 수 없는 상황에 접하기도 합니다. 한 가지 가능한 설명은 '출처 모니터링 실패'가 발생했다는 것입니다. 예를 들어, 환각, 구성된 기억 또는 꿈이 실제 사건으로 기억되거나 평가된 경우입니다. 이 경우에도 우리는 기억에 대한 해석과 경험에 초점을 맞춘 기억 중심 기법을 사용할 수 있습니다(10장 및 11장). 예를 들어, 정서적으로 방치된 어린 시절의 경험과 자신이 취약하고 외로웠다는 느낌을 나타내는 것처럼, 가능성이 매우 낮은 기억에도 어떤 감정적이거나 표상적 진실이 있을 수 있습니다. 그러나 우리는 내담자가 경험한 대로 사건이 정확히 일어나지 않았을 가능성을 제기해 볼 수 있으며, 호기심과 불확실성을 지닌 열린 자세를 유지하면서 내담자가 대안적 설명을 고려하도록 도울 수 있습니다.

내담자가 일종의 '이차적 이득'을 얻기 위해 외상 기억을 정교화하거나 조작하는 경우도 드물게 있습니다. 조작에 대한 강력한 증거가 있는 경우, 우리는 이러한 행동으로 인해 충족되는 욕구를 이해하고 보다 적응적으로 대처하여 이러한 '이차적 이득'의 동기가 되는 '일차적 상실'을 파악하려고 노력합니다. 법적 절차가 수반되는 경우, 예를 들어 소송이 종결된 후 치료를 재개할 것을 제안하는 등 치료 개입을 법적 맥락에서 분리하려고 시도합니다. 때때로 치료 관계는 확인, 정서적 지원, 연민의 형태로 '이차적 이득'을 제공하므로 중요한 치료 과제는 내담자가 자신의 대인 관계 지원 네트워크를 확장하여 이러한 요구를 더 지속 가능하게 충족할 수 있도록 돕는 것입니다. PTSD의 남용에 대한 자세한 내용은 Taylor 등(2007)을 참조하세요.

🌱 현재 회복 중인 기억

치료 중에 가끔씩 기억이 회복되는 경우도 있다. 예를 들어, 치료에서 다루고 있는 외상과 같은 시기에 발생한 장기 학대 경험에 대한 새로운 기억이 나타날 수 있다. 이는 사람들이 압둘라는 열차 사고 후 PTSD 치료를 받고 있었습니다. 외상으로 인해 매우 고통스러웠던 순간 중 하나는 압둘라가 여덟 살 아들의 얼굴에서 공포와 고통의 표정을 보았을 때였습니다. 치료 과정에서 이 핫스팟을 떠올릴 때, 압둘라는 여덟 살 때 나이 많은 아이에게 맞았던 이전의 외상 경험이 플래시백으로 떠올랐습니다. 압둘라는 이전에는 이 경험을 기억하지 못했지만, 치료사가 외상 당시 아들의 얼굴 표정에 주목하도록 권유하자 회복된 기억이 떠올랐습니다.

기억에 집중할 때 발생하는 정상적인 과정으로, 점차 더 상세하게 기억이 되돌아오는 과정을 과잉기억증(hypermnesia)이라고 한다. 때로는 전혀 관련이 없는 외상 기억이 회복되기도 한다.

치료 중에 새로운 기억이 회복되면, 우리의 첫 번째 목표는 내담자가 새로운 기억을 회상하고 그 의미를 이해하는 과정에서 정서적으로 지원하는 것이다. 새로운 기억으로 인해 PTSD 증상이 나타날지 여부는 즉시 알 수 없으므로, 처음에는 내담자가 새로운 기억을 받아들이도록 돕기 위해 비지시적이고 지지적이며 검증적인 접근 방식을 사용한다.

새로운 기억이 회복되는 시기는 내담자가 치료사의 영향을 받기 쉬운 시기이다. 따라서 의도치 않은 제안을 피하는 것이 중요하다. 다음은 몇 가지 조언 사항이다:

- 가정을 검토하기: 거짓 회복된 기억에 대해 제기되는 우려 중 하나는 치료사가 내담자에게 반응할 때 기존의 가정이 영향을 미칠 수 있다는 점이다. 여기에는 내담자가 학대를 기억하지 못하더라도 특정 증상(예: 성적 문제, 섭식 장애 또는 경계선 성격 장애)이 학대의 증거라고 항상 믿는 경우가 이에 해당된다.
- 우려 사항 설명: 앞서 설명했듯이, 떠오르는 기억에 대한 논쟁과 치료사가 기억에 영향을 미칠 수 있다는 우려가 있으므로 이를 피하고 싶다는 점을 간략하게 설명한다. 투명성을 유지하는 것은 협력적으로 치료를 세우는 데 도움이 된다.
- 비지시적 질문 스타일 사용: 연구에 따르면 목격자 진술은 특정 질문 스타일에 영향을 받을 수 있으며, 경찰이 사용하는 면담 스타일을 참고하여 내담자에게 의도치 않게 응답을 유도하는 것을 최소화할 수 있다. 여기에는 강제적인 선택이나 유도 질문을 피하고, 개방형 질문(예: "당신의 삶에서 그 시기에 대해 어떤 기억이 있나요?") 또는 특정 폐쇄형 질문(예: "그 일이 어디서 일어났나요?")만을 통해 내담자가 중단 없이 '자유 회상' 버전의 사건을 진술할 수 있도록 하는 것이 포함된다.

- **자세한 메모 작성 또는 세션 녹음:** 내담자가 가해자에 대한 법적 조치를 취하기로 결정하고, 내담자가 기억을 처음으로 공개한 사람이 바로 치료사라면, 치료사의 메모가 귀중한 증거 자료가 될 수 있다. 메모할 내용에 대한 조언은 CPS(2020) 지침을 참조한다.

- **자연스러운 과정을 지원하지만 '기억 끌어내기'는 피하기:** 내담자에게 더 많은 것을 기억하도록 유도하려고 시도하지 말아야 한다. 예를 들어, 기억이 회복되는 과정에서 공백을 메우기 위해 8장의 기법을 사용하거나, 떠오르는 기억을 탐색하기 위해 상상적 재연이나 기타 외상 중심 기법을 사용하지 않는다. 이러한 기법이 기억 회복에 영향을 미친다는 확실한 증거는 없지만, 기억이 자연스럽게 떠오를 수 있도록 주의하는 것이 좋다. 그러나 우리는 내담자에게 '자연스러운 과정을 신뢰하라'고 권유할 수 있는데, 이는 억압하거나 억제하지 말고, 새로운 방해가 되는 이미지에 집중하거나 반추하지 말라는 의미이다. 대신, 우리는 내담자에게 짧은 일지를 써서 떠오르는 모든 것을 기록하되, 그 사이에 다시 확인하지 말 것을 권장한다.

- **PTSD를 평가하기 전에 기억이 안정되도록 기다리기:** 모든 내담자가 회복된 기억에서 PTSD로 발전하지는 않으며, 추가적인 기억이나 세부 사항이 나타나지 않을 때까지 기다렸다가 평가한다. 그동안 외상에 초점을 맞추지 않는 기법을 사용할 수 있다. 기억이 계속 떠오르고 방해가 되는 경우, 다른 PTSD 기준이 충족되며, 내담자가 원한다면 회복된 기억에 대한 PTSD 치료 과정을 제공할 수 있다.

🌱 치료실 노트: 수

수는 50대 중반에 열차 테러로 부상을 입은 후 PTSD 치료를 시작했다. 초기 평가에서 그녀는 어린 시절 기억이 거의 없고 이전에 외상 경험이 없다고 보고했다. 그러나 폭탄 테러 기억을 다루는 과정에서 수는 여섯 살 무렵 베이비시터에게 성적 학대를 당한 기억을 회상하기 시작했다.

치료사와 논의한 후, 수는 어린 시절의 기억이 자연스럽게 떠오르고 안정될 수 있도록 성인 외상에 초점을 맞춘 개입을 잠시 중단하기로 동의했다. 그들은 왜 이러한 기억이 지금 떠오르는지에 대해 논의했고, 수는 폭탄 테러를 당했을 때와 같이 학대를 받던 어린 시절에 무력감, 외로움, 분리된 감정을 느꼈을 가능성이 높다는 것을 깨달았다. 치료사는 회복된 기억이 항상 정확한지에 대한 논란이 있으며, 외부의 영향을 받을 수 있는 위험이 있다고 설명하면서 기억의 내용을 자세히 논의하거나 더 많이 기억하려고 노력하지 않고, 수 기억에 대한 생각과 느낌에 대해 논의하기로 결정했다.

수는 학대의 기억이 자신의 삶의 선택을 이해하는 데 중요한 단서가 된다고 회상했다. 예를 들어, 그녀는 평생을 해외에서 일하며 가족과 거의 연락을 하지 않았다. 이제 수는 어머니에게 베이비시터가 자신의 음부에 손을 대었다고 말했을 때, 어머니가 거짓말이라며 다시는 언급하지 말라고 했던 기억이 떠올랐다. 이 기억은 항상 존재해 왔지만 어린 시절 이후 생각해 본 적 없는 오래된 기억처럼 느껴졌다. 수는 이 경험 때문에 다른 기억들을 오랫동안 억누르고 살게 만든 이유라고 생각했다. 수는 아이를 갖지 않기로 결심했고 성관계를 즐기지 않았는데, 그 이유가 학대 때문이라고 생각했다. 이 정보를 그녀의 치료 계획에 추가했다([그림 9-1]).

수와 치료사는 학대 사실을 알고 있을 법한 가족 구성원을 어떻게 다룰지 논의했다. 현재 수는 성인 자녀와 손자를 둔 60대인 전 베이비시터와 연락이 닿지 않았다. 수는 치료사가 사회복지 서비스에 학대를 신고하는 데 동의했다. 수는 그를 기소하려는 의도는 없었지만, 그가 손주들에게 위험이 될 가능성을 막기 위해 조치를 취하고 싶었다. 사회복지국은 신고 내용을 기록하고 그에 대한 다른 불만이 없음을 확인했다. 수는 학대에 대한 추가 증거가 나오면 조사에 참여하기로 동의했다. 수는 어머니에게 학대 사실을 알리지 않기로 결정했다. 수와 어머니는 어렸을 때부터 사이가 좋지 않았고, 성인이 된 후 수는 어머니와 거리를 두기로 결심하고 가족을 거의 방문하지 않았다.

수는 몇 번의 세션 이후에도 새로운 기억이 떠오르지 않는다고 보고했다. 그녀는 테러 공격에 대한 기억이 계속 떠오르고 있었으며, 가끔은 베이비시터와 관련된 악몽을 꾸기도 했다. 수는 성인 외상에 대한 치료를 계속하면서 회복된 어린 시절 기억과 관련된 PTSD 증상을 모니터링하고 나중에 이를 다룰 수 있는 선택지를 열어두기로 동의했다. 수와 치료사는 성인 외상 기억을 되살리고 업데이트하는 작업으로 돌아갔다. 또한 폭탄 테러 이후 소홀히 했던 독서와 친구들과의 만남과 같은 활동을 재개하며 삶을 회복하는 데 집중했다.

수는 더 이상 테러 공격을 다시 경험하지 않았지만, 베이비시터에 대한 악몽은 계속되었다. 어떤 기억이 얽혀 있는지는 확실하지 않았지만, 수는 베이비시터가 자신의 위에 누워 질식할 것 같은 공포를 느꼈다고 기억했다. 이는 테러 당시 다른 부상자의 몸 아래에 갇힌 경험과 유사했기 때문에 수는 이전과 동일한 업데이트를 사용했다. 즉, 더 이상 아무도 자신 위에 있지 않으며, 이제 자유롭게 움직이고 숨을 쉴 수 있다는 것이다. 수는 이러한 업데이트를 강화하기 위해 회전하고 점프하는 신체적 동작을 사용했고, 그 결과 악몽의 빈도가 줄어들고 두려움도 줄어들었다.

치료가 끝날 무렵, 수의 치료사는 그녀의 목표와 앞으로의 과제를 함께 검토했다. 수는 회

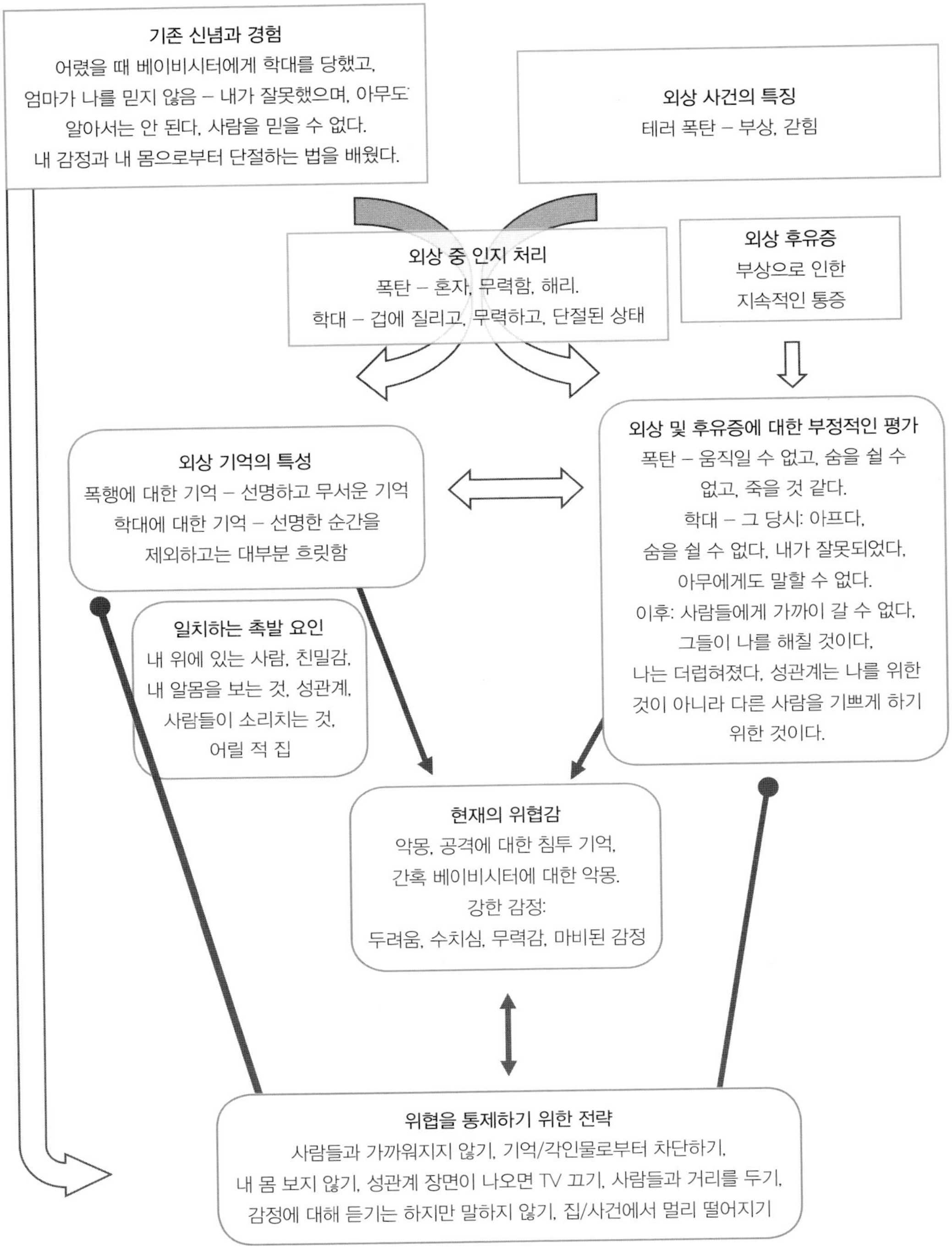

기존 신념과 경험
어렸을 때 베이비시터에게 학대를 당했고,
엄마가 나를 믿지 않음 – 내가 잘못했으며, 아무도
알아서는 안 된다. 사람을 믿을 수 없다.
내 감정과 내 몸으로부터 단절하는 법을 배웠다.

외상 사건의 특징
테러 폭탄 – 부상, 갇힘

외상 중 인지 처리
폭탄 – 혼자, 무력함, 해리.
학대 – 겁에 질리고, 무력하고, 단절된 상태

외상 후유증
부상으로 인한
지속적인 통증

외상 및 후유증에 대한 부정적인 평가
폭탄 – 움직일 수 없고, 숨을 쉴 수
없고, 죽을 것 같다.
학대 – 그 당시: 아프다.
숨을 쉴 수 없다. 내가 잘못되었다.
아무에게도 말할 수 없다.
이후: 사람들에게 가까이 갈 수 없다.
그들이 나를 해칠 것이다.
나는 더럽혀졌다. 성관계는 나를 위한
것이 아니라 다른 사람을 기쁘게 하기
위한 것이다.

외상 기억의 특성
폭행에 대한 기억 – 선명하고 무서운 기억
학대에 대한 기억 – 선명한 순간을
제외하고는 대부분 흐릿함

일치하는 촉발 요인
내 위에 있는 사람, 친밀감,
내 알몸을 보는 것, 성관계,
사람들이 소리치는 것,
어릴 적 집

현재의 위협감
악몽, 공격에 대한 침투 기억,
간혹 베이비시터에 대한 악몽.
강한 감정:
두려움, 수치심, 무력감, 마비된 감정

위협을 통제하기 위한 전략
사람들과 가까워지지 않기, 기억/각인물로부터 차단하기,
내 몸 보지 않기, 성관계 장면이 나오면 TV 끄기, 사람들과 거리를 두기,
감정에 대해 듣기는 하지만 말하지 않기, 집/사건에서 멀리 떨어지기

[그림 9-1] 수의 공식화

복된 기억이 자신이 평생 동안 겪어온 몇 가지 문제를 이해하는 데 도움이 되어 기뻤다고 말했다. 그녀는 어린 시절부터 잃어버렸던 삶의 측면을 되찾기 위한 계획을 세웠다. 예를 들어, 수는 요가 수업을 듣고 스포츠 마사지를 받으면서 자신의 몸을 더 편안하게 만들기 위한 노력을 기울였다. 그녀는 친구들과 개인적인 문제에 대해 이야기하는 것을 피하는 대신 다른 사람들의 문제를 경청하는 역할을 맡아 왔었다. 수는 친한 친구 한 명과 함께 자신의 어려움에 대해 더 솔직하게 이야기하고자 노력했다.

추천 도 서

McDonald,A. (2017). Occasional paper on recovered memory of childhood sexual abuse:An overview of research evidence and guidelines. Melbourne, Australia: PACFA. www.pacfa.org. au/

McNally, R. J. (2018). Recovered memories of childhood sexual abuse. In R. Rogers, & S. D. Bender (Eds.). *Clinical assessment of deception and malingering* (pp. 387-400). Guilford Press.

Chapter 10

구성된 기억

루이사의 오빠는 자살로 사망했고, 그 후 그녀는 오빠의 마지막 순간을 상상하게 되었으며, 이러한 상상이 악몽과 침투적 기억으로 반복되기 시작했다. 치료 과정에서 루이사는 오빠의 죽음을 알게 된 '실제' 기억과 오빠의 죽음에 대한 최악의 두려움을 나타내는 '구성된' 이미지를 모두 다뤘다.

'정교한 기억' 또는 '비기억'으로도 불리는 '구성된 기억'은 직접적인 지각이 아닌 상상을 통해 부분적으로 또는 전체적으로 발생한다. 이러한 시각적 이미지는 일반적으로 외상 당시 '최악의 시나리오'가 떠오르는 그림처럼 외상 시점에 형성될 수 있다. 또한 나중에 어떤 사건에 대해 새롭고 고통스러운 사실을 알게 되면서 형성될 수도 있다. 구성된 이미지는 주로 사랑하는 사람의 사망 소식을 듣고 그 죽음을 생생하게 상상하거나, 목격하지는 않았지만 외상 사건의 충격적인 세부 사항에 노출되어 그 사건에 대한 이미지를 자발적으로 만들어 낼 때 발생한다. 때로는 자신과 유사한 외상 경험이 이러한 이미지에 영향을 미치기도 한다. 다른 경우에는 외상 현장에 있었지만 일부만 목격했기 때문에 상상이 그 공백을 채우게 된다. 이러한 정신적 구성은 사건과 그 안에 있는 자아를 되새기며 '실제' 기억과 유사한 느낌을 줄 수 있다(Rubin, & Umanath, 2015). 그러나 일반적으로 실제 경험을 정확하게 나타내지 않는다는 점에서 거짓 기억과는 다르다. 그럼에도 불구하고, 해당 사람은 그것이 가능하거나 심지어 가능성이 있는 시뮬레이션이라고 믿을 수 있으며, 따라서 '사실'로 느껴지고 현재의 위협감에 기여할 수 있다.

구남은 타밀 저항 운동과의 관련성에 대해 당국이 자신을 조사하려 한다는 소식을 듣고 스리랑카를 떠났습니다. 어느 날 밤, 무장 경찰이 구남의 집에 들이닥쳤고, 그는 창문을 통해 도주했습니다. 그는 인도로 도피했고, 결국 영국으로 이주했습니다. 얼마 후 구남은 형이 체포되었고 가족들이 형의 행방을 알 수 없다는 소식을 접했습니다. 구남은 스리랑카 당국이 타밀족을 고문하고 살해했다는 이야기를 많이 들었고, 타밀 신문에서 타밀족이 입은 부상의 사진을 본 적이 있었습니다. 그는 형이 고문당하는 악몽을 꾸기 시작했고, 점점 더 괴로워하며 잠을 이루지 못했습니다. 형의 이미지와 함께 스리랑카의 집에서 탈출하던 날 밤의 기억이 뒤섞이면서 구남은 실제로 일어나지 않은 일임에도 불구하고 자신이 쫓기고 고문을 당하는 악몽을 자주 꾸게 되었습니다.

FAQ 구성된 기억도 PTSD 증상에 포함되나요?

지금까지 진단 체계에서는 PTSD 재경험 증상을 환자가 직접 경험하거나 목격한 충격적인 사건의 끔찍한 '재생'이라고 가정해 왔습니다. 이는 종종 사실이지만, 임상가들은 PTSD 재경험 현상이 실제 기억의 '재생'을 넘어서는 경우가 많으며, 간접적으로 경험하거나 내부적으로 생성된 외상 사건(예: 환각 – 11장)에서도 PTSD 증상이 발생할 수 있다는 사실을 점차 인식하게 되었습니다. DSM-5는 외상에 간접적으로 노출된 후 PTSD 증상이 발생할 수 있음을 명시적으로 인정한 최초의 진단 체계로서, 기준 A를 충족하는 두 가지 사례를 명시하였습니다. 즉, 가까운 친척이나 친구가 폭력이나 사고를 통해 실제 죽음에 노출되었거나 죽음의 위협에 처했다는 사실을 알게 된 경우와 업무 과정에서 외상 사건의 고통스러운 세부 사항(사진, 동영상, 문서 읽기, 이야기 듣기)에 반복적으로 노출된 경우도 포함됩니다. 경험상 외상 사건에 대한 간접 노출은 일반적으로 고통스러운 구성된 기억과 관련이 있으며, 이러한 현상은 PTSD의 재경험 증상으로 이해될 수 있습니다.

기준 A는 수년 동안 많은 논쟁의 대상이 되었으며, DSM 진단의 각 버전마다 변경되었습니다. 실제로 ICD-11에서는 PTSD를 유발하는 사건의 종류를 명시하지 않고 '극도로 위협적이거나 끔찍한 사건 또는 일련의 사건에 노출된 후'라고 명시하고 있습니다. 따라서 무엇이 극도로 위협적인지에 대해서는 임상가의 판단에 맡기므로, 장기간의 법적 절차, 차별, 괴롭힘 등 더 DSM-5의 더 엄격한 기준에는 부합하지 않는 사건도 포함될 수 있습니다.

🌿 구성된 기억의 이해

현대적인 자전적 기억에 대한 설명은 사진이나 동영상과 같은 정적인 표현이 아닌 동적인 정신적 구성물로 간주된다. 일반적으로 기억에는 실제 경험의 측면을 나타내는 정신적인 이미지를 포함하지만 많은 세부 사항이 채워지거나 누락되거나 추론되거나 압축되기 때문에 모든 기억은 어느 정도 부정확하고 구성적이다. 이는 기억이 사건의 정확한 기록으로 작용하는 대신, 우리가 세상을 이해하고 탐색하는 데 도움이 되는 개인적인 의미를 생성하는 지름길로 작용하기 때문이다. 따라서 '사람들은 기억할 때 상상하고, 상상할 때 기억을 사용한다.'(Conway, & Loveday, 2015)고 할 수 있다. 이 개념은 PTSD에서의 구성된 기억이 의미 있는 정신적 표현으로 간주될 때, 이들이 사실상 일반적인 기억 과정의 부분 집합에 불과하다는 사실을 이해하는 데 도움이 된다. 실제로 구성된 이미지는 미래 사건을 공상하거나 '아슬아슬한 순간'을 상상하며, 자기 자신에 대한 분리된 관찰자 시점의 이미지를 보는 것과 같은 일상적인 경험으로, 이러한 경험은 감정 장애 전반에서 흔히 나타난다.

PTSD의 구성된 기억에 대한 체계적인 연구는 거의 이루어지지 않았다. 몇몇 연구는 PTSD 환자의 일부가 '정교한 인지'에서 비롯된 침투적 이미지를 경험하거나(Reynolds & Brewin, 1998), 종종 '최악의 시나리오' 버전으로 상상된 추가적인 고통스러운 사건의 세부 사항을 떠올린다고 보고했다(Oulton et al., 2018). 실험실 연구와 실제 사건에 대한 연구 모두에서 사람들이 목격하지 못한 장면의 일부분을 상상력으로 의도치 않게 '공백을 메우는' 경우가 많으며(Crombag et al., 1996; Strange, & Takarangi, 2012, 2015), 직접 보지 못한 충격적인 사건의 상세한 이미지를 떠올릴 수 있다는 것을 보여 주었다. 특히, 이러한 구성된 기억은 생생함과 관련된 고통 등 다양한 특성에서 '실제' 기억과 구별되지 않으며, 다른 유형의 PTSD 기억과 동일한 방식으로 침투적으로 나타날 수 있다.

또한 다음과 같은 사항도 관찰되었다:

- 시각적 이미지 능력이 뛰어난 사람들에게서 자주 발생한다: 시각적 상상력이 강한 사람들은 목격하지 않은 충격적인 사건에 대해 생생하고 감각적이며 감정적인 이미지를 만들어내고, 그 후 이러한 이미지로 인해 괴로워할 가능성이 더 높다. 그러나 상상력이 약한 사람들도 구성된 이미지를 생성할 수 있으며, 강력한 이미지를 경험하는 데 익숙하지 않기 때문에 그 이미지가 실제로 더 의미 있고 불안하게 느낄 수 있다(Grey, 2009).
- 두 가지 모두 중요한 평가를 나타내고 유지한다: 구성된 이미지는 내담자가 외상에 대해

갖는 의미와 일치하는 경향이 있다. 예를 들어, 사랑하는 사람이 고통스럽게 죽었다고 믿는다면 이는 이미지에 반영될 것이다. 이러한 이미지는 사망이 발생한 방식에 대한 평가를 강화하고, 결과적으로 유지의 악순환을 만들어 낼 수 있다.

- 이러한 이미지들은 반복, 반추 및 이해를 찾는 과정에 의해 유지된다: 구성된 이미지로 인해 어려움을 겪는 사람들은 자신이 목격하지 않은 외상에 대해 반추하는 경향이 있다. 무엇이 일어났는지 이해하려고 노력하는 과정은 자연스러운 일이며 그 자체로 도움이 되지 않지만, 어떤 일이 일어났을지도 모른다는 생각에 사로잡힌 사람들은 대개 최악의 시나리오에 대한 이미지를 더 많이 구성하는 경향이 있으며, 이는 더 많은 집착의 대상이 될 수 있다.

- 다른 기억이나 이미지도 여기에 포함될 수 있다: 이전의 경험, 다른 사람들로부터의 정보 및 미디어 입력은 모두 상상력에 영향을 미칠 수 있다.

이러한 과정은 [그림 10-1]에 요약되어 있다.

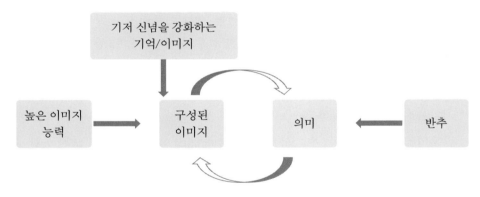

[그림 10-1] 구성된 이미지 형성 및 유지의 시각적 표현

구성된 기억과 이미지의 유형

Grey(2009)는 PTSD에서 침투적인 이미지가 '사실적'(진실) 기억 및 '비사실적'(구성된) 이미지와 관련될 수 있으며, 이 두 가지 모두 외상 당시(사건 자체 중)와 이차적으로(사건 후) 발생할 수 있다고 강조한다. 실제로 사람들은 의식을 잃기 직전의 순간에 대한 사실적인 외상 당시의 기억과 의식을 잃었을 때 두려워했던 일에 대한 비사실적 재구성 이미지 등 이러한 유형의 기억을 조합하여 보고할 수 있다.

외상 당시 생기는 구성된 이미지는 외상 중에 또는 그 소식을 들은 직후 '마음의 눈'에 보이는 이미지를 포함한다. 예를 들어, 앞으로 일어날 수 있는 최악의 시나리오를 시각화하거나, 시야에서 벗어난 불쾌한 세부 사항을 상상하거나, 몸 밖에서 자신을 보는 것과 같은 해리 현상이 포함된다.

> 오렐리는 매춘 목적으로 여성을 영국으로 유인한 조직범죄 네트워크에 대한 재판에서 법정 통역사로 일했습니다. 이 사건의 일환으로, 그녀는 성적·신체적 폭행에 대한 다수의 증언을 통역했습니다. 통역하는 동안, 오렐리는 증언을 하는 여성들에게 그런 일들이 일어나는 장면을 상상하게 되었습니다. 그 이미지들은 극도로 고통스러웠고, 그녀는 그 후에도 그 장면들을 반복해서 떠올리는 자신을 발견했습니다.

이차적 또는 외상 후에 형성된 이미지는 주로 반추하거나 목격하지 못한 외상의 한 측면을 이해하고 '공백을 메우려는' 시도에 의해 촉진되며 외상 후 발생한다.

> 구남은 형의 실종 소식을 처음 들었을 때 어떤 이미지도 떠올리지 못했습니다. 그의 초기 반응은 충격과 죄책감에 휩싸여 형을 위험에 빠뜨렸다는 생각뿐이었습니다. 하지만 며칠이 지나고 몇 주가 지나면서 구남은 형에게 무슨 일이 벌어지고 있는지에 대해 계속 생각하기 시작했습니다. 그는 온라인에서 고문을 당한 사람들의 이야기를 읽으면서 그 장면 속에서 고통받는 형의 모습을 상상했습니다. 그의 악몽은 형의 실종 소식을 듣고 나서 한 달 후부터 시작되었습니다.

마지막으로, 일부 내담자는 외상 이후 어느 정도 시간이 지난 후에 새로운 정보에 노출되면서 촉발된 이차적으로 구성된 이미지를 묘사했다.

> 엘루이스는 한 고객으로부터 폭행을 당한 성노동자였습니다. 1년 후, 엘루이스는 자신의 친구 중 한 명이 동일한 고객에게 살해당했다는 사실을 알게 되었습니다. 그녀는 자신이 운 좋게도 그 상황을 탈출한 것을 깨달았습니다. 그녀는 살인 사건의 세부 사항을 듣고, 자신이 당했다면 어땠을지 반복해서 상상했습니다. 엘루이스는 자신이 겪은 실제 폭행뿐만 아니라 그 고객이 자신을 살해하는 구성된 이미지까지도 침투적으로 경험하기 시작했습니다.

🌱 구성된 기억으로 작업하기

평가, 심리교육 및 공식화

내담자의 재경험 증상을 조사할 때는 항상 외상 발생 당시 또는 그 이후에 발생할 수 있는 상상에서 비롯된 불안한 이미지에 대해 질문한 다음, 그 이미지가 내포한 근본적인 의미를 탐구한다. 이미 언급한 대로, 어떤 구성된 이미지는 외상과 관련된 중요한 개인적인 의미를 나타낼 수 있다. 이미지에 대한 메타인지적 신념(예: '내가 상상할 수 있으니 사실일 거야.')도 이해하는 것이 중요하다. 이러한 유형의 평가는 종종 심리교육을 통해 다룰 수 있다. 우리는 내담자에게 구성된 이미지와 기억이 흔하며, 특히 사람이 사건을 목격하지 않았거나 완전히 목격하지 못한 경우에 발생할 수 있고, 그 이미지들이 '실제' 기억처럼 생생하고 불쾌할 수 있음을 설명한다.

[그림 10-1]과 유사한 간단한 유지 사이클을 그려보는 것이 도움이 될 수 있다. 이 사이클에서 우리가 무엇이 일어났는지에 대한 신념이 이미지 형성으로 이어지며, 그 이미지가 신념을 더 진실 같게 느껴지게 한다. 이로 인해 반복적인 반추를 줄이고, 문제가 되는 의미를 다루며, 외상 기억과 관련된 업데이트를 목표로 하는 중재가 진행된다. 경우에 따라 '기저 신념을 강화하는' 기억이나 이미지를 업데이트하는 개입도 고려될 수 있다.

> **핵심 인지**
>
> • 내가 상상할 수 있다면, 그것은 사실일 것이다.
> • 나는 실제로 무엇이 일어났는지 알아내야 한다.
> • 상상하는 것이 죽거나 다친 사람과 나를 더 가깝게 만든다.
> • 그들은 끔찍한 고통과 괴로움 속에서 죽었다.

의미 이해 및 해결

구성된 이미지의 의미를 탐색한 후에는 왜곡된 의미를 수정하고 내담자가 다른 의미를 고려하도록 도울 수 있다. 모든 증거를 고려하는 안내적 탐색 기법, 행동 실험, 현장 방문 등 다양한 인지적 전략이 적절할 수 있다. 다음은 몇 가지 예이다.

제니퍼는 외상적인 출산 후 PTSD를 겪었습니다. 아기의 심박수가 떨어지고 있었고 응급 제왕절개 수술이 시행되었습니다. 제니퍼는 무슨 일이 벌어지고 있는지 볼 수는 없었지만 복부에서 통증과 당기는 감각을 느꼈습니다. 의료진의 얼굴을 볼 수 있었고 그들은 걱정스러워 보였습니다. 제니퍼는 아기가 죽어가고 있다는 두려움에 휩싸였고, 자신의 복부가 활짝 열려 있고, 사람들이 손을 집어넣는 이미지를 상상했으며, 아기가 힘없이 늘어진 채로 있는 이미지를 상상했습니다.

출산 후에도 제니퍼는 개복된 복부와 죽은 듯한 아기의 이미지를 계속 반복해서 경험했습니다. 치료 과정에서 제니퍼와 치료사는 이러한 이미지의 의미를 살펴봤습니다. 이러한 이미지는 '내 배가 크게 열려 있다.' '물고기처럼 내장이 찢겨가고 있다.' '아기가 죽었다.'는 그녀의 평가와 두려움, 무력감, 분리감의 감정과 연결되어 있었습니다. 이미지를 다시 경험할 때마다 이러한 의미는 더욱 강해졌습니다.

제니퍼와 치료사는 출산 과정에서 실제로 일어난 일을 하나씩 정리하기 시작했습니다. 아기는 고통을 겪었지만 성공적으로 출산되어 지금은 건강하고 행복한 상태였습니다. 제니퍼와 치료사는 제니퍼가 직접 보지 못했던 일들을 정확히 파악하기 위해 온라인에서 제왕절개 수술 동영상을 함께 시청했습니다. 동영상 속 장면들은 제니퍼의 상상보다 덜 끔찍했습니다. 그녀는 자신의 복부가 실제로 사람의 손으로 크게 열리지 않았다는 사실을 깨달았고, 이 새로운 정보는 몇 인치 정도의 크기로만 된 상처 자국과 일치했습니다. 동영상에서는 아기가 보통 빨리 꺼내지고 즉시 움직이는 모습이었는데, 이는 제니퍼가 상상했던 의사가 힘들게 늘어진 아기를 꺼내려고 애쓰는 장면과 달랐습니다.

파진의 아들은 교통사고로 사망했고, 그녀는 심하게 멍들고 부어오른 시신을 확인해야 했습니다. 파진은 영안실에서 아들의 시신이 잘못 취급되어 손상되었다고 생각했습니다. 그녀는 아들의 시신이 바닥에 떨어지거나 영안실 직원들이 거칠게 다루는 모습 등을 상상했고, 이러한 이미지가 불쑥 떠오르며 극심한 고통을 느꼈습니다. 치료사는 파진의 신념을 다루기 위해 영안실을 다시 방문하여 영안실 관리자와 이야기를 나누도록 주선했습니다. 영양실 관리자는 시신이 영안실에 도착하는 과정, 시신이 어떻게 처리되는지, 그리고 어떤 검사가 이루어지는 설명했습니다. 파진은 영안실 직원들이 고인을 돌보는 데 얼마나 책임을 가지고 있으며, 고인에 대해 얼마나 정중하게 이야기하는지에 깊은 인상을 받았습니다. 파진이 아들의 시신 손상에 대해 물었을 때, 영안실 관리자는 영안실이 아니라 교통사고로 인한 것임을 확인해 주었습니다.

FAQ 최악의 상황이 발생하면 어떻게 하나요?

이미지의 의미를 살펴보고 잘못된 평가를 수정하려는 것은 외상 사건에 대한 강한 부정적 신념을 완화하는 데 도움이 될 수 있습니다. 그러나 많은 경우, 정말 끔찍한 일이 실제로 일어났는데도 그렇지 않은 척하는 것은 진실하지 않고 도움이 되지 않습니다. 이 책의 다른 사례와 마찬가지로, 외상 경험을 항상 '최악의 일은 일어나지 않았다.'고 업데이트할 수는 없지만, 사건과 관련된 다양한 의미의 층위를 살펴보고 각 의미에 대한 업데이트를 고려할 수 있습니다. 예를 들어, 파진의 아들이 사망한 것은 사실입니다. 하지만 아들이 사망한 후 어떻게 대우받았는지가 파진이 겪은 고통의 주요 원인이었고, 이는 우리가 해결할 수 있는 잘못된 평가와 연결되어 있었습니다. 이미지와 연관된 고통스러운 의미가 정확하더라도, '당신에게 가장 고통스러운 점은 무엇인가요?'라고 질문하여 추가적인 의미의 층위를 탐색하는 것이 좋습니다. 그리고 거의 대부분의 경우, 외상은 이제 과거의 일이므로 현재 위험이나 고통은 끝났다는 정보를 포함하여 의미를 업데이트할 수 있습니다.

때로는 내담자가 끔찍한 사건의 의미나 결과를 알 수 없는 불확실성을 받아들이도록 도와야 할 때가 있습니다. 구남의 사례에서 그는 형에게 무슨 일이 일어났는지 알지 못했습니다. 치료의 초점은 이러한 불확실성을 안고 살아가면서 어떻게 자신의 삶을 앞으로 나아갈 수 있는지에 맞춰졌습니다. 그는 형이 감옥에 있거나 살해당했다면 형이 구남에게 무엇을 원할지 형의 입장이 되어 생각해 보는 것이 도움이 되었습니다. 구남은 형이 그가 자유의 기회를 얻어 좋은 삶을 살기를 바랄 것이라는 사실을 깨달았습니다. 우리는 구남이 스리랑카를 떠난 것에 대해 느끼는 죄책감을 해결하고, 형에게 일어난 일에 대해 더 이상 집착하지 않도록 도와주었으며(형에게 도움이 되지 않고 구남의 기분만 더 나빠질 뿐이라는 이유로), 영국에서 새로운 삶을 살 수 있도록 지원했습니다. 우리는 구남의 탈출에 대한 기억을 다루면서, 그가 스스로 고문을 당했다고 상상하게 된 구성된 이미지들이 그의 공포와 뉴스에서 본 것들에서 비롯되었음을 '태그'로 출처를 표시하고, 그 일은 실제로 그에게 일어나지 않았다는 정보를 업데이트했습니다. 그런 다음 이미지 조작 기법을 사용해, 그 이미지를 작은 조각으로 '산산조각 내기'를 시도함으로써 이미지의 힘을 없애는 작업을 진행했습니다.

기억을 되살리고 업데이트하기

외상 당시에 발생한 이미지는 외상 기억의 일부이므로 재연과 업데이트를 통해 다룰 수 있다. 예를 들면 제니퍼의 세션에서 발췌한 내용을 살펴보겠다:

T(치료사): 새로운 정보를 기억 속으로 다시 가져와 볼까요?

J(제니퍼): 네.

T: 이제 기억을 떠올려 보세요. 제왕절개를 시작하는데 무슨 일이 일어나고 있는지 볼 수 없어요.

J: 네, 시트를 덮어서 앞이 안 보여요. 저를 잡아당기는 게 느껴져요. 의료진의 얼굴이 보이는데 정말 심각해 보여요. 너무 무서워요.

T: 지금 무슨 생각이 드세요?

J: 아기가, 그냥 아기가 죽었다는 생각뿐이에요.

T: 머릿속에는 어떤 그림이 그려지나요?

J: 아기는 회색이고 축 늘어져 있어요. 의료진들이 제 몸에서 아기를 빼내려고 애쓰고 있어요.

T: 정말 잘하고 있어요. 지금은 뭐가 달라졌나요?

J: 아기는 괜찮아요. 엘라는 괜찮아요. 지금 9개월이고 건강합니다. 항상 건강했어요.

T: 지금 엘라의 사진을 볼 수 있나요?

J: 네, 제 휴대폰으로요. 엘라가 웃고 있어요.

T: 무슨 색이에요? 피부가 회색인가요?

J: 아니요, 복숭아와 크림색이에요.

T: 좋아요, 이제 머릿속 수술실로 돌아가봐요. 아직 시트 뒤에서 수술 중이에요. 어떤 기분이에요?

J: 생선 내장을 꺼내는 느낌이에요. 정확히 아프지는 않지만 내 몸속을 뒤지는 듯한 당기는 느낌이 들어요.

T: 무슨 일이 있었는지 이제는 알게 되었나요?

J: 응급 제왕절개 수술을 하고 있었어요. 전에도 여러 번 했었죠. 그들은 집중하고 있었기 때문에 진지해 보였어요. 저의 배는 크게 벌어져 있지 않았어요. 아기가 바로 거기 있었어요. 의료진들은 절개하고 아기를 꺼내기만 하면 됐어요.

T: 영상에서 제왕절개 장면이 그려지나요?

J: 네.

T: 어떻게 보이나요?

J: 질서정연하고 통제된 모습이에요. 제가 생각했던 것처럼 많은 피와 내장이 나오진 않았어요. 아기를 들어올릴 때 약간의 피와 점액만 있었어요.

T: 상처는 얼마나 큰가요?

J: 아기를 꺼낼 수 있을 정도로만요. 제가 상상했던 것처럼 좌우로 찢어지지는 않았어요.

T: 괜찮으시다면 상처를 내려다보고 만져봐도 될까요?

J: 네.

T: 얼마나 큰가요?

J: 크진 않아요. 4, 5인치 정도요.

T: 정말 잘했어요. 기분은 좀 어때요?

J: 네, 좋아졌어요. 제 마음이 과하게 돌아가고 있었던 거예요. 최악의 상황을 생각하고 있었어요.

이 대화에서 치료사는 내담자가 설명하는 구성된 이미지와 함께 새롭게 얻은 정보를 통합하여 기억을 업데이트하는 작업을 진행했다.

이미지 재구성

이미지 재구성은 구성된 기억으로 작업할 수 있는 또 다른 방법이다. 일반적으로 이미지

영국 교통경찰에서 근무하던 마리안은 런던 지하철에서 테러가 발생했을 때 근무 중이었습니다. 그녀는 테러가 발생한 역에서 부상당하고 공포에 질린 승객들을 정리하는 임무를 맡았습니다. 마리안은 무전기를 통해 수많은 사망자를 포함한 참사 현장의 상황을 계속해서 들었습니다.

마리안은 역에서 나오는 사람들, 응급 구조대원들, 그리고 무전 통신을 통해 어둠 속 지하에 갇혀 고통 속에서 죽어가는 수백 명의 사람들을 상상했습니다. 폭발 사건이 끝난 후에도 마리안은 여전히 지하에 갇힌 사람들의 이미지를 떠올렸습니다. 그녀는 사람들이 지하에 갇혀 탈출하지 못하는 악몽을 꾸었으며, 지하에 갇힌 유령들이 지하철 네트워크를 떠도는 상상을 하기도 했습니다. 마리안은 직장에 복귀하거나 지하철을 이용하는 것에 극심한 두려움을 느꼈습니다. 이러한 고통스러운 이미지들을 해결하기 위해 마리안과 치료사는 그녀가 일했던 역의 터널 상단을 열고 신선한 공기로 연결된 황금색 에스컬레이터를 설치하는 장면을 상상하는 '이미지 재구성' 기법을 사용했습니다. 마리안은 상상 속에서 그 에스컬레이터 옆에 서서 사람들이 무사히 빠져나오는 모습을 지켜보았습니다. 유령들은 터널을 떠나 하늘로 자유롭게 떠올랐습니다.

마리안은 역과 터널을 내려다보며 거대한 탐색조명이 터널 전체를 비추는 모습을 상상하며 아직 갇혀 있는 사람이 없는지 확인했습니다.

재구성은 기억에 새로운 의미를 부여하고, 업데이트가 감정적으로 공명하도록 돕고, 내담자가 현실에서 할 수 없었던 일을 이미지에서 내에서 할 수 있게 해 준다. 이미지 재구성은 이미 상상의 영역에서 작업하고 있기 때문에 구성된 기억을 다루는 데 특히 유용한 개입이 될 수 있다. 시각화 능력이 뛰어난 내담자는 새로운 이미지를 쉽게 생성할 수 있으며, 이 새로운 이미지는 구성된 이미지와 경쟁할 수 있다.

이미지 재구성의 또 다른 용도는 반복되는 악몽을 다루는 것이다. 내담자가 기억이 덜 괴롭다고 느끼고, 낮 동안의 침투 증상이 사라졌다고 보고한 후에도 악몽이 지속되는 경우가 있다. 이 경우, 악몽은 외상에서 비롯되었지만 외상 기억이 처리된 이후에도 그 자체로 재경험될 정도로 고통스러운 내용으로 구성된 이미지로 이해될 수 있다. 이러한 경우 악몽 자체를 직접적으로 재구성할 수 있다(Krakow, & Zadra, 2010).

제이콥은 택시 기사로 일하던 중 술에 취한 손님에게 깨진 병으로 공격을 받아 얼굴에 심각한 부상을 입었습니다. PTSD 치료 후에는 대부분의 침투 증상이 해결되었지만 칼날이 달린 회전하는 금속 공이 얼굴을 향해 날아오는 악몽을 반복적으로 꾸었고, 그 공이 자신을 맞히기 직전에 깨어나곤 했습니다. 제이콥은 이 장면을 보고 오래된 공포 영화를 떠올렸고, 치료 중에 그 영화를 인터넷에서 찾아냈습니다. 그 이미지의 기원이 영화와 일치하는 것처럼 보였지만, 악몽은 계속되었습니다. 제이콥과 치료사는 그 꿈을 재구성하기로 하고, 회전하는 금속 공을 회전하는 풍차 장난감으로 변형시켜, 그의 아들이 해변에서 그것을 들고 달리는 상상을 했습니다. 그는 매일 밤 잠들기 전에 이 새로운 결말을 읽으며, 악몽 후 깨어나면 머릿속에서 그 장면을 다시 상상하면서 이 새로운 결말을 연습했습니다.

기저 신념을 강화하는 기억이나 이미지와 작업하기

제이콥의 사례처럼, 구성된 기억은 종종 다른 기억이나 영화, TV 프로그램과 같은 외부 이미지, 또는 다른 사람과의 대화에 의해 영향을 받기도 한다. 때로는 외상이 발생했을 때 이전의 외상 기억이 다시 촉발되어 경험하면서 '플래시백의 플래시백'으로 이어지기도 한다. 만약 이러한 다른 출처가 구성된 기억을 유지하는 것처럼 보일 경우, 이를 정신적 사건으로 표식하여 식별하고 처리하는 것이 도움이 될 수 있다. 예를 들어, '이 이미지는 다른 사람들이 고문당한 뉴스를 보고 떠오른 것이다.' 또는 '이 이미지는 그가 말할 때 내 머릿속에 떠오른 이미지로, 내가 성폭행을 당한 경험에서 비롯된 것이다.'라고 할 수 있다. 만약 다른 출처가 구성된 기억의 내용 중 일부를 형성하거나 구성과 함께 재경험되는 경우, 이를 별도로 재연하고 업데이트할 필요가 있을 수 있다. 그 외의 경우에는 구성된 이미지를 업데이트할 때 이를 식별하고 표시하는 것으로 충분할 수 있다.

구남은 온라인에서 고문 기술을 담은 동영상을 본 후 악몽에 시달렸습니다. 특히 끔찍한 장면 중 하나는 살아 있는 채로 불에 타 죽는 장면이었는데, 구남은 그 장면을 머릿속에서 지울 수 없었습니다. 그는 그 장면이 형이나 자신에게 일어날 것처럼 상상하며 불에 타 죽는 악몽을 꾸었습니다. 구남은 치료사와 함께 자신이 본 영상을 상상적 재연하는 세션을 진행했고, 그는 그 기억을 업데이트하여 영상 속에 불타는 사람이 자신이나 형이 아니며, 그 영상 속 사람은 더 이상 고통받고 있지 않다는 정보를 추가했습니다.

애비의 파트너는 마라톤을 뛰던 중 심장마비로 사망했습니다. 애비는 마라톤을 관람하고 있었지만 파트너가 쓰러지는 것을 보지 못했습니다. 그 후로 그녀는 파트너가 가슴을 움켜쥐고 극심한 고통과 두려움 속에서 숨을 쉬기 위해 발버둥치는 침투적 이미지를 경험했습니다. 애비는 이 이미지가 의학 드라마와 영화에서 본 것이고, 심장마비를 사실적으로 묘사한 것이 아닐 수 있다는 것을 깨달았습니다. 보다 현실적인 정보를 찾기 위해 애비는 마라톤 도중 심장마비를 경험한 한 선수의 온라인 계정을 찾았습니다. 그 선수는 매우 덥다고 느낀 후 갑자기 쓰러졌지만 더 이상 기억이 나지 않는다고 설명했습니다. 애비는 파트너의 죽음에 대한 구성된 기억을 작업하면서, 드라마틱하게 연출된 TV 프로그램과 영화에서 본 이미지가 부정확할 수 있으며, 파트너의 실제 경험은 상상만큼 고통스럽거나 무섭지 않았을 수도 있다는 점을 스스로에게 상기시켰습니다.

🌿 치료실 노트: 루이사

루이사는 포르투갈에서 부모님과 남동생 토마스와 함께 자랐다. 10대 시절 토마스는 우울증에 시달리며 여러 차례 자살을 시도했다. 어느 날, 루이사가 퇴근 후 집에 돌아와 토마스의 침실에서 유서를 발견했고, 집 근처에 기차 노선이 있어 그가 그곳으로 갔을 거라는 것을 깨달았다. 루이사가 기차역에 도착했을 때, 응급 서비스 차량과 정차한 기차를 보았고, 토마스의 시신은 보지 못했지만 피를 조금 볼 수 있었다.

이후 몇 주 동안 루이사는 계속해서 토마스의 죽음에 대해 생각했다. 그녀는 토마스가 고통스러워하며 기찻길로 뛰어가는 모습을 상상했다. 루이사의 상상속에서 토마스는 가족에게 버림받은 외톨이로 느껴졌다. 루이사는 고속 열차에 의해 산산조각이 난 그의 몸을 상상하며 그가 느꼈을 고통을 떠올렸다. 루이사는 열차와 기찻길에 흩어져 있는 그의 신체 부위를 시각화했다. 이러한 이미지는 생생하고 강렬하게 고통스러웠으며, 악몽과 강력한 주간 침투 증상으로 나타났다. 또한 루이사는 토마스가 무덤 너머에서 텅 비어 있는 곳에서 훼손된 상태로 고통스러워하는 모습을 상상하기도 했다. 루이사는 기찻길을 지나가거나 토마스의 침실에 들어가는 등 외상을 떠올리게 하는 행동을 피했다. 부모님이 유서를 보관하고 있었지만 루이사는 유서를 보는 것을 견딜 수 없었다. 그녀의 공식화는 [그림 10-2]에 나와 있다.

치료 과정에서 루이사와 치료사는 그녀의 이미지에 대해 이야기했다. 루이사는 강한 시각적 상상력을 가지고 있어 토마스의 죽음에 대한 이미지가 얼마나 정확한지는 알 수 없었지만 뇌에서 떠오른 것은 이해할 수 있었다. 그들은 루이사의 토마스의 죽음에 대한 평가를 살펴보았는데, 그가 혼자서 고통 속에서 죽었다고 생각하는 것이 이미지에 영향을 미치고, 그로 인해 이미지가 더 현실적으로 느껴졌다.

이어서 반추에 대해 논의했다. 루이사는 토마스의 죽음에 대해 끊임없이 생각했다. 치료사가 이에 대한 장단점에 대해 묻자, 루이사는 이런 생각이 그녀를 슬프고 죄책감에 빠뜨리며 토마스에 대한 행복한 기억에 접근하지 못하게 만든다는 것을 인정했다. 또한 그로 인해 부모님이 루이사를 걱정하게 되고 학업에도 방해가 된다고 했다. 하지만 루이사는 토마스를 생각하지 않으면 그를 잊어버릴 것 같아, 토마스에게 실망을 줄 것이라고 느꼈다. 치료사는 하루 종일 토마스를 생각하지 않더라도 그를 잊을 수 있는지 물었고, 루이사는 토마스를 잊을 수 없다는 사실을 인정했다. 그녀는 하루 중 한 시간 정도는 토마스와 함께 찍은 행복한 사진을 보거나 일기에 토마스에 대한 글을 쓰는 등 애도하는 데 할애하고, 나머지 시간에는 토마스의 죽음에 대해 생각하지 않고 요리나 공부 등 자신이 하고 있는 일에 집중하는 실험을 해 보기로 동의했다. 처음에는 힘들었지만 시간이 지나면서 루이사는 토마스를 잊지 않으면서도 예전에 했던 활동들에 더 많이 참여할 수 있게 되었다.

루이사와 치료사는 루이사의 이미지에 담긴 의미에 대해 논의했다. 루이사는 토마스가 죽던 날 혼자 있었다는 사실에 죄책감을 느꼈으며, 이로 인해 자신이 형제로서 그를 실망시켰다고 믿었다. 치료사는 그녀와 함께 이러한 신념을 부드럽게 탐색했다. 토마스는 혼자 있을 걸 알고 아무도 그를 막을 수 없는 날을 골라서 자살을 계획했다는 증거가 있었다. 토마

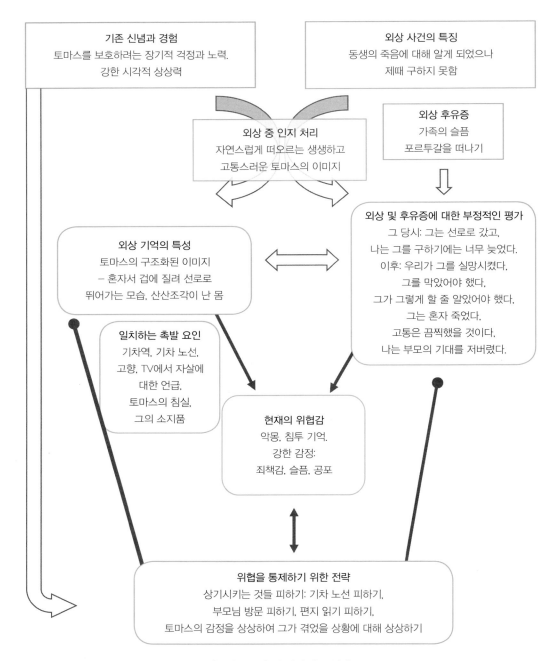

[그림 10-2] 루이사의 공식화

스는 이미 전에 자살을 시도한 적이 있었고, 가족들은 그를 돕기 위해 전문적인 도움을 찾아주었으며, 가능한 한 그와 함께 지내며, 그가 허용하는 범위 내에서 그의 문제에 대해 이야기하는 등 최선을 다해 노력했다.

루이사는 토마스의 유서를 다시 읽어보기로 결심하고 치료실로 가져갔다. 토마스는 가족을 얼마나 사랑하는지, 그리고 가족들이 자신을 탓하지 않기를 바라는 마음을 적었다. 그는 자신이 큰 정신적 고통을 겪고 있으며 더 이상 견딜 수 없다고 설명했다. 동생을 실망시켰다는 루이사의 신념은 조금씩 변해가기 시작했다. 대신 그녀는 토마스가 너무 큰 고통을 겪어서 죽음을 선택했고, 자신과 가족은 그를 돕기 위해 최선을 다했다고 결론을 내렸다. 그녀는 여전히 슬프지만 죄책감은 덜해졌다.

루이사와 치료사는 신체적 고통에 대해서도 이야기했다. 루이사의 상상 속에서 토마스는 기차에 치였을 때 심한 고통을 느꼈으며, 몸이 부서지는 것을 느꼈을 거라고 생각했다. 그러나 고속 열차였고 충격으로 사망했으므로 그의 죽음은 매우 빨랐을 것이고 어떠한 고통도 순간적이었을 것이라는 점을 깨달았다. 루이사는 또한 토마스가 더 이상 고통을 느끼지 않는다는 사실을 회상했다.

루이사는 토마스가 사망한 날에 대한 기억에 새로운 정보를 가져오는 상상적 재연 세션을 진행했다. 그녀는 기억의 일부를 구성하는 이미지에 새로운 의미를 반영했다. 토마스가 혼자 고통 속에서 죽는 대신, 자신의 삶을 마무리하는 분명한 결정을 내리고 가족에게 사랑을 전하는 편지를 쓰는 모습을 상상했다. 루이사는 토마스가 고통 없이 빠르게 죽는 모습을 상상하고, 그 후에 고통 없이 하늘로 올라가 천국에서 그를 돌봐줄 조부모와 재회하는 모습을 상상했다. 이 새로운 이미지를 여러 번 연습하면서 루이사의 악몽이 점차 사라지기 시작했다.

루이사와 치료사는 회피를 다루기 위해 지역 기차역을 방문하여 함께 작업 했으며, 그 후에는 루이사가 부모님을 방문할 때에는 토마스가 사망한 장소에 꽃을 두었다. 부모님은 토마스의 방을 정리하길 원치 않았고, 루이사는 토마스의 소지품을 살펴보기로 마음먹었다. 그녀는 서랍에서 가족이 함께 찍은 사진을 발견하고 가족들이 서로를 얼마나 사랑했는지 기억하기 위해 보관했다. 루이사와 가족들은 토마스의 생일을 항상 그가 바다 수영을 좋아했던 해변에서 함께 보내기로 했다. 시간이 지날수록 루이사는 토마스가 죽은 날보다는 토마스와 함께한 행복한 추억을 더 많이 떠올릴 수 있게 되었다는 것을 깨달았다.

추천도서

Grey, N. (2009). Imagery and psychological threat in PTSD. In L. Stopa (Ed.). *Imagery and the threatened self: Perspectives on mental imagery and the self in cognitive therapy* (pp. 137–165). Routledge.

Oulton, J. M., Strange, D., Nixon, R. D., & Takarangi, M. K. (2018). PTSD and the role of spontaneous elaborative "nonmemories". *Psychology of Consciousness:Theory, Research, and Practice, 5*(4), 398–413.

Chapter **11**

정신증 관련 PTSD

아브디는 자신이 체포될 것이라고 믿는 정신증 에피소드를 겪은 후, 환각에 대한 악몽을 꾸며 경찰에 대한 두려움을 갖게 되었다. 그의 치료사는 그가 겪은 일을 이해하고 그 경험에 대한 기억을 처리하는 데 도움을 주었다.

정신증적 경험은 종종 끔찍하다. 사람들은 악몽 같은 환각을 완전히 현실로 인식하거나 자신의 생명이 심각한 위험에 빠져 있다는 망상에 사로잡힐 수 있다. 정신증적 경험은 약물 사용, 의학적 섬망, 정신증적 장애 또는 심각한 정신 질환 등 다양한 이유로 발생할 수 있다. 가장 심각한 정신증적 증상을 겪는 사람들은 치료와 관련된 혐오스러운 경험(예: 강제 입원, 감금, 격리)이나 무모한 행동, 자살 시도와 같은 무질서한 행동으로 인한 혐오스러운 경험을 할 수도 있다. 어떤 경우에는 정신증적 증상 및 관련 경험으로 인해 정신증 관련 외상 후 스트레스 장애(PR-PTSD)라고 하는 PTSD가 발생할 수 있다.

정신증적 경험이 DSM-5에 따른 PTSD 진단의 기준 A를 충족하는지 여부는 논란이 되고 있다. 객관적인 사망이나 심각한 부상의 위협이 존재하지 않더라도 주관적으로 이를 경험할 수 있다. 정신증을 경험한 사람들 중 상당수가 이후에 PTSD 증상을 보고하기 때문에 (Buswell et al., 2021) 정신증적 경험에 대한 외상 기억을 다른 유형의 PTSD와 유사하게 다루는 경향이 있다.

이 장에서는 정신증 관련 PTSD(PR-PTSD)에 중점을 두지만, 정신증과 PTSD가 교차하는 다른 방식도 있다(Morrison et al., 2003). 특히 어린 시절의 부정적이고 충격적인 경험이 정신증과 연관되어 있는 경우가 많다(Bendall et al., 2008; Varese et al., 2012). 게다가 PTSD를 겪은 많은 사람들이 정신증과 유사한 증상을 경험하는데, 주로 외상 기억과 직접적으로 또는 주제와 연관된 내용으로 간접적으로 연결된 시청각적인 환각을 포함한다(Brewin, & Patel, 2010). 최근에는 이차적인 정신증적 특징을 가진 PTSD의 하위 유형이 제안되었다(PTSD-SP; Compean, & Hamner, 2019). 기억 과정, 부정적 신념, 감정 조절, 해리, 과잉 경계와 같은 주의력 과정 등 몇가지 유사한 메커니즘이 정신증과 PTSD의 기저에 깔려 있을 수 있다(Hardy et al., 2016).

🌿 정신증적 경험 후 PTSD 치료하기

공유된 이해 만들기

PR-PTSD(정신증 관련 PTSD) 경우 내담자는 자신이 겪은 일에 대한 이해가 부족할 수 있고, 무엇이 진짜인지 아닌지에 대해 불확실할 수 있으므로 정상화, 심리교육, 공유된 공식화가 특히 중요하다. 좋은 출발점은 내담자와 함께 정신증적 경험의 맥락을 탐색하는 것이다. 그것이 언제, 어디서, 어떻게 처음 발생했는지 그리고 그 내용(외부 및 내부)에서 무엇을 경험했는지, 내담자는 무슨 일이 벌어지고 있는지 어떻게 이해했는지를 탐색하는 것이다. 원인에 따라 정신증적 증상과 경험이 어떻게 발생할 수 있는지, 얼마나 흔한지, 특정 맥락에서 어떻게 촉발되었는지에 대한 공동 연구가 필요할 수 있다. 많은 경우, 환각과 망상의 내용은 당시의 자극이나 스트레스 요인 및 이전의 삶의 경험과 어느 정도 관련이 있다. 이러한 가능한 연관성을 탐색하면 내담자 경험의 본질을 더 잘 이해하고 왜 그런 일이 발생했는지에 대한 정상화된 설명을 제공하는 데 도움이 될 수 있다.

스티븐은 심각한 흉부 감염으로 중환자실에 입원했습니다. 그는 입원하는 동안 여러 차례 환각을 경험했는데, 주로 병동에 숨어 있는 복면을 쓴 남자 무리와 관련된 환각이었습니다. 가끔은 침대 주위에 사람들이 몰려 있는 것을 보고 그들이 자신을 죽이려고 한다고 생각하기도 했습니다. 한 번은 그들이 자신을 질식시키려는 듯한 경험도 했습니다. 스티븐은 아무것도 저항할 수 없었고 두려움과 무력감을 느꼈습니다.

치료 과정에서 스티븐과 치료사는 온라인에서 정보를 검색하여 자신의 경험을 이해하려고 노력했습니다. 그들은 중환자실 환자의 최대 80%가 섬망을 경험하며 무서운 환각과 망상이 매우 흔하다는 연구 논문을 발견했습니다. 또한 일부 사람들은 PTSD로 발전하기도 하지만 일반적으로 퇴원 후에는 이러한 경험이 재발하지 않는다는 내용도 읽었습니다. 그들은 집중 치료 후 PTSD를 겪는 사람들을 지원하는 온라인 커뮤니티를 발견했습니다. 스티븐은 자신이 정신을 잃고 있는 것은 아닐까 걱정하는 마음을 덜 수 있었습니다.

치료사는 스티븐에게 복면을 쓴 남성들이 과거에 보거나 들은 기억이 있는지 물어보았습니다. 스티븐은 북아일랜드 내전 당시 북아일랜드에서 자랐고, 복면을 쓰고 다니는 준군사 단체를 무서워했던 기억이 떠올랐습니다. 그들은 이러한 기억이 스티븐의 환각과 망상에 영향을 미쳤을 가능성을 고려했습니다. 또한 실제 사건이 이러한 이상한 경험을 촉발했을 가능성도 고려했습니다. 예를 들어, 병동 회진 때 스티븐의 침대 주변에 사람들이 몰려 있었고, 그는 인공호흡기를 달고 있었기 때문에 질식할 것 같은 느낌이 삽관과 같은 의료 시술과 연관이 있을 수도 있었습니다.

FAQ 어떤 기억이 '진짜'인지 불분명한 경우 어떻게 해야 하나요?

치료사들은 때때로 '현실'에서 일어나지 않은 사건에 대한 기억을 '공모'하거나 강화할 위험이 있는 정신증적 경험(구성된 기억, 10장 참조)에 초점을 맞춘 기법을 사용하는 것에 대해 우려합니다. PR–PTSD를 가진 내담자는 종종 자신의 기억이 실제 일어나지 않았거나 일어날 수 없는 사건과 관련되어 있다는 것을 알고 있습니다. 그러나 어떤 사람들은 그런 일이 일어났다고 확신하지 못하거나, 심지어 그 일이 일어났다고 믿기도 합니다.

내담자의 인식이나 신념에 너무 빨리 직접적으로 이의를 제기하면 내담자의 경험을 무효화하고 치료 관계가 손상될 위험이 있습니다. 대신에, 내담자가 자신의 경험에 대해 다른 설명을 고려했는지(예를 들어 다른 일이 있었을 가능성은 없는지), 다른 설명이 그들의 경험과 얼마나 잘 부합되는지, 그 설명이 현재 이해하고 있는 것보다 덜 괴로운지 등을 조심스럽게 탐색합니다. 가능하다면 정신증적 경험에 대한 심리적 설명을 발전시키는 것이 바람직하지만, 이것이 치료에 필수적인 것은 아닙니다. 실제 사건이든 아니든 고통스러운 기억은 일반적인 인지치료 기법을 사용하여 외상 기억으로 다룰 수 있으므로 상황의 정확한 진실을 아는 것이 필수적인 것은 아닙니다. 이 장 전체에서 '정신증적 경험'이라는 용어를 사용하지만, 내담자에게 항상 이 용어를 사용하지 않으며, 내담자가 자신의 경험을 설명하는 방식에 따라 진행됩니다.

때로는 실제로 어떤 일이 일어났는지 명확하지 않을 수 있습니다. 이 문제를 해결하려는 시도는 내담자와 치료사가 가능한 모든 출처의 정보를 사용하고 논리, 추측 및 상식을 적용하는 공동 작업이 될 수 있습니다. 때로는 결정적이지 않을 수 있으며, 치료사와 내담자는 무슨 일이 일어났는지 정확히 알 수 없는 데 동의할 수도 있습니다.

리는 홍콩에서 조직범죄 네트워크인 삼합회의 일원이라고 밝힌 두 남성에게 마약을 이용한 성폭행을 당했습니다. 그녀는 이후 영국으로 이주했지만 삼합회가 자신을 지속적으로 감시하고 있으며, 그들의 신원을 밝히면 자신을 찾아내서 죽일 것이라고 확신했습니다. 이는 외상을 겪을 당시 남성들이 리에게 했던 위협과도 일치했습니다. 그녀의 치료사는 리가 홍콩에 생활했던 사실(남성들이 그녀와 매우 잘 연결되어 있어 그녀를 찾을 수 있었을 가능성)과 현재의 사실을 구분할 수 있도록 도와주었습니다. 리와 치료사는 PTSD가 현재의 위협감으로 이어질 수 있고, 이것이 리의 현재 안전 불감증을 부추겼을 수 있다는 심리적 설명에 대해 논의했습니다. 그런 다음 일련의 행동실험을 통해 삼합회가 현재 그녀를 감시하고 있는지 여부를 테스트했습니다. 예를 들어, 리는 자신의 휴대폰에 도청장치가 설치되어 있다고 믿었기 때문에 치료사에게 전화를 걸어 강간 경험을 언급하고 부정적인 결과가 있는지 확인했습니다. 아무 일도 일어나지 않자 리는 위험을 무릅쓰고 그들의 이름 중 하나를 적어 병원 게시판에 붙이기로 결심했습니다. 리와 그녀의 치료사는 삼합회가 그녀를 찾을 수 있는 힘을 가졌는지 확실히 알 수 없었지만, 아무 일도 일어나지 않자, 리는 현재 그녀가 감시당하거나 미행당하고 있지 않을 것이라고 결론지었습니다.

정신증적 경험에 대한 신념

내담자들은 정신증적 경험을 했다는 것이 무엇을 의미하는지에 대해 '나는 정신을 잃었고 다시는 돌아오지 못할 것이다.'와 같은 괴로운 신념을 갖는 경우가 흔하다. 이러한 두려움은 개인적 경험이나 사회적 맥락에서 비롯될 수 있다. 예를 들어, 부모가 심각한 정신질환으로 입원한 경험이 있어서 자신도 정신질환을 물려받을까 두려워하거나, 지역사회에서 정신질환으로 인해 거부당하거나 조롱당하는 다른 사람들을 목격한 경험이 있을 수 있다. PR-PTSD 증상은 기괴하고 예측하기 어려워서 이러한 두려움을 더욱 악화시킬 수 있으며, 특히 재경험 증상이 발생할 때 정신증적 경험이 다시 일어나는 것처럼 느껴질 수 있다. 또한 사람들은 정신증적 경험이 재발할까 봐 걱정하며 지각 왜곡과 같은 경고 신호에 과도하게 경계할 수 있다. 때로는 정신증적 경험의 원인에 대한 심리교육만으로도 이러한 우려를 해결할 수 있지만, 특정 공포를 테스트하기 위한 안내적 탐색, 연구, 행동 실험과 같은 추가적인 인지 작업이 필요할 수 있다. 정신증적 증상이 지속되거나 재발하는 사람들에게는 '잘 지내기' 계획을 세우는 것도 중요한 개입이 될 것이다.

아미는 축제에서 MDMA(3,4-메틸렌디옥시메탐페타민, 일명 엑스터시)를 복용한 후 일련의 고통스러운 환각 증상을 겪었습니다. 그녀는 많은 사람들 속에 있었고 그들이 자신의 영혼을 빼앗으려 한다고 믿었습니다. 얼굴이 일그러지고 위협적으로 보였으며, 아미는 자신이 '죽은 자들'이 있는 지옥에 있다고 생각했습니다. 축제 이후 수개월 동안 아미는 그 경험에 대한 악몽과 지인들의 얼굴이 왜곡되어 나타나는 플래시백을 경험했습니다. 때때로 그녀는 자신이 죽어서 지옥에 있다고 믿었습니다. 아미는 자신이 약을 복용하여 정신이 영구적으로 손상되어 정신병원에 입원하게 될 것이라고 믿었습니다. 아미의 치료사는 그녀가 환각 경험을 조사하는 데 도움을 주었습니다.

아미는 이전에 MDMA를 복용한 적이 있지만 아무런 부작용이 없었고, 축제에서 복용한 약에 LSD(리세르그산디에틸아미드)나 MDA(메틸렌디옥시암페타민)와 같은 다른 물질이 섞여 있을 수 있다는 사실을 깨달았습니다. 이는 생생한 환각을 설명할 수 있었습니다. 치료사는 아미에게 현재 겪고 있는 증상이 PTSD의 전형적인 증상이며 뇌가 영구적으로 손상되었다는 것을 의미하지 않는다고 설명했습니다. 그들은 사람들이 정신과 시설에 입원하는 이유를 조사한 결과, 아미의 증상이 입원 기준에 부합하지 않는다고 결론지었습니다. 또한 아미가 죽어서 지옥에 갔을 가능성에 대해서도 논의했습니다. 아미는 자신에게 좋은 일이 일어나야만 이 사실을 확실히 알 수 있다고 생각했고, 다시 좋은 감정을 경험할 수 있는지 알아보기 위해 행동 실험으로 삶을 되찾는 계획을 세우는 데 동의했습니다. 아미는 '마음을 다스리기' 위해 다양한 조치를 취하고 있었습니다. 그녀는 술을 마시거나 약물, 포함 약도 복용하지 않았습니다. 매일 명상하고, 사람이 많은 곳을 피하며, 사람들의 얼굴이 일그러질까 봐 쳐다보지 않으려고 애쓰고 있었습니다. 아미는 이러한 전략이 실제로 정신을 잃는 것을 방지하는지 테스트하기 위해 몇 가지 행동 실험을 해 보기로 동의했습니다. 아미는 치료사와 함께 번화한 쇼핑센터로 갔습니다. 아미는 불안감을 느꼈지만 정신을 잃지는 않았습니다. 치료사는 자극 변별을 사용하는 방법을 가르쳐 주었고, 아미는 왜곡되지 않은 사람들의 얼굴을 보면서 이를 연습했습니다. 아미는 또한 와인 한 잔을 마시는 실험과 파라세타몰 알약을 복용하는 실험을 시도했지만, 그 어느 것도 환각을 다시 일으키지 않았습니다. 아미는 자신이 겪고 있는 증상이 정신이 영구적으로 손상되었다는 징후가 아니라 PTSD 때문이라는 결론을 내렸습니다. 증상이 호전되면서 그녀는 자신이 죽어서 지옥에 가지 않았다는 사실도 확신하게 되었습니다.

> **핵심 인지**
>
> • 사람들이 나를 해치려 한다.
>
> • 나는 정신을 잃었다.
>
> • 무엇이 진짜이고 무엇이 아닌지 모르겠다.
>
> • 가해자가 내 마음속을 볼 수 있다.
>
> • 사람들은 내가 미쳤다고 생각한다.

환각에 대한 기억 재연 및 업데이트

정신증적 경험으로 인한 외상 기억을 다룰 때는 해당 사건을 상상으로 재연하거나 글로 서술하고 업데이트하면서 외부에서 일어난 사건처럼 대응할 수 있다. 내담자가 해당 경험이 환각이나 망상이었다는 것을 인지하고 있다면, 그 사건이 실제로 일어나지 않았다는 정보를 업데이트하는 것이 유용할 수 있다. 또한 만약 그들이 잘못된 인식을 유발한 자극을 확인할 수 있다면 해당 정보를 포함하여 업데이트할 수 있다. 필요한 경우, '나는 지금 위험하지 않다.'와 같은 정신증적 경험에 대한 정보나 현재의 안전에 대한 정보를 업데이트에 포함할 수 있다.

기억이 단편적이거나 맥락을 파악하기 어려운 경우, 내담자와 치료사는 가능한 경우 무슨 일이 일어났는지에 대한 일관된 이야기를 만들려고 시도할 수 있다(8장). 공백을 채울 수 없는 경우에는 핫스팟을 개별적으로 재연하고 업데이트할 수 있다.

스티븐은 중환자실에서 섬망을 경험한 후 자신의 경험에 대한 서술문을 작성했습니다. 그는 여러 가지 단편적인 기억을 보고했기 때문에 치료사와 함께 스티븐이 악몽을 꾼 경험의 일부를 포함하여 대표적인 기억을 골라 글로 썼습니다. 그리고 스티븐의 병원 기록과 아내의 기억을 바탕으로 가능한 경우 상황에 맞는 세부 정보를 볼드(**굵은 글씨**)로 추가했습니다. 또한 핫스팟 업데이트(밑줄)도 점진적으로 추가했습니다.

"저는 2월 22일에 폐렴으로 입원했습니다. 2주 동안 상태가 좋지 않았고 계속 악화되어 결국 병원에서 입원 치료가 필요하다고 결정했습니다. 병동에서 항생제, 수액 및 산소를 투여받았지만 여전히 몸 상태가 좋지 않았습니다. **기억은 나지 않지만 그날 밤 늦게 인공호흡기가 필요해 중환자실로 옮겨졌습니다.** 중환자실에서 정말 강렬한 꿈을 꾸기 시작했습니다. 병동에 복면을 쓴 남자들이 침대 밑과 커튼 뒤에 숨어 있었습니다. 지금 알게 된 사실은, 중환자실에서 흔히 겪는 섬망 증상이었고, 이는 제가 투여받은 약물로 인한 흔한 증상일 것입니다. 일시적인 문제라는 것을 알았고 더 이상 그러한 증상은 없습니다. 그 남자들은 실제로 존재하지 않았고, 제가 보고 진짜 사람이라고 생각한 것은 병동에서 움직이는 사람들의 그림자일 것입니다.

어떤 기억에선 남자들이 제 침대 주변에 모였습니다. 그들은 복면 마스크를 쓰고 있었습니다. 지금 알게 된 사실은, 병동 회진 때처럼 사람들이 제 침대 주위에 모였을 수도 있고, 저에게 어떤 치료를 하고 있을 때 위협적이라고 생각했을 수도 있었습니다. 저의 어려웠던 기억이 꿈에 섞여서 복면을 쓴 사람들이 보였을지도 모릅니다. 남자들이 제 입을 막아서 소리를 지르지 못하게 했습니다. 그들은 제 입에 무언가를 넣었습니다. 그들이 저를 질식시켜 죽이려는 것 같다고 생각했습니다. 지금 생각해 보니 인공호흡을 할 때처럼 의학적 처치였을 수도 있고, 제 정신이 꿈과 혼동된 것일 수도 있어요. 전 아직 살아있습니다. 거울을 보고 제 모습을 볼 수 있으니까요. 휴대폰으로 저와 손주들의 사진을 볼 수 있습니다. 심호흡을 하며 이제 숨을 쉴 수 있다는 것을 스스로에게 보여 줄 수 있습니다.

이런 다양한 꿈을 많이 꿨는데 영원히 계속될 것만 같았습니다. 이제야 알게 된 사실은, 저는 3일 동안 중환자실에 있었다는 것입니다. 저는 더 이상 그곳에 있지 않고 집으로 돌아왔습니다. 그 다음 분명하게 떠오른 기억은 아내가 저에게 괜찮아질 거라고 말하는 것이었습니다. **산소 수치가 안정되자 저는 다시 병동으로 옮겨졌습니다. 제가 중환자실에 있는 동안 아내가 병문안을 많이 왔지만 기억이 나지 않습니다.** 정말 기절할 것 같았지만 앤이 옆에 있어서 안심이 되었습니다. 혹시 복면을 쓴 남자가 있을까 싶어 주위를 둘러봤지만 아무도 보이지 않았습니다. 며칠이 지나자 상태가 호전되고 머리가 맑아지는 느낌이 들었습니다. 3월 6일에 퇴원하여 집에서 계속 회복 중이었습니다."

🌱 내담자가 정신증적 증상이 지속되는 외상 기억에 대해 작업하기

PR-PTSD를 겪은 많은 사람들은 정신증적 경험을 극복한다. 그러나 일부 내담자는 정신증적 장애나 PTSD로 인해 이차적으로 정신증적 증상을 계속 겪을 수 있다. 동반이환 문제는 20장에서 다루며, 증거 기반 치료법을 사용하여 신중하게 평가하고, 내담자와 함께 공동으로 의사 결정을 내려 다양한 장애를 가장 효과적으로 다루는 방법을 찾아야 한다. 현재 가이드라인(NICE, 2014)과 점점 더 많은 증거(de Bont et al., 2016; Keen et al., 2017; Paulik et al.,

2019; van den Berg et al., 2015; Ward-Brown et al., 2018)에 따르면 정신증의 맥락에서 PTSD 치료가 가능하고 효과적이며 안전한 것으로 나타났다. Van den Berg 등(2020)은 정신증 상황에서 PTSD를 다루는 단계적 접근법을 설명하며, 여기에는 공유된 공식화와 심리교육, 외상에 초점을 맞춘 기억 작업, 관련 평가 작업이 포함된다. 이러한 단계는 유연하게 적용될 수 있으며, 필요에 따라 정신증에 대한 CBT기술도 포함할 수 있다(예: Morrison, 2017). 이 장에서 설명한 모든 전략은 정신증적 증상이 지속되는 사람에게도 PTSD가 치료가 우선순위이자 초점인 경우 사용할 수 있다. 몇 가지 추가 고려 사항이 중요할 수 있다.

● ● ●

FAQ 플래시백과 환각을 어떻게 구분하나요?

재경험 증상과 환각은 유사한 특성이 많기 때문에 구분하기가 어려울 수 있습니다. 환각은 종종 과거 경험의 측면을 포함하면서 '현재'에 있다고 느낍니다(Hardy et al., 2005). 그러나 이는 직접적인 경험의 재생이 아니라는 점에서 전형적인 플래시백과 다를 수 있습니다. 예를 들어, 공격자나 학대자의 목소리 또는 다른 박해하는 목소리를 듣는 경우가 있습니다. 이 목소리들은 외상 당시와 주제가 비슷하지만 정확히 같지는 않습니다. 이는 외상 관련 환각으로 간주되는 경향이 있습니다. 반면, 플래시백은 외상이 다시 발생하는 것 같은 경험을 하고, 이후에 그것을 기억으로 인식하는 것을 의미합니다.

내담자가 PTSD와 환각 증상을 구별하고, 명명하고, 기록할 수 있도록 지원하는 것은 경험에 대한 예측 가능성과 통제력을 키우는 데 도움이 될 수 있습니다. 다양한 증상이 언제, 어떻게 시작되었는지 되돌아보는 것도 특정 사건과 서로 어떻게 인과적으로 연결되어 있는지 이해하는 데 도움이 될 수 있습니다.

정신증적 증상을 관리하기 위해 대처전략 가르치기

내담자가 정신증적 증상을 어느 정도 통제할 수 있도록 돕는 것은 특히 내담자가 압도감을 느끼는 경우 유용할 수 있으며, 관련 외상기억에 접근하는 데 도움이 될 수 있다. 지속적인 환각을 관리하는 작업에는 대처 전략 강화(Tarrier et al., 1990), 목소리의 힘을 테스트하여 명령 환각에 대응하기(Birchwood et al., 2014), 정신증에 대한 CBT에서 파생된 기타 기법(Morrison, 2017) 등이 활용될 수 있다.

기억작업에 대한 설득력 있는 근거 만들기

PTSD와 정신증을 앓고 있는 사람들은 과거의 기억뿐만 아니라 환각이나 망상적 신념으로 인한 현재의 두려움으로 어려움을 겪을 수 있다. 이 경우, 기억 작업을 하는 이유는 괴로운 기억을 다루는 것이 현재의 우려에 대처하는 데 도움이 될 수 있기 때문이다. 외상 기억으로 인한 현재의 위협감을 줄이는 것은 현재의 일부 정신증적 증상에 긍정적인 영향을 줄 수 있다(Brand et al., 2018).

일시적인 증상 악화에 대비하기

외상 기억에 대한 작업 후 PTSD 재경험 증상이 일시적으로 증가할 수 있는 것처럼, 환청과 같은 정신증적 증상도 일시적으로 더 심해질 수 있으며, 이는 경우에 따라 치료 중단을 유발할 수 있다(Brand et al., 2020). 이를 완화하기 위해 우리는 작업을 시작하기 전에 내담자와 그 가능성에 대해 논의하고 치료 과정 동안 증상을 면밀히 모니터링한다. 내담자는 일반적으로 특정 형태의 스트레스가 증상을 증가시킨다는 사실을 알고 있기 때문에, 일시적으로 증상이 심해질 수 있다는 설명을 비슷한 방식으로 하면 보통 이해하게 된다.

해리에 대한 우선순위 지정 및 적응

해리는 PTSD와 정신증 모두에서 중요한 공유 과정일 수 있으므로 치료 초기에 이 문제를 해결하는 것이 중요하다(6장). Paulik 등(2020)은 이미지 재구성을 사용하여 치료 중인 목소리를 듣는 사람들의 해리를 관리하기 위한 유용한 임상적인 권장 사항을 제시한다. 치료사와 내담자는 그라운딩 전략과 같은 기법뿐만 아니라, 예측 불가능성과 불확실성을 줄이기 위해 재구성을 시작하기 전에 세부 사항에 동의하고, 감정의 강도를 줄이기 위해 외상기억 초기에 재구성를 도입하는 등 필요에 따라 재구성의 속도를 조절하며, 치료사가 재구성를 주도하고 해리를 모니터링하고 필요에 따라 내담자를 안심시키고 그라운딩을 하는 등 재구성 과정을 약간 조정할 것을 제안한다.

치료 목표 공식화

외상 경험과 정신증적 증상 사이에는 서로 다른 경로가 있을 수 있다(Hardy, 2017). 이미 언급한 대로, 일부 환각은 특정 외상 경험과 분명히 관련되어 있으며, PTSD에서 발견되는 것과 마찬가지로 맥락이 없는 외상 기억으로 설명될 수 있지만, 기억으로 경험되지 않고 대신 현재의 외부 위협으로 경험될 수 있다(Steel et al., 2005). 이러한 유형의 기억은 비교적 제한적이며 정신증적 증상과 직접적으로 연결되므로, 상상적 재연 및 업데이트가 가장 적합할 수 있다. 두 번째 경로는 목소리를 특정 외상 기억에 연결하는 것이 아니라 외상 기억의 영향을 받은 신념에서 생성된 청각적 이미지로 연결한다. 예를 들어, 학대적인 관계를 경험한 사람은 알 수 없는 사람들이 자신의 외모에 대해 언급하거나 위협하는 비판적인 목소리를 환청으로 경험할 수 있다. 환각의 내용이 외상 경험과 간접적으로 또는 주제적으로 관련되어 있는 경우에는 상상적 재연보다 이미지 재구성이 더 도움이 될 수 있다(Paulik et al., 2019, 케이스 시리즈 및 tip 참조).

🌿 치료실 노트: 압디

압디는 소말리아에서 태어나 10대에 가족과 함께 영국으로 이주했다. 압디는 처음에 영국 생활에 적응하는 데 어려움을 겪었고, 새로운 학교에 적응하는 데도 힘들어하며 고향 친구들을 그리워했다. 가족은 처음 살았던 임시 거주지에서 이웃 주민들로부터 인종 차별을 경험하기도 했다. 압디가 18세에 학교를 졸업하면서 가족들은 안정된 거주지를 찾게 되었고, 압디는 현지에서 친구들을 사귀었다.

압디는 정기적으로 마리화나를 피웠고 때로는 카트를 씹기도 했다. 그는 경찰이 자신을 미행하고 체포하여 소말리아로 강제 소환할 계획이라고 믿는 등 피해망상 증상을 보이기 시작했다. 어느 날 밤, 친구의 집에서 압디는 환각을 경험하기 시작했다. 친구들이 자신을 소말리아 당국에 신고했고 군인들이 자신과 가족을 체포하기 위해 집으로 오고 있다고 믿었다. 그는 군인들이 친구의 집에 침입하려는 환청과 환시를 보고 화장실에 숨었다. 그의 가족은 겁에 질린 전화를 수없이 받은 후 구급차를 불렀다. 압디는 며칠 동안 정신과 병동에 입원하여 진단을 받고 약을 처방받았다. 그 후 그는 조기 정신증 개입 팀에 의뢰되었다.

그 후 몇 달 동안 압디의 정신 상태는 안정되었고 의료진의 조언에 따라 기호용 약물 사용을 중단했다. 그는 더 이상 체포될 것이라는 피해망상적 신념을 갖지 않았지만 여전히 경찰에 대한 두려움을 가지고 있었다. 군인에 대한 환각은 더 이상 나타나지 않았지만 화장실에 자신을 가두었던 밤의 기억을 되새기고 있었다. 그는 군인들이 자신을 체포하러 오는 꿈을 꾸었다. 압디는 좁은 방에서 긴장감을 느꼈고 화장실 문을 잠그는 것을 싫어했다. 특히 밤에서 제복을 입은 사람을 보면 불안을 느꼈고, 친구들을 만나는 것을 피했다. 압디의 치료사는 그의 PTSD를 진단하고 압디와 진단에 대해 논의했다.

압디와 치료사는 함께 그날 밤에 일어난 일에 대해 공유된 이해를 발전시켰다. 치료사는 마리화나와 카트의 효과에 대해 설명하며, 이들이 둘 다 편집증을 유발할 수 있다고 말했다. 압디는 이전에 약물에 대한 나쁜 반응을 보이는 사람들에 대해 들어본 적이 있었지만 그것이 그의 사고 과정에 영향을 미칠 수 있다는 것을 깨닫지 못했다. 또한 치료사는 에피소드가 발생하기 전에 압디가 받은 스트레스에 대해서도 이야기했다.

이웃의 학대를 포함하여 여러 어려운 삶의 사건을 경험했으며 가족을 부양하기 위해 직업을 구해야 한다는 압박감을 느끼고 있었다. 또한 압디의 피해망상적인 신념과 환각의 내용이 압디의 어린 시절에 불안정하고 종종 무서운 환경이었던 소말리아에서 성장한 경험 사이의 어떻게 연결되어 있는지 논의했다. 체포에 대한 두려움은 압디가 장기간 망명 절차를 겪으며 추방될까 봐 끊임없이 두려워했던 경험과도 관련이 있는 것으로 보였다. 압디의 공식은 [그림 11-1]에 나와 있다.

이 대화는 압디의 정신증 에피소드를 스트레스에 대한 이해 가능한 반응으로 정상화하는 데 도움이 되었다. 치료사는 PTSD에 대해 설명하면서 압디의 무섭고 혼란스러운 경험이 제대로 기억 체계에 정리되지 않아 이미지나 악몽의 형태로 계속해서 떠오르는 것을 찻잔 선반의 비유를 사용하여 설명했다. 그들은 압디가 체포될 것이라고 믿었던 그날 밤의 이야기를 글로 작성하고, 지금 알고 있는 사실을 업데이터하기로 결정했다. 압디는 이 과정이 도움이 되었다고 생각했고, 치료사와 함께 여러 번 이야기를 읽으며 세부 사항을 명확히 하고 새로운 내용에 대해 논의했다. 그의 재경험 증상은 감소했다.

압디는 제복을 입은 사람들을 경계하고 경찰을 보면 긴장했다. 치료사는 압디에게 자극 변별법을 가르쳤고, 온라인에서 제복을 입은 사람들의 이미지를 보고 소말리아 군인과의 차이점을 알아차리는 연습을 했다. 또한 영국 경찰과 소말리아 당국의 차이점에 대해서도 논의했는데, 압디는 영국에서 경찰과 불쾌한 상호작용을 경험한 적이 있지만 소말리아에서 군인들과 겪었던 경험만큼 직접적으로 위험하지는 않다는 것을 인식하고 있었다. 그들은 작은 방, 치료실 화장실과 그의 집 화장실에서 자극 변별법을 연습했다.

이러한 차이점에 주목함으로써 압디는 몇 가지 행동 실험을 진행하는 데 자신감을 얻었다. 그는 먼저 치료사를 관찰한 후 직접 경찰관에게 다가가 길을 물어보았다. 또한 경찰서에 방문하여 자전거 보안 표시에 관한 정보를 요청하기도 했다. 압디는 이러한 실험으로 경찰의 도움을 받아 체포될 것이라는 자신의 신념에 도전했다.

마지막 몇 번의 세션에서 압디와 치료사는 재발 방지에 집중했다. 압디는 또 다른 정신증

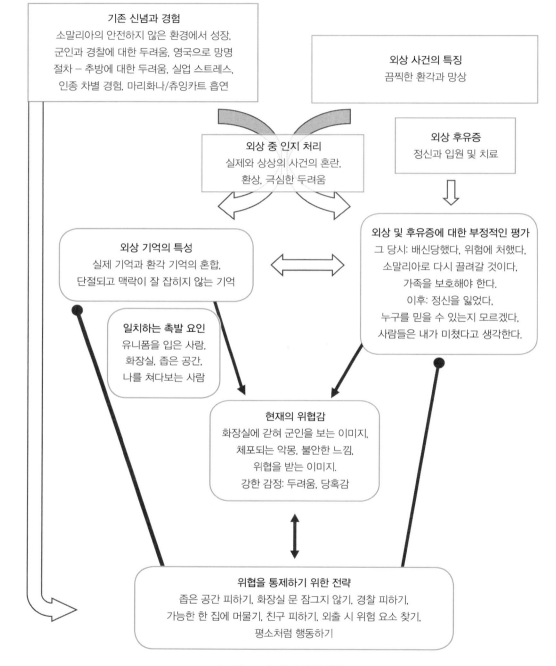

[그림 11-1] 압디의 공식화

에피소드와 이로 인해 자신과 가족들이 소말리아 공동체 내에서 받게 될 수치심에 대해 우려했다. 그들은 압디가 치료에서 도움이 된 방법과 함께 약물 피하기, 규칙적인 수면, 스트레스 관리 등과 같은 일반적인 웰빙 전략을 통합한 '잘 지내기' 계획을 세웠다.

또한 미래에 도움이 필요할 때 어떻게 추가적인 도움을 받을 수 있는지도 논의했다.

추천도서

Paulik, G., Steel, C., & Arntz, A. (2019). Imagery rescripting for the treatment of trauma in voice hearers: A case series. *Behavioural and Cognitive Psychotherapy*, 47(6), 709–725.

Stott, R. (2009). Tripping into trauma: Cognitive-behavioural treatment for a traumatic stress reaction following recreational drug use. In N. Grey (Ed.). *A casebook of cognitive therapy for traumatic stress reactions* (pp. 65–76). Routledge.

van den Berg, D., van de Giessen, I., & Hardy, A. (2020). Trauma therapies in psychosis. In J. C. Badcock & G. Paulik (Eds.). *A clinical introduction to psychosis: Foundations for clinical psychologists and neuropsychologists* (pp. 447–463). Elsevier Academic Press.

PART 3
인지 작업의 복합성

WORKING WITH COMPLEXITY IN PTSD

Chapter 12

강력하게 유지되거나 오랫동안 지속된 신념

베스는 휴일에 성폭행을 당했고 혼자 집에 걸어간 것에 대해 죄책감과 어리석음을 느꼈다고 설명했다. 그녀의 평가는 이전 외상과 관련된 오랜 신념에서 비롯되었기 때문에, 이전 신념을 다루기 전까지는 치료에서 수정하기가 어려웠다.

외상과 그 후유증에 대한 부정적인 평가는 종종 PTSD 경험의 핵심적인 현재의 위협감을 유발한다. 이러한 평가와 그 기저에 깔린 핵심 신념을 다루는 것은 CT-PTSD의 중요한 요소이다. 연구에 따르면 치료 중 외상 관련 평가의 변화가 이후 PTSD 증상의 감소를 예측할 수 있다고 한다(Kleim et al., 2013). 이 장에서 살펴보겠지만, 강하게 자리 잡은 부정적인 평가와 오랜 기간 유지된 핵심 신념(이를 종합하여 '해석'이라고 부르기도 함)은 수정하기 어려울 수 있으므로 이를 다루기 위해 다양한 인지적 및 경험적 기법을 활용한다.

🌱 신념의 확인 대 신념의 붕괴

우리 모두는 자신과 세상에 대한 기본적인 가정, 즉 핵심 신념을 가지고 있으며, 이는 일상생활을 영위하는 데 사용되며 일반적으로 의심의 여지 없이 받아들여진다. 안정된 어린 시절과 '충분히 좋은' 양육을 받은 대부분의 사람들은 비교적 긍정적이고 낙관적인 신념을 가지고 있다. 예를 들어, 그들은 세상과 다른 사람들은 친절하고, 세상에서 일어나는 일은 이치에 맞고 공정하며, 자신은 일반적으로 품위 있고 선하며 가치 있는 사람이라고 생각한다(Janoff-Bulman, 2010). 외상의 경험은 본질적으로 이러한 신념에 강하게 도전하며, 지나

리처드는 해군 대위 출신으로 스트레스가 많은 상황에서 지휘하는 데 익숙했습니다. 그는 압박감 속에서도 침착하고 결단력 있는 모습을 자랑스럽게 여겼습니다. 은퇴 후 리처드는 가게에 있을 때 무장 강도를 당했습니다. 리처드는 당황하여 얼어붙었고, 눈에 띄지 않게 숨고 개입하지 않았습니다. 그 후 리처드는 강도를 막으려 하지 않았다는 사실에 깊은 부끄러움을 느꼈습니다. 침착하고 용감하다고 믿었던 자신의 모습이 산산조각 났고, 이제 자신이 실패자이자 겁쟁이라고 믿게 되었습니다. 그는 중요한 결정을 내려야 할 때마다 자신을 의심하기 시작했고, 또다시 위협적인 일이 발생하면 자신을 믿고 대처할 수 없을까 봐 두려웠습니다.

치게 긍정적이거나 경직된 신념은 심지어 '산산이 부서질' 수 있으며(Janoff-Bulman, 1989), 사람들이 진실이라고 생각했던 모든 것에 의문을 제기하게 만들기도 한다.

어린 시절 외상, 역경, 학대, 방임 등을 경험한 사람은 자신과 세상에 대해 훨씬 더 부정적인 시각을 형성할 수 있다. 자신에게 근본적으로 문제가 있으며, 세상은 안전하지 않고 예측할 수 없으며, 다른 사람들이 자신을 보호하지 않고 해를 끼칠 것이라고 믿으며 성장할 수 있다. 이후의 부정적인 생활 사건은 이러한 신념을 더욱 강화하고 확인하는 증거로 평가될 수 있다. 자신의 신념에 맞지 않는 사건(예: 사람들이 친절하거나 사랑스러운 사례)은 신념에 맞게 저하되거나 왜곡될 수 있다. 예를 들어, 친절한 사람을 약하거나 어리석은 사람으로 분류하는 식이다.

엠마는 부모가 제대로 돌볼 수 없어 보육원에서 자랐습니다. 그녀는 어렸을 때 보육원의 또래 아이들과 직원들로부터 수많은 학대를 경험했습니다. 성인 초기에, 그녀는 신체적, 정서적, 성적 학대를 일삼는 훨씬 나이 많은 남성을 만나 결혼했습니다. 엠마는 이러한 학대가 정상적이고 '익숙한 일'이라고 느꼈다고 이야기 했습니다. 그녀는 자신이 학대를 받아 마땅하고, 자신이 '사랑받을 수 없는 존재'이기 때문에 학대를 받는 것이 '자신이 잘하는 유일한 일'이라고 믿었으며, 이는 어린 시절부터 가지고 있던 신념이었습니다. 남편은 반복적으로 불성실했고 결국 다른 여자를 찾아 떠났고, 엠마는 남편의 학대에서 벗어났음에도 불구하고 큰 충격을 받았습니다. 그녀는 자신이 쓸모없기 때문에 다른 사람들이 항상 자신을 배신한다는 또 다른 증거라고 생각했습니다. 그후 엠마는 새로운 파트너가 자신에게 친절할 때마다 그가 외도를 은폐하고 있다고 의심하고 화를 내고, 반박하지 않으면 나약한 사람이라고 불렀습니다.

치료에서 '붕괴된' 신념을 다루든 '확인된' 신념을 다루든, 우리의 목표는 내담자가 외상을 포함한 광범위한 경험을 수용하고 적응할 수 있는 유연한 신념을 구축하도록 돕는 것이다. 예를 들어, 자신은 '충분히 좋은 사람', 즉 유능하지만 불완전하고 모든 인간과 마찬가지로 판단 오류에 취약하지만 근본적으로 결점뿐만 아니라 강점과 긍정적인 자질을 갖춘 괜찮은 사람이라는 믿음을 갖도록 돕는다. 마찬가지로, 세상은 대체로 안전하고 예측 가능하며 공정하지만, 때로는 완전히 부당한 무작위적인 예외가 있을 수 있다. 이러한 예외는 긍정적일 수도 있고 부정적일 수도 있으며, 대부분의 사람들은 선하지만 드물게 매우 나쁜 사람들을 만날 수 있다는 것을 이해하도록 돕는다. 이러한 신념을 형성하는 것은 지나치게 부정적이거나 경직된 긍정적 신념을 오랫동안 가지고 있는 사람들에게 특히 어려울 수 있다. 하지만 여전히 가능하다. 오랜 신념이라고 해서 항상 PTSD에서 일반적으로 사용하는 것과 다른 인지 전략이 필요한 것은 아니지만, 경험적 기술을 추가하고 신념 변화에 대한 잠재적 장애물을 해결하기 위한 조치를 취할 필요가 있다.

🌿 인지 발견하기

공통된 주제가 있을 수 있지만, 평가는 매우 개인적이기 때문에 사람들이 외상 경험에 부여하는 의미에 대해 가정하지 않는 것이 중요하다. 또한 내담자의 평가에 대해 이야기할 때는 우리 자신의 해석이 아닌 내담자의 말을 주의 깊게 듣고 반영하는 것이 중요하다. 어떤 사람들은 자신의 평가에 쉽게 접근하고 설명할 수 있지만, 어떤 사람들은 자신의 생각과 감정을 말로 표현하는 데 어려움을 겪을 수 있다. 다음은 이를 발견하는데 도움이 되는 최상의 조언이다.

- 물어보기: 어떤 의미로 받아들였나요? '그 당시 무슨 생각을 했나요?' 같은 간단한 질문을 통해 평가를 탐색할 수 있다. 이를 더 탐구하기 위해 '그것은 당신에게 어떤 의미였나요?' 혹은 '당신에게 가장 최악의 것은 무엇인가요?'와 같은 '하향식 화살표' 기법 질문을 사용할 수 있다. 외상으로 인해 신념이 굳어졌는지 또는 깨졌는지 확인하려면 '그것이 항상 믿어왔던 것인가요?' '외상으로 인해 그것에 대해 생각하는 방식이 바뀌었나요?' 또는 '외상 전에는 그것에 대해 어떻게 생각했을까요?'와 같은 질문을 통해 기존의 신념과 변화된 점을 탐색할 수 있다.
- 외상 기억을 활성화하기: 외상 당시의 평가는 외상 기억이 활성화된 경우에만 접근할 수

있다. 기억을 상상적 재연으로 이야기할 때, 당시 무슨 생각을 하고 있었는지 물어본다. 이는 특히 핫스팟과 관련이 있으므로 내담자가 감정을 느끼고 있다면, 공감과 타당화를 제공하는 것과 함께 '핵심 인지(hot cognition)'에 대해 배울 수 있는 좋은 기회이다. 기억 작업 중 또는 이후에 '그 순간에 대해 이야기할 때 꽤 화가 나 보였는데, 그때 무슨 생각을 했나요?'라고 물어보는 등의 방법으로 이 작업을 수행할 수 있다.

- 측정 도구 사용: 외상 후 인지 평가(Post-Traumatic Cognitions Inventory, PTCI; Foa et al., 1999)는 36개의 일반적인 외상 관련 인지(20개 항목 버전도 사용 가능)를 열거하고 있으며, 특히 인지 파악에 어려움을 겪는 경우와 치료 중 인지 변화를 모니터링하는 데 유용한 도구이다. 또 다른 옵션으로는 외상 후 부적응 신념 척도(Post-Traumatic Maladaptive Beliefs Scale; Vogt et al., 2012)도 유사하게 사용할 수 있다. 결과를 함께 검토하고 가장 강하게 지지되는 주제를 논의함으로써 내담자가 각 평가에 대해 자신의 정확한 언어로 표현하도록 도울 수 있다.

- 감정을 따라가기: 내담자의 감정을 활용하여 평가를 발견할 수 있도록 안내한다. 예를 들어, 두려움은 위협에 대한 평가, 죄책감은 책임감에 대한 평가, 분노는 불공평함에 대한 평가, 절망감은 영구적인 변화에 대한 평가와 연결된다. 때로는 내담자가 죄책감과 같은 감정을 설명하지만 위협과 관련된 평가만 보고하는 경우도 있다. 이는 우리가 무엇인가를 놓쳤다는 신호를 제공하며, 더 깊이 탐구하도록 유도한다.

핵심 인지

- 외상은 내가 생각했던 내 모습이 아니란 것을 보여 준다.
- 세상은 내가 생각했던 것보다 더 위험하다.
- 외상은 사람들이 항상 나를 배신하는 또 다른 사례에 불과하다.
- 외상 동안의 나의 반응은 다시 한번 내가 쓸모없는 사람이라는 것을 증명하는 것이다.
- 외상이 일어난 것은 내 잘못이고, 다른 사람들도 그렇게 생각한다.
- 삶은 고통이며, 항상 그럴 것이다.

🌱 인지 기법의 위계 구조

내담자의 주요 평가에 대해 잘 파악하고 나면 고통과 가장 밀접하게 연관된 평가부터 차

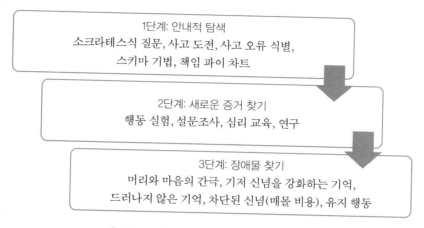

[그림 12-1] 인지 방법의 위계적 구조 모델

레로 다루기를 시작해야 한다. CBT에 사용되는 모든 인지 변화 기법은 잠재적으로 관련성이 있다(요약하자면 Westbrook et al., 2011을 추천한다). 우리는 기법을 선택할 때 위기 구조 전략을 사용한다([그림 12-1]). 이는 모든 사람에게 관련성이 있고 오랜 신념을 가진 사람들을 포함하여 많은 사람들에게 매우 효과적인 안내적 탐색 기법부터 시작한다는 의미이다. 다음 단계로 대부분의 사람들에게 필요한 것은 부정적인 신념에 도전하거나 새로운 신념을 강화하기 위해 적극적으로 증거를 찾는 것이다.

이 두 단계를 통해 신념이 성공적으로 다뤄지지 않은 경우에는 변화의 장애물을 파악하고 이를 다루려고 노력한다. 이러한 모든 단계는 세션 내에서 신념을 식별, 수정 및 테스트하고 새로운 관점이 나타날 때마다 업데이트 기술을 통해 외상 기억에 다시 통합될 수 있다.

평가와 신념에 대한 작업은 결코 누군가가 잘못되었다고 말하거나 비합리적이라고, 우리가 무엇이 옳은지 알고 있다고 말하는 것처럼 느껴져서는 안 된다. 대신 우리는 협력적 경험주의의 접근 방식을 취하여 평가와 그 기원을 함께 이해하고, 대안을 고려하고, 이를 검증할 새로운 증거를 발견하며, 해당 신념을 유지하는 비용과 이점을 평가한다. 여기서는 '사고 오류'라는 더 일반적인 용어를 사용하지만, 우리는 내담자와 함께 이야기할 때는 '사고 패턴'이라는 표현을 선호한다.

1단계: 안내적 탐색

소크라테스식 질문

안내적 탐색은 내담자가 이미 알고 있지만 고려하지 않았거나 간과했던 정보에 대해 주의를 환기시키는 것을 목표로 한다. 소크라테스식 질문과 같은 기법이 이 과정에서 필수적이다. Padesky(1993)가 명확하게 요약한 것처럼, 소크라테스식 질문의 목적은 이미 내린 결론으로 내담자를 안내하는 것이 아니라 내담자의 평가를 이해하고 이를 반영하도록 돕기 위한 진정으로 호기심 어린 접근 방식이다. 치료사는 신념에 대해 자세히 알아보기 위해 탐색적/정보적 질문을 하고, 주의 깊게 경청한 후 요약한 다음 분석적 또는 종합적 질문을 사용하여 내담자의 정보가 자신의 신념과 어떻게 일치하는지 검토할 수 있도록 돕는다.

리차드 치료사는 무장 강도 사건 당시의 그의 행동에 대한 신념을 탐구했습니다.

T(치료사): 외상이 당신이 자신에 대해 생각하는 방식을 어떻게 바꿨나요?

R(리차드): 네, 저는 그냥… 그런 상황에서 어떻게 대응할지 모르겠지만, 전 항상 제가 도와야 할 사람이라고 생각했어요. 뒤에서 움츠리는 사람이 아니라고요. 너무 부끄러웠어요.

T: 그래서 대응 방식이 자신이 생각했던 모습과 맞지 않았나요? 이 일이 있기 전에는 자신을 어떻게 생각하셨는지 자세히 말씀해 주시겠어요?

R: 아시다시피 저는 해군 출신이에요. 그래서 위험에 맞서고, 용감하고, 훈련받는 것에 대한 자부심이 있어요. 위험을 피하는 것이 아니라 위험을 향해 나아가도록 훈련받았죠.

T: 그리고 군 생활 중에 꽤 높은 계급으로 진급한 것으로 알고 있습니다.

R: 네, 저는 종종 배와 꽤 많은 사람들을 지휘했습니다. 책임감이 컸죠.

T: 그런 경험들이 자신을 보는 시각에 영향을 미쳤다고 생각하시나요?

R: 네, 저는 항상 제 자신에 대해 확신이 있었고, 결단력이 강했습니다. 그런데 지금은 슈퍼마켓에서 뭘 사야 할지 결정하지 못해서 너무 당황스러워요.

T: 전에 당황스럽다고 말씀하셨는데 최근에 그런 감정을 많이 느끼셨나요?

R: 네, 제 자신을 실망시킨 것 같고, 다른 사람들이 그런 제 모습을 보고 저를 존중하지 않는 것 같아요.

T: 알았어요, 제가 이해했는지 확인해 볼게요. 당신은 항상 자신을 책임감 있는 사람이자, 위험에 맞서고 다른 사람들로부터 존경을 받는 사람으로 생각해 온 것 같군요. 하지만 강도 사건에서의 대응은 예상과 다르게 나타나서 자신에 대해 의문을 품게 만들었다고 이해하면 되겠군요?

R: 네, 그런 것 같아요. 강도 사건은 너무 갑작스러웠어요. 그리고 직장에 있지 않아서 방심했던 것 같아요. 예상하지 못했거든요.

T: 매우 갑작스럽고 예상치 못한 일이었군요… 그래서 반응에 영향을 미쳤나요?

R: 네, 그런 것 같아요. 해군에서는 모든 일이 계획이 있었고, 체계가 있었고, 다른 사람들도 있었어요. 상황이 발생했을 때 어떻게 대처해야 하는지 알고 있었죠.

T: 그렇군요. 그래서 때때로 위험에 직면하더라도 대처할 수 있는 시스템이 마련되어 있었군요. 하지만 강도사건은 다른 것이죠.

R: 네… 저는 방어 태세를 갖추지 않았고, 그냥 가게에 들른 것이었습니다. 너무 평범한 일이었기 때문에 그런 일을 예상하지 못했죠.

T: 네, 당연히 그랬을 거예요. 방어 태세가 허물어져 있었을 테니까요. 그렇다면 다시 생각해 보면, 다르게 행동할 수 있었던 것은 무엇일까요?

R: 모르겠어요. 그를 제압하려고 해 볼 수도 있었는데, 좋은 위치에 있지 않았고, 가게 주인에게도 위험한 일이었을 거예요. 상황을 진정시키려고 대화를 시도할 수도 있었어요.

T: 그게 효과가 있었을 것 같나요?

R: 글쎄요, 가게 주인은 그를 설득하려고 했지만 그는 내 말을 들을 기분이 아니었어요. 그는 흥분해 있었어요. 약을 먹은 것 같았어요. 저는 그가 무기를 사용할지도 모른다고 생각했어요.

T: 개입했다면 상황이 더 나빠졌을 수도 있었나요?

R: 아마도요. 네, 그럴 수도 있었을 것 같아요.

T: 다르게 행동할 수 있었던 것이 분명하지 않은 것 같나요? 그리고 실제로 행동했다면 상황이 더 나빠졌을 수도 있었나요?

R: 저도 알아요. 그냥 뭔가 조치를 취했어야 했다는 생각이 들어요. 저는 모든 훈련을 받은 사람이고 총기에 대해 잘 알고 있어요. 누군가 뭔가 조치를 취했어야 했다면 그건 바로 저였어요.

T: 네, 알겠어요. 그리고 그것은 외상 이전에 당신이 자신을 바라보던 방식과 일치하는 것 같네요. 위험에 맞설 수 있는 사람으로 자신을 보셨던 것처럼요. 하지만 이 상황은 어떤 면에서는 달랐던 것 같네요. 직장에 있지 않았고, 예상치 못한 상황이었고, 분명하게 취할 수 있는 유익한 행동 방침도 없었으니까요. 그렇다면 어떻게 다르게 대응했어야 했다는 신념과 어떻게 일치하나요?

R: 제 자부심 때문인 것 같아요. 어쩌면 제가 그 상황을 막을 수 없었다는 사실을 인정해야 할지도 모르겠네요.

이 예시에서 치료사는 내담자가 자신의 신념을 고민하고, 그것이 어디에서 비롯되었는지, 그리고 외상 경험과 어떻게 관련되는지를 고려하도록 탐색적인 질문을 제시한다. 치료사는 특정한 방식으로 대화를 주도하기보다는 내담자의 반응을 중심으로 대화를 진행하며, 규칙적으로 요약을 제공한다. 궁극적으로는 대화를 다시 내담자의 신념으로 돌려놓는다.

사고에 도전하기

부정적인 생각을 해결하기 위해 보다 구조화된 기법을 사용할 수 있다. 유용한 전략으로는 '이론 A/이론 B' 접근법을 사용하여 부정적인 신념과 대안적 신념에 대한 증거를 모두 검토하는 것이 있다.

> 라홀은 야간 근무를 담당하던 주니어 의사였는데, 그가 돌보던 환자가 상태가 심각해져 사망했습니다. 라홀은 그 사망에 대해 자신을 탓하며 더 이상 혼자서 환자를 돌볼 수 없다고 생각했습니다. 그는 직업을 바꿀 생각까지 했습니다. 상담 과정에서 라홀의 치료사는 자신에게 책임이 있다는 그의 신념을 탐구했습니다. 라홀은 자신이 책임감 있는 의사가 되기에는 부족하다고 생각했고, 자신이 저지른 다른 실수나 수련 중에 실패한 시험 등 다른 예를 들었습니다. 치료사가 외상 이전에 자신을 어떻게 보았는지 묻자 라홀은 자신이 항상 스스로에게 엄격했고, 평생 동안 성취가 부족하다고 느꼈다고 말했습니다.
>
> 라홀의 치료사는 모든 사람이 가끔 실수를 저지를 수 있으며, 라홀 또한 충분히 훌륭한 의사라는 대안적인 해석을 고려하도록 도왔습니다. 그들은 이러한 대안적 이론을 검토하고, 이를 뒷받침하는 증거를 발견했습니다. 라홀은 지금까지 근무한 곳에서 긍정적인 피드백을 받았고, 의사 과정을 통과할 만큼 충분히 좋은 평가를 받았으며, 환자의 사망에 대한 조사에서도 라홀에게 책임이 없다는 결론이 나왔고, 그가 일을 잘 수행한 많은 사례가 있었습니다.

사고 오류

사람들이 외상을 이해하려고 할 때 사고 오류와 왜곡이 흔히 발생하게 된다. 예를 들어, 사람들이 자신이 다르게 행동했더라면 외상을 예방할 수 있었다고 믿는 사후과잉확신편향(hindsight bias, 역주: 어떤 사건의 결과를 알고 난 후 마치 처음부터 그 일의 결과가 그렇게 나타날 것이라는 걸 알고 있었던 것처럼 생각하는 경향을 말한다. 두산백과 두피디아)은 외상과 관련된 죄책감을 악화시키는 경우가 많다. 일반적으로 이러한 사고 오류는 사람들이 지금 알고 있는 정보(뒤늦게 알게 된 정보)를 사용하여 당시의 결정과 행동의 결과를 판단할 때 발생한다. 이러한 종류의 평가를 다루는 것은 내담자가 외상 당시 알 수 있었던 정보들과 결정을 내릴 때의 맥락(예: 사건이 매우 빠르게 전개되고 충격의 영향)에만 집중할 수 있도록 돕는 것을 포함한 엠마는 20년 동안 학대적인 관계에 있었습니다. 그녀의 평가 중 하나는 남편이 학대를 시작했을 때 남편을 떠나지 않았기 때문에 자신이 '그렇게 되도록 내버려두었다.'는 것이었습니다. 엠마의 치료사는 그녀의 타임라인을 보면서 이 평가를 검토하는 데 도움을 주었습니다. 남편이 처음으로 폭력을 행사한 것은 엠마가 첫 아이를 임신했을 때, 그들의 관계가 시작된 지 6개월 후였습니다. 엠마의 치료사는 타임라인의 나머지 부분을 덮어두고 당시 엠마가 알고 있던 사실과 남편을 떠나지 않은 이유에 대해 생각해 보라고 격려했습니다. 그 당시 엠마는 보호시설을 막 떠나 집이 없었고, 자신을 지지해 줄 가까운 친구나 가족도 없었습니다. 그녀는 경제적으로 남편에게 의존하고 있었고 갓 임신한 상태였습니다. 엠마의 남편은 첫 번째 폭행 이후 사과했고 다시는 그런 일이 일어나지 않겠다고 약속했습니다. 엠마는 남편을 사랑했습니다. 이것은 그녀의 첫 번째 진지한 관계였고, 엠마는 긍정적인 대인관계 경험이 거의 없었습니다. 요컨대, 당시 엠마는 남편의 행동을 이해하는 데 도움이 되는 경험이나 지원이 거의 없는 불안정한 사회적 상황에 처해 있었습니다. 엠마는 그 폭행이 일련의 행동 패턴의 시작이라는 것을 알 방법이 없었고, 일회성으로 끝날 것이라고 믿었습니다.

이러한 방식으로 자신의 역사를 검토한 결과 엠마는 다음과 같은 정당한 이유가 있음을 알 수 있었습니다. 첫 번째 폭행 당시 남편과 함께 있어야 할 충분한 이유가 있었으며, 남편을 떠나는 것은 많은 위험을 수반한다는 것을 깨달았습니다. 이를 통해 사후과잉확신편향을 줄이고 남편을 더 일찍 떠나지 않아서 '그런 일이 일어나도록 내버려두었다.'는 신념을 줄일 수 있었습니다.

다. PTSD의 다른 일반적인 사고 오류에는 지나친 일반화(예: '몇 명의 청소년이 나를 공격했기 때문에 모든 청소년은 위험하다.'), 흑백논리(예: '당신은 선하거나 나쁘기 때문에 나는 나쁘다.'), 감정적 추론(예: '내가 죄책감을 느끼므로 내가 이런 일을 일으킨 것이다.')이 있다. 일반적인 사고 오류에 대해 알아보려면 Burns(2008)를 참조해 본다.

스키마 기법

오랫동안 굳게 믿어온 신념이 순식간에 바뀌거나 '아하!' 하는 순간에 갑자기 바뀌는 경우는 드물다. 대신 신념의 변화는 체계적으로 증거를 수집하고 재평가하면서 천천히 '깎아내리는' 과정에 가깝다. 강한 신념은 인지 부조화, 즉 이미 가지고 있는 신념과 맞지 않는 증거를 경험하면서 불편감을 느끼기 때문에 바꾸기 어렵다. 대신에 새로운 증거는 예외로 분류하거나 '예, 하지만…'이라는 식으로 기존 신념을 유지하는 방식으로 동화될 수 있다. 그러나 기존 신념과 맞지 않는 증거가 점차 축적되면 더 이상 그 증거의 무게에 저항할 수 없는 아그네타는 어린 시절 내내 부모로부터 방치당했습니다 성인이 되어 간병인으로 일하던 중 직장에서 사고를 당해 만성 요통을 앓게 되었습니다. 고용주는 아그네타에게 동정심을 보이지 않았고 아그네타는 직장을 잃었습니다. 아그네타는 자신이 무가치한 존재라고 100% 믿었고, 이는 평생 동안 유지해 온 신념이었지만 사고와 그 여파를 경험하면서 더욱 확고해졌습니다.

치료 과정에서 아그네타의 치료사는 아그네타가 무가치하다는 신념을 다루기 위해 연속체 기법(continua techniques)을 사용했습니다. 그리고 '나는 다른 사람들만큼 가치 있는 사람이다.'라는 대체 신념을 확인했습니다. 치료사는 아그네타에게 어떤 자질이 사람을 가치 있게 만드는지 정의해달라고 요청했고, 아그네타는 다른 사람에게 도움이 되고, 친절하고, 배려심이 많고, 다른 사람에게 사랑받는 사람이라고 답했습니다. 이러한 각 속성에 대해 자신을 평가한 결과, 아그네타는 자신이 항상 다른 사람을 도우려고 노력하고, 직장에서 돌보는 사람들에게 친절하고 배려하며, 딸과 노인들에게 사랑받는 사람이라는 것을 알 수 있었습니다. 그녀는 자신이 가치 있는 사람이라는 신념이 0%에서 20%로 증가했습니다. 치료사는 또한 다른 사람들이 그녀를 배려하고 친절하게 대하거나 존중해 주었을 때를 기록함으로써 자신이 다른 사람들만큼 가치 있는 사람이라는 증거를 수집하기 위해 긍정적인 데이터 기록을 작성하도록 요청했습니다.

임계점(tipping point)에 도달하는 경우가 많다. 이때 Padesky(1994)가 설명한 스키마 변경 방법, 특히 연속체 기법과 긍정적 데이터 기록과 같은 방법이 유용할 수 있다.

책임 파이 차트

PTSD를 가진 사람들은 종종 외상에 대한 자신의 책임을 과대평가하기 때문에 죄책감을 다룰 때 유용한 개입 방법은 책임 파이 차트를 만드는 것이다. 치료사는 내담자가 외상 사건 및 자신의 행동에 기여한 사람이나 상황적 요인을 나열하도록 돕고, 내담자 자신을 목록의 맨 아래에 배치한다. 그런 다음 각 사람이나 요인에 책임의 비율을 할당하고 파이 차트를 그린다. 일반적으로 내담자의 '파이 조각'은 다른 사람들과 나누면서 훨씬 작아진다.

맷은 영국 육군 소속으로 이라크에 근무했습니다. 어느 날 그의 부대가 순찰 중 총격을 받았습니다. 맷은 총격을 응사하여 총격범 중 한 명을 사살했습니다. 나중에 그들은 총격범의 시신과 함께 그의 가족 사진을 발견했습니다. 맷은 '어린 소년의 아버지를 빼앗았다.'며 깊은 죄책감을 느꼈고, 그 남자의 죽음에 대해 자신이 100% 책임이 있다고 평가했습니다.

　치료 과정에서 맷은 총격범의 죽음에 기여한 모든 요인을 나열했습니다. 그 남성이 스스로 총을 들기로 선택한 점과 먼저 총을 쏜 점도 포함시켰습니다. 또한 반격을 명령한 지휘관도 포함했습니다. 맷의 치료사는 그가 이라크에 참전하게 된 요인에 대해서도 생각해 보도록 권유했습니다. 이에 맷은 자신이 군대에 입대하게 된 배경으로 양아버지의 영향이 있었고, 이라크 전쟁을 일으킨 토니 블레어와 조지 부시도 요인으로 포함시켰습니다. 맷은 이러한 모든 요인에 책임의 '파이 조각'을 배분한 후, 그 남자의 죽음에 대한 자신의 책임은 20%로 남겼습니다.

2단계: 증거 찾기

　지금까지 설명한 기법은 종종 평가의 변화를 이끌어 낼 수 있다. 그러나 이러한 변화는 경험적 기법을 통한 강화나 추가적인 검증이 필요한 경우가 많다. 또한 1단계 기법은 내담자가 이미 자신의 신념에 도전할 수 있는 필요한 정보에 접근할 수 있어야 한다는 점에 의존한다. 때로는 사람들이 활용할 수 있는 경험이나 지식이 부족하여 더 많은 조사가 필요할 때도 있다.

행동 실험

　행동 실험은 CT-PTSD의 핵심 기법이다. 외상과 관련된 광범위한 신념을 테스트하고 새로운 신념에 대한 증거를 수집하는 데 사용될 수 있다. 실험은 치료 세션 중에 즉흥적으로 수행될 수도 있으며, 더 많은 계획이 필요하거나 세션 사이에 수행해야 하는 경우도 있다. 행동 실험은 강력하며 종종 내담자에게 가장 기억에 남는 세션 중 하나가 되므로 가능한 경우 상담실 밖으로 나가서 세션 중 행동 실험을 많이 진행해 보는 것이 좋다. PTSD의 행동 실험에 대한 자세한 내용은 Murray와 El-Leithy(2021)를 참조한다.

　무키사는 고국인 우간다에서 동성 관계를 맺은 사실이 드러나면서 구타와 고문을 당했습니다. 영국에서는 공공장소에 나가는 것이 두려웠고, 특히 아프리카 출신 사람들이 동성애자임을 알아채고 공격할 것이라고 믿었기 때문에 그들과 어울리는 것이 두려웠습니다. 무키사와 치료사는 우간다와 영국의 동성애자에 대한 태도가 다르다는 것을 논의했지만, 무키사는 여전히 매우 불안감을 느꼈습니다. 치료사는 무키사의 신념을 테스트하기 위해 몇 가지 행동 실험을 고안했습니다.

두 사람은 함께 번화가를 걸었고, 무키사는 혼자서도 조금 걸었습니다. 그는 학대나 공격을 당하지 않았고 사람들도 그를 쳐다보지 않았습니다. 두 사람은 함께 아프리카 식당에 가서 커피를 주문했습니다. 무키사는 다른 손님들과 다르게 대우받지 않았습니다. 이 경험을 통해 무키사는 자신이 동성애자라는 사실이 다른 사람들에게 드러나지 않았거나, 설령 드러났더라도 그로 인해 차별받지 않았다는 결론에 이르렀습니다.

🐘 유용한 팁: 효과적인 행동 실험을 설계하는 방법

행동 실험이 최대한 영향력 있는 실험이 되도록 하기 위해 다음과 같은 방법을 사용할 수 있습니다:

- 구체적으로 설정하기: 실험을 실제 평가와 비슷한 시험으로 만들려고 노력하세요. 각 실험은 개별적이므로 실험도 그에 맞게 설계되어야 합니다.

- 즉흥성 유지하기: 많은 평가는 그 자리에서 바로 테스트 해 볼 수 있습니다. 항상 기록 양식을 작성할 필요는 없으며, 신념 평가를 확인한 다음 바로 실행하세요!

- 기억에 남도록 만들기: 내담자가 실험을 기억하도록 만들어야 합니다. 때로 내담자의 (그리고 아마도 치료사의) 안전지대를 벗어나는 것을 의미합니다. 실험의 일부로 기발하거나 재미있는 것을 해 보세요.

- 행동 먼저 시범 보이기: 어떤 실험에서는 먼저 행동을 모델링해야 할 필요가 있습니다. 내담자에게 관찰한 후 시도해 보라고 요청하세요.

- 사진 촬영하기: 신념이 깨지는 순간을 포착할 수 있는 사진을 휴대폰으로 찍도록 요청하세요.

- 안전 추구 행동 주의하기: 함께 실험을 하면 미묘한 안전 추구 행동을 발견하는 데 도움이 됩니다. 내담자가 두려운 결과를 피하기 위해 어떤 행동을 하고 있다면, 그 행동을 하지 않고 실험을 다시 시도해 보세요.

- 추진력을 활용하기: 행동 실험이 성공하면 바로 다른 실험으로 넘어갈 수 있는 경우가 많습니다. 여러 세션에 걸쳐 상담실을 떠나 여러 가지 실험을 진행할 수도 있습니다.

- 치료적 관계를 활용하기: 내담자는 불안감이 높을 수 있으므로 강력한 치료적 관계가 필요합니다. 상담 내내 따뜻하고 협력적이며 지지적인 태도를 유지하고 유머를 적절히 활용하세요. 내담자의 한계를 존중하는 것도 중요합니다.

설문조사

신념에 대한 더 많은 데이터를 얻을 수 있는 좋은 방법은 설문조사를 실시하는 것이다. 특히 그 신념이 다른 사람들의 의견과 관련이 있는 경우 더욱 중요하다. 무료 온라인 설문조사 도구를 사용하면 익명으로 설문을 쉽게 설정하고 실시하며 데이터를 수집할 수 있다. 정량적 질문과 정성적 질문을 혼합하여 사용하는 것이 좋으며, 이를 배포할 대상을 내담자와 논의하는 것이 중요하다(233-234페이지).

엠마는 남편이 자신을 학대하기 시작했을 때, 그를 떠나지 않아 자신이 약하고 비겁하다고 다른 사람들이 생각할 것이라고 믿었습니다. 치료사의 도움을 받아 엠마는 친구와 동료들에게 배포할 설문조사를 고안했습니다. 설문은 엠마가 처한 상황을 간단히 설명한 후 다음과 같이 질문했습니다:

- 이 시나리오의 여성에 대해 어떻게 생각하시나요?
- 그녀의 남편에 대해 어떻게 생각하시나요?
- 이 여성이 오랫동안 관계를 유지한 것에 대해 어느 정도까지 나약하고 한심하다고 생각하시나요? (0~100%)
- 답변을 설명해 주세요.
- 이 여성이 떠나지 않아서 학대가 발생한 것에 대해 어느 정도 책임이 있다고 생각하시나요? (0~100%)
- 남편이 학대에 어느 정도 책임이 있다고 생각하시나요? (0~100%)
- 답변을 설명해 주세요.
- 이 여성을 아는 사람이라면 그녀의 경험에 대해 들었을 때 어떤 말을 해 주고 싶으세요?

놀랍게도 응답자 중 엠마가 약하거나 한심하다거나 학대에 책임이 있다고 생각하는 사람은 아무도 없었습니다. 그들은 댓글에서 그녀에 대한 동정심과 걱정을 표현했습니다.

심리교육 및 연구

신념에 대한 정보를 수집하는 또 다른 방법은 심리교육(치료사가 관련 정보에 접근할 수 있는 경우) 및 연구를 이용하는 것이다. 특정 분야의 전문가와 상담하는 것이 유용할 수 있다.

안드레이는 박물관에서 보안 경비원으로 근무하던 중 심장마비로 쓰러진 남성을 심폐소생술로 살리려고 노력했습니다. 안드레이는 응급처치 교육을 받았고 박물관에 비치된 제세동기를 사용했지만 구급대원이 도착하기 전에 남성은 사망했습니다. 안드레이는 충격을 받았으며 심폐소생술 중 무언가 잘못된 것이 있었을 것이라고 믿었습니다. 안드레이의 치료사는 안드레이가 자신의 신념에 대해 조사할 수 있도록 도와주었습니다. 인터넷 검색을 통해 병원 밖에서 소생술을 시도했을 때 생존하는 사람은 10% 미만이며, 병원에서는 그보다 약간 더 많다는 사실을 알게 되었습니다. 치료사는 또한 응급처치 트레이너와 상담할 수 있도록 주선했습니다. 안드레이는 자신이 한 일을 설명했고 트레이너는 자신이 올바르게 행동했으며 그 남자의 생명을 구하기 위해 할 수 있는 모든 것을 다했다는 피드백을 주었습니다. 안드레이는 '내가 모든 것을 올바르게 했지만, 그가 너무 아파서 아무리 내가 또는 다른 사람이 무엇을 해도 살아남지 못했을 것이다.'라는 대체 신념을 받아들이기 시작했습니다.

3단계: 장애물 찾기

머리와 마음의 간극

머리와 마음의 간극은 인지적으로는 무언가를 믿지만 감정적으로는 느끼지 못하는 경험을 말한다. 우리의 경험상 이 문제는 인지 작업에서 가장 흔한 장애물 중 하나이며, 한 장 전체를 할애할 정도로 중요하므로 자세한 내용은 14장을 참조한다.

기저 신념을 강화하는 기억

또 다른 일반적인 차단 요인은 우리가 다루지 않은 다른 기억이 부정적인 신념을 '공급'하는 경우이다. 이러한 기억(외상 기억이 아니더라도)은 치료과정에서 핵심 의미를 파악하고 재구성하거나, 업데이트 및 재진술하는 등의 치료 작업이 필요할 수 있다.

앤서니는 몇 년 동안 아내로부터 정서적, 신체적 학대를 받았습니다. 그는 자신이 학대를 허용한 나약한 사람이고, 다른 사람들도 그렇게 생각할 것이라고 믿었습니다. 그의 치료사는 그가 이러한 신념에 대한 증거를 검토하고, 설문조사를 실시하고, 다른 사람들에게 학대를 공개하는 행동 실험을 완료하도록 도왔습니다. 이러한 개입이 조금 도움이 되었지만 앤서니는 계속해서 수치심을 느꼈습니다.

치료사가 이 신념의 기원을 더 자세히 탐구하자 앤서니는 아내가 앤서니를 폭행한 혐의로 재판을 받았던 법정 사건을 언급했습니다. 재판 과정에서 아내의 변호사는 앤서니의 주장에 대해 체구가 작은 아내가 신체적으로 더 강한 앤서니를 폭행할 수 없었을 것이라고 비아냥거렸습니다. 당시 앤서니는 깊은 수치심을 느꼈고 법정에 있는 모든 사람이 자신을 한심하고 거짓말쟁이라고 생각한다고 믿었습니다. 증거 부족으로 소송이 기각되자 그는 더욱 기분이 나빠졌습니다. 앤서니의 치료사는 이러한 기억이 자신이 나약하다는 신념을 뒷받침하고 있다고 생각했습니다. 치료사는 앤서니가 변호사에게 대응할 수 있도록 기억을 재구성했습니다. 새로운 이미지에서 앤서니는 변호사에게 자신의 도덕에 어긋나기 때문에 아내에게 반격하거나 해를 입히지 않았을 것이라고 설명했습니다. 다시 작성된 이미지에서 앤서니는 폭행이 있었다는 반박할 수 없는 비디오 증거를 법정에 보여 주며 자신을 변호하고 아내에게 유죄 판결을 내렸습니다. 재구성된 기억은 앤서니를 더 강력하고 덜 부끄럽게 만들었고, 결국 자신이 학대를 막지 못한 것에 대해 약하다는 신념을 해결하는 데 도움이 되었습니다.

공개되지 않은 기억

가끔은 특정 신념과 관련된 공개되지 않은 기억들로 인해 차단이 발생하기도 한다. '과거에 이런 감정을 느낀 적이 있습니까?' 또는 '자신을 그렇게 처음으로 믿었던 때가 언제입니까?'와 같은 '정서적 연결' 질문(Watkins, 1971)을 통해 이러한 기억에 접근할 수 있다. 이는 내담자가 이전에 중요하다고 생각하지 않았거나, 수치심이나 부정적인 결과에 대한 불안으로 인해 의도적으로 공개하지 않았던 기억을 이끌어 낼 수 있다. 때때로 내담자는 치료사에 대한 신뢰가 충분히 쌓이면 치료 후반부에 이러한 기억에 대해 더 편안하게 이야기하게 된다. 중요한 공개되지 않은 기억이 의심될 경우, 우리는 내담자와 함께 우리가 무언가 중요한 것을 놓치고 있는지 고민해 본다. 이는 내담자가 자신의 과거를 '파헤치기' 보다는 자신의 선택에 따라 공개할 수 있는 자율성과 통제력을 갖도록 도와준다. 또한 내담자에게 기밀 유지에 대해 상기시키고, 불쾌한 외상 경험에 대해 듣는 데 익숙하며, 내담자가 어떤 이야기를 하든 긍정적으로 받아들일 것임을 안심시킨다.

행동과 신념의 유지

평가에 대한 우리의 작업은 평가를 유지하는 행동 및 인지 전략을 파악하는 것과 맞물려 있다. 이러한 전략은 평가에 대한 신념, 예를 들어 신념의 평가 통제 불가능성이나 그것에 도전하는 데 따르는 두려움과 같은 대가에 대한 신념에 의해 좌우될 수 있다. 이러한 문제들을 다루기 위해 다른 사람들과의 경험에 대해 이야기하는 것을 피하는 것을 극복하기 위한 설문조사와 안전 추구 행동을 중단하는 행동 실험과 같은 다양한 방법들이 포함될 수 있다. 신념이 변하지 않는 것으로 보인다면, 반추나 회피와 같이 신념을 유지시킬 수 있는 추가적인 전략이 있는지 검토한다. 또한 '매몰 비용'과 같은 변화의 장애물에 대해 명시적으로 논의하는 것도 도움이 될 수 있다. 이는 내담자가 변화의 비용(예: 오랜 시간 동안 자신을 비난하는 것을 포기하는 것)이 부당한 자기 비난으로 인해 인생의 수년을 잃어버린 것을 받아들이는 데 대한 두려움으로 발생한다. 이러한 '메타 신념'을 다루는 데 유용한 기술은 Leahy(2003)에서 많이 찾아볼 수 있다.

양파

113페이지에서 외상과 관련된 신념과 감정이 양파와 같다는 개념을 소개했다. 회피 및 기타 대처 전략의 겉껍질을 벗겨내면 그 아래에는 여러 층의 감정과 의미가 숨어 있는 경우가 많다. 여기서 다시 한번 언급하는 이유는 인지 작업은 다양한 의미의 층을 통해 진행되기 때문에 반복적인 경우가 많다는 점을 상기시키기 위해서이다. 특정 신념에 대한 작업을 진행했는데 내담자가 다음 세션에서 다른 신념이나 감정적 반응으로 인해 어려움을 겪는다고 해서 낙담할 필요는 없다. 이는 지극히 정상적인 현상이다. 일반적으로 외상 사건, 특히 여러 차례의 외상을 겪은 후에는 한 가지 생각만 하거나 한 가지 감정만 느끼는 것이 아니라 여러 가지를 동시에 경험하게 된다. 다른 신념이 드러날 때마다 점진적으로 인내심을 가지고 계속 작업하면 된다.

🌿 기억 작업과의 통합

외상과 관련된 일부 평가는 외상 이후 발생하는 반면, 다른 평가는 외상 당시, 즉 외상이 발생한 시점에 그 기원을 두고 있다. 이러한 유형의 평가의 경우 업데이트된 내용을 이야기

속에 포함하거나 상상적 재연을 통해 처리한다.

어떤 경우에는 업데이트가 매우 빠르고 쉬워 단일 세션으로 완료될 수 있다. 예를 들어, 외상 사건으로 죽을 것이라고 생각했던 사람이 살아남은 것은 자명하므로, 외상 기억을 작업할 때 업데이트된 정보를 즉시 포함할 수 있다. 다른 유형의 신념은 외상 기억과는 별개로 상당한 작업이 필요하다. 예를 들어, 외상 당시 '나는 끔찍한 사람이기 때문에 이런 일을 당해도 싸다.'고 생각했고, 외상으로만 확인되는 나쁜 사람이라는 오랜 신념을 가지고 있다면, 의미 있는 업데이트를 생성하기 위해 그 신념에 대한 여러 세션의 작업이 필요할 수 있다. 내담자가 동의하지 않거나 감정적으로 공감하지 않는 새로운 관점으로 외상 기억을 업데이트하려고 시도하는 것은 별 의미가 없다. 대신, 우리는 기억 자체를 직접 다루기보다는 주요 핫스팟과 관련된 근본적인 신념을 다루고, 그 정보를 여러 '층'으로 업데이트하여 외상 기억에 다시 반영한다.

🌱 치료실 노트: 베스

베스는 휴가 중 낯선 사람에게 성폭행을 당한 후 PTSD 치료를 받았다. 몸이 좋지 않아 친구들과의 외출을 끝내고 해변을 따라 아파트로 돌아오던 길에 한 남성이 다가와 대화를 시작한 후 갑자기 칼을 들고 위협했다. 그는 베스를 사용하지 않는 탈의실로 데려가 폭행을 가했다. 베스는 성폭행 사실을 신고하거나 친구들에게 말하지 않았다. 그러나 몇 주 후부터 부인과적 문제가 발생하기 시작했고, 검사 결과 성병에 감염된 것으로 밝혀졌다. 베스는 의사 앞에서 울면서 자신이 성폭행을 당했다고 고백했다. 치료 과정에서 베스는 성폭행에 대해 이야기하기를 꺼렸으며 성폭행을 떠올릴 때 죄책감과 두려움을 느꼈다고 말했다. 베스는 PTCI 검사를 완료하고 '내가 행동한 방식 때문에 그 사건이 일어났다.' '내가 어떤 사람이라서 그 사건이 일어났다.' 등의 항목에서 높은 점수를 받았다. 이러한 인식에 대해 논의할 때 베스는 혼자 집에 걸어간 것과 그와 대화를 나눈 것에 대해 자신이 어리석다고 느꼈으며 자신이 '쉬운 표적'이라고 생각했다고 밝혔다. 치료사는 이러한 신념에 대한 증거와 반대 증거를 검토하도록 도왔지만 베스는 신념에 반대하는 증거를 생각하기 어려웠고, 학교에서도 학습에 어려움을 겪고 괴롭힘을 당한 후 항상 자신을 바보라고 생각해 왔다고 밝혔다.

베스의 치료사는 베스가 자신의 신념을 뒷받침할 증거를 더 많이 수집하도록 돕기로 결정했고, 사람들에게 베스가 혼자 집에 걸어갔다는 이유로 '바보'라고 생각하는지, 아니면 '쉬운 표적'이라고 생각하는지 묻는 설문조사를 실시했다. 대부분의 사람들은 이러한 의견에 동의하지 않았고, 공격의 책임이 베스가 아니라 강간범에게 있다고 생각했다. 또한 책임 소재 파이 차트를 작성했지만, 다른 요인을 고려하더라도 베스는 폭행에 대한 책임을 자신에게 50% 이상 지우고 싶어했다. 그녀의 신념 평가는 90%에 머물렀다.

여섯 번째 세션에서 베스는 16세 때 첫 남자친구에게 성폭행을 당했다고 고백했다. 베스는 아무에게도 말하지 않고 잊으려고 노력했지만 두 번째 성폭행 이후로는 불가능하다는 것을 알게 되었다. 베스의 치료사는 이전의 외상을 공개한 베스의 용기를 칭찬했고, 베스의 치료에 이 외상을 추가했습니다([그림 12-2]). 베스는 첫 번째 성폭행 이후 PTSD를 경험하지는 않았지만, 그 사건으로 인해 자신이 쉬운 표적이라는 신념을 갖게 되었다.

점차적으로 베스는 첫 번째 성폭행에 대해 더 자세히 말할 수 있었다. 남자친구는 그 후 친구들에게 베스가 '쉬웠다'고 말했고, 베스는 수치심을 느꼈다. 그녀는 친구가 거의 없고 스스로 맞설 자신이 없었기 때문에 그가 자신을 표적으로 삼았다고 믿었다. 그러나 이러한 신념에 대한 증거를 조사했을 때, 베스는 성폭행 전에 여러 번 그와 성관계를 거부했고, 그 후 그와 헤어진 적이 있으며, 두 가지 모두 자신의 권리를 지키고 스스로 보호하기 위한 행동이라고 인정했다. 베스가 모든 친구들에게 그가 강간범이라고 말했고 친구들은 그를 혐오하여 거리로 쫓아냈다는 이미지 재구성 세션을 진행했다. 또한 베스와 친했던 언니가 16살의 자신을 위로하고 자신이 어리석거나 쉬운 표적이 아니라고 안심시키는 상상을 했다.

'멍청하다'와 '쉬운 표적'이라는 베스의 신념은 70%로 감소했다. 베스는 설문조사와 증거 차트를 다시 검토하면서 자신이 아닌 낯선 사람에 대해 읽고 있다고 상상해 보았다. 그녀는 대부분의 설문 응답자의 의견에 동의했고, 그 신념에 반하는 더 많은 증거를 확인할 수 있었다. 베스는 자신이 다른 사람보다 자신에게 더 가혹하다는 사실을 인정했다.

베스의 치료사는 추가 증거를 수집하기 위해 몇 가지 행동 실험을 계획하는 데 도움을 주었다. 그녀는 친구들이 자신을 조롱하거나 이용하는지 테스트하기 위해 자신을 취약하게 만드는 정보를 친구들에게 공개하는 연습을 했다. 처음에는 언니와 함께, 그 다음에는 혼자서 해가 진 후에 외출하여 다시 공격을 받는지 테스트했다. 또한 위험을 무릅쓰고 언니와 함께 헬스장을 방문하여 혼자서 탈의실을 이용하기도 했다. 의사의 수술실에서 접수원으로 일하던 베스는 상사에게 근무 평가를 요청했다. 베스의 상사는 긍정적인 피드백을 주었고 베스의 자신감은 더욱 높아졌다. 또한 그녀는 동료 중 한 명에게 가끔 실수할까 봐 걱정하고 자신이 바보 같다고 느낀다고 말했다. 동료는 깜짝 놀라며 베스가 똑똑하고 신뢰할 수 있는 사람이라고 말했다. 베스의 치료사는 베스에게 자신이 어리석지 않은 행동을 했을 때의 예를 적어보라는 과제를 내주었다. 몇 주에 걸쳐 베스의 신념 평가는 30%로 떨어졌고, 새로운 신념(자신은 지능이 정상이며 쉬운 목표가 아니라 운이 나빴다는 신념)의 강도는 70%로 상승했다.

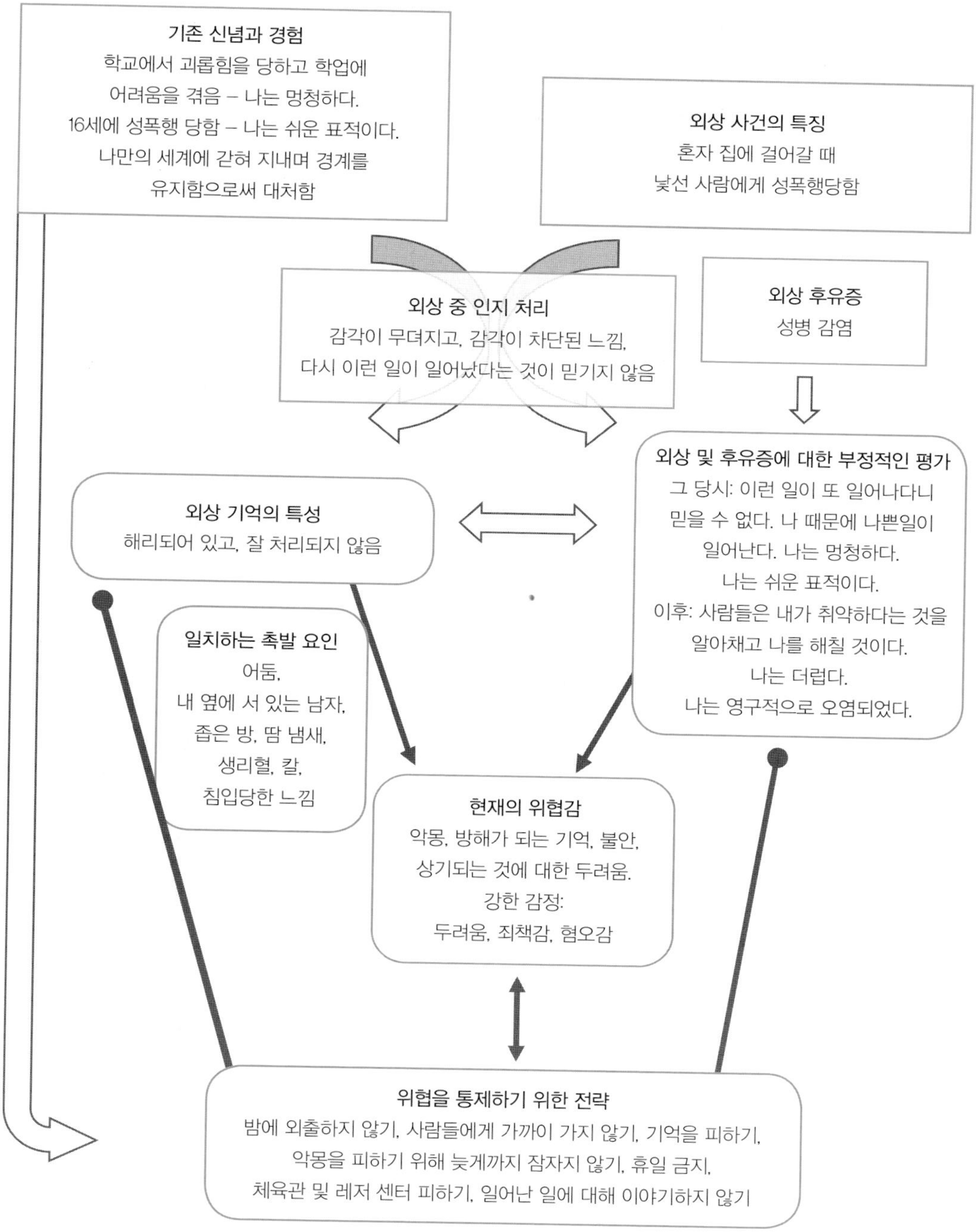

기존 신념과 경험
학교에서 괴롭힘을 당하고 학업에
어려움을 겪음 – 나는 멍청하다.
16세에 성폭행 당함 – 나는 쉬운 표적이다.
나만의 세계에 갇혀 지내며 경계를
유지함으로써 대처함

외상 사건의 특징
혼자 집에 걸어갈 때
낯선 사람에게 성폭행당함

외상 중 인지 처리
감각이 무뎌지고, 감각이 차단된 느낌.
다시 이런 일이 일어났다는 것이 믿기지 않음

외상 후유증
성병 감염

외상 및 후유증에 대한 부정적인 평가
그 당시: 이런 일이 또 일어나다니
믿을 수 없다. 나 때문에 나쁜일이
일어난다. 나는 멍청하다.
나는 쉬운 표적이다.
이후: 사람들은 내가 취약하다는 것을
알아채고 나를 해칠 것이다.
나는 더럽다.
나는 영구적으로 오염되었다.

외상 기억의 특성
해리되어 있고, 잘 처리되지 않음

일치하는 촉발 요인
어둠,
내 옆에 서 있는 남자,
좁은 방, 땀 냄새,
생리혈, 칼,
침입당한 느낌

현재의 위협감
악몽, 방해가 되는 기억, 불안,
상기되는 것에 대한 두려움.
강한 감정:
두려움, 죄책감, 혐오감

위협을 통제하기 위한 전략
밤에 외출하지 않기, 사람들에게 가까이 가지 않기, 기억을 피하기,
악몽을 피하기 위해 늦게까지 잠자지 않기, 휴일 금지,
체육관 및 레저 센터 피하기, 일어난 일에 대해 이야기하지 않기

[그림 12-2] 베스의 공식화

이렇게 업데이트된 신념은 베스가 수집한 증거와 함께 관련 핫스팟의 외상 이야기에 추가되었다. 이 글을 여러 번 읽은 후, 베스는 새로운 신념에 대한 자신감이 높아졌고 기억이 덜 강력하게 느껴진다고 말했다.

추천 도 서

Murray, H. , & El-Leithy, S. (2021). Behavioural experiments in cognitive therapy for Posttraumatic Stress Disorder: Why, when, and how?. *Verhaltenstherapie*, *31*(1), 50-60.

Padesky, C. A. (1993). Socratic questioning: Changing minds or guiding discovery. *A keynote address delivered at the European Congress of Behavioural and Cognitive Therapies, London* (Vol. 24).

Padesky, C. A. (1994). Schema change processes in cognitive therapy. *Clinical Psychology & Psychotherapy*, *1*(5), 267-278.

Chapter 13

자기 공격적 신념과 감정

유스라는 수단에서 8개월 동안 감옥에 수감되어 굴욕적이고 모욕적인 성적 고문을 당했다. 그녀의 PTSD 증상에는 '더러움'의 감각이 지속되었으며, 고문 중 패배감을 느끼는 것에 대해 자기비난하는 태도가 있었다. 그녀의 치료사는 인지 및 이미지 기법을 조합하여 그녀의 신념을 다루고 외상 기억을 업데이트했다.

외상 사건 후 자기 공격적 신념은 죄책감, 수치심, 오염, 자기 혐오 및 굴욕감과 연관되어 매우 흔하게 나타난다. 이러한 신념과 관련된 감정은 외상 당시 발생하거나 외상 이후 발생하여 외상 기억이 촉발될 때 다시 경험된다. 어느 쪽이든 이러한 신념들은 치료의 중요한 목표가 된다. 자기 공격적 신념은 매우 고통스러울 뿐만 아니라 내면의 위협감을 조성하고 타인으로부터의 회피와 같은 회복을 방해하는 전략을 유도함으로써 PTSD를 지속시킨다. 우울증과 같은 이차적인 문제도 발생할 수 있으며, 죄책감과 수치심은 자해 및 자살과도 관련이 있다(23장). 12장과 14장에서 설명한 인지적, 경험적, 기억 중심 기법은 매우 관련성이 높으며, 이 장에서는 이러한 기법들을 효과적으로 사용하여 자기 공격적 신념과 관련된 감정을 어떻게 다룰 수 있는지 중점적으로 설명한다.

🌿 자기 공격 이해하기

사람들은 사회적 규범과 기대치를 내면화하여 자신의 경험과 행동을 비교하는 핵심 신념을 형성한다(Cunningham, 2020). 우리가 자신의 내부 기준을 충족하지 못하면 부정적인 자기 신념이 생겨나고 죄책감이나 수치심과 같은 감정이 유발된다. 이러한 감정은 일반적으로 동시에 나타나며 개념적으로 겹쳐지는 부분이 많다. 외상 후의 죄책감은 일반적으로 외상을 예방하지 못했거나, 더 나쁜 결과를 초래하는 방식으로 행동했거나, 이후 회복하지 못한 것에 대한 책임감과 관련이 있다. 수치심은 일반적으로 자신에 대한 보다 전반적인 부정적 판단에서 비롯되며, 자신이 작고 열등하다는 느낌과 숨고 싶은 충동과 관련이 있다. 죄책감은 잘못을 바로잡고 싶은 충동과 더 관련이 있다. 죄책감과 수치심은 외상 당시나 그 이후 외상을 되돌아볼 때 경험할 수 있으며, 내적(자신에 대한 신념) 또는 외적(다른 사람이 자신을 비난하거나 수치스러워할 것이라는 신념)일 수 있다(Lee et al., 2001).

굴욕감은 보통 한 사람이 다른 사람에게 가하는 것이기 때문에 죄책감이나 수치심과는 약간 다른 감정이다. 외상을 겪으면서 굴욕감을 느꼈지만 부끄러움이나 죄책감을 느끼지 않을 수도 있다. 굴욕감은 종종 무력감과 연결되며, 결과적으로 분노와 복수하고자 하는 좌절된 충동으로 이어진다. 분노는 외상 직후에 느껴지거나 외상을 회상할 때 발생할 수 있으며, 반추를 통해 유지되는 경우가 많다.

고문과 같은 장기간 이어지는 외상은 종종 정신적 패배 경험으로 이어진다. 개인은 자신의 정체성과 자율성을 상실하고, 자신이 사람이 아니라 물건에 불과하다고 느끼며, 살든 죽든 상관없다는 느낌을 갖게 된다(Ehlers et al., 2000). 일부 내담자는 정신적 패배를 경험한 것에 대해 당황하거나 수치스러워한다.

혐오감은 외상 당시 느끼는 흔한 감정으로, 특히 시체, 체액, 일부 고문 형태, 성폭행과 관련된 외상에서 흔하며, 이는 지속적인 정신적 오염감을 유발할 수 있다(Fairbrother, & Rachman, 2004). '더럽거나' '오염되었다'라는 신념은 외상 당시에 느꼈던 더러움, 감염, 오염의 감각을 되살리는 재경험 증상으로 인해 더욱 강화된다. '도덕적 혐오감'은 개인의 개별적인 기준을 침해하는 외상 이후에도 흔히 발생한다(15장). 이러한 감정을 씻어내거나 무력화하려는 시도는 일반적으로 실패하며, 영구적인 변화에 대한 신념을 강화한다. 정신적 오염

다나카는 보스니아 주둔 중 군 간호사로서 대규모 무덤 정리를 도왔습니다. 다나카는 이전에도 시체와 심한 상처를 본 적이 있었지만, 무덤에서 일부는 훼손된 상태로 부분적으로 부패한 시체를 다루는 것은 그에게 역겨움과 불안을 느끼게 했습니다. 다나카는 항상 청결에 대한 개인적 기준이 높은 사람이었지만, 무덤 정리 이후에 오염된 느낌을 받아 하루에도 여러 번 과도하게 손을 씻기 시작했습니다.

은 많은 강박증 환자에게 흔한 경험이며(Coughtrey et al., 2012), PTSD를 가진 일부 사람들도 강박적인 씻기 행동을 비슷하게 보일 수 있다.

> **핵심 인지**
>
> - 내가 X나 Y를 하지 않았다면 외상은 발생하지 않았을 것이다.
> - 나는 그것을 예견하고 예방했어야 했다.
> - 외상은 내가 어떤 사람이기 때문에 발생했다.
> - 외상은 내가 한심하고/무가치하고/사랑받을 수 없는 사람이라는 것을 보여 준다.
> - 가해자가 나를 비하하고 싶어했다.
> - 나는 포기하고 죽고 싶었다.
> - 나는 더럽고, 영구적으로 오염된 '손상된 상품'이다.

🌱 돕는 방법

　여기에서는 주요 감정 반응에 따라 개입 방법을 나열했지만, 일반적으로 내담자는 여러 가지 감정을 경험하며 특정 핫스팟 내에 해결해야 할 여러 층의 의미가 존재할 수 있다. 이러한 층 중 일부는 진행하면서 드러날 것이다(113페이지의 양파 껍질 벗기기와 같음). 또한 일부 중요한 평가는 외상 당시에는 나타나지 않을 수 있지만 나중에 나타날 수도 있다. 이 섹션의 기법은 두 가지 유형의 평가 모두에 적용될 수 있다. 일반적으로 외상 당시에 발생하고 존재한 평가는 기억 자체가 활성화되지 않으면 변화하기 어렵기 때문에, 관련 핫스팟을 상상적 재연을 하면서 업데이트해야 한다. 그러나 외상 후 평가에 영향을 줄 수 있는 외상 기억의 특정 측면을 되살리는 동안 이를 업데이트하는 것은 재평가를 강화하거나 머리와 마음의 간극을 좁히는 데 여전히 유용할 수 있다.

　미셸은 남자친구의 동거인에게 성폭행을 당했습니다. 폭행 당시 남자친구는 그녀에게 구강 성교를 강요했고, 미셸이 가장 괴로워했던 재경험 증상은 강한 역겨움과 혐오감을 불러일으키는 정액의 맛과 냄새였습니다. 치료에서 이 핫스팟을 해결한 후, 그 강도가 덜해졌고 미셸은 폭행에 대한 다른 감정과 의미를 인식하게 되었습니다. 또 다른 핫스팟은 남자가 미셸에게 '그녀가 원했다.'

고 말한 것이었습니다. 폭행 당시 미셸은 자신이 '원하지 않았다.'고 확신했지만, 이후에는 자신이 어떻게든 폭행을 조장하는 방식으로 행동한 것은 아닌지 의심하게 되었고, 이로 인해 수치심을 느꼈습니다. 치료 과정에서 미셸과 치료사는 성적 동의에 대해 이야기했고, 미셸은 자신이 동의하거나 폭행을 조장한 적이 없다는 것을 깨달았습니다. 치료사는 이 정보로 외상 기억을 업데이트했고, 미셸은 가해자가 거짓말을 했으며 감옥에 가도 마땅하다고 상상을 했습니다. 미셸은 수치심을 덜 느꼈고 대신 폭행 가해자와 처음에 미셸의 말을 믿지 않았던 남자 친구에게 매우 화가 나기 시작했습니다. 결국 미셸은 경찰에 신고하기로 결심했습니다.

혐오감, 공포 및 오염

공식화 및 정상화

평소와 마찬가지로 내담자가 자신의 증상을 더 잘 이해하도록 돕는 것이 좋은 시작점이다. 실제 오염 물질이 없는 상황에서 더러움을 느끼는 것은 고통스럽고 혼란스러울 수 있으므로, 이 경험을 정상화하는 것이 도움이 된다. 보통은 간단한 공식화를 사용하여 처리되지 않은 외상 기억이 어떻게 외상 당시 경험한 오염 감정을 다시 불러오는지 설명한다. 이때 외상 기억은 우리의 마음뿐만 아니라 몸에서도 다시 경험된다는 점을 강조한다.

이는 더러운 느낌이 외부의 신체적 변화가 아닌 이미지, 기억, 생각과 같은 내부적인 과정으로 생성된다는 것을 설명함으로써 감정을 씻어내려는 시도가 효과적이지 않은 이유를 이해할 수 있도록 도와준다. 세션 중에 빠르게 입증할 수 있는 행동실험을 통해 이를 보여 줄 수 있다. 예를 들어, 내담자와 함께 사과를 깨물었을 때 반쪽의 구더기를 발견하거나 더러운 기저귀 병에 손을 넣는 것과 같이 외상과 관련이 없는 불쾌한 상황을 상상해 볼 수 있다. 또는 마지막으로 구토했던 경험과 같은 불쾌한 기억에 접근하여 이것이 어떤 감정을 유발하는지 확인할 수 있다.

심리교육

내담자의 혐오감과 공포는 잠재적인 오염 물질에 대한 자연스러운 반응으로, 감염과 질병으로부터 우리를 보호하기 위해 진화한 것일 가능성이 높다는 사실을 알게 되면 도움이 될 수 있다. 따라서 특정 자극에 대해 혐오감과 생리적 반응을 경험하는 것은 지극히 정상적인 현상이다. 이러한 정보를 통해 사람들이 자신의 감정과 반응을 이해하고 자기비난을 줄

스티브는 몇 주 전에 사망한 한 남성의 집에 신고를 받고 출동한 경찰관이었습니다. 냄새가 매우 심했고 시신은 남성이 기르던 애완견이 일부 먹어치운 탓에 훼손된 상태였습니다. 스티브는 즉각적으로 혐오감을 느끼며 구토를 했고, 신선한 공기를 마시기 위해 집 밖으로 나갔습니다. 그는 자신의 반응이 부끄러웠고 동료들이 그 상황을 더 잘 처리했을 것이라고 믿었습니다. 그의 치료사는 혐오감이 오염으로부터 보호하기 위한 진화적 전략으로 구토를 하고 싶은 충동과 함께 자동적으로 나타나는 반응이라고 설명했습니다. 설문조사를 실시한 결과, 대부분의 사람들이 그러한 상황에서 자신도 비슷하게 반응할 것이라고 생각했으며 스티브의 반응을 부정적으로 보지는 않았습니다.

일 수 있도록 돕는다.

자기 혐오와 타인 혐오 분리하기

사람들이 혼히 저지르는 사고 오류는 타인에 대한 혐오와 그들의 행동(특히 자신을 향한 행동)을 자기 혐오와 혼동하는 경우이다. 이에 대해 논의하고 그 차이를 명확히 하는 것이 도움이 될 수 있다. 중요한 업데이트에는 '그가 역겨운 것이지, 나는 아니다.' 또는 '그것은 역겨운 것이 맞지만, 나는 아니다.'와 같은 표현이 자주 사용된다.

세포 재생 업데이트

Jung과 Steil(2012, 2013)이 개발한 유용한 전략에는 내담자에게 세포가 얼마나 자주 재생되는지(피부 세포의 경우 약 4~6주마다, 점막은 더 자주) 조사하고, 오염 물질과 마지막으로 접촉한 이후 몇 번이나 재생되었는지 계산하는 것이 포함된다(성적 학대 생존자를 위해 개발했지만 다른 유형의 오염 외상에도 효과적으로 사용될 수 있다). 그런 다음 이미지 연습(뒷부분 참조)을 이어가며 내담자는 오염감이 촉발될 때 이 연습을 활용하도록 권장된다. 또한 이 연습을 통해 유용한 업데이트가 발생하고 이를 외상 기억에 재통합할 수 있다. 예를 들어, '그가 마지막으로 접촉한 이후 내 피부 세포는 이미 92번이 재생되었다. 그의 흔적은 더 이상 내 몸에 남아 있지 않다.'는 식이다.

다른 '깨끗한' 업데이트

소크라테스식 질문을 통해 내담자가 더 이상 신체적으로 오염되지 않았음을 입증하기 위해 유사한 업데이트를 만들 수 있다(예: 외상 이후 씻은 횟수 세기, 다른 사람들이 자신을 더럽다고 인식하지 않는다는 증거 등). 업데이트는 인지 및 언어 정보(251페이지 참조)뿐만 아니라 지각 및 감각의 모든 세부 사항을 포괄해야 하며, 새로운 정보를 완전히 통합하기 위해 인지 작업과 기억 작업을 자주 혼합하여 사용해야 한다. 예를 들어, '이제 깨끗해, 아무것도 내게 남아 있지 않아.'와 같은 언어적 업데이트를 사용할 때, 내담자는 자신의 피부를 보고 만져서 깨끗함을 확인하고, 핸드크림을 바르고 손 냄새를 맡아서 상쾌한 향을 느낄 수 있다.

이미지 재구성

이미지 재구성을 통해서도 업데이트를 도입할 수 있다. Jung과 Steil(2012)은 피부 재생의 개념을 표현할 수 있는 독특한 이미지를 개발하는 데 도움을 주며, 오래된 피부를 지퍼를 열고 벗을 수 있는 옷으로 상상하거나 뱀 가죽처럼 벗겨질 수 있다고 상상하는 등의 예를 제시한다. 자연 다큐멘터리에 나오는 것처럼 세포가 재생되는 과정을 고속 촬영한 이미지를 사용하기도 한다.

피부 재생뿐만 아니라 '나는 이제 깨끗해졌다.'는 메시지를 전달하기 위해 몸 위로 빛이 지나가거나 오염 물질을 씻어내는 '마법의 폭포'와 같은 다른 이미지도 도움이 될 수 있다. '바디 스캔' 연습을 통해 오염이 느껴지는 부위를 파악한 다음, 후각과 미각 등 감각적인 디테일을 추가하여 오염이 씻겨 나가는 독특한 이미지를 개발할 수 있다.

행동 실험

많은 정신적 오염을 겪는 사람들은 자신의 몸이 더럽다고 느껴져서 자신의 몸을 보거나 만지는 것을 피한다. 이는 신념을 유지하고 기억이 업데이트되는 것을 방해한다. 우리는 행동 실험을 사용하여 신체와 더 많이 상호작용할 때 어떤 효과가 있는지 확인한다. 이러한 실험에는 평소 피하는 신체 부위에 보습제를 바르거나, 혐오가 아닌 친절한 시각으로 자신의 몸을 바라보는 연습 등 자기 관리를 통한 연민의 요소도 포함될 수 있다. 이후의 행동 실험으로는 네일아트 받기, 이발하기, 발 마사지 받기 등 다른 사람이 신체를 만지는 것을 허용하는 것도 포함될 수 있다.

내담자가 과도하게 씻거나 청결함을 느끼기 위해 강박적으로 다른 행동을 하는 경우, 행동 실험은 그러한 행동을 줄이고 궁극적으로 중단하는 효과를 실험하는 데 중점을 둔다. 이러한 실험은 재경험으로 인한 생리적 감각이 인지적 학습을 압도할 수 있기 때문에, 기억 작업을 어느 정도 진행한 후에 시도하는 것이 가장 좋다. 내담자가 청결 충동을 느낄 때, 매우 희석된 소독제 한 방울이 묻은 휴지를 '깨끗한' 냄새로 강화된 '정신적 청소' 이미지를 사용하는 것이 도움이 될 수 있다.

친밀감 회복하기

성폭행이나 학대 이후 친밀감을 회복하거나 확립하는 것은 많은 내담자의 치료 목표이다. 내담자에게 파트너가 있는 경우, 모두가 만족할 수 있는 계획을 수립하기 위해 파트너를 치료에 참여시키는 것이 이상적이다. 종종 성관계가 불안과 긴장의 원인이 되기 때문에, 처음에는 성관계를 '금지'하고, 성관계로 끝나지 않는 친밀감을 쌓는 데 우선 집중할 것을 권장한다. 예를 들어 포옹, 손 잡기 등 내담자가 편안하게 느끼는 것부터 시작하여 내담자가 결정한 속도로 신체적 친밀감을 점차적으로 높이는 단계별 위계를 설정할 수 있다. 자극 변별을 사용하면 성적 접촉의 특정 측면이 기억을 유발할 때 도움이 되며, 가능하면 파트너에게 변별을 유도하는 방법을 가르친다.

파트너가 없는 내담자의 경우에도 친밀감 위계를 만들어 친구 포옹하기, 살사 수업 듣기, 마사지 받기 등 신체 접촉에 익숙해지도록 하고, 신뢰할 수 있는 친구에게 개인적인 이야기를 하는 것과 같은 활동을 통해 정서적 개방성을 높이는 연습을 할 수 있다.

죄책감

책임 파이 차트

12장에서 설명한 것처럼, 파이 차트는 외상 발생에 기여한 여러 사람과 상황적 요소들이 지닌 책임 정도를 설명하는 데 사용될 수 있다. 일반적으로 내담자는 반영을 통해 자신에게 너무 많은 책임을 돌리고 있다는 것을 깨닫게 된다. Young 등(2021)은 단순히 파이 차트를 그리는 것보다 단추, 쌀 또는 점토 더미를 만들어 책임의 일부를 나타내는 것을 권장한다. Norman 등(2019)은 외상이 발생한 다양한 요인을 나타내는 도미노를 일렬로 세우는 또 다른 시각적 전술을 권장한다. 이 접근법의 메시지는 내담자가 도미노 중 하나를 대표하더라도 도미노를 넘어뜨리는 행동과 다른 모든 도미노도 결과에 영향을 미친다는 것이다.

설문조사

설문조사는 외상에 대한 책임에 대한 다양한 의견을 평가하는 데 유용한 도구로, 특히 다른 관점에서 외상을 이해하는 데 어려움을 겪고 있을 때 유용하다(12장의 예).

🐷 유용한 팁: 설문조사를 최대한 활용하는 방법

설문조사는 죄책감과 수치심에 대한 강력한 개입이 될 수 있습니다. 설문조사를 최대한 활용하는 방법은 다음과 같습니다:

- 함께 설계하기: 내담자에게 설문조사에서 알고 싶은 질문을 물어보고, 내담자가 고민할 때 제안해 줍니다.
- 목표 평가에 초점 맞추기: 가장 효과적인 설문조사는 내담자의 개인적인 평가를 대상으로 하므로 이를 다룰 수 있는 질문을 선택하세요.
- 대상자를 선택하기: 내담자가 의견을 듣고 싶어하는 대상이 누구인지 확인하세요. 일반적인 그룹일 수도 있고, 친구나 동료들 사이에서 설문조사를 돌릴 수도 있으며, 혹은 특정 그룹(예: 산모)을 대상으로 할 수도 있습니다.
- 양적 및 질적 항목을 혼용하기: 정량적 항목을 사용하면 '이 시나리오의 여성이 공격에 어느 정도 책임이 있다고 생각하십니까? (0~100%)'와 같이 통계와 그래프를 깔끔하게 표시할 수 있습니다. 반면, 정성적 항목은 '이 사람을 안다면 어떤 말을 하고 싶으세요?'와 같이 유용한 세부 정보를 제공하는 경우가 많습니다.
- 소프트웨어 사용하기: 온라인 설문조사 도구를 사용하면 응답을 쉽게 배포하고, 익명으로 응답을 수집하며, 결과를 정리하고 통합할 수 있습니다.
- 예측 결과 확인하기: 결과를 논의하기 전에 내담자에게 예상 결과를 물어보거나 내담에게 직접 설문조사를 작성하게 해 보세요.
- 의미 일반화하기: 결과를 살펴본 후 '이 결과가 당신의 신념, 예를 들어 공격에 대한 책임이 100% 본인에게 있다는 믿음에 대해 어떤 시사점을 주나요?'와 같이 대상 평가와 관련된 의미를 검토합니다.
- '예, 하지만...': '그들은 단지 친절하게 대하는 것일 뿐'과 같이 조사 결과를 최소화하는 생각이 있는지 확인하고 이를 해결합니다. 필요한 경우 다른 그룹이나 다른 질문으로 다시 설문조사를 실시합니다.

조감도 또는 다른 관점 재연하기

책임에 대한 다른 관점에 접근하는 또 다른 좋은 방법은 내담자에게 외상을 위에서 내려다보거나 중립적인 관찰자로서 외상을 관찰하는 상상을 하며 다른 시각에서 재연하도록 요청하는 것이다. 이렇게 함으로써 보다 객관적인 책임에 대한 관점을 취할 수 있고, 동시에 자기 연민을 독려할 수 있다.

아얄리아는 어린 시절 삼촌에게 성적 학대를 당했습니다. 그녀는 어렸을 때 삼촌과 매우 친밀한 관계를 맺었고, 삼촌을 안아주고 그의 무릎에 안고 싶어했던 자신이 학대를 유발했다고 생각하여 학대를 기억할 때 매우 죄책감을 느꼈습니다. 아얄리아의 치료사는 그녀에게 학대의 기억을 마치 다른 사람인 것처럼 상상해 보라고 요청했습니다. 아얄리아는 그 어린 소녀가 단지 관심을 원했을 뿐 성적 접촉을 원하지 않았다는 것을 깨달았습니다. 그녀는 어린 자신에게 슬픔을 느꼈고 자기 연민을 느꼈습니다.

성폭행 신화 깨기

성폭행에 대한 신념은 소위 '강간 신화'라고 불리는 것에 영향을 받는다. 예를 들어, 낯선 사람에 의한 성폭행은 파트너, 친구 또는 동료에 의한 성폭행보다 '더 나쁘다'고 생각하여 많은 생존자들이 자신의 경험이 '진짜 강간'이 아니거나, 길거리에서 납치된 상황이 아니었다면 자신의 경험이 덜 충격적이었다고 느끼게 한다. '완벽한 피해자' 신화에는 성폭행 전, 도중 또는 후에 사람들이 행동하는 방식이 포함된다. 예를 들어 피해자가 이전에 가해자에게 우호적으로 대했던 경우 이를 '유혹'으로 간주하거나, 공격을 즉시 신고하지 않으면 피해자의 신빙성이 떨어진다는 등의 신념이 포함된다.

많은 성폭행 생존자들이 가해자와 싸우지 않았을 경우 성행위에 동의했다고 생각하기 때문에 동의 여부는 종종 논의가 필요한 문제이다. 더 흔하게는 사람들이 얼어붙거나 너무 취했거나 약에 취해 반격할 수 없거나 살해당할까 봐 폭행에 응하는 상황이다. 그루밍, 학대적인 관계, 권력 불균형 등의 이유로 성행위를 강요당하는 경우도 흔하다. 템즈 밸리 경찰에서 제작한 '차(Tea)와 동의' 동영상과 NHS에서 제작한 '동의란 무엇인가?'라는 제목의 유용한 워크시트(모두 온라인에서 이용 가능)는 내담자가 동의했는지 여부를 확인하는 데 좋은 출발점이 될 수 있는 자료이다. 또한 저항할 경우 더 큰 신체적 피해로 이어질 수 있으므로 저항 시 발생할 수 있는 결과에 대해 논의하는 것도 유용할 수 있다. 더 큰 부상을 피하기 위한 자연스러운 본능으로서의 얼어붙는 반응에 대한 교육도 유용할 수 있다(6장).

다른 사고 오류

12장에서 설명한 것처럼 몇 가지 일반적인 사고 오류는 죄책감과 관련이 있다. Kubany와

Manke(1995)는 죄책감이 일반적으로 지각된 잘못에 대한 평가, 책임의 수용, 정당화 부족에 대한 인식, 사후과잉확신편향(hindsight bias)으로 인한 사전 결과 지식에 대한 잘못된 신념과 관련이 있다고 설명한다. 또한 감정적 추론('죄책감을 느끼니 내가 뭔가 잘못한 게 틀림없어')도 흔히 발생한다.

수치심

내면의 비판자 침묵시키기

높은 수준의 수치심을 겪는 많은 내담자들은 지속적으로 자신을 비판하는 내면의 목소리를 보고한다. 이 '내면의 비판자'를 알아차리고, 이름을 붙이고, 외현화는 것이 그 영향을 줄이는 첫 번째 단계이다. 일부 내담자는 어린 시절의 비판적인 보호자와 같은 이전 경험에서 이 목소리를 인식하기도 한다.

'교사 A/교사 B' 은유는 내면의 비판자의 해로운 영향을 인식하는 데 유용한 연습이다(Stott et al., 2010). 내담자에게 내면의 아이를 지속적으로 비판하고 비난하는 교사(교사 A)와 내면의 아이가 모든 것을 제대로 하지 못하더라도 격려하고 지지하는 교사(교사 B)가 각각 어떤 영향을 미치는지 질문한다. 내담자들은 일반적으로 교사 A가 교사 B에 비해 내면의 아이의 의욕을 떨어뜨리고 성취가 저조할 가능성이 높다는 것을 인식하고 이를 통해 부정적인 자기 대화가 미치는 영향을 이해한다.

내담자들은 자신에게 친절하게 말하는 연습을 하도록 권장받는다. 상처받거나 힘들어하는 소중한 사람에게 말하듯 자신에게 말을 건네는 상상을 하거나, 자신에게 자비로운 편지를 쓰는 것과 같은 연습은 내담자가 이 기술에 익숙해지는 데 도움이 된다. 자기 연민은 특히 자기비판의 오랜 역사를 가진 사람이라면 체득하는 데 시간이 걸릴 수 있으며, 꾸준한 연습이 필요하다.

완벽한 양육자

Deborah Lee(2005)가 개발한 또 다른 유용한 기법은 연민의 자질을 갖춘 이상적인 돌보는 사람인 '완벽한 양육자'를 상상하는 것이다. 이는 인지와 감정적 재구성을 통해 내담자가 자기비판을 완화하고 자기 연민의 감정에 접근할 수 있도록 돕는 것이다.

대럴은 어릴적부터 계속해서 비판을 받아왔는데, 아버지는 이러한 비판이 '그의 인격을 강화할 것'이라고 믿었습니다. 학대적인 관계 이후 PTSD 치료를 받던 대럴은 자신의 내면에서 끊임없이 자신이 학대를 받아 마땅하다고 말하는 매우 비판적인 목소리가 들렸다는 사실을 깨달았습니다. 처음에 대럴은 자신에게 친절하게 말하는 것이 매우 어려웠습니다. 치료사의 도움으로 대럴은 '내면의 괴롭힘'이 언제 시작되는지 알아차리고 대신 완벽한 양육자(대럴의 할머니처럼 친절하고 데이비드 아텐버러처럼 안심시키는 목소리를 가진 노인)와 상담하는 방법을 배웠습니다.

이전의 신념 다루기

외상 중이나 외상 이후에 높은 수준의 수치심을 느끼는 많은 사람들은 사건을 자기비판적으로 해석하는 데 취약하게 만드는 기존의 신념을 가지고 있는 경우가 많다. 높은 수준의 수치심이 존재하는 경우, 내담자에게 외상 이전에 이미 유사한 신념을 가지고 있었는지 또는 인생의 다른 시기에 그런 느낌을 받은 적이 있는지 물어본다. 이전의 경험과 신념을 공식에 추가하고 현재의 평가와 연결 고리를 찾는 것이 도움이 될 수 있다. 장기간에 걸친 핵심 신념은 연속체 기법이나 긍정적 데이터 기록과 같은 스키마 기법을 사용하여 해결할 수 있다 (215-216페이지). '기저 신념을 강화하는 기억(feeder memory)'(220페이지)은 재연 또는 재구성을 통해 해결해야 할 수도 있다.

설문조사

설문조사는 특히 다른 사람들이 자신을 어떻게 평가할지에 대한 부정적인 신념을 가지고 있는 외적 수치심에 유용한 도구이다. 익명으로 응답을 수집하면 내담자가 외상을 공개하는 실험을 할 수 있으며, 다른 사람에게 외상을 공개하는 첫 단계가 될 수 있다.

굴욕감, 정신적 패배감, 분노

내담자 편에 서기

이러한 유형의 감정을 즉시 완화하기보다는 대신에 정상화하고 공감하는 것이 중요하다. 내담자가 앞으로 나아가기 전에 감정을 표출하고 인정받아야 하는 경우가 많기 때문이다. 이러한 외상은 공개하기 어려울 수 있고 치료사로부터 평가받을까 걱정되기 때문에, 내담자에게 치료사가 그들의 편에 서 있음을 명확히 전달한다.

심리교육

우리는 내담자의 경험을 고려하여 내담자의 감정 반응을 완전히 적절하다는 것을 정상화하고, 필요한 경우 외상 당시의 행동과 감정에 대한 심리교육을 제공한다. 예를 들어, 정신적 패배의 개념과 피할 수 없는 상황에 대한 적절한 반응으로서 학습된 무력감과 해리의 '6F' 모델에 대한 연구를 참조하여 설명한다(6장).

심리교육의 또 다른 유용한 영역은 가해자의 동기와 전술을 이해하는 것이다. 예를 들어, 고문의 의도는 일반적으로 정보를 추출하기보다는 개인을 정신적으로 파괴하거나 공동체에 공포를 퍼뜨리는 데 있다. 대인관계 학대에는 종종 개인의 신뢰를 얻기 위한 그루밍 또는 '과도한 애정 표현' 단계가 포함되며, 이어서 개인을 통제하고 침묵시키기 위한 전략이 이어진다. 이러한 전술을 이해함으로써 내담자 자신의 반응이 자신의 개인적인 자질이 아닌 가해자의 전략과 의도로 돌리며, 자기비난을 줄일 수 있다.

그때와 지금을 변별하는 업데이트

다른 중요한 업데이트 정보로는 외상 당시의 상황과 현재의 상황을 명확하게 구분하는 것이다. 이는 내담자가 외상 당시의 행동이나 느낌의 의미를 지금까지 일반화했을 수 있기 때문에 중요하다.

> 카르멘은 고향인 콜롬비아에서 FARC 반군에게 납치되어 고문을 당했습니다. 여러 고문 중에서 그녀는 나체로 벗겨진 채 경비원과 다른 수감자들 앞에서 '나는 비겁한 콜롬비아 여자다.'라고 반복하도록 강요받았습니다. 카르멘은 당시 깊은 굴욕감을 느꼈고, 이 부분의 외상을 기억할 때 분노와 더러움을 느꼈습니다.
>
> 카르멘은 '내가 그런 행동과 말을 했기 때문에 내가 비겁한 사람이라는 뜻이다.'라고 믿었습니다. 그녀는 기억을 '내가 그런 행동과 말을 한 것은 그들이 시켰기 때문이다―그것이 사실이라는 의미는 아니다. 그때는 선택의 여지가 없었지만, 이제 나는 내가 무엇을 하고 말할지 결정할 힘이 있다.'로 업데이트했습니다.

정체성, 존엄성 및 연결 복원

외상 당시의 주된 감정이 굴욕감이나 정신적 패배감인 경우 '삶을 되찾기' 과제에는 정체성, 존엄성, 자율성을 회복하거나 강화하는 과제가 포함되어야 한다. 이러한 종류의 외상은 사람들의 판단을 두려워하고 타인에 대한 신뢰가 손상되었을 수 있으므로, 다른 사람과의 연결을 회복하는 것도 중요하다(Ehlers et al., 2000).

루시는 십대 시절 성 학대 조직에 의해 그루밍을 당하고 학대를 받았습니다. 학대는 몇 년 동안 계속되었고, 루시는 자기 존중감을 잃고 남자들에게 '돌려지고 사용되는 장난감' 같은 느낌을 받았다고 말했습니다. 그녀의 삶을 되찾기 위한 과제들은 루시의 정체성과 자율성을 회복하는 데 도움을 주기 위해 선택되었습니다. 루시는 남들이 입으라고 했던 옷이 아닌 자신이 좋아하는 옷과 화장을 선택하기 시작했습니다. 성인 교육 대학에 등록하고, 자신이 이제 어떤 사람인지 상기하기 위해 종종 대학의 신분증을 보았습니다. 치료사는 루시가 대학에서 다른 학생들과 어울리고, 상호 존중과 신뢰를 바탕으로 새로운 친구 관계를 천천히 열어 가도록 격려했습니다.

이미지 재구성

이미지 재구성에서는 일반적으로 내담자가 더 나은 감정을 느끼기 위해 기억에서 어떤 일이 일어나기를 바라는지에 대해 논의한다. 외상 당시의 감정이 굴욕감, 정신적 패배감, 분노인 경우, 공격자를 제압할 힘을 얻는 것, 때로는 가해자를 제압하거나 그에게 수치심을 느끼게 하는 방식으로 내담자의 힘을 되찾는 요소가 재구성에 포함될 수 있다. 여기서 목표는 복수 환상이나 반추를 불러일으키는 것이 아니라 통제감을 되찾는 것이므로, 이러한 감정에 대한 재구성의 효과를 모니터링하고 해결되지 않으면 전술을 변경한다. 다른 선택사항으로는 복수에 초점을 두지 않고 숙달과 관련된 이미지 재구성과 반추를 줄이기 위한 개입이 있다. 예를 들어 내담자가 강하고 사랑받고 있으며 가해자에게 집착하지 않고 자유로운 시나리오를 상상하는 것이다.

🌿 치료실 노트: 유스라

유스라는 수단 정부에 항의하다 체포되었다. 감옥에서 8개월 동안 고문과 성폭행을 당한 후 풀려나 영국으로 도망쳤다. 유스라는 고문 당시의 악몽과 회상, 그리고 지속적인 더럽고 '망가졌다'는 느낌을 묘사했다. 그녀는 깨끗해지려는 노력으로 표백제로 몸을 씻는 등의 행동을 했고, 수많은 HIV 검사를 받았지만 음성 결과에도 안심할 수 없었다. 유스라의 공식화는 [그림 13-1]에 나와 있다.

유스라의 치료사는 유스라가 가장 고통스러웠던 사건을 파악할 수 있도록 경험의 타임라인을 작성하고 침투 기억 일지를 작성하도록 도왔다. 유스라가 간수에게 성폭행을 당하고 소변을 보았던 고문에 대한 기억을 먼저 작업하기로 합의했다. 이 기억은 유스라의 오염된 느낌과 밀접한 관련이 있었는데, 이 기억에 대해 이야기하자 유스라는 메스꺼움을 느끼고 씻고 싶은 강한 충동을 느꼈다. 그래서 그들은 기억을 되살리기 전에 '깨끗한' 업데이트 작업을 하기로 동의했다. 유스라는 피부 재생 업데이트가 도움이 될 것 같다고 생각했고, 오래된 피부를 접착제처럼 벗겨내고 깨끗하고 신선한 피부를 드러나는 이미지를 연습했다. 그들은 이 새로운 정보와 이미지로 기억을 업데이트하고 유스라가 간수들을 제압하고 묶은 후 자신과 다른 죄수들을 풀어주는 이미지 재구성을 사용했다. 유스라는 오염된 느낌이 줄어들고 과도한 세수를 중단하고 자신의 몸을 다시 보고 만지는 행동 실험에 참여할 수 있게 되었다.

또 다른 주요 인지 주제는 수감 기간 동안 유스라가 경험한 정신적 패배감과 관련된 죄책감이었다. 치료사는 그녀의 신념을 더 잘 이해하려고 노력하고 학습된 무력감에 대한 심리교육을 제공했다. 이러한 정보는 유스라의 경험을 보다 연민적으로 재구성할 수 있는 기초를 형성했다.

T(치료사): 그 일이 당신의 잘못이라는 신념에 대해 자세히 설명해 주시겠어요?

Y(유스라): 저는 시위를 조직하는 것을 도왔고, 그 결정을 내렸어요.

T: 그 말은 나중에 그런 일을 당해도 마땅하다는 뜻인가요?

Y: 아니요. 하지만 제가 가장 상처받은 것은 제가 그것과 맞서 싸우지 않았다는 점이에요.

T: 무슨 뜻이죠?

Y: 마지막에 저는 너무 약해졌어요. 피곤하고 배고프고 아팠어요. 신경도 안 쓰고 그냥 죽고 싶었어요. 그들이 하고 싶은 대로 하게 내버려뒀어요.

T: 그래서 신경쓰지 않았고, 싸우지 않았다는 그 일이 당신 잘못이었다고 생각하나요?

Y: 제 잘못이라기보다는 제가 너무 나약했던 게 아팠어요.

T: 만약 당신이 반격했다면 어떻게 됐을 거라고 생각하세요?

Y: 처음에는 시도했지만 도움이 되지 않았어요.

T: 그렇군요. 흥미로울 만한 얘기를 하나 해 줄까요? '학습된 무력감'이라는 것이 있어요. 어떤 상황에 대해 아무것도 할 수 없다는 것을 알게 되면 노력을 멈추게 되는 것을 말합니다. 몇 년 전에 개와 고양이를 대상으로 한 유명한 심리 실험이 있었어

요. 개와 고양이를 상자에 가두고 전기 충격을 주었죠. 어떤 개는 탈출할 수 있었고 어떤 개는 탈출하지 못했는데, 탈출하지 못한 개는 잠시 후 시도를 멈췄습니다. 그리고 나중에 탈출할 수 있는 상황에 처했을 때에도 탈출을 시도하지 않았습니다. 그들은 누워서 충격을 받아들였죠.

Y: 정말 안타깝네요.

T: 그렇죠. 제가 왜 이런 이야기를 하고 있다고 생각하나요?

Y: 저도 그 고양이들처럼요. 나오지 못해서 그저 그들이 나에게 한 것을 받아들였어요. 그 고양이들을 생각하니 마음이 아파요.

T: 실험이 끝난 후 고양이들에게 무엇이 필요하다고 생각하세요?

Y: 고양이를 안아주고 돌봐주고 이제 끝났다는 것을 알려줄 사람이 필요했을 거예요.

T: 고양이가 말을 못한다는 건 알지만 고양이에게 어떤 말을 해 주고 싶으세요?

Y: 고양이에게 말해요! 고양이는 못 알아듣지만 제 목소리는 알아듣죠.

T: 고양이에게 말을 건다면 어떤 목소리로 하시겠어요?

Y: 차분하고 좋은 목소리로요. 고양이들은 착한 고양이들이고, 고양이들의 잘못이 아니라 잔인한 실험에 참여했다고 말할 거예요. 이제 끝났어요.

T: 고양이들이 자유로워졌다고 바로 믿을 것 같나요?

Y: 아니요, 아마도 한동안 뛰어다니면서 더 이상 우리 안에 있지 않다는 것을 확인해야 할 것 같아요.

T: 그러니까 고양이들은 친절하게 말을 걸어주고, 안아주고, 보살펴주고, 자유롭다는 것을 보여 줄 사람이 필요하겠네요. 당신에게도 그런 사람이 필요하신가요?

Y: 네, 그런 것 같아요.

T: 고양이들에게 한 말을 스스로에게 한다면 어떨까요?

Y: 저는 좋은 고양이라고요?

T: 네, 맞아요. 아니면 당신은 좋은 사람이고, 그 일은 당신 잘못이 아니었고, 이제 다 끝났고 당신은 자유로워졌다고요.

Y: 이런 말을 스스로에게 해야 하는데 그게 어렵네요.

유스라의 치료사는 고양이에게 하고 싶은 말을 적은 메모와 함께 고양이 사진을 휴대폰에 저장하라고 했다. 유스라는 매일 이를 연습하며 같은 말을 자신에게 했다. 이 정보는 그녀가 외상 기억을 더 연민으로 바꾸는 데 도움이 되는 기초를 형성했다.

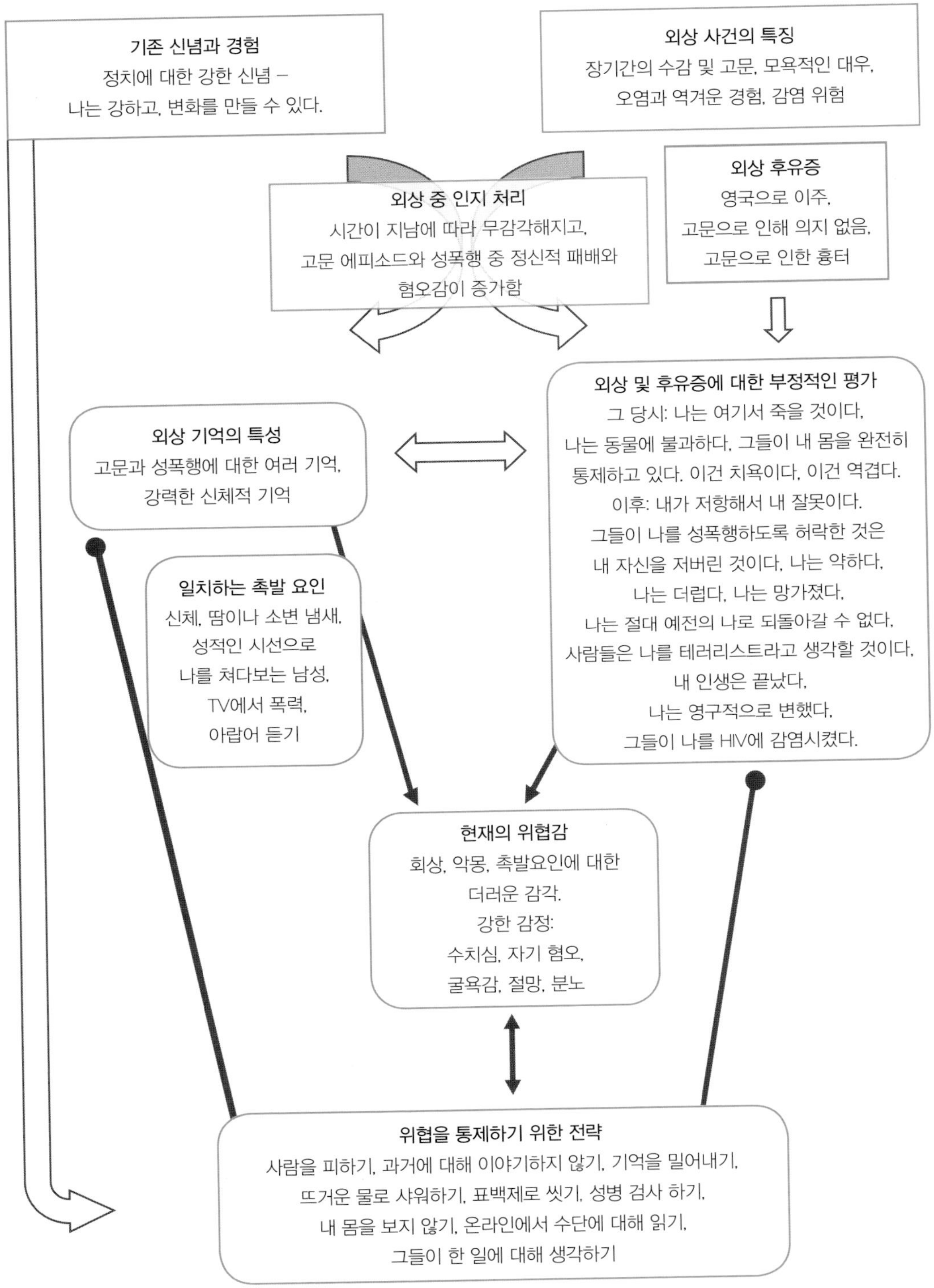

기존 신념과 경험
정치에 대한 강한 신념 −
나는 강하고, 변화를 만들 수 있다.

외상 사건의 특징
장기간의 수감 및 고문, 모욕적인 대우,
오염과 역겨운 경험, 감염 위험

외상 중 인지 처리
시간이 지남에 따라 무감각해지고,
고문 에피소드와 성폭행 중 정신적 패배와
혐오감이 증가함

외상 후유증
영국으로 이주,
고문으로 인해 의지 없음,
고문으로 인한 흉터

외상 및 후유증에 대한 부정적인 평가
그 당시: 나는 여기서 죽을 것이다.
나는 동물에 불과하다. 그들이 내 몸을 완전히
통제하고 있다. 이건 치욕이다. 이건 역겹다.
이후: 내가 저항해서 내 잘못이다.
그들이 나를 성폭행하도록 허락한 것은
내 자신을 저버린 것이다. 나는 약하다.
나는 더럽다. 나는 망가졌다.
나는 절대 예전의 나로 되돌아갈 수 없다.
사람들은 나를 테러리스트라고 생각할 것이다.
내 인생은 끝났다.
나는 영구적으로 변했다.
그들이 나를 HIV에 감염시켰다.

외상 기억의 특성
고문과 성폭행에 대한 여러 기억,
강력한 신체적 기억

일치하는 촉발 요인
신체, 땀이나 소변 냄새,
성적인 시선으로
나를 쳐다보는 남성,
TV에서 폭력,
아랍어 듣기

현재의 위협감
회상, 악몽, 촉발요인에 대한
더러운 감각.
강한 감정:
수치심, 자기 혐오,
굴욕감, 절망, 분노

위협을 통제하기 위한 전략
사람을 피하기, 과거에 대해 이야기하지 않기, 기억을 밀어내기,
뜨거운 물로 샤워하기, 표백제로 씻기, 성병 검사 하기,
내 몸을 보지 않기, 온라인에서 수단에 대해 읽기,
그들이 한 일에 대해 생각하기

[그림 13-1] 유스라의 공식화

추천도서

Jones, A. C., Brake, C. A., & Badour, C. L. (2020). Disgust in PTSD. In M. Tull & N. Kimbrel (Eds.). *Emotion in Posttraumatic Stress Disorder* (pp. 117–143). Academic Press.

Jung, K., & Steil, R. (2012). The feeling of being contaminated in adult survivors of childhood sexual abuse and its treatment via a two-session program of cognitive restructuring and imagery modification: A case study. *Behavior Modification*, 36(1), 67–86.

Lee, D. A., Scragg, P., & Turner, S. (2001). The role of shame and guilt in traumatic events: A clinical model of shame-based and guilt-based PTSD. *British Journal of Medical Psychology*, 74(4), 451–466.

Chapter 14

머리와 마음의 간격

어린 시절 신체적, 정서적, 성적 학대를 당한 멜로디는 자신이 '약하다' '손상되었다' '무가치하다'는 신념을 갖게 되었다. 치료를 통해 이러한 신념을 검토하는 과정에서 자신이 무가치하지 않다는 증거를 확인할 수 있었지만, 감정적으로 이를 연결하지 못하는 머리와 마음의 간격을 경험하게 되었다.

머리와 마음의 간격 또는 합리적-감정적 해리(Stott, 2007)는 지적으로는 어떤 것이 사실이라는 것을 알지만, 감정적으로는 그 사실을 받아들이지 못하는 경험을 설명한다. 대부분의 사람들은 일상 생활에서 이러한 경험을 '비합리적' 감정의 형태로 인식할 수 있다. 예를 들어, 많은 사람들이 불법적인 행동을 하지 않았는데도 경찰관을 지나칠 때 죄책감을 느끼거나 음주와 흡연이 해롭다는 것을 알면서도 여전히 즐겁다고 느끼는 경우가 있다. PTSD에서는 외상이 과거에 일어난 일이라는 것을 알면서도 마치 방금 일어난 것처럼, 또는 곧 일어날 것처럼 느끼는 경험이 PTSD의 핵심 요소이다. 실제로 치료의 중요한 부분은 머리와 마음의 간격을 줄이는 것이다. 예를 들어, 외상 기억을 업데이트하는 것은 아직 완전히 연결되지 않은 인지와 감정의 요소를 하나로 연결하는 것을 목표로 한다.

치료 과정에서, 인지적 작업이 성공적으로 이루어진 후에도 머리와 마음의 간격이 흔히 나타난다. 예를 들어, 내담자가 또 다른 외상을 경험할 확률을 계산하여 그 확률이 매우 낮다는 사실을 알게 한 후에도 '세상은 안전하지 않다.'는 신념에 대한 평가에는 거의 변화가 없을 수 있으며, 내담자는 여전히 예전처럼 불안을 느낄 수 있다. 이는 우리와 내담자 모두에게 당황스러울 수 있지만 놀라운 일은 아니다. 인간은 컴퓨터처럼 추론하지 않는다. 우리는 논리 외에도 감정, 기억, 충동, 욕구, 직관 등 무수히 많은 요소의 영향을 받는다. 임상에서 머리와 마음의 간격을 다룰 때, 고통스러운 신념에 대한 이성적인 대안을 반복해서 강조하는 것은 일반적으로 도움이 되지 않는다. 대신 내담자의 입장에 서서 그들의 신념에 영향을 미칠 수 있는 다른 요인이 무엇인지 이해하려고 노력한다. 그런 다음 머리로 알고 있는 것과 마음으로 느끼는 것, 그리고 직감을 연결할 수 있는 방법을 찾아낸다. 이 장에서는 그 방법을 설명한다.

핵심 인지

- 당신에 저에게 무슨 말을 하는지는 알겠는데, 감정적으로 연결되지 않는다.
- 그 느낌을 말로 표현할 수가 없다.
- 사람들은 계속 이것이 사실이라고 말하지만, 저는 그것을 받아들일 수 없다.
- 지금은 이해가 되지만, 기억이 떠오르거나 비슷한 상황에 처했을 때 여전히 그때와 똑같은 느낌이 든다.
- 다른 사람이라면 그렇게 생각하지 않겠지만 저에 관해서는 다르게 느껴진다.
- 제 직감이고 저는 항상 제 직감을 믿는다.

🌱 첫 번째 단계 및 핵심 기술

분열을 인정하고 시각적으로 나타내기

내담자는 종종 '합리적으로 느끼지 못할 때' 좌절감을 느끼고 자신이 치료에 실패하고 있다고 생각한다. 또한 생각과 느낌이라는 두 가지 입장을 동시에 유지하는 혼란스러운 경험을 설명하는 데 어려움을 겪을 수도 있다. 먼저 머리와 마음의 간격을 PTSD 치료와 일상 생활에서 흔히 경험할 수 있는 현상으로 분류하고 정상화하고 몇 가지 예를 제시한다. 그런 다음 간격을 정량화하는 방법을 소개하여 내담자가 간격을 받아들이고 이를 해결하기 위해 노력하도록 독려한다. Stott(2007)는 가로축은 합리적 판단을, 세로축은 감정적 판단을 나타내는 2차원 신념 차트를 사용할 것을 권장한다. 이 장의 마지막에 예시가 포함되어 있으며, 이를 통해 혼란스러운 경험을 해소하고 표준화된 신념 등급을 매기는 것보다 개입 효과를 더 정교하게 모니터링할 수 있다.

위계 구조 활용하기

12장에서는 소크라테스식 질문으로 시작해 새로운 증거를 찾는 과정으로 나아가는 위계적 인지 기법 전략을 권장한다. 질문 기법만 사용했을 때는 신념이 논리적으로는 변할 수 있지만 감정적으로는 변하지 않는 경우가 흔하기 때문에 새롭고 설득력 있는 증거를 찾는 것이 매우 중요하다. 사람들은 종종 무언가를 완전히 믿기 위해 직접 보거나, 경험해야 하므로이 장에서 설명하는 다른 기법으로 넘어가기 전에 위계 구조의 두 번째 수준의 기법, 특히 관련된 신념을 대상으로 한 행동 실험을 시도해 보는 것이 좋다.

기차 사고 후, 칼리는 기차를 타는 것이 극도로 두려웠습니다. 그녀는 치료사와 함께 또 다른 열차 사고가 일어날 확률을 계산했습니다. 그 결과 영국에서는 매일 약17억 명의 승객이 이동하며, 사고는 극히 드물기 때문에 칼리가 다시 비슷한 사고를 당할 가능성은 매우 낮다는 사실을 알게 되었습니다. 칼리는 위험성이 얼마나 적은지 인식했지만, 여전히 기차를 다시 이용하는 것에 대해 극도의 불안을 느꼈습니다.

칼리의 치료사는 그녀가 '기차는 위험하다.'는 신념을 대상으로 일련의 행동 실험을 계획하도록 도왔습니다. 두 사람은 붐비는 기차역에 가서 얼마나 많은 열차가 사고 없이 도착하고 출발하는지 관찰했습니다. 그런 다음 함께 기차 여행을 하면서 '그때와 지금'을 구분하여 칼리의 생각과 감정이 외상 기억에 영향을 받지 않고 현재에 집중할 수 있도록 도왔습니다. 여행은 아무 사고 없이 끝났고 칼리는 혼자서 다시 여행을 떠나기로 결심했습니다. 칼리는 여전히 불안을 느끼긴 했지만 '증명'하기 위해 다시 기차를 더 자주 이용하기 시작했습니다. 시간이 지나면서 또 다른 사고가 일어날 것이라는 신념은 사라지고 불안감도 점차 감소했습니다.

🌿 머리와 마음 간격의 이해와 해결 방법

머리와 마음의 간격에는 여러 가지 잠재적 원인이 있으므로 해결책을 고안하는 데 있어 공식화가 핵심이다.

내담자가 핵심 기억, 의미, 감정을 명확하게 표현하지 못하는 경우

외상 기억이 매우 정교하지 않거나 고차원적인 인지 처리가 부족한 경우, 주로 매우 감각적이고 거의 '말없는' 형태로 경험될 수 있다. 이와 관련된 의미를 식별하고 언어화하기가 너무 어려워 재구성할 수 없는 경우가 있다. 이는 주로 외상 중 해리, 의식 상실 또는 중독으로 인해 외상 중 지각 처리가 거의 전적으로 '데이터 중심'이거나 내담자가 매우 강렬한 감각(예: 극심한 통증) 또는 압도적인 감정(예: 마비되는 공포)을 경험한 경우에 가장 자주 발생한다.

이러한 종류의 기억을 다룰 때는 내담자가 그 당시의 느낌과 현재 기억의 의미를 포함하여 자신의 경험을 충분히 표현할 수 있도록 돕는 방법을 찾아야 한다. 목표는 내담자의 감정적 경험을 보다 구체적이고 언어적으로 표현할 수 있는 방법을 발전시켜, 관련된 의미를 논의하고 재구성할 수 있는 '닻(anchor)'을 제공하는 것이다. 먼저 내담자가 회상하는 사건의 타임라인을 만든 다음, 마치 악보의 모든 선을 다시 지도 제작하는 것처럼 각 표현 수준(공간, 감각, 신체감각, 고유 감각 proprioceptive, 감정, 의미, 이미지 등)에서 세부 사항을 점진적으로 추가하는 데 집중한다(38페이지). 어떤 경우에는 내담자 자신의 경험을 표현할 수 있도록 창의적인 방법을 찾아야 한다. 예를 들어, 내담자에게 그림을 그리거나 인터넷에서 이미지 콜라주를 만들어서 어떤 느낌이나 의미를 표현하도록 요청할 수 있다.

학습 장애가 있던 스콧은 자신의 아파트를 마약 거래에 이용한 일단의 표적이 되었습니다. 그들은 원래 스콧과 친하게 지냈지만 이 사실을 다른 사람에게 알리면 안 된다고 폭력적으로 협박했습니다. 1년이 넘는 기간 동안 그들은 스콧을 반복적으로 협박하고 괴롭혔습니다. 어느날 스콧의 형이 스콧을 확인하러 왔고, 일당은 스콧이 그들을 신고했다고 믿고 그를 구타했습니다. 스콧이 병원에 실려 갔을 때 사회 복지사는 무슨 일이 있었는지 알아내고 스콧을 다른 숙소로 옮겼습니다. 그러나 스콧은 여전히 그 일당이 자신을 찾아내 처벌할까 봐 두려움에 떨었습니다. 또한 폭행 당시의 악몽과 플래시백도 계속 떠올랐습니다.

치료 과정에서 스콧은 폭행이 어떻게 전개되었는지 설명하기 어려웠습니다. 그의 설명은 일관성이 없었으며, 주로 가해자의 얼굴 표정과 같은 감각적인 세부 사항에 집중되어 있었습니다. 종종 그는 현재 머리와 몸에서 느끼는 고통을 묘사했습니다. 그의 치료사는 가능한 세부 사항을 타임라인에 기록한 다음 점차적으로 스콧이 추가적인 맥락 정보를 채울 수 있도록 도왔습니다. 먼저 핫스팟을 자세히 설명하는 것으로 시작했습니다. 치료사는 스콧에게 화난 얼굴을 그려 달라고 요청했고, 그 그림을 타임라인에 추가했습니다. 그 일당이 왜 화가 났는지에 대해 이야기하고, 이 정보를 타임라인에 적었습니다. 그들은 스콧이 살던 아파트의 평면도를 그려 폭행 당시 일당 구성원 각자가 어디에 서 있었는지 표시했습니다. 스콧의 치료사는 그가 느꼈던 고통에 대해 더 자세히 물었습니다. 그는 '기차가 내 머리를 치는 것 같았다.'고 설명했습니다. 치료사는 인터넷에서 기차 사진을 찾아서 스콧의 머리와 몸의 윤곽선 그림과 함께 통증을 느낀 부분을 빨간색으로 칠한 타임라인에 붙였습니다. 그들은 그 통증이 머리에 충격을 받은 기억 때문일 수 있으며, 스콧이 바닥에 누워 있었기 때문에 발로 차고 밟혀서 생긴 것일 가능성이 높다는 것을 깨달았습니다. 그들은 이 정보를 타임라인에 추가했습니다. 경험의 다양한 측면을 표현하는 방법을 점점 더 많이 추가하면서 스콧은 자신의 생각, 감정, 기억에 대해 이야기할 단어를 더 많이 찾기 시작했고 악몽의 강도가 줄어들기 시작했습니다.

내담자는 오래된 것과 새로운 것을 연결하는 데 어려움을 겪음

PTSD에서 머리와 마음의 간격이 발생하는 가장 흔한 원인 중 하나는 새로운 업데이트 정보가 외상 기억에 충분히 통합되지 않았을 때이다. 이러한 상황에서는 지각, 감정, 의미의 모든 층위를 다룰 수 있도록 업데이트 정보를 강화하거나 '증폭'해야 한다.

양파처럼 층층이 작업하기

앞서 양파의 층처럼 서로 다른 감정과 의미가 존재할 수 있다고 이야기했다. 때로는 머리와 마음의 간격 때문에 첫 번째 업데이트가 다양한 층을 모두 다루지 못했거나, 한 층의 감정이 줄어들면서 다른 층이 노출되는 경우가 있다.

이레나는 폭력적인 관계에 있었으며, 특히 끔찍한 폭행 중에 남자친구가 칼을 들이대며 그녀를 성폭행했습니다. 첫 번째 기억 재연 세션에서 이레나는 자신이 죽을 것이라는 생각을 주로 했고, 주된 감정은 공포였다고 보고했습니다. 그녀의 치료사는 그녀가 '나는 여기서 죽지 않고 살아남아 이야기를 전할 것이다. 이건 옛날 일이다.'라는 문구로 핫스팟을 업데이트하는 데 도움을 주었습니다. 이레나는 계속해서 기억을 다시 경험했고, 그녀의 고통 지수는 줄어들지 않았습니다. 치료사는 세션을 통해 핫스팟을 더 자세히 탐색하고, 이레나에게 그것이 어떤 의미가 있는지 더 많이 물어보았습니다. 그녀는 무력감, 혐오감, 수치심을 포함한 더 많은 감정과 '내가 약해서 반격해서 싸우지 않았다.' '그의 땀이 내 몸 전체에 묻어 있다.' '(사람들은) 내가 그에게 이런 짓을 하게 내버려두고, 내가 역겹다고 생각할 것이다.' 등의 추가적인 의미를 확인했습니다. 이러한 의미에 대한 효과적인 업데이트를 생성하기 위해 신체의 위협 반응에 대한 심리교육, 오염된 느낌 다루기, 성폭행 후 타인의 판단에 대한 설문조사 실시 등 여러 차례의 세션이 필요했습니다. 이러한 추가 업데이트에는 다음과 같은 내용이 포함되었습니다: '내 몸이 얼어붙은 것은 도망가거나 싸울 수 없을 때 정상적인 생존 반응인 '얼어붙는 모드'로 들어간 것이다.' '목에 칼이 들어왔을 때 내가 할 수 있는 가장 안전한 방법은 움직이지 않는 것이었다. 내가 동의한 것도 아니고 내가 약해서 그런 것도 아니다.' '그때는 얼어붙었지만 지금은 얼어붙지 않았다.' '이제는 그의 땀의 원자 하나까지도 내 몸에 없다.' '역겨운 건 내가 아니라 그가 한 짓이다.' 등 설문조사에서 다른 사람들도 동의한 내용을 포함시켰습니다. 다음 재연 세션에서 이러한 추가 업데이트가 포함되자, 이레나는 기억의 고통스러운 느낌이 훨씬 더 많이 감소했다고 보고했습니다.

과거와 현재를 함께 이어주기

내담자가 업데이트된 정보를 외상 기억에 통합하는 것은 어려울 수 있다. 우리의 기본 전략은 기억을 떠올리고, 업데이트된 정보를 말하거나 글로 써서 외상 기억과 함께 마음에 새기도록 돕는 것이다. 이것만으로 충분하지 않을 때 우리는 '연결' 질문을 통해 내담자가 과거와 현재를 다양한 방식으로 연결하도록 돕는다.

🐾 유용한 팁: 질문을 사용하여 업데이트 통합하기

먼저, 내담자가 핫스팟을 확장하여 가능한 많은 세부 정보에 접근하도록 장려합니다. 예를 들어, 다음과 같이 질문할 수 있습니다:

그 순간에는…
- 내가 무슨 생각을 하고 있나요?
- 내가 어떤 감정을 느끼고 있나요?
- 내 마음에 어떤 이미지나 기억이 있나요?
- 무슨 일이 일어나고 있나요?
- 무엇을 보거나 듣거나 맛보거나 냄새를 맡을 수 있나요?
- 내 몸에 어떤 감각이 있나요?

- 내 몸의 자세는 어떤가요?
- 내가 무엇을 하고 있나요?
- 내가 하고 싶은 것은 무엇인가요?
- 내가 필요로 하는 것은 무엇인가요?

그런 다음, 업데이트된 정보를 비슷한 방식으로 확장하여 질문해 보세요:

　지금 생각해 보면…

- 지금 나는 그것에 대해 어떻게 생각하나요?
- 실제로 일어난 일에 대해 무엇을 알고 있나요?
- 지금 그때를 다시 떠올렸을 때 어떤 감정을 느끼나요?
- 지금 무엇을 듣고, 보고, 느끼고, 맛볼 수 있나요?
- 현재 내 몸에서 어떤 감각을 느끼나요?
- 지금은 어떤 신체 자세나 행동을 할 수 있나요?
- 현재 내 욕구는 어떻게 충족되고 있나요?
- 그 이후로 나는 어떤 의미를 부여했나요?
- 나라는 사람에 대해 무엇을 말해 주나요?
- 내 인생 이야기에서 그것이 어떤 위치에 있나요?

마지막으로, 기억과 새로운 정보를 연결하기 위해 고안된 질문을 통해 두 가지 층을 함께 연결해 보세요. 예를 들어, 다음과 같이 질문할 수 있습니다:

- 그것을 지금 알게 되었다면, 당신의 감정이 어떻게 변하나요?
- 그것을 지금 기억한다면, 자신에 대한 생각이 어떻게 변하나요?
- 그것을 지금 말한다면, 일어난 일에 대한 이해가 어떻게 변하나요?
- 그것을 지금 느낀다면, 그것에 대한 이해가 어떻게 변하나요?

다양한 방식 사용하기

외상 사건은 인지적이고 언어적 경험보다는 감각적이고 지각적 경험이 훨씬 더 많다. 따라서 언어적 업데이트만으로는 충분하지 않을 수 있다. 이미지, 신체 자세, 감각 정보를 업데이트하는 방법, 그리고 움직임과 같은 다른 양식을 통합하는 것이 도움이 될 수 있다.

아이작은 영국군과 함께 아프가니스탄에서 근무하던 중 총격전에 휘말렸습니다. 사방에서 총소리가 들리는 벽 뒤에 누워 '여기서 빠져나오지 못할 것 같다.'고 생각하던 순간이 가장 기억에 남았습니다. 첫 번째 상상적 재연 세션에서 '나는 죽지 않았고 살아남았다.'라는 간단한 구두 업데이트가 포함되었지만 핫스팟의 고통이나 강도를 줄이지는 못했습니다.

핫스팟을 업데이트하는 두 번째 시도에서 치료사는 아이작이 여러 양상에 걸쳐 정보를 업데이트하는 것을 포함하도록 도왔습니다. 당시 아이작이 벽 뒤에 웅크린 채 방탄복으로 인해 무거움을 느끼고 있었기 때문에 핫스팟을 염두에 두면서 지금은 움직여도 안전하다는 것을 스스로에게 보여 주기 위해 서서 스트레칭하고 움직이며 신체적 업데이트를 포함했습니다. 당시 날씨는 참을 수 없을 정도로 더웠고 공기는 먼지가 많았습니다. 업데이트가 진행되는 동안 아이작은 치료사 사무실에서 나오는 선풍기의 시원한 바람을 느끼며 맑은 공기를 마셨습니다. 외상 당시에는 두려움을 느꼈을 뿐만 아니라 무력감을 느꼈기 때문에 아이작이 더 이상 무력하지 않다는 업데이트와 함께 최근 직장에서 평가를 통과한 사실을 연결하여 힘과 자부심을 느꼈습니다. 아이작이 살아남았다는 정보로 기억을 업데이트 때, 아들의 생일 파티를 찍은 최근 휴대폰 사진을 보며 당시에는 절대 일어나지 않을 것 같던 가족과의 재회를 떠올렸습니다.

이미지 재구성 활용하기

이미지 기법도 업데이트를 '강화'시킬 수 있다. 생생하고 설득력 있는 이미지로 표현된 업데이트를 시각화하면 구두로 업데이트하는 것보다 정서적으로 더 강력한 영향을 주고, 기억에 오랫동안 남을 수 있다. 우리는 1장에서 더 정교하고 생생한 기억이 다른 기억보다 더 쉽게 회상된다는 '회상 경쟁'(Brewin, 2006)이라는 개념을 소개했다. 이는 이미지 재구성을 통해 내담자가 세부적으로 풍부하고 강력한 감정이 담긴 이미지를 만들도록 도울 수 있다면 외상 기억에 대한 회상 경쟁에서 우위를 점할 수 있다는 것을 시사한다.

조슈아는 우간다의 주의 저항군(Lord's Resistance Army)에 소년병으로 강제로 징집되었습니다. 그는 다양한 외상에 대한 PTSD 재경험 증상을 겪었습니다. 몇 년 후 PTSD 치료를 받는 과정에서, 조슈아는 가장 고통스러운 기억이 박격포 공격으로 많은 병사들이 사망한 사건과 관련이 있음을 확인했습니다. 조슈아는 친구들이 죽어가면서 도와달라고 외치고 어머니를 찾으며 비명을 지르는 끔찍한 기억을 떠올렸습니다. 또한 그는 그들의 피로 뒤덮여 있었으며, 두려움과 역겨

움, 공포를 느꼈습니다. 그는 이 사건에 대한 악몽을 꾸면 피를 느끼고 냄새를 맡으며 잠에서 깨곤
했습니다.

　기억을 말로 설명해도 악몽이 줄어들지 않았기 때문에 조슈아의 치료사는 이미지 재구성을 통
해 새로운 결말을 만들 수 있도록 도와주었습니다. 조슈아가 기억 속에서 가장 시급하고 중요하
게 필요로 했던 것은 깨끗하고 안전하다고 느끼는 것과 친구들이 더 이상 고통과 괴로움에 시달
리지 않는 것이었습니다. 그는 학살 직후 인근 댐이 무너져 계곡이 범람하여 시체와 피가 씻겨 내
려가는 장면을 상상했습니다. 그는 물 흐르는 소리를 들으며 계곡을 헤엄쳐 건너가 자신이 깨끗
하게 씻겨 내려가는 것을 느끼는 것을 상상했습니다. 그는 공격으로부터 안전한 곳에 나무집을
짓고 학살이 끝났음을 내려다보는 상상을 했습니다. 나무 위의 집은 그가 어렸을 때 지어본 집이
었기 때문에 그에게 특히 생생한 이미지로 남아있었습니다. 조슈아의 치료사는 재구성된 기억을
유지하는 데 도움을 주기 위해 만화처럼 그려보라고 했습니다. 조슈아는 그 그림을 침대 옆에 두
고 매일 밤 잠자리에 들기 전에 보았습니다.

의미와 감정은 상황에 따라 달라짐

　머리와 마음의 간격의 또 다른 원인은 내담자가 외상 기억과 관련된 상황에 있을 때만 주
요 의미와 감정에 접근할 수 있는 경우이다. 치료실에서는 외상과 관련된 소리, 물건, 이미
지 등 다양한 촉발 요인을 도입하거나 외상 장면 사진을 보면서 업데이트 작업을 진행함으
로써 이를 극복할 수 있다. 그러나 가장 간단한 해결책은 일부러 유사한 상황에 들어가 기억
에 접근하고 '실시간으로' 업데이트를 도입하는 것이다. 이는 외상 장면을 다시 방문할 때 가
장 강력하게 효과를 발휘할 수 있다.

　스튜어트는 공장에서 일하던 중 고장난 장비에 감전되는 사고를 당했습니다. 사고 이후 그는
전기와 관련된 곳에서 매우 조심스러웠습니다. 종종 전기 충격을 받는 것과 혼동되는 떨림으로
깨어나는 악몽을 꾸었습니다. 또한 전등 스위치를 포함한 거의 모든 전기 장비를 사용할 때 극심
한 공포로 몸을 떨었습니다. 상상적 재연으로 업데이트를 시도해도 악몽과 신체적 반응을 줄이는
데는 실패했습니다. 스튜어트는 자신이 감전에서 살아남았고 다시 감전을 받을 가능성이 거의 없
다는 것을 지적으로 이해했지만, 여전히 전기 장비에 대한 두려움과 신체적 반응이 강했습니다.

치료사는 상상 속에서 기억을 활성화할 때 업데이트가 제대로 연결되지 않는다는 사실을 깨닫고, 대신 촉발 요인을 사용하여 스튜어트가 기억을 활성화시키는 방법을 선택했습니다. 먼저 치료실의 전기 장비로 플러그 소켓, 전기 스위치, 케이블을 만지며 연습했습니다. 스튜어트가 신체적 반응을 경험할 때마다 장비가 안전하다는 사실과 자신이 살아남았다는 사실을 상기시키며, 감전되지 않았음을 증명하는 신체 감각에 집중했습니다. 그런 다음 대기실에 있는 어항 속 펌프를 만져보았습니다(스튜어트는 전기 장치가 수중에 있기 때문에 더 위험하다고 생각했습니다). 마지막으로 그들은 스튜어트가 일했던 공장에 연락하여 방문 허가를 요청했습니다. 스튜어트를 감전시킨 동일한 기계가 여전히 그곳에 있었고(현재는 수리됨), 스튜어트와 치료사는 그 기계를 만지면서 스튜어트가 더 이상 감전 위험이 없다는 점과 신체 반응이 아드레날린에 의한 것이라는 최신 정보에 집중하는 세션을 보냈습니다.

기존의 신념을 반영하는 의미

외상에 대해 가지는 의미는 이전의 경험과 신념의 영향을 받는다. 때때로 머리와 마음의 간격은 이전의 기억 및 신념의 영향으로 발생할 수 있으며, 이를 다룰 필요가 있다(12장).

카렌은 응급 상황 이후 PTSD를 겪었습니다. 치료를 통해 외상 기억을 되살리고 업데이트한 후 카렌의 증상은 호전되었지만, 한 가지 핫스팟은 여전히 매우 고통스러웠습니다. 병원에서 회복 중이던 카렌은 잠시 옆방에 혼자 남겨졌습니다. 간호사를 불러봤지만 아무도 오지 않았고 카렌은 절망적이고 외로움을 느꼈습니다. 이 핫스팟에 대한 업데이트로 간호사들이 바쁘지만 여전히 카렌에게 관심을 갖고 있었고, 남편이 병원으로 오고 있다는 정보는 지적인 차원에서는 도움이 되었지만, 카렌은 여전히 이 부분을 떠올리면 공허하고 슬픈 기분이 든다고 설명했습니다.

치료사는 카렌에게 그 느낌이 이전의 경험을 떠올리게 하지 않았는지 물었습니다. 카렌은 어렸을 때 외로움을 자주 느꼈다고 말했습니다. 그녀는 외동딸이었고 부모님은 오랜 시간 일했습니다. 카렌은 수줍음이 많았고 친구를 사귀는 것이 어려웠습니다. 그녀는 집에 혼자 앉아 다른 아이들이 노는 모습을 창밖으로 바라보며 슬픔과 소외감을 느꼈던 기억을 떠올렸습니다. 병원에서도 같은 감정을 느꼈습니다.

카렌은 어린 시절의 기억을 새롭게 구성하는 것을 시도해 보기로 합의했습니다. 그녀는 어른이 된 자신이 그 장면에 들어가보는 상상을 해 보았습니다. 그녀는 어른이 된 자신이 그 장면에 들어가 어린 카렌을 공원에 데려가 놀게 하고, 어린 시절 간절히 원했던 강아지를 선물하여 함께 지내며 사랑과 애정을 주는 상상을 했습니다. 어른이 된 카렌은 어린 카렌에게 부모님이 사랑하고 있으며, 부모님이 바쁠 때도 항상 곁에 있을 것이라고 안심시키며, 언젠가 커서 자신의 가족을 가질 것이라고 말했습니다. 이 재구성이 어떤 느낌을 주었는지 요약해 달라는 질문에 카렌은 '사랑받았다.'라고 답했습니다. 그런 다음 카렌과 치료사는 다시 옆방에 혼자 남겨진 상황으로 돌아갔습니다. '사람들은 나에게 관심이 있다.'는 업데이트를 가져왔을 때, 카렌의 치료사는 카렌에게 재구성된 기억을 떠올리고 사랑받는다는 느낌에 집중해 보라고 요청했습니다.

맥락에 맞지 않는 이미지로 인한 고통

머리와 마음 사이의 간격이 발생하는 또 다른 원인은 외상 기억의 측면 또는 미래의 위협과 관련된 이미지가 '구성'된 경우이다. 이러한 구성된 이미지에는 외상 당시 '최악의 경우' 상상이나 '앞으로 벌어질(flash-forwards) 위협적인 시나리오' 등이 포함될 수 있다. 이러한 상황에서는 강력한 이미지가 더 설득력 있게 느껴져서 언어적 업데이트가 감정적 수준에서 연결되지 않을 수 있다. 10장에서 구성된 기억을 다루는 방법에 대해 논의했다. 간단히 말해, 치료 목표는 외상 당시의 이미지를 경험한 시점을 식별하고 라벨을 붙이는 것을 포함하

아미나는 시리아에서 구호 기구에서 일하던 중 건물이 포탄에 맞았습니다. 대피하던 중 밖에서 총성이 들렸고 아미나는 자신이 죽을 것 같아 두려웠습니다. 다행히도 모두 무사했지만, 아미나는 그 사건 이후로 플래시백과 악몽에 시달렸습니다. 치료를 통해 아미나는 외상 기억을 성공적으로 처리하고 업데이트했습니다. 그러나 그녀의 취약성에 대한 신념은 여전히 남아 있었고, 무장 괴한들에게 납치되는 반복적인 악몽이 계속되었습니다. 이 사건은 실제로 일어나지 않았지만, 시리아에 있는 동안 아미나가 계속 두려워했던 일이었습니다. 그녀의 악몽 속 이미지는 다른 구호 기구 동료들로부터 들은 이야기로 인해 만들어진 '최악의 시나리오'였습니다. 아미나의 치료사는 그녀가 납치되지 않았고 지금은 안전하다는 사실을 바탕으로 악몽을 재연하고 업데이트하도록 도왔습니다. 또한 아미나는 악몽을 재구성하여 무장한 괴한들을 물리치고 자신을 안전하게 보호할 수 있는 투명 방패를 만드는 마법의 힘을 스스로에게 부여했습니다.

여 기억에 대한 일관된 서술을 만드는 것이다. 구성된 이미지는 재연, 업데이트 및 이미지 재구성을 통해서 다룰 수 있다.

자기 공격이 합리성을 능가함

13장에서 설명한 대로, 일부 PTSD를 가진 사람들은 강력한 자기 공격적인 부정적 사고를 경험한다. 이러한 생각은 외상과 관련된 평가(예: 외상을 일어나게 한 내가 역겹')로 나타날 수 있거나 외상 경험에 의해 증폭된 오랜 신념일 수 있다. 자기 공격 경향은 외상에 대한 새롭고 덜 위협적인 평가가 지적으로는 이해되지만, 수치심과 자기 혐오라는 유해한 감정을 중화시키지 못하여 머리와 마음의 간격을 야기할 수 있다. 반복적인 인지적 재평가는 오랜 기간 지속된 자기 공격을 약화시키지 못할 가능성이 높으며, 이로 인해 내담자와 치료사의 관계 단절로 이어질 수 있다. 대신에, 우리는 유해한 자기 공격의 기원을 탐구하고, '완벽한 양육자' 이미지(236페이지)와 의자 작업 기법(예: Pugh, 2018)과 같은 기법을 사용하여 해독제로서 자기 연민 능력을 개발하는 데 내담자를 돕는다.

지안의 부모님은 매우 엄격하고 까다로우며 비판적이었습니다. 그 결과 지안은 자신을 미워하고 '충분하다'고 느끼지 못한 채 자랐습니다. 성인이 된 후, 지안은 직장 동료에게 괴롭힘을 당했고, 결국 폭력적이고 굴욕적인 폭행을 당했습니다. 이러한 폭행을 당한 지안은 자신이 수치스럽다고 느끼며 이를 대체할 다른 평가를 떠올리기 어려워했습니다. 그러나 치료사가 좀 더 연민 어린 평가를 제안했을 때 그는 이를 '한심하다'며 거부했습니다.

지안의 치료사는 이를 인지적으로 접근하기보다는 완벽한 양육자의 자질을 묘사하고 상상해 보라고 요청했습니다. 지안은 연민, 자비, 친절의 상징으로서 불교의 관세음보살이 있는데, 이 관세음보살은 어려움에 처한 아이들과 사람들을 지켜본다고 생각한다고 설명했습니다. 지안은 어린 시절 중국 민속에서 관세음보살에 대한 이야기를 들으며 자랐습니다. 지안과 치료사는 지안이 자기비판적이 되었을 때 연민 어린 관세음보살의 이미지를 떠올려 연민의 관점을 표현하기로 결정했습니다. 치료사는 지안에게 관세음보살이 자신을 위로하기 위해 어떤 말을 할 것인지, 이 자비로운 존재로부터 무조건적인 보살핌을 받는다면 어떤 느낌일지 상상해 보라고 요청했습니다. 치료사는 관세음보살의 관점을 사용하여 '나는 수치스럽다'와 같은 지안의 생각을 다루고 지안이 수치심을 느꼈던 외상의 순간을 재구성하고 업데이트했습니다. 지안이 연민 어린 자기 신념에 더 잘 접근할 수 있게 되자, 치료사는 관세음보살의 목소리를 자신의 목소리로 바꿔서 관세음보살의 친절함으로 자신에게 말하는 연습을 하도록 권유했습니다.

🌿 치료실 노트: 멜로디

멜로디는 어린 시절부터 여러 번의 외상을 겪은 후 20대 중반에 치료를 받기 시작했다. 그녀는 어머니가 돌아가신 후 아버지와 단둘이 자랐다. 아버지는 마약을 사용했고, 술에 취하면 멜로디에게 신체적, 정서적으로 학대하는 일이 잦았다. 아버지 또한 친구들이 집에서 '파티'를 열 때면 멜로디를 성적으로 학대하도록 허용했다. 멜로디는 15살에 집을 나와 몇 년 동안 노숙 생활을 했다. 이 기간 동안 그녀는 여러 번 신체적, 성적으로 폭행을 당했다.

치료를 시작했을 때 멜로디는 임시 호스텔에서 생활하고 있었다. 그녀는 다시 거리로 나가 생존을 위해 성 노동에 의존해야 할까 봐 두려웠다. 그녀는 자신의 몸이 너무 오랫동안 '이용되고 학대'되어 더 이상 자신의 것이 아니라고 말하면서 자신의 몸과의 강력한 단절감을 표현했다. 그녀는 보통 플래시백 후 자신을 칼로 긋거나 불로 태워 자해를 했다. 그녀의 공식은 [그림 14-1]에 나와 있다.

초기 치료 세션은 치료적 관계를 발전시키고, 그라운딩 기술을 가르치며, 멜로디의 자해 행동을 줄이는 데 중점을 두었다. 멜로디는 외상 촉발 요인에 반응하여 자주 몰입적인 플래시백으로 해리되었다. 또한 안전하지 않다고 느낄 때 주변 환경과 단절된 기간 및 어린아이로 돌아간 듯한 느낌과 행동에 대해서도 설명했다. 멜로디의 치료사는 이러한 다양한 형태의 해리가 어떻게 발생하는지 분류하고 추적하는 데 도움을 주었고, 각 유형에 따른 다른 그라운딩 전략을 적용하는 연습을 진행했다. 멜로디는 또한 자극 변별을 배워 자신의 촉발 요인에 대처하는 방법을 배웠다.

멜로디와 치료사는 그녀의 삶을 타임라인으로 정리하여 주요 외상 기억을 식별했다. 멜로디는 노숙 시절에 겪은 폭력적인 성폭력으로 인한 PTSD 침투가 가장 많았다. 그 기억은 매우 단절되고 혼란스러웠으며, 감각적인 회상이 주를 이루었고, 해리되지 않고는 말하기가 매우 어려웠다. 멜로디는 성폭력 당시 유체이탈 경험을 묘사하며, 자신이 골목길 위의 하늘에서 그 장면을 보고 있는 듯한 느낌이었다고 말했다.

다음 과제는 보다 정교하고 일관된 외상 이야기를 구성하는 것이었다. 멜로디는 이전에 미술 치료를 받은 적이 있었고 콜라주를 만드는 것을 즐겼다. 치료사는 멜로디에게 성폭행과 관련된 모든 감정을 콜라주로 표현해 보라고 권유했다. 그런 다음 치료사는 멜로디가 선택한 각 그림과 그 그림이 그녀에게 무엇을 상징하는지 논의했다. 멜로디는 점차 자신의 신체 감각과 감정을 해리하지 않고 더 많은 말로 표현할 수 있게 되었다. 또한 '조감도' 버전의 회상법을 사용하여 외상 전, 중, 후의 사건에 대한 지도를 만들었다.

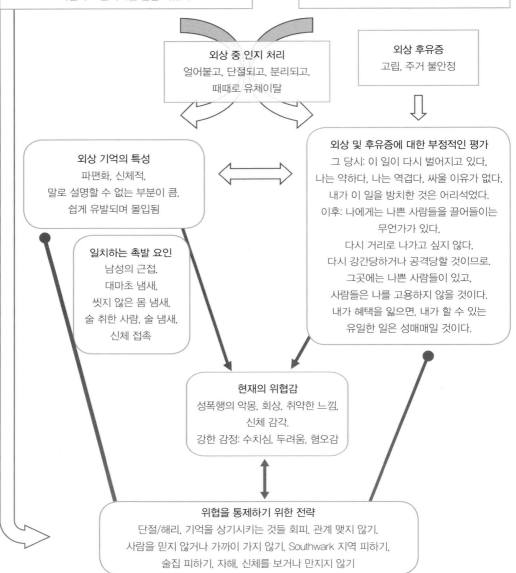

[그림 14-1] 멜로디의 공식화

　외상과 관련된 멜로디의 주된 신념은 자신이 전적으로 '약하다' '역겹다' '무가치하다'는 것이었다. 또한 멜로디는 초기 경험으로 자신이 '손상'되었고 결코 '정상'이 될 수 없다고 믿었다. 멜로디의 치료사는 안내적 탐색 기법을 사용하여 이러한 신념에 접근하여 관련 증거를 수집하고 멜로디를 신념의 연속체에 위치시키는 데 도왔다. 또한 다른 사람들이 멜로디의 경험으로 인해 멜로디를 얼마나 '역겹다' '약하다'고 생각하는지에 대한 의견을 익명으로 조사했다. 하지만 멜로디는 이러한 새로운 관점을 감정적으로 받아들이는 데 어려움을 겪었다.

　멜로디의 치료사는 이러한 '머리와 마음의 간격'이 일반적인 경험이라고 설명하며 일상생활의 몇 가지 예를 들었다. 치료사는 멜로디가 '생존자'이자 '사랑받을 자격이 있는 사람'이라는 대안적 신념을 개발했고, 이것이 얼마나 진실이라고 생각하는지와 느끼는지를 그래프로 만들었다. 또한 멜로디의 머리와 마음의 간극에 기여한 몇 가지 요인을 확인했는데, 여기에는 멜로디가 오랫동안 자신을 비난해 온 사고방식과 어린 시절 경험의 영향, 특히 아버지가 그녀의 안전과 행복을 전적으로 무시했던 점이 포함되었다.

　멜로디와 치료사는 멜로디의 자기 공격에 대응하기 위해 완벽한 양육자의 이미지를 활용하여 연민적인 관점을 제공하기로 결정했다. 멜로디는 수호천사를 믿었기 때문에 수호천사의 모습, 목소리와 행동, 멜로디에게 전할 말을 상상해 보았다. 멜로디는 수호천사의 모습을 콜라주로 만들어 휴대폰 잠금 화면에 사진을 저장하여 수호천사를 떠올리며 연민 어린 마음을 자주 상기시키기로 했다. 그녀는 자신을 의심하거나 자해 충동을 느끼거나 방해가 되는

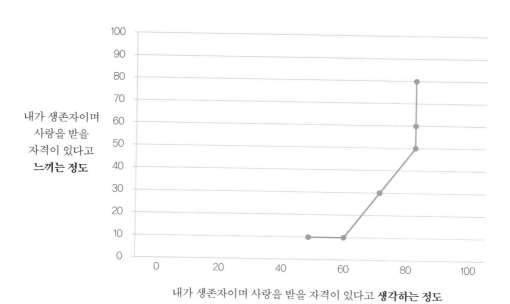

[그림 14-2] 멜로디의 머리와 마음의 간격

기억이 떠오르거나 자해 생각이 들 때마다 상상 속의 수호천사와 상담하기 시작했다. 치료사의 도움으로 멜로디는 외상 기억 속으로 수호천사를 데려오기도 했다. 성폭행 후 천사가 멜로디를 안아주고 위로하는 모습, 어렸을 때 멜로디를 보호하기 위해 개입하는 모습을 상상했다.

멜로디와 치료사는 그래프에서 머리와 마음의 간격을 추적했다([그림 14-2]). 시간이 흐름에 따라 멜로디는 자신이 생존자이며 사랑받을 자격이 있다는 새로운 관점에 대한 신념이 머리와 마음 모두에서 커지기 시작했다.

추천도서

Lee, D. A. (2005). The perfect nurturer: A model to develop a compassionate mind within the context of cognitive therapy. In P. Gilbert (Ed.). *Compassion* (pp. 338-363). Routledge.

Stott, R. (2007). When head and heart do not agree: A theoretical and clinical analysis of rational-emotional dissociation (RED) in cognitive therapy. *Journal of Cognitive Psychotherapy, 21*(1), 37-50.

Chapter 15

상실

어릴 때 캘럼은 여동생 릴리가 갑작스러운 사고로 죽는 것을 목격했다. 캘럼은 부모님에 의해 릴리의 시신에서 떼어 놓아졌고, 그 후로 더 이상 동생을 보지 못했다. 성인이 된 후에도 릴리의 시신에 대한 침투적인 이미지를 계속해서 경험하며, 릴리가 죽은데도 자신이 살아남았다는 죄책감을 느꼈다. 치료 과정에서 캘럼은 릴리를 어떻게 기억하고 싶은지 탐구했고, 치료사는 그가 릴리의 죽음의 이미지를 재연하고 이를 재구성할 수 있도록 도와주었다.

외상 사건은 다양한 방식으로 상실을 초래할 수 있다. 어떤 외상 사건은 다른 사람의 죽음을 포함하며, 애도는 임상에서 중요한 부분일 수 있다. 그 외의 상실에는 국가를 떠나는 것과 같은 개인의 삶의 변화로 인해 가정, 지역사회, 소셜 네트워크, 고용 및 때로는 지위까지 잃는 것이 포함된다. PTSD 증상은 직업이나 인간관계의 상실로 이어질 수 있다. 마지막으로, 일부 외상은 만성 통증, 장애, 외모 손상과 같은 신체적 변화를 초래할 수 있다. 따라서 치료는 내담자가 상실한 것을 인정하고 애도하며 앞으로 나아가고 삶을 재건할 수 있는 의미 있는 방법을 찾도록 돕는 것이 중요하다.

🌱 외상성 사별

PTSD는 다른 사람의 사망을 목격하거나 가까운 친구나 가족의 폭력적이거나 우발적인 사망 소식을 접했을 때 발생할 수 있다(APA, 2013). 이러한 유형의 외상을 경험한 생존자들은 일반적인 PTSD 증상과 싸우고 있을 뿐만 아니라 사랑하는 사람을 잃은 애도와도 싸우고 있을 수 있다.

애도 장애

충격적인 사별 후 발생하는 심리적 증상을 설명할 때 '외상성 애도'라는 용어를 자주 사용하지만, 이는 공식적인 진단명은 아니다. 그러나 최근 진단 매뉴얼에 애도 장애가 포함되기 시작했다: ICD-11의 '지속성 애도 장애(prolonged grief disorder)가', DSM-5-TR에는 '지속성 애도 장애'(Prigerson et al., 2021)가 포함되어 있다. 비평가들은 애도 장애가 정상적인 고통을 병리화할 위험이 있다고 주장하지만, 이러한 새로운 장애는 약 10%의 사람들이 사별 후 회복에 어려움을 겪고 오랜 기간 동안 지속되며 장애를 일으키는 심리적 증상을 경험한다는 증거를 반영한다(Lundorff et al., 2017).

외상적인 사별을 경험한 사람들과 함께 작업할 때, 임상적 상황은 종종 지속적인 애도와 PTSD 증상이 혼합된 형태로 나타난다. PTSD 증상은 '정상적인' 애도를 방해할 수 있다. 예를 들어, 고인에 대한 생각이 고인의 사망 방식을 떠올리게 하는 고통스러운 침투적 기억을 유발하는 경우, 사람들은 고인에 대한 모든 기억과 상기를 완전히 피할 수 있다. 이러한 사망에 대한 기억의 '현재성'은 마치 그 사람이 '어제 죽은 것'처럼 지속적인 불신감을 유발할 수도 있다. 죽음의 방식에 대한 신념이 죄책감이나 분노로 이어지면, 사람들은 그러한 측면에 집착하고 상실을 받아들이는 데 어려움을 겪을 수 있다.

최근의 지속성 애도 장애에 대한 인지행동치료 모델은 PTSD의 인지 모델에 큰 영향을 받았다. 이 모델들은 주로 상실을 자전적 지식 체계에 충분히 통합하지 못하는 것, 상실과 그 결과에 대한 부정적인 신념, 도움이 되지 않는 회피, 안전 추구, 반추적 대처 전략 등과 같은 유사한 핵심 유지 과정을 개념화한다(Boelen et al., 2006; Duffy, & Wild, 2017; Smith, & Ehlers, 2021). 따라서 치료방법에는 사망에 대한 기억을 상상적으로 재연하기, 지나치게 부정적이거나 불안한 평가를 식별하고 수정하기, 고인에 대한 기억과 연관된 회피를 변별하고 줄이는 것과 같은 CT-PTSD와 유사한 요소를 포함하고 있다(Boelen et al., 2007; Duffy & Wild, 2017; Shear et al., 2005). 다른 모델들은 애착 과정(Shear, & Shair, 2005)과 의미 재구성(Neimeyer, 2001)의 역할을 강조하며, 우리는 이러한 모델들에서 유용한 전략을 추출하여 치료에 통합한다.

외상성 애도 치료

초기 세션

초기 세션에서는 평소와 마찬가지로 우리는 공식화와 심리교육을 통해 현재의 어려움을 이해하고 공유하는 데 시간을 할애한다. 외상성 애도의 경우, 초기 세션에서는 상실감과 그리움을 표현할 수 있는 시간과 공간을 제공하고, 내담자가 편안하다고 느끼면 더 구조화된 치료로 너무 빨리 이동하지 않고 사랑하는 사람에 대해 이야기하도록 부드럽게 격려한다.

일반적인 심리교육과 PTSD 증상의 정상화뿐만 아니라, 상실은 슬픔, 분노, 죄책감, 공허함, 안도감 등 다양한 감정을 유발할 수 있다는 점을 초기에 강조한다. 우리는 내담자가 모든 감정이 수용되고 표현될 수 있다는 점을 알도록 돕는다. '죽은 사람에게 화를 내면 안 된다.' 또는 '행복하다고 느끼는 것은 우리가 가졌던 것을 배신하는 것이다.'와 같은 메타인지적 신념은 초기 치료 단계에서 다룰 필요가 있다.

삶의 재건/다시 세우기(Rebuilding)

외상적인 사별을 경험한 후에는 '삶을 되찾는 것'은 중요하지만 민감하게 접근해야 한다. Duffy와 Wild(2017)는 이전에 고인과 함께했던 많은 활동을 공유했지만 이제 다시 되찾을 수 없다고 느끼는 사람들에게는 '삶을 재건하는 것'이나 '재연결'과 같은 용어가 더 적절하다고 제안한다. 가능한 경우 이전에 소중했던 활동에 다시 참여함과 동시에 개인의 가치관에 맞는 새로운 활동을 권장한다. 새로운 관심사는 고인이 없어도 긍정적인 경험을 쌓을 수 있도록 도와주며, '고인이 없으면 나는 아무것도 아니다.'와 같은 신념에 도전하고, 고인과 별개의 자아 정체성을 확립하는 데 도움이 될 수 있다(Maccallum, & Bryant, 2013). 평소와 마찬가지로 우리는 신념을 차단하는 것을 주의 깊게 살펴봐야 한다. 외상적인 애도에서는 이러한 신념에는 즐거움을 느끼는 것이 불공평하거나 불충실하다는 느낌이 포함될 수 있다(일반적으로 소크라테스식 질문을 통해 죽은 사람은 그들이 행복해하기를 원할 것이라는 것이 밝혀진다). 사람들이 고인에 대해 물어볼 것이라는 우려(이를 준비하고 어떻게 다룰지 연습하는 것이 도움이 될 수 있다), 감정에 압도되는 것에 대한 두려움 등이 차단 신념에 포함될 수 있다. 행동 실험은 이러한 예측을 테스트하는 데 유용할 수 있다.

다른 사람들과 다시 연결하는 것은 종종 재건의 중요한 부분이다. 많은 사람들이 사별 후 다른 사람들의 반응에 대해 걱정하고, 자신이 변했다고 생각하며, 혼자 있는 것이 더 편하다고 느끼기 때문에 사회적 접촉을 피한다(Smith et al., 2020). 이러한 우려는 주의 깊게 다뤄져야 할 수도 있다. 또한 고인에 대해 언제 어떻게 이야기하길 원하는지를 가족과의 경계를 설제레미와 그의 아내 클레어는 암으로 아들 조쉬를 잃었습니다. 제레미는 PTSD를 겪고 있으며, 조쉬에 대해 이야기하거나 기억하는 것이 괴롭고 증상을 악화시킬 것으로 믿어 이를 힘들어했습니다. 이로 인해 클레어와의 갈등이 생겼습니다. 클레어는 조쉬를 기억하여 '그의 기억을 계속 간직하기'를 원했습니다. 제레미의 치료사는 클레어를 치료 세션에 초대할 것을 제안했습니다. 그들은 상실에 대처하는 각자의 다른 방식을 논의하고 몇 가지 타협점을 찾았습니다. 제레미는 조쉬에 대한 생각과 이야기하는 것을 시도해 보기로 동의했고, 그 결과 경험한 고통의 증가는 일시적일 뿐 PTSD를 악화시키지 않는다는 것을 깨달았습니다.

정하는 방법을 내담자와 논의하고, 자신이 원하는 지원 방식을 요청하는 연습을 함께 진행할 것을 권장한다. 내담자가 자신의 애도를 누구와 어떻게 이야기하길 원하는지 함께 고민하는 것도 도움이 될 수 있다. 특정 친구나 가족과 함께 할 수도 있고, 이해심 있는 낯선 사람과 함께 할 수도 있다. 어떤 사람들은 지원 그룹을 선호하거나 익명의 인터넷 포럼, 블로그 또는 일기를 쓰는 것을 선호하기도 한다. 애도의 표현은 가족, 지역사회, 문화 집단에 따라 다르므로 내담자는 이러한 맥락에서 자신의 필요를 어떻게 협상할지 결정해야 한다.

의미 있는 추모

치료 초기에 또 다른 중요한 작업은 내담자가 고인을 언제 어떻게 기억하길 원하는지 결정하고, 이를 위한 적절한 시간과 공간을 마련하는 것이다. 이는 PTSD 증상을 줄이는 것이 곧 그 사람을 잊는다는 두려움을 완화하고, 외상성 애도의 특징인 지속적인 반추를 의도적이고 의미 있는 추모로 대체하는 것을 목표로 한다. 일반적으로 내담자들은 고인을 기리는 가장 좋은 방법은 고인의 죽음의 순간에 집중하는 대신, 고인의 강점과 자질을 강조하는 긍정적인 기억을 '최고의 순간'으로 기억하는 것에 동의한다. 무덤 방문, 사진 보기, 상상 속 고인과 대화하기, 일기 쓰기 등 특정 활동을 의도적인 추모의 일부로 사용할 수 있다. Neimeyer(2017) 등은 개인을 위한 온라인 추모 공간 만들기(다른 사람을 초대하여 사진과 메시지를 추가할 수도 있음), 관련 자선단체나 조직에 기부하기, 고인이 '기억 속에' 소중히 여겼던 활동을 기리며 실천하는 것이 애도 속 '유산' 작업이라고 한다.

치료사와 내담자는 의미 있는 추모에 얼마나 많은 시간을 할애할지 논의하고, 다른 시간에는 '걱정 시간' 개입과 유사하게 반추를 줄이려고 노력할 수 있다. 계획된 추모의 필요성은 시간이 지남에 따라 줄어들 수 있다. 예를 들어, 치료 초기에는 내담자가 매일 또는 격일로 일정 시간을 사망한 사람을 기억하는 데 할애하고 나중에는 일주일에 한 시간으로 줄일 수 있다. 또한 생일이나 사망 기념일과 같은 특별한 날을 기념하는 방법을 계획할 수도 있다.

기억 작업

외상성 사별 후 침투적 기억은 죽음을 목격하는 장면, 죽음에 관한 구성된 이미지(10장), 죽음에 대해 알게 된 순간, 마지막으로 그 사람이 살아 있는 것을 본 순간, 죽음을 막을 수 있었다고 느끼는 순간(종종 죄책감과 후회와 연관됨) 등이 될 수 있다.

상실감이 크고 애도가 임상적 상황의 큰 부분을 차지하는 경우, 기억 작업을 서두르지 않는다. 초기 세션에서는 외상의 본질에 대한 몇 가지 세부 사항을 물어보지만, 주요 인지 주제에 대해 작업하고 관련 업데이트가 생성될 때까지 상상적 재연을 연기한다. 재연하기 전에 이야기를 끝낼 수 있는 안전한 지점을 합의한다. 심각한 정서적 상실이 발생한 경우, 이 종료 지점에는 이러한 상실감을 완화할 수 있는 이미지 또는 고인과의 연결을 강화하는 이미지가 포함되어야 한다(268-269페이지).

멜라니는 파트너인 닐을 자살로 잃었습니다. 구급차가 도착한 직후 사망 현장에 도착한 멜라니는 구급대원들이 닐을 소생시키기 위해 애쓰는 모습을 목격했습니다. 멜라니는 그 장면이 자주 떠오르고 악몽에 시달리면서 강한 무력감, 죄책감, 그리고 상실감을 느꼈습니다. 멜라니의 치료사는 처음에는 그녀와 함께 외상을 재연하지 않고, 먼저 멜라니가 닐의 죽음에 대해 가지고 있던 주요 신념들, 즉 자신이 더 빨리 가서 그의 죽음을 막았어야 했다는 것과 이제 완전히 혼자가 되었다는 신념에 대해 작업했습니다. 멜라니의 죄책감 인식을 해결하고, 평화롭고 사랑으로 가득 찬 모습으로 그녀를 지켜보는 닐의 이미지를 만든 후에는 외상의 기억으로 돌아갔습니다.

사망과 관련된 모든 외상이 강한 상실감으로 이어지는 것은 아니다. 예를 들어, 고인이 낯선 사람인 경우, 외상과 관련된 주된 감정은 자신의 생명에 대한 위협과 관련된 두려움이나 사망을 목격하거나 시신을 발견한 데서 오는 공포 또는 혐오감일 수 있다. 이러한 경우, 재연하는 치료 과정을 미루지 않아도 되는 경우가 많다.

> **핵심 인지**
>
> • 이것은 공평하지 않다.
> • 나는 그들을 구하기 위해 충분히 노력하지 않았다.
> • 의료진이 그들을 실망시켰거나 실수했다.
> • 내가 놓아 주면 그들은 잊힐 것이다.
> • 나의 인생은 이제 끝났다.
> • 그들은 여전히 고통받고 있다.
> • 내가 비탄에 빠지면 통제력을 잃을 것이다.
> • 그들 없이는 삶이 무의미하다.

인지 작업

'핵심 인지'는 외상성 애도와 관련된 몇 가지 일반적인 인지 주제를 보여 준다.

• **불공평함**: 불공평에 대한 신념은 흔하며 종종 좌절과 분노와 연결된다. 먼저, 우리는 내담자가 이러한 감정을 표출하고 불공평함에 공감한 후 조심스럽게 사실을 탐색하도록 돕는다. 때로는 의료 오류와 같은 실제로 잘못이 있을 수도 있다. 이 경우, 내담자가 원한다면 공식적인 불만을 제기하거나, 분노를 긍정적인 행동으로 전환하거나, 다른 사람들을 돕기 위해 사용하는 것을 지원한다(예: 안전 개선 캠페인 또는 자선단체 자원봉사). 때로는 불공평함이 더 실존적으로 느낄 수 있다. 공평함에 대한 신념을 탐구하다 보면 인생은 종종 공평하지 않으며 '좋은 일은 좋은 사람에게, 나쁜 일은 나쁜 사람에게 일어난다.'는 우리가 어릴 때 자주 듣는 메시지가 항상 진실이 아니라는 결론에 도달하는 경우가 많다. 반추가 고통을 지속시킬 때 우리는 내담자가 반추와 숙고의 장단점을 고려하고, 고인이 무엇을 원할지 물어보며, 반추를 줄이는 실험을 돕는다.

• **자기비난**: 내담자는 때때로 다른 사람의 죽음을 막지 못한 것에 대해 자신을 비난한다. 또한 고인을 마지막으로 봤을 때 다퉜던 것을 후회하는 경우도 있다. 이러한 신념은 종종 사후과잉확신편향(hindsight bias)의 영향을 받을 수 있다(실제 책임에 대한 작업은 16장을 참조한다). 우리는 일반적으로 죄책감을 다루는 데 사용되는 전략들을 적용한다. 예를 들어, 책임 파이 차트를 사용하거나, 당시 내담자가 이용할 수 있었던 정보를 검토한다(13장). 내담자가 사망한 사람을 돕기 위해 무엇을 했는지 나열하도록 요청하는 것도 유용할 수 있으며, 대부분의 경우 내담자는 가능한 한 많은 일을 했음을 알게 된다. 설

문조사는 이러한 인식을 통합하는 데 도움이 될 수 있다. 또한 내담자에게 고인과의 관계에 대한 이야기를 해달라고 권장한다. 이를 통해 얼마나 많은 관심과 사랑을 나누었는지 알 수 있는 경우가 많다.

- **상실:** 많은 사람들에게 사랑하는 사람을 잃었을 때 가장 고통스러운 부분은 그들을 그리워하고 그들과 함께했던 삶을 그리워하는 것이다. 사람들은 죽음을 받아들이고 PTSD에서 회복하는 것이 그들을 잊어버릴 것이라고 두려워한다. 우리는 종종 애도를 극복한다는 것이 죽은 사람을 '극복'하거나 '놓아주는 것'이 아니라, 그들의 죽음의 현실과 관계의 영구적인 변화 상태를 받아들이고, 그들과 새로운 방식으로 연결하여 앞으로 나아가는 것임을 강조한다. 여기에는 계획된 추모, 중요한 결정에 대해 상상 속에서 상의하기, 고인이 의미를 부여한 상징적인 제스처(예: 개인 장신구 착용, 고인을 기억하는 활동), 내담자가 고인과의 관계를 통해 발전시킨 긍정적인 특성을 떠올리며 그들과의 연결을 유지하는 것 등이 포함될 수 있다. 고인에 대한 기억을 중심으로 한 기법은 내담자의 PTSD 증상이 개선된다고 해서 고인을 잊어버리는 것이 아님을 실험할 수 있다. 일반적으로 내담자는 PTSD 치료 후 고인을 다르게 기억하지만 덜 기억하지는 않으며, 긍정적인 기억에 더 잘 접근할 수 있게 된다.

- **계속되는 고통:** 고인에 대한 마지막 기억이나 이미지가 죽음과 관련된 것일 때, 이러한 기억을 다시 경험하면 고인이 여전히 고통받는 것처럼 느껴지는 경우가 종종 있다. 소크라테스식 질문을 통해 일반적으로 이러한 느낌이 내담자의 죽음에 대한 신념과 일치하지 않음을 보여 주며, 이미지 연습(다음 섹션)을 통해 고통의 지점을 지나 더 평화로운 장소로 기억을 이동시킬 수 있도록 한다. 많은 내담자가 사랑하는 사람이 천국에 있다고 믿는데, 이는 유용한 이미지 업데이트가 될 수 있다. 다른 사람들은 죽음 이후에는 삶이 없다고 믿고, 고인이 적어도 더 이상 고통이나 아픔을 겪지 않는 부재에 머무른다고 생각한다. 예를 들어, 사랑하는 사람이 무덤 속에서 혼자 의식만 있는 연옥 상태에 있거나 지옥에 갔다는 등의 다른 두려움을 가진 내담자도 있다. 내담자가 사후 세계에 대해 우려가 있다면 종교적 권위자(예: 지역 종교 지도자)와 상담하는 것이 도움이 될 수 있지만, 가능하면 먼저 그들과 대화하여 그들의 견해를 확인하는 것이 좋다.

🐾 유용한 팁: 생존자 죄책감을 치료하는 방법

다른 사람들이 살아남지 못했을 때 살아남은 것에 대한 죄책감은 흔한 감정입니다. 어떤 경우에는 죄책감이 사망의 예측 가능성 또는 막을 수 있었는지 여부와 관련이 있으며, 이는 외상 관련 죄책감에 대한 일반적인 도구로 해결할 수 있습니다(13장). 그러나 생존자 죄책감은 좀 더 실존적일 수 있는데, 내담자는 자신이 한 일이 다른 사람의 죽음에 영향을 미치지 않았다는 사실을 논리적으로 알고 있지만, 단순히 살아남았다는 이유로 계속해서 죄책감을 느낍니다.

실존적 생존자 죄책감은 종종 생존자가 다른 사람에게 부당하게 이득을 가져왔다는 신념과 관련이 있습니다. '상대방은 나보다 더 살아남을 가치가 있었다.'거나 '내가 그 자리를 차지했다.'는 생각을 할 수 있습니다. 세상은 공평해야 하고, 모든 일에는 이유가 있다고 느끼기 때문에, 자신의 생존이 규칙을 어긴 것처럼 느껴지는 경우가 많습니다. 치료에서는 내담자가 자신이 살아남은 이유에 대해 다른 설명을 고려하도록 도울 수 있습니다. 종종 생존은 단지 우연의 문제일 뿐이며, 세상은 항상 공평하지 않습니다. 일부 내담자는 '내가 살아남은 데는 이유가 있을지도 모른다.'라는 대안적인 믿음을 갖게 됩니다. 치료 권장 사항과 함께 생존자 죄책감에 대해 자세히 알아보려면 Murray 등(2021)을 참조하세요.

이미지 작업

이 장에서는 편의상 구분했지만, 이미지 작업은 외상성 애도 치료 전반에 걸쳐 인지 작업과 연계되어 있으며, 둘 다 외상 기억을 업데이트하는 데 사용될 수 있다.

- **고인과의 대화**: 고인이 내담자에게 무엇을 원할지, 반대로 내담자가 비슷한 상황에서 사망했다면 살아남은 사랑하는 사람에게 무엇을 원하는지 물어보는 것도 유용한 기법이다. 일반적으로 이는 내담자가 자신을 자책하지 않고 행복하게 살며 앞으로 나아가길 바라는 것이다. 고인과의 이미지 대화는 이러한 관점에 접근하고, 정서적 수준에서 업데이트와 연결하는 데 도움이 될 수 있다. 기본적인 절차는 고인과 자주 시간을 보냈던 장소, 즉 '현세와 내세 사이의 어딘가'를 선택하고 그곳에서 고인을 만나는 것을 상상하는 것이다. 대화에서는 '안부'를 묻고, 자신의 소식을 전하며, 고인이 세상을 떠난 후 살아가는 데 어려움을 느끼는 점, 예를 들어 충분히 하지 못한 책임감이나 고인이 없는 상실감을 이야기하고 조언을 구한다.

또한 내담자가 고민하고 있는 질문을 고인에게 물어볼 수도 있다. 그런 다음 '지금은 안녕'이라고 말하고 다시 만날 약속을 하며 이미지로 마무리한다.

FAQ 고인이 도움이 되지 않는 말을 하면 어떻게 하나요?

처음 이미지 대화를 시작할 때 이런 일이 발생할까 걱정했지만, 실제로는 매우 드문 일입니다! 이러한 가능성에 대비하여 이미지 대화를 제안하기 전에 내담자에게 "[고인이] 그것에 대해 뭐라고 말할 것 같나요?"라고 물어봅니다. 일반적으로 우리는 고인과 그들의 관계에 대해 어느 정도 알고 있기 때문에. 예를 들어 고인이 항상 내담자에게 매우 비판적이었다면 이미지 대화를 제안하지 않습니다.

드물지만 고인이 이미지 대화에서 도움이 되지 않는 말을 하거나 대화가 적대적으로 전환되는 경우. 먼저 이러한 반응이 고인이 실제로 한 말인지 아니면 내담자의 평가를 반영한 것인지 확인하고 다른 기법을 사용하여 공정하고 정확한 사건 평가를 도출합니다. 만약 적대적인 반응이 현실적이라면, 내담자가 도움이 되지 않거나 학대적인 태도를 가진 고인에 대해 직면하는 방향으로 대화를 이끌 수 있습니다. 내담자의 사망에 책임이 있는 경우. 이미지 대화를 통해 사과하고 용서를 구할 수 있습니다(16장).

- **기억 이어가기:** 외상 당시의 핫스팟이 죽음의 순간이나 사후 시신 이미지와 관련된 경우, 고인이 마치 고통 속에 얼어붙어 있는 것처럼 느껴질 수 있다. 우리는 이미지 재구성을 통해 죽음의 순간을 넘어, 내담자가 느끼기에 가장 적절한 방식으로 고인이 현재 평화로운 모습으로 있는 것을 상상할 수 있다. 예를 들어, 고인이 사랑하는 사람들과 함께 천국에 있거나 평화롭게 잠들어 있는 모습을 상상할 수 있다.
- **해결 이미지:** 때로는 외상 당시 내담자가 작별 인사 등을 하지 못한 경우가 있다. 이러한 상황에서 우리는 이미지 재구성을 통해 그 장면을 수정할 수 있다. 만약 사망 당시의 장면이 매우 충격적이었다면, 내담자는 그 장면을 회복하기 위해 시신을 깨끗하게 하거나 돌보는 상상을 할 수 있다. 또한 장례식을 치르거나 참석할 수 없는 내담자의 경우, 이미지나 상징적인 행위를 통해 죽음을 추모할 수 있다.
- **업데이트를 강화하는 이미지:** 우리가 만드는 모든 대안적인 신념에 대해, 그것을 강화하는 이미지를 만들어 낼 수 있다. 예를 들어 '고인은 지금 평화롭게 잠들어 있다.'라는 업데이트가 있는 경우, 내담자가 이를 대표할 수 있는 이미지(예: 아름다운 장소에서 평화롭게 잠들어 있는 모습)를 상상하도록 도울 수 있다.
- **고인을 표현하는 이미지:** 마찬가지로 내담자에게 고인을 어떻게 기억하고 싶은지 물어보

맥스는 파트너인 저스틴이 사망한 후 그를 상징하는 이미지를 만들었습니다. 맥스는 항상 저스틴 곁에서 보호받고 편안함을 느꼈기 때문에, 따뜻한 담요에 싸여 있는 이미지를 떠올렸습니다. 그는 담요를 집 안의 장롱에 보관하고 있다가, 저스틴과 가까워지고 싶을 때 그 담요를 꺼내 자신을 감싸는 상상을 했습니다. 맥스는 저스틴과 그들이 나눴던 사랑을 기억하고 싶을 때 언제든 담요를 꺼내 쓸 수 있다는 사실에서 위안을 받았습니다.

고 대표 이미지를 상상할 수 있다. 내담자에게 고인의 '최고의 모습', 고인의 소중한 자질, 고인이 자신에게 어떤 의미였는지 상상한 다음 어떤 이미지가 떠오르는지 물어본다(Duffy, & Wild, 2017).

자기 관리에 대한 참고 사항

외상성 애도를 다루는 일은 치료사에게 매우 힘들 수 있는데, 특히 우리 대부분이 사별을 직접 경험하기 때문이다. 최근에 사별을 경험했다면 당분간 이 일을 잠시 쉬는 것이 좋다. 최근의 사별이 아니더라도 애도를 다루는 작업은 슬픔의 감정을 다시 불러일으킬 수 있으므로 자기 관리를 우선시하고 슈퍼비전과 지원 네트워크를 활용하여 자신의 감정을 인정하고 표현하는 것이 중요하다(26장).

🌿 외상 이후 삶의 변화

외상은 중대한 삶의 변화를 초래하거나, 중대한 변화가 일어나는 시기에 발생할 수 있다. 사람들은 조국을 떠나야 하거나, 직장을 바꾸거나 잃을 수 있으며, 친구나 가족과 헤어지거나, 인간관계나 집을 잃을 수도 있다. 다른 유형의 상실과 마찬가지로, 치료에서 이러한 변화를 인정하고 애도하는 데 시간을 할애한 후 내담자와 협력하여 상실된 것 중에서 의미 있는 부분을 간직한 채 앞으로 나아갈 수 있도록 도와야 한다.

압둘은 가족이 공격당한 후 아프가니스탄을 탈출하여 영국으로 이주했습니다. 아프가니스탄에서 엔지니어로 일했지만, 망명을 신청하는 동안 영국에서 일할 수 없었기 때문에 돈이 부족했습니다. 아프가니스탄에서는 압둘은 대가족과 함께 살며 친구도 많았지만 영국에서는 혼자 살면서 고립감을 느꼈습니다.

압둘의 치료사는 그가 이전에 소중하게 여겼던 활동이 무엇인지, 영국에서 이를 할 수 있는 방법이 있는지 물었습니다. 압둘은 가족이 그리워 일주일에 한 번 가족 저녁 식사 시간에 가족들과 화상 통화를 하고 함께 식사를 하기로 했습니다. 치료사는 그가 지역 아프가니스탄 커뮤니티 그룹을 찾을 수 있도록 도왔고, 압둘은 사교 행사에 참석하기 시작했습니다. 아프가니스탄에서 압둘은 텔레비전에서 크리켓과 축구를 보는 것을 즐겼고 지역 공원에서 산책하는 것을 좋아했는데, 영국에서도 할 수 있었습니다. 치료사는 압둘이 대중교통을 무료로 이용할 수 있도록 자유 승차권을 신청하도록 도왔고 압둘은 또한 지역 기술 박물관 방문 등 새로운 활동에도 도전했습니다.

삶의 재건

삶에 중대한 변화가 발생한 경우, 우리는 삶을 '되찾는 것(reclaiming)'이 아니라 '재건(rebuilding)'한다고 표현한다. 일부 활동에 다시 참여하는 것은 물리적으로나 현실적으로 불가능할 수 있다. 대신에, 우리는 내담자에게 이전에 무엇을 중요하게 생각하거나 즐겼는지 묻고, 가능한 경우 이를 재현하거나 대체할 수 있는 방법을 찾아보며, 내담자의 가치에 부합하는 새로운 목표, 관심사, 활동을 개발하는 데 도움을 준다.

유지할 것과 버릴 것 결정하기

내담자는 이전 삶의 모든 측면을 유지하기를 원하지 않을 수도 있다. 유지하고 싶은 것과 버리고 싶은 것을 나열하는 것이 도움이 될 수 있다. 이렇게 하면 과거에 대한 이상화를 줄이고 이전 가치에 대한 연결의 연속성을 확립하는 데 도움이 된다.

22년 만에 군에서 전역한 패트릭은 민간인 생활에 적응하는 데 어려움을 겪었습니다. 치료 과정에서 그는 군 생활에서 유지하고 싶은 측면(규율, 신체 활동, 대인 관계, 직업에 대한 자부심)과

버리고 싶은 측면(가족에게 걱정을 끼치는 것, 집을 떠나 있는 것, 개성을 잃는 것)을 목록으로 만들었습니다. 그들은 패트릭이 군 생활에서 소중하게 여겼던 부분을 유지할 수 있는 방법을 계획했습니다. 그는 체력을 유지하고 새로운 친구를 사귀기 위해 사이클링 클럽에 가입했습니다. 그는 친구들과 연락을 유지하기 위해 자신이 소속된 연대의 페이스북 그룹에 가입했습니다. 마지막으로 그는 군 자선단체에서 자원봉사를 시작했는데, 이는 그에게 자부심을 느끼게 해 주는 일이었습니다. 그는 자녀들의 생일 파티와 학교 연극에 참석하고 머리를 길게 기르는 등 과거에는 하지 못했던 활동에서 즐거움을 느꼈습니다.

🌱 외상 후 신체적 변화

일부 외상은 통증, 장애 또는 외모 손상과 같은 신체적 변화를 초래한다(21장 참조). 이러한 변화는 너무 빨리 변화 전략으로 전환하기 전에 인식하고 애도하는 과정이 필요하다.

삶의 재건

신체적 변화로 인해 일부 활동에 참여하는 것이 제한될 수 있다. 이러한 활동은 동등한 의미와 즐거움을 주는 대안으로 조정하거나 대체할 필요가 있다. 또한 잠재적인 차단 신념을 주의 깊게 살피고, 행동 실험을 포함한 인지적 기법으로 이를 다룰 필요가 있다.

트레이시는 교통사고로 인해 다리를 사용할 수 없게 되었습니다. 그녀는 이전에 매우 활동적이었고 넷볼을 즐기며 딸과 노는 것을 좋아했습니다. 트레이시의 치료사는 이러한 활동에서 무엇이 중요했는지 물었을 때, 그녀는 넷볼 팀 친구들과 시간을 보내는 것, 건강하고 활기차게 느끼는 것, 그리고 딸과 함께 즐거운 시간을 보내는 것을 꼽았습니다. 트레시와 치료사는 동일한 결과를 얻을 수 있는 대체 활동 목록을 작성했으며, 여기에는 넷볼 팀과 함께 식사하고 경기를 응원하는 것, 휠체어 스포츠에 참여하는 것, 딸과 함께 공원에 가거나 그녀에게 동화를 읽어주는 것이 포함되었습니다. 트레이시는 처음에는 '아무 소용이 없을 것이고, 즐기지 못할 것이다.'라고 생각을 했지만, 행동 실험으로 딸과 공원에 가기 전과 후의 기분을 평가해 보았고, 여전히 딸이 노는 것을 보며 즐거움과 만족감을 느끼는 것을 발견했습니다.

신체적 촉발 요인

외상이 신체적 질병이나 부상과 관련된 경우, 신체적 감각은 종종 외상 기억을 촉발시키는 요인이 된다. 마찬가지로, 관련된 재경험 증상은 매우 감각적이고 신체적일 때가 많다. 우리는 자극 변별 기법을 사용하여 사람들이 현재와 외상 당시의 차이점을 알아차릴 수 있도록 돕고, 신체가 어떻게 느껴졌는지 등 외상 당시와 현재의 차이를 확인할 수 있도록 지원한다.

코스타스는 칼에 찔려 흉부에서 심한 출혈과 함께 극심한 통증을 겪은 후 따뜻한 물이 몸을 타고 내려오는 감각이 외상 기억을 떠올리게 해서 샤워를 피했습니다. 그의 치료사는 샤워할 때와 칼에 찔렸을 때의 모든 차이점을 알아차리도록 주의를 기울이게 했고, 그 과정에서 상처 부위를 부드럽게 마사지하도록 가르쳤습니다. 세션에서는 따뜻한 물을 팔에 대고 이 기술을 연습했으며, 코스타스는 세션 중간중간 샤워를 하면서 이 기술을 시도했습니다.

많은 내담자들은 자신의 신체 부위나 흉터와 같은 외상을 상기시키는 것을 회피한다. 이는 외상 당시의 신체에 대한 기억이 업데이트되지 않았음을 의미할 수 있으므로 우리는 내담자가 외상이 남긴 흔적을 포함하여 자신의 신체와 상호작용하도록 권장한다. 예를 들어, 매일 10분 동안 상처 부위에 보습제를 바르고 상처 부위의 모양과 느낌이 어떻게 다른지 주의를 기울이는 것이 과제로 제시될 수 있다.

또한 일반적인 안전 추구 행동으로는 신체의 질병이나 통증의 징후를 정신적으로 검사하는 것이다. 이는 현재의 위협감을 불러일으킬 수 있다. 신체의 다른 부위(예: 건강 불안에 대한 인지치료에서 사용되는 것과 유사)와 외부 자극으로 주의를 전환하는 연습은 자기 초점적인 주의(self-focused attention)가 신체 감각을 증폭시키는 역할을 한다는 점을 보여 주고, 신체 감각이 임박한 위험의 신호라는 신념을 테스트하는 데 유용할 수 있다(21장).

신체 업데이트

핫스팟에는 말로 설명하기 어려운 강한 신체적 감각이 포함될 수 있다. 예를 들어, 내담자는 종종 충격이나 통증의 감각을 다시 경험했다고 보고하지만, 의식적인 생각을 떠올리지 못할 수 있다. 이러한 경우, 충격이나 통증이 발생한 부위를 부드럽게 만지거나 쓰다듬는 등 신체적 감각을 사용하여 핫스팟을 업데이트하여 '지금은 일어나지 않는다.' '거기에는 아무것도 없다.' 또는 '상처가 나았다.'라는 의미와 연결된 다른 감각을 제공할 수 있다. 또한 상처가 아물고 몸이 스스로 회복되는 모습을 상상하거나, 내담자가 강해지거나 치유되었다고 느꼈던 최근의 기억을 상상하는 이미지 업데이트를 사용하여 이러한 의미를 도입할 수도 있다.

인지 작업

하향식 화살표 기법을 사용하여 내담자의 신체적 변화의 근본적인 의미를 이해하는 것이 중요하다. 예를 들어 '나는 이제 달라 보인다.'와 같은 신념은 사실일 수 있지만 '나는 완전히 매력이 없고 더 이상 누군가를 만나지 못할 것이다.'와 같이 왜곡된 의미를 내포하고 있는 경우가 많다. 아래는 신체적 변화 이후에 흔히 나타나는 주제이다.

사회 불안 신념과 부정적인 자아상

일부 내담자의 경우 신체적 변화로 인해 다른 사람들이 자신을 어떻게 인식할지에 대해 우려하게 된다. 예를 들어, 매력이 없다거나, 손상되었거나 부끄럽다고 느끼는 경우가 있다. 이러한 경우 행동 실험, 설문조사, 비디오 피드백 등 사회 불안장애 치료에서 사용되는 개입 방법을 적용할 수 있다(Wild, 2009).

파리다는 집이 불에 타서 심각하게 화상을 입었고, 흉터를 드러내면 다른 사람들이 자신의 흉터를 쳐다보고 역겹다고 생각할 것이라고 믿어 외모에 대해 극도로 자의식을 가졌습니다. 그녀는 흉터를 가리기 위해 얼굴과 손에 두꺼운 화장을 하고 온몸을 가리는 옷을 입었습니다.

파리다의 치료사는 그녀의 흉터 사진을 포함한 설문조사를 만들어 사람들에게 그러한 흉터를 가진 사람을 쳐다볼 것인지 아니면 혐오스럽게 여길 것인지 물었습니다. 대부분의 사람들은 눈에 띄는 외모의 차이를 가진 사람을 놀라움이나 호기심 때문에 잠깐 쳐다볼 수는 있지만, 혐오감을 느끼지는 않는다고 응답했습니다. 파리다와 그녀의 치료사는 또한 자선 단체인 '체인징 페이스'의 웹사이트에 올라온 이야기를 읽으며, 다른 사람들이 눈에 보이는 차이를 어떻게 인식하는지에 대한 이야기를 읽으며 조사했습니다.

이를 통해 파리다는 자신의 흉터를 드러내는 행동 실험을 시도할 만큼 자신감을 얻었습니다. 치료사와 함께 화장을 하지 않고 슈퍼마켓에 가서 사람들의 반응을 관찰했습니다. 파리다는 얼굴에 화장을 덜 하고 소매를 짧게 입고 실험을 하여 다른 사람들의 반응을 테스트하기도 했습니다. 사람들은 때때로 그녀의 흉터를 쳐다보기도 했지만, 그녀가 미소를 짓자 대개 그들도 미소를 지었고, 그녀는 사람들이 자신의 흉터를 혐오스럽다고 생각하지 않는다는 것을 알 수 있었습니다.

불공평에 대한 신념

많은 내담자들이 신체적 손실에 대해 불공평하다고 느끼며 분노를 느끼는 것은 당연하다. 애도와 마찬가지로 우리는 이러한 경험을 경청하고 공감하며 그들의 감정을 인정해 주어야 한다. 어떤 경우에는 불만을 제기하거나 보상을 요구할 수 있지만, 그것이 항상 가능한 것은 아니다. 분노는 반추에 의해 유지되며, 분노를 지속하는 것의 비용과 이점을 검토하면 내담자들은 일반적으로 분노가 자신을 힘들게 하고 이득이 거의 없다는 것을 알게 된다. '이것이 불공평하고 내가 바꿀 수는 없지만, 앞으로의 삶에서 최선을 다할 수 있다.'와 같은 대안적인 관점을 형성하는 작업은 삶의 활동을 재건하고 반추를 줄일 수 있는 가능성을 열어준다.

영구적인 변화와 상실에 대한 신념

내담자들은 종종 자신이 잃어버린 것에 대해 이해할 수 없는 슬픔을 표현하며, '나는 더 이상 내가 아니다.'와 같은 평가에 따른 절망감을 묘사한다. 우리는 내담자가 잃어버린 것을 인정하는 동시에 그들이 잃지 않은 것을 인식하도록 돕는다(Wild, 2009). 예를 들어, 신체적 외모와 능력의 변화는 우리의 핵심 가치와 성격 특성을 변화시키지 않는다. 또한 지나치게 부정적인 신념을 파악하고 내담자가 이에 도전할 수 있도록 돕는다.

자라는 훈련 중 사고로 부상을 입어 해군에서 은퇴해야만 했습니다. 이 사고로 인해 그녀는 사랑하고 열심히 일했던 직업을 잃었을 뿐만 아니라 만성적인 통증에 시달리며 자신이 즐기던 많은 활동을 할 수 없게 되었습니다. 자라는 '내 인생은 끝났다.' '살아야 할 이유가 없다.' 등의 생각을 했습니다. 치료사는 자라가 자신의 깊은 슬픔과 분노를 표현할 수 있도록 도와주었습니다. 그런 다음 치료사는 자라에게 아직 잃지 않은 것이 있는지 물었습니다. 처음에는 아무 것도 생각나지 않았던 자라는 격려를 받으며 자신에게 큰 힘이 되어준 친구와 가족, 새로 키우게 된 반려견, 그리고 여전히 정신이 명료하다는 사실에 대해 이야기할 수 있었습니다. 치료가 진행되면서 자라는 미래에 대한 희망을 더 많이 표현하기 시작했고, 해군 밖에서의 커리어에 대한 계획을 세우기 시작했습니다.

취약성에 대한 신념

PTSD가 있는 사람은 위협에 대한 감각이 과도하게 활성화되어 있으며 이는 신체적 변화로 인해 더욱 심해질 수 있다. 예를 들어, 내담자들은 '이제 도망칠 수 없을 것이다.' 또는 '사람들이 나를 쉬운 대상으로 여길 것이다.'와 같은 신념을 가질 수 있다. 이러한 신념은 다른 위험 신념과 유사한 방식으로 해결할 수 있으며, 두려운 결과의 현실적인 가능성을 평가하고 위협에 대처하는 데 필요한 요소들을 식별하는 방식으로 접근할 수 있다. 인터넷 검색, 전문가나 유사한 신체적 변화를 겪은 다른 사람과의 대화, 설문조사 등을 통해 증거를 수집할 수 있다. 그런 다음 행동 실험을 통해 새로운 위협에 대한 두려움을 테스트해 볼 수 있다.

🌱 치료실 노트: 캘럼

캘럼의 여동생 릴리는 그가 12세 때 사망했다. 릴리는 집 밖에서 자전거를 타고 놀다가 차에 치였다. 캘럼은 근처에 있다가 사고를 목격했다. 그는 릴리를 도우려고 했지만 가족들이 재빨리 도착해 그를 떼어놓았다. 가족들은 그가 병원에서 릴리를 보거나 장례식에 참석해서는 안 된다고 생각했기 때문에 그는 다시는 릴리를 보지 못했다. 캘럼은 30대에 치료를 받기 시작했다.

그는 사고 당시의 침투적 이미지를 오랫동안 떠올리며 릴리의 삶이 어땠을지 자주 곱씹었다고 했다. 또한 '내가 죽었어야 했다.'며 심각한 생존자 죄책감을 호소했다. 그의 공식은 [그림 15-1]에 나와 있다.

치료 과정에서 캘럼의 치료사는 캘럼에게 릴리에 대해 이야기하고 슬픔을 표현하도록 격려했다. 그들은 캘럼이 릴리를 어떻게 기억하고 싶은지 논의했다. 그는 가족 여행의 행복한 기억을 중심으로 릴리를 기억하고 싶다고 말했으며, 릴리의 시신에 대한 불쾌한 이미지보다는 행복한 모습으로 기억하고 싶어했다. 그들은 일주일에 한 시간씩 가족들과 함께 사진을 보며 릴리에 대한 행복한 추억을 공유하는 시간을 가지기로 했다. 또한 캘럼은 릴리가 가장 행복했던 콘월의 해변에서 놀고 있는 긍정적인 이미지를 상상하여 '릴리는 지금 행복한 곳에 있다.'는 의미를 부여하기로 했다.

릴리의 죽음에 대한 기억을 다루기 위해 사고 당시의 상황을 상상으로 재연하고 '릴리는 즉시 의식을 잃었고, 아무런 고통을 느끼지 못했을 것이다.' '릴리는 지금 평화롭게 지내고 있다.' '아무도 막을 수 없었던 사고였다.' 등의 새로운 정보를 통해 그 상황에 대한 의미를 업데이트했다.

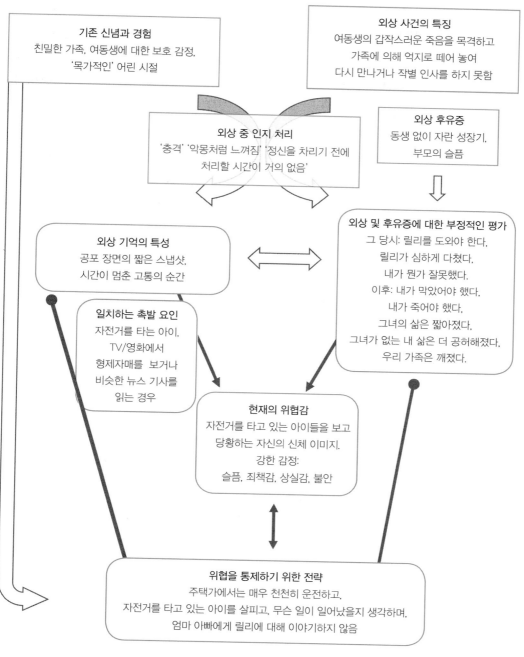

기존 신념과 경험
친밀한 가족, 여동생에 대한 보호 감정,
'목가적인' 어린 시절

외상 사건의 특징
여동생의 갑작스러운 죽음을 목격하고
가족에 의해 억지로 떼어 놓여
다시 만나거나 작별 인사를 하지 못함

외상 중 인지 처리
'충격' '악몽처럼 느껴짐' '정신을 차리기 전에
처리할 시간이 거의 없음'

외상 후유증
동생 없이 자란 성장기,
부모의 슬픔

외상 기억의 특성
공포 장면의 짧은 스냅샷,
시간이 멈춘 고통의 순간

외상 및 후유증에 대한 부정적인 평가
그 당시: 릴리를 도와야 한다.
릴리가 심하게 다쳤다.
내가 뭔가 잘못했다.
이후: 내가 막았어야 했다.
내가 죽어야 했다.
그녀의 삶은 짧아졌다.
그녀가 없는 내 삶은 더 공허해졌다.
우리 가족은 깨졌다.

일치하는 촉발 요인
자전거를 타는 아이,
TV/영화에서
형제자매를 보거나
비슷한 뉴스 기사를
읽는 경우

현재의 위협감
자전거를 타고 있는 아이들을 보고
당황하는 자신의 신체 이미지.
강한 감정:
슬픔, 죄책감, 상실감, 불안

위협을 통제하기 위한 전략
주택가에서는 매우 천천히 운전하고,
자전거를 타고 있는 아이를 살피고, 무슨 일이 일어났을지 생각하며,
엄마 아빠에게 릴리에 대해 이야기하지 않음

[그림 15-1] 캘럼의 공식화

캘럼은 릴리에게 작별 인사를 할 기회가 없었다는 점이 가장 큰 고통이었다. 그들은 캘럼이 릴리를 위로하고 작별 인사를 할 수 있도록 기억을 재구성했다. 또한 캘럼은 릴리의 몸에 피나 유리가 묻지 않도록 사고 현장을 '청소'하여 덜 고통스럽게 만들었고, 캘럼은 릴리가 좋아하는 곰인형 담요로 감싸고 어머니가 어린 자신을 위로하고 부드럽게 인도하는 모습을 상상했다. 그런 다음 릴리의 영혼을 콘월의 해변으로 옮겨 행복하게 놀고 있는 모습을 상상했다.

캘럼은 이러한 기억 작업을 한 후 릴리의 죽음에 대한 침투적 기억이 줄어들었다고 설명했다. 하지만 그는 여전히 자신이 살아남은 것에 대해 죄책감을 느꼈고, '내가 죽었어야 했다.'는 생각이 계속 들었다. 이러한 신념을 탐구하는 과정에서 캘럼은 자신이 릴리를 보호하려 했다는 사실을 깨달았고, 부모님이 릴리를 돌보라고 했던 말을 기억해냈다. 그는 자신이 부모님을 실망시켰고 부모님이 릴리보다 자신이 죽기를 바랐을지도 모른다고 느꼈다. 성인이 된 캘럼은 이것이 사실이 아니라는 것을 이성적으로 이해할 수 있었다. 그들은 이미지 훈련을 통해 캘럼이 어린 자신을 위로하고, "이것은 네 잘못이 아니야. 이것은 비극적인 사고였고, 부모님은 너희 둘을 똑같이 사랑했단다."라는 말을 전하도록 했다.

추천도서

Duffy, M., & Wild, J. (2017). A cognitive approach to persistent complex bereavement disorder (PCBD). *The Cognitive Behaviour Therapist*, 10, 1-19.

Ehlers, A. (2006). Understanding and treating complicated grief: What can we learn from posttraumatic stress disorder? *Clinical Psychology: Science and Practice*, 13(2), 135-140.

Wild, J. (2009). Cognitive therapy for post-traumatic stress disorder and permanent physical injury. In N. Grey (Ed.), *A casebook of cognitive therapy for traumatic stress reactions* (pp. 147-162). Routledge.

Chapter 16

도덕적 손상

리암은 영국군으로 보스니아에서 복무하던 중 발생한 사건 이후 PTSD가 발병했다. 그는 여러 민간인의 죽음과 분노에 찬 살인의 책임이 자신에게 있다고 믿었다. 제대 후 리암은 도덕적 손상을 경험하며 당시의 일을 반추하고 스스로를 처벌했다. 그의 치료사는 그가 사건의 맥락을 파악하고 앞으로 나아갈 방법을 찾도록 도와주었다.

도덕적 손상은 개인이 도덕을 위반하는 사건을 저지르거나 목격하거나 예방하지 못한 후에 발생할 수 있는 심각한 심리적 고통을 말한다(Litz et al., 2009). 또는 타인, 특히 리더에 대한 배신감으로 인해 발생할 수도 있다(Shay, 1994). 도덕적 손상에 대한 대부분의 연구는 군인 집단을 대상으로 수행되었다. 전투에서 근접 살상, 극심한 인간적 고통 목격, 부상당한 민간인을 돕지 못하거나 리더로부터 '죽을 운명으로 파견되는' 느낌 등 도덕적으로 해로운 사건에 노출되는 것은 매우 흔한 일이다. 그러나 도덕적 손상은 의료 종사자, 언론인, 구호 활동가, 교도관, 사회복지사 등 다른 직업군에서도 발생할 수 있으며, 특히 자신이 책임져야 할 사람들에게 실수하거나 돕지 못한 경우 더욱 그렇다. 배신으로 인한 도덕적 손상은 심각한 사건(예: 코로나19 팬데믹 기간 중 보호 장비 부족)이 발생하거나 발생한 후 응급 서비스 요원이 리더에게 실망감을 느끼는 경우와 같이 직업적 환경에서도 발생할 수 있다. 분쟁과 전쟁, 다른 사람의 이름을 거론하거나 다른 사람이 고문을 당하는 것을 목격하거나 살인을 강요당하는 등의 고문 경험은 난민 내담자에게도 도덕적 손상을 입히는 경우가 많다(Ehlers et al., 2000). 다른 사람이 사망하거나 중상을 입은 사고, 다른 사람을 돕지 못한 재난이나 테러 공격, 나중에 후회하는 범죄를 저지른 경우, 자신도 모르게 사랑하는 사람에게 심각한 질병을 옮긴 경우, 배우자나 가족이 자녀를 학대한 사실을 알게 되는 등 개인적인 배신을 당한 경우도 도덕적으로 해를 끼칠 수 있는 사건에 해당된다.

연구에 따르면 살인과 잔인한 일을 목격하는 것과 같은 도덕적 손상 경험은 더 심각한 PTSD, 알코올 사용 증가, 자살과 관련이 있는 것으로 나타났다(Bryan et al., 2014; Maguen et al., 2010). 도덕적 손상은 외상적 사건을 고통스럽게 만드는 중요한 부분이 될 수 있으므로 PTSD에 대한 심리치료의 잠재적 목표가 될 수 있다. 그럼에도 불구하고 치료 연구는 특히 군대 밖에서는 상대적으로 드물었으며, 일부에서는 도덕적 손상과 관련된 모든 평가가 왜곡된 것은 아니기 때문에(예: 실제로 잘못이 발생했을 수 있음) 외상 중심(trauma-focused)의 CBT 개입이 부적합하다는 주장도 있었다(예: Williamson et al., 2021). 그러나 우리의 경험은 이 장에서 설명한 대로 약간의 조정만 거치면 도덕적 손상 관련 PTSD를 가진 사람들에게도 CT-PTSD를 성공적으로 사용할 수 있다는 것이다. 이에 대해서는 이 장에서 논의하겠다.

🌱 도덕적 손상 이해하기

도덕적 손상은 자신, 타인 또는 세상에 대한 도덕적 기준 내에서 자신의 외상적 경험을 수용하지 못할 때 발생한다. 실제로 도덕적 손상을 겪은 많은 사람들은 자신이나 타인에 대해 매우 높은 행동 기준과 강한 개인적 책임감을 가지고 있다(이는 인지 모델의 최상단 상자에 해당한다).

따라서 '내가 생명을 앗아갔다.' 또는 '이 사람이 나를 배신했다.'와 같이 도덕적 손상과 관련된 평가는 많이 정확하지만, '그래서 나는 영혼을 잃었다.' 또는 '다시는 아무도 신뢰할 수 없다.'와 같이 이러한 신념에 추가적인 의미를 부여하고 일반화하는 것 때문에 고통이 발생한다.

때로는 사건들이 나중에 재평가되어 의미가 바뀌기도 한다. 예를 들어, 전쟁 중 살인의 경험은 당시에는 예상되고, 장려되고, 때로는 보상을 받는 일이기 때문에 용인되거나 심지어 스릴 있는 일로 느껴질 수 있다. 하지만 군대를 제대한 후 시간이 지나면 그 의미가 부정적으로 재평가될 수 있다. 마찬가지로 의미는 시간이 지남에 따라 쌓일 수 있다. 예를 들어, 의료진은 환자의 죽음을 처음 목격했을 때는 극심한 고통을 느끼지만 시간이 지나면서 죽음에 무감각해져 '내가 인간성을 잃은 것은 아닌가'라는 의문을 품을 수 있다.

외상 당시의 정서적 단절은 도덕적 손상과 관련된 외상, 특히 직업과 관련된 외상에서 흔히 나타나는데, 이는 사람들이 효과적으로 대처하고 이후에도 업무를 계속 수행하기 위해 감정을 차단하는 법을 배우기 때문이다. 이는 외상 후 부정적인 자기평가(예: '나는 아무것도 느끼지 못해서 괴물이다.')로 이어질 뿐만 아니라 외상 기억이 제대로 처리되지 않는다는 것을 의미할 수도 있다. 고문과 같이 극심하고 지속적인 정신적 압박이나 학대를 당하는 상황에서 정신적 패배감은 흔한 감정적 경험이다. 패배감은 또한 기억이 촉발될 때 다시 경험되어 부정적인 평가(예: '나는 인간으로서 파괴되었다.')로 이어지고 기억 처리에 영향을 미칠 수 있다(Wilker et al., 2017).

일반적으로 도덕적 손상과 관련된 행동 및 인지 전략은 문제를 지속시킨다. 부정적인 인지 주제에 대한 반추가 특히 흔하며 평가를 강화한다. 많은 사람들이 타인의 판단이나 배신에 대한 두려움 때문에 다른 사람에게서 멀어져서 수정이나 회복의 기회를 경험하지 못한다. 자기 벌을 통한 '속죄' 시도는 종종 '나는 처벌받아 마땅하다.'와 같은 의미와 관련이 있다. 이는 어떤 처벌도 충분하다고 느끼지 못하기 때문에 부정적인 감정을 해결하지 못하고 오히려 수치심을 더욱 부추긴다(18장). 해로운 부정적인 감정은 또한 정서적 무감각, 주의 산만, 약물 사용과 같은 회피 행동으로 이어져 외상의 기억과 관련 감정이 처리되지 못하게 한다.

🌱 도움을 주는 방법

정상화

도덕적 손상의 경험에 대해 정의하고 심리교육을 실시하면 정상화하는 데 도움이 된다. 또한 사람들이 종종 느끼는 고립감과 결함감을 줄이는 데도 효과적이다. 언급할 수 있는 영역으로는 내담자의 경험에 따라 다양한 환경에서 도덕적으로 손상이 얼마나 흔하게 발생하는지와 이러한 사건에 노출된 사람이 얼마나 심리적으로 피해를 입을 수 있는지 등이 있다. 도덕적 손상이 심리학자들이 연구하고 치료하는 영역이라는 것을 알게 되면, 도덕적 손상은 흔히 일어날 수 있으며 충분히 이해되는 문제임을 확인하게 된다. 또한 치료사는 내담자의 경험에 충격을 받지 않을 것이라는 메시지를 전달할 수 있다.

> **🗣️ 유용한 팁: 다른 사람의 이야기 찾기**
>
> 비슷한 경험을 한 다른 사람들의 이야기를 읽는 것은 도덕적 손상을 정상화하는 데 도움이 되며, 도덕적 손상의 본질에 대해 대화를 시작하는 유용한 출발점이 될 수 있습니다. 또한 소크라테스식 질문을 통해 자기평가를 탐구하는 데 도움이 됩니다. 예를 들어, "당신은 이 이야기에 나오는 사람을 자신을 평가하는 것만큼 가혹하게 평가하나요?"와 같은 질문을 던질 수 있습니다. 다음은 도덕적 손상에 대해 다룬 몇 가지 책의 예입니다:
>
> - 『합병증: 불완전한 과학에 대한 외과의사의 노트(complications: A surgeon's notes on an imperfect science)』(Gawande, 2010)는 의사들이 업무에서 직면하는 어려움과 그들이 저지르는 인간적 오류에 대한 직접적인 설명을 제공합니다.
> - 『군인의 노래(A soldier's song)』(Lukowiak, 1993)는 저자가 포클랜드 전쟁에 참전했을 때 직면했던 윤리적 도전에 대한 이야기를 담고 있습니다.
> - 『불타는 저널리스트(Journalists under fire)』(Feinstein, & Phil, 2006)는 저널리스트들의 경험을 바탕으로, 그들이 수행하는 업무가 그들에게 미치는 감정적 영향을 기록한 책입니다.
> - 책이 아닌 웹사이트 '사고로 인한 영향(Accidental impacts)'(https://accidentalimpacts.org/)은 타인에게 피해를 입힌 사람들을 위한 지원을 제공합니다.

공개 촉진하기

도덕적 손상은 높은 수준의 수치심과 위축이 특징으로 알려져 있다(Litz et al., 2009). 따라서 도덕적 손상을 입은 사람들은 치료사를 포함한 누구에게도 자신의 경험을 공개하는 데 어려움을 겪을 수 있다. 일반적인 불안은 다음과 같다:

- 치료사의 판단에 대한 두려움: 도덕적 손상을 입은 내담자는 다른 사람의 부정적인 판단을 두려워하며 치료사가 혐오감이나 거부감을 나타내는 징후를 세심히 관찰하는 경우가 많다. 우리는 이러한 우려를 다루고, 치료사의 역할이 판단하는 것이 아니라 돕는 것임을 내담자에게 상기시킨다.
- 치료사를 해치는 것에 대한 두려움: 일부 내담자는 치료사가 자신의 이야기를 듣고 심리적으로 상처를 받을까 봐 걱정하며, 고통스러운 세부 사항을 공유하지 않으려는 욕구

를 느낄 수 있다. 이때 우리는 실험실에서 독성 물질을 다루는 과학자의 비유(94페이지)를 사용하여, 불쾌한 사건에 대해 듣는 훈련과 경험이 있음을 설명하고, 치료의 구도 자체가 '심리적 보호 장비'로서 우리 모두가 감정적 반응을 관리할 수 있도록 돕는다고 안심시킨다.

- **공무상 비밀법 위반에 대한 우려:** 일부 군인 내담자는 공무상 비밀법이 적용되는 사건을 공개하는 것을 우려할 수 있다. 이러한 경우, 우리는 사건을 식별할 수 있는 날짜, 이름, 장소 등의 세부 사항을 생략해 달라고 요청한다. 우리는 내담자의 경험과 그 사건이 그들에게 어떤 영향을 미쳤는지에 초점을 맞추고, 시간, 장소, 인물 등의 구체적인 사실보다는 그 사건의 의미를 다루는 것이 중요하다고 설명한다.
- **기소에 대한 우려:** 도덕적 손상이 관련된 사건은 때때로 심각한 범죄를 포함하기도 한다. 예를 들어, 일부 군인 내담자는 교전 규칙이나 국제 전쟁법을 벗어난 행위에 참여하거나 그러한 행위를 목격했다고 보고한다. 이러한 사건에 대해 기소가 이루어지는 경우는 드물지만, 전쟁 중에 저지른 범죄로 수년 후에 기소된 사례가 있기 때문에 내담자들은 당연히 이러한 정보를 공개하는 것에 대해 우려할 수 있다.

내담자가 어떤 정보를 공개하기 전에 기밀 유지의 한계를 명확히 하는 것이 중요하며, 이는 특히 기밀 유지 위반에 대한 결정을 내릴 때 놀라지 않도록 하여, 치료사에 대한 신뢰를 극대화하는 데 도움이 된다. 영국에서는 치료사가 중대한 과거 범죄를 신고해야 할 책임이 있지만(NHS 실천 규범; Department of Health, 2003), 이러한 결정은 사건 공개로 인한 공익과 기밀 유지 의무를 균형 있게 고려하여 사례별로 이루어진다. 국가마다 지침이 다를 수 있으므로, 치료사는 해당 국가의 관련 지침을 숙지하고, 필요한 경우 동료와 논의하여 결정을 내려야 한다. 내담자가 치료사의 책임을 이해하면, 자신이 공개할 정보를 스스로 결정할 수 있다. 사건의 세부 사항을 완전히 공개하지 않더라도, 사건과 관련된 문제를 해결하고 이 장에서 논의된 개입 기법을 적용할 수 있다. 임상적, 윤리적, 법적 문제에 대한 자세한 논의는 Williamson 등(2020)을 참조한다.

기억 작업

일반적으로 외상 기억에 대해 자세히 기술하여 중요한 외상 당시의 의미와 감정에 접근한다. 그러나 수치심, 죄책감, 분노가 주된 감정인 다른 유형의 기억처럼 이야기의 세부 사항이 명확해지면, 업데이트된 정보를 포함하지 않은 채 기억을 반복적으로 재연하는 대신

요크는 포클랜드 전쟁에 참전했습니다. 첫 해외 파병이었기 때문에 처음에는 매우 흥분했습니다. 하지만 전쟁의 현실은 자주 무섭고 불쾌했습니다. 전쟁이 끝날 무렵, 요크는 주변의 고통과 아픔에 무감각해졌습니다. 수년 후 치료를 받으러 왔을 때, 그를 괴롭힌 것은 두려움의 순간이 아니었습니다. 오히려 자신의 도덕을 저버린 순간들이 더 괴로웠습니다. 첫째, 그는 부대원들이 포로들을 구타하고 모욕하는 것을 목격하고도 개입하지 않은 자신을 자책했습니다. 둘째, 요크는 부상당한 아르헨티나 군인을 죽이고 당시에는 기분이 좋았다고 느꼈습니다. 요크는 전쟁이 끝날 무렵 자신이 인간성을 상실했다고 믿었고, 살인을 즐기고 다른 사람들에게 고통을 주는 것을 목격했다는 사실에 깊은 괴로움을 느꼈습니다.

주요 핫스팟과 관련된 의미에 대한 작업으로 빠르게 이동한다.

사건 당시의 내담자의 생각과 느낌이 나중에 느끼게 된 것과 차이가 있을 수 있다. 예를 들어, 어떤 사람들은 사건 당시에는 무감각, 분노 또는 흥분을 느꼈지만, 나중에 사건의 옳고 그름과 자신의 반응에 의문을 품기 시작하며 수치심과 괴로움을 느낄 수 있다. 외상 당시의 경험으로 인해 상당한 고통이 발생한 경우(일반적으로 재경험 증상이 매우 괴로울 때 두드러짐)에는 일반적으로 재연 및 업데이트 절차를 우선적으로 수행해야 한다. 그러나 다른 내담자들의 경우, 사건 이후(때로는 수년 후에) 발생하는 죄책감이나 분노와 같은 반추가 주된 고통의 원인이 될 수 있다. 외상 이야기를 통해 사건의 맥락을 이해하고 외상 당시 핫스팟을 업데이트하는 것은 여전히 유용하지만, 대부분의 개입은 도덕적 손상에 기여하는 외상 후 평가에 집중될 것이다.

인지 작업

도덕적 손상에 대한 인지적 접근법에 대한 한 가지 비판은 외상과 관련된 평가가 왜곡되었다고 가정하는 경향이 있다는 것이다. 그러나 이러한 평가가 실제로는 정확할 수 있다는 점이다(Gray et al., 2017). CT-PTSD는 외상에 대한 비현실적인 관점을 조장하거나 모든 외상 관련 평가가 지나치게 부정적이라고 가정하지 않는다. 대신, 우리는 내담자와 협력하여 평가의 타당성을 검토하고, 평가가 왜곡된 경우 대안을 개발하기 위해 노력한다. 도덕적 위반에 대한 진정한 책임이 있거나 평가가 정확한 경우에는 이의를 제기하지 않고 그 의미를 이해하고 받아들인 다음, 그럼에도 불구하고 앞으로 나아갈 방법을 찾는 데 중점을 둔다.

그러나 종종 내담자들이 자신(또는 다른 사람들)이 발생한 일에 대한 책임을 과대평가하거나, 고립된 또는 극단적인 사건의 의미를 전반적인 평가로 일반화하는 경향이 있다는 것을 발견한다. 따라서 정확한 관점을 개발하는 데는 일반적인 인지 기법이 여전히 유용하다. 다음은 집중해야 할 몇 가지 영역이다.

맥락화

내담자가 직면한 상황 내에서 자신이나 다른 이들의 행동을 맥락화하지 못하는 것은 일반적인 패턴 중 하나이다. 예를 들어, 민간인 생활에서는 적절하지 않거나 허용되지 않는 행동이 전투 상황에서는 필요하고 권장되는 경우가 있다. 취재 중 개입하지 말고 관찰하라는 지시를 받은 기자처럼 다른 사람을 돕기 위해 개입하려는 욕구가 거부되거나, 사고 생존자가 탈출을 위해 다른 사람을 밀어내는 것처럼 기본적인 생존 욕구에 의해 압도될 수 있다. 일반적으로 사람들은 '승산 없는' 상황에 직면하면, 모든 선택지가 끔찍한 결과를 초래한다. 소크라테스적 방법을 사용할 수도 있고, '축소하기' 또는 '조감도' 재연을 통해 객관적인 관찰자 입장에서 사건을 바라보게 함으로써 이러한 상황의 불가능성을 더 잘 인식할 수 있도록 도울 수 있다. 또한 내담자에게 당시의 지식을 바탕으로 다양한 선택지와 각각의 장단점을 설명하도록 요청하는 것도 도움이 될 수 있다. 이를 통해 일반적으로 사람들은 여러 가지 나쁜 선택지 중에서 유일한 것은 아니더라도 최선의 선택을 했다는 사실을 알 수 있다 (Young et al., 2021).

클라라는 임시 난민 캠프의 해외 구호 기관에서 근무하며 도착한 난민들의 의료 수요를 분류하는 업무를 맡았습니다. 자원은 한정되어 있었고, 의사의 진료를 즉시 받을 수 있는 난민은 극히 일부에 불과했습니다. 클라라는 빨리 진료를 받지 못하면 사망할 사람과 기다릴 수 있는 사람을 신속하게 판단해야 했습니다. 간혹 우선순위가 낮은 사람으로 분류한 이들이 사망하기도 했고, 클라라는 항상 자신을 자책했습니다. 치료를 받으면서 클라라는 자신이 처한 불가능한 상황을 이해하게 되었습니다. 도착한 사람들 중 상당수는 복잡한 의료적 요구가 있었고, 클라라는 이들을 제대로 평가할 수 있는 장비나 충분한 시간이 부족했습니다. 이상적으로는 클라라가 분류한 더 많은 사람들에게 즉각적인 의료 지원을 요청했겠지만, 자원이 부족하여 그 필요를 충족시킬 수 없었습니다.

사람들이 나쁜 일을 하는 이유에 대한 심리교육

많은 사람들은 자신이 목격한 잔혹한 행동이나 자신이 저지른 행동으로 인해 사람들이 어떤 행동을 할 수 있는지에 대해 이해하지 못한다고 말한다. 예를 들어, Milgram(1963)이나 Zimbardo(1973)와 같은 사회심리학 실험을 통해, 적절한 조건이 주어졌을 때(즉, 권위를 가진 사람의 지시를 받거나 권력의 위치에 있을 때) 인간이 서로를 해칠 수 있는 능력을 설명하는 심리교육은 종종 유용하다. 이러한 설명은 '내가 이런 행동을 했으니, 나는 사이코패스/악마/괴물일 거야.'라는 평가에 대한 유용한 대안을 제공한다. 또한 진정으로 '악'하거나 사이코패스적인 사람은 사건 후 후회나 정서적 고통을 경험하지 않을 가능성이 높다는 점도 주목할 필요가 있다. 학습된 무력감, 해리, 순응, 고문으로 인한 패배에 대한 심리교육도 외상 당시 반응을 부정적으로 평가하는 사람들에게 도움이 될 수 있다.

또한 BBC 다큐멘터리 '폭정의 5단계'(McDonald, 2000)는 평범한 사람들이 극단적인 잔혹 행위를 저지르게 되는 과정을 설명하는데 유용한 자료이다. 다큐멘터리는 '어떻게 그들/내가 이런 일을 저지를 수 있었을까'와 같은 의문을 다룰 때 내담자와 함께 시청하거나 숙제로 제안하기도 한다(전쟁과 대량 학살의 이미지를 포함하므로 시청 전에 촉발 요인이 될 수 있음을 경고한다).

현실적인 책임 평가 개발하기

책임에 대한 평가는 도덕적 손상에서 흔히 사용되는데, 책임 파이 차트는 대부분의 상황에서 공동 책임을 강조하는 데 좋은 방법이다. 목표는 내담자가 적절한 파이 조각을 받아들일 수 있는 균형 잡힌 관점을 형성하는 것이며, 이를 통해 책임을 과장하거나 과소평가하지 않는 것이다(216페이지).

사고 오류에 주의하기

도덕적 손상에서 흔히 발생하는 사고 오류에는 초인적 기준(예: 불가능한 상황에서 '내가 그들을 구할 수 있었어야 했다.'), 사후과잉확신편향(예: '출근 경로만 바꾸지 않았다면 사고가 일어나지 않았을 것이다.'), 과잉 일반화(예: '그 순간 통제력을 잃어버렸기 때문에 더 이상 나를 믿을 수 없다는 뜻이다.')가 있다.

소크라테스식 질문 및 기타 안내적 탐색을 사용하여 이러한 사고 패턴을 더욱더 자세히 설명하고 부드럽게 도전할 수 있다. 예를 들어, 한 개인이 어떤 사건으로 자신을 정의하는 경우(예: '내가 누군가를 죽였기 때문에 나의 내면이 썩었다.'), 그 사람을 정의하는 광범위한 특성, 경험, 행동, 가치관을 인식하게 하는 것이 도움이 된다. 여기에는 연속적 방법이 유용할 수 있다(12장). Litz 등(2009)은 인지 작업 목표를, 사건의 현실과 그 의미를 반영하면서도 사건 이전에 세계와 자기 자신에 대해 알고 있던 선하고 정의로운 측면을 지나치게 포기하지 않고, 세계와 자신을 바라보는 새로운 방식을 만들어 내는 것이라고 요약한다(p. 703).

CT-PTSD에서는 사람들이 도덕적으로 손상을 입은 사건을 수용할 수 있도록 보다 유연한 개인적 기준을 개발하도록 돕는 것이 포함된다.

> **핵심 인지**
> • 나는 영혼을 잃었다.
> • 사람들이 내가 한 일을 알면 나를 거부할 것이다.
> • 나는 나 자신과 다른 사람들을 실망시켰다.
> • 이제 사람들이 무엇을 할 수 있는지 알았으니, 아무도 신뢰할 수 없다.

다른 사람의 의견 구하기

도덕적 손상 사건에 대한 다양한 의견을 수집하기 위해 설문조사를 사용할 수 있다. 그러나 일부 사건은 많은 사람들에게 일반적인 경험의 범위를 벗어나며, 고통스러운 세부 사항을 포함할 수 있으므로 설문조사가 항상 적절하지는 않을 수 있다.

대안으로는 이미지 안에서 다른 사람들의 의견을 묻는 방법이 있다. '적응적 폭로(adaptive disclosure)'는 군인의 도덕적 손상을 위해 개발된 치료법으로, 내담자가 자신의 의견을 존중하고 '항상 자신의 편'에 서 있는 사람을 선택하여, 그 사람에게 도덕적 손상 사건에 대해 설명하고 그에 대해 어떻게 느끼는지 상상한 다음 의견을 묻도록 권장한다(Litz et al., 2017). 배신이 발생한 경우, 내담자는 이 경험을 설명하고 앞으로 나아갈 방법에 대한 조언을 구한다.

돔은 한 어린이가 익사한 수학여행을 감독하는 교사였습니다. 조사 결과 사고로 인한 사망으로 판명되었지만 돔은 개인적으로 책임이 있다고 느꼈습니다. 치료 중에 돔은 평소 존경하던 선배 교사인 마이클과 이미지로 대화를 나누었습니다.

T(치료사): 마이클과 자주 대화를 나누던 장소가 어디였나요?

D(돔): 제가 다니던 학교의 교무실이었어요.

T: 좋아요, 그럼 지금 교무실에서 마이클과 대화하고 있다고 상상해 보세요. 상상할 수 있나요?

D: 네, 그렇죠.

T: 어디에 앉아 계세요?

D: 푹신한 의자의 구석에 서로 마주보고 앉아 있어요.

T: 네, 좋아요. 마이클에게 웨일즈에서 무슨 일이 있었는지 말해 줄 수 있나요?

D: 네, 그는 이미 알고 있어요.

T: 좋아요, 그럼 그 일에서 당신의 역할에 대해 말씀해 주세요.

D: 네. 마이크, 모두가 물에 젖어 비참해하고 있었기 때문에 지름길을 택한 것은 제 생각이었어요. 계획을 바꾸지 말았어야 했어요. 우리는 낮은 경로에 대한 위험 평가를 하지 않았고 높은 경로에 대해서만 위험 평가를 했어요. 아이들에게 강에서 물러나라고 경고했어야 했어요. 아이들은 장난을 치고 서로 밀치고 뛰고 있었어요. 멈추라고 소리쳤지만 애들이라 말을 듣지 않았어요. 제가 다시 가서 말렸어야 했어요. 그러고 나니 무슨 일이 일어났는지 아시겠죠.

T: 잘했어요. 그 얘기를 했을 때 마이크의 표정은 어땠나요?

D: 슬퍼 보이네요.

T: 화나거나 속상해 보이나요?

D: 아뇨, 그냥 제이든 때문에 슬퍼하는 것 같아요.

T: 이 일이 당신에게 어떤 영향을 미쳤는지 말해줘요.

D: 항상 그 생각을 해요. 제 자신에게 너무 화가 나요. 제가 제이든을 실망시켰어요. 부모님은… 모든 것을 고려할 때 너무 친절했습니다. 하지만 제 자신을 용서할 수 없어요. 저는 항상 그를 떠올리며 살고 있어요. 그날만 계속 생각해요. 더 이상 그 책임을 감당할 수 없어서 직장을 그만뒀어요.

T: 그렇게 말했을 때 마이크는 뭐라고 말하나요?

D: 그가 '미안해.'라고 했어요.

T: 뭐가 미안하다는 건가요?

D: 모든 혼란에 대해요. 제가 더 이상 가르치지 않는 것에 대해요. 많은 사람들이 이번 일로 상처받은 것에 대해요.

T: 선생님도 포함해서요?

D: 네.

T: 선생님께 무슨 말씀을 하시려고 하셨나요?

D: 당신은 그 아이들을 사랑했어요.

T: 정말인가요?

D: 네, 저는 항상 이 일을 사랑했고 아이들 덕분이었어요.

T: 마이크는 또 뭐라고 말했을까요?

D: 일부러 그런 건 아니잖아요. 아무도 다치기를 원하지 않았을 거예요.

T: 그렇게 말할 때 마이크의 표정은 어땠나요?

D: 눈물을 흘렸어요. 슬퍼 보여요.

T: 목소리는 어때요?

D: 친절하고 배려심이 많아요. 그는 제가 기분이 나아지길 원해요.

T: 마이크에게 무슨 말을 하고 싶어요?

D: 아무도 다치지 않기를 바랐지만 그것만으로는 충분하지 않아요. 저는 그 아이들에 대한 책임이 있었고 실수를 저질렀고 그중 한 명이 죽었고, 그건 제 책임이에요.

T: 마이크가 뭐라고 하나요?

D: '너 자신을 용서해야 한다.'고 하셨어요.

T: 그가 당신을 용서했나요?

D: 네.

T: 그가 당신을 용서하니 기분이 어때요?

D: 기분이 좋아요. 기분이 좋네요. 그가 그렇게 느낄 거라는 걸 알지만, 다만 어떻게 저 자신을 용서해야 할지 모르겠어요.

T: 마이크에게 물어보는 건 어때요?

상상 속의 상대방으로부터 연민 어린 반응을 이끌어 내는 데 어려움을 겪고 있는 내담자라면, 비슷한 사건을 고백하러 온 친구를 상상하고 상대방이 어떻게 반응할지 상상해 보는 것도 대안이 될 수 있다.

🌱 앞으로 나아가기

지나치게 부정적인 신념이 확인되고 다루어진 후, 새로운 정보가 업데이트를 통해 외상 기억에 재통합되면, 다음 과제는 내담자가 그 사건에서 앞으로 나아갈 수 있도록 돕는 것이다. 대부분의 경우 여기에는 자신이 진정으로 잘못한 부분에 대한 책임을 받아들이는 것이 포함된다.

앞으로 나아가는 데 걸림돌이 되는 것은 자신이나 타인이 계속해서 처벌을 받아야 한다는 신념이다(예: '이 일을 잊으면 상처받은 사람들을 잊거나 실망시키는 것이 된다.' 또는 '나 자신이나 타인에게 면죄부를 주는 것이다.'). 지속적인 자기 처벌이나 분노에 찬 반추의 비용과 이점을 검토해 보면, 그것이 누구에게도 도움이 되지 않는다는 것을 알 수 있다. 그 대신, 의미 있는 변화를 통해 앞으로 나아가는 데 에너지를 집중하는 것이 좋다.

보상하기

진정한 책임이 확인된 경우, 보상을 하거나 배신에 대해 배상을 구하는 방법을 논의하는 것이 도움이 될 수 있다. 가능한 전략은 다음과 같다:

- 편지 쓰기: 피해를 입은 당사자에게 사과하거나 가해자에게 항의하는 편지를 실제로 쓸 수 있다(적절한 경우). 하지만 이것이 현실적으로 불가능하더라도, 보내지 않는 편지를 작성하여 내담자가 후회나 분노를 표현할 수 있다.

FAQ 폭력적인 재구성을 작성해도 안전한가요?

복수 환상은 사람들이 억울한 일을 당했을 때 흔히 발생하며, 그로 인해 불의감을 느낄 수 있습니다 (Lillie, & Strelan, 2016). 내담자에게 정의를 실현하기 위해 기억을 재구성하도록 장려하는 것은 복수에 대한 반추를 부추길 수 있는 위험성이 있습니다. 더 심각한 우려는 이로 인해 실제 복수로 이어질 수 있다는 점입니다. Seebauer 등(2014)의 연구는 이러한 우려를 일부 완화시켜 줍니다. 그들은 폭력을 포함한 재구성이 공격적인 감정의 증가로 이어지지 않았음을 발견했습니다. 그러나 이는 아날로그 디자인을 사용한 비임상 참가자를 대상으로 한 연구이므로 임상 표본으로 일반화할 때는 주의가 필요합니다.

주의를 기울이기 위해 폭력 가해 전력이 있는 내담자, 특히 가해자와 접근이 가능한 내담자의 경우, 폭력적인 재구성을 권장하지 않는 편입니다. 또한 재구성이 내담자의 분노 감정과 반추에 미치는 영향도 모니터링합니다. 복수적인 재구성 이후 분노가 증가하거나 동일하게 유지될 경우 다른 접근 방식을 시도합니다. 흥미로운 사실은 용서를 재구성에 포함시키는 것이 복수적인 재구성보다 더 효과적이라는 증거가 있습니다(Watson et al., 2016). 하지만 특히 초기에는 내담자가 이 접근법을 선택하지 않을 수도 있습니다. 많은 내담자가 가해자의 수준에 맞추기 싫어서 궁극적으로 폭력적인 재구성을 선택하지 않을 수도 있으며, 처음에는 폭력적인 재구성을 선택했지만 이후에는 재구성 세션에서 대안적인 방식을 선호하는 것으로 나타났습니다.

- **이미지**: 마찬가지로, 상상 대화나 빈 의자 연습을 통해 피해를 입은 상대방에게 후회를 표현하거나 배신자에게 분노를 표현하는 데 이미지 연습을 사용할 수 있다. 진정한 복수를 위한 계획은 위험을 평가하고 권장하지 않아야 하지만, 이미지 재구성을 통한 복수는 가치 있는 연습이 될 수 있다.

- **배상**: 때로는 잘못에 대해 보상하는 조치를 취할 수 있다. 개별 상황에 따라 부정적인 영향을 받은 사람에게 직접적으로 도움을 주거나, 자선단체에 자원봉사를 하는 등 상징적인 방법으로 보상을 할 수도 있다. 또는 상상력을 발휘하여 이미지 재구성을 통해 배상을 할 수도 있다. 배신감을 느낀 경우, 가해자를 경찰에 신고하거나 공식적인 불만을 제기하거나 보상을 요청하는 등 실질적인 조치를 취할 수 있다.

> 콜린은 위험한 운전으로 사망을 초래한 혐의로 유죄 판결을 받아 3년의 징역형을 선고받았습니다. 그는 사고 후 PTSD를 겪었고 자신의 행동에 큰 후회를 느꼈습니다. 감옥에서 콜린은 회복적 정의에 관한 강좌에 참석했습니다. 프로그램의 일환으로 그는 사망한 여성의 가족에게 사과와 후회를 표현하는 편지를 썼습니다. 또한 심리학자의 도움을 받아 사망한 여성에게 사과하고 그녀가 천국에 있는 모습을 상상하는 이미지 연습을 했습니다. 콜린은 출소 후 자신을 도와준 회복적 정의 자선단체에서 자원봉사를 하며 자신의 경험에 대해 강연하고 다른 피해자와 가해자를 돕기로 결심했습니다.

종결 의식

진정한 책임이 있는지 여부와 관계없이 일부 내담자는 사건을 기념하기 위해 의식을 진행하는 것이 도움이 될 수 있다. 의식은 사건을 잊는 것이 피해자의 명예를 훼손하거나, 잊어버리거나, 고통을 최소화하는 것을 의미한다는 두려움을 극복하는 데 도움이 될 수 있다. 선택한 의식의 유형은 내담자의 경험과 영적 또는 종교적 신념에 따라 다르지만, 이미지로 진행되는 장례식, 나무를 심거나 꽃을 놓는 등의 상징적인 행위, 기념일을 기념하는 것, 사후 세계에 있는 사람을 상상하는 것, 외상 또는 외상 이후 장소가 어떻게 변했는지 확인하기 위한 현장 방문 등이 포함될 수 있다.

사스키아는 여러 사람이 사망한 테러 사건에 휘말렸습니다. 도망치던 도중, 사스키아는 급하게 달아나다 쓰러진 사람들의 시신을 밟았습니다. 그 사람들이 살아남았는지, 밟혀서 다쳤는지, 아니면 죽었는지 전혀 알지 못했습니다. 사스키아는 너무 괴로워서 사망자들의 장례식이나 검시에도 참석하지 못했습니다. 그녀는 살아남은 것, 사람들을 밟은 것, 그리고 다친 사람들을 돕지 못한 것에 대해 죄책감을 느꼈습니다. 치료 중에 사스키아는 사망한 사람들을 추모하기로 결심했습니다. 그녀는 사건에 관한 뉴스 보도를 스크랩북으로 만들고, 사망자들에 대한 사진과 정보를 찾았습니다. 그녀는 촛불을 켜고 그들을 위해 기도하며, 영원한 평화를 기원하고 사랑하는 사람들과 재회할 수 있기를 바랐습니다. 사스키아는 매년 테러 기념일마다 같은 일을 할 계획이었습니다. 또한 그녀는 정원에서 꺾어온 로즈마리 한 다발을 놓기 위해 사건 현장을 방문했습니다.

자신의 삶 되찾기

'자신의 삶 되찾기'는 내담자에게 자신의 가치와 도덕에 맞는 활동을 선택하도록 요청함으로써 평가 작업을 보완할 수 있다. 이는 내담자가 자신의 자질이나 가치관을 반영하지 않는 사건으로 자신을 정의하게 된 경우 특히 중요하다. 우리는 내담자가 과거를 바꿀 수는 없지만 현재와 미래에 자신의 가치를 반영하는 방식으로 살아갈 수 있다는 점을 강조한다.

알릴 대상과 방법

도덕적 손상을 입은 사람들은 종종 자신의 경험을 다른 사람들과 공유하는 것을 조심스러워하며, 과거에 부정적인 반응을 경험했을 가능성도 있다. 외상의 종류에 따라 공개에 대한 반응이 엇갈릴 수 있으므로, 누구에게 이야기할지 그리고 어떻게 주제를 제기할지에 대해 논의하는 것이 치료에 도움이 될 수 있다. 예상되는 반응을 이해하기 위한 설문조사와 공개에 대한 행동 실험도 사랑하는 사람에게 말하기 전에 기초를 다지는 데 도움이 될 수 있다.

샬롯은 십대 때 성폭행을 당했습니다. 그녀는 경찰에 신고하지 않았고 나중에 그 남성이 여러 명의 여성을 더 성폭행했다는 사실을 알게 되었습니다. 샬롯은 자신이 성폭행을 신고했다면 다른 공격을 피할 수 있었을 것이라고 믿었습니다. 샬롯이 몇 달 후 성폭행 사실을 신고했을 때, 그녀의 진술을 받은 경찰관이 '지금은 조금 늦었다.'고 말하면서 이 생각은 더욱 굳어졌습니다. 샬롯은 다른 사람들이 나중에 이 사실을 알게 되면 자신을 비난할까 봐 걱정했습니다.

샬롯은 치료사의 도움을 받아 사람들이 자신과 같은 상황에 처한 사람을 어떻게 생각할지 묻는 설문조사를 설계했습니다. 응답자 중 일부는 샬롯이 신고하지 않은 것에 대해 비판적이었지만, 대부분은 그녀가 어리고 취약하며, 외상을 입었고 보복이 두려워 경찰에 신고하는 것이 매우 어려웠을 것이라는 동정적인 견해를 보였습니다. 샬롯은 친한 친구 중 한 명에게 이 사실을 말할 수 있을 만큼 자신감을 얻었고, 이해해 주는 반응을 받았습니다. 그녀는 모든 친구나 다른 가족에게는 말하지 않기로 결정하고 가까운 지인 몇 명에게만 말하기로 계획했습니다.

어색한 질문에 대처하기

도덕적 손상을 입은 많은 내담자들은 자신의 경험에 대해 묻는 사람들을 피하기 위해 사회적으로 위축된다. 사회 복귀를 계획할 때 도움이 되는 작업은 어색한 질문과 대화에 대처하는 방법을 고려하는 것이다. 예를 들어, 참전 용사들은 종종 '사람을 죽인 적이 있느냐?'는 질문을 받는데, 이는 강한 감정을 유발할 수 있다. 이러한 질문은 일반적으로 의도적으로 적대적이거나 판단하려는 것이 아니라 호기심의 표시라는 점을 기억하고 치료사와 함께 이러한 질문에 대답하거나 대화를 이어가는 방법을 역할극으로 연습하는 것이 도움이 될 수 있다.

에릭은 르완다에서 태어나 대량학살로 많은 가족을 잃었습니다. 영국에서 사람들이 자신이 르완다인이라는 사실을 알게 되면 종종 대량 학살에 대해 물어보는데, 이 질문은 에릭의 가슴 아픈 기억을 자극했습니다. 에릭은 치료사와 함께 어색한 질문에 대한 몇 가지 답변을 준비했습니다. 사람들이 에릭에게 고향이 어디냐고 물으면 '런던에 산다.'고 대답했습니다. 원래 어디 출신이냐고 물으면 '아프리카'라고 대답한 다음 '가본 적 있나요?'라고 물으며 대화를 이어나갔습니다. 아프리카의 어느 나라 출신이냐고 물으며 대량 학살에 대해 물어보면 에릭은 '우리나라에서는 힘든 시기였기 때문에 그 얘기는 하고 싶지 않다.'고 대답한 다음 주제를 바꾸기 위해 질문을 던졌습니다. 치료사와 함께 이 방법을 몇 번 연습한 후 에릭은 사회적으로 교류하는 데 자신감을 갖게 되었습니다.

🌱 치료사가 직면하는 문제

　도덕적 손상을 다루는 작업은 치료사에게 여러 가지 어려움을 줄 수 있다. 고통스럽고 수치스러운 기억을 털어놓을 수 있도록 강력한 치료 관계가 필요하기 때문에, 치료사로서 우리는 동정심이 많고 신뢰할 수 있으며 고통스러운 정보를 견딜 수 있다는 것을 보여줘야 한다. 하지만 어떤 사건은 혐오감이나 공포와 같은 감정적 반응을 자연스럽게 유발하기도 한다. 따라서 좋은 감독과 팀 결속력, 그리고 우리의 반응을 적극적으로 모니터링하고 우리의 웰빙을 챙기는 것이 평소보다 훨씬 더 중요하다(26장).

　특정 이야기를 들으면 우리 자신의 도덕적, 윤리적 관점이 도전을 받을 수 있으며, 치료 관계의 기본 요건으로 여겨지는 '무조건적인 긍정적 존중'을 유지하는 것이 어렵게 느껴질 수 있다. 하지만 무조건적인 긍정적 존중이 항상 내담자를 좋아하거나 내담자의 모든 행동을 승인해야 한다는 의미는 아니다. 무조건적인 긍정적 존중은 내담자를 편견 없이 하나의 불완전한 인간으로 받아들이고, 인생에서 앞으로 나아가려는 내담자의 노력을 지지하는 것을 의미한다.

🌱 치료실 노트: 리암

　리암은 군대에서 제대 후 6년 만에 치료를 받기 위해 찾아왔다. 그는 군 생활 동안 여러 충격적인 경험을 겪었는데, 그중에서도 가장 고통스러웠던 일은 보스니아에서 민간인들과 대화를 나눈 후, 그들이 군대와 대화한 사실에 대한 처벌로 많은 사람들이 살해되고 시체가 경고의 의미로 훼손된 사건이었다. 리암과 그의 동료들은 책임자를 찾아 살해했고, 이로 인해 리암은 민간인들의 죽음에 대한 깊은 책임감과 당시 분노와 복수심으로 인해 감정을 통제하지 못해 가해자들을 죽인 것에 대한 죄책감을 느끼게 되었다.

　리암은 사건 당시의 악몽과 침투적 기억, 그리고 만연한 분노와 수치심을 호소했다. 군대를 제대한 후에는 직업을 유지하는 데 어려움을 겪었고 결혼 생활도 파탄에 이르렀다. 그는 술을 많이 마시고 싸움으로 두 번이나 체포되었다. 그의 공식은 [그림 16-1]에 나와 있다.

　치료 초기에는 리암의 알코올 섭취를 줄이고 PTSD 증상에 대처할 대안적 방법을 찾는 것, 그리고 싸움에 휘말릴 위험을 줄이기 위한 분노 관리 기법이 포함되었다. 치료 기간 동안 알코올 섭취량과 공격성을 모니터링하였고, 리암의 치료사는 그의 경험과 반응을 정상화

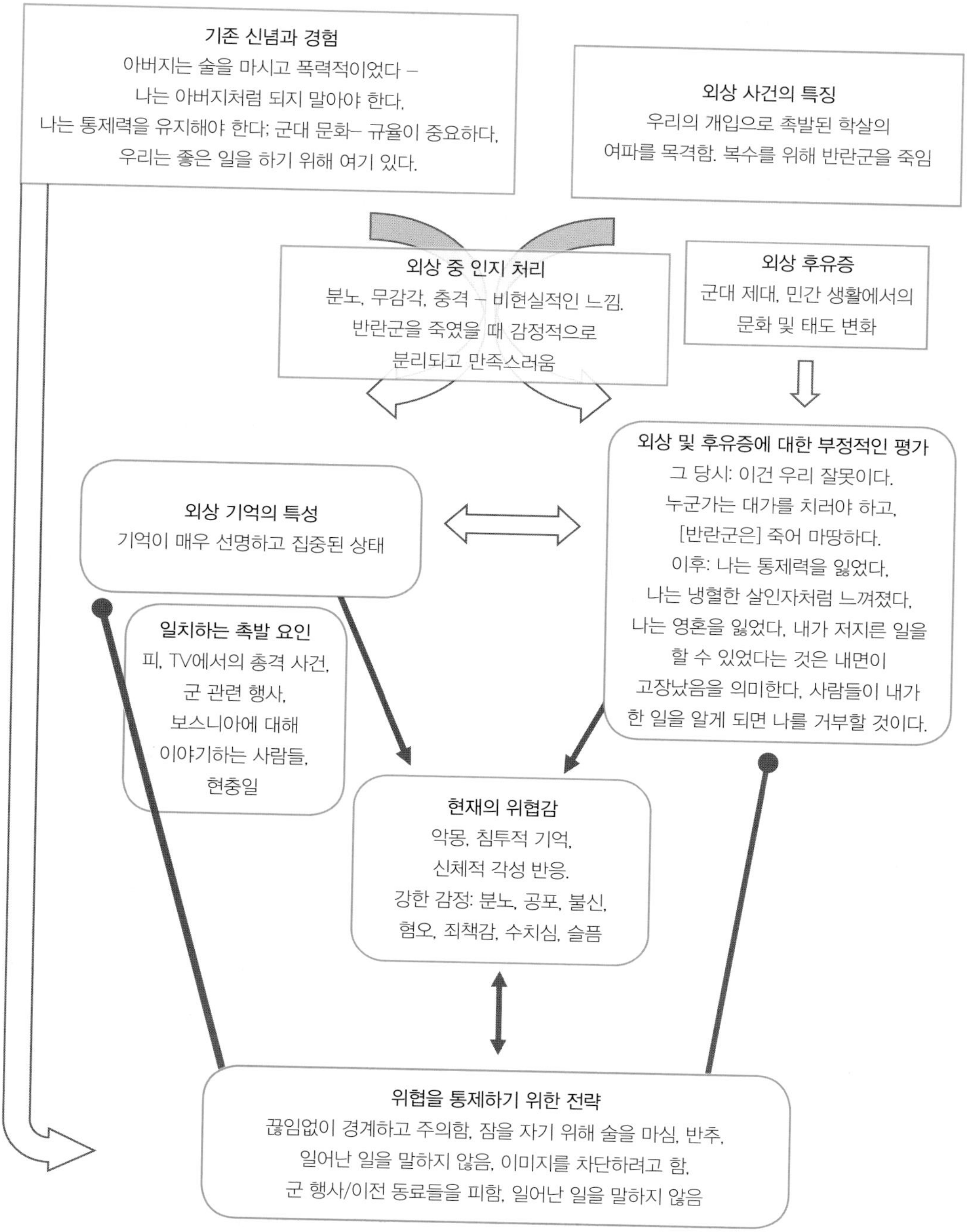

기존 신념과 경험
아버지는 술을 마시고 폭력적이었다 –
나는 아버지처럼 되지 말아야 한다.
나는 통제력을 유지해야 한다; 군대 문화– 규율이 중요하다.
우리는 좋은 일을 하기 위해 여기 있다.

외상 사건의 특징
우리의 개입으로 촉발된 학살의
여파를 목격함. 복수를 위해 반란군을 죽임

외상 중 인지 처리
분노, 무감각, 충격 – 비현실적인 느낌.
반란군을 죽였을 때 감정적으로
분리되고 만족스러움

외상 후유증
군대 제대. 민간 생활에서의
문화 및 태도 변화

외상 및 후유증에 대한 부정적인 평가
그 당시: 이건 우리 잘못이다.
누군가는 대가를 치러야 하고,
[반란군은] 죽어 마땅하다.
이후: 나는 통제력을 잃었다.
나는 냉혈한 살인자처럼 느껴졌다.
나는 영혼을 잃었다. 내가 저지른 일을
할 수 있었다는 것은 내면이
고장났음을 의미한다. 사람들이 내가
한 일을 알게 되면 나를 거부할 것이다.

외상 기억의 특성
기억이 매우 선명하고 집중된 상태

일치하는 촉발 요인
피, TV에서의 총격 사건.
군 관련 행사.
보스니아에 대해
이야기하는 사람들.
현충일

현재의 위협감
악몽, 침투적 기억.
신체적 각성 반응.
강한 감정: 분노, 공포, 불신.
혐오, 죄책감, 수치심, 슬픔

위협을 통제하기 위한 전략
끊임없이 경계하고 주의함. 잠을 자기 위해 술을 마심, 반추.
일어난 일을 말하지 않음, 이미지를 차단하려고 함.
군 행사/이전 동료들을 피함, 일어난 일을 말하지 않음

[그림 16–1] 리암의 공식화

하기 위해 PTSD와 도덕적 손상에 대한 정보를 제공했다.

처음에는 리암은 사건에 대해 간단한 세부 사항만 공유했기 때문에, 보다 전체적인 이야기를 완성하는 대신 민간인의 죽음에 대한 자신의 전적인 책임감 등 몇 가지 중요한 평가에 집중했다. 책임 파이 차트를 사용하여 리암은 가해자들이 살인 사건의 대부분을 책임지고 있음을 확인할 수 있었고, 민간인들이 피해를 입도록 의도하지 않았으며 예측할 수 없었다는 점을 인정할 수 있었다.

리암은 자신이 분노와 만족감을 느끼며 가해자를 죽였다는 사실 때문에 자신이 감정적으로 통제 불능이고, 비전문적이며, 폭력적이었던 아버지처럼 되고 있다는 신념을 갖고 있었다. 그는 또한 군 복무 시절의 동료와 대화를 나누었고, 그 친구는 자신도 그런 끔찍한 학살을 저지른 사람들을 죽이면서 쾌감을 느꼈을 것이라고 말했다.

리암은 군대에서 복무한 적이 있고 항상 존경했던 소령과 상상 속에서 대화를 나누었다. 소령은 그 학살 사건이 보스니아 전쟁의 잔혹성을 반영하며 군대가 그곳에 있어야 했던 이유를 보여 준다고 말했다. 소령은 리암에게 그가 군대에 파견된 것은 자신의 결정이 아니었음을 상기시켜 주었다.

이 연습 후, 리암은 외상에 대해 더 자세히 이야기할 수 있었다. 그는 학살 당시의 정신적 이미지로 인해 고통을 겪었고, 동료들과 함께 현장을 '정리'하는 이미지 재구성을 시도하기로 동의했다. 그는 민간인들에게 사과하고 그들의 용기를 칭찬하는 편지를 써서 자신의 정원에 나무 밑에 훈장과 함께 묻었다.

추천 도 서

Griffin, B. J., Purcell, N., Burkman, K., Litz, B. T., Bryan, C. J., Schmitz, M., Villierme, C., Walsh, J., & Maguen, S. (2019). Moral injury: An integrative review. *Journal of Traumatic Stress*, *32*(3), 350-362.

Litz, B. T., Stein, N., Delaney, E., Lebowitz, L., Nash, W. P., Silva, C., & Maguen, S. (2009). Moral injury and moral repair in war veterans: A preliminary model and intervention strategy. *Clinical Psychology Review*, *29*(8), 695-706.

Murray, H., & Ehlers, A. (2021). Cognitive therapy for moral injury in post-traumatic stress disorder. *the Cognitive Behaviour Therapist*, *14*, e8.

PART 4

대처 전략의 복합성

WORKING WITH COMPLEXITY IN PTSD

Chapter 17

약물과 알코올

브렌던은 오랜 기간 동안 과도한 음주를 해왔으며, 아내의 갑작스러운 사망 후 PTSD와 우울증 증상이 더욱 악화되었다. 그는 허리 통증 때문에 아편 성분의 진통제를 복용하고 있었으며, 스트레스를 받을 때도 진통제를 사용했다. 브렌던의 치료사는 PTSD와 약물 사용이 어떻게 서로를 지속시킬 수 있는지 이해하도록 도와주었고, 두 사람은 PTSD 치료 세션에 맞춰 일주일에 3일간 알코올과 진통제를 복용하지 않는 '기간'을 만드는 계획을 세웠다.

PTSD를 겪는 많은 사람들은 약물이나 약물 남용 혹은 과도한 음주를 하게 된다. 이는 치료를 복잡하게 만들 수 있으며, 일부 임상 서비스에서는 이러한 경우에 외상 중심의 치료에서 제외될 수 있다. 그러나 PTSD와 약물 사용이 상호 유지되는 경우, 내담자는 PTSD를 치료하지 않은 상태에서 약물 사용을 줄이는 데 어려움을 겪을 수 있다. 따라서 치료 개입은 두 가지 문제를 순차적으로 해결하기보다는 동시에 해결하는 것이 이상적이다. 이 장에서는 그 방법을 설명할 것이다.

🌿 약물 사용과 PTSD가 종종 동반되는 이유는 무엇인가?

PTSD를 가진 사람들은 일반 인구보다 약물사용장애 혹은 물질사용장애(SUD)를 동반할 가능성이 더 높다(Jacobsen et al., 2001). 두 가지 문제는 다양한 방식으로 상호작용할 수 있다. 첫째, 많은 사람들이 알코올, 니코틴, 카페인, 불법 약물 또는 처방 약물을 사용하여 PTSD 증상을 관리한다. 예를 들어, 기억으로 인한 고통을 무감각하게 하거나, 수면을 취하거나, 피로를 관리하거나, 불안에 대처하거나, 인지된 위협에 대비하는 데 사용한다. 이는 새로운 대처 행동일 수 있으며, 기존의 약물 사용을 악화시키거나 문제를 일으킬 수 있다. 이러한 '자가 치료 가설'은 연구에 의해 상당히 일관되게 뒷받침되고 있다(Chilcoat, & Breslau, 1998). 또한 물질사용장애(SUD)를 가진 사람들이 외상에 더 취약하다는 증거도 있다('고위험' 가설, Chilcoat, & Breslau, 1998). 예를 들어, 술에 취한 상태에서는 갈등에 휘말려 폭행을 당하거나, 위험을 감수하거나, 사고를 당할 가능성이 더 높을 수 있다.

마지막으로, 약물 오남용은 PTSD 회복을 방해할 수 있다(Kaysen et al., 2011). 알코올과 약물은 외상 기억의 정서적, 인지적 처리에 영향을 미치므로 PTSD 재경험 증상을 차단하거나 관련된 고통스러운 감정을 무감각하게 하기 위해 약물을 사용하면 기억이 처리되지 않고 계속 침투할 수 있다. 또한 약물 오남용은 의도치 않게 PTSD 증상을 악화시키거나 '나는 제대로 대처하지 못한다.'와 같은 외상 관련 신념을 유지할 수도 있다. 예를 들어, 알코올을 사용해 잠을 자는 내담자는 숙면을 취하지 못해 다음 날 기분과 에너지가 저하될 수 있다. 불안을 줄이기 위해 대마초를 피우는 내담자는 오히려 편집증과 의심이 더 심해져 과도한 경계 행동이 증가할 수 있다. 피로를 극복하기 위해 '에너지' 음료를 마시는 내담자는 오히려 초조함과 짜증을 느끼고 잠들기 어려워질 수 있다. 코카인을 과다복용하는 내담자는 '약에 취한' 상태에서는 더 공격적이고 무모해지며, 이후에는 우울증과 자살 충동을 더 많이 느낄 수 있다.

감정적이거나 신체적 고통을 완화하기 위해 처방받은 약물을 남용하는 내담자는 원치 않는 부작용, 금단 증상 또는 우발적인 과다 복용을 경험할 수 있다. 약물 오남용은 우울증과 같은 이차적인 심리적 문제뿐만 아니라 재정, 직업, 건강 및 인간관계 문제도 초래할 수 있다.

🌿 치료 접근법

치료의 관점에서 모든 약물 사용이 문제가 되는 것은 아니다. 적당한 수준의 알코올, 니코틴, 카페인 또는 가끔씩의 기호용 약물 사용은 PTSD 회복에 방해가 되지 않을 가능성이 높다. 마찬가지로, 처방된 항우울제를 꾸준히 복용하거나 치과 또는 산부인과 시술에 대처하기 위해 벤조디아제핀 단일 용량을 복용하는 등 적절하고 목표에 맞는 약물 사용은 권장될 수 있다.

그러나 약물 사용이 습관적이거나 의존적이거나 PTSD 증상을 자가 치료하기 위해 사용하는 경우, 외상 중심 치료는 증상을 악화시킬 위험이 있다. 외상 기억을 다루는 과정에서 발생하는 고통과 일시적인 PTSD 증상 악화는 약물 사용의 유해한 증가로 이어질 수 있으며,

이는 관련 위험을 동반할 수 있다. 결과적으로 약물 오남용은 PTSD 증상을 직접적으로 악화시키거나 외상 중심 치료의 효과적인 구성 요소를 방해하여 치료 효과를 제한하거나 악화를 연장시킬 수 있다. 치료를 시작하기 전에 내담자에게 알코올이나 약물 사용을 완전히 중단하도록 요구하는 것은 바람직하지만, 이것이 PTSD 증상에 대처하는 주요 수단인 경우 효과적이지 않을 수 있다. 오히려 치료되지 않은 PTSD는 재발성 약물 오남용으로 이어져 PTSD 치료에 접근하지 못하게 되어 서비스 사이를 계속 오가게 되는 결과를 초래할 수 있다.

대안적인 접근 방식은 두 가지 문제를 통합적으로 치료하는 것이다. 이를 위해 여러 프로그램이 개발되었다(예: Back et al., 2014; Coffey et al., 2016; Najavits et al., 2005). 서비스 유형에 따라 치료 제공 방식이 달라질 수 있다. 예를 들어, 다학제 팀, 전문 약물 및 알코올 서비스, 주거 단위는 심리만 담당하는 1차 진료팀에 비해 약물 남용이 더 심각한 내담자를 다루며, 약물 오남용에 대한 개입과 함께 안전하게 PTSD 치료를 제공할 수 있는 역량이 더 높다. 따라서 치료 결정은 내담자의 필요와 임상 환경에 따라 사례별로 이루어진다.

🌿 치료를 조정하는 방법

약물 사용의 성격과 범위에 따라 치료를 어떻게 적응시킬지 결정한다. 예를 들면, 다음과 같다:

- 치료에 대한 최소한의 간섭: 내담자가 치료 과제에 참여하고 참석하기를 원하며, 약물 사용이 적거나 명확하게 한정된 상황에서만 사용을 중단하거나 최소화할 준비가 있는 경우이다. 이는 사교 행사에서 한두 잔의 와인 등과 같이 제한된 상황에서만 사용하는 경우를 말한다. 약물을 처방된 대로 복용하고, 금단 현상이나 '약물을 추가로 복용하는 것', 인지 기능 장애의 증거가 없는 경우, 치료는 평소와 같이 진행된다.
- 과거 약물 오남용: 내담자가 이전에 약물을 오남용한 적이 있지만 현재는 금주 중인 경우이다. 이 경우, 재발을 인지하고 대응하는 방법에 대한 구체적인 안전 계획을 수립한다.
- 문제가 있는 약물 오남용: 내담자 약물을 문제적인 수준으로 사용하고 있거나 약물 사용이 PTSD 증상이 악화시키거나 치료를 방해하거나 추가적인 문제를 일으키는 경우이다. 약물 사용의 기능과 비용을 검토하고, 내담자가 PTSD와 치료의 상호작용에 주의를 기울일 수 있도록 한다. 외상 중심 치료를 지원하기 위해, 내담자와 협상하여 하루나 일주일 동안 약물 오남용을 최소화하거나 자제할 수 있는 기간을 만든다.

- 중등도에서 중증의 약물 사용 장애: 내담자가 다량의 약물을 자주, 장기간 또는 의존적으로 사용하며 건강과 기능에 심각한 장애가 있는 경우이다. 이러한 경우 금단을 지원하고 신체적 의존을 해결하기 위해 의료 전문가를 포함한 다학제적 팀의 투입이 필요하다(심리 서비스만 제공하는 팀은 전문 서비스와 협력해야 함). 더 많은 세션이 필요할 수 있으며, 기존의 근거 기반 치료에서 추출한 구성 요소인 '안전 찾기'(Najavits, 2002)를 사용하여 동반된 PTSD와 물질사용장애(SUD) 증상을 다루는 치료가 필요할 수 있다.

평가

약물과 알코올에 대한 질문은 임상 평가에서 표준적인 부분이다. 알코올 과도 사용, 비처방 약물사용, 벤조디아제핀이나 아편계 진통제와 같은 처방 약물이 과도하게 사용되고 있는 경우, 약물 사용 장애를 평가하기 위해 SCID-5 모듈(First et al., 2016) 및 AUDIT(알코올 사용 장애 식별 테스트; Babor et al., 2001)와 같은 표준화된 도구를 사용하여 사용의 정도와 영향에 대해 자세히 알아볼 수 있다.

치료를 계획하고 공식화에 필요한 정보를 수집하기 위해 다음을 평가해야 한다:

- 얼마나 많이 사용하고 있는가? 약물 사용량을 소급하여 정확하게 측정하는 것은 어려울 수 있으므로 일지를 작성하는 것이 유용하다. 내담자는 당혹감이나 수치심으로 인해 자신의 약물 사용량을 축소할 수 있으므로, 서로 지지적이고 협력적인 치료 관계를 형성하고 효과적으로 협력하기 위해 투명성의 중요성을 강조해야 한다.
- 어떻게 사용되고 있나? 일지는 특히 PTSD 증상, 기분 저하, 해리, 스트레스, 기타 감정 및 정신 상태, 사회적 상호작용과 관련하여 약물 사용이 언제, 어떻게 이루어지는지를 이해하는 데 도움이 된다. 이러한 정보는 약물 사용의 기능을 공식화하는 데 도움이 된다. 더 상세한 사슬 분석은 약물 사용 에피소드로 이어지는 요인과 그 결과를 이해하는 데 사용될 수 있다(Rizvi, & Ritschel, 2014).
- 시간이 지남에 따라 약물 사용은 어떻게 발전했나? 특히 삶의 사건과 심리적 문제의 발생과 관련하여 약물 사용이 시간이 지남에 따라 어떻게 변화했는지 알면, 이러한 다양한 요소들이 어떻게 상호 연관되어 있는지 이해할 수 있다.
- 어떤 약물이 사용되고 있으며, 어떤 영향을 미치나? 각 약물은 다른 인지적 영향을 미치며, 약물의 종류, 약물 사용량, 내담자의 나이, 체중 등에 따라 개인의 체내에 머무는 시간이 달라질 수 있다. 만성적인 약물 사용은 인지 기능을 저하시킬 수 있다. 이러한 변수

들은 치료에 미칠 수 있는 잠재적인 영향을 이해하는 데 도움이 된다.

- PTSD를 유지에 어떻게 기여하나? PTSD(및 기타 증상)에 대한 물질의 영향도 평가해야 한다. 약물 사용을 줄이고 증상에 미치는 영향을 모니터링하기 위해 일지 작성 및 행동 실험이 유용할 수 있다.

- 어떤 위험을 초래하나? 약물 사용은 사람들을 스스로나 다른 사람들로부터 상당한 위험에 노출시킬 수 있다. 이러한 위험이 존재하는 경우, 치료가 진행되기 전에 이러한 위험 사항을 우선적으로 처리해야 한다.

- 그 외 어떤 대처 전략과 자원이 있나? 개인의 치료 참여 능력은 지원 네트워크, 전반적인 기능 수준, 대안적인 대처 전략 등 개인이 보유한 자원에 따라 부분적으로 달라질 수 있다.

🐘 유용한 팁: 아편계(opiate-based) 진통제 주의하기

Tramadol, Co-Codamol, Fentanyl과 같은 아편계 진통제의 과도한 사용과 오남용은 미국에서 잘 문서화되어 있으며, 영국에서도 점점 더 문제가 되고 있습니다. 많은 PTSD 내담자가 만성 통증을 경험하며, 때로는 외상 관련 부상으로 인해 강력한 진통제를 처방받았을 수 있습니다. 그러나 모든 사람이 처방대로 복용하지는 않습니다. 일부 내담자는 진통제가 수면을 돕거나 강한 부정적 감정을 완화하는 등 심리적 효과가 있다고 느껴, 통증뿐만 아니라 PTSD 증상을 관리하기 위해 약물을 사용하기도 합니다.

아편성 진통제의 문제점 중 하나는 인지 처리를 방해하여(Elrassas et al., 2020) 학습 능력을 감소시키고, 외상 기억, 평가 및 감정의 필요한 활성화를 둔화시켜 외상 중심 치료의 효과를 저하시킬 수 있다는 것입니다. 이상적으로는 내담자가 치료 중에 아편제를 복용하지 않는 것이 좋지만, 심각한 통증도 분명히 치료의 잠재적 장애물입니다. 이에 대해 우리는 내담자 및 그들의 진통제를 관리하는 담당자(가급적 통증 전문 서비스)와 협의하여 세션 당일과 다음 날에는 대체 비아편성 진통제를 시도하여 학습과 인지 및 정서적 처리가 방해받지 않는 기간을 확보하는 방식으로 접근합니다.

다른 진통제가 효과가 없고 통증이 치료의 장애가 되거나 약물 교체로 원치 않는 효과가 나타나는 경우, 내담자가 정서적 고통이나 PTSD 증상에 반응하지 않고 처방된 대로만 아편성 진통제를 일정한 간격으로 안정된 용량을 복용하도록 요청합니다. 내담자가 안정적인 복용량을 유지할 수 있도록 의사에게 미리 준비된 '약통' 상자에 약을 조제해 달라고 요청하는 것도 도움이 될 수 있습니다.

공식화

　평가에서 얻은 정보는 공유된 공식화에 정보를 제공한다. 이는 치료를 안내할 뿐만 아니라 PTSD와 약물 사용이 어떻게 서로 유지하는지에 대한 대화를 시작하는 기회를 제공하며, 두 문제를 정상화하고 편견을 줄이는 데 목적이 있다.

　공식화는 단일 유지 주기만큼 간단할 수 있다. 최근 문제가 있는 약물을 사용하는 에피소드를 예를 들어 시작하는 것이 좋다. 반면, 일부 공식화는 더 복잡할 수 있다. 여러 유지 주기가 관련되어 있을 수 있다. 특히 평생 동안 외상 경험과 상호작용한 오랜 약물 및 알코올 사용 이력이 있는 내담자에게는 종단적 공식화가 도움이 된다.

> 　이안은 자신이 '항상 술을 마셔왔다.'고 말하며, 경찰 시절부터 술을 마시기 시작했다고 설명했습니다. 이안은 힘든 하루를 보낸 후 선배들이 후배 경찰관들에게 술을 권하는 것을 기억했고, 그 방법이 효과적인 대처 방법이라는 것을 알았습니다. 그는 또한 친구들과 사교적으로 술을 마시는 것을 즐겼습니다. 은퇴 후 이안의 음주량은 늘어났고 대부분의 날에는 위스키 한 병까지 마신다고 보고했습니다. 그는 더 이상 사교적으로 술을 마시지 않고 혼자 술을 마셨습니다. 경찰을 떠난 후 이안은 악몽과 외상 경험의 괴로운 침투적 기억에 시달렸고, 위스키가 잠을 자고 '악마를 쫓아내는' 유용한 방법이라는 것을 알게 되었습니다. 이안의 치료사는 회피가 어떻게 외상 기억을 유지할 수 있는지 등 PTSD에 대한 몇 가지 정보를 공유하고 이를 설명하기 위해 간단한 다이어그램을 그렸습니다([그림 17-1]).

[그림 17-1] 이안의 공식화

이안은 술이 외상 기억을 관리하기 위한 일시적인 해결책에 불과하며 근본적인 문제를 해결하지 못한다는 것을 빠르게 이해했습니다. 그는 술을 마시지 않으면 어떻게 될지에 대해 우려했지만, 문제를 다루는 다른 방법을 배우는 것을 포함한 치료 계획을 고려할 의향이 있었습니다.

약물 및 알코올 사용을 줄이려는 동기 부여 증진

초기 세션에서는 약물과 알코올 사용을 줄이려는 내담자의 동기에 대해 다룬다. 약물 사용의 비용과 혜택(단기 및 장기)을 고려하는 것이 종종 도움이 되며, 약물 사용의 이유를 확인하고 PTSD와 기타 삶의 문제를 포함한 결과를 인식하도록 돕는다. 기분, 수면, PTSD 증상 등 알코올과 약물의 영향에 대한 관련 심리교육도 함께 제공한다.

타라는 10대 초반부터 친구들과 대마초를 피웠습니다. 그녀는 대마초가 사회적 상황에서 자신을 더 편안하게 만든다고 느꼈습니다. 대학 재학 중 전 남자친구에게 성폭행을 당한 후, 타라는 아침부터 매일 대마초를 피우기 시작했습니다.

타라와 치료사는 대마초 사용의 장단점 목록을 작성했습니다. 타라는 대마초가 특히 사회적 상황에서 자신을 더 편안하게 하고 불안을 줄여준다는 것을 알게 되었습니다. 하지만 대마초 흡연이 건강에 해롭고, 공부 의욕을 떨어뜨리며, 비용이 많이 들고, 배고픔과 체중 증가로 이어진다는 것을 알고 있었으며, 부모님에게 숨기는 것도 싫었습니다.

타라와 치료사는 함께 대마초가 기분에 미치는 영향을 조사했습니다. 그들은 대마초가 사람들을 편집증에 빠지게 할 수 있다는 사실을 발견했고, 타라도 이러한 경험을 한 적이 있었습니다. 타라의 치료사는 PTSD가 종종 사람들에게 위협을 느끼게 만들며, 대마초가 이러한 느낌을 악화시킬 수 있다고 설명했습니다. 또한 대마초가 사람들이 새로운 것을 배우는 능력에 영향을 미칠 수 있다는 사실도 알게 되었습니다. 타라의 치료사는 타라가 맑은 정신 상태를 유지할 때 치료가 더 효과적일 것이라고 설명했습니다. 타라는 예약 전날 저녁, 당일, 그리고 다음 날에는 대마초를 피우지 않기로 동의했습니다. 그리고 이것이 타라의 PTSD 증상, 기분, 그리고 집중력에 미치는 영향을 모니터링하기로 했습니다.

이 작업에서는 동기 부여 면담 기법(motivational interviewing; Miller & Rollnick, 2012)을 활용한다. 이는 내담자의 관점을 공감하고 비판없이 이해하며, 내담자가 현재 행동과 원하는 삶 사이의 불일치를 탐색하도록 돕는다. 논쟁을 피하고, 저항에 유연하게 대응하며, 내담자가 변화를 향해 나아가는 동안 자기 효능감을 지원한다.

🦫 **유용한 팁:** 가족, 친구, 파트너의 참여

PTSD 치료에 지지적인 가족, 친구, 파트너를 참여시키는 것은 매우 가치가 있으며, 특히 약물 오남용 문제를 다룰 때 더욱 중요합니다. 우리는 때때로 '치어리더'를 찾는 것에 대해 이야기합니다. 이는 내담자에게 격려를 제공하고, 세션 사이에 동기부여를 유지하며, 자극 변별과 같은 건강한 대처 전략과 기술을 사용하도록 도와줄 수 있는 사람입니다. 이 사람을 일부 치료 세션에 초대하고(내담자의 동의하에) 숙제를 도와주도록 요청할 수 있습니다.

내담자의 네트워크에 있는 다른 사람들의 건강 상태에도 주의를 기울여야 합니다. 그들도 정신 건강 문제에 취약할 수 있기 때문입니다. 내담자의 네트워크 내에서 누군가가 약물을 오남용하는 경우에도 재발이 발생할 수 있으므로 이러한 위험을 조기에 파악하고 문제를 해결하는 것이 중요합니다.

행동 실험

행동 실험은 특정 증상에 물질이 미치는 효과를 테스트하는 데 사용된다. 예를 들어, 사람들은 수면을 돕고 악몽을 예방하기 위해 물질을 사용할 수 있다. 이러한 전략을 중단하고 그 영향을 측정하는 실험을 통해, 일부 물질이 처음에는 수면에 도움이 되지만 수면의 질이 떨어지고 다음 날 더 피곤함을 느끼게 한다는 것을 알 수 있다. 물질로 인한 수면 장애는 실제

크리슈난은 폭행을 당한 후 집을 나서는 것이 불안했습니다. 그는 종종 외출하기 전에 몇 잔의 술을 마시고 긴장을 풀곤 했습니다. 그는 일주일 동안 매일 외출할 때의 불안 수준과 음주 여부를 기록하는 행동 실험을 계획했습니다. 크리슈난은 처음에는 술을 마시지 않았을 때 약간 더 불안했지만, 곧 불안감이 줄어들고 흔들림과 초조함이 덜해진다는 것을 발견했습니다.

로 경험하는 악몽의 빈도를 증가시킬 수 있다. 일부 증상은 물질을 줄이면 일시적으로 증가할 수 있으므로 명확한 데이터를 얻기 위해 여러 차례 실험을 반복하는 것이 좋다.

증상 관리를 위한 대체 방법 배우기

물질을 사용하여 PTSD 증상을 관리하는 것은 내담자가 의도적으로 사용하는 전략일 수 있지만, 일부 내담자는 물질사용 충동을 촉발하는 요인이 무엇인지를 인식하지 못할 수 있다. 이러한 연관성을 이해하기 위해 일지 작성과 기능 분석이 유용할 수 있다. 촉발 요인을 인식하면 대안적인 대처 방법을 의식적으로 선택할 수 있게 된다. 예를 들어, 자극 변별은 기억 촉발 요인에 대처하는 대안적인 방법이 될 수 있고, 수면 위생은 잠들기 위한 전략이 될 수 있으며, 자기 관리 및 감정 조절 전략은 고통스러운 감정에 대처하는 데 도움이 될 수 있다.

일반적으로 우리는 내담자가 외상 중심의 치료를 안전하게 진행할 수 있도록 효과적인 대처법을 가르치는 데 필요한 시간만큼 할애하며, 이를 통해 증상을 보다 효과적으로 해결할 수 있도록 한다. 약물 사용을 다른 안전 추구 행동으로 대체하지 않도록 노력한다. 예를 들어, 누군가가 위험에 대한 인식을 높이기 위해 암페타민을 사용하고 있다면, 우리는 이를 대체할 과도한 경계 행동을 제안하지 않는다. 왜냐하면 이는 과도한 경계가 미래의 피해를 예방하기 위해 필요하다는 신념을 유지하기 때문이다. 대신, 증상의 영향을 줄이는 적응적 대처 전략을 권장한다.

대부분의 내담자에게는 이러한 유형의 작업은 몇 번의 세션으로 충분하다. 그러나 일부 내담자에게는 보다 철저한 접근이 필요할 수 있으며, 특히 내담자가 물질사용장애(SUD)의 기준을 충족하는 경우에는 더욱 그렇다. 이러한 경우에는 '안전 추구' 접근법을 권장한다 (Najavits et al., 2005). 내담자와 치료사는 '물질이 나를 통제할 때' '건강한 관계' '분노로부터 치유하기' 등 SUD 및 PTSD와 관련된 25개의 주제 중에서 문제별 모듈을 선택하여 작업한다. '안전 찾기'는 외상 기억에 대한 작업은 포함하지 않지만 외상 중심 작업의 전 단계로 사용할 수 있다.

변화의 장벽 다루기

변화의 장벽을 식별하고, 공식화하고, 문제를 해결하는 것은 이 작업의 중요한 측면이다. 내담자는 이전에 실패한 치료 경험이 있거나 성공에 대한 희망이 제한되어 있거나, 변화를 만들 수 있는 능력에 대한 자기 신념이 부족하거나 변화를 지속할 수 없을 수도 있다. 또한 자신의 문제에 대해 매우 부끄러워할 수 있다. 우리는 내담자에게 일관성, 인내심, 연민, 낙관적인 태도로 접근하고 이러한 내부 장벽을 파악하여 해결해야 한다.

　　내담자의 생활 및 대인 관계 네트워크에서 약물 오남용을 지원하는 외부 장벽도 있을 수 있다. 가능하면 내담자의 시스템에서 다른 사람들을 참여시켜 어려움을 해결할 수 있도록 지원한다.

　　미카엘라의 아이들은 가정 폭력으로 인해 보호를 받게 되었습니다. 미카엘라의 전 파트너가 감옥에 간 후, 지역 당국은 미카엘라의 약물 오남용 전력 때문에 아이들을 위탁 보호에 맡기기로 결정했습니다. 치료 과정에서 미카엘라는 아이들을 되찾고 싶다는 강한 의욕을 보였습니다. 그녀는 PTSD와 물질사용장애(SUD) 기준을 충족했습니다. 처음에는 치료가 잘 진행되었습니다. 그러나 미카엘라는 회복을 위한 노력에도 불구하고 사회 복지 서비스와의 일련의 부정적인 상호작용으로 인해 판단과 낙인이 찍혔다고 느꼈고, 이러한 어려운 감정에 대처하기 위해 약물 남용이 재발했습니다. 재발로 인해 그녀는 자신에 대해 나쁜 감정을 더 느꼈습니다. 미카엘라의 치료사는 그녀가 이 악순환의 고리를 끊을 수 있는 방법을 논의하는 데 도움을 주었습니다. 미카엘라의 치료사는 미카엘라의 사회복지사 및 미카엘라를 대변하기로 동의한 가족 권리 자선단체의 대표와 함께 공동 회의를 주선했습니다. 이들은 보호 시스템과 관련된 절차를 명확하고 차분하게 논의하여 미카엘라가 자신의 권리, 필요한 사회 서비스, 이용 가능한 지원에 대해 이해할 수 있도록 도왔습니다. 또한 미카엘라가 사회복지사에게 정기적으로 보고할 계획과 아이들과 연락할 수 있는 방법과 시기에도 합의했습니다. 미카엘라에게 자녀를 돌려줄 수 있다는 약속은 할 수 없었지만 미카엘라는 면담의 결과로 더 많은 통제권과 더 나은 지원을 받고 회복에 더 적극적으로 참여할 수 있게 되었다고 느꼈습니다.

핵심 인지

- 술/약물을 마셔야 잠을 잘 수 있고, 감정과 기억을 다룰 수 있다.
- 다시 상처받지 않기 위해 항상 경계해야 한다.
- 내가 얼마나 술을 마시고/약물을 사용하는지 인정하면 치료사에게 치료를 받을 수 없다고 할 것이다.
- 여러 번 그만두려고 시도했지만, 나에게는 효과가 없다.
- 술을 끊거나 약물 사용을 중단하면 불안감이 통제 불능이 될 것이다.

유연성 있는 치료접근

CT-PTSD의 유연한 공식 기반 접근 방식은 약물 오남용을 유발하는 과정을 포함하여 내담자에게 가장 문제가 되는 과정을 목표로 삼을 수 있다는 것을 의미한다. 예를 들어, 수치심이 촉발 요인이라면 관련 신념과 기억의 핫스팟을 우선적으로 다룰 수 있다. 특정 상황에서 불안을 줄이기 위해 약물을 사용하는 경우, 행동 실험을 통해 관련 평가를 해결하고 테스트할 수 있다. 치료 제공에 있어서도 유연성이 필요할 수 있다. SUD를 가진 내담자는 PTSD 치료 중 중도 탈락률이 높으므로(Bedard-Gilligan et al., 2018), 이들을 참여시키기 위한 추가적인 노력이 필요할 수 있다. 여기에는 내담자의 목표, 우선순위 및 우려 사항에 주의 깊게 귀 기울이고, 치료의 모든 측면에서 투명하고 협력적인 태도를 유지하며, 문제가 발생하고 변화에 따라 치료 계획을 조정할 준비를 하는 것이 포함된다.

재발에 대한 대응

치료 과정 중 내담자는 과음이나 약물 사용으로 재발할 수 있다. 이런 경우 외상 기억에 대한 작업을 잠시 중단하고 재발을 촉발한 요인과 이러한 요인이 다시 발생할 경우 어떻게 다르게 관리할 것인지에 대해 이해하도록 노력한다. 우리는 내담자를 '비난'하거나 수치심을 주지 않으며, 좌절의 중요성을 지나치게 강조하지 않는다. 또한 재발과 그로 인한 결과,

FAQ 내담자가 술에 취한 상태로 예약에 나타나면 어떻게 해야 하나요?

내담자가 세션 전에 약물이나 알코올을 사용했다면, 보통 세션을 중단하고 약속을 다시 잡습니다. 다음 세션에서는 판단하지 않는 자세로 약물을 사용하게 된 계기에 대해 논의합니다. 종종 내담자는 세션 전에 불안을 느끼며 이를 관리하기 위해 약물을 사용합니다. 우리는 불안의 기저에 깔린 평가를 다루고, 대처할 수 있는 다른 방법을 테스트하기 위해 행동 실험을 계획합니다.

내담자가 반복적으로 술에 취한 상태로 세션에 온다면 이는 외상 작업을 다시 시작하기 전에 약물 오남용에 초점을 맞춘 개입이 필요하다는 신호일 수 있습니다. 우리는 내담자에게 실패했다는 인상을 주거나 치료 과정을 결코 완수할 수 없을 것이라는 인상을 주고 싶지 않습니다. 대신 현재 목표와 우선순위, 그리고 이를 해결하는 방법에 대해 논의하고 가능하면 외상 중심 치료로 복귀할 계획을 세웁니다.

내담자의 감정을 과소평가하지 않는다. 대신 내담자의 고백을 긍정적으로 강화하며 이를 해결하기 위해 '함께 노력'하겠다는 의지를 나타내고, 재발을 '원점으로 돌아가는 것'이 아니라 '한 번의 고비'로 받아들이는 프레임을 제시한다. 이를 통해 재발을 더 잘 이해하고 사건을 사슬 분석하여 재발의 기능을 이해하고, 내담자가 대처 계획을 재정립하고 '다시 궤도에 오를' 수 있도록 지원한다. 가능한 한 빨리, 내담자가 준비되었다고 느끼고 동의하는 경우, 외상 중심의 작업으로 복귀한다.

🌱 치료실 노트: 브렌던

브렌던의 담당 의사는 그를 정신건강서비스에 의뢰했다. 그는 알코올 사용 장애의 오랜 병력이 있었고 약물 및 알코올 서비스를 통해 여러 차례 외래 치료를 받았으며 두 차례의 거주형 '해독'을 시도했지만 매번 재발했다. 20대에 브렌던은 코카인과 엑스터시 같은 오락용으로 약물을 사용했다. 이제 50대가 된 브렌던은 더 이상 비처방 약물을 사용하지 않았지만, 만성 요통 때문에 트라마돌을 복용하고 있었다. 그는 트라마돌이 심리적 문제를 해결하는 데 도움이 되는 '버팀목'이라고 설명했다.

브렌던은 북아일랜드에서 자랐다. 그의 아버지는 브렌던의 어머니와 다섯 자녀에게 폭력을 휘둘렀다. 브렌던은 가능한 한 빨리 집을 떠나 영국으로 이주하여 성인이 된 후에는 건축업에 종사했다. 건설업에서는 동료들과 과음하는 문화가 있었고, 퇴근 후 술집에 가서 맥주를 10파인트까지 마시는 것이 일상적이었다. 브렌던이 30대가 되었을 때, 아내가 휴가 중 갑자기 사망했다. 브렌던은 그 후 '암흑의 해'를 보내며 매우 우울해졌고, 음주가 더욱 심해졌으며, 자살 직전까지 갔다고 회상했다.

평가 당시 브렌던은 아내의 죽음과 관련된 PTSD 증상을 호소했다. 그는 아내가 죽을 때의 얼굴이 떠오르고, 아내가 도움을 요청하는 악몽을 꾸며, 아내를 구하지 못했다는 강한 죄책감을 느꼈다. 그는 허리 통증으로 인해 직장을 휴직하고 집에서 '멍 때리기'를 하며 많은 시간을 보내고 있었다. 브렌던은 별거 중인 두 번째 아내와의 갈등, 재정 걱정, 건강 문제 등 다른 스트레스 요인들도 이야기했다. 그는 과체중이었고 제2형 당뇨병을 앓고 있었다. 주치의는 생활 방식을 바꾸지 않으면 조기에 사망할 가능성이 높다고 경고했다. 브렌던은 두 번째 결혼에서 얻은 11세 딸이 있었으며, 딸이 자라는 모습을 볼 수 있도록 자신을 개선하고 싶다는 강한 동기를 가지고 있었다.

브렌던의 치료사는 그에게 술과 트라마돌 사용 일지를 써달라고 요청했다. 몇 가지 패턴이 나타났다. 그는 기분이 우울하거나 '모든 것이 잘못되었다.'는 생각에 빠져 있을 때 술을 마시는 경향이 있었다. 브렌던은 거의 활동하지 않았고, 지루함과 무기력이 알코올 사용 촉발 요소로 확인되었다.

그는 허리 통증에 대처하기 위해 트라마돌을 사용했지만, 침투적인 기억과 그로 인한 죄책감과 슬픔에 대응하기 위해서도 트라마돌을 사용했다. 그의 공식화는 [그림 17-2]에 나와 있다.

브렌던과 치료사는 이 공식화의 간소화된 버전에 대해 논의하고 알코올 사용량을 줄이는 등 초기 치료 목표에 합의했다. 치료사는 브렌던의 음주에 대한 장단점을 적었고, 브렌던은 술이 마시고 싶을 때를 대비해 그 목록을 냉장고와 휴대폰에 보관했다. 또한 음주 촉발 요인을 다루기 위해 반추를 줄이는 방법을 연구하고, '인생 되찾기' 활동을 통해 의미 있는 일에 시간을 더 할애하도록 했다. 여기에는 친구들과 술집 외의 장소에서 시간을 보내는 방법에 대한 문제 해결 방법도 포함되었다. 담당 의사의 도움으로 브렌던은 트라마돌에서 비마약성 진통제로 전환하는 데 동의했다. 그들은 그의 침투적인 기억에 다르게 대처하기 위해 자극 변별을 연구했다.

죄책감이 브렌던의 음주를 촉발하는 또 다른 원인이었기 때문에 그들은 아내의 죽음에 대한 그의 평가를 다루었다. 아내는 진단되지 않은 심장 질환을 앓고 있었으며 피로와 발목 부종을 호소하고 있었다. 브렌던은 심각한 문제가 있다는 것을 알아차리고 의료진의 도움을 받아 휴가를 연기했어야 했다고 생각했다. 브렌던과 치료사는 사후과잉확신편향을 해결하기 위해 설문조사를 실시했는데, 대부분의 다른 사람들은 이러한 증상이 젊은 여성의 심장병 증상이라는 것을 인지하지 못했다는 결과를 얻었다. 또한 브렌던은 아내가 휴가를 제안했고, 자신의 증상이 심각하다고 생각하지 않았다는 사실도 기억했다.

다섯 번의 세션 후 브렌던은 알코올 소비를 줄이고 트라마돌 사용을 중단했다. 그러나 형과의 다툼 이후 재발하여 몇 차례 상담을 결석했다. 다시 상담에 참여했을 때, 브렌던은 몇 주 동안 술을 많이 마셨다고 인정했고, 외상에 초점을 맞춘 작업을 중단하고 대인관계 갈등을 다루기로 합의했다. 이는 브렌던의 음주를 촉발하는 주요 원인이었기 때문이다. 브렌던은 차고에 턱걸이 바를 설치하고 화가 날 때 술을 마시는 대신 5분 동안 턱걸이를 하는 행동 실험에 동의했다. 그는 이 방법이 유용한 전략이라는 것을 알게 되었고 알코올 사용량이 안정화되었다.

브렌던이 다시 일주일에 3일은 술을 마시지 않게 되자, 아내와 이미지로 대화를 나누는 등 외상에 대한 치료를 다시 시작했다. 그 결과 예상치 못하게도 브렌던의 알코올 사용량이 개선되었고, 아내가 자신이 술을 마시는 것을 그토록 싫어했을 것이라는 사실을 깨달았다.

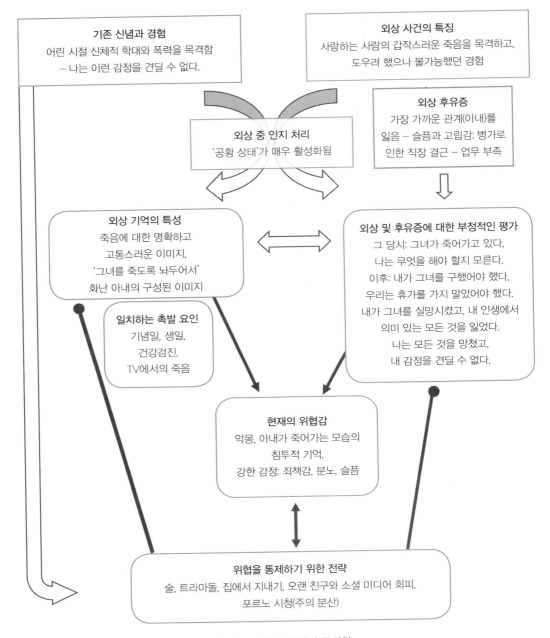

기존 신념과 경험
어린 시절 신체적 학대와 폭력을 목격함
– 나는 이런 감정을 견딜 수 없다.

외상 사건의 특징
사랑하는 사람의 갑작스러운 죽음을 목격하고,
도우려 했으나 불가능했던 경험

외상 중 인지 처리
'공황 상태'가 매우 활성화됨

외상 후유증
가장 가까운 관계(아내)를
잃음 – 슬픔과 고립감; 병가로
인한 직장 결근 – 업무 부족

외상 기억의 특성
죽음에 대한 명확하고
고통스러운 이미지.
'그녀를 죽도록 놔두어서'
화난 아내의 구성된 이미지

외상 및 후유증에 대한 부정적인 평가
그 당시: 그녀가 죽어가고 있다.
나는 무엇을 해야 할지 모른다.
이후: 내가 그녀를 구했어야 했다.
우리는 휴가를 가지 말았어야 했다.
내가 그녀를 실망시켰고, 내 인생에서
의미 있는 모든 것을 잃었다.
나는 모든 것을 망쳤고,
내 감정을 견딜 수 없다.

일치하는 촉발 요인
기념일, 생일,
건강검진,
TV에서의 죽음

현재의 위협감
악몽, 아내가 죽어가는 모습의
침투적 기억.
강한 감정: 죄책감, 분노, 슬픔

위협을 통제하기 위한 전략
술, 트라마돌, 집에서 지내기, 오랜 친구와 소셜 미디어 회피,
포르노 시청(주의 분산)

[그림 17-2] 브렌던의 공식화

또한 아내가 자신을 탓하지 않았을 것이고, 죄책감을 느끼지 않았을 것이라는 의미 있는 내용을 외상 서술에 첨가했다. 브렌던의 PTSD 증상이 감소하기 시작했고 그의 기분이 좋아졌다. 이를 통해 '자신의 삶을 되찾기'에 대한 추가 작업이 가능해졌다. 브렌던은 허리 질환으로 인해 건축업에 대한 직업 전망이 제한적이라는 사실을 깨닫고 대체 일자리를 찾기 위한 조치를 취했다. 그의 치료사는 그가 일자리를 찾을 수 있도록 자선단체와 연계하여 도움을 주었고, 브렌던은 회복을 계속하기 위해 알코올 중독자 익명 모임에 참석하기로 결정했다.

추천도서

Baschnagel, J. S., Coffey, S. F., & Rash, C. J. (2006). The treatment of co-occurring PTSD and substance use disorders using trauma-focused exposure therapy. *International Journal of Behavioral Consultation and Therapy, 2*(4), 498-508.

Improving Access to Psychological Therapy. (2012). *IAPT positive practice guide for working with people who use drugs and alcohol.* Available at: www.uea.ac.uk/documents/746480/2855738/iapt-drug-and-alcohol-positive-practice-guide.pdf

Najavits, L. (2002). *Seeking safety: A treatment manual for PTSD and substance abuse.* Guilford Press.

Chapter 18

무모한 행동

줄리아는 어린 시절과 성인이 된 후 관계에서 학대를 경험했다. 이제 그녀는 자신을 베는 자해, '거친' 성관계, 학대하는 전 파트너와의 접촉 등 몇 가지 위험한 행동을 하고 있었다. 치료사는 이러한 행동의 기능을 탐구하고 이해하도록 도왔으며, 자신을 처벌하고 싶은 충동을 유발하는 줄리아의 죄책감을 해결하고 강렬한 감정을 관리하며 외상 경험을 이해할 수 있는 대안을 찾기 위해 함께 노력했다.

PTSD를 가진 일부 사람들은 의도치 않게 위험하거나 의도적으로 자기 파괴적인 행동을 한다. 이는 성격과 관련된 '외현화'(Miller, & Resick, 2007) 또는 행동적으로 '무모한' PTSD 하위 유형(Contractor, & Weiss, 2019)을 반영할 수 있다. 예를 들면 비자살적 자해(non-suicidal self-injury; NSSI), 고위험 성행위, 위험한 운전, 섭식 장애, 음주/약물 남용, 범죄, 도박, '사이버 중독', 공격성 등이 포함된다. '무모하고 자기 파괴적인 행동'은 DSM-5(APA, 2013)에서 PTSD의 증상으로 추가되었다. 이 장에서는 DSM의 문구에 따라 모든 행동을 포괄하기 위해 '무모한'이라는 단어를 사용했지만, 일부 사람들이 낙인을 찍을 수 있는 주관적인 분류라는 점을 인식하고, 치료 시 내담자의 표현을 사용하여 특정 행동을 설명한다.

PTSD를 가진 사람 중 일부만이 무모한 행동을 보인다(Carmassi et al., 2013). 무모한 행동은 더 심각한 PTSD 증상과 관련이 있는 것으로 보이며(Contractor et al., 2017), 특히 군 참전용사(Killgore et al., 2008), 난민(Spiller et al., 2017), 성폭력 생존자(Deliramich, & Gray, 2008), 어린 시절 학대받은 사람(Briere, 2019) 등 다중 및 대인 외상을 경험한 사람들에게서 더 많이 나타난다. 무모한 행동은 성격 장애를 포함한 다른 장애와도 관련이 있으며, 동반된 성격 장애를 다루는 방법은 20장에서 논의하므로 이 장에서는 PTSD와 관련된 무모한 행동에 초점을 맞추고자 한다.

무모한 행동은 치료 시 주의가 필요하다. 이러한 행동은 추가적인 외상을 경험할 위험에 처하게 할 수 있으며(Lusk et al., 2017), 사고, 약물 오남용, 심혈관 질환(Drescher et al., 2003; Flood et al., 2010), 자살(Armour et al., 2017)을 통한 PTSD 환자의 사망률 증가를 부분적으로 설명할 수 있다.

PTSD를 가진 사람들은 일반적으로 안전을 느끼기 위해 과도한 예방 조치를 취하므로, 무모한 행동은 역설적으로 보일 수 있다. 마찬가지로, 대부분의 PTSD 환자는 외상을 상기시키는 것을 피하지만, 일부는 의도적으로 기억 촉발 요인을 찾아 노출하기도 한다(Belle et al., 2020). 무모한 행동은 종종 '반응적 회피'의 한 형태로 이해될 수 있는데, 이는 정서적 고통을 줄이기 위한 수단으로 단기적으로는 효과적이지만 다른 형태의 회피와 마찬가지로 문제를 장기적으로 유지하는 악순환을 일으킨다(Briere, 2019). 예를 들어, 사람들은 자신의 행동에 수치심을 느끼고 이로 인해 고통과 자기 공격이 더욱 심해지거나 추가적인 부작용과 그 결과에 노출될 수 있다.

이 장에서는 자살 의도가 없는 무모한 행동에 대해 다룬다. 중복되는 부분이 있지만 23장에서는 자살, 타인으로부터의 위험, 직업적 위험에 대해 다룬다.

🌿 왜 일부 PTSD 환자들은 과도한 위험을 감수할까

외상을 겪은 사람들이 위험을 감수하는 이유에 대해 여러 가지 이론이 제시되었으며 (Ben-Zur, & Zeidner, 2009), PTSD를 가진 사람들은 무모한 행동에 대해 폭넓은 설명을 제시한다. 여러 종류의 무모한 행동이 동시에 발생하는 경우가 많으며, 각기 다른 기능을 수행하고 서로 다른 PTSD 증상 군과 연관될 수 있다(Armour et al., 2020). 예를 들어, 재경험 증상은 약물 오남용 및 비자살적 자해와 연관될 수 있고, 마비 증상은 스릴 추구, 부정적인 감정 및 무쾌감증(anhedonia)은 도박, 소비, 스마트폰 사용, 각성 증상은 공격성 또는 위험한 성적 행동과 연관될 수 있다. 내담자의 무모한 행동의 특이한 기능과 PTSD 증상과의 관계를 개념화할 필요가 있다. 다음은 몇 가지 일반적인 메커니즘이다.

증상 관리 및 감정 조절

어린 시절에 장기간 외상 경험, 특히 주 양육자로부터 학대나 방임을 경험한 많은 사람들은 감정 조절에 대한 적응적 기술이 부족하다. PTSD 관련 문헌 외에도 감정 조절의 어려움이 다양한 무모한 행동의 기저에 있다는 상당한 증거가 있다(Weiss et al., 2015). PTSD의 증상은 본질적으로 혐오스럽고 종종 압도적으로 느껴지기 때문에 내담자는 격렬한 감정 상태를 관리하기 위해 무모한 행동을 사용할 수 있다. 이러한 행동은 정서적 긴장을 풀거나 정서적 고통으로부터 주의를 돌리는 등 개인이 스스로를 진정시키기 위한 가장 적절한 수단일 수 있다. 이 메커니즘에는 신경생물학적 상관관계가 있는데, 예를 들어, 만성 외상 생존자의 경우 내인성 오피오이드가 종종 고갈될 수 있기 때문에 비자살적 자해는 일시적으로 내인성 오피오이드 수치를 증가시켜 진정된 감정을 유도하고 통증을 감소시킨다(Groschwitz, & Plener, 2012).

정서적 마비 증상이 있는 내담자는 도박, 위험한 운전, 범죄와 같은 행동을 통해 아드레날린이 솟구치는 경험을 할 수 있으며, 이는 무감각하거나 공허한 느낌에 대해 더 선호하는 대안으로 선택된다. 비자살적 자해는 때때로 해리를 통제하기 위해 사용되기도 하는데, 비인격화와 비현실화를 경험할 때 '현실감'을 느끼거나 해리성 플래시백을 '종료'하고 '현실로 되돌아오기' 위해 사용된다.

이리나는 성폭행을 당한 후 오염된 느낌으로 힘들어했습니다. 그녀가 대처한 한 가지 방법은 식사를 제한하는 것이었는데, 이를 통해 내면이 '깨끗해졌다'고 느꼈습니다. 외상을 겪으면서 무력감과 패배감을 느꼈던 그녀는 칼로리를 계산하고, '깨끗한 식사'를 하고, 열심히 운동하면서 스스로를 더 잘 통제할 수 있다고 느꼈습니다. 또한 배고플 때 몸과 분리되는 느낌을 좋아하기도 했습니다. 하지만 안타깝게도 식사 제한은 이리나의 건강에 심각한 부정적인 영향을 미쳤습니다. 그녀는 실신 증상을 보이기 시작했고 혈액 검사 결과 칼륨과 나트륨 수치가 위험할 정도로 낮았습니다. 이리나는 신체적으로 지쳐 있었고, 종종 '안개가 낀 듯한' 혼란스러움을 느꼈으며, 이로 인해 더욱 취약해진 느낌이 들었습니다.

자기 유발과 정서의 일치

'정서 일치'에서도 유사한 과정이 일어난다. 이는 내담자가 자신의 부정적인 내부 경험과 일치하거나 강화하는 방식으로 외부 경험을 선택하거나 감정을 관리하는 경우를 말한다.

예를 들어, 우울한 사람들은 기분을 좋게 하는 감정 조절 전략보다는 슬픈 음악을 듣는 등 슬픔을 증가시키는 감정 조절 전략을 선택하는 경우가 많은데, 이는 부정적인 감정이 익숙하고 자신이 우울하다고 느끼는 것과 일치하기 때문이다(Millgram et al., 2015). PTSD에서 이 과정은 무모한 정서 일치를 촉발할 수 있다. 예를 들어, 저하된 자아감을 일치시키기 위해 이용당하고 타락한 느낌을 주는 위험한 성행위를 선택하거나, 내면의 분노 상태와 일치시키기 위해 도로에서 분노의 상황을 찾는 것이다. 다른 사람들에게는 의도적인 '자기 유발'이 PTSD 증상을 통제할 수 있는 능력을 제공할 수 있다. 외부 촉발 요인을 통제하여 예측 가능하게 만들거나, 예상치 못한 급격한 증상 악화를 경험하는 대신 일정하고 견딜 수 있는 수준으로 유지하는 것이다(Bellet et al., 2020). 일부 내담자는 기억의 공백을 메우고, 왜 그런 일이 일어났는지, 더 잘 대처하여 다른 결과를 얻을 수 있었는지 알아내기 위해 의도적으로 외상을 재현하거나 외상 기억을 스스로 불러일으켜 사건을 '이해'하기도 한다(Bellet et al., 2020).

스릴 추구 및 억제

어떤 사람들에게는 위험이나 흥분으로 인해 아드레날린이 넘쳐나는 느낌이 중독성이 될 수 있다. 위험에 반복적으로 노출된 내담자는 동일한 '짜릿함'을 느끼거나 부정적인 감정을 해소하거나 단순히 '정상'이라고 느끼기 위해 의도적으로 위험을 찾게 될 수 있다.

또한 마약, 알코올, 성관계, 음식으로 인한 긍정적 감정과 위험한 도박과 관련된 흥분과 같은 일부 무모한 행동에는 내재된 보상이 있다. PTSD 증상은 이러한 보상 상황에서 위험한 행동을 억제하는 것을 더 어렵게 만들 수 있다(Ben-Zur, & Zeidner, 2009). 또한 PTSD는 주의력을 좁히고 집중력을 감소시켜 정보 처리에 영향을 미치므로 위험과 잠재적인 부정적인 결과를 제대로 평가하기가 더 어려워진다. 일부 내담자, 특히 초기 외상 병력이 있거나 위험한 상황에서 장기간 생활한 경험이 있는 내담자는 위험을 인식하고 대응하는 기술이 부족할 수도 있다. 이들의 무모한 행동은 의도치 않은 것일 수도 있고, 어떤 상황은 주관적으

군대를 제대한 리는 고위험 환경에서 생활하고 일하면서 느꼈던 흥분과 다른 사람들과 맺었던 유대감이 그리웠습니다. 그는 군대 가기 전부터 스스로를 '아드레날린 중독자'라고 표현할 정도로 익스트림 스포츠를 즐겼습니다. 제대 후 민간인 생활에 적응하지 못하고 지루함을 느낀 그는 흥분을 '충족'할 수 있는 방법을 찾으려고 노력했습니다. 그는 친구들과 자주 어울리고, 마약을 복용하고 거래하며, 싸움을 벌이고, 성매매 업소를 방문하기 시작했습니다. 그는 거친 술집에서 경비원으로 일하기 시작했지만 이라크에 돌아가 사설 보안업체에서 일하고 싶다는 생각을 했습니다.

로 위험하다고 느끼지 못하는 것일 수도 있다. 이러한 패턴은 외상 이전의 충동성과 같은 성격 변수와 상호작용할 수 있다(James et al., 2014).

자기 처벌 또는 자존감 회복

무모한 행동은 일반적으로 죄책감, 수치심, 자기 혐오와 관련된 자기 처벌의 한 형태로 작용할 수 있으며, 이는 비자살적 자해, 의도적인 자기 유발 또는 학대적인 관계를 찾는 것으로 이어질 수 있다. 일부 내담자는 자신이 그런 처벌을 '받아 마땅하다'고 느낀다고 말한다. 자존감이 낮은 다른 사람들은 자기 이미지를 회복하기 위한 수단으로 무모한 행동을 할 수 있다. 또한 혼자가 되는 것을 피하고 관계를 유지하기 위해 타인의 요구에 맞추다 보니 자신을 위험에 빠뜨릴 수도 있다. 이러한 패턴은 종종 생명을 위협하는 외상 이후 죽음에 대한 인식이 높아짐에 따라 나타나는 반응으로 설명되기도 한다(Ben-Zur, & Zeidner, 2009). 예를 들어, 낯선 사람과의 성적 만남은 처음에는 자신을 강력하고 매력적이라고 느끼게 하고, 짧고 강렬한 대인 관계를 제공할 수 있다. 그러나 초기 자존감 향상 이후 무모한 행동은 더 많은 자기비판으로 이어져 악순환이 지속될 수 있다.

수동적 자살

일부 내담자는 자살에 대한 구체적인 계획은 없지만, 살든 죽든 상관하지 않고 수동적으로 무모한 행동을 한다고 말한다. 예를 들어 앞을 보지 않고 길을 건너거나 위험하게 운전하거나 건강을 유지하는 약을 복용하지 않는 등이 있다. 이러한 행동은 '그냥 일이 벌어지도록' 하거나, 심지어 자신의 죽음을 사고로 보이게 만들어 사랑하는 사람들에게 미칠 충격을 피하려는 의도로 이루어질 수 있다.

핵심 인지

- 이것만이 나를 느끼게 하는 유일한 것이다.
- 나는 상처를 받거나 이런 식으로 다뤄줘야 한다.
- 내가 죽어도 상관없다/이것은 사고처럼 보일 것이다.
- 내가 왜 그러는지 모르겠지만, 이게 옳다고 느낀다.
- 나쁜 감정/정서적 고통을 해소하는 가장 좋은 방법이다.
- 나는 자해하기/먹기/성적인 행동/도박 등을 통제할 수 없어서 한심하고 역겹다.

무모한 안전 추구 및 재확립

마지막으로, 일부 내담자는 외상 촉발 요인에 대응할 때 의도치 않게 스스로를 위험에 빠뜨리기도 한다. 예를 들어, 퇴역 군인은 다른 차량에 '가두어지는' 것 같이 위협을 지각하고 이를 피하기 위해 위험하게 운전하거나, 교통사고를 경험한 사람은 자신을 친 차량과 유사한 차량을 피하기 위해 갑자기 차선을 변경할 수 있다(Possis et al., 2014). 위협을 줄이기 위한 안전 행동이 오히려 의도치 않게 위험을 증가시킬 수 있다. 예를 들어, 반복적으로 미러를 확인하는 것은 전방 차량에 대한 주의를 산만하게 만들 수 있다. 또한 어차피 일어날 일이라면 스스로 선택하는 것이 더 나을 것이라고 판단하여 추가적인 위험에 노출되는 것을 '자기 결정'하는 사람들도 있을 수 있다. 다른 사람들은 자신의 삶을 '되찾기' 위해 또는 PTSD 증상을 '극복'하기 위한 방법으로 위험한 상황을 조성할 수도 있다. 예를 들어, 지인에게 성폭행을 당한 한 내담자는 '그 상황에 지지 않기 위해' 의도적으로 낯선 사람의 집에서 인터넷 데이트를 하는 등의 행동을 취할 수 있다. 요약하면, 무모한 행동은 외상 후 자가치료, 자기 조절, 이해, 자기 처벌 또는 통제력을 회복하려는 형태로 작동할 수 있다. 이러한 행동들은 강화를 통해 점점 더 강박적이고 심지어 중독적으로 될 수 있다(Blasco-Fontecilla et al., 2016). 통제감을 높이기 위한 전략이 오히려 통제력을 잃게 만드는 것이다. 무모한 행동은 PTSD 증상을 악화시킬 수 있으며, 또한 외상이 내담자의 삶과 정체성의 중심에 있다는 느낌을 더욱 강화시키게 된다. 예를 들어, 내담자는 무모한 행동에 대해 자신이 손상되었거나 결함이 있다고 평가하고, 타인의 비난, 낙인, 거부와 같은 반응은 더욱 악순환을 유지시키는 역할을 할 수 있다.

카메론은 두 명의 남성에게 폭행과 강도를 당했습니다. 그는 다시는 공격의 표적이 되지 않기 위해 공공장소에 나갈 때 극도로 경계하게 되었습니다. 카메론은 자신을 쳐다보는 사람을 발견하면 노려보았고, 강도를 계획하고 있다고 생각되는 사람들에게 공격적으로 맞선 적도 여러 번 있었습니다. 또한 자신을 미행한다고 생각한 한 남성과 싸움을 벌이기도 했습니다. 카메론의 행동은 추가 폭행을 막기 위한 것이었지만, 의도치 않게 그의 위험과 현재의 위협에 대한 인식도 높였습니다.

🌱 어떻게 도울 것인가?

평가 및 공식화

표준 임상 평가는 무모한 행동, 특히 약물 사용, 공격성 및 비자살적 자해(NSSI)를 감지할 수 있다. DSM-5 PTSD 기준을 기반으로 한 평가 도구에는 무모한 행동에 관한 항목이 포함된다. 만약 내담자가 이 항목에 동의하면, 다양한 형태의 무모한 행동이 동시에 나타날 수 있으므로, 그 범위를 철저하게 평가해야 한다. 내담자는 이러한 행동에 대해 수치심, 방어적 태도를 보일 수 있으며, 이를 숨기거나 무모한 행동으로 인식하지 못해 자발적으로 보고하지 않을 수 있다. 과거에는 타인으로부터 비난을 받았거나, '관심을 끌려는 행동'으로 취급된 적이 있거나, 비판, 거부 등 부정적인 반응을 경험했을 가능성도 있다. 우리는 무모한 행동에 대해 판단하지 않고 연민을 갖고 사실에 입각한 방식으로 논의하며 해당 행동이 내담자에게 적용될 수 있는지 확인할 수 있도록 구체적 예시를 제공한다. 또한 외상 후 위험 행동 설문지(Posttrauma Risky Behaviours Questionnaire; Contrator et al., 2020)와 같은 추가적인 측정 평가 도구를 사용하여 더 깊이 탐색할 수 있는 기초 자료로 활용한다.

무모한 행동에는 다양한 선의적 기능이 있기 때문에 이를 수정하기 전에 정상화하고, 타당화하며, 내담자와 협력하여 공식화하는 것이 중요하다. 무모한 행동의 의도된 기능과 의도하지 않은 결과를 탐구함으로써, 이러한 행동이 정서적 고통을 통제하거나 자신의 경험을 이해하려는 시도로서 대처하거나 회복하려는 노력임을 타당화하도록 돕는다. 이를 통해 낙인을 해소하고, 자기 연민과 이해를 증진하며, 변화에 대한 동기를 강화할 수 있다. 또한 이를 통해 적절한 개입을 위한 지침을 제시할 수 있다.

기능적 분석과 함께 안내적 탐색 기법을 사용하여 최근 사례에서 상황, 감정, 인지, 신체 상태가 행동에 선행하고 후속되는 '연쇄적' 요소들을 이해한다. 내담자가 상황적 촉발 요인 또는 특정 신체 감각과 같은 더 미묘한 내부의 촉발 요인을 인식하도록 돕고, 행동을 강화시키는 잠재적 결과를 파악하게 하는 것이 내담자의 변화를 실행하는 첫 번째 단계이다.

PTSD뿐만 아니라 위험한 충동성과 함께 평생 대인관계에 어려움을 겪는 성격 장애의 경우, PTSD에 대한 외상 중심 치료에 앞서 변증법적 행동 치료(DBT)와 같은 증거 기반 치료가 더 적절하거나 더 나은 첫 단계인지 고려한다(20장 참조).

동기 다루기

내담자가 무모한 행동을 할 때 외상 중심의 심리치료가 가능한지 여부를 결정하는 요소에는 행동 유형, 위험 수준, 서비스/치료 맥락, 내담자 네트워크의 적절한 지원 수준 등이 포함된다. PTSD가 효과적으로 치료되면 무모한 행동을 하려는 충동이 줄어들 것이다. 그러나 이러한 행동이 기능적으로 PTSD 증상과 관련이 있는 경우, 외상 기억을 다루는 치료 과정에서 일시적으로 행동이 증가하여 위험이 증가할 수 있다. 우리는 이러한 딜레마를 내담자와 공유하고, 해당 행동이 즉각적인 위험을 초래하는 경우 예비 세션에서 '충분히 수용할 수 있는' 수준으로 줄이거나 피해를 최소화하거나 완전히 중단하는 데 초점을 맞춘다. 매우 위험한 운전, 극단적인 단식 또는 치명적인 비자살적 자해와 같이 치명적일 수 있는 행동은 안전 계획(23장)에서 다룬다. 여기에는 치료 기회를 주기 위해 일부 활동에 자발적인 '금지'를 협상하는 것이 포함될 수 있으며, 치료 후 해당 행동을 재개할지 여부는 당사자의 선택이라는 점을 인정한다.

일부 행동은 강박적으로 변하여 중단하기 어려울 수 있다. 이미 행동을 바꾸고자 하는 동기가 강한 내담자도 있지만, 아무런 효과를 보지 못하는 내담자도 있다. 많은 사람들이 변화하고 싶은 마음과 변화하고 싶지 않은 마음 사이에서 양가감정을 느낀다. 이때 동기 강화 면담 기법이 도움이 될 수 있다(Miller, & Rollnick, 2012). 2×2 표를 작성하여 해당 행동의 단기 및 장기적인 비용과 이점을 나열하는 것은 매우 유용한 방법이다. 특히 외상을 경험한 사람들은 무모한 행동의 이점을 과대평가하고 위험을 과소평가하는 경향이 있기 때문에(Smith et al., 2004), 이러한 연습은 더욱 효과적이다. 여기에는 기분이 좋고 '옳은' 행동이 원치 않는 결과를 초래하고 회복을 방해할 수 있는 반면, 더 건강한 대안은 덜 즐겁거나 강력하거나 보람이 있을 수 있음을 인정하고 받아들이는 것이 포함된다.

실비는 성관계를 위해 데이트 앱을 통해 남성들을 만나고 있었습니다. 그녀는 메시지와 시시덕거림 등 만남을 앞둔 과정을 즐기며 매력과 설렘을 느꼈습니다. 그녀는 잠을 자거나 악몽을 꾸는 것보다 스마트폰을 사용하며 밤을 새우는 것을 선호했습니다. 또한 데이트 전의 '긴장된' 느낌과 '데이트 상태'에 있는 것을 좋아했습니다. 하지만 데이트가 끝난 후 일부 남성이 연락을 끊거나 연애 중이라는 사실이 드러나면 '이용당했다'는 느낌을 자주 받았습니다. 실비는 때때로 성관계를 할 때 남성이 거칠게 대하기를 원하기도 했는데, 이는 실비도 즐겼지만 적절한 경계가 설정되지 않았고 실비가 상대를 잘 모를 경우 위험할 수 있다는 점도 인정했습니다. 치료사와 함께 이러한 행동의 비용과 이점을 검토한 결과, 실비는 이러한 만남이 흥미롭고 주의를 분산시키는 데는 도움이 되지만 자존감에는 좋지 않고 자신을 위험에 빠뜨릴 수 있다는 사실을 깨달았습니다. 그녀는 친구를 통해 만난 사람들과 데이트를 하고 성적인 상호작용보다는 공통의 관심사와 즐거움에 집중하기로 했습니다.

기능 다루기

많은 내담자들이 감정을 조절하기 위해 외부 상황과 자극을 활용하는 경우가 많다. 이는 기분을 개선하거나 견디기 어려운 정서를 분산시키거나, 내부 상태와 감정을 '일치'시키는 데 활용될 수 있다. 우리는 이러한 필요를 충족하는 대안적인 방법을 모색한다. 예를 들어, '무언가를 느끼기 위해' 무모한 행동을 하는 사람들에게는 무감각을 줄이거나 위험을 줄이면서 긍정적인 감정을 느낄 수 있는 '삶을 되찾기' 활동을 실험한다. 해리 증상이 있는 사람들에게는 대신 그라운딩 전략, 주의 전환, 의도적인 근육 긴장 기술 및 움직임을 시도해 볼 수 있다.

감정 조절 전략의 목록이 제한적인 내담자의 경우, 감정 중심 및 문제 중심 대처 기술을 모두 구축할 수 있도록 지원한다. DBT-PE(Harned et al., 2012) 또는 '안전 탐구'(Najavits et al., 2005)와 같은 프로그램의 모듈을 통합하여 내담자의 특정 기술 부족을 보완한다. 여기에는 '반대 행동', 자가 진정 전략, 주의 분산, 경계 설정, 대인 관계 기술, 문제 해결, 비용-편익 평가 및 긍정적인 자기 주장이 포함된다.

각 촉발 요인이나 행동 충동에 대한 구체적인 기술이 담긴 글, 그림 또는 시청각 플래시카드를 만들도록 권장한다. 해당되는 경우, 반추, 금단, 자기 공격 등 다른 PTSD 증상에 공통적으로 나타나는 메커니즘에 초점을 맞춘다. 이전과 마찬가지로, 기법 기반 작업의 목표는 외상에 초점을 맞춘 치료가 가능할 정도로 개인의 '인내의 창(Window of Tolerance)'을 넓히는 것이다. 핵심적인 PTSD 증상을 최대한 빨리 치료하면 무모한 행동에 대한 충동도 줄어든다. 따라서 상대적 위험도에 따라 순차적으로 또는 동시에 치료할 수 있다.

사이먼은 아내가 사망한 후 도박 문제가 생겼습니다. 그는 대부분의 시간 동안 멍하고 공허한 기분을 느끼거나 아내의 죽음에 대한 침투 기억으로 괴로워했습니다. 그는 흥분과 같은 긍정적인 감정을 느끼고 기억에서 벗어나기 위한 방법으로 온라인 도박을 사용했습니다. 치료 과정에서 그는 자신의 감정을 관리하는 대안적인 방법을 실험했습니다. 그의 치료사는 그가 친구들과 World of Warcraft를 하는 등 이전에 즐겼던 생활 활동을 다시 시작하도록 도왔고, 침투 기억을 관리하는 대안적인 방법으로 자극 변별을 가르쳤습니다. 그는 컴퓨터와 휴대폰에 도박 사이트를 차단하는 소프트웨어를 설치하고, 도박 충동이 생길 때 비디오 게임을 할 수 있도록 게임 콘솔을 구매했습니다.

CT–PTSD 치료 과정에서 무모한 행동의 다른 메커니즘들을 다루며, 이러한 치료 요소들은 우선순위를 정할 수 있다. 예를 들어, 자기 유발이 외상을 이해하거나, 기억의 공백을 메우거나, 촉발 요인을 극복하는 중요한 방법으로 작동하는 경우, 관련된 인지 주제에 집중하고 핫스팟을 업데이트하며 자극 변별을 연습하고, 설문조사를 통해 새로운 정보를 찾는 방식으로 진행할 수 있다.

무모한 행동이 자기 처벌, 정체성 유지 또는 자존감 회복으로 기능하는 경우, 이러한 행동의 기저에 깔린 신념을 인지 전략(예: 인지–행동 의자 작업, 13장)을 통해 다룰 수 있다. 안전 행동으로 인해 의도치 않게 위험에 처한 내담자는 관련된 위험 평가(예: '나는 무기를 소지할 때 더 안전하다.')를 재평가하고, 해당 행동을 중단하거나 덜 위험한 예방 조치로 대체하는 행동 실험을 통해 도움을 받을 수 있다.

내담자가 치료 초기에 무모한 행동을 완전히 중단하는 것이 항상 가능하지 않기 때문에, 치료를 진행하는 동안 어느 정도의 위험을 감수해야 할 수도 있다. 서비스 상황에 따라 해당 행동을 완전히 중단하는 대신 치료를 안전하게 완료할 수 있는 범위 내에서 해당 행동이 초래하는 피해를 최소화할 수 있다. 피해 최소화의 예로는 피 흘리는 고위험 자해 행위를 표면적 자상으로 대체하고 상처를 깨끗하게 유지하며 필요한 경우 의료진의 도움을 받는 것, 알코올 증류주 대신 맥주를 마시는 것, 강한 '스컹크' 대마초를 덜 강력한 대마초로 대체하는 것, 고위험 스릴 추구 또는 성적 행동의 제한에 합의하는 것 등이 있다.

리는 군대에서 경험했던 아드레날린과 유대감을 그리워하며, 민간인 생활에서 무모한 방법으로 이를 찾고 있었습니다. 그는 변화하려는 동기가 부족했습니다. 싸움에 휘말리거나 성매매 업소를 방문하는 것의 잠재적 위험을 인식하면서도, 그 스릴을 즐겼고 친구들과의 밤 외출을 멈출 준비가 되어 있지 않았습니다. 그는 치료사와 함께 몇 가지 피해 최소화 전략을 계획했습니다. 리는 성관계를 가질 때 항상 콘돔을 사용하기로 동의했습니다. 또한 친구들에게 외출 중 잠재적인 싸움에서 멀어지라고 말할 수 있는 권한을 주었습니다. 리는 아드레날린을 더 안전하게 얻을 수 있는 다른 활동도 시험해 보기로 했습니다. 경주용 자동차 트랙을 운영하는 친구가 있어 주말에 무료로 경주용 차를 운전하는 대가로 그곳에서 일을 돕기 시작했습니다. 웨이트 트레이닝을 즐기는 리는 건강을 우선시하고, 보디빌딩 커뮤니티의 다른 사람들과 유대감을 형성하기 위해 보디빌딩 대회 준비를 시작하기로 결심했습니다.

때때로 우리는 보다 교육적 접근을 통해 개입을 시도한다. 일부 내담자는 특히 외상이 있는 환경에서 많은 시간을 보낸 경우 위험을 정확하게 평가하는 데 어려움을 겪을 수 있다. 예를 들어, 건강한 관계의 모델 없이 성장한 사람들은 잠재적으로 가해적인 파트너의 경고 신호를 인식하거나 가해적이거나 통제적인 행동에 효과적으로 대응하는 데 어려움을 겪을 수 있다(23장).

조티는 인도에서 태어나 어린 나이에 고아가 되었습니다. 길거리에서 노숙하다가 한 가족의 하인으로 일하기 시작했는데, 그 가족은 그녀를 매우 나쁘게 대했습니다. 이후 영국으로 인신매매되어 다른 가족의 하인으로 일하게 되었습니다. 치료 과정에서 조티는 안전한 환경에서 생활한 경험이 거의 없었고, 때로는 상황의 위험을 잘못 판단하는 경우가 많다는 것이 드러났습니다. 예를 들어, 그녀는 복종을 거부하면 벌을 받는 데 익숙했기 때문에 시키는 대로 하는 경향이 있었습니다. 하지만 이는 위험한 상황으로 이어졌고, 사람들은 그녀의 취약성을 이용했습니다. 조티의 치료사는 조티가 다른 사람의 요청이 위험한지 안전한지를 평가하는 방법을 배우도록 도왔습니다. 그들은 단호하게 말하고 학대에 대해 '무관용 원칙'을 적용하는 역할극을 한 다음, 행동 실험을 통해 공공장소나 사적인 장소에서 사람들에게 '아니오'라고 말하면 처벌을 받을 것이라는 조티의 두려움을 테스트했습니다.

🌱 치료실 노트: 줄리아

줄리아는 어린 시절과 성인기에 여러 번의 외상을 겪었으며 현재는 다양한 무모한 행동을 보이고 있다. 그녀는 혼란스러운 가정에서 자랐다. 줄리아의 주 양육자는 어머니였는데, 그녀는 조울증을 치료하지 않은 채 줄리아나 쌍둥이 자매인 클로이를 돌보는 데 어려움을 겪었다. 두 자매는 어머니의 파트너 중 한 명에게 수년간 성적 학대를 당했다. 클로이는 줄리아가 20대 초반일 때 자살했고, 어머니는 몇 년 후 암으로 사망했다.

언니와 어머니의 사망 이후 줄리아는 이탈리아 남성과 결혼하고 '새로운 시작'을 위해 이탈리아로 이주했다. 하지만 새로운 문화에 적응하는 데 어려움을 겪었고, 남편은 점점 질투심이 많고 소유욕이 강해져 줄리아는 남편을 떠나 영국으로 돌아왔다. 그녀는 새로운 관계를 형성했지만, 남자친구는 점점 더 줄리아를 감정적, 경제적으로 통제하기 시작했다.

한 번은 줄리아가 떠나려고 했지만 남자친구가 그녀를 찾아와 다시 돌아오라고 설득했다. 그 후 그는 줄리아를 집에 가두고 점점 더 신체적, 성적으로 폭력을 행사하기 시작했다. 줄리아의 PTSD 재경험 증상 대부분은 이 시기와 관련이 있다.

줄리아가 치료를 받으러 왔을 때, 그녀는 관계를 끝내고 다른 지역으로 이사한 상태였다. 그러나 전 남자친구와 연락을 유지하고 있었으며, 자신을 통제하고 정서적으로 학대하는 징후를 보이는 남성과도 새로운 관계를 형성했다. 줄리아는 자신을 위험에 빠뜨린 다른 행동에 대해서도 설명했다. 그녀는 파트너에게 성관계 중 뺨을 때리고 목을 조르도록 요청했다. 또한 다리와 가슴에 상처를 내면서 자해를 했고, 자신이 이를 통제할 수 없다고 느꼈다.

줄리아의 치료사는 그녀가 이러한 행동을 탐구하도록 도왔고, 함께 그 기능을 이해하기 시작했다. 줄리아는 통제적인 남성에게 끌린다고 설명했다. 성관계 중 상처받고 싶은 욕망은 어린 시절 외상을 이해하는 방법이자, 동생 클로이를 보호하지 못한 것에 대한 처벌로서 스스로 유발하는 행동인 것 같았다. 그녀는 자존감이 낮고 자신을 '망가진' '무가치한' 존재로 여겼다. 자기 처벌도 자해의 동기가 되었지만, 줄리아는 '나쁜' 감정을 해소하고 정서적 고통에 상응하는 신체적 고통을 느끼는 데 도움이 된다고 느꼈다. 그녀의 공식은 [그림 18-1]에 나와 있다

줄리아는 자신의 행동을 변화시키고자 하는 동기가 있었지만, 과거에는 변화의 어려움을 겪었다. 그녀는 자신의 위험한 행동이 '옳다고 느껴진다.'는 것 외에는 어떤 이점도 찾을 수 없었다. 치료사는 '옳다고 느끼는 것이 항상 우리에게 좋은 것은 아닐 수 있다.'는 생각을 그녀와 함께 탐구하면서, 무엇이 옳다고 느끼게 하는지 탐구하고, 대안을 시도하는 것이 도움이 될 수 있다고 제안했다. 줄리아는 이 아이디어에 대해 열린 마음을 가졌다. 그녀는 전 남자친구를 만나거나 새 주소를 알려주지 않으며, 치료를 받는 동안 목을 조르는 등의 고위험 성행위를 요구하지 않기로 했으며, 자해를 안전하게 관리(깨끗한 칼날을 사용하고 실수로 깊게 베인 경우 의료진의 도움을 받는 것)하는 등 몇 가지 피해 최소화 전략에 동의했다.

외상 기억을 바로 다루기보다는 줄리아의 자기 처벌에 대한 충동을 뒷받침하는 것으로 보이는 자신에 대한 신념을 다루기로 합의했다. 그들은 책임 파이 차트와 설문조사를 사용하여 동생을 보호했어야 한다는 그녀의 신념을 다루고, 연속체 기법을 사용하여 자신을 '망가진' 및 '무가치한' 존재로 여기는 신념을 다루었다. 줄리아는 자신을 내재적 가치와 많은 긍정적인 자질을 가진 '생존자'로 보는 대안적이고 연민 어린 관점을 받아들이는 데 어려움을 겪었다. 치료사는 줄리아에게 같은 어린 시절을 겪은 클로이에게 뭐라고 말했을지 물었고, 줄리아는 자신과 클로이의 어린 시절 사진을 들고 큰 소리로 읽으며 두 자매에게 위로의 편지를 쓸 수 있었다.

이 작업과 함께 줄리아의 치료사는 그녀가 고통을 관리하는 데 도움이 되는 감정 조절 전략을 배우고 연습할 수 있도록 도왔다. 그녀는 요가를 즐기며 화가 날 때 요가 자세와 호흡법을 사용하고, 요가 강사가 녹음한 명상 테이프를 듣기 시작했다. 또한 자해 이외의 부정적인 감정을 해소할 수 있는 방법도 실험해 보았다.

줄리아는 제자리에서 빠르게 달리기, 스쿼트, 역기 들기 등이 쌓인 긴장을 푸는 데 도움이 된다는 것을 알게 되었다. 이러한 전략을 사용하고 자존감이 높아진 줄리아는 자해 행동을 줄일 수 있었다.

줄리아는 외상의 기억에 직면할 준비가 되었다고 느꼈다. 그녀는 어린 시절 외상 경험에 대한 이야기를 글로 작성했다.

줄리아의 치료사는 어렸을 때 어머니의 기분 변화와 성적 학대에 대해 혼란스러워했던 그녀의 경험을 정상화했고, 그들은 무슨 일이 있었는지 이해하는 데 집중했다. 그들은 핫스팟 업데이트가 포함된 서술적 내러티브를 사용하여 줄리아의 성인기 외상 기억을 다루었다. 이 작업은 줄리아가 자신을 통제하는 남성에게 매력을 느끼는 이유와 성관계 중 상처받는 것을 좋아하는 이유를 이해하는 데 도움이 되었으며, 이러한 역학 관계가 익숙하게 느껴지면서 과거의 학대 기억을 재현하고 숙달할 수 있게 했다. 치료에서 외상 기억을 처리하는 것은 줄리아가 과거 경험을 다룰 수 있는 대안적인 방법을 제시했다. 또한 그녀는 과거에 자신이 돌봄을 받았던 다른 방법과 앞으로 이러한 방법을 찾을 수 있는 방법을 인식하기 시작했다.

치료의 마지막 단계에서는 줄리아의 관계 패턴과 그녀에게 상처를 줄 수 있는 남성의 유형을 파악하는 방법을 탐구했다. 줄리아는 이제 관계를 끝내고 자신이 원하는 파트너를 찾을 때까지 전 남자친구와 연락을 끊고 독신으로 지내기로 결심했다. 대신 그녀는 자신의 정체성을 되찾고 우정을 쌓기 위한 일련의 활동을 계획했다.

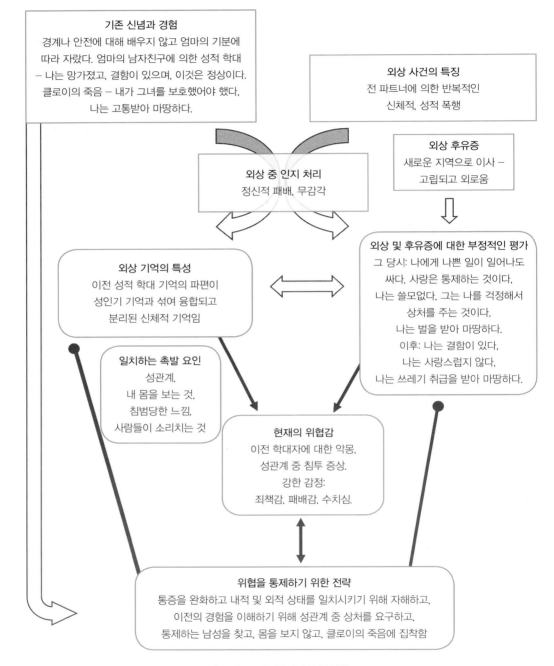

[그림 18-1] 줄리아의 공식화

추천 도 서

Bellet, B. W., Jones, P. J., & McNally, R. J. (2020). Self-triggering? An exploration of individuals who seek reminders of trauma. *Clinical Psychological Science, 8*(4), 739-755.

Briere, J. (2019). *Treating risky and compulsive behavior in trauma survivors.* Guilford Press.

Chapter 19

회피

코라는 수술 중 의식을 회복한 후 PTSD를 겪었으며, 급격한 고통에 압도되어 자신의 경험에 대해 상기하거나 대화하는 것을 극도로 피했다. 치료 과정에서 그녀는 외상 기억에 대한 작업이나 행동 실험을 하고 싶지 않았다. 치료사는 코라의 회피의 근간이 되는 신념을 공식화하여 치료에서 다루었다.

PTSD 진단의 회피 항목에서 확인할 수 있듯이, PTSD를 가진 모든 사람은 외상 기억, 생각, 감정 또는 상기시키는 것을 회피한다. 사람들은 외상 기억의 가장 충격적인 세부 사항을 인지적, 감정적으로 회피하는 경향이 있다. 대부분은 사무실에서 낯선 남자와 단둘이 있는 것과 같은 특정 상황이나 활동을 피한다. 일부의 경우, 회피가 훨씬 더 일반화되어 낯선 사람을 완전히 피하거나 무감각하고 무관심한 느낌이 들기도 한다. 회피는 때로는 일상적인 활동과 관계에서 완전히 물러나게 되어 삶을 지배할 수도 있다.

회피는 PTSD를 유지시키는 중요한 요소이기 때문에, 대부분의 치료 작업에는 모든 형태의 회피를 줄일 수 있도록 내담자를 지원하는 것이 포함된다. 그러나 치료 자체가 외상을 상기시키기 때문에 내담자는 거의 항상 치료 세션이나 중요한 작업을 피하고 싶은 충동을 느끼며 치료의 잠재적 효과를 감소시킨다. 또한 치료사로서 끔찍한 외상의 세부 사항을 듣는 것을 피하고 싶거나, 외상의 기억에 접근하도록 유도하여 내담자를 화나게 할까 봐 두려워서 회피에 동조할 수도 있다. 이러한 역학 관계는 비효과적인 치료로 인해 내담자가 '나는 영구적으로 손상되었고, 도움을 받을 수 없으며, 외상은 양쪽 모두에게 견딜 수 없다.'라는 신념을 강화하는 악순환으로 이어질 수 있다.

이 장에서는 내담자가 외상 기억을 상기시키는 요소를 회피하는 이유와 치료의 특정 측면을 회피하는 이유를 살펴본다. 이러한 이유를 이해하면 치료에서 이러한 문제를 해결하는 데 도움이 된다.

🌱 PTSD의 회피 이해하기

회피는 괴로운 생각이나 감정을 억제하기 위해 사용되는 모든 행동적 또는 인지적 전략을 포함한다. 행동적 회피는 고통을 유발하는 사람, 장소, 활동을 피하거나 도피하는 것을 포함한다. PTSD에서는 이러한 자극이 매우 혐오스러운 기억과 연관되어 있기 때문에, 내담자들에게는 고통을 덜 느끼고자 하는 마음에서 의도적으로 기억에 대해 이야기하거나 생각하는 것이 직관에 어긋나는 것으로 보일 수 있다. 따라서 사람들은 기억을 통제하기 위해 주의 분산, 사고 억제, 정서적 분리, 자기 고립, 의도적 해리 등 다양한 인지 전략을 사용한다. 어떤 사람들은 '내적' 반추(예: '왜 나만?' '만약에…'등의 반복적인 생각)와 '외적' 언어 반추 모두 외상 기억의 고통스러운 세부 사항에 대해 생각하거나 말하는 것을 회피하는 방식으로 사용할 수 있다(Moulds et al., 2020).

회피는 광범위한 대처 전략의 일부로서 외상 후 부정적인 감정을 관리하는 적응적인 방법이 될 수 있으므로 본질적으로 문제가 되지는 않는다. 그러나 회피적 대처가 다른 적응적 대처 전략을 배제하거나 예상치 못한 부정적인 결과를 초래하거나 고통스러운 경험을 해결하지 못하게 하는 경우에는 문제가 될 수 있다. 특히, 외상 기억을 회피하는 것은 외상 기억이 제대로 처리되지 못하게 하며, 새로운 정보에 접근하지 못하게 되어 외상 기억을 업데이트할 수 없게 된다.

회피와 도피는 위협적인 상황에 대한 완전히 건강한 생존 반응이므로 위협에 대한 평가는 자연스럽게 회피로 이어진다. 우리는 특정 상황, 장소, 사람이 과거에 위험했던 적이 있기 때문에 위험하다고 생각하면 안전을 위해 피하는 것이 합리적이다. 그러나 객관적으로 '안전한' 상황이나 활동을 피한다는 것은 PTSD를 가진 사람들이 외상과 관련된 두려움, 즉 상황 자체, 자신, 타인의 반응을 자연스럽게 테스트할 기회를 잃는다는 것을 의미한다. 예상했던 두려움이 현실화되지 않을 때, 인지된 위협을 피하거나 관리하려는 노력이 자신을 안전하게 지켜준 것처럼 보이기 때문에 시간이 지남에 따라 회피 노력이 강화되는 것은 당연하다.

개념적으로는 다르지만 안전 추구 행동은 회피와 관련이 있다. PTSD에서는 과도한 경계와 과도한 예방 조치 등 추가적인 외상을 예방하기 위한 행동을 보이는 경향이 있다. 또한 사람들은 외상을 기억하거나 외상 관련 자극을 접할 때 압도적으로 화가 나거나 폭력적이 되거나 아프거나 다른 사람들 앞에서 창피를 당할 것에 대한 우려를 가질 수 있다. 이러한 위협을 방지하기 위해 안전 추구 행동을 전개할 수 있다.

이러한 평가는 가족 내에서 감정을 다루는 방식이나 다른 사람이 감정적으로 압도당하는 것을 본 경험 등 이전의 경험에 뿌리를 둘 수 있으며, 종종 문화적 영향에 의해 형성되기도 한다. 외상 당시의 평가도 관련이 있다. 외상 당시 무력감과 패배감을 느꼈던 사람들은 기억이 떠오를 때 이러한 감정을 다시 경험할 수 있으며, 이에 직면했을 때 무력감을 느낄 수 있다. 이는 회피를 극복하기 어렵게 만들고 '나는 절대 회복할 수 없다.'와 같은 영구적인 변화에 대한 신념에 기여하여 자신감을 더욱 약화시키고 패배감을 증가시킬 수 있다. 이러한 요인은 CT-PTSD 공식의 관련 칸에 추가할 수 있다.

일반적으로 사람들은 의도적이고 명시적인 방식으로 회피하며, 촉발 요인을 예상하고 빠르게 회피하기 위해 부단히 노력한다. 하지만 시간이 지나면 회피가 습관화되어 자동적으로 느껴질 수 있으며, 암묵적이고 의식 밖의 촉발 요인으로 인해 회피를 알아차리고 통제하기가 더 어려워질 수 있다. 정서적 분리와 무감각은 또한 부정적인 발달 경험에 대처하기 위해 과도하게 학습한 결과일 수 있으며, 이후 외상에 따른 고통을 관리하기 위해 자동으로 촉발될 수 있다. 치료에서 무감각은 '치료적 창'에 접근하기 어렵기 때문에 외상 기억에 대한 작업을 더 어렵게 만들 수 있다(5장).

마지막으로 회피를 지속시키는 체계적, 문화적 요인도 존재할 수 있다. PTSD가 오래 지

슈프레사는 코소보 전쟁에서 아버지와 남편이 모두 사망하자 코소보에서 영국으로 탈출했습니다. 치료 과정에서 슈프레사는 자신의 감정을 표현하고 자신의 문제에 대해 이야기하는 것을 극도로 회피했습니다. 치료사는 슈프레사의 배경이 그녀의 감정에 대한 신념에 어떻게 영향을 미쳤는지 궁금해서, 슈프레사가 성장하면서 어려운 경험에 대해 어떻게 이야기했는지를 물었습니다. 슈프레사는 가족과 지인들이 어려움에 대해 매우 사적으로 이야기했고, 문제를 이야기하면 문제가 더 악화된다고 배웠다고 설명했습니다. 그녀의 치료사는 '문제를 공유하면 문제가 반으로 줄어든다.'라는 영어 표현을 언급했고, 슈프레사는 그녀의 문화에서 이 표현이 정확히 반대였다고 말했고, 문제를 공유하면 두 사람에게 부담을 주어 문제가 '두 배'로 커진다고 답했습니다. 이러한 맥락에서 슈프레사의 치료사는 어려운 감정에 대해 이야기하는 것을 회피하는 것을 더 잘 이해할 수 있었고, 이러한 접근 방식이 일상적인 스트레스에는 도움이 되지만 PTSD 증상에는 도움이 되지 않을 수 있다는 점에 대해 대화를 시작했습니다.

속된 경우, 내담자의 생활 방식과 인간관계가 문제에 맞게 변화했을 가능성이 있다. 회피를 줄이는 것은 장기간 병가 중인 사람이 직장에 복귀할 것이라는 기대, 파트너의 돌봄이나 관심 감소, 다른 사람의 시선이 달라지는 등 원치 않는 변화를 가져올 수 있다.

🌱 내담자의 회피 극복을 돕기

이러한 다양한 요인을 평가하고 공식화하면 내담자와 함께 회피 문제를 해결하는 방법을 이해하는 데 도움이 된다. 다음은 몇 가지 중요한 개입 방법이다.

치료적 동맹과 설득력 있는 근거 개발하기

치료 과정에서 우리는 많은 내담자에게 강력한 회피 본능을 억누르고, 대신에 끔찍한 기억과 감정에 의도적으로 접근하며, 예방 조치를 내려놓고 위험하다고 느끼는 상황에 직면하도록 요구한다. 이는 내담자들이 우리와 치료법을 신뢰하고 치료가 어떻게 도움이 되는지에 대한 명확한 근거를 이해한다면 더 쉽게 달성할 수 있다.

회피와 관련된 치료를 할때는 내담자를 회유하거나 압박하지 않는 태도를 취하는 것이 중요하다. 대신에 내담자가 치료에 대한 통제력을 최대한 발휘할 수 있도록 해야 한다. 또한 회피를 공모하거나, 회피를 언급하지 않거나, 내담자와 우리 자신에게 어려운 기억을 회피하는 일이 없도록 해야 한다. PTSD를 유지하는 데 있어 회피의 역할을 함께 공식화하고, 이해를 돕기 위해 은유를 사용하여 설명한다. 이러한 논의에는 PTSD의 두려움과 압도적인 증상에 대처하는 하나의 이해 가능한 방법으로서 회피를 인정하는 것이 자연스럽게 포함된다. 그런 다음 회피의 비용과 이점을 내담자와 함께 살펴보고, 회피가 단기적으로는 종종 효과적일 수 있지만 장기적으로는 상당한 비용을 초래할 수 있으며, PTSD로부터의 회복을 방해할 뿐만 아니라 삶을 위축시켜 완전하고 보람 있는 삶을 살 수 있는 능력을 제한할 수 있다는 점을 인정한다.

회피가 중요한 역할을 하는 만큼, 우리는 치료 시작부터 끝까지 이 문제를 의제로 삼는다. 먼저 내담자가 사용하는 모든 회피 전략을 평가하고 탐색하는 것으로 시작한다. 우리는 내담자가 때때로 치료를 피하고 싶은 충동을 느낄 수 있다는 점을 미리 논의하고 이러한 경험을 정상화한다. 또한 내담자(그리고 우리 자신)의 '회피 레이더'를 활성화하여, 내담자의 인식이나 태도 변화 또는 그들이 서 있는 위치나 시선의 방향에서 나타나는 미묘한 회피 징후를 적극적으로 찾아낸다. '이 상황에서 위험을 느낀다면 어떻게 해야 할까'라고 스스로에게 물어보는 것은 미묘한 회피와 안전 추구 행동을 파악하는 데 도움이 될 수 있다.

　행동 회피의 경우, 회피한 상황들의 목록을 작성하고 회피했던 자극에 접근하거나 특정 안전 추구 행동을 중단하는 '삶 되찾기' 과제를 설정한다. 1분 동안 문앞에 서 있기(우리는 이를 '도전'이라고 부르기도 한다)와 같은 작은 과제부터 시작하여 성공을 축하함으로써 추진력과 자신감을 키우는 데 도움이 된다. 크리스마스에 옥스퍼드 거리에서 쇼핑하기와 같은 장기적이고 '더 높은 이상적인(blue-sky)' 목표를 설정하도록 돕는 것도 중요한데, 이는 치료 중에 반드시 달성할 수 있는 것이 아니라 달성 가능한 것에 대한 '기준'을 제시하여 희망을 불러일으키기 때문이다.

🐘 유용한 팁: 회피를 설명하는 은유

회피를 극복하는 것은 내담자에게는 직관과 반대로 보일 수 있기 때문에, 은유는 PTSD 치료에서 회피의 역할을 설명하는 데 도움이 될 수 있습니다. 여기에서 우리가 가장 좋아하는 비유를 소개합니다:

- 지저분한 장롱(외상 기억의 회피를 설명하기 위해): 기억 체계는 우리가 경험을 저장하는 장롱과 같습니다. 외상 기억은 장롱에 서둘러 채워 넣었지만 계속 빠져나오는 커다란 담요와 같습니다. 문을 닫으려고(회피) 하기보다는 장롱의 내용물을 정리하고, 담요를 접고 정리하고, 기억 시스템에서 적절한 공간을 찾아 문이 닫히고 닫힌 상태로 유지될 수 있도록 해야 합니다.

- 건축업자의 견습생(안전 추구에 대해 설명하기 위해): 한 젊은 견습공이 건축 현장에서 일을 시작했을 때, 다른 건축업자들이 농담 삼아 방금 지은 벽을 지지하고 있으라고 말하고 점심을 먹으러 갔습니다. 견습생은 실제로 벽을 지지하고 있었습니다. 우리는 내담자에게 "그에게 뭐라고 말하겠습니까?" 그리고 "벽이 무너질지 어떻게 확인할 수 있을까요?"라고 묻고, 불필요하게 '벽을 붙잡고 있는' 안전 추구 행동과 비교해 설명합니다.

- 개에게 물린 경우(행동 회피를 설명하기 위해): 아이가 개에게 물린 경험이 있다면 개를 무서워하고 피하는 것은 당연한 일입니다. 우리는 내담자에게 "아이가 두려움을 극복하도록 어떻게 도울 수 있을까요?"라고 질문하고(Stott et al., 2010), 아이의 답변을 통해 외상 관련 회피를 극복하는 방법과 유사점을 찾습니다.

평가를 다루고 처리의 창을 넓히기

회피를 동기화하는 평가를 파악하고 해결하는 것은, 특히 치료의 진전을 방해할 때 매우 중요하다. 안내적 탐색, 심리교육, 설문조사 등 개인화된 신념에 맞춘 일반적인 인지 전략을 사용할 수 있다. 이러한 전략은 종종 위험을 과대평가하거나 이를 관리할 수 있는 능력을 과소평가하는 것과 관련이 있으므로, 위험에 대한 균형 잡힌 평가를 촉진하는 위험 계산과 같은 전략이 유용하다. 행동 실험은 이 작업의 핵심적인 부분으로, 내담자가 인지적 회피와 행동적 회피를 모두 줄이거나 중단했을 때 어떤 일이 일어나는지 테스트할 수 있도록 도와준다. 많은 내담자가 이러한 실험을 혼자서 하는 데 어려움을 겪기 때문에, 과제로만 제시하기보다는 가능한 한 치료 세션 중에 먼저 실험을 진행한다. 이는 또한 내담자가 보고하지 않거나 인식하지 못할 수 있는 다른 안전 추구 행동을 발견하는 데 도움이 된다.

> 필립파는 첫 번째 세션에서 치료에 대한 우려를 표명하며 담당 의사의 권유로 참석하게 되었다고 설명했습니다. 그녀는 과거에 'CBT를 시도했지만' 도움이 되지 않아 처음 몇 세션 후에 그만둔 적이 있었습니다. 참여 중단의 위험성을 인지한 필립파의 치료사는 그녀의 고민을 들어보았습니다. 필립파는 작년에 남편을 자살로 잃은 후 감정적으로 대처하는 데 어려움을 겪고 있으며 슬픔과 관련된 어려운 감정을 피하는 것으로만 간신히 버티고 있다고 느꼈다고 설명했습니다. 그녀는 남편의 죽음에 대해 이야기하는 것이 자신을 '벼랑 끝으로 몰고 갈 것'이라고 생각했습니다.
> 필립파는 실험에 동의했습니다. 세션에서 PTSD에 대해 논의하되, 죽음에 대해서는 자세히 이야기하지 않기로 했습니다. 필리파는 세션이 끝난 후 즐거운 활동을 준비했습니다. 그날 늦게 그녀는 자신이 '한계에 다가가는 느낌'에 대해 평가했습니다. 다음 세션에서 필리파는 세션이 끝난 후 피곤하긴 했지만 감정적으로 압도되지 않았고 자신이 선택한 즐거운 활동을 즐겼다고 보고했습니다. 치료사는 필리파의 실험에 대해 칭찬을 아끼지 않았습니다. 그들은 필리파가 편안하게 받아들일 수 있는 세션 의제에 합의했으며, 남편의 죽음에 대해 조금 더 이야기한 후 '삶을 되찾기' 작업을 진행하기로 했습니다. 필리파는 세션이 끝난 후 다시 한번 자신의 고통을 평가하고 압도감을 느낀다면 치료사에게 피드백을 제공하기로 했습니다.

무력감과 관련된 평가는 특히 중요하게 다뤄야 한다. 내담자가 자신의 PTSD에 대해 아무런 통제력이 없다고 느낄 경우 치료에 참여하는 데 방해가 될 수 있기 때문이다. 외상 당시의 평가와 관련된 인식도 포함된다 예를 들어, '그때는 무력했지만 지금은 무력하지 않다.'

와 같이 정신적 패배와 관련된 외상 당시의 평가를 업데이트할 수 있으며, '나는 절대 극복할 수 없다.' '내 인생은 망했다.'와 같은 영구적인 변화와 관련된 외상 후 평가도 식별하고 다룰 수 있다. 이러한 신념이 다시 활성화된 이전의 고통스러운 기억과도 관련이 있는 경우, 내담자가 이 연결고리를 인식하도록 하고 업데이트 및 이미지 재구성(220, 254페이지)을 사용하여 이를 해결하는 것이 도움이 될 수 있다.

무감각과 같이 회피가 습관적이거나 만연한 경우에도 그 기원과 관련 신념을 탐색하고 현재 그 전략이 언제, 왜 발생하는지 파악하는 것이 도움이 될 수 있다. 5장에서 설명한 것처럼, 상상적 재연과 같은 기억 중심 기법을 사용할 때는 외상 기억의 '볼륨을 높여야' 할 수도 있다. 실제상황작업(vivo work)도 매우 중요할 것인데, 예를 들어 상상적 재연 중 촉발 요인을 도입하거나 자극 변별을 작업할 때, 회피하는 상황에서 외상 기억을 '실시간'으로 활성화하고 업데이트하는 것이 필요하다.

핵심 인지

- 내 기억과 감정을 회피하지 않으면 견딜 수 없을 것이다.
- 나를 통제하지 않으면 미쳐버리거나 산산조각 날 것이다.
- 그 장소에 가거나, 그 활동을 하거나, 그 사람을 만나는 것은 너무 위험하다.
- 내 삶이 너무 많이 변해서 돌아갈 방법이 없다.
- 치료가 너무 어렵고 나에게 버겁다.
- 더 이상 PTSD를 앓지 않으면 중요한 무언가를 잃을지도 모른다.

학습과 일반화를 극대화하기

회피에 초점을 맞춘 행동 실험은 치료사가 다양한 방법으로 실험을 통해 얻은 학습을 최대한 활용하기 위해 노력할 때 가장 효과적이다(217페이지 및 Murray, & El-Leithy, 2021 참조). 내담자는 실험에서 얻은 학습을 일반화하기 위해 명시적인 지원이 필요할 수 있다. 우리는 성찰을 촉진하고 학습을 통합하며 일반화를 장려하기 위해 다음과 같이 질문한다. '어떻게 생각하나요?' '예상했던 것과 어떻게 비교되나요?' '이것이 x에 대한 당신의 신념과 어떤 관련이 있나요?' '다른 상황에서도 그것이 어떻게 관련이 될 수 있을까요?' 우리는 내담자가 결과를 무시하는 '예, 하지만…'이라는 말을 주의 깊게 듣고 필요에 따라 다양한 상황에서 실험을 반복한다. 행동 실험을 통해 개인의 예측을 구체화하고 테스트하는 것은 CT−PTSD의 중요한 요소이지만, 노출 치료의 기초가 되는 메커니즘에 대한 연구에서도 비슷한 결론에 도달했다. 실제 경험에서 위협 기대치(또는 두려운 결과)가 더 많이 위반되고 결과가 더 놀라울수록 억제 학습을 통한 공포의 소멸이 더 크고 오래 지속된다는 것이다. 억제 학습은 우리가 행동 실험에서 시도하는 것처럼 안전 행동을 중단하고, 촉발 요인을 추가하고, 노출의 타이밍, 강도 및 맥락을 변화시킴으로써 극대화할 수 있다(Craske et al., 2014).

기존의 분리와 회피적 대처 스타일

외상 후 회피는 기존 또는 평생 회피적이고 분리된 대처 경향을 가진 내담자에게서 더욱 경직되거나 고집스럽게 나타날 수 있다. 여기서 외상과 관련된 의미는 종종 자신을 결함이 있거나, 취약하거나, 사랑받지 못하는 존재로 여기고, 타인을 불신하거나 학대적인 존재로 보는 오래된 부정적 신념(12장 참조)이나 스키마를 '확인'하는 역할을 한다. 이러한 부정적 스키마, 감정 및 이에 대응하는 대처 행동의 조직화된 군집을 '스키마 모드'라고 하며, 이는 어린 시절에 안전감과 연결감 같은 기본적인 정서적 욕구가 충족되지 않거나 위협받을 때 발전한다(Young et al., 2006). 예를 들어, 괴롭힘이나 정서적 방치를 경험한 아동들은 수치심과 무력감과 관련된 강력한 불신과 결함의 스키마를 발달시킬 수 있다. 그들은 충족되지 않은 욕구로 인한 정서적 고통을 피하기 위해 정서적으로 분리되고, 타인에게 감정적으로 '개방'하는 것을 회피하는 대처 방법을 배우게 된다. 성인이 되었을 때, 이러한 모드가 감정적 사건에 대한 반응으로 순간순간 나타난다. 회피와 관련된 주요 모드는 단절과 정서적, 심리적 위축을 특징으로 하는 '분리된 보호자' 모드와 과도하고 반복적인 주의 산만을 특징으로 하는 '분리된 자기 위로' 모드이다.

스키마 모드와 그 역사적 기원은 CT-PTSD 공식에 쉽게 통합될 수 있다. 스키마 치료는 이러한 모드를 다루면서 인지치료 기법을 경험적 방법과 결합한다. 이는 관련된 초기 아동기 경험의 기억을 이미지 재구성 및 의자 작업을 통해 탐색하고 정서적으로 처리하며 재해석하는 작업을 포함한다(Arntz & Weertman, 1999; Pugh, 2018). 스키마 치료의 몇 가지 측면은 CT-PTSD에 통합될 수 있다. 예를 들어, 성인의 스키마와 연결된 아동기 시절 충족되지 않은 욕구를 식별하고, 이러한 욕구가 회피를 유발하는 동기로 작용할 경우 이를 이미지 재구성을 통해 다루는 것이다. 목표는 분리된 부정적 대처 모드를 약화시키고, 부정적인 감정을 경험하고, 표현하고, 견디며 스스로를 진정시킬 수 있는 '건강한 성인' 모드를 강화하는 것이다.

콘스탄스는 엄격한 종교적인 가정에서 자랐으며 학교에서 심한 괴롭힘을 당했습니다. 성인이 된 콘스탄스는 타인의 부정적인 평가를 극도로 두려워했고 우정과 인간관계를 피했습니다. 폭행을 당한 후 치료를 받으러 갔을 때 치료사는 콘스탄스가 눈을 마주치는 것을 피하고 자신의 생각과 감정을 이야기하지 않는 것을 발견했습니다. 콘스탄스는 또다시 폭행을 당할까 봐 두려워 집을 떠나기 힘들어했지만, 오랫동안 사회적 부적응을 느끼며 다른 사람들이 자신을 싫어하고 자신을 공격하고 모욕할 것이라는 신념도 가지고 있었습니다. 이러한 기존 신념이 치료의 공식에 추가되었고, 설문조사와 연속체 기법을 사용하여 이전의 신념에 대한 작업과 괴롭힘을 당한 기억에 대한 이미지 재구성을 포함하도록 치료의 범위가 확장되었습니다. 콘스탄스가 자신이 미움을 받고 있다는 신념이 변화하자, 집을 떠나 다른 사람들과 어울리는 행동 실험에 더 잘 참여할 수 있게 되었습니다.

동반이환 문제

동반이환 증상과 관련된 어려움은 PTSD 회피에 영향을 미치고 강화할 수 있다. 예를 들어 사회 불안장애가 있는 내담자는 당황스러워질까 봐 상황을 피하게 된다. 우울증이 있는 내담자는 세션 사이에 행동 실험을 수행할 에너지나 동기가 부족할 수 있다. 20장에서 자세히 설명하겠지만, 다른 장애의 증상이 효과적인 PTSD 치료를 방해하는 경우 그 장애에 특화된 치료 요소를 통합할 수 있다. 예를 들어, 외상과 관련된 두려움보다는 공황 발작에 대한 두려움 때문에 사람이 많은 상황을 피하는 내담자는 공황장애에 대한 인지치료에서 몇 가지 전략을 적용할 수 있다(Clark, 1986).

변화에 대한 두려움

시간이 지남에 따라 PTSD가 있는 사람을 중심으로 안정적인 관계, 정체성, 역할 네트워크가 형성되게 된다. 회피를 극복하거나 PTSD에서 회복하여 네트워크의 중심 요소를 변경하는 것은 부정적인 결과를 초래할 수 있다. 한 영역에서의 개선(예: 나가는 것에 대한 두려움이 줄어듦)이 다른 영역에서의 원치 않는 효과(예: 가족과 친구들로부터 스트레스를 유발하는 사회적 행사 참석에 대한 압박 증가)로 이어질 수 있기 때문이다.

모든 변화가 긍정적인 것만은 아니라는 점을 명확히 인정하면서 이러한 변화와 상실을 콘래드는 성폭행 직후 새로운 관계를 시작했지만 새 파트너인 알리와의 성관계를 피했습니다. 치료를 시작할 무렵, 콘래드와 알리는 2년 동안 함께 지냈지만 성관계를 가진 적이 없었습니다. 콘래드는 둘 다 이 상황에 대해 '괜찮다'고 말했고, 성관계 회피를 줄이기 위한 행동 실험을 시도하는 것을 꺼려했습니다. 그의 치료사는 콘래드와 함께 그의 PTSD 증상이 두 사람의 관계에 어떤 영향을 미쳤는지, 그리고 그가 회복되면 상황이 어떻게 달라질 수 있는지 살펴봤습니다. 콘래드는 알리가 자신의 상황을 받아들이고 있었기 때문에 콘래드와의 성관계를 원하지 않을 수도 있고, 성적 매력이 아닌 플라토닉한 사랑을 느낄 수도 있다는 두려움을 드러냈습니다. 콘래드는 이러한 두려움에 대해 알리와 이야기한 적이 없었기 때문에 자신의 우려를 설명할 수 있도록 치료 세션에 알리를 초대하는 데 동의했습니다. 그 세션에서는 콘래드의 치료사가 이를 도울 예정이었습니다. 알리는 콘래드가 그렇게 느꼈다는 사실에 놀랐고, 자신은 콘래드에게 성관계를 강요하지 않고 지지해 주고 싶었지만 콘래드에게 끌렸고 두 사람이 성관계를 갖는 것을 기쁘게 생각한다고 이야기했습니다. 두 사람은 신체접촉과 마사지를 통해 점차 친밀감을 높이고 관계가 진전됨에 따라 서로의 감정에 대해 계속 소통하기로 합의했습니다.

치료에서 논의하는 것이 도움이 된다. 내담자에게 더 이상 상황을 회피하지 않는다면 자신의 삶이 어떻게 달라질지 생각해 보고, 그러한 변화에 대해 우려하는 부분을 자유롭게 표현할 수 있도록 요청한다. 이를 통해 문제를 '테이블 위에' 올려놓고 내담자가 변화의 장단점을 숙고할 수 있도록 돕는다.

우리는 또한 내담자가 어떠한 상실을 경험할 수 있을지 그리고 그 상실을 어떻게 회복하거나 보상할 수 있는지 고려하도록 돕는다. 예를 들어, 주변 사람들로부터 친밀감이나 보살핌을 잃게 될까 봐 두려워하는 내담자들에게는 다른 방식으로 관계의 이러한 측면을 발달시킬 수 있는 방법을 논의한다. 이러한 우려는 어린 시절의 방임 경험과 같은 이전의 상실과 관련이 있을 수 있다. 관계 역학은 내담자가 변화함에 따라 종종 더 나은 방향으로 바뀔 수 있지만, 때로는 부정적인 방향으로도 변할 수도 있다. 우리는 이러한 문제를 내담자와 명확하게 논의하고 필요한 경우 관련된 사람들을 치료에 참여시키는 것을 고려한다.

일부 내담자에게는 PTSD가 그들의 정체성의 핵심 요소가 되었다. 의미의 중심성(Berntsen, & Rubin, 2006)은 외상 경험이 개인의 정체성에서 핵심이 되는 정도와 그로 인해 삶이 구성되는 방식을 말한다. 사건 중심성은 PTSD 발병을 예측할 수 있다는 연구 결과가 있다(Boals, & Ruggero, 2016). 이러한 의미와 정체성의 상실은 일부 내담자에게는 표현하기 어려운 위협이 될 수 있다. 이러한 경우 내담자가 외상 경험과는 별개의 정체성 측면을 고려하도록 돕는다. 우리는 '자신의 삶 되찾기' 작업을 통해 이러한 부분을 지원하고, 외상과 관련 없는 새로운 관심사를 개발하여 내담자의 가치를 나타내는 영역을 지원한다. 많은 경우, 내담자는 PTSD 자체를 유지하지 않으면서도 외상 정체성에 대한 중요한 측면을 유지할 수 있다.

> 벤은 PTSD로 전역하기 전 영국군에서 5년 동안 복무했습니다. 벤의 치료사는 그의 정체성이 군대와 매우 밀접하게 연관되어 있다는 사실을 발견했습니다. 그는 항상 군복을 입고 상담에 참석했으며, 정기적으로 군대 경험을 언급했고, 사회생활의 대부분을 다른 전직 군인들과 함께 보냈습니다. 벤은 PTSD 증상을 줄이고 싶어했지만 치료 과제에 참여하기는 어려웠습니다. 벤의 치료사는 PTSD를 앓고 있는 퇴역 군인으로서 벤의 정체성에 변화가 벤에게 위협이 되는 것은 아닌지, 더 나아가 PTSD가 없는 삶에서 다른 불편한 문제와 마주하게 되는 것은 아닌지 궁금해했습니다. 벤의 치료사는 '삶을 되찾기'에 초점을 맞춘 세션을 통해 벤의 정체성과 가치관에 대해 논의하는 기회를 가졌습니다. 그들은 벤이 더 이상 PTSD를 겪지 않는다면 무엇이 달라지고 무엇이 그대로 유지될 것인지에 대해 논의했습니다. 벤은 다른 참전용사들과의 사회생활은 그대로 유지될 것이며, 자신의 경험을 다른 사람들의 회복을 돕는 데 사용할 수 있을 것이라고 상상할 수 있었습니다. 또한 벤의 PTSD 증상이 결혼 생활과 업무에 미치는 영향에 대해서도 논의했습니다. 벤은 그 영향이 대체로 부정적이라는 것을 알았지만, PTSD에서 회복된다고 해서 그의 어려움 중 일부가 완전히 해결되지는 않을 것임을 이해했습니다. 그들은 관계 관련 상담을 받는 등 이러한 문제를 해결하기 위한 방법을 모색했습니다.

● ● ●

FAQ 회피와 공모하지 않으려면 어떻게 해야 하나요?

치료사는 끔찍한 외상에 대해 듣거나, 내담자에게 고통을 주거나, '어색한' 대화를 하는 등 PTSD 치료의 일부 측면을 자연스럽게 피하고 싶어 할 수 있습니다. 회피와 공모를 피하면서도 적절한 확인, 공감, 지지를 제공하는 것 사이에서 균형을 잡는 것은 어려울 수 있습니다. 다음은 몇 가지 아이디어입니다:

- 자기 인식: 특히 슈퍼비전을 통한 성찰적 연습을 통해 회피에 대한 자신의 신념과 행동, 그리고 이것이 내담자의 신념과 어떻게 상호작용하는지 살펴봅니다. 치료 관계에 자신이 무엇을 가져오는지 인식하는 것이 중요합니다(24장).

- 협력적인 태도를 유지하기: 회피는 치료사와 내담자가 서로에게 대항하는 것이 아니라 PTSD에 대항하는 공동의 치료 과제로서 다룹니다. 내담자를 위한 것이 아니라 내담자와 함께 작업하려고 노력합니다.
- 참여 방식 합의: 회피를 줄이기 위해 내담자가 선호하는 지원 방식을 물어보세요. 예를 들어, 세션 사이에 숙제를 상기시키기 위해 메시지를 보내는 것과 같은 회피를 탐지하면 '귀찮게 해도 되는지' 물어보세요.
- 치료 계약서 사용: 세션의 한계를 정하고 정기적인 검토에 동의하세요. 또한 치료의 긴박감과 추진력을 유지하고, 진전이 더딘 경우 그 이유에 대해 대화를 시작하세요(이 대화는 비판이 아닌 공동 발견의 정신에서 이루어져야 합니다).
- 회피를 데이터로 활용하기: 회피는 실패가 아니라 내담자와 PTSD에 대해 중요한 것을 배울 수 있는 기회입니다. 세션에서 이를 논의하고 공유된 공식화를 개선하는 데 활용하세요.
- 자신의 반응을 데이터로 활용하기: 내담자의 회피는 우리를 좌절감에 빠뜨릴 수 있으며, 이는 우리의 치료 동맹 관계에도 영향을 미칠 수 있습니다. 다른 관계에서도 같은 일이 벌어질 수 있으므로 우리의 반응을 통해 체계적인 유지 요인에 대한 단서를 얻을 수 있습니다.
- 역설적인 개입을 시도하기: 내담자가 기존의 격려 방식에 익숙해져 있고 그것이 효과가 없을 경우, 새로운 방식으로 접근해 보세요. 예를 들어, '이렇게 해 볼 수도 있겠지만 당신에게 너무 무리일 수 있습니다.'와 같이 다른 방법을 제안하세요. 또한 삽입 중심의 성관계를 일시적으로 금지함으로써 내담자의 예상되는 불안을 줄이고 다른 친밀한 관계에 안전하게 집중할 수 있도록 도와줄 수 있습니다.

🌿 치료실 노트: 코라

코라는 수술 중 깨어난 지 몇 년이 지난 후 PTSD 치료를 받기 위해 의뢰되었다. 코라는 당시 경험에 대한 악몽과 플래시백을 보고했으며, 특히 진료 예약, 누워 있는 자세, 특정 신체 감각 등 외상을 떠올리면 쉽게 자극을 받곤 했다. 또한 지속적인 복통과 메스꺼움도 호소했다. 코라는 의료 환경을 극도로 회피했으며 남편이나 성인 자녀와 함께 진료 예약에 참석했다. 코라는 베개에 기대어 잠을 잤다. 누군가 자신의 배를 두드릴지도 모른다는 불안감 때문에 코라는 슈퍼마켓이나 대중교통 등 사람이 붐비는 장소를 피했다.

치료 초기 단계에서 코라는 회피의 역할을 포함한 PTSD에 대한 심리교육에 잘 반응했다. 하지만 숙제를 거의 완료하지 않았고 여러 차례 약속에 불참하는 등 다양한 이유를 제시했다. 치료 세션에서 그녀는 행동 실험이나 기억 작업 참여를 꺼렸고 종종 자신의 신체 건강이나 자녀에 대한 걱정에 집중했다.

코라의 치료사는 코라의 회피 스타일에 영향을 미칠 수 있는 요인에 대한 추가 정보를 수집하기로 결정했다. 코라의 부모님은 그녀가 태어나기 전에 그리스에서 영국으로 이주했다. 6남매 중 다섯째였던 코라는 조용한 성격 탓에 항상 자신이 형제자매들과 다르다고 생각했다. 코라는 어린 시절에 가족들로부터 무시당했다고 느꼈고 종종 보살핌을 받지 못한다고 느꼈다. 치료사는 이것을 그녀의 공식화에 추가했다([그림 19-1]).

20대에 결혼한 코라는 재봉사로 잠시 일하다가 가족을 돌보기 위해 일을 그만두었다. 자녀 중 두 명은 집을 떠났지만, 어린 두 명은 코라와 남편과 함께 살았다. 코라는 50대 초반에 자궁암에 걸렸고 화학 요법을 받은 후 자궁 적출술을 받았다. 이 수술 중 코라는 의료 사고로 인해 수술 중 의식이 깨어났다. 코라는 움직이거나 말을 할 수는 없었지만, 주변을 인식할 수 있었고 신체적 고통도 느꼈다. 코라는 아무도 자신을 알아채거나 도와주지 않는다는 사실에 공포를 느꼈다. 코라의 투병과 회복에 맞춰 가족 생활도 크게 바뀌었다. 남편과 자녀들은 이제 코라가 담당하던 집안일을 도맡아 했고, 막내딸은 대학 진학을 미루었으며 다른 자녀들도 정기적으로 전화와 방문을 했다.

코라의 치료사는 코라가 가족에게 회복된 것으로 보이면 자신의 정서적 욕구가 더 이상 충족되지 않을 것이라는 두려움을 갖고 있다는 가설을 세웠다. 치료사는 코라의 치료 목표로 돌아가서 코라가 PTSD에서 회복되면 그녀의 삶에 긍정적인 변화와 부정적인 변화가 모두 일어날 수 있다는 가능성을 정상화했다. 코라는 가족이 곁에 있으면 보살핌을 받는다는 느낌을 받고 더 가까워진다는 사실을 인정했지만, '가족의 발목을 잡고 있다는 걱정'도 있었다. 그들은 가족 간의 유대감을 유지하면서도 이런 일이 일어나지 않도록 할 수 있는 방법에 대해 논의했다. 코라는 바느질과 독서 등 가족과는 무관한 '자신의 삶 되찾기' 활동에 참여하기 시작했다.

무력감과 보살핌을 받지 못한다는 주제는 코라의 병원 경험뿐만 아니라 어린 시절 기억에도 존재했다. 코라의 외상에 대한 서면 내러티브를 업데이트하는 것 외에도, 치료사는 어린 시절 기억을 다루기 위해 이미지 재구성을 사용했다. 코라는 어린 시절의 자신을 찾아가 안아주며 부모님과 형제자매가 자신을 사랑했고, 어떤 면에서 다르다는 것은 중요하지 않다고 설명하는 상상을 했다. 코라는 '나는 사랑받고 있으며 매일 더 강해지고 있다.'는 새로운 신념을 갖게 되었다. 그녀는 회피 행동을 버리는 행동 실험에 더 기꺼이 참여하게 되었다. 치료사의 도움으로 코라는 가족들이 자신을 걱정하기보다는 자랑스럽게 생각하는 순간을 알아차리기 시작했고, 이는 코라의 기분을 좋게 만들었다. 치료사는 또한 코라가 복통과 관련하여 '그때와 지금'을 비교하는 방법을 사용하도록 도왔다. 그들은 코라가 배를 가볍게

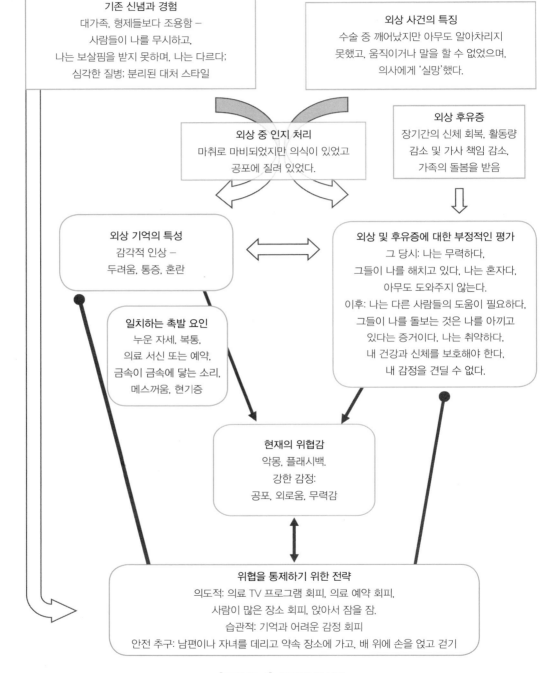

[그림 19-1] 코리의 공식화

두드리는 실험을 통해 배에 손상을 입지 않는다는 것을 배우고, 더 바쁜 장소로 가는 실험을 할 수 있었다. 코라는 배를 두드리는 일이 거의 없었고, 설령 두드리더라도 심각한 손상이 발생하지 않는다는 것을 알게 되었다.

추천도서

Boterhoven de Haan, K. L., Fassbinder, E., Hayes, C., & Lee, C. W. (2019). A schema therapy approach to the treatment of posttraumatic stress disorder. *Journal of Psychotherapy Integration*, *29*(1), 54-64.

Zoellner, L. A., Marks, E. H., Jun, J. J., & Smith, H. L. (2014). Avoidance. In L. A. Zoellner & N. C. Feeny (Eds.). *Facilitating resilience and recovery following trauma* (pp. 237-264). Guilford Press.

PART 5

동반이환

WORKING WITH COMPLEXITY IN PTSD

Chapter 20

심리적 동반이환

제이슨은 심각한 사고를 경험하고 PTSD를 겪기 전에 사회 불안장애(SAD)를 앓고 있었다. 제이슨의 SAD는 그가 사고와 그 결과를 인식하는 방식에 영향을 미쳤기 때문에 그의 공식화에 반영되었다. 치료는 처음에는 그의 PTSD 증상에 초점을 맞췄으며, 공유된 신념과 유지 행동이 확인되었을 때 SAD 치료에 사용되는 기법을 적용했다.

모든 심리적 장애 중에서 PTSD는 아마도 가장 심각하고 다양한 심리적 동반이환의 패턴을 보일 것이다(Brown et al., 2001). PTSD 환자의 약 75%가 적어도 한 가지 이상의 다른 심리적 장애(Kessler et al., 2005)의 기준을 충족하며, 가장 흔하게는 우울증, 불안 및 약물 오남용 장애가 있다. 또한 성격 장애, 특히 회피성 및 경계선 성격 장애(BPD; Zimmerman et al., 2005)가 동반되는 경우가 많다. 이 장에서는 PTSD가 다른 심리적 장애와 함께 나타날 때 치료 결정을 내리는 데 사용하는 원칙을 간략하게 설명할 것이다.

동반이환이 왜 그렇게 흔한가

외상 사건, PTSD 및 기타 심리적 문제는 여러 가지 방식으로 상호 연관될 수 있다.

• 기존의 일부 정신 건강 문제, 특히 불안, 신체형 및 기분 장애는 사람들을 외상 경험에 더 취약하게 만들고, 이후 PTSD 발병 위험을 높일 수 있다(Perkonigg et al., 2000).
• 서로 다른 장애들이 생물학적, 사회적 또는 심리적 취약 요인을 공유할 수 있다. 예를

들어, 낮은 자존감, '신경증적' 성격 유형 또는 어린 시절의 외상 경험은 불안과 우울증에 대한 기존의 위험 요인이며, PTSD 발병 위험 또한 증가시킨다(Elwood et al., 2009).

- PTSD의 결과로 다른 문제가 발생할 수도 있다(Breslau et al., 1997). 예를 들어, 외상 자극을 회피하면 가치 있는 활동에 대한 참여가 줄어들거나 직업적 기능을 상실하여 고립과 우울증으로 이어질 수 있다. 과다 각성이나 수면 장애와 같은 PTSD 증상을 '자가 치료'하기 위해 약물 오남용이 발생할 수 있다.

- 외상 사건과 그로 인한 신체적, 사회적 결과는 성격 장애와 정신증을 포함한 거의 모든 심리적 장애의 직·간접적인 위험 요인이 될 수 있다. 따라서 여러 진단 범주에 속하는 심리적 증상을 잠재적으로 유발할 수 있다.

외상 사건, PTSD, 동반이환 간의 관계는 특정 내담자에게 여러 방식으로 적용될 수 있다. 이러한 패턴을 평가하고 공식화하는 것은 궁극적으로 장애별 CBT 모델이든 개인화된 초진단적 접근 방식이든 치료 접근 방식에 정보를 제공할 수 있다.

FAQ PTSD 진단은 유효한가요?

동반이환이 높은 이유에 대한 한 가지 주장은 PTSD 진단 자체에 문제가 있을 수 있다는 것입니다. 아마도 외상 사건에 대한 반응이 DSM-5에 나열된 PTSD 증상보다 훨씬 광범위하다는 것을 시사할 수 있습니다. DSM-5의 PTSD 기준은 다른 장애의 기준과 중복되는데, ICD-11에서는 이 문제를 해결하기 위해 6개의 증상 기준으로만 좁혀 정의했습니다. 또는 증상을 서로 독립적이고 고립된 범주로 나누어 평가하는 것 자체가 근본적으로 결함이 있는 접근 방식일 수도 있습니다. 실제로 이 주제에 대해 오랫동안 활발한 논쟁이 이어져 왔습니다(예: Casey et al., 2013). 그럼에도 불구하고 진단 범주는 특정 문제와 사람들에게 어떤 개입이 효과적인지 보다 확실하게 규명함으로써 효과적인 치료법을 연구하고 제공하는 데 도움이 되는 등의 이점을 제공할 수 있습니다.

따라서 진단에 대한 우리의 접근 방식은 실용적입니다. 우리는 증상을 '문제 설명자'로 장애에 맞게 범주화하는 것이 도움된다고 생각합니다. 이는 치료 계획을 수립할 때, 효과가 입증된 문제별 CBT 모델로 우리를 안내하여, 공식화와 개입의 출발점으로 사용될 수 있습니다. 그러나 많은 내담자들이 여러 가지 진단과 관련된 증상을 경험한다는 점을 감안하여 다양한 장애별 CBT 접근법의 모델과 기법을 활용하고 단일 프로토콜화된 치료가 아닌 개인화된 공식에서 파생된 접근법을 사용합니다.

이러한 접근 방식은 치료사에게 익숙할 것입니다. 임상연구에서는 프로토콜화된 치료법을 신중하게 따라야 하지만, 일상적인 진료에서는 대부분의 치료사들은 필요할 때 유연하게 대처하는 데 능숙합니다. 핵심은 근거 기반 CBT 모델에서 벗어나거나, 공식화보다는 치료사의 직관에 지나치게 의존하거나, 공식화 없이 단순히 CBT 기법을 구현하는 것을 경계하는 것입니다. 우리는 항상 특정 개입을 사용하는 이유와 공식화에서 어떤 과정을 목표로 삼고 있는지 알아야 합니다.

또한 내담자와 진단에 대해 논의할 때 민감하게 접근하는 것도 중요합니다. 많은 내담자에게 서로 관련 없어 보이는 여러 문제들이 어떻게 명확하게 진단 가능한 장애로 연결되고, 치료 가능한지 설명하는 것은 그들에게 낙인 효과를 줄이고, 희망을 심어줄 수 있습니다. 다른 사람들에게는 미친 사람, 손상된 사람, 낙인찍힌 사람이라는 느낌을 줄 수 있으며, 이러한 해석은 매우 개인적이고 문화적인 영향을 받습니다. 내담자가 PTSD라는 진단명을 좋아하지 않는다면 굳이 그 이름을 사용할 필요가 없으며, 대신 내담자 자신의 말로 문제를 설명하고 진단적 '치료'보다는 치료 목표를 달성하는 데 집중해야 합니다.

🌱 동반이환에 대한 접근법

장애별 CBT 접근법은 가장 강력한 증거 기반을 가지고 있으며, 심리적 동반이환이 있어도 CT-PTSD 단독 치료가 효과적이라는 점에서 안심할 수 있다. 동반이환(성격 장애 포함)이 있는 경우에도 PTSD 치료는 효과적이며, 불안 및 우울증과 같은 동반 증상도 크게 개선되는 경향이 있다(Ehlers et al., 2013). 이러한 결과에 대한 한 가지 설명은 CT-PTSD 모델이 이미 동반이환에 적응할 수 있는 유연성을 포함하고 있기 때문이다. 다만, 동반이환이 있을 경우 치료가 외상 중심에서 벗어나는 경향이 생길 수 있으며, 최상의 결과를 얻기 위해 더 많은 치료 세션이나 추가 구성 요소가 필요할 수 있다.

다른 접근 방식은 내담자의 목표와 정보에 입각한 치료 선택을 고려하여 각 문제의 상대적 중요성을 공식화하여 여러 장애별 모델을 순차적으로 결합하는 것이다(Whittington, 2014). 각 장애는 개별적으로 공식화되며, 각 장애 간의 상호작용과 유지 주기를 보여 주는 구조화된 연결이 이루어진다. 치료 순서는 가장 심각하고 기능에 가장 큰 영향을 미치는 문제, 내담자에게 가장 우선순위가 높은 문제, 먼저 발생했거나 다른 문제를 유발하는 문제를 기준으로 치료를 '연결'할 주요 문제를 식별하여 결정된다(Barto et al., 2017). 치료의 '희석'을 피하기 위해 치료사는 한 번에 하나의 장애별 모델을 사용하되 치료에 장애가 되거나 잔존 증상이 있는 경우 이차적 동반 질환을 해결하기 위해 전환한다. Zayfert와 Becker(2019)의 PTSD에 대한 CBT 사례 개념화 접근법이 좋은 예이다. 세 번째 접근 방식은 별도의 장애별 치료를 동시에 제공하거나 통합 패키지로 결합하거나 치료 시간을 여러 장애로 나눈 것이다. 이 방식은 장애들이 서로 유지 주기를 강화하거나 상호 간섭적으로 작용할 때(즉, 하나를 치료하면 다른 하나가 악화될 때) 유용할 수 있다. PTSD 문헌에서의 예로는 PTSD와 경계선 성격장애(BPD)에 대한 치료가 있으며, DBT와 같은 기술 훈련 접근이 필요하다는 주장에 도전이 제기되었다. de Jongh 등(2020)은 집중적인 장기간 노출치료가 PTSD와 BPD 증상 모두를 개선시켰음을 발견했으며, BPD에 대한 개입(예: 정서 조절 훈련)은 PTSD 치료 후에 더 효과적일 수 있다고 주장한다.

마지막으로, 초진단적(transdiagnostic) 치료 모델은 장애 전반에 걸쳐 공통적으로 작용하는 주제와 과정을 표적으로 삼아, 정서 장애의 동반이환 문제를 해결한다. 이 모델은 장애 간의 관계가 불분명하거나 불안정하거나 장애별 모델에 명확하게 맞지 않을 때 가장 유용할 수 있다. 또한 이러한 접근 방식은 치료사가 학습해야 할 모델과 프로토콜의 수를 줄여 치료 전달을 단순화하는 것을 목표로 한다. 아마도 가장 잘 알려진 초진단적 치료는 정서 장애에 공통적으로 나타나는 근본적 요인, 즉 감정 반응성이 증가하고, 정서적 경험을 혐오로 간주하며 이를 변경, 회피 또는 통제하려는 시도를 다루는 Barlow의 '통합 프로토콜'일 것이다. 이 프로토콜은 특히 정서 조절 기술에 중점을 두고 CBT 원칙과 기술을 사용하여 이러한 요소를 목표로 한다(Ellard et al., 2010).

최근의 접근 방식인 '건강한 마음 만들기' 프로그램(Black et al., 2018)은 Barlow의 치료법을 확장하여 장애별 CBT 치료의 요소를 통합하고, 여러 진단을 받은 내담자를 치료하기 위한 유연한 모듈식 접근 방식을 제공한다. 이 치료법은 많은 치료사들이 임상에서 여러 가지 공존 문제를 접할 때 다양한 모델에서 적합한 치료 기법을 선택하여 접근하는 방식을 반영한다. 이러한 개인화된 초진단적 치료(예: Craske, 2012)는 치료사가 특정 장애의 특징(예: PTSD에서 침투 기억을 해결하기 위해 상상적 재연을 사용하는 것)을 목표로 삼는 동시에 여러 장애에 걸쳐 있는 공통 요소(예: 회피)에 대해서도 작업할 수 있다. 그러나 다시 한번 강조하지만, 치료의 목표와 다른 문제와의 기능적 관계가 명확하지 않은 상태에서 개입을 제공하는 것은 주의해야 한다.

🌿 치료 시기 및 방법 조정하기

개인화된 초진단 치료는 공존 문제가 있는 내담자와 함께 일할 때, 우리의 접근 방식과 크게 다르지 않다. 만약 내담자의 목표가 PTSD와 관련이 있고 이것이 주요 문제라면, 우리는

PTSD에 대한 장애별 치료를 선호한다. 하지만 치료를 방해하는 상당한 동반이환이 있거나 내담자의 목표가 다양한 장애와 관련된 경우, 우리는 더 유연한 접근 방식을 취하여 가장 중요한 초진단적 과정을 다룬다. 모든 내담자가 PTSD를 가지고 있기 때문에, 우리는 이 문제에 대한 매우 효과적인 치료 요소, 특히 외상 기억과 관련된 고통스러운 의미에 대한 작업을 놓치지 않으려고 한다. 따라서 유연성을 권장하지만, 가능한 경우 외상에 초점을 맞춘 공식과 기법을 우선적으로 고려해야 한다. 다음은 몇 가지 유용한 팁이다.

각 문제에 대한 철저한 진단 평가 및 타임라인을 수행하기

초기 평가 시, 우리는 간단한 선별 인터뷰(예: QuickSCID-5) 및/또는 자가 보고 척도(예: 간략 증상 목록)를 사용한다. 동반이환이 나타날 경우, SCID-5-CV의 관련 진단 모듈과 장애별 자가 보고 척도를 사용하여 해당 진단이나 장애를 추가로 탐색한다. 또한 각 장애의 증상 시작 시점과 악화 또는 호전된 시점에 대해 질문하여 서로의 관계와 잠재적인 원인 사건을 파악한다.

각 진단이 내담자의 목표와 어떤 관련이 있는지 탐색하기

잠재적 진단과 내담자가 제공한 정보를 비교하여 어디에 어떻게 집중해야 할지 공동으로 결정한다. 다음과 같은 요소를 고려한다:

- 가장 큰 고통이나 장애를 유발하는 것으로 확인된 문제
- 치료 목표
- 어떤 문제가 위험에 기여하는지 여부
- 어떤 문제가 전체 치료를 방해하는지 또는 다른 문제로 인해 방해가 되는지 여부

동반이환과 그 관계 지도 그리기

진단/문제 사이의 종적 관계(언제 발생했는지) 및 횡적 관계(일차, 이차, 동시 발생/상호 유지, 불명확/불안정 또는 관련 없음)를 시각화한 지도를 그린다. 명백하게 공유되는 인과 관계 요인과 유지 과정을 파악한다. 각 진단에 대해 관련 장애별 CBT 치료 모델을 파악한다. 어떤 모델을 사용할지 결정하기 위해 다양한 문제가 내담자의 목표와 어떻게 연관되는지, 주요 기

능 손상의 원인이 무엇인지, 그리고 개입 유형에 대한 내담자의 선호도를 고려한다.

PTSD가 주된 문제인 경우, 먼저 치료하기

내담자의 목표와 선호도 및 기능 장애가 주로 PTSD 증상과 관련되어 있는 경우, 가능한 한 CT-PTSD를 사용하여 이를 먼저 치료한다. 다른 장애가 PTSD와 동시에 발생했거나 그 영향으로 이차적으로 나타나는 경우, 이러한 장애를 외상 후 증상으로 공식화하고, 이들이 함께 해결될 것으로 가정한다. 따라서 치료는 PTSD 증상과 '연결'되어 진행되며, 다른 장애의 기저에 있는 과정도 CT-PTSD 공식에 통합한다. 예를 들어, PTSD에서 흔히 나타나는 영구적인 변화에 대한 신념은 우울증의 기저에 있을 수 있으며, 긍정적이고 보람 있는 활동의 부족으로 인한 회피 또한 PTSD와 연관될 수 있다. '회상이 떠오르면 정신을 잃을지도 모른다.'라는 PTSD 증상의 위험성에 대한 신념은 공황 증상을 유발하고, 안전 추구 행동을 통해 유지될 수 있다. 학대자의 목소리를 듣는 것과 같은 외상 관련 환청은 '그들이 여전히 나를 통제할 수 있다.'는 신념에 의해 외부에서 기인한 재경험 증상으로 공식화될 수 있다. 여기서는 유지 과정을 CT-PTSD 공식에 통합할 수 없거나 CT-PTSD 치료를 강력하게 방해하는 이차 장애를 대상으로만 별도의 CBT 모델을 사용하고, 그 장애가 충분히 해결되어 외상 중심 개입으로 돌아갈 수 있을 때까지만 치료한다. 치료 과정 중에 이러한 일이 여러 번 발생할 수 있으므로, 필요에 따라 치료 접근 방식을 변경할 수 있지만, 가능한 한 CT-PTSD 치료를 유지하여 희석되지 않도록 한다.

파리다는 직장에서 성폭행을 당한 후 PTSD가 발병했습니다. 그녀는 사직했고 다른 직장을 구하는 것이 두려워졌습니다. 그 후 몇 주 동안 파리다는 우울증에 빠졌습니다. 그녀는 가족에게 성폭행에 대해 말하고 싶지 않아 가족과 시간을 보내는 것을 피했고 매우 위축되었습니다. 치료를 시작했을 때 파리다는 기분이 매우 저조하고 자살 충동을 보고했으며, 성폭행의 플래시백과 악몽을 경험하고 있었습니다. 그녀의 목표는 다시 일하러 나가고, 악몽 없이 밤새 잘 자며, 가족과 다시 연결되는 것이었습니다. 파리다는 두 번째 세션에 참석하지 않았고, 너무 우울해서 세션에 올 수 없다고 말했습니다. 세 번째 세션에서 파리다는 첫 번째 세션에서 논의한 내용을 기억하기 어려워했고, PTSD에 대한 심리교육 전단을 읽고 '삶을 되찾기' 과제를 수행하기로 한 숙제를 하지 않았습니다. 비록 파리다의 우울증이 PTSD에 이차적으로 발생했지만, 그것이 심각해서 치료에 참여하는 데 영향을 미쳤기 때문에 치료사는 PTSD 작업을 다시 시작하기 전에 몇 차례의 세션을 통해 파리다의 기분을 안정시키기로 결정했습니다.

또 다른 동반이환으로는 초기 삶에서 외상을 경험하여 PTSD와 성격 장애의 특징을 모두 발달시킨 경우가 있다. 여기서 CT-PTSD 접근법은 두 가지 문제를 모두 통합할 수 있다. 우리는 Davidson(2014)이 설명한 접근 방식을 선호한다. 이 접근 방식에서는 내담자의 초기 경험과 성격 발달에 대한 확장되고 자세한 평가에서 시작하여 공식화가 이루어지며, 이를 내러티브 글쓰기나 치료 편지로 작성한다. 이를 통해 외상 경험과 발달상 불리한 경험이 핵심 신념, 감정 조절 및 대처 스타일에 미친 영향을 공감적이고 정상화하며 협력적인 방식으로 이해할 수 있다. 재경험되는 외상의 일부를 대상으로 하는 기억 중심 개입과 함께 핵심 신념 발달에 영향을 미친 기억을 이미지 재구성 등의 경험적 기법으로 처리할 수 있다. 이 과정에서 스키마 중심 치료(schema-focused therapy)의 개념화와 기법(Arntz & Van Genderen, 2020)을 활용한다.

TJ는 난민 캠프에서 자라면서 그의 가족은 끊임없이 위험에 처해 있었습니다. TJ의 여동생은 어렸을 때 사망했고, 어머니는 심각한 우울증으로 인해 다른 자녀들을 돌보는 데 어려움을 겪었습니다. TJ의 아버지는 정서적으로 단절되어 있었고, 어머니와 아이들에게 폭력적이었습니다. 청소년기에 TJ는 유럽을 가로질러 영국으로 이동하여 결국 망명을 허가받았습니다. 몇 년 후 치료를 받으러 왔을 때 TJ는 경계선 성격장애(BPD)와 PTSD의 진단 기준을 충족했습니다. TJ와 그의 치료사는 그의 어린 시절 경험이 PTSD의 재경험 증상, 극심한 버림받음에 대한 두려움, 강렬한 감정 조절의 어려움에 미친 영향을 이해하기 위해 함께 노력했습니다. TJ는 자살 시도 후 의식을 잃은 어머니를 발견한 일, 아버지의 심한 폭행, 유럽을 여행하던 중 성폭행 미수 사건 등 어린 시절의 세 가지 사건을 다시 경험했습니다. TJ와 그의 치료사는 이 기억들이 자해의 촉발 요인이 되는 경우가 있었기 때문에 먼저 자극 변별과 안전한 장소 이미지를 활용하여 기억이 불러일으키는 고통을 관리하는 작업을 했습니다. 그들은 이러한 사건들과 관련된 상실, 배신, 수치심의 의미에 대해 이야기했고, 이는 TJ의 핵심 신념과 밀접하게 연관되어 있었습니다. 또한 이미지 재구성을 통해 기억에 새로운 의미를 부여했습니다.

문제가 여러 장애와 관련된 경우, 공유된 과정을 목표로 함

공존하는 장애가 PTSD와 어떻게 상호 연관되는지 즉시 명확하지 않거나 내담자의 목표가 여러 문제를 포괄하는 경우, 각 상태에 대해 별도의 장애별 모델을 도출하고 그중 공유되는 유지 과정을 식별한다. 이는 종종 CT-PTSD 공식으로 다시 통합할 수 있으며, 또는 주요 인과 과정을 중심으로 한 개별적이고 초진단적인 공식으로 도출할 수도 있다.

아서는 농장에서 심각한 사고를 당해 팔을 잃고 농사를 포기해야 했습니다. 아서는 이전에 여러 차례 우울증을 겪었고 평생 과도한 걱정을 해왔다고 보고했습니다. 사고 이후 두 가지 문제는 더욱 악화되었고, 아서는 PTSD 증상도 겪게 되었습니다. 아서의 목표는 팔이 없는 삶에 적응하고, '덜 쓸모없다고 느끼고', 걱정을 줄이고, 더 잘 자는 것이었습니다. 아서의 공식화([그림 20-1])는 PTSD와 우울증 증상 간의 교차점을 시각화하고, 개입이 필요한 핵심 영역을 파악했습니다. 아서의 고통은 '나는 예전의 내가 아니다.' '나는 미래가 없다.' '나는 쓸모없는 사람이다.'와 같은 외상 후 평가에서 비롯되었습니다. 아서는 이러한 문제들에 대해 깊이 생각하면서 기분이 더욱 악화되고, 미래에 대한 걱정이 커졌으며, 수면에도 영향을 미쳤습니다. 아서와 치료사는 이러한 평가를 다루고, 반추를 줄이는 데 집중하며, 아서가 의미와 방향을 찾는 데 도움이 되는 '삶을 되찾기' 활동을 도입하기로 합의했습니다. 아서는 가끔 사고 당시의 재경험 증상을 겪었지만, 그 빈도는 드물었고 큰 고통을 유발하지 않았기 때문에 이를 모니터링하고, 지속될 경우 나중에 치료 시점에 해결하기로 합의했습니다.

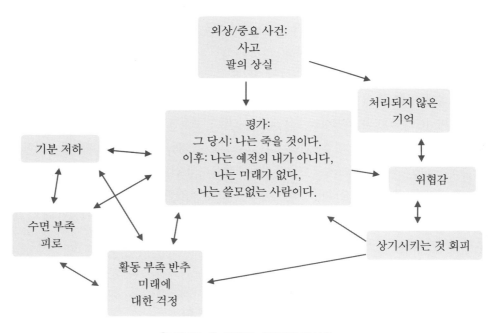

[그림 20-1] 아서의 개인화된 공식화

PTSD의 발달과 유지에 핵심이 되는 많은 과정은 다른 장애에서도 중요하다. CBT 모델은 종종 문제 발달의 종단적 공식화에 생활 사건 또는 '중요한 사건'을 포함한다(예: Beck, 1987). 위협에 대한 과대 평가는 모든 불안장애(그리고 다른 많은 장애도 마찬가지)의 핵심이며, 이들 간의 주요 차이점은 위협의 내용이다.

Clark(1999)은 모든 불안장애에서 불안과 관련된 부정적 신념을 유지하는 여섯 가지 과정, 즉 안전 추구 행동, 주의 집중 조절, 자발적 심상, 정서적 추론, 기억 과정 및 위협 표상의 특성을 설명했다. 한때 PTSD의 고유한 특징으로 여겨졌던 외상 기억도 많은 장애에서 발생하며, 이를 해결하기 위한 기술, 예를 들어 이미지 재구성은 사회 불안장애(Wild, & Clark, 2011) 및 우울증(Wheatley et al., 2007)과 같은 다양한 문제에 대한 CBT 접근 방식에 통합되어 있다.

> 샤론은 어린 시절 자신을 성적으로 학대했던 옛 음악 선생님이 체포되었다는 소식을 듣고, 그 기억이 되살아나 PTSD를 겪게 되었습니다. 샤론은 플래시백과 함께 '입을 다물어라' '거짓말을 퍼뜨리지 마라'는 목소리가 들리기 시작했습니다. 샤론과 치료사는 학대 기억과 죄책감, 수치심을 다루기 위해 샤론의 학대에 대한 침투적 기억과 그녀가 들었던 목소리와 관련된 이미지 재구성 방법을 사용했습니다. 그리고 행동 실험을 통해 목소리에 대답하는 것의 효과를 테스트했습니다.

과정이 겹친다는 것을 인식한다고 해서 모든 장애에 동일한 접근 방식을 적용하는 초진단적 치료가 최선의 접근 방식이라고 생각하지는 않는다. 우리는 여전히 개별 과정의 역할에 대해 구체적으로 파악한 다음, 개인화된 신념, 행동, 기억을 공식화할 필요가 있다. 그러나 이는 다른 장애에 대한 치료 프로토콜에서 기술을 '차용'하고, 겹치는 영역이 있을 때 이를 강조할 수 있음을 의미한다. [그림 20-2]는 PTSD와 일반적으로 공존하는 축 I 장애들 간에 공유되는 일부 과정을 보여 준다.

> 장뤽은 폭행을 당한 후 PTSD를 겪게 되었습니다. 그는 안전에 집착하게 되었고, 잠자리에 들거나 집을 떠나기 전에 문과 창문이 잠겼는지, 오븐과 전기 기기가 꺼졌는지 여러 번 확인하기 시작했습니다. 장뤽은 자신의 확인 행동이 강박적이라는 것을 알고 있었지만, 확인을 멈추면 또 다른 나쁜 일이 일어날까 봐 걱정했습니다. 장뤽의 치료사는 OCD에 대한 CBT에서 흔히 사용되는 '이론 A/이론 B' 기법을 사용하여 이러한 생각을 검토하도록 도왔습니다. 이론 A는 장뤽과 그의

가족이 모든 것을 제대로 확인하지 않으면 피해를 입게 될 것이며, 그들을 보호하지 않았기 때문에 모든 것이 그의 잘못이라는 것이었습니다. 이론 B는 장릭이 가족에 대한 깊은 애정과 외상으로 인해 자신과 가족의 안전을 걱정하는 것은 이해되지만, 그 정도로 확인이 필요하지 않으며 가족을 더 안전하게 만드는 것도 아니라는 것이었습니다. 대신, 이는 그의 정서적 고통을 지속시키고 피해에 대한 두려움이 과장되었음을 깨닫지 못하게 만들고 있었습니다. 그들은 조건부 확률 기법을 사용하여 또 다른 외상이 발생할 위험을 계산하고, 그의 두려움을 테스트하기 위해 확인 행동을 줄이는 행동 실험을 사용하여 이론 B에 대한 증거를 수집했습니다.

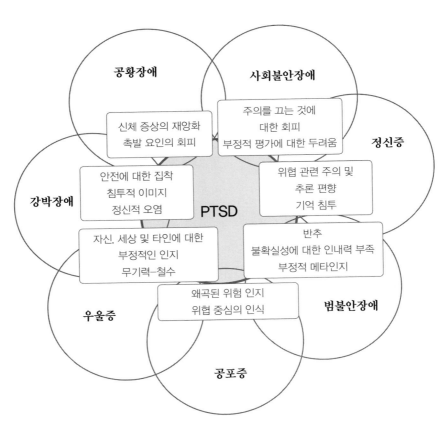

[그림 20-2] 장애 사이의 겹치는 과정들에 대한 벤다이어그램

● ● ●

FAQ 경계선 성격장애(BPD)는 복합 PTSD(complex PTSD)와 같은가요?

BPD가 복합 PTSD의 한 형태라는 의견이 제기된 바 있으며(Kulkarni, 2017), 두 장애 간에는 확실히 겹치는 부분이 있습니다. 한 가지 가능성은 전형적인 PTSD에서 BPD의 하위 유형에 이르기까지 복합 PTSD가 '중간' 형태로 나타나는 외상 관련 장애의 연속체가 있다는 것입니다(Giourou et al., 2018). 아동기 또는 성인기의 외상에서 비롯된 만성 PTSD는 중요한 발달 단계에 지장을 줄 경우 성격 변화로 이어질 수 있습니다. 그러나 현재의 분류 시스템에 따르면, PTSD, 복합 PTSD, BPD의 증상 프로필에는 차이가 있습니다(Cloitre et al., 2014). [그림 20-3]은 이 세 가지 장애의 공통된 점과 독특한 특징을 개념화한 것입니다. 복합 PTSD는 PTSD의 증상에 더해 BPD의 증상과 겹치지만, 완전히 동일하지 않은 몇 가지 추가적인 특징을 포함합니다. 흥미롭게도 DSM-5의 더 광범위한 PTSD 진단에는 ICD-11의 복합 PTSD 일부로 간주되는 '무모하거나 자기 파괴적인 행동', 새로운 '인지와 기분의 부정적 변화' 군집, 그리고 해리성 하위 유형과 같은 여러 증상이 포함됩니다. PTSD/복합 PTSD와 BPD를 구분하는 것은 중요합니다. 왜냐하면 권장되는 치료법이 다르며, BPD는 팀 접근법, 치료 기간의 연장, DBT(NICE, 2009)와 같은 다양한 치료 개입을 필요로 하기 때문입니다. 또한 BPD 환자의 대다수가 외상 이력을 보고하지만, 상당수는 그렇지 않다는 점도 중요합니다. 복합 PTSD는 BPD를 이해하는 잠재적으로 덜 낙인찍는 방식이지만, 이는 외상 이력이 없는 사람들에게 오히려 낙인을 더할 위험이 있습니다. 대신, 우리는 내담자와 함께 초기 삶의 경험을 포함한 성격장애 발달에 영향을 미치는 여러 요인을 개별화된 공식으로 이해하려고 노력합니다. 이전과 마찬가지로 내담자가 진단명이 유용하다고 생각하지 않는 경우, 우리는 그들의 목표에 초점을 맞춥니다.

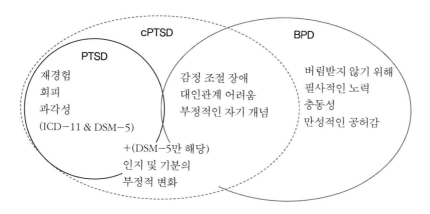

[그림 20-3] PTSD, 복합 PTSD(cPTSD) 및 경계선 성격장애(BPD) 간의
증상적 중첩에 대한 벤다이어그램

상호 길항적이거나 상호 유지되는 장애를 동시에 치료하기

상호 길항적이거나 상호 유지되는 장애를 동시에 치료하려면 세션 내 또는 세션 간에 치료 모델을 전환하거나 동시 치료를 위해 설계된 특정 모델을 사용하는 것이 필요하다. 예를 들어, 알코올 사용 장애와 PTSD는 일반적으로 같이 발생하며 종종 서로를 유지시킨다. 과도한 알코올 사용은 외상 기억 처리를 방해하고 자기 비난과 영구적인 변화에 대한 평가를 악화시키며, PTSD는 알코올로 무감각해질 수 있는 고통과 수면 부족과 같은 증상을 유발하지만 알코올로 (단기적으로) 완화시킬 수 있다. 치료는 알코올 개입과 PTSD 치료를 동시에 포함할 수 있다; PTSD 증상을 대처할 대체 수단을 개발하는 동시에 PTSD의 기저에 있는 기억을 처리하는 것을 포함한다(17장).

장애 간의 관계가 불분명하거나 불안정한 경우, 더 많은 데이터를 수집하기

이 경우에는 주로 내담자의 선호와 목표를 기반으로 진행한다. 우리는 특정 기간 동안 한 가지 장애에 치료의 초점을 맞추거나, 잠정적인 개인화된 공식을 세워 치료를 진행하면서, 다른 장애의 증상을 포괄하여 진행 상황을 면밀히 추적하는 데 동의한다. 이는 각 동반이환이 어떻게 상호작용하거나 주어진 개입에 반응하는지 명확히 하는 것을 목표로 하는 '확장된 평가' 또는 치료 시험의 형태로 제시될 수 있다. 우리는 '연결된' 장애와 광범위한 증상 지표 모두에 대한 진행 상황을 정기적으로 검토하며, 문제들이 어떻게 상호작용하는지, 치료에 장애물이 무엇인지에 대한 명확성을 얻으면서 공식을 재구성한다. 진행 상황이 없거나 악화된 경우, 우리는 공식을 다시 검토하여 빠진 것이 있는지, 한 가지 문제가 다른 문제의 진행을 방해하고 있는지를 고려한다. 만약 그렇다면, 몇 세션 동안 두 번째 장애를 집중적으로 다룬 후, 다시 검토한다.

핵심 인지

- 내가 PTSD를 대처하기 위해서는 술을 마시거나, 회피하거나, 반추해야 한다.
- 외상이 일련의 사건들을 촉발하여 모든 것을 더 악화시켰다.
- 이전의 문제들이 외상을 더욱 다루기 어렵게 만들었다.
- 내 문제는 너무 복잡하고 다양해서 치료가 그 일부만 다룰 수 있다.

이차 장애 또는 잔류 증상에 대한 순차적 치료 모듈 제공

PTSD 치료가 완료되면 수면과 같은 잔류 문제에 대해 증상별 CBT 치료(예: Zayfert, &

DeViva, 2004)를 제공하거나, 해결되지 않은 이차 장애에 대한 전체 개입을 제공할 수 있다. 많은 내담자가 PTSD 이전에 다른 장애를 겪고 있다. 이러한 장애가 PTSD의 발달 또는 유지와 상호작용하는 경우, CT-PTSD 모델 내에서 공식화할 수 있다(그림 20-4). 예를 들어, 이전의 신념과 대처 방식이 외상 사건으로 인해 확인되거나 산산이 부서졌거나 활성화되었을 수 있다. 기존 장애가 PTSD 치료에 방해가 되지 않는다면, PTSD 치료 후 순차적으로 치료할 수 있다.

> 루루는 10대 때부터 발모광을 앓고 있었습니다. 쌍둥이 딸의 충격적인 출산 이후 PTSD가 생겼고, 발모광 역시 악화되었습니다. 루루의 치료 목표는 대부분 PTSD와 관련된 것이었지만, 그녀는 발모광으로 인한 결과도 고통스러워했습니다. 루루와 치료사는 이 두 가지 문제를 공식화했습니다. 루루의 발모광은 스트레스를 받을 때 악화되는 경우가 많았기 때문에, 외상 이후 PTSD와 두 아기를 돌보는 스트레스를 고려할 때 머리카락을 뽑는 횟수가 늘어난 것은 당연한 일이었습니다. 루루의 PTSD 증상이 호전되면 발모광도 호전될 것으로 보였지만, 외상 이전부터 있었던 증상이기 때문에 완전히 해결되지는 않을 수도 있었습니다. 루루는 PTSD가 치료의 주된 초점이 되어야 하며 이를 정기적으로 검토해야 한다는 데 동의했습니다. 그들은 루루의 PTSD가 호전되면 발모광을 재평가하여 추가 개입이 필요한지 확인하기로 합의했습니다.

성격 장애가 성인기 외상과 이후의 PTSD 발병에 선행하는 경우, 내담자의 목표를 검토하여 치료 우선순위를 결정한다. PTSD가 주요 치료 대상인 경우, 필요한 경우에는 안전에 중점을 두거나 대인 관계의 어려움이 발생할 경우에는 치료 관계에 집중하는 등 적절한 조정이 필요할 수 있지만, 일반적으로 CT-PTSD를 진행한다. CT-PTSD 공식화에 기존 성격장애와 관련된 요소를 통합할 수 있다.

> 투미는 남자친구의 갑작스러운 죽음 이후 PTSD 치료를 받기 위해 찾아왔습니다. 그녀는 강렬한 관계의 역사와 타인에 대한 완전한 의존감을 보고했습니다. 치료사는 투미가 상호작용에서 무력하고 수동적인 모습을 보인다는 점을 알아차리고, 그녀의 PTSD에 앞서 의존성 성격 장애가 있을 가능성을 의심했습니다. 이는 여러 면에서 치료에 영향을 미쳤습니다. 투미는 남자친구의 상실과 관련된 버림받음과 황폐함에 대한 평가를 표현했고, '자신의 삶 되찾기'와 같은 치료의 측면

에 참여하는 데 어려움을 겪었습니다. 또한 그녀는 치료사에게 빠르게 의존감을 표현하고, 특히 치료사가 휴가를 갈 때 경계를 지키는 데 어려움을 겪었습니다.

투미의 치료사는 그녀가 자신의 관계 패턴을 인식하도록 격려했고, 이러한 패턴이 어떻게 발전했는지에 대해 논의했습니다. 투미는 종종 관계와 우정에서 자신이 '집착적'이고 '필요로 한다.'는 말을 들었으며, 더 독립적이 되기를 원한다고 표현했습니다. 그녀는 이러한 행동이 나타날 때 치료사가 부드럽게 지적할 수 있도록 허락하기로 동의하여 대안적인 행동을 실험해 보았습니다. 또한 '나는 불충분하다.'와 '나는 나 스스로를 돌볼 수 없다.'와 같이 PTSD와 관계에서의 의존 경향 모두와 연결된 평가를 다루기로 합의했습니다.

🌿 치료실 노트: 제이슨

제이슨은 일하던 차고에서 사고를 당해 손과 팔에 화상을 입었다. 평가에서 그는 사고와 관련된 PTSD 증상과 사회 불안장애(SAD)를 보고했으며, SAD는 그가 혼혈이라는 이유로 학교에서 괴롭힘을 당한 청소년기에 시작되었다. 그는 그룹 상황에서 강한 불안을 느꼈고 몇몇 가까운 친구를 제외한 대부분의 사회 활동을 피했다. 제이슨의 SAD와 그가 자신과 타인에 대해 가지고 있던 기존 신념은 외상 처리와 대처 방식에 영향을 미쳤다. 그는 부상으로 인해 주목받게 되면 매우 불안해졌으며, 복직 후에도 마찬가지였다. 사람들은 대체로 동정적이고 지지적이었지만, 제이슨은 PTSD를 가진 것 때문에 자신이 '관심을 끌려 한다.'고 판단받고 사고가 자신의 잘못이라고 생각할까 봐 걱정했다. 그는 자신의 흉터에 대해 민감하게 생각하여 가능한 한 손과 팔을 가렸다. 제이슨은 공공장소에서 놀라는 모습을 보일까 봐 걱정했고 이를 관리하기 위해 베타 차단제를 복용했다. 그의 공식화는 [그림 20-4]에 나와 있다. 제이슨의 치료 목표는 PTSD와 SAD 모두와 관련이 있었다. 그는 악몽을 멈추고, 연료를 다룰 때 직장에서 덜 불안해지고, 직장 동료들과 함께 술집에 가서 편안하게 느끼며, 자신의 흉터를 '수용'하고, 베타 차단제 복용을 중단하고 싶어 했다. 첫 번째 목표를 달성하기 위해 그들은 초기에는 상상적 재연과 업데이트를 사용하여 외상 기억에 대해 작업했다. 제이슨의 외상 당시 평가 중 일부는 두려움과 관련이 있었지만, 그는 또한 사고를 자신이 일으켰다는 즉각적인 죄책감을 느꼈다. 증거를 검토한 결과 이는 사실이 아니었지만, 제이슨은 업데이트된 평가를 받아들이는 데 '머리와 마음의 간격'을 보고했다. 제이슨은 오랫동안

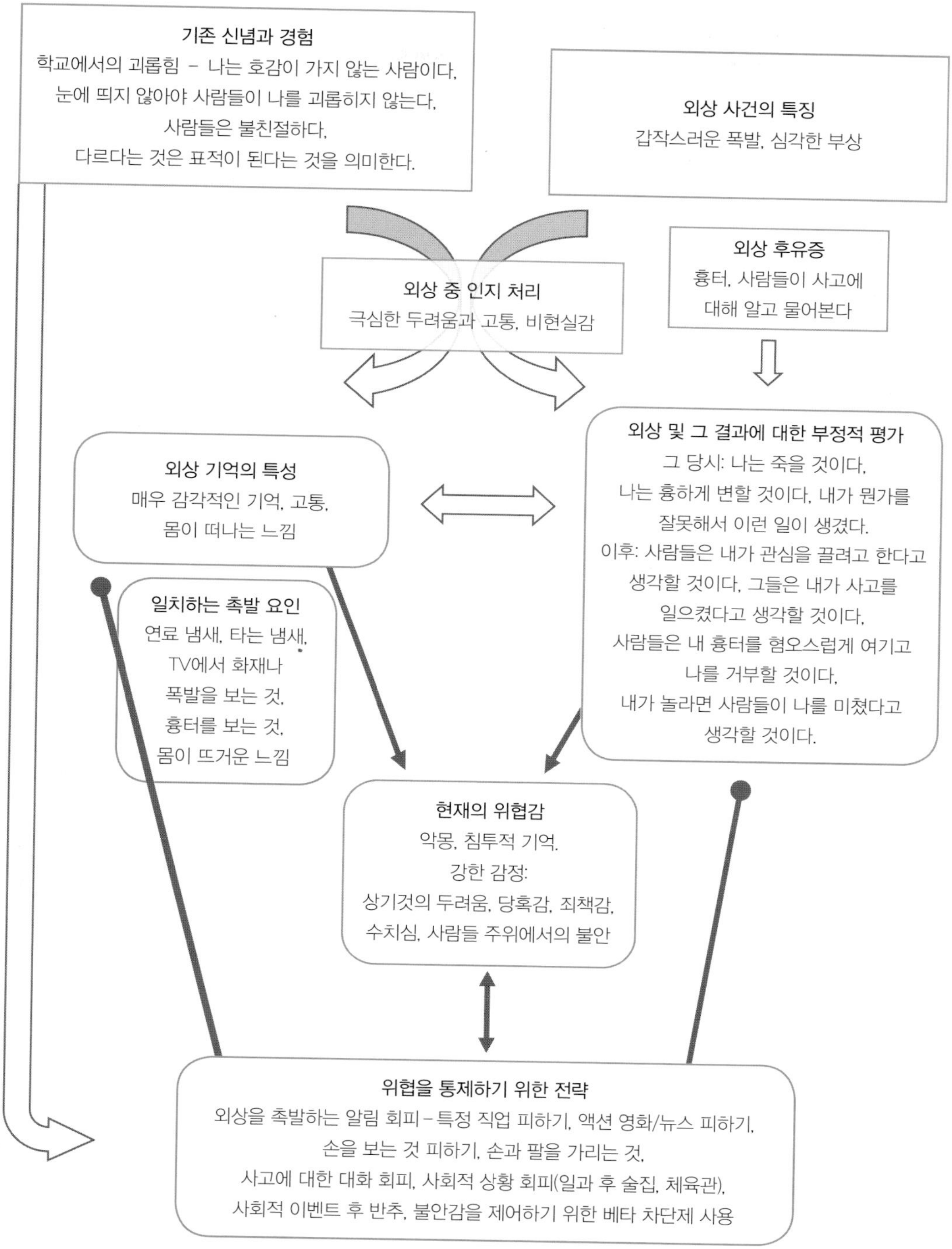

기존 신념과 경험
학교에서의 괴롭힘 – 나는 호감이 가지 않는 사람이다.
눈에 띄지 않아야 사람들이 나를 괴롭히지 않는다.
사람들은 불친절하다.
다르다는 것은 표적이 된다는 것을 의미한다.

외상 사건의 특징
갑작스러운 폭발, 심각한 부상

외상 중 인지 처리
극심한 두려움과 고통, 비현실감

외상 후유증
흉터, 사람들이 사고에
대해 알고 물어본다

외상 및 그 결과에 대한 부정적 평가
그 당시: 나는 죽을 것이다.
나는 흉하게 변할 것이다. 내가 뭔가를
잘못해서 이런 일이 생겼다.
이후: 사람들은 내가 관심을 끌려고 한다고
생각할 것이다. 그들은 내가 사고를
일으켰다고 생각할 것이다.
사람들은 내 흉터를 혐오스럽게 여기고
나를 거부할 것이다.
내가 놀라면 사람들이 나를 미쳤다고
생각할 것이다.

외상 기억의 특성
매우 감각적인 기억, 고통,
몸이 떠나는 느낌

일치하는 촉발 요인
연료 냄새, 타는 냄새,
TV에서 화재나
폭발을 보는 것,
흉터를 보는 것,
몸이 뜨거운 느낌

현재의 위협감
악몽, 침투적 기억,
강한 감정:
상기것의 두려움, 당혹감, 죄책감,
수치심, 사람들 주위에서의 불안

위협을 통제하기 위한 전략
외상을 촉발하는 알림 회피 – 특정 직업 피하기, 액션 영화/뉴스 피하기,
손을 보는 것 피하기, 손과 팔을 가리는 것,
사고에 대한 대화 회피, 사회적 상황 회피(일과 후 술집, 체육관),
사회적 이벤트 후 반추, 불안감을 제어하기 위한 베타 차단제 사용

[그림 20-4] 제이슨의 공식화

자신을 탓하는 경향이 있었고, 이는 그가 어린 시절 괴롭힘을 당했을 때 형성된 핵심 신념과 연결되어 있었다. 이러한 신념은 제이슨의 SAD와도 관련이 있었으며, 치료의 여러 세션이 이를 다루기 위해 연속체 기법을 사용하고 제이슨의 어린 자신에게 연민어린 편지를 쓰는 데 할애되었다. 제이슨의 악몽과 침투 기억이 줄어들었고, 그는 직장에서 마주치는 촉발 요인에 대처하기 위해 자극 변별 기법을 사용하기 시작했다. 그러나 그는 여전히 공공장소에서 화를 내거나 강한 놀람 반응을 보이며 자신이 바보처럼 보일까 봐 불안해했다. 이를 다루기 위해 제이슨의 치료사는 익명 설문조사를 고안하도록 도왔다. 이 설문조사는 사람들이 공공장소에서 누군가가 화를 내거나 갑자기 놀라는 것을 보면 부정적으로 판단하기보다는 공감적일 것이라는 결과를 보여 주었다. 제이슨의 치료사는 공공장소에서 뛰거나 우는 모습을 모델링하는 행동 실험을 했고, 제이슨은 지나가는 사람들의 반응을 관찰했다. 그의 놀라운 결과, 대부분의 사람들은 반응을 무시하거나 잠시 바라본 후 계속 걸어갔다. 한 번은 한 사람이 도움을 제안하며 친절하게 대하는 모습을 보였다. 제이슨은 직장 동료들과 함께 술을 마시러 가는 실험에 동의했고, 비록 편안하지는 않았지만 화를 내거나 자신이 망가지지 않아서 기뻤다.

흉터에 대한 걱정을 해결하기 위해 제이슨의 치료사는 매일 손에 핸드크림을 바르고 흉터를 보는 등 회피를 줄이도록 격려했다. 그들은 제이슨의 흉터 사진을 사용하여 사람들이 그것에 대해 어떻게 생각하는지 묻는 또 다른 설문조사를 실시했다. 다시 한번, 대부분의 응답은 공감적이었다. 사람들은 흉터를 보고 호기심을 느낄 수는 있지만 부정적으로 생각하지는 않을 것이라고 댓글을 달았다. 제이슨은 일부러 손을 드러내거나 카페에서 음식을 주문할 때 메뉴 항목을 가리키며 손에 주목하게 하는 추가 행동 실험을 진행했다. 사회적 상황에서 자신감이 커지면서 제이슨은 자신의 신념을 더 시험해 볼 수 있다고 느꼈다. 그는 직장 동료들과 사고에 대해 일부러 대화를 시작하고, 그들이 사고가 자신의 잘못이라고 생각하는지, 혹은 자신이 관심을 끌려고 하는지 물어봤다. 이에 대해 그의 상사는 사실 사고에 대해 매우 죄책감을 느끼고 있었으며, 제이슨에게 사과하면서 감정적으로 되었다. 이 경험을 되돌아보며, 제이슨은 다른 사람들이 자신을 탓할 수도 있다는 생각을 해 본 적이 없었고, 또한 상사의 감정 표현이 동료들에 의해 부정적으로 평가되지 않았다는 것을 깨달았다.

치료의 마지막 단계에서 제이슨은 베타 차단제 복용을 줄이고 결국 중단했다. 그는 또한 공공장소에서 일부러 뛰는 실험을 통해, 이 증상이 다시 나타나도 아무도 그것을 알아차리지 않는다는 것을 보여 주었다.

추천도서

Barton, S., Armstrong, P., Wicks, L., Freeman, E., & Meyer, T. D. (2017). Treating complex depression with cognitive behavioural therapy. *The Cognitive Behaviour Therapist, 10*, E17.

Whittington, A., (2014). Working with co-morbid depression and anxiety disorders. In Whittington, A., & Grey, N. (Eds.). (2014). *How to become a more effective CBT therapist: Mastering metacompetence in clinical practice.* John Wiley & Sons.

Zayfert, C., & Becker, C. B. (2019). *Cognitive-behavioral therapy for PTSD: A case formulation approach.* Guilford Press.

Chapter **21**

신체적 동반이환

교통사고 이후, 다나는 통증, 근육 약화 및 PTSD를 포함한 다양한 신체적 및 심리적 증상을 경험했다. 증상을 탐구하는 과정에서 다나의 신체 건강과 PTSD 사이의 상호작용이 드러났고, 이러한 상호 유지 주기를 치료에서 다루었다.

초기 PTSD 설명인 '철도 척추'(역주: 19세기 후반에 사용된 용어로, 철도 사고를 겪은 후 나타나는 신체적, 심리적 증상을 설명하기 위해 사용되었다. 당시에는 철도 사고의 충격으로 인해 척수 손상과 같은 신체적 문제가 생긴다고 여겨졌다)와 '군인의 심장'(역주: 주로 19세기 후반과 1차 세계대전 중에 사용된 용어로, 전투 중이나 전투 후 병사들이 겪는 심리적 및 신체적 증상을 설명하기 위해 사용되었다. 주로 불안, 심계항진(심장이 빠르게 뛰는 느낌), 호흡 곤란 등의 증상과 관련이 있다)은 이를 주로 신체적 질병으로 보았다. 최근에는 PTSD가 광범위한 신체적 및 신체형(somatic) 동반이환과 강하게 연관되어 있다는 많은 연구 결과가 나왔다. 이로 인해 PTSD를 정신 장애뿐만 아니라 신체적이고 전신적 질병(systemic illnes)으로 간주해야 한다는 의견도 제기되었다 (McFarlane, 2017).

PTSD를 앓고 있는 사람들은 일반 인구보다 신체 건강이 더 나쁘고 건강 관련 삶의 질이 낮다(Pacella et al., 2013). 많은 내담자들이 진단된 건강 상태와 '의학적으로 설명되지 않는' 증상들을 함께 호소한다. 외상성 스트레스 반응은 종종 PTSD 진단의 일부인 놀람 반응과 촉발 요인에 대한 생리적 반응과 같은 신체적 증상으로 나타난다. 또한 '전환' 또는 '기능성 신경학적' 장애라는 범주에 속하는 광범위한 증상과도 관련될 수 있다(Karatzias et al., 2017).

신체적 및 심리적 증상의 동반 발생은 이러한 내담자들이 신체 건강과 정신 건강을 분리하는 구조를 가진 의료 시스템을 통해 복잡한 치료 경로를 경험한다는 것을 의미한다. 여러 번의 의뢰, 평가, 그리고 실패한 치료 시도는 서비스에 대한 신뢰를 떨어뜨리고 '나는 도움을 받을 수 없다.' 또는 '다른 사람들은 관심이 없다.'와 같은 부정적인 신념을 형성할 수 있다. 이 장에서는 외상 후 신체적 및 정서적 증상이 어떻게 상호작용하는지 이해하고 다루는 방법을 탐구한다.

🌱 이해관계: 신체적 증상과 심리적 증상

PTSD와 신체 건강 사이에는 다양한 경로가 존재하며, 이들은 상호작용할 수 있다. 다음은 이러한 경로들의 예이다:

- 외상으로 인한 신체적 손상: 통증, 외상성 뇌손상, 흉터, 장애 및 외모 변화(15장 참조).
- 심각한 신체 건강 문제로 인한 PTSD: 심장마비나 뇌졸중, 복잡한 출산, 집중 치료실 입원과 같은 침습적 의료 치료 후 발생하는 경우.
- 만성적인 PTSD는 신경계, 심혈관계, 소화기계, 호흡기계, 피부, 뼈 및 관절 질환을 포함한 다양한 의학적 상태의 발병 위험을 최대 4배 증가시킨다(Pacella et al., 2013; Schry et al., 2015). 그 이유로는 다음과 같은 여러 가지가 있다. 첫째, 장기간에 걸친 스트레스 반응 경로의 활성화 및 기능 이상이 면역 반응에 영향을 미쳐 감염 및 전신 질병에 더 취약하게 만든다(Dougall & Baum, 2004). 또한 PTSD 환자는 흡연 및 물질 사용, 불균형한 식단, 운동 부족, 건강 관리 회피와 같은 회피적 대처 행동에 더 많이 관여한다(van den Berk-Clark et al., 2018).
- 환경적, 사회적, 경제적 박탈을 포함한 맥락적 요인은 PTSD와 신체 건강 문제에 모두 영향을 미칠 수 있다. 불안 민감성과 관절 과운동성 같은 다양한 특성에 대한 공통된 유전적 취약성은 불안장애, 해리, 자세성 빈맥 증후군, 혈관미주신경 실신, 섬유근육통 및 만성 피로와 같은 광범위한 심리적 및 신체적 어려움과 관련이 있다(Eccles et al., 2015).
- 의학적 설명이 없는 신체 증상(때로는 '기능적' 또는 '신체화' 증상이라고 불림)은 외상 후에 발생할 수 있으며, 만성 통증, 피로 및 신경학적 증상을 포함한다. 이러한 증상은 아직 명확하게 아직 이해되지 않았지만, 현재 모델은 생물심리사회적 틀을 강조한다(예: Deary et al., 2007; Espay et al., 2018).
- 약물은 PTSD와 상호작용하는 신체적 및 심리적 부작용을 가질 수 있다. 예를 들어, 갑상선 기능 저하증 치료를 위해 처방된 약물은 불안, 발한 및 심박수 증가를 초래할 수

엠마는 당황스럽고 속상한 반복적인 요로 감염을 보고했습니다. 치료 과정에서 엠마는 어린 시절 성적 학대에 대한 플래시백과 관련된 오염된 느낌과 싸우기 위해 하루에 여러 번 소독제로 질을 씻는다고 밝혔습니다. 그녀는 밀접한 신체 검사가 두려워 감염이 심해질 때까지 일반의를 방문하지 않았습니다. 엠마는 PTSD로 인한 수면 부족과 만성 스트레스로 인해 전반적으로 기운이 없고 감염에 취약한 상태였습니다. 이는 과도한 세척으로 질 내 박테리아의 건강한 균형에 영향을 미치고 건강 검진을 기피하는 등 PTSD 증상을 관리하기 위해 사용한 대처 전략과 상호작용하여 빈번하고 심각한 감염으로 이어졌습니다. 결국 이러한 감염으로 인해 그녀는 오염되었다는 느낌을 받았고, 문제가 지속되었습니다.

있다. 이러한 상호작용은 복잡하며 근본 질환과 구별하기 어려울 수 있다.

- PTSD 환자는 신체 증상을 더 강렬하게 경험할 수 있다. 예를 들어, 불안은 통증 민감도를 증가시키고 통증 내성을 낮출 수 있다.

데이터 수집

내담자들의 신체적 및 심리적 증상이 어떻게 상호작용하는지 이해하려면 먼저 '탐색 작업(detective work)'이 필요하다. 즉, 증상이 어떻게, 언제 시작되었는지, 그리고 어떻게 진행되었는지(예: 악화되거나 호전된 시점), 이에 대한 인식과 신념, 사용된 대처 전략, 그리고 다양한 증상이 기분, 활동 방해, 관계에 어떻게 영향을 미치는지에 대한 철저한 평가가 필요하다. 개별화된 일지를 사용하여 다양한 증상을 모니터링하고 추적하며 증상과 행동, 외상 촉발 요인, 활동 수준이 어떻게 상호작용하는지 이해하는 것이 도움이 된다. 이러한 데이터는 우리의 공식화에 중요한 정보를 제공하고, 개입 목표를 강조하는 데 기여할 수 있다. 우리는 또한 내담자의 치료에 관여한 의료 전문가들과 협력하여 데이터를 수집한다. 신체 건강 문제가 있는 사람과 치료를 시작할 때는 혈액 검사를 포함한 의학적 검토를 요청한다. 우리는 외상 이력 때문에 증상이 심리적인 것으로 추정되었지만 적절한 의학적 조사가 이루어지지 않은 내담자를 평가한 적이 있다. 예를 들어, 중증 우울증과 피로를 겪는 사람들이 조사 결과 갑상선 기능 저하증으로 진단된 경우가 있었다. 의학적 설명이 충분히 검토되고 배제된 경우에만 신체적 증상을 심리적 과정에 귀속시키는 것이 적절하다. 우리는 또한 내담자과 함께 확인된 의학적 상태를 조사하는 것이 도움이 된다고 생각한다. 이 정보는 치료사와 내담자 모두 문제를 더 잘 이해하는 데 종종 매우 귀중하며, 이를 통해 '탐색 작업'을 공유할 수 있다.

공식화

공식화 방식은 저마다 다르지만, 일반적으로 PTSD에 대한 기존의 인지 모델에서 시작하여 그 틀 안에 신체 건강 문제에 대한 정보를 추가하거나 몇 가지 추가 항목과 가능한 유지 주기를 추가하는 것이 가장 쉽다. 또는 서로 다른 문제를 개별적으로 공식화하여 교차되는 영역을 찾아낼 수도 있다. 일반적으로 이는 부적응적 대처 전략이나 평가를 공유하는 과정이다. 우리는 내담자와의 토론과 '치료적 평가 과정'을 통해 점진적으로 이러한 공식을 구축하며 가능한 피드백 주기를 도출하고 테스트한다. 기능적 증상을 고려할 때, PTSD의 인지적 모델과 잘 맞아떨어지는 Deary 등(2007)의 CBT 모델과 같은 접근 방식이 도움이 된다는 것을 발견했다. 간단히 말해, 이 모델은 다양한 요인(유전적, 환경적, 초기 외상 등)으로 인해 특정 사람들이 신체적 증상에 민감하게 반응하고 그로 인해 괴로워하는 경향을 보인다는 것을 시사한다. 생활 사건, 부상 또는 질병으로 인해 촉발된 신체적 증상은 주의력 및 귀인 과정, 질병 평가, 회피와 같은 행동, 생리적 변화, 사회적 요인 등 다양한 상호작용 과정으로 인해 만성화된다. 신체적 증상과 그에 수반되는 '현재 위협'의 경험은 CT-PTSD 모델의 '현재 위협감' 상자에 잘 연결되어, 고통스러운 평가와 이를 유지하기 위한 부적응적 대처 행동의 유사한 과정과도 일치한다. Deary 등(2007)은 내담자가 이해할 수 없다고 느꼈을 수 있는(그리고 외부에서 판단했을 수 있는) 증상에 대해 내담자와 함께 상세한 설명을 만들고, 이를 통해 치료 목표에 대한 신뢰할 만한 근거를 만드는 것이 중요하다고 강조한다. 여기에는 심신 이원론의 개념에 도전하고 신체적 증상이 심리적 증상과 상호작용하여 신체적, 심리적 경험인 '스트레스'로 나타난다는 개념을 도입하는 것이 포함된다. 방어 연쇄 반응에 대한 정보(Kozlowska et al., 2015; Schauer, & Elbert, 2010)는 마비 및 해리성 발작과 같은 많은 기능성 신경 증상의 기저에 있는 해리성 반응을 설명하는 데도 유용하다(6장 참조).

공식은 본질적으로 가설이며, 다양한 원인과 유지 주기가 포함된 신체 증상을 다룰 때 특히 이 점을 유의해야 한다. 일부 내담자는 신체적으로 경험한 증상이 적어도 부분적으로는 심리적인 원인이 있을 수 있다는 가능성에 대해 회의적일 수 있다. 그렇다면 우리는 심리치료를 하나의 실험으로 취급한다. 신체적 증상과 함께 PTSD 증상이 개선된다면 이는 훌륭한 결과이다! PTSD 증상만 개선되고 다른 증상은 개선되지 않거나 오히려 악화된다면 추가적인 조사가 필요하다. 또한 신체적 증상의 원인이 무엇이든, 행동 변화를 통해 삶의 질에 미치는 영향을 개선할 수 있다는 것을 시사하는 것이기도 하다.

후세인은 예멘에서 고문을 경험한 후 PTSD 치료를 위해 의뢰되었습니다. PTSD 증상 외에도 후세인은 의학적으로 원인을 찾을 수 없는 실신 증상을 겪고 있었습니다. 후세인은 머리를 구타 당했을 때 뇌 손상을 입었다고 믿었으며, 이 생각은 그에게 회복 가능성에 대한 절망감을 안겨주었습니다. 치료 과정에서 후세인은 몇 주 동안 실신 일지를 쓰기로 동의했고, 스트레스를 받거나 회상을 떠올릴 때 종종 실신이 일어난다는 사실을 알게 되었습니다. 그의 치료사는 실신에 대한 다양한 설명이 있을 수 있다고 설명하며 후세인에게 해리의 '방어 연쇄 반응' 모델을 소개했습니다. 이는 적극적인 방어 반응이 실패했을 때 피할 수 없는 위협으로부터 우리를 보호하기 위해 진화한 자동 방어 연쇄 반응의 마지막 단계로 실신을 설명했습니다. 그들은 이 아이디어를 탐구하며 후세인이 고문 중 기절했던 기억을 떠올렸습니다. 후세인은 이 새로운 설명이 가능성이 있다는 데 동의했고, PTSD 치료를 실험으로 사용하여 이를 더 테스트해 보기로 했습니다. 만약 후세인이 치료 후 스트레스를 덜 받고 실신 에피소드가 덜 빈번해졌다면, 이는 두 증상이 관련이 있을 가능성이 높습니다. 만약 후세인의 다른 증상은 호전되었지만 실신이 계속 자주 발생한다면, 두 증상이 서로 관련이 없는 것으로 판명되어 추가 조사를 위해 신경과에 다시 의뢰할 것입니다.

🔍 유용한 팁: 신체적 동반이환과 치료사의 태도

일부 내담자들은 여러 차례 만족스럽지 못한 의료 경험을 했으며, 그들의 신체적 문제가 무시되거나 오해받거나 불충분하게 치료되었다고 느낄 수 있습니다. 다른 사람들에게는 신체 건강 문제에 대한 심리적 접근이 '전부 당신의 머릿속 문제'나 '당신이 꾸며낸 것'이라는 의미로 받아들여질 수 있습니다. 이러한 이유로, 연민적이고 인정하며, 호기심 많은 치료사의 태도가 특히 중요합니다. 다음은 우리의 유용한 팁입니다:

- 신체적 증상을 진지하게 받아들이기: 세션에서 신체 건강 문제를 논의할 시간을 허용하십시오. 이것이 중요하고, 관련이 있으며, 실재한다고 명확히 하십시오. 내담자가 건강에 집착하거나 신체적 증상을 통해 고통을 표현하는 경향이 있다면, 사전에 합의된 시간 제한을 두고 이를 의제에 추가합니다.

- 협력적 경험주의: 문제를 이해하는 것은 내담자와 치료사가 함께하는 공동의 과제입니다. 우리는 모든 답을 가지고 있지 않으므로, 호기심을 유지하고 적극적으로 정보를 찾는 모델을 제시합니다. 내담자는 심리적 설명과 개입을 고려하기 전에 자신의 신체적 우려가 우선적으로 다루어지고 경청되고 있음을 느껴야 합니다. 또한 내담자가 신체적 증

상에 대한 감정적 영향을 탐구하고, 이에 대처하기 위한 인지적, 행동적 방법을 탐구함으로써 심리적 요인과 신체적 요인을 연결하는 데 도움을 줄 수 있습니다.

• 언어에 대한 민감성: 많은 내담자가 '의학적으로 설명되지 않는 증상'이라는 용어를 좋아하지 않지만, '기능성' 또는 '지속적인 신체적 증상'이 더 선호될 수 있습니다(Marks & Hunter, 2015). 내담자가 사용하는 특정 언어와 표현을 사용하고 반영하며, 치료사의 언어를 강요하지 않습니다(예: '통증' 또는 '피로'라는 표현을 사용하는 것이 더 적절하며, '신체적 증상' 또는 '무기력'이라는 용어를 피하는 것이 좋습니다).

• 다른 분야와 협력: 여러 임상 팀이 관여할 수 있으므로 효과적인 학제 간 의사소통을 촉진하는 것이 중요할 수 있습니다. 의료 전문가의 조언과 의견을 구하는 것뿐만 아니라, 내담자의 치료를 통합하기 위해 다양한 전문 분야 간의 조정을 시도할 때도 있습니다. 예를 들어, 공동 검토 및 계획하에 회의를 주선합니다.

• 치료 모델을 유지하면서 유연하게 전달: 신체 건강 문제를 수용하기 위해 PTSD 치료 전달 방식을 조정해야 할 수도 있습니다. 이는 다음 섹션에서 더 자세히 논의할 것입니다.

🌿 치료적응

순차적, 동시적 또는 통합적 치료

심리적 동반이환과 마찬가지로, 신체적 증상이 PTSD와 함께 발생하는 경우 다양한 치료 옵션이 있다. 첫째로, 우리는 CT-PTSD를 기존 방식대로 진행하면서 치료를 완료하는 데 필요한 최소한의 적응만을 시도할 수 있다. PTSD 치료가 완료된 후, 다른 문제들이 추가적인 치료가 필요한지 재평가한다. 일부 연구에 따르면 PTSD 증상이 신체 건강 문제를 악화시키는 경우, PTSD가 성공적으로 치료되면 일부 신체 건강 문제가 개선될 수 있다는 (제한적이긴 하지만) 증거가 있다(Beck et al., 2009; Galovski et al., 2009). 이 접근법이 내담자의 목표와 일치할 때, PTSD 치료에 집중하는 것이 일반적으로 선호된다. 그러나 신체적 문제가 있는 내담자가 심리치료에서 부정적인 결과를 경험하는 경우도 있다는 증거도 있다(Taylor et al., 2001). 또한 신체 건강 문제가 너무 심각하여 세션에서 계속 주요 초점이 되거나 치료 작업을 방해하는 경우, 신체 증상을 줄이는 것이 내담자의 주요 목표인 경우, 또는 외상 중심의 CBT 시도가 이전에 비효과적이었던 경우(이 마지막 예는 향후 장애물을 식별하는 데 유용한 정보가 될 수 있음)에는 PTSD에 집중하는 것이 불가능할 수 있다. 이러한 시나리오에서는 내담자를 신체 건강 문제 치료를 위해 다른 곳으로 의뢰하거나, PTSD 치료와 병행하여 치료하거나, 통합 치료를 시도할 수 있다. 20장에서 설명한 바와 같이, 통합 치료는 CT-PTSD의 원칙과 기법을 포기하는 것을 의미하지 않는다. 대신, 두 가지 문제를 공식화하고 겹치는 과정을 이해하려고 노력한다. 그런 다음, CT-PTSD와 만성 통증치료 같은 다른 관련 CBT 모델의 기법을 사용하여 주요 유지 주기 과정을 다룬다.

치료 전달 방식의 적응

신체적 건강 문제가 있는 내담자들을 위해, 그들이 치료에 접근하고 혜택을 받기 위해 어떤 적응이 필요한지 논의해야 한다. 이러한 적응 사항에는 다음이 포함될 수 있다:

• 피로, 집중력, 통증 관리: 피로, 집중력, 통증을 관리하기 위해 치료 속도를 조절한다. 짧은 세션을 고려하고, 실현 가능한 숙제와 '삶을 되찾기' 활동을 협의한다.

• 최적의 치료 전달 방식 논의: 내담자가 참석에 어려움을 겪는 경우 전화나 화상 세션과 같은 최적의 전달 방식을 논의한다. 예를 들어, 오전에 피로감을 느끼는 경우 오후에 예약을 잡는 것이 좋다.

• 기억 보조 도구 사용: 약속 알림, 세션 요약서 작성, 내담자가 세션을 휴대전화에 녹음하도록 요청하는 등 기억 보조 도구를 사용한다. 특히 인지 장애나 집중력 저하 상태가 있는 내담자를 위해 세션 간 이메일 또는 자동 문자 메시지로 체크인과 알림을 제공하여 참여를 지원한다.

• 개인에 맞춘 의사소통 최적화: 감각 장애나 학습 장애와 같은 장벽이 있는 경우, 개인에 맞춘 의사소통 방식(서면 및 구두)을 최적화한다.

• 세션을 위한 신체 증상 관리 방법: 내담자가 세션 전 적절히 식사하고 휴식을 취하며 약물을 적절히 사용하도록 하여 신체 증상 관리를 돕는 방법을 다룬다.

• 필요 시 의료 전문가와 협력: 약물 관리와 관련하여 의료 전문가와 협력한다. 규칙적인 약 복용 스케줄을 준수하도록 장려하고(남용 또는 반동 효과를 피하기 위해) 아편계 진통제 사용을 줄여 세션을 위한 인지 처리 영역을 확보할 수 있도록 한다.

• 세션 중 증상이 발생하는 경우 관리 방법 합의: 이러한 증상이 나타나는 경우 이를 관리하는 방법을 합의하고 자기 관리를 장려한다. 해리성으로 보이는 신체 증상에 대해서는 치료 초기 단계에서 촉발 요인과 초기 징후를 식별하고, 그라운딩 기술 및 자극 변별을

개발하는 방안을 논의한다.

○ ○ ○

FAQ 신체 건강 문제가 있는 사람과 '재연하기'를 하는 것이 안전한가요?

일부 내담자들은 스트레스를 피하라는 말을 들었거나 스트레스가 위험하다는 신념을 가지고 있으며, 화를 내거나 불안해지는 것이 질병을 악화시킬까 봐 걱정합니다. 질병이 진단된 경우, 상상적 재연하기(및 기타 치료 작업)가 일시적으로 감정과 생리적 각성을 증가시킬 수 있음을 설명하고, 이러한 작업이 어떤 위험을 초래할 수 있는지에 대한 의견을 구하기 위해 의료 전문가와 상담하는 것이 적절합니다. 이것은 때때로 임산부에게 우려가 되지만, 임신이 정상적이라면 심리치료는 일반적으로 산모와 아기에게 안전한 것으로 간주됩니다(Baas et al., 2020). 특히 PTSD를 치료하지 않는 경우, 만성적으로 높은 스트레스 호르몬이 태아 발달에 미치는 잠재적 부정적 영향과 모자 유대에 방해가 될 수 있는 점을 고려할 때 더욱 그렇습니다. 실제로 대부분의 사람들에게 만성 PTSD와 만성 스트레스의 생리적 영향으로 인한 장기적인 건강과 삶의 질 위험은 PTSD 치료에서 일시적인 고통과 증상의 증가보다 더 해로울 때가 많습니다. 재경험 증상은 이미 생리적 각성을 증가시키고 반대로 의료 문제에 대처할 수 있는 인지 자원을 고갈시키고 있습니다. 잘 관리된 치료 세션에서 외상 기억을 다루는 것은 예측할 수 없는 PTSD 재경험 증상과 함께 생활하는 것보다 일반적으로 덜 고통스럽습니다. 내담자의 걱정은 또한 PTSD의 전형적인 과장된 위험 인식에서 비롯될 수 있으며, 이는 치료에서 다룰 수 있습니다. 또한 치료에 대한 우리의 근거 없는 믿음이 회피를 뒷받침할 수 있음을 염두에 두어야 합니다. 그러나 우리는 항상 내담자가 PTSD 개입이 견딜 수 있고, 예측 가능하며, 통제 가능하다고 느끼기를 원하므로, 치료적 내성 범위 내에 머무르도록 필요한 경우 조정하고 조절할 수 있도록 그들과 함께 작업합니다. 이는 그들의 신체적 및 심리적 불편에 의해 결정될 것입니다.

질병 관리 개선

치료의 또 다른 중요한 초점은 내담자가 가능한 한 효과적으로 신체 건강을 관리할 수 있도록 지원하는 것이다. PTSD 증상과 우울증 같은 기타 문제는 내담자가 검진이나 신체 건강 치료를 받거나 만성 건강 문제를 적절히 관리하는 데 방해가 될 수 있다(예: 자궁경부암 검진, Cadman et al., 2012; 당뇨병, Egede, & Osborn, 2010; 호흡기 질환, Waszczuk et al., 2019). 의료 전문가와 협력하여 건강 문제의 적절한 관리 방법을 명확히 하고, 개인별 '해야 할 것과 하지 말아야 할 것'을 파악하여 의료진과 공유하는 등 내담자가 장벽을 극복하기 위한 실행 계획을 수립할 수 있도록 지원한다. 만성 피로, 통증, 과민성 대장 증후군과 같은 지속적인 신체 증상에 대한 치료는 '기복이 큰 패턴'을 반복하는 패턴보다는 일관성을 강조하는 경우가 많다. 규칙적인 활동, 적절한 영양 섭취, 수면을 보장하는 데 집중해야 할 수도 있다. 일부 내담자는 PTSD 증상과 밀접한 관련이 있는 질병 관리의 장벽을 경험한다. 특히 당뇨병으로 인한 저혈당이나 화학 요법 미준수 등 실질적이거나 즉각적인 위험을 초래하는 경우에는 치료 초기에 이러한 문제를 파악하고 해결해야 한다. 다음은 몇 가지 예이다:

- **외상 촉발 요인**: 신체적 건강 문제가 외상으로 인해 직접적으로 발생했거나 의료 환경에서 외상이 발생한 경우, 예약 및 치료가 증상의 재경험을 촉발할 수 있다. 누워 있거나 제약을 받는 의료 절차(예: MRI 스캔), 낯선 사람의 신체 접촉, 옷을 벗는 상황은 취약하거나 침해받는 느낌을 촉발하는 요인이 될 수 있다. 특히 성폭행 후에는 구강, 산부인과 또는 직장 검사는 내담자에게 어려운 경우가 많다. 이러한 경우, 우리는 자극 변별 및 행동 실험을 우선시하고, 가능한 한 예측 가능하고 통제 가능한 절차를 만들기 위한 공유된 계획을 개발한다.
- **낮은 자존감**: 일부 내담자들은 수치심으로 가득 찬 외상 기억으로 인해 자기 혐오감 및 낮은 자존감으로 자기 관리가 어려울 수 있다. '나는 고통받을 자격이 있다.'와 같은 신념은 임상 증상과 연관될 수 있으므로 반드시 다루어야 한다. 또한 '삶을 되찾기'의 개념을 외상으로부터 자신의 몸과 건강을 되찾는 것으로 확장하는 것도 도움이 될 수 있으며, 이는 가해자가 의도적으로 피해자의 몸을 통제하고 더럽히려고 한 경우, 그로부터 자신의 몸을 되찾는 것까지 포함될 수 있다(예: 고문이나 학대 후).
- **무모함**: 18장에서 논의한 바와 같이, 다양한 과정이 무모하거나 위험한 행동을 유발할 수 있으며, 이러한 행동은 질병 관리와 관련된 행동에서도 유사하게 나타날 수 있다. 예를 들어, 경각심을 높이기 위해 음식 섭취를 제한하거나, 정서적 고통을 관리하기 위해 진통제를 과도하게 사용하는 등 감정 상태를 조절하거나 감정과 '일치'시키기 위해 신체 증상을 의도적으로 악화시키거나 방치할 수 있다.

필요한 경우, 치료를 진행하기로 동의하기 전에 적절한 질병 관리를 위한 최소 기준을 설정한다. 예를 들어, 내담자의 질병 관리가 너무 부실하여 위험에 처해 있거나(예: 당뇨병 관리가 제대로 되지 않아 저혈당이 자주 발생하거나, 위험한 체중 감소, 약물 미복용으로 인한 잦은 간질 발작 및 낙상 등), 질병이 지속적으로 치료 작업에 참여하지 못하는 경우에 해당한다. 이러한 상황에서는 PTSD 치료를 진행하기보다는 우선적으로 질병을 안정시키고 적절한 전문가 개입(예: 당뇨병 전문 간호사의 정기적인 검토)을 받을 수 있도록 지원하는 데 집중한다.

공유 프로세스 타겟팅

연구에 따르면 PTSD와 신체적 건강 상태, 특히 만성 통증 사이에 몇 가지 공통된 과정이 있다고 한다(Beck, & Clapp, 2011; Sharp, & Harvey, 2001). 이를 이해하면 두 문제를 동시에 다루고, 인지적 내용(공유된 의미)과 이를 유발하거나 유지할 수 있는 인지 행동 과정을 모두 목표로 삼을 수 있다. 이를 통해 개입의 효과를 극대화하고 한 문제를 단독으로 치료하려다가 다른 문제로 인해 방해를 받거나 악화되는 '상호작용 문제(interlock)'를 방지할 수 있다. 다음은 몇 가지 공통된 프로세스와 이를 목표로 하는 방법이다:

재경험 증상으로서의 신체적 증상

외상이 통증과 같은 강렬한 신체적 감각을 수반하는 경우, 이러한 감각은 신체적 플래시백으로 재경험될 수 있다(Salomons et al., 2004). 이러한 연관성은 내담자나 의료진에게 즉각적으로 명확할 수도 있고 그렇지 않을 수도 있다. 강렬한 신체 감각(somatosensory) 입력 및 부분 의식, 눈가리개/암흑, 약물 또는 알코올과 같은 인지 처리에 영향을 미치는 기타 조건과 관련된 외상은 종종 특히 파편화된 기억으로 이어지고, 재경험은 언어적 또는 시각적 기억 요소 없이 주로 신체적 및 장내(visceral) 기억으로 나타날 수 있다. 이를 평가하기 위해 우리는 내담자에게 현재 신체 증상을 자세히 설명하도록 하고, 외상 당시의 경험과 일치하는

야스민은 산후 출혈을 크게 겪은 후 PTSD가 생겼습니다. 그녀는 성관계 중 통증, 쇠약감, 피로감 등 다양한 신체적 증상을 호소했습니다. 야스민의 외상에 대한 기억은 매우 불분명하고 단편적이며 강한 감정과 신체적 증상을 동반하고 있었습니다. 야스민과 치료사는 외상 당시 함께 있었고 사건을 더 명확하게 기억하는 파트너의 도움을 받아 외상의 타임라인을 작성했습니다. 그들은 의식을 잃기 직전에 극심한 쇠약감과 피로감 같은 신체적 증상을 파악하고, 근육을 움켜쥐는 등 힘을 주는 신체 움직임과 함께 새로운 인지 정보로 이를 업데이트할 수 있었으며, 현재 재경험하고 있는 신체적 증상을 파악할 수 있었습니다. 야스민은 또한 성관계 중 증상의 촉발 요인을 인식하는 법을 배웠고, 파트너의 도움을 받아 친밀감 과제와 함께 출혈에 대한 기억을 변별하는 방법을 배웠습니다.

부분이 있는지 살펴본다. 기억을 떠올리는 과정에서 신체적 감각이 유발될 수 있으며, 때로는 외상을 연상시키는 신체적 또는 생리적 변화(예: 홍조나 부상당한 신체 부위의 부종 등)가 나타날 수 있다. 이러한 경우, 우리는 신체적 증상의 원인을 외상 기억과 연관시켜 공식화한다. 이러한 증상은 일반적으로 치료 과정에서 관련 핫스팟의 생리적 측면을 완전히 맥락화하고(147페이지), 신체 양식을 업데이트하여(예: 273페이지) 기억이 처리되면서 해결된다.

기억 촉발 요인으로서의 신체 증상

신체적 증상이 증상의 재경험을 유발할 수 있다. 예를 들어, 내담자는 통증이 외상을 상기시키기 때문에 통증을 경험할 때 두려움이나 무력감을 느낄 수 있다. 유발된 기억에 신체 정보가 포함된 경우, 이는 이전 과정과 상호작용하여 현재의 신체 통증과 과거의 통증 기억이 상승적으로 상호작용하는 '겹침 현상'이 일어날 수 있다. 재경험으로 인해 각성이 증가하면 이러한 생리적 변화가 신체 감각을 악화시킬 수 있으며, 예를 들어 근육 긴장으로 인해 통증이 악화될 수 있다. 다른 촉발 요인과 마찬가지로, 우리는 내담자가 촉발 요인을 인식하고 자극 변별을 통해 외상 기억과 구별할 수 있도록 돕는다. 또한 내담자가 미묘한 내부 또는 외부 촉발 요인에서 감각, 침투 기억 및 평가의 점진적 상승으로 이어지는 과정을 시각화할 수 있도록 다이어그램으로 프로세스를 작성하는 것이 도움이 될 수 있다. 이렇게 하면 내담자가 촉발 요인이 어떻게 감각적 변화를 일으키고, 점차 기억과 평가로 연결되는지를 더 잘 이해할 수 있다.

아미르는 기도가 좁아져 호흡이 어려워지는 심각한 아나필락시스 쇼크를 겪은 후 PTSD가 생겼습니다. 아미르는 또한 천식을 앓고 있었으며, 때때로 숨 가쁨을 경험했습니다. 이 감각은 아나필락시스 쇼크 기억의 촉발 요인이 되어 아미르에게 극도의 불안을 느끼게 하고 과호흡을 시작하여 천식 증상을 악화시켰습니다. 아미르와 치료사는 이러한 주기의 최근 예시를 논의하며, 아미르의 기억, 감정, 행동, 신체적 증상 간의 상호작용을 지도로 만들고 치료 목표를 파악했습니다. 그들은 '그때 대 지금' 기법을 사용하여 천식 증상과 아나필락시스 증상을 구별하고, 과호흡을 줄이며 아미르의 천식 간호사가 제공한 적절한 천식 발작 치료 계획으로 대체하기 위해 노력했습니다.

위협에 대한 과잉 경계/주의 편향

PTSD를 가진 사람들은 내부적이든 외부적이든 위협에 대해 과민반응하는 경향이 있다.

신체적 질병 증상이 있는 사람들, 특히 그 증상이 부정적이거나 치명적으로 평가되는 경우에도 동일한 반응이 나타난다. PTSD와 신체 증상이 모두 존재하는 경우, 이러한 경향이 일반화되어 이미 위협을 느끼고 한 가지 신호에 경계하는 사람들이 다른 신호에도 민감하게 반응하여 과도한 경계와 확인을 하는 상호 유지 주기가 나타날 수 있다.

CT-PTSD에서는 행동 실험을 통해 과잉 경계가 불안 및 관련 위협 평가에 미치는 영향을 입증하고, 건강 불안 치료에 사용되는 기법(예: 특정 신체 부위에 주의를 집중하여 정상적인 감각이 증폭되고 위협적인 증상처럼 느껴지게 하는 기법, Bennett-Levy et al., 2004)을 활용하여 신체 증상에도 동일한 실험을 할 수 있다. 마찬가지로, 우리는 내담자가 신체 증상을 과도하게 확인하거나 증상을 '자극(예: 해당 부위를 찌르거나 문지르는 것)'하거나 걱정하는 등 위협에 초점을 맞추는 주의 반응을 먼저 늘렸다가 이를 다시 줄이는 방식으로 테스트할 수 있도록 돕는다.

위협 평가

추가적인 외상의 가능성이나 PTSD 증상의 결과에 대한 과대 평가는 PTSD의 주요 특징이다. 마찬가지로 재부상에 대한 두려움, 신체 증상 악화에 대한 우려 또는 이와 관련된 낙인은 신체 건강 문제와 관련된 일반적인 평가이다. 그 외에도 증상을 바꾸거나 개선할 수 없다는 생각, 자신이 쓸모없고 무력하며 대처할 능력이 없다는 생각, 영구적으로 손상되었다는 생각, 삶이 파괴되었다는 생각 등이 공유되는 평가에 포함될 수 있다. 불안 민감성, 즉 불안 각성 증상을 위협적인 것으로 잘못 해석하는 경향은 PTSD와 신체 건강 문제의 근본적 원인 중 하나로 알려져 있다. 건강, 대처, 질병의 의미에 대한 신념은 종종 초기 삶의 경험과 문화적 관점(예: 간병인이 가족의 질병에 대처하는 방식 또는 지역사회에서 다른 사람들의 질병을 목격하거나 경험한 사례)에서 기인하는 경우가 많다. 외상 관련 평가를 다룰 때 사용하는 것과 동일한 인지 기법을 신체적 증상에 대한 신념을 다룰 때도 적용하여 증거를 수집하고 행동 실험을 진행한다. 두 경우 모두, 우리는 우리의 감정이 객관적인 위험을 평가하는 데 적합하지

핵심 인지

- 사람들은 내가 이걸 꾸며낸다고 생각한다.
- 나는 무능력자로 사회에 쓸모없는 존재로 여겨진다.
- 나는 도울 수 없는 사람이다.
- 나는 결코 예전의 나로 돌아갈 수 없을 것이다.

않을 가능성에 대해 논의한다. 예를 들어, PTSD는 실제로는 그렇지 않은데도 위협받고 있다고 느끼게 만들 수 있다. 통증은 신체가 물리적으로 손상되었다는 메시지를 전달할 수 있지만, 이러한 신호는 신체가 치유된 후에도 지속될 수 있다.

회피

내담자가 외상 기억과 신체 증상의 촉발 요인을 피하려는 것은 당연한 일이다. 회피의 결과는 서로 연결되어 위협적인 평가에 대한 반박을 막고, 신체적 외상 기억의 처리와 내적 및 외적 촉발 요인에 대한 재평가를 방해할 수 있다. 내담자가 우울한 경우, 무기력과 피로가 비활동으로 이어질 수도 있다. 회피와 비활동은 일부 증상을 더욱 악화시킬 수 있다. 예를 들어, 움직임을 회피하면 사용 불능 증후군(disuse syndrome)과 신체적 컨디션 저하로 이어져 통증과 경직이 악화되고, 무기력과 회피를 유발하는 절망감으로 연결될 수 있다(Vlaeyen, & Linton, 2000).

회피를 점진적인 접근과 활성화로 대체하는 것은 PTSD, 만성 통증 및 만성 피로 증후군을 포함한 대부분의 인지행동치료 개입에서 중요한 부분을 차지한다(예: Nijs et al., 2013). 따라서 회피를 줄이기 위한 행동 실험은 PTSD와 신체 건강 증상을 모두 목표로 하는 데 유용할 수 있다.

찰리는 직장에서 인쇄기에 손이 끼어 심각한 부상을 입었습니다. 수술로 손을 재건했지만 여전히 통증이 남아 있었습니다. 그 결과 찰리는 항상 손을 가슴에 대고 움직이지 못했습니다. 물리치료사는 찰리에게 손과 팔 운동을 하라고 조언했지만, 찰리는 너무 고통스러워서 할 수 없었습니다. 찰리는 재경험 증상과 관련된 극심한 통증을 경험했습니다. 치료 중 상상적 재연을 하는 동안 그의 손이 욱신거렸습니다. 적어도 통증의 일부가 기억에 의한 것으로 보였기 때문에 찰리의 치료사는 찰리가 손을 보고 손가락을 흔들어 얼마나 잘 치유되었는지 스스로에게 보여 주는 등 새로운 정보로 관련 핫스팟을 업데이트하도록 도왔습니다. 치료사는 찰리가 물리치료 운동을 하는 동안 자극 변별을 사용하여 외상 기억과 관련된 통증과 움직일 때 느끼는 통증을 구분했습니다. 그들은 손을 보호해야 한다는 찰리의 신념을 테스트하고 재구성했으며, 부자연스러운 자세가 그의 통증을 증가시키고 손을 '손상된' 것으로 인식하게 만드는지, 그리고 다른 사람들이 그를 '장애인'으로 보는 자의식적 신념이 있는지 확인하기 위해 손을 다르게 잡는 연습을 했습니다.

체계적 문제

질병, 부상 또는 외상을 경험하면 소중한 관계, 사회적 및 직업적 역할을 포함한 사회적 네트워크에 원치 않는 변화가 생겨 고통을 유발할 수 있다. 동시에 더 많은 돌봄을 받거나 스트레스가 많은 책임에서 벗어나는 등 의도치 않은 긍정적인 결과가 나타날 수도 있다. 내담자들은 회복되면 이러한 긍정적인 결과들을 잃을지 모른다는 두려움으로 인해 변화를 원하는 것에 대해 양가감정을 느끼고, 이는 관계에서 긴장을 초래할 수 있다. 치료에서는 '일차적 상실'에 대한 내담자의 경험과 '이차적 이득'을 잃는 것에 대한 이해할 수 있는 두려움을 확인하면서 변화에 대한 잠재적 장벽을 논의하고 정상화한다(19장 참조). 우리는 내담자가 활동과 역할을 재개할 때의 장단점을 장기적 및 단기적으로 탐색하고, PTSD에서 회복되거나 신체 건강 문제로 인해 덜 손상될 경우 자신의 역할이 어떻게 변할 수 있는지에 대해 논의하도록 돕는다. 또한 내담자가 자신의 정당한 정서적 및 신체적 요구를 파악하고 해결할 수 있도록 하며, 손실을 최대한 회복하면서 이득을 보호하거나 유지하기 위한 계획을 세울 수 있도록 돕는다. 이를 통해 양면성을 다루고 탐구한다. 때때로 회복에 대한 두려움의 역사적 기원을 살펴볼 때, PTSD 및 질병이 기존의 부정적인 스키마와 정서적 박탈감 또는 자기 희생과 관련된 보상 대처 행동의 배경에서 발생했음을 알 수 있다. 일반적으로 이러한 스키마는 어린 시절의 외상이나 방임 경험에서 기인하는 경우가 많으며, 이는 치료에서 다룰 수 있는 중요한 목표가 될 수 있다.

🌱 치료실 노트: 다나

다나는 10년 전 심각한 교통사고를 당한 후 오랫동안 지속된 PTSD와 함께 다양한 신체적 증상을 호소했다. 사고 당시 의식을 잃었고, 사고 후 몇 주 동안 두통, 어지럼증, 메스꺼움을 경험했다. 스캔 결과 눈에 보이는 뇌 손상은 없었고, 뇌진탕 후 증후군(post-concussion syndrome) 진단을 받았다. 몇 달 후 증상이 호전되었지만 주기적으로 재발했고, 다나는 전신 통증과 피로감도 경험했다. 점차 교사로서의 직업을 유지할 수 없게 되었고 고립감과 우울증에 시달리게 되었다. 사고 이후 몇 년 동안 다나는 통증 클리닉, 신경과, 신경정신과, 수면 클리닉 등 여러 곳에서 진단과 치료를 받았다. 여러 전문의로부터 섬유근육통, 만성 피로 증후군, 신경성 폭식증(식사 후 자주 구토를 함), 기면증(갑자기 잠드는 경우가 많음), 중추성 전정 장애(central vestibular disorder, 반복되는 어지럼증과 연관됨) 등의 다양한 진단을 받았다. 심리치료를 받은 것은 이번이 처음이었기 때문에 효과가 있을 것이라는 기대는 하지 않았다. 그녀의 치료사는 그녀의 증상과 이해할 수 있는 비관론에 대해 공감과 연민을 표하며, 그녀의 증상이 어떻게 이해될 수 있는지 함께 탐구해 보자는 제안에 다나가 동의했다. 다나의 치료사는 그녀에게 다양한 증상을 기록해 달라고 요청했고, 그중 일부가 외상을 상기시키는 것과 관련이 있다는 사실을 발견했다. 예를 들어, 다나는 음식을 먹거나 양치질을 할 때 메스꺼움을 느끼고 종종 구토를 했다. 사고 후 의식을 되찾았을 때도 메스꺼움을 느꼈고, 구급대원이 약을 삼키라고 했을 때 구급차 안에서 구토를 한 적이 있었기 때문에 입에 무언가를 넣는 것이 외상을 떠올리게 하고 구토에 민감하게 반응했을 가능성이 있었다. 또한 PTSD 증상이 일부 신체 증상과 상호작용하는 것으로 보였다. 다나의 졸음과 어지럼증은 악몽으로 인해 수면이 방해를 받을 때 더 심해졌고, 식사 문제로 인해 비타민 결핍이 발생하여 피로와 어지럼증을 유발할 가능성이 있다고 가정했다. 다나와 그녀의 치료사는 함께 잠정적인 유지 관리 주기를 도출하고 가능한 치료 목표에 동의했다. 그녀의 전체 치료 계획은 [그림 21-1]에 나와 있다. 일지는 치료 세션 일정을 결정하는 데도 도움이 되었다. 다나는 아침 중반에 에너지 레벨이 가장 높으며, 특히 미리 간식을 먹었을 때 에너지 레벨이 가장 높다는 사실을 발견했다. 두 사람은 다나가 몸이 너무 좋지 않아 이동할 수 없는 날에는 화상 세션을 갖기로 합의했다. 책을 읽으면 어지러울 수 있기 때문에, 각 세션이 끝날 때마다 휴대폰에 간단한 음성 메모를 녹음하여 나중에 '오디오 플래시카드'로 들을 수 있도록 하기로 합의했다. 치료의 첫 단계는 다나의 주치의의 조언에 따라 규칙적인 소량 식사와 비타민 보충제를 통해 다나의 영양 섭취를 개선하고 안정화하는 것이었다. 또한 자극 변별을 통해 다나가 음식을 먹을 때 느끼는 메스꺼움을 해결했다. 다나는 소량의 새로운 음식을 먹는 실험을 통해 새로운 맛과 질감에 집중하면 현재에 더 집중하고 메스꺼움을 덜 느낄 수 있다는 사실을 발견했다. 또한 수면, 운동, 즐거운 활동을 위한 규칙적인 시간으로 다나의 하루를 더 체계적으로 만들었다. 다음으로 다나의 치료사는 삶을 재건하는 개념을 소개했다. 사고 이후 다나의 삶은 완전히 바뀌었고 신체적 문제로 인해 이전에 즐겼던 활동을 할 수 없다고 느꼈다. 다나는 점진적으로 활동량을 늘리는 실험에 동의하고, 기분, 에너지 수준, 통증, 현기증 등 다양한 개인화된 지표에 따른 결과를 측정했다. 그녀는 짧은 산책과 같은 가벼운 신체 운동과 친구에게 전화하기, 새로운 레시피 요리하기, 스케치하기 등 집에서 할 수 있는 활동부터 시작했다. 운동은 피곤했지만 기분 전환에 긍정적인 영향을 주었고 예상보다 통증이 덜했다. 다나는 다시 넘어져 다칠지도 모른다는 두려움과 머리가 너무 약해져 또 다른 충격을 견디지 못할 거라는 생각 때문에 공공장소에 나가는 것을 꺼려했다. 그녀의 치료사는 이러한 신념을 지지하는 증거와 반대하는 증거를 검토하는 데 도움을 주었다. 다나는 지난 10년 동안 문틀에 머리를 부딪힌 적이 있는 등 가끔씩 충격을 받은 적이 있었지만, 다시

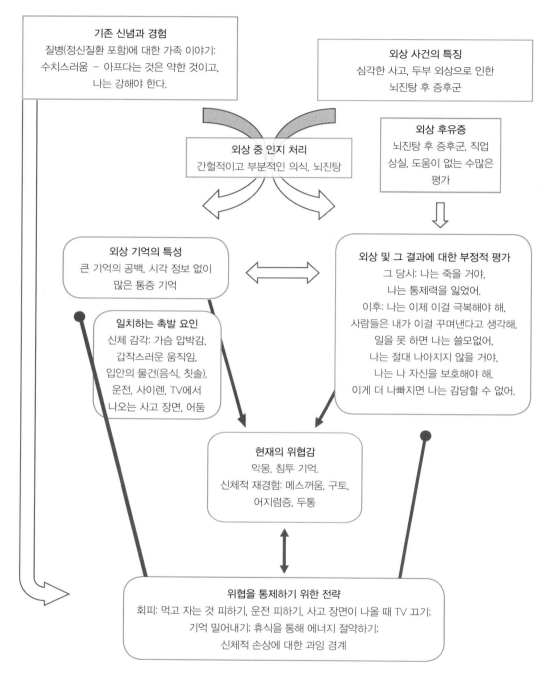

[그림 21-1] 다나의 공식화

크게 다친 적은 없었고 통증은 일시적인 것이었다. 다나는 걸을 때 다른 사람과의 충돌 가능성에 대해 과잉 경계를 하고 있었기 때문에 치료사는 치료실에서 가능한 모든 충돌 위험에 주의를 기울이는 행동 실험을 통해 위험을 찾을수록 더 안전하지 않다고 느끼는 것을 보여 주었고, 이 실험에서 배운 것을 내면의 과잉 경계로 일반화했다. 다나는 평소에는 아프지 않던 팔꿈치에 주의를 집중하면 팔꿈치가 욱신거리기 시작한다는 사실을 발견했고, 주의 집중이 신체 감각을 높이는 데 미치는 영향에 대해 논의하고 몸의 주의를 다른 곳으로 옮기고 내부와 외부의 초점을 전환하는 연습을 했다.

또한 다나와 치료사는 나무 숟가락으로 자신의 머리와 서로의 머리를 가볍게 두드리는 연습을 하며 머리에 작은 충격을 가했을 때의 안전에 대한 두려움을 테스트했다. 다나는 사고 당시의 기억이 흐릿하고 단절되어 있었다. 치료사와 함께 목격자 보고서와 병원 기록 등 다른 출처의 정보를 통합하여 가능한 한 공백을 메우기 위해 글쓰기 내러티브를 구성한 다음, 다나가 기억할 수 있는 특정 지점을 되살려냈다. 대부분의 기억은 시각적 세부 사항이 거의 없는 강한 감각과 신체적 파편으로 구성되어 있었기 때문에, 연구진은 기억의 맥락을 파악하기 위해 현재 다나가 알고 있는 정보를 포함하려고 노력했다. 예를 들어, 다나는 어두운 차 안에서 순간적으로 의식을 되찾고 몸이 아프고 어지럽고 고통스러웠던 기억을 떠올렸다. 연구진은 다나의 차가 구르면서 안전벨트에 묶인 채 거꾸로 매달려 머리를 부딪쳤다는 정보를 추가하여 신체적 감각을 설명했다. 기억을 업데이트하면서 다나의 치료사는 눈을 뜨고 일어서서 보고 움직일 수 있음을 보여 주고, 몸과 머리를 두드려 더 이상 다치지 않고 피가 나지 않았으며 두개골이 손상되지 않았다는 것을 보여 달라고 요청했다. 외상 기억에 대한 작업 후 다나의 악몽은 줄어들었고 불안, 메스꺼움, 현기증도 감소했다. 그녀는 활동 범위를 늘릴 수 있었고 쉽게 피곤해했지만 친구 및 가족과 더 많은 시간을 보내고 더 많은 운동을 할 수 있었다. 다나는 '진작에 마음을 다잡았어야 했는데.' '겁이 나서 내 삶을 놓쳤다.'는 자조적인 생각을 했다고 말했다. 다나는 어렸을 때 병을 '이겨낼 수 있다.'고 배웠고, 병은 나약함의 신호라고 배웠다고 밝혔다. 이러한 믿음은 의료 전문가들이 그녀의 신체적 증상을 심각하게 받아들이지 않음으로써 더욱 강화되었다. 그녀의 치료사는 심각한 사고를 당한 그녀의 증상이 '정당한지'에 대한 다른 의견을 수렴하기 위해 설문조사를 작성하도록 도왔고, 다나는 대부분의 응답이 동정적이고 지지적이었다는 사실에 놀랐다. 이에 자극을 받은 다나는 스스로에게 친절하게 말하는 연습을 시작했다. 이를 계기로 다나는 자신의 삶을 재건하는 활동을 바라보는 시각이 바뀌게 되었다. 그녀는 자신이 할 수 없는 것에 대해 자신을 비판하기보다는 자신이 성취한 모든 것에 대해 칭찬하고 보상했다. 그녀는 모든 재건 활동을 휴대폰으로 사진으로 찍어 앨범에 저장하여 자신의 진행 상황과 성공을 상기하는 데 활용하기 시작했다. 치료가 끝날 때쯤, 다나의 PTSD 증상은 크게 호전되었고, 신체 건강 증상도 감소했지만 완전히 회복되지는 않았다. 중요한 점은 그녀의 신체 증상이 그녀에게 주는 고통이 크게 줄어들었고, 삶에 미치는 방해가 현저히 감소했다는 것이다.

🔵추천도서

Beck, J. G., & Clapp, J. D. (2011). A different kind of comorbidity: Understanding posttraumatic stress disorder and chronic pain. *Psychological Trauma:Theory, Research, Practice, and Policy*, *3*(2), 101–108.

Deary,V., Chalder,T., & Sharpe, M. (2007).The cognitive behavioural model of medically unexplained symptoms: A theoretical and empirical review. *Clinical Psychology Review*, *27*(7), 781–797.

Chapter 22

사회적 동반이환

수레쉬는 영국에 망명을 신청한 상태였고, 가족과 떨어져 돈도 거의 없고 주거 환경도 열악한 어려운 환경에서 살고 있었다. 이러한 요인들이 수레쉬의 PTSD 및 우울증 증상과 상호작용하여 절망감을 악화시키고 자살 위험을 증가시켰다. 치료 초기 단계에서 수레쉬의 치료사는 가능한 한도 내에서 그의 사회적 상황을 개선하고 이러한 요인들이 정신 건강에 미치는 영향을 해결하기 위해 그와 함께 노력했다.

많은 내담자가 재정, 법률, 주택, 이민, 고용 문제와 같은 외부 스트레스 요인에 영향을 받는다. 또한 가족 내 갈등, 사회적 지원 부족, 육아 문제와 같은 중요한 관계 문제를 호소하기도 한다. 이러한 문제 중 일부는 외상 사건과 관련된 법정 소송이 진행 중이거나 과민성 같은 PTSD 증상으로 인해 관계 문제가 발생하는 경우처럼 PTSD와 밀접한 관련이 있다. 그 외의 사회적 문제는 PTSD와 관련이 없지만, 개인의 정서적 부담을 가중시키며, PTSD 증상으로 인해 현실적이고 사회적인 문제에 효과적으로 사고하고 대응하기가 더 어려워질 수 있다.

다른 형태의 동반이환과 마찬가지로 PTSD를 치료하지 않으면 시간이 지남에 따라 사회적 문제가 증가할 수 있다. 예를 들어, 어려움으로 인해 일을 할 수 없게 된 내담자는 종종 재정적인 어려움에 처하게 되고, 인간관계에 부담을 주며, 복지 혜택 시스템을 탐색하는 등의 추가적인 문제에 직면하게 된다. 이러한 어려움은 당연히 스트레스를 가중시키고 이미 부족한 개인 자원에 추가적인 부담을 주며, PTSD로부터의 회복을 더욱 어렵게 만들고 추가적인 심리적, 신체적 문제가 발생할 가능성을 높인다.

우리의 전문 분야는 사회사업이 아닌 심리치료이므로, 상담의 초점은 PTSD 치료에 맞춰지는 것이 이상적이다. 하지만 내담자가 직면한 사회적 문제를 무시하거나, 치료 중에 '그냥 내버려두기를' 기대하는 것은 비현실적이고 도움이 되지 않는다. 이 장에서는 어려운 생활 환경에 직면한 내담자를 지원하고 돕는 동시에 가능한 경우 PTSD 치료를 계속 진행하는 방법에 대해 설명한다. 다양한 유형의 사회적 동반이환은 개인마다 다른 방식으로 영향을 미치므로, 평소와 마찬가지로 각 내담자의 필요에 맞게 접근 방식을 맞춤화한다.

🌱 평가 및 공식화

내담자가 외부 스트레스 요인에 직면한 경우, 치료 초기에 이러한 문제의 성격과 영향을 명시적으로 논의하고 내담자의 정서적 반응을 타당화하는 데 시간을 할애한다. 타당화는 또한 내담자가 자신의 환경, 생각, 감정, 행동 사이의 연결 고리를 찾는 데 도움이 되는 작은 공식화를 제공할 수 있다: '이렇게 나쁜 환경에 살면서 아무도 내 말을 들어주거나 도와주지 않는다고 생각하니 화가 나고 지쳐 있는 것은 이해할 만하다.' 또는 '이런저런 걱정거리가 머릿속을 뒤척이며 잠을 못 이루는 것은 당연하다.' 또는 '끔찍한 상실을 겪었으니 삶을 재건하려고 애쓰고 있고 미래에 대한 절망감이 드는 것은 당연하다.'와 같이 말한다.

각 타당화는 또한 잠재적으로 내담자가 가능한 해결책을 향해 나아갈 수 있도록 방향을 제시한다. CT-PTSD 공식에서 이러한 스트레스 요인은 종종 외상 후유증 상자에 위치하며 절망감, 무력감, 부당함 등의 감정과 연결되는 평가에 영향을 미친다. 때때로 심리적 증상이나 인지 왜곡으로 인해 내담자의 사회적 문제 경험이 어느 정도 영향을 받는지 판단하기 어려울 때가 있다. PTSD에 내재된 위협에 대한 높은 지각 등으로 인해 더욱 복잡해질 수 있다. 종종 외부 스트레스 요인과 일부 인지 왜곡이 겹쳐서 이러한 판단을 더욱 어렵게 만들기도 한다. 또한 취약 계층의 내담자는 빈곤, 차별, 괴롭힘과 같은 문제에 더 큰 영향을 받는다(25장 참조). 치료사로서 우리는 특권을 누리는 위치에 있기 때문에 자신의 경험이 내담자와 일치하지 않을 수 있으므로 자신의 경험으로 판단하는 데 특히 주의해야 한다. 대신 외부 스트레스 요인의 구체적인 사례를 자세히 물어본 다음, 스트레스 요인과 그에 대한 해석, 반응이 서로에게 어떤 영향을 미칠 수 있는지, '악순환' 유지 주기가 있는지 등을 내담자와 함께 고려한다. 이는 또한 내담자가 상황의 현실을 바꿀 방법을 찾도록 돕기 위해 문제 해결 접근법을 취할지, 상황에 대한 평가를 해결하기 위해 재평가/행동 실험 접근법을 취할지, 아니면 이 두 가지를 결합할지 결정하는 데 도움이 될 수 있다.

시네드는 아파트가 위험한 지역에 있다며 필사적으로 이사를 가고 싶어 했지만, 시의회는 그녀의 요청을 거듭 거부했습니다. 시네드의 전 파트너는 이전에 이 아파트에 함께 살았고, 현재 시네드를 폭행한 혐의로 유죄 판결을 받고 감옥에 수감 중이었습니다. 시네드의 치료사는 위험을 평가하기 위해, 시네드의 생활 환경에 존재하는 구체적인 위험사례를 요청했습니다. 시네드의 주된 관심사는 이웃들이 시끄럽고 종종 문을 쾅 닫고 소리를 지르는 것이었습니다. 갑작스러운 소음과 고함소리에 깜짝 놀라고, 전 파트너가 문을 부수고 들어온 기억이 떠올라 매우 괴로웠습니다. 시네드의 PTSD 증상이 소음으로 인해 촉발되고, 과도한 소음을 자신을 위협하고 표적으로 삼는 것으로 인식하는 데 더욱 예민해지는 악순환이 반복되는 것 같았습니다. 시네드와 그녀의 치료사는 문제와 감정에 초점을 맞춘 접근 방식을 취하기로 결정했습니다. 치료사는 시네드의 이사 요청을 지지하는 편지를 썼고, 시네드가 불만 접수 시스템을 통해 시의회에 보고한 사건을 기록하고 수면을 돕기 위해 귀마개를 사용하는 등 소음으로 인한 영향을 최소화하기 위한 대안 전략을 함께 고민했습니다. 또한 시네드가 아파트에서 더 안전하다고 느끼도록 돕기 위해 일부 치료 세션에 집중하기로 합의하고, 촉발 요인 변별 및 위험 평가에 대한 작업을 진행했습니다.

사회적 상황의 영향은 역동적이며, 치료 결정은 때때로 단순히 타이밍에 관한 것일 수 있다. 예를 들어, 법정 소송이나 임박한 퇴거와 같은 스트레스가 많은 사건으로 인해 치료를 연기해야 할 수도 있다. 반대로, 내담자가 상대적으로 안정된 상태에 있으면서도 향후 스트레스 요인을 예상하고 있는 경우 이를 활용할 수 있는 기간이 있을 수 있다. 사회적 문제가 심리적 문제를 유지하는 데 역할을 하는지 또는 치료에 장애가 되는지 불분명한 경우, 치료가 어떻게 진행되고 있는지, 이러한 문제와 그 영향을 해결하기 위해 일시적으로 초점을 전환해야 하는지 평가하기 위해 정기적으로 검토 지점을 설정한다.

FAQ 어떤 사회적 상황에서 PTSD 치료가 도움이 되지 않나요?

PTSD 치료가 금기시되는 사회적 상황이 몇 가지 있습니다. Maslow(1943)의 욕구 계층 구조에 따르면, 생존에 필수적인 기본적인 생리적 욕구가 충족되어야 사람들은 심리적 욕구를 해결할 수 있습니다. 만약 내담자가 음식과 거처가 부족하다면, 당연히 모든 에너지를 기본적인 욕구를 충족하는 데 집중하게 되어 PTSD에 대한 심리치료에 참여할 수 없게 됩니다. 이러한 상황에서는 최소한 이러한 욕구가 충족될 때까지 실질적인 도움을 제공하거나 적절하게 안내하는 것이 최우선 과제입니다. 또 다른 예로는 내담자가 치료에 참석하고 참여하는 데 장애가 있어 적절한 '치료의 양'을 전달할 수 없는 경우가 있습니다. 이는 예를 들어, 세션에 참석할 수 있도록 도와줄 아이를 돌봐줄 사람이 없거나, 치료 예약을 위해 교통비를 지불할 돈이 없는 등 현실적인 제약으로 인해 발생할 수 있습니다. 이러한 장애물을 해결하기 위해 노력하며, 필요한 경우 원격으로 세션을 제공하거나, 기회를 최대한 활용하기 위해 시간 집약적인 개입을 제공하거나, 산발적인 출석을 지원하기 위해 세션 간 자율 학습 모듈을 설정하는 등 가능한 한 치료에 접근할 수 있도록 제공 방식을 유연하게 조정합니다. 때때로 내담자는 외부 스트레스 요인에 너무 몰두하여 CBT 치료의 구조와 외상에 대한 집중력을 유지하는 데 어려움을 겪을 수 있습니다. 다음 섹션에서 설명하는 전략으로 사회적 문제의 영향과 그로 인한 몰두를 충분히 줄여 효과적인 치료가 이루어질 수 있지만, 항상 가능한 것은 아닙니다. 시간이 지나고 상황이 변화함에 따라 현재 문제가 치료의 혜택을 받을 수 있는 능력을 제한하고 있는지 논의하고, 최소한의 변화 기준에 동의하며, 문제가 해결된 후 향후 심리치료를 재평가하고 재고할 것을 제안할 수 있습니다.

🌱 어떻게 도울 것인가

안내 및 문제 해결

사회적 동반이환에 대한 가장 일반적인 개입은 내담자가 자신을 지원할 수 있는 적절한 기관과 자원을 찾도록 돕는 것이다. 이러한 기관은 문제에 따라 다르지만, 지역사회 단체, 자선 단체, 법률 자문가, 지원 담당자 등이 포함될 수 있다. 예를 들어, 내담자의 망명 신청이나 주택 신청을 지원하기 위해 보고서를 제공하거나 네트워크 내 관련자에게 내담자의 어려움을 설명하거나 필요를 대변해 줄 것을 제안하는 등 가능한 범위 내에서 도움을 주려고 노력한다. 이 외에도, 우리는 여러 가지 이유로 내담자를 대신하여 지나치게 개입하지 않는다: 우리는 종종 그렇게 하는 데 가장 적합한 사람이 아니며, 외상에 초점을 맞춘 치료에서 벗어날 위험이 있고, 내담자가 스스로 문제를 해결할 수 있도록 문제 해결 기술을 가르치는 것을 선호하기 때문이다. 그러나 내담자를 대신하여 또는 내담자와 함께 전문적 역량을 발휘해 옹호하면, 문제 해결 기술을 모델링하고 치료 동맹 내에서 신뢰를 구축하는 데 도움이 될 수 있다. 또한 내담자는 자신이 탐색 중인 시스템에 대해 어느 정도 경험이 있는 사람의 도움을 받을 때, 스스로 더 많은 것을 성취할 수 있는 경우가 많다. 내담자들은 종종 사회적 문제와 만성적인 역경에 직면하여 낙담하는 경우가 많다. 권한이 약한 집단에 속한 사람

빌리는 트래블러 커뮤니티의 일원(역주: 집시나 이동생활을 하는 사람들의 집단)이라는 이유로 차별을 반복적으로 경험했습니다. 아내가 사고로 사망한 후, 빌리는 지역 펍에 연락해 장례식을 위해 펍을 빌려달라고 요청했습니다. 하지만 펍은 빌리와 그의 가족이 트래블러라는 사실을 알고는 대여를 거부했습니다. 빌리는 당시에는 이의를 제기하지 않았지만 계속해서 그 사건을 떠올렸고, 치료 과정에서 당시 상황에 대한 분노와 괴로움을 표현하며 자신이 타인에게 부당한 대우를 받았다는 믿음을 더욱 강화하게 되었습니다. 치료사는 이러한 신념에 도전하기보다는 빌리와 그의 가족이 직면한 차별 문제를 어떻게 해결할 수 있을지 물었습니다. 두 사람은 함께 평등 및 차별 관련 법률을 조사했고, 빌리는 영국 정부의 '평등 자문 지원 서비스'(EASS)에 연락하여 관련 법률을 인용하고 사과를 요구하는 정식 항의 서한을 펍 주인에게 작성하기로 결정했습니다. 자신의 권리를 알게 된 빌리는 앞으로 이러한 상황에 대처할 힘이 생겼다고 느꼈고, 치료사 역시 부당한 대우에 대해 침울해하는 것보다 적극적으로 대응하는 것이 어떤 이점이 있는지 생각해 볼 수 있도록 도와주었습니다.

들은 경찰과 국가를 포함한 다른 사람들로부터 차별, 학대, 불의를 당연하게 받아들이고 자신의 상황에 영향을 미칠 수 있는 능력에 대해 무력감, 불신, 비관적인 태도를 보일 수 있다. 불우하고 박해받는 환경에서 성장하고 살다 보면 자연스럽게 외부로부터의 통제받는 느낌을 받게 된다. 이러한 '학습된 무력감'은 자신에게 불리한 상황이 닥쳤을 때 반복되는 실패를 경험하지 않도록 보호할 수 있으며, 스트레스 요인에 영향을 미칠 수 있는 문제 중심의 대처를 위한 적응적 노력을 잠재적으로 억제할 수도 있다. 따라서 학대에 대한 이전의 경험과 이해할 수 있는 인지적 및 행동적 결과를 타당화한 다음, 현재 직면한 문제에 대해 내담자가 적응적 문제 해결 능력을 개발하도록 돕는다(25장 참조).

치료의 장애물 해결

일부 장애물은 내담자가 치료에 접근하거나 특정 치료 요소에 참여하는 능력을 제한하여 PTSD 치료를 복잡하게 만들 수 있다. 예를 들어, 경제적 어려움으로 인해 일부 '삶 되찾기' 활동이 불가능할 수 있으며, 무료 또는 저렴한 대안을 찾기 위해 창의력이 필요할 수 있다. 세션 녹화물 검토와 같은 숙제는 사생활 보호나 자유 시간이 거의 없는 사람들에게는 어려울 수 있다. 장시간 근무하고 고용주로부터 치료 참석에 대한 지원이 부족하거나 돌봄의 책임이 있는 사람들에게는 치료에 참석할 시간을 내는 것이 어려울 수 있다. 이러한 유형의 어려움은 치료 중단으로 이어질 수 있으므로 치료 초기에 주의를 기울여야 한다. 이러한 제약 조건에 대비하기 위해, 평가 시 잠재적인 장애물에 대해 물어보는 것이 좋다. 또 다른 유용한 접근 방식은 '이전에 문제를 극복하는 데 도움이 된 개인적 특성은 무엇인가요?' 또는 '과거에 어디에서 힘을 얻었나요?'라고 질문하여 개인의 기존 강점을 활용하는 것이다. 내담자들은 종종 엄청난 역경을 겪어왔으며, 사회적 상황의 어려움을 극복하거나 견뎌내기 위해 활용할 수 있는 회복탄력성을 가지고 있다. 또한 내담자가 치료를 통해 최대한의 효과를 얻을 수 있도록 네트워크 내의 자원을 파악하는 데 도움을 줄 수 있다. 어려울 때 힘을 북돋아 주는 서포터즈나 치어리더가 있는 스포츠 팀의 비유를 사용하여, 우리는 정기적으로 내담자에게 치료를 통해 도움을 줄 수 있는 한 사람을 찾아달라고 요청한다. 예를 들어, 이 사람은 세션이 끝난 후 '체크인'을 하거나, 행동 실험이나 삶을 되찾기 과제에 동행하거나, 공식에 대한 설명을 듣거나, 대처 또는 자극 변별 기술을 촉진하거나, 기억 중심 작업 후 함께 즐거운 활동을 준비하도록 요청할 수 있다.

조는 이전에 약속에 참석하지 못해 서비스가 중단된 적이 있었습니다. 그녀는 두 아들의 유일한 돌봄 제공자였으며, 그중 막내는 학습 장애가 있었고 가족의 지원도 거의 없었습니다. 조는 일찍이 약속에 참석하는 데 장애가 되는 요인이 아들 중 한 명이 아플 때와 방학 기간에 발생한다는 것을 파악했습니다. 또한 조는 자유 시간이 거의 없어서 과제에도 어려움을 겪었습니다. 조의 치료사는 그녀가 세션에 참석할 수 있도록 문제를 해결하는 데 도움을 주었습니다. 그들은 학기 초에 치료를 시작하고 학교에 아이들을 데려다준 후에 약속 시간을 정하기로 합의했습니다. 조는 파트타임으로 일했기 때문에 치료사는 고용주에게 편지를 보내 10주 동안 매주 한 번 아침 시간을 비워 치료 약속에 참석할 수 있도록 요청했습니다. 그들은 또한 저렴한 육아 옵션을 조사하여 두 아들이 매주 한 번씩 참석할 수 있는 '방과 후 교실'을 찾았고, 조는 이 시간을 이용해 '삶 되찾기' 활동을 할 수 있었습니다. 또한 조는 지역 엄마들을 위한 페이스북 그룹에 가입하여 정서적, 실질적인 지원을 받을 수 있었습니다.

불확실성 관리

일부 내담자는 해결되지 않은 경찰 수사, 보상 또는 형사 사건, 망명 신청, 고용 재판 등 미래에 대한 불확실성을 안고 살아간다. 이러한 스트레스 요인에 대한 집착과 두려운 결과에 대한 걱정은 다른 심리적 증상을 악화시키고 치료에서 외상에 초점을 맞추기 어렵게 만들 수 있다. 이러한 스트레스 요인이 외상 기억과 연결된 경우, 그 스트레스 요인이 촉발 요인으로 작용하여 정서적 영향을 배가시킨다.

특히 불확실성이 미래의 위협이나 불의와 같은 중요한 개인적 의미를 불러일으키는 경우, 치료를 통해 외상 기억을 과거로 돌리기 위한 충분한 '심리적 거리'를 느끼기 어려울 수 있다. 일부 내담자는 스트레스 요인이 해결될 때까지 치료를 미루기도 하지만 이는 현실적이지 않을 수 있다. 특히 명확한 해결 시점이 보이지 않는 경우에는 더욱 그렇다. 스트레스 요인을 관리하는 능력 자체가 PTSD 증상으로 인해 손상될 수 있으며, 이는 치료의 진전을 방해하는 상호 유지 악순환을 만들 수 있다. 또한 치료를 미루는 것은 만성 PTSD가 안녕감과 기능에 미치는 고통과 영향을 악화시킬 위험을 가져오며, 개인의 삶이 중단되어야 한다는 메시지를 전달할 수 있다. 이러한 상황에서는 먼저 내담자가 치료를 진행할 때와 연기할 때의 비용과 이점을 평가할 수 있도록 돕는다. 우리는 제한된 회기의 세션을 제공하면서, 내담자가 CBT 구조에 맞춰 치료를 진행할 수 있고 PTSD 치료에 집중할 수 있는지 확인하기 위해, 때때로 '확장된 평가'라는 방식으로 치료 과정을 검토한다. 또한 일반화된 불안장애 치료에 사용되는 기법을 활용하여, 내담자가 불확실성을 수용하고 견디도록 돕고, 이러한 상황이 유발하는 비건설적인 걱정을 관리할 수 있도록 한다. 이를 통해 스트레스 요인이 불러일으키는 파괴적인 영향을 줄이는 것을 목표로 삼는다(예: Robichaud et al., 2019). 우리는 알 수 없는 미래와 함께 살아가는 것이 얼마나 어려운지를 타당화하고, 내담자가 걱정을 알아차리고, 이러한 맥락에서 걱정의 의도된 기능을 고려하며, 그 유용성을 평가하는 방법을 배우도록 돕는다. 일반적으로 '걱정은 나쁜 결과에 대비하는 데 도움이 된다.'는 걱정에 대한 신념이 유지되는 경우 인지적 기법을 사용하여 이를 해결할 수 있다. 우리는 '걱정 나무'나 '걱정 시간'과 같은 간단한 걱정 지연 전략을 사용할 것을 권장한다. 필요한 조치가 있거나 스트레스 요인을 해결하기 위해 취할 수 있는 단계가 있을 경우, 각 세션의 마지막에 잠깐 시간을 할애하여 이를 검토하고 문제를 해결할 수 있다. 실용적인 단계는 서류를 작성하는 것과 같이 즐겁지 않은 활동일지라도 '삶 되찾기' 활동으로 재구성할 수 있다. 이는 내담자가 상황에 대한 반추를 대신하여 진전되는 것과 주도권을 느끼도록 격려하는 데 도움이 된다.

치료사의 편향 방지

내담자가 상당한 외부 스트레스 요인에 직면해 있을 때, 치료 세션이 이를 논의하는 데 소비되기 쉽다. 사회적 문제에 대해 공감적이면서도 생산적인 작업을 진행하는 것과 치료의 주요 목표에서 너무 벗어나지 않는 것 사이의 균형을 맞추기가 어렵다. 이를 위해 우리는 내담자, 그리고 슈퍼비전을 통해 모니터링해야 한다. 치료 시간을 사회적 문제에 할애하기 전에 스스로에게 '이 작업이 외상 중심 치료를 어떻게 진전시키는가?'라는 질문을 해 보는 것이 유용하다. 만약 편향이 발생했다고 느끼면, 내담자의 목표를 함께 검토하고 치료의 초점을 논의한다. 예를 들어, '우리가 세션에서 종종 무슨 일이 있었는지에 대한 기억을 다루기로 계획하지만, 결국 당신의 업무 상황에 대해 이야기하게 되는 경우가 많다는 것을 알게 되었습니다. 당신도 그렇게 느끼셨나요?'와 같이 말할 수 있다. 또한 '이러한 [사회적] 문제들은 현재 당신에게 매우 중요하고 고통스럽지만, PTSD도 마찬가지로 중요합니다. 이 세션들을 최대한 활용하여 PTSD 증상을 줄이는 데 도움을 주고 싶습니다. 이러한 다른 문제들도 당신의 마음에 있을 때, 우리는 어떻게 하는 것이 가장 좋다고 생각하나요?'라고 논의할 수 있다.

🌱 법적 절차

경찰 수사와 법적 소송은 다양한 방식으로 치료를 복잡하게 만들 수 있다. 오랜 기간의 불안한 기다림과 갑작스러운 활동의 변동으로 인해 시간이 오래 걸릴 수 있다. 이러한 사건은 일반적으로 당사자의 미래에 상당한 실질적, 정서적 영향을 미치며 현재와 미래의 위험감을 가중시킨다. 경찰 및 변호사와의 서신 교환 및 회의는 스트레스가 될 수 있으며, 종종 PTSD 증상을 촉발시킬 수 있다. 내담자는 일반적으로 자신의 외상 경험을 매우 상세하게 반복해서 설명해야 하고, 법의학 조사나 적대적인 반대 심문을 받을 수 있으며, 법정에서 가해자와 대면해야 할 수도 있다. 또한 가해자가 유죄 판결을 받지 않을 경우 일어날 수 있는 일에 대한 우려, 예를 들어 보복에 대한 두려움도 있을 수 있다. 이러한 요인으로 인해 내담자가 치료를 통해 얻을 수 있는 혜택이 줄어들 수 있으며, 일부 내담자는 치료가 부담스럽다고 느끼거나 법적 절차와의 상호작용으로 인해 치료를 망설일 수 있어 사건이 해결될 때까지 기다렸다가 치료를 받기로 선택할 수 있다. 다른 내담자는 사건에 덜 집착하거나 회복에 우선순위를 두기를 원할 수 있다. 따라서, 치료를 진행할지 여부는 내담자의 사전 동의와 개인정보 보호 한도에 대한 완전한 투명성을 바탕으로 공동으로 결정해야 하며, PTSD 치료를 진행하는 것의 상대적 비용과 이득을 신중히 비교하여 결정해야 한다. 대안으로 법정 소송 전에 짧은 치료 과정을 제공하여 내담자가 심리적으로 준비할 수 있도록 CT-PTSD의 일부 요소를 포함하되, 기억에 초점을 맞춘 치료 요소는 법적 절차가 완료된 이후로 연기할 수 있다. 준비 과정에는 기억 촉발 요인에 대처하기 위한 자극 변별 및 근거 기술 학습, 대기 중에 발생하는 걱정과 불확실성 관리, 적절한 지원 네트워크 활성화, 행동 활성화를 포함한 현재 중심 대처, 취약한 증인으로서 지원 접근을 포함한 재판 대처 계획, 문제 해결 및 잠재적 결과 검토 등이 포함된다.

🦫 유용한 팁: 내담자가 법정에 갈 때 치료 진행하기

내담자는 수사관이나 검사로부터 심리치료를 통해 외상 이야기를 자세히 다시 이야기하는 것이 '증인을 코치하는 것' 또는 '거짓 기억을 정교하게 만드는 것'으로 묘사되어 증거의 신뢰도를 떨어뜨리고 기소를 위태롭게 할 수 있다는 우려로 인해 법정에서 증인 진술이나 증거를 제공하기 전에 심리치료를 받지 않도록 권고받았을 수 있습니다. 또한 내담자는 자신의 동의 없이도 경찰이나 법원에서 치료 세션의 정보를 요청할 수 있다는 말을 들으면 주저할 수 있습니다. 치료 세션의 자료를 포함한 의료 기록이 소환될 수 있고, 치료사에게 증인 진술을 요구할 수 있으며, 기록의 세부 사항이 내담자의 증거 또는 신뢰성에 이의를 제기하는 데 사용될 수 있습니다. 그러나 최근의 CPS 가이드라인(작성 당시 협의 중, Crime Prosecution Service, 2020)은 '피해자'의 복지를 우선시하는 데 더 중점을 두고 있으며, 피해자에게 최선의 이익이 되는 경우 치료를 지연시키지 않고, 합법적인 문의가 있는 경우에만 동의 없이 기록을 확보하도록 하고 있습니다. 저희의 접근 방식은 다음과 같습니다:

- 내담자가 치료에 대해 정보에 입각한 선택을 할 수 있도록 하기: 내담자가 치료를 원하고 치료를 통해 혜택을 받을 수 있는 경우 치료를 보류하지 않는다는 것이 저희의 방침입니다. CPS 지침과 다양한 치료 옵션을 설명하고 내담자가 원하는 치료 방법을 선택할 수 있도록 합니다.
- 상세한 기록을 유지하기: 모든 기록이 명확하고 상세하며 최신 상태인지 확인합니다. 코칭에 대한 우려는 치료사가 의도치 않게 잘못된 기억을 심어주거나 내담자에게 사건에 대한 해석을 제시할 수 있다는 가능성에 근거합니다. 따라서 필요한 경우 치료 세션에 의해 외상에 대한 내담자의 설명이 변경되지 않았음을 입증하기 위해 세션을 녹음하는 것이 도움이 될 수 있습니다.
- 전문가와 연락하기: 저희는 종종 내담자의 변호사(허락을 받은 경우)와 CPS에 연락하여 저희가 개입했음을 알리고 우려되는 부분이 있는지 확인합니다. 또한 내담자가 취약한 증인으로서 지원을 받고 있는지 확인할 수 있으며, 예를 들어 비디오 링크를 통해 증거를 제공할 수 있는 옵션이 주어집니다.

의료법상 손해배상 청구 또는 정신적 상해에 대한 손해배상 청구가 진행 중일 때 또 다른 문제가 발생할 수 있다. 예를 들어 '지금 회복하면 내 이야기를 믿지 않거나 부상이 제대로 보상받지 못할 것이다.'라는 신념이 내담자의 치료 동기를 저해할 수 있다. 우리가 심리치료를 제공하는 역할을 할 때는 일반적으로 내담자 설명의 신뢰성이나 손해 배상 자격을 평가할 위치에 있지 않으며, 그럴 필요도 없다. 그러나 전문 증인으로서 내담자의 진단, 치료, 기능 장애 및 예후에 대한 세부 정보를 범죄 상해 보상청(CICA; Criminal Injuries Compensation Authority), 보험사 또는 법원에 제공하도록 요청받을 수 있다. 우리의 경험에 따르면 대부분의 내담자는 주로 PTSD 증상에서 회복하려는 동기가 있지만, 모든 치료 장애와 마찬가지로 진행 중인 보상 청구의 맥락에서 치료 진전이 제한적으로 보일 수 있다. 이럴 때는, 문제가 해결될 때까지 치료를 연기하는 옵션을 논의하고 퇴원 계획에 그 이유를 문서화한다.

🌿 관계 및 기타 대인관계 문제

PTSD는 관계의 어려움을 유발할 뿐만 아니라 유지될 수 있으며, 사회적 지원의 질은 회복의 가장 중요한 예측인자 중 하나다. 대부분의 내담자에게 PTSD 증상은 대인관계 기능에 해로운 영향을 미치며 갈등의 흔한 원인이다(Whisman, 1999). 실제로 PTSD 증상의 이차적인 영향은 때때로 치료를 받는 이유가 되기도 한다. 잦은 말다툼, 친밀감 문제, 지지적이지 않거나 비판적인 파트너, 자신의 정신 건강 문제로 어려움을 겪는 가족이나 가까운 사람은 PTSD 증상을 악화시키고, 자신과 타인에 대한 부정적인 평가를 강화하며 회피와 같은 도움이 되지 않는 대처를 지속시킬 수 있다. 이전과 마찬가지로, 치료 중에는 외상에 초점을 유지하면서 내담자가 이러한 문제를 관리할 수 있도록 타당화하고 지원하는 것 사이에서 균형을 잡아야 한다. 다음은 도움이 될 수 있는 몇 가지 방법이다.

중요한 타인의 참여

'치어리더'와 지지자로서 내담자의 네트워크에 중요한 타인을 참여시키는 것이 중요하다고 이미 언급했지만, 관계의 측면이 내담자의 PTSD 유지와 상호작용하는 경우(예: 회피 강화) 또는 내담자의 PTSD가 관계에 영향을 미치는 경우에는 더더욱 중요하다.

좋은 출발점은 외상 중심 치료의 근거와 개요와 함께 PTSD 증상과 관계 문제의 상호 영향에 대한 심리교육적 정보를 공유하는 것이다. 목표는 대화를 촉진하고 과민성이나 회피 증상과 같은 문제 증상에 대한 공유된 이해를 도모하며 양측의 경험을 타당화하고 상호작용 내에서 잠재적인 유지 주기를 식별하는 것이다. 문제를 외부화하고 문제 자체에 정체성을 부여하는 것은 사랑하는 사람들이 PTSD 증상과 내담자에 대한 감정을 분리하도록 도와 낙인과 비난을 줄이고, 분열이 아닌 연대를 통해 문제를 함께 맞서도록 한다(White, 1998). 일반적으로 내담자의 인생에서 중요한 사람들을 초기 치료 세션에 초대하여 공식화와 치료 계획을 공유할 수 있도록 한다.

이는 다른 사람들이 PTSD에 대해 '외상에 대해 이야기하면 증상이 악화된다.'와 같은 신념을 가지고 있어 치료 과정에 장애가 될 수 있는 경우 특히 중요하다. 또한 내담자를 가장 잘 지원할 수 있는 방법에 대한 토론도 진행한다(예: '세션이 끝나면 속상할 수 있는데, 그건 정상입니다. 치료 과정의 일부라는 점을 상기시키고 즐거운 활동을 하도록 유도해 주세요. 말을 많이 하고 싶지 않을 수도 있어요.').

대인관계 문제가 외상에 초점을 맞춘 치료를 크게 방해하거나 PTSD 증상이 자녀 주변에서의 공격적인 폭발과 같이 가족 내에서 관리되지 않는 위험을 초래하는 경우, 우리는 PTSD에 대한 공동 CBT의 모듈을 활용하여 장애물을 해결하기 위해 여러 세션으로 개입을 확장할 수 있다(Monson & Fredman, 2012). 그러나 우리의 목표는 관계 치료 자체를 제공하는 것이 아니라 내담자가 CT–PTSD 치료에 참여할 수 있도록 돕는 것이다. PTSD 증상이 개선되면 관계의 어려움도 개선되는 경우가 많으며, 적어도 내담자가 문제를 해결할 준비가 더 잘 되어 있는 상태에 도달할 수 있다. PTSD 증상을 성공적으로 치료한 후에도 관계 문제가 개선되지 않는 경우, 우리는 일반적으로 추가 의뢰를 고려하거나 추가 치료 모듈을 제공한다.

핵심 인지

- 주거 문제/법정 소송/망명 신청/재정 문제가 해결될 때까지 나는 내 외상을 극복할 수 없다.
- 나는 깊은 재정적 구덩이에 빠져 있으며, 이 상황을 해결할 방법이 없다.
- 내 파트너/가족은 나를 지지하지 않거나 내가 겪고 있는 일을 이해하지 못한다.
- 나는 평생 동안 부당한 대우를 받아왔으며, 아마도 그것을 자초한 것이거나, 세상에 정의는 없다.
- 모든 시스템이 나에게 불리하게 작동하고 있다.

유해하고 학대적인 관계

내담자가 관계에서 지속적인 학대를 받고 있다고 고백하는 경우, 우리의 최우선 과제는 외상 중심 치료를 진행하기보다는 안전을 보장하는 것이다. 관계가 명백히 학대적이거나 강압적이지 않지만 감정적으로 '독성'인 경우, 이는 PTSD 증상을 악화시키고 회복을 방해할 수 있다. 예를 들어, 파트너나 가족이 자주 비판적이거나 비하하는 발언을 하거나, 내담자를 외상 사건에 대해 비난하거나, 그들 자신이 감정적으로 불안정하고 예측할 수 없는 행동을 할 때가 해당된다. 이러한 경우에 개입하는 것은 도전적일 수 있다. 다른 사람이 치료 과정에 적대적일 수 있고, 내담자는 문제를 다루는 것에 대해 이해할 만하게 양가감정을 느낄 수 있다. 내담자는 자신의 경험을 밝히는 것에 대해 불충실하다고 느끼거나, 학대 상황에 대한 안전 보호 절차가 시작될 것에 대한 두려움, 그리고 유해함에도 불구하고 실질적, 감정적 지원을 잃는 것에 대한 두려움을 가지게 된다. 또한 내담자가 회복되거나 관계 내에서 자신의 요구를 더 단호하게 표현하려고 할 때, 학대 행위가 통제를 다시 확립하기 위한 수단으로 확대될 위험도 있다. 따라서 우리는 내담자의 통제와 선택권을 최대화하는 원칙을 준수하면서 신중하게 진행하며, 치료사의 예측 가능성과 투명성을 유지한다. 내담자의 안전과 안녕감에 대해 개방적이고 비판 없는 논의를 장려하며, 양가감정을 포함한 그들의 감정을 타당화한다. 또한 위험 사건 검토를 지속적인 의제로 삼고, 보호 조치로 전환할 기준을 협력적으로 합의한다. 내담자가 장기적으로 해로운 관계에 있거나 과거에 가정 폭력을 경험한 경우, 다른 사람의 행동을 강압적이거나 학대적으로 인식하지 못하거나 자신이 학대를 받을 만하다는 깊은 신념을 가질 수 있다. 소크라테스 기법을 사용하여 내담자에게 다른 사람이 자신의 관계를 설명했다면 어떻게 말할지 묻거나, 다양한 의견을 얻기 위해 설문조사를 조직할 수 있다. 이를 통해 내담자는 다른 사람의 감정적 독성이나 강압적 행동을 인식하고 인정하게 되며, 문제를 해결하기 위한 동기가 증가할 수 있다. 또한 양측이 원할 경우 다른 사람을 일부 치료 세션에 포함시키는 것을 제안할 수 있다. 그렇지 않은 경우, 내담자가 관계 내에서 자신의 필요와 바람을 더 효과적으로 전달하는 방법에 대해 논의한다. 여기에는 지원을 요청하거나 상대방의 행동이 미치는 영향을 설명하는 방법을 연습하는 것이 포함될 수 있다. 또한 비판적이거나 요구적인 발언에 단호하게 대응하는 방법을 연습하고, 학대에 대해 '무관용' 정책을 개발하는 등 학대에 대한 경계를 설정하기 시작하는 것을 지원한다(Kubany & Ralston, 2008). 이는 관계가 개선되는 결과를 가져올 수 있다. 동시에 내담자가 학대를 더 인식하고 자신이 학대를 받을 만하다는 부정적인 신념을 해결함으로써, 관계를 재협상하거나 끝내고, 경계를 설정하거나, 상대방과 거리를 두기로 결정할 수 있다.

이 경우, 우리는 내담자가 이를 실질적이고 감정적으로 관리할 수 있도록 지원하고, 필요한 경우 외부 자원으로 안내하며, 위험을 신중하게 모니터링한다.

회복의 영향

　PTSD 증상에 맞추어 관계가 변하거나 PTSD가 발생한 후에 관계가 형성되는 경우가 많다. 회복이 모든 사람의 이익이 되는 것처럼 보일 수 있지만, 관계에 압력을 가하고 그 역동성에 영향을 줄 수도 있다. 예를 들어, 돌봄 역할을 맡아 온 PTSD 환자의 파트너는 변화로 인해 자신이 더 이상 필요 없거나 '벗어나는' 것을 두려워할 수 있다. 이 과정은 치료가 진행되고 증상이 개선되면서 더욱 뚜렷해질 수 있다. 이는 내담자에게 혼란을 줄 수 있으므로 관계가 어떻게 변화하는지에 대해 긍정적인 측면과 부정적인 측면 모두를 논의하는 것이 도움이 될 수 있다. 때때로 내담자의 필요가 충족되면 관계 내의 다른 사람들이 자신의 필요를 안전하게 표현할 수 있게 된다. 예를 들어, 짜증을 내는 사람과 함께 생활하거나 사회 생활을 잃은 것에 대한 불만을 표출할 수 있다. 관계 내의 다른 사람들이 변화에 적응하는 데 어려움을 겪고 있다면, 열린 논의를 장려하고, 모든 사람이 적응하는 데 어려움을 겪는 것을 정상화하고 타당화하는 것이 중요하다. 우리는 종종 내담자에게서 퍼져 나오는 '물결 효과'가 모두의 '균형'에 영향을 미친다는 비유를 사용한다. 종종 다른 사람들이 내담자가 자신의 우려를 듣고 인식하고 있다는 느낌을 받는 것으로 충분하기 때문에, 내담자에게 방어적으로 되지 말고 듣고 인정하도록 장려한다.

　크레이그와 그의 파트너 로이스는 크레이그가 군대를 떠난 후로 관계 문제를 겪고 있었습니다. 로이스는 가족으로서 더 많은 시간을 보내길 원했지만, 크레이그는 그녀와 세 자녀로부터 떨어져 있을 수 있는 공간을 원했습니다. 크레이그의 PTSD와 우울증 증상이 개선되기 시작하자, 그들의 관계는 더욱 악화되었습니다. 크레이그의 치료사는 로이스를 치료 세션에 초대하여 함께 이야기를 나눌 수 있도록 했습니다. 그들은 둘 다 그들의 관계 문제를 모두 크레이그의 PTSD 탓으로 돌렸지만, 실제로는 오래된 문제들이 있었고 이를 해결할 필요가 있다고 동의했습니다. 로이스는 크레이그의 공간 필요성을 자신과 아이들에 대한 거부로 해석했고, 크레이그는 이를 스트레스 관리에 필수적이라고 보았습니다. 크레이그는 군대를 떠나 가족과 더 많은 시간을 보낼 수 있게 되어 기뻤지만, 여전히 변화에 적응하고 있다고 말했습니다. 그들은 감정에 대해 더 자주 이야기하고, 매주 가족과 함께 시간을 보내는 계획과 크레이그와 로이스가 각각 혼자 시간을 보내는 계획을 세우기로 합의했습니다.

🌱 치료실 노트: 수레시

수레시는 스리랑카에서 박해를 피해 영국으로 망명 신청을 했으나 거절당했고, 현재 항소 중이다. 항소를 기다리는 동안 수레시는 일할 수 없었고, 지저분한 호스텔에 머물며 국립 망명 지원 서비스(NASS; National Asylum Support Service)로부터 매주 소액 지원을 받고 있었다. 수레시는 고문을 당한 경험이 있었고 스리랑카로 추방되면 죽을 것이라는 확신에 두려움에 떨었다. 그의 가족은 경찰이 그의 소재를 자주 묻는 방문을 받아 안전에 대한 두려움을 갖고 있었다. 수레시는 매 2주마다 영국 국경청(UKBA)에 출석하여 서명해야 했고, 이는 그의 PTSD 증상을 악화시켰다.

평가에서 수레시는 강한 절망감과 자살 충동을 표현했다. 그는 자신의 죽음이 가족을 더 안전하게 할 것이라 믿었고, 영국이나 스리랑카에서도 미래가 없다고 생각했다. 초기 치료 세션에서는 수레시의 자살 위험을 다루는 데 중점을 두었다. 치료사와의 논의를 통해 수레시는 가족이 자신이 죽기보다는 살아 있기를 원한다는 것을 깨달았고, 이러한 이유와 망명 허가를 받을 경우 미래 목표를 플래시카드에 적었다.

치료사는 그의 사회적 상황이 악화될 경우 위험이 증가할 것을 우려해 위험 관리 계획을 세웠다. 또한 수레시의 상황 내에서 사회적 상황을 개선할 방법을 논의했다. 치료사는 영국 국경청(UKBA)에 수레시가 PTSD로 고통받고 있어 출석 주기를 매월로 줄여달라고 요청하는 서한을 보냈고, 이는 승인되었다. 또한 수레시가 영국 국경청(UKBA)의 'Rule 35' 지침에 따라 '위험에 처한 성인'임을 강조하는 서한을 작성하여, 정신 건강 장애, 자살 위험, 고문 생존자라는 세 가지 이민 이유로 구금되지 않도록 했다. 수레시는 서명을 위해 갈 때마다 이 서한을 지참했고, 경찰에 체포될 경우를 대비해 약간의 안전감을 느꼈다. 자극 변별 학습도 수레시가 영국 국경청(UKBA)과의 상호작용에서 대처하는 데 도움이 되었다. 유니폼을 입은 사람들은 그의 체포와 구금을 떠올리게 했고, 이는 종종 해리와 의심스러운 행동을 유발했다. 그는 영국 경찰과 영국 국경청(UKBA) 직원의 유니폼이 스리랑카 경찰의 것과 다름을 상기시키기 위해 유니폼의 차이점에 주의를 기울였다. 그의 치료사는 경찰에게 보여 줄 수 있는 문구를 휴대전화에 작성하도록 도왔다. 그 다음으로, 그들은 '삶 되찾기' 작업을 식별했다. 수레시는 영국에 머물 수 있을지 확신할 수 없었고, 돈과 기회의 부족으로 제한되었지만 더 안정되고 가정적인 느낌을 원했다. 그들은 그의 빈 호스텔 방을 장식하기로 합의했고, 영국에 있음을 상기시키는 유니언 잭 깃발과 좋아하는 크리켓 스타들의 포스터를 벽에 걸었다. 이는 악몽에서 깨어났을 때 호스텔 방과 감방을 구별하는 데 도움이 되었다. 수레시는

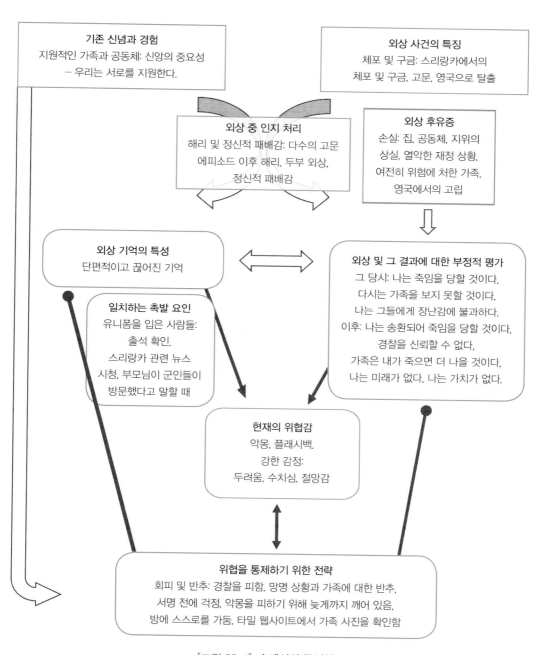

[그림 22-1] 수레시의 공식화

또한 매일 밤에 자고 늦게까지 깨어 있지 않으며, 매일 지역 공원에서 달리기를 하며 운동하는 일과를 세웠다. 치료사가 제공한 지도를 사용해 지역 도서관에 가입하여 신문을 읽으며 영어를 향상시키고, 타밀 뉴스 사이트 대신 관심 있는 것들을 인터넷에서 찾았다. 수레시는 감옥과 영국으로 탈출하는 동안 신앙에서 힘을 얻었다는 것을 알았다. 그의 치료사는 그가 기도할 수 있는 근처 타밀 사원을 찾아줬고, 명상 세션에 참여하고 다른 타밀 사람들과 함께 식사를 나누는 정기 모임에 참석하도록 도왔다. 수레시는 또한 주간 영어 수업, 무료 식사, 법률 상담, 가끔의 사회적 행사를 제공하는 지역 난민 자선 단체와 연락을 취했다. 수레시가 더 안전함을 느끼고 일상에 적응하고 미래에 대한 희망이 생기기 시작하자, 치료는 그의 고문 기억을 다루는 단계로 넘어갔다. 그들은 수레시의 감옥에서의 6개월과 주요 사건을 포함한 타임라인을 만들었고, 이를 그의 플래시백과 악몽에 맞췄다. 그와 치료사는 주요 기억들을 상상적 재연으로 트라우마 경험과 당시의 생각, 현재 삶의 어려움 사이의 연결고리를 찾았다. 예를 들어, 수레시는 감옥에서 무력하고 쓸모없는 물건처럼 느꼈고, 다시는 가족을 보지 못할 것이라고 믿었으며, 현재 망명 신청자로서의 상황과 미래의 위협에 대해 유사한 생각과 감정을 가지고 있었다. 그는 치료사와 함께 이러한 의미를 업데이트하며, 종종 일상 생활에서 이루고 있는 일들을 업데이트로 사용했다. 치료사는 수레시가 매주 성취한 것을 돌아보고, 그것이 그가 쓸모없고 무력하다는 신념을 재고하는 데 어떻게 도움이 되는지 생각하도록 격려했다.

추천 도서

Grey, N., & Young, K. (2008). Cognitive behaviour therapy with refugees and asylum-seekers experiencing traumatic stress symptoms. *Behavioural and Cognitive Psychotherapy*, *36*(1), 3-19.

Monson, C. M., & Fredman, S. J. (2012). *Cognitive-behavioral conjoint therapy for PTSD: Harnessing the healing power of relationships*. Guilford Press.

Chapter 23

위험

조아오는 PTSD와 우울증과 관련하여 빈번한 자살 생각, 과거 자살 시도, 타인에게 해를 끼칠 생각을 보고했으며, 신중하게 위험 평가와 관리가 그의 치료의 중심적인 측면이었다. 그의 치료사는 PTSD 증상과 위험 요인 간의 연관성에 기반한 인지적, 정서적, 체계적 메커니즘을 목표로 삼았다.

대다수의 PTSD 환자는 자신이나 타인에게 해를 끼치지 않는다. 그러나 PTSD 증상, 특히 우울증과 결합될 때, 다양한 유형의 해를 끼칠 위험이 증가한다: 비자살적 자해(NSSI: non-suicidal self-injury, Zlotnick et al., 1999), 자살 생각과 행동(Panagioti et al., 2009), 자살로 인한 사망(Gradus et al., 2010), 추가적인 외상을 경험하는 것(Jaffe et al., 2019), 타인에 대한 공격성(Elbogen et al., 2014) 등이 포함된다.

임상적으로 중요한 위험 요소와 함께 PTSD를 치료하는 것은 도전 과제이다. 일부 내담자의 경우 치료가 일시적으로 PTSD 증상, 관련된 강렬한 감정, 위험과 기능적으로 관련된 대처 행동을 증가시키는 경우가 있기 때문이다. 따라서 주의가 필요하지만, 치료를 지연하거나 중단하는 것도 치료되지 않은 PTSD와 관련된 장기적인 위험, 공격성, 비우발적 사망의 위험 및 2차 심리적, 신체적, 사회적 결과의 위험을 증가시킨다. 따라서 잠재적인 단기 위험을 관리하면서 장기적인 이점을 향해 나아가는 균형을 유지하는 것이 중요하다.

이 장에서는 위험 평가 및 관리의 기본적인 측면을 간략하게 설명한다. 대신 PTSD와 일반적으로 관련된 위험 및 지속적인 위험 상황에서의 치료 접근 방법에 중점을 둔다.

🌿 기본 원칙

위험을 평가하고 관리할 때 우리는 몇 가지 기본 원칙으로 시작한다.

- **사실에 기반하고 감정을 사용하지 않는다**: 대부분의 심리치료사는 자신이나 타인에게 해를 가하려는 구체적인 계획, 자살 시도/폭력의 이력, 준비, 리허설 및 수단 접근과 같은 위험을 예측하는 요소를 평가하는 데 익숙하다. 법의학적 환경에서는 '통계적' 위험 평가 도구가 자주 사용되며, 이는 알려진 예측 변수(예: 사회적 지원, 이전 자살 시도, 현재 만성통증, 최근의 상실)의 누적적 영향과 상호작용을 기반으로 위험을 평가한다. 또한 내담자가 타인으로부터 위험을 받을 가능성을 평가할 때도 동일하게 적용된다. 우리는 위험에 대한 구체적인 세부 사항과 예를 찾아야 한다. 예를 들어, 그들이 가해자와 마지막으로 접촉한 시기, 접촉이 일어난 상황, 발생한 구체적인 사건 등을 확인해야 한다.

- **위험은 동적이다**: 우리는 항상 치료 시작 시 위험을 평가하지만 상황이 변할 수 있으므로 정기적인 검토가 중요하다. 일부 사람들의 경우 위험은 순간적으로 변할 수 있다. 세션 중에는 자살 충동이나 분노를 느끼지 않을 수 있지만, 같은 날 괴로운 전화나 밤에 악몽을 꾸면 위험이 크게 증가될 수 있다. 우리는 위험이 가장 심각한 순간에 대해 물어봐야 하며, 우리의 위험 계획은 변화하는 상황에 따라 동적이고 즉각적으로 대응할 수 있어야 한다.

- **평가와 안전 계획을 개인화한다**: 통계적 위험 도구의 사용은 개별 위험 요소의 변동성을 숨길 수 있으며, 단독으로 사용해서는 안 된다. 실제로 자살 행동을 측정하기 위해 개발된 대부분의 도구는 예측 정확도가 충분하지 않아 의존할 수 없다(Runeson et al., 2017). 개인의 개인적인 위험 요소, 사건과 반응의 기능적 '사슬', 심리적 메커니즘을 이해하면 우리의 평가 정확도를 높이고 효과적인 개별화된 안전 계획을 설계하는 데 도움이 될 수 있다(Zortea et al., 2020).

- **위험 관리는 공동의 과업이다**: 치료 시작부터 위험을 모니터링하고 관리하는 협력적이고 투명한 접근 방식을 만드는 것이 목표이다. 여기에는 치료가 내담자와 우리 모두에게 안전하게 느껴지도록 하는 방법과 시기, 위험이 증가하면 어떻게 대처할지, 상호 동의된 계획을 따를 책임을 내담자에게 부여하는 것이 포함된다. 투명성과 공동 책임에 대한 약속은 모든 치료 작업의 필수 선행 조건이다. 강력한 치료 관계는 내담자가 위험 문제를 공개하고 도움을 구하려는 의지가 중요하며, 우리가 내담자에게 '어려운 질문'을

할 수 있는 능력을 결정짓는다. 우리는 내담자의 위험과 관련된 어려움을 인정하고 공감하면서, 희망과 해결책을 함께 찾으려는 확고한 의지를 보여 준다.

- '충분히 좋은' 규칙: 모든 내담자에게 모든 위험을 제거한 후 치료를 시작하는 것은 비현실적이다. 많은 내담자는 자살 생각을 오랫동안 가지고 있으면서도 행동으로 옮기지 않았고, 그럴 의도도 없거나 분노 조절 문제가 폭력으로 악화된 적이 없는 경우가 많다. 마찬가지로 일부 내담자는 직업의 특성상 재외상 위험이나 소외된 집단의 구성원으로서 또는 빈곤으로 인해 지속적인 위험을 안고 살고 있다. 우리는 이러한 위험을 최소화하려 노력하지만, 이상적이지 않은 상황에서도 치료를 제공하여 치료되지 않은 PTSD의 장기적인 위험을 완화하려고 한다. 치료 중 위험이 변동할 수 있으며, '충분히 좋은' 상태에서 외상 중심 치료가 안전하지 않은 상황으로 전환된다면, 우리는 위험 관리를 우선시하고 가능할 때 다시 치료를 재개한다.
- 위험을 최소화하고 보호 요소를 극대화한다: 우리는 가능한 한 위험 요소를 줄이고, 보호 요소, 회복력 및 적응적 대처를 강화하여 내담자가 직면한 어려움을 관리할 수 있도록 돕는다.
- 다른 사람들을 포함한다: 위험은 혼자 관리할 수 없다. 우리는 동료 및 감독자와 함께, 팀 내에서, 관련 기관과 함께 위험을 공유하고 논의하며 관리한다. 이는 내담자에게 최상의 지원을 제공하고 우리의 판단을 두 번 확인하며, 치료사로서 불안을 유발할 수 있는 작업을 관리하는 데 도움이 된다.
- 문서화: 위험 평가와 안전 계획에 대한 상세한 기록을 유지하면 전문적 실천 기준을 준수하고, 임상적 의사 결정 과정을 체계적으로 생각할 수 있도록 도와준다. 이는 특히 우리가 불안을 느낄 때 중요하다. 또한 위험 사건 발생 시 의사 결정 과정을 입증할 수 있도록 한다.

핵심 위험 평가 원칙에 대한 자세한 논의는 Granello (2010)를 참조한다.

FAQ 외상 중심 치료가 너무 위험한가요?

외상 중심 치료가 부적절하고 위험이 우선시되어야 하는 상황이 있습니다. 일부 위험은 완화할 수 있지만, 평가에서 다음과 같은 고위험이 나타날 경우 외상 중심 치료를 진행하지 않습니다:

- 강한 죽음의 욕구, 구체적인 계획, 자해 또는 타해 의도
- 최근의 심각한 자해(고위험 비자살성 자해 또는 자살 시도), 또는 상해를 초래한 폭력 행동
- 현재 고위험의 무모한 또는 자기 파괴적 행동
- 다른 사람으로부터의 심각한 피해에 대한 현재의 객관적 위협

또한 관리되지 않은 중간 정도의 위험으로 정의된 경우에도 외상 중심 치료를 진행하지 않습니다:

- 중요한 위험 이력과 연관된 비구체적 자살 또는 폭력 생각, 세션 간 위기 지원의 제한된 접근, 그리고 안전 계획이 부재하거나 실행할 의지가 없는 경우
- 과거 또는 현재의 자해, 자살 또는 폭력 행동이 있으며, 위험 사건에 대한 투명성과 공개에 대한 명확한 합의가 없는 경우
- 적절한 다중 기관 위험 관리 계획이 없는 상태에서 폭력적인 전 파트너가 위협을 가한 상태로 곧 출소할 예정인 경우와 같은 임박한 객관적 미래 위험

🌱 자신에 대한 위험

　많은 내담자는 자살 사고, 부담감, 비자살성 자해(NSSI) 행동과 같은 일반적인 임상 지표를 보고한다. 자살 및 자해 행동은 본질적으로 고통스러운 심리적 상태를 해결하거나 회피하기 위한 전략으로 이해하며, 이는 문제 해결, 감정 조절, 인지 재평가의 결핍과 관련되어 있다(Bryan, 2016). 약 3분의 1의 사람들은 자살을 생각하는 것에서 실제 시도로 진행하는데, 이는 그들의 사고의 심각성과는 크게 관련이 없다. 오히려 견딜 수 없는 고통(신체적, 심리적)과 희망의 상실, 그리고 연결의 부족이 자살을 가장 강하게 동기화한다. 자살시도로 이어지는 것은 치명적인 해를 입힐 수 있는 능력으로, 이는 지식과 수단(예: 헬륨 구입, 약물 저장)을 갖추는 것, 폭력과 죽음에 대한 노출(전투 참전용사, 난민, 응급 구조원 등)이나 이전의 자해 경험(자살 시도, NSSI, 제한적 식사 등)을 통해 자연스러운 두려움과 고통의 장벽을 극복한 경험에서 비롯된다(Klonsky et al., 2018).

　Bryan (2016)은 PTSD에서 자살 위험을 관리하기 위한 실질적인 프레임워크를 제공한다(위의 FAQ 박스 참조). 위험이 높은 경우, 우리는 외상 중심의 접근을 제공하지 않고 자살 예방에 중점을 둔 치료를 대신 시행한다. 이는 목표지향 모듈 또는 전반적인 근거기반 치료 패키지를 포함할 수 있으며, 주로 DBT 기술 훈련(Linehan, 2014) 또는 자살 예방을 위한

CBT(Bryan & Rudd, 2018)를 가장 많이 사용한다. 치료 중 높은 위험이 발생할 경우 자살 중심 치료로 전환하여 위험이 줄어들 때까지 유지한다. 내담자가 명확한 계획 없이 자살 사고를 보고하거나 심각한 상해가 없고 잠재적인 치명성을 지니지 않은 비자살성 자해(NSSI) 와 같은 중간 정도의 위험을 보일 때는 외상 중심 치료를 제공한다. 치료의 안전성을 높이기 위해 내담자와 협력하여 위기를 '견뎌내는' 데 도움을 주는 안전 계획을 개발한다. 계획에는 내담자의 '위험 신호' 상황 및 개인 경고 신호(PTSD 촉발 요인 포함), 위기를 관리할 수 있는 문제 및 감정 중심 대처 기술, 개인 및 전문가의 지원 자원의 목록이 포함된다. 각 세션에서 정기적으로 위험을 검토하고 계획이 어떻게 작동하는지 확인하며, 내담자가 위험 신호의 변화에 대해 솔직하게 말하도록 격려하여 함께 관리한다. 안전 계획을 개발하는 과정에서 자살 사고 및 비자살성 자해(NSSI) 를 촉발하거나 악화시키는 심리적 메커니즘을 공식화하고 우선순위를 지정한다. 다음은 몇 가지 예이다.

- 재경험 증상: 플래시백이나 악몽이 자살 사고나 비자살성 자해(NSSI)를 촉발하는 경우 (예: 악몽으로 극심한 고통을 느껴 죽고 싶어진 경우), 우리는 이러한 증상이 개선될 수 있다는 희망을 심어주기 위해 심리교육을 제공한다. 내담자가 침투 일지를 사용하여 촉발 요인을 이해하고, 그라운딩 및 자기 진정 전략, 자극 변별 및 업데이트(이미지 포함)를 통해 플래시백과 그 여파를 관리할 수 있도록 돕는다.
- 정신적 리허설 및 자살 '플래시 포워드': 자살을 생각할 때 사람들은 종종 자살에 대한 '공상'을 한다. 이들은 자살 준비 과정이나 실행 과정을 상상하거나 자신이 죽은 모습을 떠올리기도 한다. 이러한 이미지는 고통을 심화시키고 동시에 위안을 제공함으로써 자살 사고를 부추기며 집착 초점 행동으로 이어질 가능성이 높다. 우리는 내담자가 대신 대처 기술을 실행하는 이미지를 연습하거나, 이미지를 재구성하여 강도를 줄이도록 격려한다. 예를 들어, 사랑하는 사람이 그들을 위로하고 저장해 둔 약을 버리도록 돕는 장면을 상상하는 것이다(Carey & Wells, 2019).
- 해리: 촉발 요인에 반응하여 내담자가 해리될 때, 우리는 그라운딩 전략을 우선시한다. 해리될 때 내담자는 자해에 더 취약해질 수 있으며, 일부는 비자살성 자해(NSSI)를 그라운딩 수단으로 사용하므로 효과적이고 안전한 대안을 개발하고 연습한다.
- 감정 고조: 내담자가 강한 감정에 압도될 때 자살 사고가 발생할 수 있으며, 비자살성 자해(NSSI)는 강한 감정을 해소하는 방법으로 작용할 수 있다. 우리는 내담자가 강한 감정을 수용하고, 인내하며, 변화시킬 수 있는 방법을 발견하도록 돕기 위해 DBT 고통 인내 기술을 활용한다(78페이지). 여기에는 내담자가 강한 감정과 자살 사고가 잠시만 견

디면 지나간다는 것을 인식하도록 돕는 것이 포함된다.

- **죄책감과 수치심**: 죄책감과 수치심은 자기 비난과 자기 공격과 함께 부정적인 자아 개념에서 비롯되며, 자살 사고와 NSSI와 연결되어 있으며, PTSD와 자해 사이의 관계를 매개할 수 있다(Sheehy et al., 2019). 우리는 위기 상황에서 이러한 감정을 신중하게 평가하고, 관련 평가와 유지를 위한 과정(반추와 철수 포함)을 다룬다. 자기 진술 및 이미지를 통해 자비로운 자기 진정을 촉진하는 것도 도움이 될 수 있다(13장 참조).

- **절망감/패배감**: 절망감과 패배감은 종종 자살 사고를 유발하는 동기가 되며 이는, '내 인생은 끝났다.' 또는 '나는 손상된 상품이다.'와 같은 PTSD 특유의 평가에 의해 촉발될 수 있다. 이러한 평가를 심리교육, '삶 되찾기' 과제 및 인지 재구조화를 통해 다룬다. 우리는 내담자가 위기에서 대안적인 관점을 접근할 수 있도록 플래시카드, 삶 되찾기 활동 사진, 자신에게 보내는 비디오나 편지를 사용하여 돕는다. 패배감과 관련된 외상 당시의 핫스팟이 활성화될 때 절망감이 생길 수 있으므로 가능한 한 빨리 이러한 핫스팟을 업데이트하는 작업을 진행한다.

- **약물과 알코올**: 알코올이나 약물을 사용하는 것은 자살 위험을 크게 증가시키고 자살 또는 NSSI 사고를 실행하는 임계값을 낮출 수 있다. 특히 알코올과 코카인을 혼합하면 가장 높은 위험이 발생한다(Conner et al., 2017). 우리는 치료 초기 단계에서 물질 남용을 다루며, 피해를 최소화하고 이상적으로 금주를 목표로 작업하며, 위험한 사건에 물질 사용이 연관된 경우 지속적으로 모니터링한다(17장 참조).

- **인생 사건**: 예측 가능한(예: 외상 발생일) 및 예측할 수 없는(예: 갑작스러운 사망) 인생 사건에 반응하여 위험이 급격히 증가할 수 있다. 가능한 경우, 우리의 안전 계획은 예측 가능한 미래 촉발 요인을 고려하여 다양한 상황에 대한 대응 계획을 포함하며(예: 'x가 발생하면 y를 하겠다.'), 예상치 못한 사건(예: '기분이 나쁠 때는 언제든지 z에게 전화할 수 있다.')에도 대응한다. 대인 관계 문제, 특히 갈등과 관계 붕괴는 갑작스러운 위험 증가의 일반적인 촉발 요인이다. 이러한 상황에서 DBT 대인 관계 효과성 기술을 가르치는 것이 도움이 될 수 있다.

- **사회적 문제**: 노숙, 재정 문제, 기본적인 필요를 충족시키는 데 어려움을 겪는 등의 사회적 스트레스 요인은 우울한 기분과 절망감을 유발하는 중요한 요인일 수 있으며, 특히 내담자가 해결책을 찾기 위한 지식, 기술 또는 지원이 부족한 경우 그렇다. 우리는 이러한 문제를 옹호하고 문제를 해결하여, 적절한 서비스로 안내하는 방식으로 다룬다(22장 참조).

미에코는 남편 켄지의 죽음 이후 PTSD를 겪게 되었습니다. 그녀는 켄지의 죽음을 꿈꾸고 깨어났을 때 자살 사고가 가장 강하게 나타났고, 그가 죽기 전에 겪었던 고통을 막지 못했다는 죄책감과 관련이 있었습니다. 미에코의 치료사는 다른 외상 기억을 다루기 전에 그녀의 죄책감을 해결하기로 결정했습니다. 또한 미에코가 악몽에서 깨어났을 때 신속하게 자신을 진정시킬 수 있는 계획을 세웠습니다. 미에코의 대부분의 가족은 일본에 살고 있었고, 그녀는 자신이 얼마나 힘들어하는지 말하거나 지원을 요청하는 것이 부끄러웠습니다. 그러나 미에코의 여동생은 매우 지지적이었고 시차로 인해 미에코가 악몽에서 깨어났을 때 자주 깨어 있었기 때문에, 미에코는 기분이 힘들 때 여동생에게 전화를 걸기로 계획했습니다.

🌿 다른 사람으로부터의 위험

PTSD를 앓고 있는 사람들은 치료를 받을 때에도 여전히 안전하지 않은 경우가 많다. 학대적인 파트너, 배우자, 지인, 가족 구성원이 여전히 그들과 함께 살거나 근처에 살고 있을 수 있으며, 그들과 접촉하거나 그들의 가족을 괴롭히거나 스토킹할 수 있다. 특정 직업(예: 경찰관), 관계(예: 갱단 가입), 불리한 사회적 환경(예: 노숙), 활동(예: 성매매)도 피해를 입을 위험을 증가시킬 수 있다.

위험 평가

다른 사람으로부터의 위험을 정확히 평가하는 것은 어려운 작업이다. PTSD의 특성상 현재 위협에 대한 감각은 내담자의 안전에 대한 판단을 왜곡시킬 수 있다. 애매하거나 경미한 위협적인 자극과 상황(예: 가해자를 닮은 사람을 잠깐 본 것)을 매우 위험한 것으로 해석할 수 있다. 반대로, 오랜 시간 심각한 위협 속에서 살아온 사람들은 위험을 과소평가할 수도 있다. 어릴 적 외상 경험은 사람들이 안전함이 무엇인지, 타인으로부터의 위험을 정확히 평가하는 방법을 배우지 못하게 할 수 있다. 치료자로서 우리는 내담자가 경험한 상황이 아닌 우리가 직접 경험해 보지 못한 상황에서 위험을 객관적으로 평가하는 데 어려움을 겪을 수도 있다. 이러한 맹점은 위험을 과소평가하거나 과대평가하게 만들 수 있다(25장 참조). 위험을 객관적으로 평가할 수 있는 수단이 없으면 위협 관련 치료 과제를 접근하는 방식에 중대한 영향을 미칠 수 있으며, 합리적인 안전 예방 조치를 과도한 경계 행동과 구분하는 데 어려움을 겪을 수 있다. 따라서 다른 사람으로부터의 위험을 평가할 때는 체계적인 접근이 필요하다. 내담자로부터 과거와 최근의 위험 사건, 발생한 시기와 맥락, 보호 또는 완화 요소에 대한 자세한 사례를 수집한다. 가능하면 내담자의 사회적 네트워크, 경찰, 사회복지 서비스 등 다른 출처로부터 정보를 수집하여 내담자의 경험과 위협에 대한 인식을 맥락화한다. 친밀한 파트너 폭력을 평가하기 위한 구조화된 위험 평가 도구는 심리적, 정서적, 재정적, 성적, 신체적 학대를 포함한 모든 유형의 가정 폭력을 평가하는 데 매우 유용하다. 내담자가 관계 내에서 이러한 학대를 정상화했을 경우, 스스로 보고하지 않았을 가능성이 있기 때문이다. 이에 대한 좋은 예로는 가정 학대, 스토킹, 괴롭힘(domestic abuse, stalking, harassment: DASH) 체크리스트(Richards, 2009)가 있으며, 이는 포괄적인 위험 평가 도구로 사용되며, 위험이 심각하여 다중 기관 위험 평가 회의(Multi-Agency Risk Assessment Conference: MARAC)에 의뢰가 필요한지 평가하는 데 사용된다.

다른 사람으로부터의 위험을 평가할 때 가해자가 다른 사람에게 위험을 초래하는지 여부도 확인해야 한다. 예를 들어, 어린 시절 성학대 가해자는 더 이상 성인 내담자에게 위험이 아닐 수 있지만, 그들의 네트워크 내 다른 아이들에게는 여전히 위험이 될 수 있다. 폭력적인 전 배우자는 새로운 연인이나 내담자와 함께 있는 자녀에게 위험이 될 수 있다.

다른 사람으로부터의 위험 관리

중대한 위험을 식별한 경우, 우리는 지역 및 국가 보호 정책을 따르고 경찰 및 사회 서비스와 같은 다른 기관을 참여시킨다. 내담자와 우려 사항 및 계획된 행동에 대해 투명하게 논의하고, 관련 과정에 대한 정보를 제공한다. 영국에서는 성인을 위한 다중 기관 위험 평가 회의(MARAC) 및 아동에 대한 우려가 있을 경우 지역 다중 기관 보호 허브(Multi-Agency Safeguarding Hub: MASH)로의 회부가 포함될 수 있다. 가능한 한 내담자의 자율성과 자기결정을 우선시하며, 이전에 서비스와의 부정적인 경험이 있는 경우에도 다른 사람을 참여시키도록 지원한다. 즉각적인 위험은 없지만 우려 사항이나 미래 위험이 있는 경우, 안전 계획을 수립한다. 여기에는 위험이 무엇인지, 어떤 맥락에서 발생하는지, 이를 최소화하거나 관리하는 방법, 안전 계획을 확대하거나 검토할 '촉발 요인 포인트'를 상세히 기술한다.

빌랄은 이전에 약물 중독이 있는 아들 자스에게 폭행당한 적이 있었습니다. 평가 당시 빌랄은 몇 달 동안 자스를 보지 못했지만, 자스는 돈을 요구하는 문자 메시지를 보내왔습니다. 빌랄은 자스를 돕는 방법에 대해 매우 갈등을 느꼈습니다. 그는 자스에게 등을 돌리고 싶지 않았지만, 자스가 마약에 절박해지면 폭력적으로 변할까 봐 두려웠습니다. 빌랄과 그의 치료사는 위험을 최소화하기 위해 자스가 나타나면 집에 들이지 않고, 위협적이거나 무기를 소지했다고 언급하면 경찰에 연락하는 등의 안전 계획을 세웠습니다. 또한 중독이 있는 가족 구성원을 돕는 방법에 대한 자료를 조사하고, 빌랄의 네트워크에서 자스를 지원할 수 있는 사람들을 파악했습니다. 빌랄은 자스에게 도움을 받을 수 있는 곳에 대한 정보만 제공하기로 결정했습니다.

치료 계획에는 내담자가 위험에 노출될 가능성이 적은 '시기'를 찾는 것이 포함될 수 있다. 예를 들어, 고위험 직업에 종사하는 사람의 경우 병가 중이거나 업무가 줄어든 기간이 될 수 있다. 고위험 직업에 있는 내담자는 추가적인 외상에 노출될 가능성이 높은 직업을 계속할지 여부에 대해 불확실하기도 하다. 우리는 종종 내담자에게 치료를 완료할 때까지 결정을 미루고 직무 복귀에 도움이 될 수 있는 조정 사항들을 고려해 볼 것을 권장한다.

키스티는 고층 건물의 심각한 화재를 겪은 후 PTSD를 겪게 되었습니다. 그녀는 소방관으로서의 직무에서 병가 중이었고, 사직할 계획이라고 치료사에게 말했다. 키스티는 PTSD가 직무 수행에 방해가 되어 화재 현장에서 멈칫하거나 플래시백을 겪어 팀원들을 위험에 빠뜨릴까 봐 두려워했습니다. 매니저와 노조의 지원으로 키스티는 PTSD 치료를 마칠 때까지 경력 선택을 고려하기로 합의했습니다. 치료사는 또한 그녀가 점차 소방 사건에 참여하는 정도를 늘려가며 두려움을 시험해 볼 수 있도록 업무를 단계적으로 복귀하고 처음에는 업무를 줄이는 협상을 도왔습니다.

재피해의 위험

즉각적인 위험 외에도 PTSD와 관련된 만성적인 재피해 위험이 있다(Orcutt et al., 2002). 특정 대처 전략, 예를 들어 물질 사용 및 위험한 성 행동은 PTSD를 가진 사람들을 재피해의 위험에 노출시킬 수 있다. 위협에 대한 만성적인 노출은 위험한 상황을 인식하는 능력을 방해하며, 해리와 같은 PTSD 증상은 효과적으로 대응하는 것을 방해할 수 있다. 대인관계 외상을 겪은 사람들은 관계에서 경계를 명확하게 설정하는 방법이나 시기를 알기 어려워할 수 있으며, 죄책감과 수치심은 그들이 학대를 받을 만하다고 믿게 만들 수 있다. 또한 외부 변수, 즉 가해자의 행동(특히 취약한 사람들을 대상으로 하는 경우)과 사람들을 위험에 처하게 하는 사회적 요인도 중요한 역할을 한다(Messman-Moore & Long, 2003). 이러한 문제를 내담자와 함께 해결하는 과정은 그들이 미래의 해악에 노출될 수 있는 변수를 평가하고, 이를 줄이고 회복탄력성을 키우기 위한 작업을 포함한다. 예를 들어, 여러 관계에서 학대를 경험한 내담자와 함께 미래에 위험에 처할 수 있는 요소들을 파악하기 위해 관계나 상황에서의 패턴을 함께 살펴본다(18장 참조). 잠재적인 가해자의 징후를 식별하는 방법, 원하지 않는 요구에 대해 단호하게 경계를 설정하는 방법, 그리고 학대나 통제적인 행동에 효과적으로 대응하는 방법에 대해 논의한다. 예를 들어, Kubany와 Ralston(2008)은 소유욕, 질투, 친구와 가족을 싫어함, 거짓말, 비밀 유지, 그리고 의견을 깎아내리는 등의 관계에서 잠재적인 가해자를 식별하기 위한 20가지 '적신호'를 목록화하였다. 관계에서 반복적으로 재피해를 입은 내담자에게 이러한 경고 신호를 논의하는 것은 힘을 줄 수 있다. 그러나 경고 신호를 인식하거나 효과적으로 대응하는 데 어려움을 겪는 것이 내담자의 잘못이 아님을 명확히 한다. 대신, 무엇을 찾아야 하는지 모르는 상태에서 이러한 신호를 포착하는 것이 얼마나 어려운지 정상화한다. 특히 가해자가 관계 초기에서 그들의 통제적인 행동을 매력적이고 속이며 은폐하려고 적극적으로 시도하기 때문에 더욱 그렇다.

핵심 인지

- 미래는 희망이 없다. 내 인생은 망했다.
- 이렇게 사느니, 내가 죽는 것이 나/타인에게 더 나을 것이다.
- 자해만이 고통을 덜어줄 수 있는 유일한 방법이다/무엇인가를 느낄 수 있는 유일한 방법이다.
- 나는 학대를 받을 만하다.
- 나는 나를 해칠 사람들을 끌어들인다.
- 약점을 보이면 사람들이 나를 이용한다.

🌿 다른 사람에게 가해할 위험

일부 내담자는 폭력이나 다른 가해의 역사를 가지고 있으며 여전히 다른 사람에게 위험할 수 있다. PTSD는 폭력의 위험 증가와 연관되어 있지만, PTSD 환자에게도 높게 나타나는 알코올 남용 및 분노 심각성과 같은 다른 위험 요소를 통제할 때 이 연관성은 사라진다 (Blakey et al., 2018). 또한 폭력이 흔하거나 미화되는 환경에서 살아온 사람들은 폭력을 저지를 가능성이 높으며, PTSD가 이 위험을 증가시킬 수 있다(Nandi et al., 2015). 따라서 PTSD 상황에서 내담자의 폭력 위험을 평가할 때 우리는 수면 문제, 통증, 재정 불안정성, 노숙, 전투 경험, 알코올 사용, 분노 및 법의학적 이력과 같은 알려진 위험 요소를 조사하고, 사회적 지원, 영성, 일, 기본 필요 충족 능력과 같은 보호 요소도 함께 고려한다(Elbogen et al., 2010).

다른 사람에게 즉각적이거나 심각한 위협이 있는 경우, 예를 들어 구체적인 계획과 피해자에 대한 접근 또는 아동에 대한 신체적 처벌이 있는 경우, 우리는 보호를 우선시하고 관련 기관과 우려를 공유하며, 필요시 내담자의 동의 없이 정보를 공개한다. 위협이 덜 심각한 경우, 우리는 협력하여 안전 계획을 개발하고, 위험을 지속적으로 검토하며, 분노와 공격성을 우선시하여 치료를 조정하고, 기술 기반의 분노 관리 개입을 치료에 포함시킨다(예: Chemtob et al., 1997). PTSD에 대한 성공적인 치료는 두 가지가 관련된 경우 분노를 감소시킬 수 있으므로, 우리는 또한 순차적으로 또는 동시에 외상 중심 치료를 진행한다.

우리의 개입을 이끌기 위해, 우리는 공격성의 최근 사건을 자세히 검토하여 선행 조건, 반응 및 기타 심리적 메커니즘의 연쇄를 파악한다. 또한 분노와 PTSD에 대한 심리교육을 제공한다. 예를 들어, 내담자의 경험을 고려했을 때 이해할 수 있는 생존 메커니즘이라는 새로운 관점을 제시한다. 또한 PTSD가 공격성을 부분적으로 설명할 수 있으며 다른 사람의 행동에 의해 촉발될 수 있지만, 내담자는 공격성을 통제할 완전한 책임이 있으며 이에 대한 결과에 대한 책임이 있다는 점을 강조한다.

다음은 우리가 다루는 일반적인 메커니즘과 해결 방법이다:

- 기억 촉발 요인에 대한 분노 :일부 내담자들은 외상 경험을 떠올리게 하는 상황에서 공격적으로 반응한다. 예를 들어, 포로로 잡혔던 사람은 혼잡한 공간에서 갇힌 느낌을 받고 '투쟁'하며 탈출하려고 할 수 있다. 재경험 증상은 일상 상황을 '생존의 문제'로 느끼게 하여 투쟁/도피 반응을 유발한다. 우리는 내담자가 이러한 촉발 요인을 예측하고 준비할 수 있도록 돕고, 자극 변별을 사용하여 상황의 객관적인 위협을 재평가하도록 한다. 또한 생리적 각성을 관리하는 기술과 단호한 언어적 의사소통 기술을 익히고 연습하도록 돕는다.

- 감정을 변화시키기 위한 공격성: 일부 내담자에게는 공격성이 보상적인 효과를 제공한다. 이는 무감각한 느낌을 해소하고, 굴욕적이거나 무력한 느낌 대신 강력함을 느끼게

하며, 좌절과 고통에서 벗어나는 방편이 될 수 있다. 이러한 경우, 우리는 기능 분석을 통해 공격성이 충족하는 필요를 확인하고, 이 행동의 비용과 이익을 평가하며, 더 적은 '비용'이 드는 대안적인 방법을 찾도록 돕는다.

• 복수에 대한 집착: 일부 내담자는 자신이 잘못된 대우를 받았다고 느끼고(이는 종종 정확한 감각) 복수에 집착하게 된다. 무력감, 굴욕감, 분노와 같은 외상 기억의 중심 사건은 기억이 떠오를 때 복수를 생각하게 만든다. 치료 초기에 이 두 과정을 동시에 목표로 삼을 수 있다. 복수 욕구는 종종 폭력적인 정신 이미지에 의해 촉발되며, 이는 정의를 추구하거나 가해자에게 피해를 알리려는 목적을 가진다. 복수 추구의 기능, 비용, 이익을 탐색하고 가능한 대안을 찾는 것은 유용하다. 여기에는 정의에 대한 욕구를 충족시키기 위해 이미지 개입을 활용하는 것도 포함될 수 있다. 특히 '복수를 하지 않으면 이 일을 극복할 수 없다.'는 신념을 가진 경우에는 이러한 접근법이 더욱 효과적이다.

• 적대적 귀인 편향: 사회적 단서를 해석하는 데 편향이 발생하는 것은 PTSD와 관련이 있다. 예를 들어, 수치심을 느끼는 사람은 다른 사람의 행동을 거부로 해석할 가능성이 더 높다(Sippel & Marshall, 2011). PTSD를 가진 군인들이 타인의 '숨겨진 적대적 의도'를 인식할 때 더 공격적으로 반응할 가능성이 높다(van Voorhees et al., 2016). 우리는 지지적인 치료 관계의 맥락에서 이러한 패턴을 정상화하고 이해하도록 돕고, 언제 이러한 패턴이 촉발되는지 인식하며, 평가를 검증할 방법을 찾을 수 있다.

• 학습된 행동으로서의 공격성: 일부 내담자들은 공격적인 행동과 도구적 폭력에 노출되고, 반복적으로 이를 저지르고, 그러한 행동에 숙달되는 경우가 있다. 종종 공격성은 단기적인 필요를 충족시키고 분쟁을 해결하는 데 효과적일 수 있지만, 장기적으로 높은 대가를 치르게 된다. 공격성은 명예나 존중에 대한 강한 신념이 있는 문화 집단 내에서 모욕에 대한 허용 가능한 반응으로 간주되어, 그 집단내 소중한 정체성의 일부일 수 있다. 또한 군대에서 적을 비인간화하는 전략을 배우는 것과 같은 특정 그룹에서 학습된 전략과 관련이 있을 수도 있다(Grossman, 1996). 여기에서 우리는 이러한 과정에 대해 더 깊은 인식을 가져야 한다. 우리는 내담자가 공격성을 하나의 '삶의 방식'으로서 여기는 관계를 탐구하고, 이를 포기할 시기와 방법을 고려하도록 돕는다. 갈등을 다르게 대처하는 기술, 예를 들어 문제 해결, 자기주장, 의사소통 기술을 개발하고, 내담자의 정체성의 다른 소중한 측면을 발전시키는 데 초점을 맞추는 것이 유용할 수 있다.

테오는 친구가 저지른 범죄에 대한 복수로 갱단에 의해 총격을 당했습니다. 그의 친구는 감옥에 있었고, 커뮤니티의 다른 사람들과 함께 테오에게 총격에 대한 복수를 요구했습니다. 테오는 복수를 하지 않으면 친구와 가족 사이에서 체면을 잃을 것 같아 종종 폭력적인 복수를 상상하곤 했습니다. 테오의 치료사는 그가 복수를 하는 것의 장단점을 고려하도록 도왔습니다. 테오는 이전에 소년원에 있었고, 어린 딸이 있어 감옥에 가고 싶지 않았다. 그는 또한 행동을 취하면 복수 공격이 계속되어 더 많은 죽음으로 이어질 수 있다는 것을 알고 있었습니다. 이러한 이유들은 설득력이 있었고, 테오의 치료사는 그가 핸드폰에 이 이유들을 적어두고 딸의 사진을 함께 저장하도록 요청했습니다. 테오의 치료사는 테오가 복수하지 않기로 한 이유에 대해 커뮤니티의 다른 사람들과 어떻게 이야기할지 생각하도록 도왔고, 그의 결정을 지지할 사람들을 찾도록 도왔습니다. 그들은 존중과 강함에 대해 다른 방식으로 생각하는 방법을 논의했습니다. 복수에 대한 충동은 테오가 공격 중에 무력감을 느꼈던 재경험 증상과도 연관된 것 같아서, 그들은 이러한 핫스팟을 새로운 의미로 업데이트하기로 합의했습니다.

🌱 치료실 노트: 조아오

조아오는 영국에서 태어났지만, 다섯 살 때 부모가 이혼한 후 어머니와 함께 브라질로 이주했다. 20대에 조아오는 자신이 일하던 은행을 무장 갱단이 강도당하도록 도와준 혐의로 감옥에 수감되었다. 감옥의 상태는 끔찍했고, 폭력이 일상이었다. 조아오는 여러 차례 구타를 당했고, 한 번은 다른 죄수에게 성폭행을 당했다. 출소 후 조아오는 영국으로 추방되었고, 친구도 없고 먼 친척들만 있었다. 그는 감옥에서 당한 폭력의 악몽과 플래시백에 시달리며 PTSD 치료를 받기 위해 의뢰되었다. 평가에서 그는 자살 충동을 느끼고 있다고 보고했고, 그의 치료사는 그가 살고 있는 호스텔 주민들과 빈번하게 충돌하고 있어 타인에게 위험할 가능성도 우려했다. 조아오의 치료사는 최근의 위험 사건들을 검토했다. 조아오는 미래에 대한 희망이 없고 현재 상황에 좌절감을 느꼈다고 보고했다. 그는 감옥에서 두 번 자살을 시도했으나 출소 후 1년 동안은 시도하지 않았다. 그러나 빈번한 자살 생각을 보고했고 어머니에게 더 이상 고통을 주고 싶지 않다는 것 외에는 보호 요인을 식별하기 어려워했다. 그의 자살 충동 촉발 요인은 성폭행에 대한 플래시백으로, 이는 조아오에게 깊은 수치심을 느끼게 했다.

타인에 대한 위험과 관련하여 조아오는 호스텔에서 다른 사람들과 갈등을 겪고 있다고 보고했다. 특히 시끄럽거나 다른 사람들이 접근하려 할 때 문제가 발생했다. 조아오는 감옥에서 약해 보이면 공격당할 수 있기 때문에 공격적으로 행동해야 한다고 배웠다고 설명했다. 또한 최근 두 남자가 포르투갈어로 말하는 것을 듣고 감옥에 있는 것처럼 플래시백을 경험하며 그들을 공격할 준비를 했다고 보고했다.

조아오의 치료사는 이러한 경험을 정상화하고 PTSD 증상에 대한 심리교육을 제공하며 치료가 어떻게 진행될지 설명했다. 그들은 매 세션마다 위험 점검을 하고 개인화된 평가 도구를 만들기로 합의했다. 또한 조아오가 자살 또는 폭력적 생각을 경험할 때 대처할 수 있는 방법을 포함한 안전 계획을 세웠다. 그는 자신의 어머니 사진을 휴대전화 잠금 화면에 저장하여 삶의 이유를 상기시키기로 동의했다. 그들은 조아오에게 희망을 줄 수 있는 치료 목표를 설정하고 이를 지속적으로 모니터링하고 추가하기로 합의했다.

조아오와 그의 치료사는 자살 및 폭력적 생각을 유발하는 촉발 요인을 우선시하기로 했다. 조아오는 주요 촉발 요인을 식별하기 위해 침투 일지를 작성하고 세션에서 자극 변별 및 그라운딩을 연습했다. 그들은 사람들이 자신을 공격할 것이라는 조아오의 신념을 다루었고, 조아오는 영국에서는 아무도 자신을 알지 못하고 해를 입힐 이유가 없다는 것을 인정했다. 조아오는 방에서 나가 있을 때 위험을 예측하고 자신을 쳐다보는 사람들을 '노려보며' 대치 상황이 발생했다. 그들은 조아오가 이 행동을 중단했을 때 어떤 일이 일어나는지 테스트하기 위해 행동 실험을 사용했다. 초기에는 더 취약하다고 느꼈지만, 조아오는 사람들이 자신에게 접근하거나 공격하지 않는다는 것을 깨달았다.

조아오의 생활 환경은 자살 충동의 촉발 요인이었으며, 그는 자신의 상황과 미래의 절망에 대해 반추하는 경향이 있었다. 그는 자신의 감옥 기록 때문에 아무도 자신을 고용하지 않을 것이라고 믿었다. 조아오는 영국에 도착했을 때 주거지를 찾는 데 도움을 준 '해외 죄수'라는 자선단체와 연락하여 취업에 대한 조언을 받았다. 그들은 그를 직업 준비 프로그램에 등록시키고 향후 유급 고용을 위한 이력서를 작성하는 데 도움이 되는 자원봉사 활동 정보를 제공했다. 조아오는 또한 주로 브라질인이 모여 있는 교회와 성경 공부 모임에 참석하기 시작했다. 그는 이 환경에서 안전함을 느꼈고 호스텔에서 보내는 시간이 줄어들었다.

조아오의 수치심은 자살 충동을 촉발했기 때문에 치료에서 다음으로 다루어졌다. 조아오는 브라질에서는 남성 성폭행이 결코 논의되지 않았고 엄청난 낙인이 찍혀 있었다고 설명했지만, 감옥에서는 흔한 일이었다는 것을 알고 있었다. 그는 성폭행을 당한 것이 자신을 '덜 남성적으로' 만들었고, 어떤 여성도 자신과 관계를 맺고 싶어하지 않을 것이라고 믿었다. 그의 치료사는 그가 남성 성폭행에 대한 다른 관점을 조사하도록 도왔다. 그들은 함께 남성 성폭행 생존자를 위한 자선단체인 'Survivors UK' 웹사이트에서 몇몇 생존자 이야기들을 읽었다.

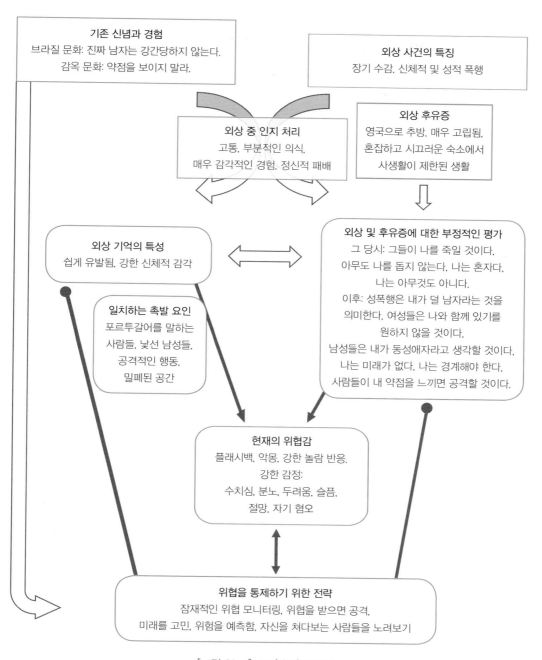

[그림 23-1] 조아오의 공식화

그들은 또한 남성 성폭행에 대한 견해를 묻는 설문조사를 작성하여 '덜 남성적으로' 만드는 것인지, 성폭행을 당한 사람과 관계를 맺을지에 대한 질문을 포함했다. 조아오는 자신이 받은 자비로운 응답들에 놀랐고, 자신의 경험 때문에 다른 사람들에게 거부당하지 않을 것이라는 더 큰 희망을 갖게 되었다.

조아오가 감옥에서의 경험에 대해 이야기할 준비가 되었을 때, 그들은 주요 기억을 식별하기 위해 타임라인을 작성했다. 조아오는 그의 치료사와 함께 위험한 생각이나 행동을 지속적으로 모니터링했고, 필요시 기억 작업을 중단하기로 합의했다.

추천도서

Messman-Moore,T. L., & Long, P. J. (2003).The role of childhood sexual abuse sequelae in the sexual revictimization of women: An empirical review and theoretical reformulation. *Clinical Psychology Review*, *23*(4), 537-571.

Taft, C. T., Creech, S. K., & Murphy, C. M. (2017). Anger and aggression in PTSD. *Current Opinion in Psychology*, *14*, 67-71.

Zortea, T. C., Cleare, S., Melson, A. J., Wetherall, K., & O'Connor, R. C. (2020). Understanding and managing suicide risk. *British Medical Bulletin*, *134*, 73-84.

PART 6
치료사가 다루어야 할 복합적인 이슈들

WORKING WITH COMPLEXITY IN PTSD

Chapter **24**

치료적 관계

대니는 사고로 인해 구급대원으로서의 경력이 끝났다. 치료 중에 그는 고용주에 대한 분노를 반복해서 이야기하고, 치료사의 세션 구조화 시도에 짜증을 내는 것처럼 보였다. 그의 치료사는 이 장애물을 더 잘 이해하고 대니와의 치료 관계를 개선하기 위해 상호작용을 공식화했다.

강한 치료 관계를 확립하는 것은 오랫동안 효과적인 심리치료를 제공하기 위한 기초로 여겨져 왔다. 치료 관계의 가장 많이 연구된 측면인 작업 동맹은 일반적으로 치료사와 내담자 사이에 형성되는 정서적 유대, 그리고 치료의 과제와 목표를 포함하는 것으로 여겨진다(Bordin, 1979). 이는 내담자가 매우 개인적이고 고통스럽고 굴욕적인 경험을 털어놓는 PTSD 치료에서 특히 중요할 수 있다. 그들은 또한 대인관계 외상, 배신, 거부, 또는 신뢰하던 사람들로부터의 지지 부족을 겪었을 수 있으며, 이는 자연스럽게 신뢰할 수 있는 치료 동맹의 발전을 방해한다(Keller et al., 2010). 연구에 따르면 일반적으로 동맹과 PTSD 치료 결과 간의 연관성이 있으며, 치료 관계를 더 긍정적으로 평가하는 내담자들이 치료에서 더 나은 결과를 얻는 경향이 있다(Ellis et al., 2018). CBT와 정신역동 치료의 가장 큰 차이점 중 하나는 치료 관계의 역할이다. CBT에서는 변화를 일으키기 위한 '필요하지만 충분하지 않은' 것으로 간주되지만(Beck, 1979), 정신분석 및 관련 치료에서는 변화의 중심 수단이다. 그러나 이 구분은 명확하지 않을 수 있다; CT-PTSD에서 치료 관계는 다른 사람들이 신뢰할 수 있고, 끔찍한 경험을 듣는 것이 견딜 만하며, 강한 감정을 표현하는 것이 허용된다는 것을 모델링하는 도구가 될 수 있다. 더 나아가 내담자의 대인관계 스타일이 치료 동맹에 영향을 미칠 때, 그것은 치료를 유지하고 내담자의 삶의 다른 영역에 미치는 부정적 영향을 해결하기 위한 중요한 초점이 된다(Moorey, & Lavender, 2018). 치료사가 치료 관계에 기여하는 개인적인 요소도 중요하다; 우리의 고유한 경험, 성격, 차이점, 그리고 의사소통 스타일이 각 내담자의 것과 어떻게 상호작용하는지가 중요하다. PTSD 치료의 특정 측면은 치료사에게 특히 도전적일 수 있다. 특정 내담자 또는 특정 유형의 외상이 우리에게 개인적으로 큰 영향을 줄 수 있다(26장). 우리는 내담자의 경험을 이해하는 유일한 사람처럼 느끼거나, 그들을 '구원'해야 한다고 느낄 수도 있다; 반대로, 그들로부터 단절되거나 짜증을 느끼거나 심지어 부당하게 대우받는다고 느낄 수도 있다. 이러한 경험은 정상적이다. 그럼에도 불구하고 '역전이'를 무시해서는 안 된다; 우리는 우리의 반응을 주의 깊게 살펴보고, 휘둘리지 않으며 성찰해야 한다. 이 장에서는 먼저 강한 치료 관계를 뒷받침하는 특성을 고려한 후, 잠재적인 어려움을 논의한다. 해결되지 않은 문제는 더 나쁜 결과와 중도 포기로 이어질 수 있으므로, 해결하는 것이 중요하다(McLaughlin et al., 2014). 상당수의 내담자가 PTSD 치료를 완료하지 않거나 혜택을 받지 못한다(Schottenbauer et al., 2008). 치료사로서 우리는 치료 동맹의 균열과 내담자가 치료에서 이탈하는 가능성을 나타내는 지표에 주의를 기울여야 한다. 이러한 문제는 더 넓게 관련이 있지만, 여기서는 PTSD 치료 시 흔히 접하는 문제에 초점을 맞출 것이다.

기본 원칙

탄탄한 기반 구축

초기 치료 세션에서의 내담자 참여도는 결과를 예측하는 중요한 요소이다(Brady et al., 2015). 따라서 첫 치료 만남에서부터 강력한 치료 동맹의 기초를 구축해야 한다. 일부 내담자는 치료사와 치료 과정에 대해 경계할 수 있으며, 애매한 대인관계 신호(예: 침묵)를 위협적이거나 판단적으로 해석할 수 있다. 초기 상호작용에서 따뜻함과 공감을 말, 어조, 신체 언어를 통해 명확히 표현하는 것이 중요하다. 특히 원격으로 작업하거나 통역사를 통해 작업할 때 이러한 미묘한 신호가 '통역 과정에서 손실될' 수 있다. 우리는 긍정적인 피드백을 많이 제공하고, 세션에 참석하고 기여한 내담자의 용기를 칭찬하며, 이것이 얼마나 두렵고 도전적일 수 있었는지 인정한다. 초기 성과를 내는 것도 성공적인 결과를 예측하는 요소이다. 첫 세션에서 내담자가 유용한 것을 얻었다고 느끼도록 하는 것이 중요하다. 이를 위해 그라운딩 기술을 가르치거나 유용한 결과를 얻을 가능성이 높은 행동 실험을 사용하는 등의

'쉬운 승리'를 내는 개입을 활용한다. 또한 첫 세션부터 트라우마를 상기시키는 과제보다는 즐거운 과제를 선택하여 '삶을 되찾는' 과제부터 시작한다. 실질적으로 내담자에게 유용한 정보를 제공하고, 질문에 답하며, 자원을 안내하고, 편지 작성이나 네트워크 내 관련 사람들과의 대화를 제안하는 등 실질적인 도움을 제공하려고 노력한다. 내담자를 위해 추가적인 노력을 기울이는 것은 회복에 대한 우리의 헌신을 보여 주고 신뢰를 쌓는 좋은 방법이다.

안전

치료 시작부터 안전을 논의하고 모델링한다. 이는 물리적 환경에서의 내담자의 필요를 논의하는 것에서 시작된다. 예를 들어, 앉고 싶은 위치, 물이 필요한지, 문을 열어두어야 하는지 등을 논의하고 공간의 측면을 내담자에게 맞추기 위해 조정한다. 치료 관계 내에서의 안전도 중요하다. 예를 들어, 비밀유지와 그 한계를 철저히 논의하고, 치료, 서비스, 우리 자신에 대한 정보를 제공한다. 가능하다면 내담자에게 치료사나 통역사를 선택할 수 있는 기회를 제공하는 것도 도움이 된다. 모든 단계에서 치료 과정에 대한 내담자의 통제감과 예측 가능성을 최대화하여 외상 동안의 무력감 경험과 뚜렷한 대조를 이룬다. 이는 특히 외상 기억을 논의할 때 매우 중요하다. 기억을 이야기하는 것의 중요성에 대한 근거를 제공하고, 내담자가 가질 수 있는 특정 우려 사항을 충분히 다룬다. 내담자가 언제든지 멈출 수 있는 선택을 포함하여 무엇을 말할지에 대한 전적인 통제권을 내담자에게 제공한다. 성폭력과 학대를 경험한 사람들에게는 성폭력 행위와 신체 부위를 설명할 단어를 미리 합의하며, PTSD 촉발 요인과 관련이 있거나 가해자가 말했던 단어를 사용하지 않기로 한다. 내담자는 종종 우리가 그들의 외상 경험을 듣는 것에 대해 어떻게 반응할지 걱정한다. 우리는 '치료 로봇이'이 아니라 항상 인간임을 인정하며, 우리가 듣는 것에 대해 충격을 받거나 속상할 수 있음을 인정한다. 하지만 이는 정상적이고 건강하며, 그들이 우리와 나누고 싶은 모든 것을 처리할 수 있음을 설명한다. PTSD 작업에 대한 우리의 경험과 훈련, 팀 내의 지원 및 감독 네트워크에 대한 정보를 제공하는 것도 도움이 된다. 치료를 '실험실'에 비유하여, 독성 기억을 안전하게 처리하기 위한 개인 보호 장비가 모두 갖춰져 있음을 설명하기도 한다. 치료 과정에서 안전은 공동의 과제이다. 내담자가 위험 이력을 가지고 있을 때, 효과적인 치료사가 되기 위해서는 우리가 안전하다고 느낄 필요가 있음을 설명한다. 이는 우리가 '명확하게 생각'할 수 있도록 하며, 위험을 파악하고, 평가하고, 계획하는 것뿐만 아니라 위험 문제에 대해 개방적이고 투명한 정책에 동의함으로써 안전을 확보하는 데 도움이 된다.

적극적인 협력

협력은 치료 관계의 핵심이며, 처음부터 우리는 동등하고 적극적인 파트너로서 협력하는 모델을 강조하고 보여 준다. 우리는 공동으로 공식화를 작성하고, 행동 실험을 함께 수행하며, 세션 간 과제나 정보 수집 작업을 공유한다. 우리는 PTSD 치료에 대한 자신감과 전문성을 보여 주지만, 내담자의 경험을 존중하고, 그들로부터 배우려는 자세를 유지하며, 치료를 공동 학습 과정으로 자리매김한다. 더 지시적이거나 덜 활동적인 치료를 기대하는 내담자는 초기에는 협력이 낯설고 불편할 수 있으며, 우리가 협력을 시도할 때 '모르겠어요.' 또는 '당신이 말해줘요!'와 같은 반응을 보일 수 있다. 이때 우리는 내담자를 곤경에 빠뜨리거나 대신 생각하지 않도록 주의한다. 개방형 질문보다는 폐쇄형 질문을 사용하고, 내담자의 과거 성취, 전문 지식, 기술을 끌어내는 것이 그들의 적극적인 참여를 유도하는 좋은 방법이다. 초기 세션에서는 더 교훈적으로 접근하고, 내담자가 치료 과정에 대해 더 자신감과 지식을 갖게 되면서 점진적으로 협력의 균형을 조정한다.

진정성과 투명성

내담자는 매우 개인적인 정보를 우리에게 신뢰해야 하며, 우리가 거짓되거나 부정직하게 보인다면 그들은 당연히 꺼릴 것이다. 대인 관계에서 상처를 받은 내담자는 특히 이러한 신호를 잘 포착할 수 있다. 우리는 치료에서 하는 모든 일에 대해 투명하게 설명하려고 노력한다. 이것이 어색한 대화를 수반하더라도 마찬가지다. 진정성의 일환으로 우리가 인간임을 보여 주는 것이다. 내담자에게서 초점을 빼앗거나 전문적 경계를 침범하지 않으면서도 우리의 개성을 드러내고 진정한 감정을 표현하려고 한다. 우리가 잘못한 것이 있으면 인정하고 사과하며 문제를 해결하려고 노력한다. 실수나 가정을 반성하고, 모든 답을 가지고 있지 않음을 인정하며, 내담자와 함께 배우는 데 전념한다. 또한 피드백을 주고받음으로써 투명성을 촉진한다. 우리는 '논의하기 불편한 것이 있으면 어떻게 알려주실 건가요?' '다음 번에 더 나은 치료사가 되기 위해 더 할 수 있는 것이나 덜 할 수 있는 것은 무엇인가요?' '우리의 세션이 올바른 방향으로 나아가기 위해 무엇을 할 수 있을까요?'와 같은 질문을 한다.

🌱 장애 해결

치료 관계에서 장애와 균열을 해결하는 것은 치료를 올바른 방향으로 유지하는 데 필수적이다. '유용한 팁' 상자를 참고하여 막힘을 느낄 때 어떻게 해결할 수 있는지에 대한 방법을 확인할 수 있으며, 아래에서는 일반적인 장애에 대해 더 자세히 설명한다.

🦥 유용한 팁: 막힌 느낌이 들 때 어떻게 할 것인가요?

우리는 모두 가끔씩 치료가 진전되지 않는 것처럼 느낄 때가 있습니다. 내담자와 내가 다른 페이지에 있는 것처럼 보일 때가 있습니다. 내담자 '저항'에 대한 책들이 많이 쓰였지만, 진전 부족을 내담자나 자신에게 탓하는 것은 일반적으로 역효과를 낳습니다. 대신, 무슨 일이 일어나고 있는지 이해하고 어떻게 다시 올바른 방향으로 나아갈 수 있는지 알아보아야 합니다.

- 데이터를 공개하기: 진행을 방해하는 행동에 대한 관찰을 제시하고, 내담자도 그것을 알아 차렸는지, 어떻게 생각하는지 물어봅니다. 비판적이지 말고 호기심을 가지고 접근합니다.
- 인정하고 공식화하기: 서로 다른 방향으로 끌리는 것 같다면, 잠시 멈추고 무슨 일이 일 어나고 있는지 탐구합니다. 타당화하는 발언을 사용하고 이를 간단한 공식화로 가져옵니 다. 예: "우리가 합의한 과제 수행이 너무 부담스럽게 느껴졌던 것 같네요. 압도될 것이라 는 신념이 있었다면, 당연히 피하고 싶어졌을 것입니다."
- 책임을 받아들이기: 치료에서 막힌 부분을 발견하면, 자신과 내담자에게 "내가 여기에 기 여하고 있는 것이 무엇인가?"라고 물어봅니다. 최선을 다해 치료를 제공하고 있는지 확인 합니다.
- 같은 페이지로 돌아가기: 치료가 줄다리기처럼 느껴진다면, 변화에 대한 책임의 균형을 다시 맞춥니다. 치료 목표와 공식화를 함께 검토하고, 내담자가 직면하는 장애물을 정말 로 듣고 있는지 확인합니다.
- 공감을 유지하기: '저항적인' 또는 치료 방해 행동에 좌절감을 느낀다면, 그것을 촉발하는 신념과 스키마를 공식화합니다. 종종 내담자는 자신을 보호하려고 하거나 과거에 적응적 인 방식으로 반응하고 있습니다.

- 단호하고 유연하게 접근하기: 내담자가 어려움을 겪고 있다면, 지나치게 밀어붙이는 것은 도움이 되지 않습니다. 모델을 포기하지 말고 유연하고 창의적으로 접근합니다. 내담자가 중재의 근거를 이해하고 받아들인다면, 함께 그것을 달성할 방법을 더 잘 찾을 수 있습니다. 그러나 내담자가 중요한 치료 요소를 조정하거나 제외하고 싶어한다면, 효과적인 치료의 한계를 명확히 합니다. CT-PTSD 치료를 받는 것은 내담자의 선택이며, 모든 사람에게 맞지 않을 수 있음을 상기시킵니다.

회피

19장은 주로 내담자의 회피에 초점을 맞추고 있지만, 치료사로서 우리도 어려운 치료 부분을 회피할 수 있다. 예를 들어, 가장 고통스럽거나 당황스러운 외상의 세부 사항을 논의하거나, 자신감이 부족한 특정 치료 과제를 수행하거나, 어색한 대화를 나누거나, 만족스럽지 못한 결말을 피하고 싶어 할 수 있다. 우리는 이러한 회피의 자연스러운 경향을 알아차리고 인정하며, 슈퍼비전에 대해 논의하고 우리의 신념을 시험해 보려고 노력을 기울인다.

아냐는 CBT 치료사로, 성폭행을 당한 내담자 메그와 함께 일하고 있었습니다. 아냐와 메그는 처음 여섯 번의 치료 세션 동안 심리교육과 안정화에 초점을 맞추어 메그가 지속적인 불안과 침투적 기억에 대처할 수 있도록 도왔습니다. 아냐의 슈퍼바이저가 외상 중심 작업으로 넘어갈 것을 제안했을 때, 아냐는 그 과정에 대해 불안감을 느끼고 메그에게 외상의 세부 사항을 묻는 것을 회피하고 있다는 것을 깨달았습니다. 아냐의 슈퍼바이저는 이러한 이해할 만한 반응을 정상화하고 아냐에게 메그의 외상 기억을 다루는 것에 대한 평가를 성찰하도록 격려했습니다. 아냐는 메그가 약해 보이는 것과 폭력적인 성폭행의 세부 사항을 듣는 것에 대한 불안을 표현했습니다. 아냐의 치료사는 메그와의 기억 작업의 장단점을 생각해 보고 '재외상화' 개념을 탐구하도록 도왔습니다. 아냐는 메그가 이미 외상을 겪었으며, 치료가 그녀를 도울 가능성이 더 크다는 것을 깨달았습니다. 그녀는 메그와 함께 기억 작업의 근거를 논의하고, 메그가 어떻게 반응하는지 테스트하고 어려운 외상에 대해 듣는 자신의 경험을 더 잘 이해하기 위해 외상에 대한 간단한 설명을 구하는 행동 실험을 하기로 동의했습니다.

신뢰의 어려움

자연스럽게도 학대나 부당한 대우를 받은 경험이 있는 내담자는 새로운 사람을 신뢰하기 어려울 수 있으며, 특히 수치심, 죄책감, 굴욕감 등이 관련된 경우에는 더욱 그렇다. 우리는 이러한 경험을 타당화하고 정상화하며, 개방적이고 일관된 태도로 신뢰를 쌓는 데 시간을 들여 치료적 관계에서 신뢰를 키워야 한다. 다른 가능한 장애물과 마찬가지로, 신뢰를 구축하는 과정을 논의하고 이를 치료의 공동 과제로 설정하는 것이 도움이 된다. 예를 들어, 내담자에게 '우리가 치료에서 신뢰를 쌓기 위해 무엇을 할 수 있을까요?'라고 질문하고, 관계에서의 신뢰도를 백분율로 평가한다. 이는 치료가 진행됨에 따라 신뢰도를 모니터링하고, 신뢰 수준에 영향을 미치는 요인을 식별하며, 이를 공식화에 반영할 수 있도록 한다.

제이는 여러 전투 외상 후 PTSD를 겪은 해병대원이었다. 첫 번째 치료 세션에서 그는 "나는 아무도 믿지 않는다."고 말했다. 그는 세션 내내 불편해 보였고 눈을 마주치지 않았다. 그의 치료사는 제이가 치료를 중단할까 걱정되어 이 문제를 제기하기로 결정했다.

T(치료사): 오늘 여기 오는 것이 어땠는지 물어봐도 될까요?

J(제이): 괜찮았어요.

T: 미리 걱정된 건 없었나요?

J: 걱정은 없었지만, 무엇을 기대해야 할지 몰랐어요.

T: 그건 당연해요. 이런 걸 해본 적이 없다고 했으니까요?

J: 네.

T: 더 쉽게 느끼게 할 수 있는 게 있을까요? 치료나 우리가 하는 일에 대해 더 알고 싶은 게 있나요?

J: 아니요, 괜찮아요.

T: 한 가지 확인하고 싶어요. 사람들을 믿기 어렵다고 했는데, 여기 와서 저와 이야기하는 게 큰 걸음일 거라고 생각해요. 저를 믿기 어려울 수도 있다고 생각해요.

J: 전 사실 아무도 믿지 않아요.

T: 네, 그리고 당신이 말한 모든 일을 고려할 때 그 이유를 완전히 이해할 수 있어요. 여러 번 실망하고 나쁜 대우를 받았잖아요.

J: 네, 하지만 저는 자신을 동정하지 않아요. 그냥 누구에게도 기대하지 않는 법을 배웠어요. 저

자신에게만 의지해요.

T: 정말 흥미롭네요. 우리가 그려온 이 사이클에 그걸 적어볼까요? 모든 일을 고려할 때, 다른 사람에게 기대하지 않고 자신에게만 의지하는 법을 배웠다는 게 완전히 이해되요.

J: 네, 좋아요.

T: 오늘 여기 와줘서 정말 기쁘고 인상적이에요. 낯선 사람을 만나 자신의 삶에 대해 많은 질문을 받는 게 쉽지 않았을 거예요.

J: 네, 상담사님이 절 돕기 위해 알아야 하니까요.

T: 맞아요. 하지만 당신이 이 과정을 통제하길 원해요. 말하고 싶은 만큼 말해도 되고, 만약 제가 물어보는 게 아직 이야기하고 싶지 않은 것이라면 그냥 놔두라고 말해도 돼요. 제가 그렇게 하도록 허락할게요 [미소 지으며].

J: 말할 수 없는 일이 있어요. 모든 걸 말할 수는 없어요.

T: 괜찮아요. 많은 일을 겪었고, 일부 기억은 생각하는 것만으로도 힘들겠죠, 말하는 건 말할 것도 없고. 아무에게도 말하지 않은 일도 있나요?

J: 음… 네.

T: 알겠어요, 준비가 될 때까지 기다릴 수 있어요. 여기 오는 사람들은 끔찍한 경험을 겪었고, 자신에 대해 나쁘게 느끼게 하는 일들을 봤거나 했을 수 있어요.

J: 좋아질까요?

T: 그럴 수 있어요, 네. 제가 약속을 할 수는 없고 마법 지팡이도 없지만, PTSD는 치료할 수 있는 것이고 치료 후에 많은 사람들이 훨씬 좋아져요. 무슨 일이 있었는지 잊을 수는 없고 과거를 바꿀 수는 없지만, 당신이 말한 증상들, 예를 들어 플래시백이나 악몽 등은 확실히 좋아질 수 있어요.

J: 그냥 내 뇌를 깨끗이 지우고 싶어요.

T: 네, 상상이 갑니다. 그 나쁜 기억들이 다 사라졌으면 좋겠죠?

J: 네.

T: 좋습니다. 저와 함께 일할 의향이 있다면, 적어도 그 기억들이 덜 강력하고 덜 괴롭도록 최선을 다해볼 수 있어요. 그리고 바로 저를 완전히 신뢰하지 않아도 된다는 걸 알아두세요. 이는 우리가 함께 작업하고, 시간이 지나면서 더 강해질 수 있는 부분이에요.

J: 상담사님은 나쁘지 않아요. 문제는 상담사님이 아니라, 제가 아무도 신뢰하지 않는 거예요.

T: 네, 이해합니다. 치료 중에 제가 할 수 있는 일이 있나요, 아니면 우리가 함께 할 수 있는 일 중 신뢰를 쌓는 데 조금 더 도움이 되는 것이 있나요?

분노

과민성은 PTSD의 흔한 증상이며, 많은 내담자들이 자신들의 외상 경험과 그것이 삶에 미친 파괴적인 영향에 대해 분노와 쓰라림을 느끼는 것은 당연하다. 분노는 PTSD 치료의 더 안 좋은 결과와 연관이 될 수 있으며(Forbes et al., 2008), 내담자가 치료사에게 분노를 느낄 때 특히 치료 관계에 영향을 미칠 수 있다. 분노가 두드러질 때 우리는 이를 치료의 우선 과제로 삼아 신속히 치료 관계에서의 교착 상태를 해결하는 데 초점을 맞춘다. 분노와 적대감을 다루는 것은 특히 그것이 우리에게 향할 때 도전적일 수 있다. 우리는 우리의 감정적 반응을 인정하고 내담자와 공유하려고 한다. Dalenberg(2004)는 내담자들에게 치료사의 분노에 대한 반응을 인터뷰했는데, 내담자들이 가장 싫어한 반응은 '빈 화면' 즉, 분노 표현에 대해 아무런 반응을 보이지 않는 것이었다. 가장 선호하는 반응은 '슬픔이나 불편함을 공개적으로 드러내고 그것에 대해 논의하는 것'이었다. 같은 연구에서는 치료사가 잘못했을 때 진심으로 사과하는 것을 내담자들이 매우 가치 있게 여긴다고 밝혔다. 우리가 실수했거나 내담자를 실망시켰다면, 우리는 사과하고 그로 인한 상처를 타당화하며, 가능한 한 보상책을 제안한다. 우리는 분노가 어떻게 그리고 왜 발생하는지에 대한 공유된 이해를 바탕으로 세션에서 분노를 다룰 수 있다. 자주 공격적인 내담자들은 자신을 보호하거나 필요를 전달하기 위해 분노를 사용해야 했던 경험이 있는 경우가 많다. 이를 공식화하면 내담자가 분노의 촉발 요인을 더 잘 이해할 수 있게 하며, 또한 우리가 그들의 분노 폭발에 직면했을 때 물러나지 않고 타당화하는 데 도움이 된다.

사이라는 어린 시절 학대와 관련된 PTSD 치료를 위해 상담을 받으러 왔는데, 그 이유 중 하나는 그녀의 분노 문제였습니다. 초기 세션에서, 사이라는 치료사가 그녀의 말을 오해하자 분노를 느꼈습니다. 치료사는 이 오해에 대해 진심으로 사과하고, 사이라의 분노 반응을 줄이는 치료 목표를 함께 작업하고자 하는 자신의 의지를 표현했습니다. 사이라는 자신의 이야기가 제대로 전달되지 않았을 때 무시당하고 중요하지 않은 느낌이 든다고 설명했고, 치료사는 이 감정이 얼마나 괴로운지 공감했습니다. 사이라는 이 감정과 어린 시절 제대로 돌봄을 받지 못한 경험 사이의 연관성을 찾을 수 있었고, 이를 공식화에 추가하여 우선적으로 다루기로 합의했습니다. 치료사는 또한 사이라에게 치료를 지지적이고 안전한 환경으로 만들기 위해 어떻게 해야 하는지 만약 사이라가 다시 분노를 느끼거나 무시당한다고 느꼈을 때 어떻게 대처할 수 있을지 함께 논의했습니다.

> **핵심 인지**
>
> • 내 치료사는 내가 무슨 일을 겪었는지 알면 내가 미쳤다고/역겹다고 생각할 것이다.
> • 내 치료사는 내가 겪은 일을 듣고 견딜 수 없을 것이다.
> • 아무도 나를 진정으로 이해할 수 없기 때문에 시도해 봐야 소용없다.
> • 내 치료사를 신뢰할 수 없으며, 그가 이것을 비밀로 지킬 것이라는 보장이 없다.

절망감

많은 내담자들이 회복 가능성에 대해 완전히 절망감을 느낀다. 이는 평생의 외상, 매우 만성적인 PTSD, 또는 여러 번의 실패한 치료 시도 때문이다. PTSD의 경험 자체가 절망감을 일으키며, 예측할 수 없는 악몽과 플래시백은 시간이 멈춘 듯한 느낌을 준다. 많은 사람들은 계획을 세우기보다는 하루하루를 버티는 데 집중한다. 희망은 치료에 대한 긍정적인 기대감을 조성하여 결과에 큰 영향을 미치기 때문에 매우 중요하다(Westra et al., 2007). 특히 PTSD 치료에서는 희망이 회피보다 접근적 대처와 관련이 있기 때문에 더욱 중요하다(Glass et al., 2009). 치료 초기 단계에서는 PTSD가 정상적이고 이해 가능한 반응이며, 효과적인 치료가 가능함을 설명하고, 달성 가능한 목표와 이정표를 계획하여 희망을 증진한다. 또한 이전 내담자들의 경험을 담은 비디오나 글을 공유하여, 그들이 치료 시작 전에 가졌던 절망감과 치료의 이점 및 도전을 이야기하도록 한다. 새로운 내담자들은 이러한 증언을 가치 있게 여기며, 자신이 혼자가 아니라는 것을 깨닫게 된다. 우리는 치료의 잠재적 이점을 과장하지 않는다. 그러나 오랜 기간 PTSD를 겪은 내담자들에게는 치료 없이 회복이 매우 어렵다는 것을 솔직히 말한다. 회복 가능성을 낮게 평가하는 내담자들도 치료를 시도할 의향이 있을 수 있으므로 이를 '손해 볼 것 없는 실험'으로 설명한다. 증상이 조금이라도 개선되면 이득이 되고, 그렇지 않더라도 시도해 본 것 자체가 가치가 있다고 강조한다. 마지막으로, 내담자의 절망감이 치료사에게 전염될 수 있음을 유념한다. 우리는 '끊임없는 낙관주의'의 자세를 유지하면서, 모든 내담자가 빠른 진전이나 완전한 회복을 이루지 않더라도, 일부 PTSD 증상이 남아 있어도 좋은 삶을 살 수 있음을 기억한다. 무엇보다도, 작은 진전의 신호를 볼 때 치료를 지속하며, 모든 좌절을 기회로 삼고, '철저하게 창의력'을 적용하여 장애물을 극복한다.

FAQ 내담자가 말을 멈추지 않을 때 어떻게 대처해야 하나요?

일부 내담자는 세션 동안 중단하거나 치료 목표에 맞추기 어려울 수 있습니다. 반복적 사고(같은 문제를 계속 반복, 생산적인 결과 없이 반추 등)는 CT–PTSD에서 더 나쁜 결과를 예측하는 것으로 나타났기 때문에 발생할 때 적절히 개입할 필요가 있습니다. 치료사는 중단할 때 무례하거나 어색하다고 느끼기 때문에 내담자가 침묵을 강요당했다고 느끼지 않도록 민감하게 중단할 방법을 찾아야 합니다. 이 주제를 제기하고 공동의 문제로 다루는 것이 가장 효과적입니다. 예를 들어, "때때로 세션에서 시간이 너무 빨리 지나가서 의제의 모든 주제를 다루지 못하는 것 같아요. 그 점을 눈치채셨나요?" 또는 "말씀하시는 걸 듣고 싶지만, 다음 외상 핫스팟에 대해 작업하기로 약속했어요. 어떻게 하는 게 좋을까요?"라고 말할 수 있습니다. 그런 다음 "어떤 방식으로 시간을 잘 관리할 수 있을까요?"와 같이 중단하거나 세션에서 시간을 관리하는 최선의 방법에 대해 합의합니다. "말씀 중에 무례하게 끼어들고 싶지 않고, 말씀하시는 내용이 중요하지 않다고 느끼지 않으셨으면 해요. 제가 질문을 하거나 주제를 바꿔야 할 때 어떻게 알려 드리는 게 좋을까요?"라고 묻습니다. 반복적인 사고의 원인은 다양할 수 있습니다. 일부 내담자는 심리치료를 단순히 자신의 이야기를 하고 들어주는 공간으로 이해하기 때문에 CBT의 능동적인 성격에 대한 심리교육이 도움이 될 수 있습니다. 종종 반복적인 사고는 내담자의 내부 반추를 반영하므로 이를 명명하고 목표로 하는 중재를 설계합니다. 마지막으로, 반복적인 사고는 외상성 뇌 손상이나 치매와 같은 기저의 인지 장애를 나타낼 수 있습니다. 인지 장애의 성격에 따라 치료를 조정할 수 있습니다.

내담자가 우리에게 강한 반응을 유발할 때

일부 내담자는 치료사로서 우리에게 강한 감정적 반응을 일으킬 수 있다. 우리는 그들과의 세션을 걱정하거나 두려워할 수도 있고, 그들의 이야기에 감정적으로 휘말리거나, 그들의 회복에 개인적으로 깊이 관여된 느낌을 받을 수도 있다. 어떤 외상은 정말로 '우리의 피부 아래'에 스며들 수 있으며, 다른 외상은 공감하기 어려울 수 있다. 이러한 감정은 자연스러운 반응이며, 이를 억제하기보다는 인식하고 명명하며, 슈퍼비전에서 논의하고 공식화한다.

도움이 되는 도구는 Stirling Moorey(2013)의 '인지 대인관계 사이클' 작업지이다. 이는 전통적인 심리치료 개념인 전이와 역전이를 CBT 용어로 변환하여, 내담자와 치료사의 생각과 행동이 어떻게 상호작용할 수 있는지 공식화한다. 이는 슈퍼비전에서, 치료사 혼자, 또는 내담자와 함께 사용할 수 있다.

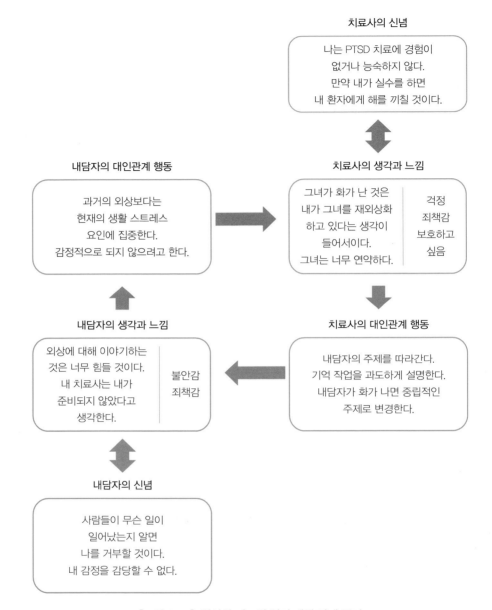

치료사의 신념

나는 PTSD 치료에 경험이
없거나 능숙하지 않다.
만약 내가 실수를 하면
내 환자에게 해를 끼칠 것이다.

내담자의 대인관계 행동

과거의 외상보다는
현재의 생활 스트레스
요인에 집중한다.
감정적으로 되지 않으려고 한다.

치료사의 생각과 느낌

그녀가 화가 난 것은
내가 그녀를 재외상화
하고 있다는 생각이
들어서이다.
그녀는 너무 연약하다.

걱정
죄책감
보호하고
싶음

내담자의 생각과 느낌

외상에 대해 이야기하는
것은 너무 힘들 것이다.
내 치료사는 내가
준비되지 않았다고
생각한다.

불안감
죄책감

치료사의 대인관계 행동

내담자의 주제를 따라간다.
기억 작업을 과도하게 설명한다.
내담자가 화가 나면 중립적인
주제로 변경한다.

내담자의 신념

사람들이 무슨 일이
일어났는지 알면
나를 거부할 것이다.
내 감정을 감당할 수 없다.

[그림 24-1] 안야와 메그의 인지 대인 관계 주기

출처: Moorey (2007), 허가를 받아 재작성하였으며, www.cognitiveconnections.co.uk에서 사용 가능.

안야는 그녀의 내담자 메그와의 세션을 두려워하고 있었습니다. 안야는 메그의 외상 기억을 다루는 가능성을 제기했을 때 메그는 그 생각에 화를 내었습니다. 몇 주 동안 메그는 일상적인 어려움을 세션에 가져왔고, 매주 그들은 외상 기억 대신 이러한 문제들에 집중했다. 안야의 슈퍼바이저는 그녀에게 '인지 대인 관계 주기' 워크시트를 사용하여 무엇이 일어나고 있는지를 공식화하도록 권장했습니다. 안야는 메그와의 치료에서 무슨 일이 일어나고 있는지 이야기하기로 결심하고, 메그가 외상 기억 작업에 대해 어떻게 생각하고 있는지 더 잘 이해하기 위해 대화했습니다. 이를 통해 그들은 서로가 준비되지 않았다고 생각하며 대화를 피하고 있었음을 알게 되었습니다. 그들은 메그의 PTSD를 다루기 위해서는 이 부분이 필요하다는 것에 동의하고, 메그가 너무 고통스럽다고 느낄 때 안야에게 말할 수 있는 방법을 계획했습니다. 이러한 합의가 이루어지자, 메그는 그녀의 외상에 대한 내러티브를 쓰기 시작하는 것이 더 안전하다고 느꼈습니다.

🌱 치료실 노트: 대니

대니는 20년 넘게 구급대원으로 일하다가 구급차를 운전하던 중 사고로 허리 부상을 당해 퇴직한 후 PTSD 치료를 시작했다. 대니는 고용주를 상대로 고용 재판을 제기했으나 성공하지 못한 채 그의 경력이 끝난 방식에 대해 분노하고 있었다. 첫 세션에서 대니는 치료가 도움이 될지에 대해 공개적으로 회의적이었다. 그는 이전에 직장에서 마련한 상담을 받았으나 도움이 되지 않았다고 느꼈다. 대니는 허리 통증과 고용주에 대한 분노에 대해 길게 이야기했다. 그는 치료에 대한 구체적인 목표를 식별하는 데 어려움을 겪었다. 치료사는 다음 세션 전에 침투 일지를 작성하도록 요청했지만, 대니는 그것을 집에 두고 왔다며 다음 주에 치료에 왔다. 치료사가 세션의 안건을 설정하려고 시도했을 때, 대니는 짜증스러운 듯 보였으며, 논의할 것이 없다고 말했다. 그런 다음 그는 다시 고용주가 자신을 배신한 방식과 지속적인 고통 속에 있는 것을 아무도 이해하지 못한다고 이야기하기 시작했다.

대니의 치료사는 다른 안건 항목을 추구하지 않고 대신 치료에 대한 그의 생각과 감정에 대해 대화를 시작하기로 결정했다. 대니는 치료를 받는 것에 대해 주저했고 자신에게 효과가 없을 것이라고 생각한다고 말했다. 치료사는 그의 우려를 확인하고, 성공에 대한 희망이 없었음에도 불구하고 두 번의 세션에 참석한 그의 용기와 결단력을 칭찬했다. 치료사는 대니가 안건을 설정할 때 좌절감을 느끼는 것 같다고 부드럽게 관찰한 것을 이야기 했다. 대니는 동의하며, 직장 회의가 그에게 압박감을 주고 '성과 평가'를 떠올리게 해서 싫어한다고 말했다. 치료사는 사과하고 자신도 업무 회의가 스트레스가 많다고 느낀다고 말했다. 그녀는 치료에서 항목을 가져오는 것이 아니라 단순히 주제에서 벗어나지 않도록 하기 위해 안건이

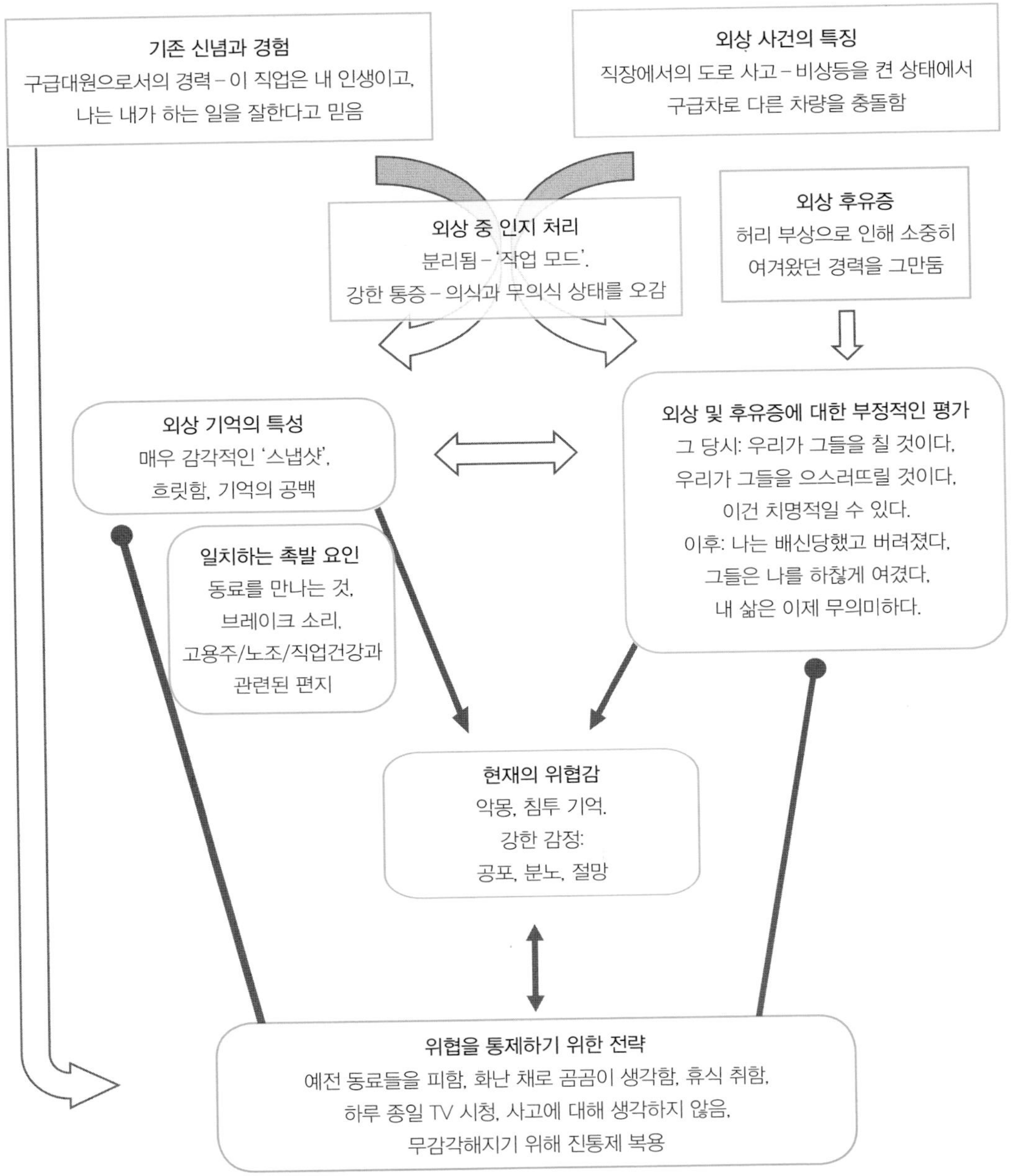

[그림 24-2] 대니의 공식화

있다고 설명했다. 그런 다음 그들은 CBT와 상담의 차이점에 대해 논의했다. 대니는 상담이 '아무런 진전이 없다.'고 종종 좌절감을 느꼈으며, 자신이 '심판받거나 검사받는 것'처럼 느끼지 않는 한 더 적극적이고 체계적인 치료가 자신에게 더 적합하다고 동의했다.

또한 그는 항상 서류 작업을 싫어했으며 양식을 작성하기를 원하지 않았지만, 적극적인 숙제 과제에는 만족한다고 말했다. 그래서 그들은 '삶을 되찾는' 과제를 계획했다. 세션 후에 대니의 치료사는 그들 사이의 상호작용을 공식화했다. 대니의 치료사는 좌절감과 불안을 느꼈고, 세션을 잘 구조화하지 못한다고 생각했다. 그녀는 대니의 고용주에 대한 반복적인 언어적 집착에서 치료 과제로 초점을 돌리고 싶어 했다. 대니는 이 행동을 자신의 걱정을 듣지 않거나 듣고 싶어하지 않는다고 해석했을 수 있었다. 결과적으로 그는 좌절감을 느끼고, 자신이 '충분하지 않다.'고 생각하며, 소외감을 느꼈다. 치료사는 이것이 대니의 이전 고용주와의 경험을 반영하는지 궁금해했다. 세션에 구조를 부여하려는 치료사의 시도가 대니에게 소외감을 줄 수 있었기 때문에 그는 구조에 반발하고 분노에 집중했을 것이다. 대니의 치료사는 또한 자신이 대니보다 훨씬 어리기 때문에 그가 자신을 진지하게 받아들이지 않을 것이라는 신념이 치료사의 불안감을 반영했다고 깨달았다. 이는 세션을 관리하는 데 있어 평소보다 더 경직된 태도를 보이게 했을 수 있었다. 다음 세션에서 대니의 치료사는 고용주와의 이전 경험이 그에게 어떤 영향을 미쳤는지에 대한 대화를 시작했고, 대니는 고용주에게 배신당하고 실망한 느낌에 대해 더 많이 이야기했다. 그들은 이것을 공식화에 추가하고, 제한된 세션을 효과적으로 활용하면서도 대니의 문제를 무시하거나 중요하지 않게 만들지 않도록 하는 딜레마를 공유했다. 그들은 또한 대니의 전 고용주에 대한 분노를 우선적으로 다루기로 하고, 대니가 숙제 과제로 소리내어 읽고 찢기로 동의한 편지를 함께 작성했다. 대니의 고용주에 대한 분노를 공감하고 확인하는 것이 대니가 치료사에게 더 잘 지원받는다고 느끼도록 도왔고, 그들의 치료 동맹이 개선되었다. 그들은 다음 세션에서 대니의 치료 목표를 논의하고, 이를 구체적인 치료 개입과 연결하기 위해 심리교육과 간단한 공식화를 사용했다. 대니는 치료가 도움이 될 가능성이 있다고 느꼈지만 여전히 의구심이 있었다. 치료사는 치료가 계속됨에 따라 이를 지속적으로 검토할 것을 제안했다.

⊛추천도서

Grey, N., House, J., & Young, K. (2018). Posttraumatic stress disorder. In S. Moorey, & A. Lavender (Eds.). *The therapeutic relationship in cognitive behavioural therapy* (pp. 121-134). Sage.

Moorey, S. (2014). 'Is it them or is it me?' transference and counter-transference. In A. Whittington,
&
Grey (Eds.). *How to become a more effective CBT therapist: Mastering metacompetence in clinical
practice* (pp. 132-145). John Wiley & Sons.

Worrell, M. (2014). What to do when CBT isn't working. In A. Whittington, & N. Grey (Eds.).
How to become a more effective CBT therapist: Mastering metacompetence in clinical practice
(pp. 146-160). John Wiley & Sons.

Chapter 25

다양성

콜은 영국 육군 복무 중 인종차별적 괴롭힘을 당했으며, 심각한 폭행을 겪었다. 그는 모든 백인이 인종차별주의자라고 믿게 되었고, 위협과 차별의 징후에 대해 과민 반응을 보였다. 백인 치료사와의 치료에서, 그들은 콜의 경험을 고려하여 효과적인 치료 관계를 구축하는 방법을 논의했다.

우리 각자는 다양한 방식으로 다르며, 이러한 차이는 환경과 맥락과 상호작용한다. 치료사로서 우리의 차이는 내담자의 차이와도 상호작용한다. 예를 들어, 영국에서 일하는 아일랜드 치료사는 대체로 관심을 끌 수 있지만, 이는 치료 관계에 영향을 미치지 않는다. 그러나 북아일랜드 분쟁에 영향을 받은 내담자와 일할 때는 치료 관계에 영향을 미칠 수 있다.

사람들의 다양성을 포괄적으로 이해하는 방법 중 하나로, Burnham(2012)의 '사회적 GGRRAAACCEEESSS' 체크리스트가 있다.

- Gender (성별)
- Geography (지리)
- Race (인종)
- Religion (종교)
- Age (나이)
- Ability (능력)
- Appearance (외모)
- Culture (문화)

- Class/caste (계급/카스트)
- Education (교육)
- Economics (경제)
- Ethnicity (민족)
- Sexual orientation (성적지향)
- Spirituality (영성)
- Sexuality (성적 정체성)

체크리스트는 우리와 내담자의 다양성 특성과 문화적/맥락적 영향을 식별하는 데 유용한 구조를 제공한다. 그러나 사람들은 체크리스트 이상이며, 사람들을 범주로 묶으면 그룹 내의 다양한 특성이 가려질 수 있다. 예를 들어, 비슷한 나이의 유대인 출신 두 여성이 종파에 따라 매우 다른 생활 방식과 세계관을 가질 수 있다(예: 하레디와 세속). 또한 교차성을 고려해야 하는데, 이는 다양한 특성들이 상호작용하는 방식을 의미한다.

예를 들어, 낮은 사회경제적 지위의 백인 트랜스젠더 여성이 높은 지위의 사람이나 흑인 아프리카 트랜스젠더 여성, 트랜스젠더 남성과는 전혀 다른 편견을 경험할 수 있다. CBT에 대한 일반적인 비판은 주로 백인, 영어 사용, 신체 건강한, 생물학적 성과 성 정체성이 일치하는 사람, 신경 유형의 65세 미만 성인 다수 그룹을 대상으로 개발되고 테스트되었다는 점이다. PTSD 분야에서는 난민과 같은 특정 소수 집단에 대한 외상 중심 심리치료의 효능에 대한 일부 증거가 있지만, 다른 그룹, 예를 들어 고령자(Clapp & Beck, 2012), 학습 장애가 있는 사람들(Jones & Banks, 2007), 자폐증(Carrigan & Allez, 2017)과 같은 연구 시험에서 일반적으로 제외된 그룹에 대한 체계적인 데이터는 거의 없다. 다행히도, CT-PTSD는 소수 인종 내담자에게 차별적인 효과를 보이지 않았다(Ehlers et al., 2013). 그러나 다른 소수 그룹은 연구되지 않았다. 소수 인종에 대한 효과적인 심리치료의 잘 알려진 장벽(Beck & Naz, 2019)을 감안할 때, 특정 그룹의 요구와 신념 체계에 맞게 기존 프로토콜을 조정한 PTSD에 대한 문화적으로 적응된 치료가 개발되었다(Dixon et al., 2016; Hinton et al., 2012; O'Cleirigh et al., 2019; Zoellner et al., 2018). 그러나 조정된 외상 중심 CBT의 상대적 이익을 확립하고 치료가 어느 정도, 어떤 방식으로 최적화되어야 하는지를 답하기 위해서는 연구가 필요하다.

Chu와 Leino(2017)는 심리치료가 어떻게 문화적으로 적응될 수 있는지에 대한 유용한 프레임워크를 설명한다.

- 핵심 적용에는 치료의 핵심 부분을 수정하거나 추가 모듈/구성 요소를 추가하는 것이 포함된다.
- 주변 적용은 치료 접근성, 참여도 또는 유지율을 촉진한다.
- 치료 전달 적용에는 관련 언어, 자료 또는 문화적 예를 사용하는 것이 포함된다.
- 치료 프레임워크 적용에는 세션 구조(횟수와 길이), 치료사의 대인관계 스타일, 장소/매체를 수정하고, 치료에 가족, 의사, 성직자 등을 포함하는 것이 포함된다.

우리의 의견으로는 CT-PTSD와 같은 공식화 기반 치료의 강점 중 하나는 이러한 적용을 수용하는 데 필요한 유연성을 쉽게 제공하는 것이다. 이 책 전반에 걸쳐 우리는 다양한 그룹의 내담자들과 효과적으로 사용된 CT-PTSD의 예를 사용했다. 우리의 입장은 항상 개별화된 공식화를 통해 개인의 필요에 맞게 치료 전략을 유연하게 적용하는 것이다. 이를 통해 치료가 개인화되고 문화적으로 반응할 수 있도록 하면서도 가능한 한 근거 기반에 가까이 유지된다(El-Leithy, 2014 참조). 이 장에서는 이러한 방식으로 작업하는 추가 예를 제공하고, PTSD와 그 치료에 대한 다양성을 탐구하며, 개인의 필요에 맞게 치료를 조정하고 잠재적인 장애물을 극복하는 방법을 논의할 것이다.

PTSD 및 그 치료에 대한 다양성의 관련성

다양성 문제는 개인의 외상 경험, PTSD 증상 및 치료에 여러 가지 방식으로 영향을 미칠 수 있다. 다음은 몇 가지 예이다.

외상 노출

일부 사람들은 특정 소수 집단에 속해 있기 때문에 외상 경험에 더 많이 노출된다. 예를 들어, 인종차별, 동성애 혐오, 성별 기반 폭력을 겪을 가능성이 높다. 또한 빈곤과 장애는 폭력 범죄의 위험을 증가시킨다(Focht-New et al., 2008; Webster & Kingston, 2014).

증상 표현 및 고통의 표현

사람들이 고통과 심리적 증상을 표현하는 방식은 그룹 간에 다를 수 있다. 예를 들어, 학습 장애가 있는 사람들은 PTSD 증상을 다르게 표현할 수 있으며(Tomasulo, & Razza, 2007), 일부 증상은 남성에 비해 여성에게 더 자주 보고된다(Carragher et al., 2016). 문화 간 연구에 따르면 PTSD 진단의 타당성에 대한 증거가 있지만, 증상의 표현 방식에는 뚜렷한 차이가 있다(Hinton, & Lewis-Fernández, 2011). 예를 들어, 재경험 및 생리적 과각성 증상은 일관되게 보고되지만, 회피 증상 군집에서는 더 많은 변동성이 관찰된다(아마도 대처 행동이 생물학적으로 결정되기보다 문화적으로 더 얽혀 있기 때문일 것이다). 여러 연구에 따르면 신체적 증상이 일부 문화 그룹에서 더 자주 보고되며, 이는 문화적 '고통의 표현 방식'과 관련이 있을 수 있다. 예를 들어, 라틴 인구에서 '신경 공격(ataque de nervios, 역주: 라틴 문화에서 나타나는 증상으로, 극도의 감정적 불안과 발작, 떨림, 울음, 그리고 때로는 공격적인 행동이 포함된다)', 캄보디아 난민들 사이에서 '풍(khyal, 역주: 캄보디아 난민들 사이에서 보고되는 증상으로, 두통, 현기증, 숨가쁨, 그리고 때로는 공황 발작과 같은 증상이 포함된다)' 공격(Hinton et al., 2002), 르완다 인들 사이에서 '숨가쁨(ihahmaku, 역주: 르완다 인들 사이에서 나타나는 증상으로, 호흡 곤란과 심한 불안감을 포함한다)'(Hagengimana, & Hinton, 2009) 등이 있다. 심리적 증상에 부여되는 의미도 그룹 간에 다르며, 따라서 PTSD 증상 중 일부는 문화적으로 묶인 해석 때문에 더 위협적으로 인식될 수 있다.

마르와는 성폭행 후 악몽과 수면 문제를 겪기 시작했습니다. 그녀는 종종 누군가가 가슴을 누르는 듯한 압박감을 느끼며 깨어났습니다. 마르와의 가족은 그녀를 신앙 치료사에게 데려갔고, 그는 그녀가 진(djinn, 역주: (아라비아와 이슬람 신화에서) 종종 인간이나 동물의 형태를 취하고 사람들에게 초자연적인 영향력을 행사할 수 있는 영혼))에게 사로잡혔다고 했습니다. 이는 마르와의 출신국인 이집트에서 흔한 영적 설명이었습니다. 퇴마 의식은 실패했고, 마르와는 신앙이 부족하니 더 자주 기도해야 한다는 말을 들었습니다. 치료사는 진에 대한 생각을 도전하지 않고 PTSD 악몽, '야간 마녀 증후군', 수면 마비에 대한 정보를 제공했습니다. 그들은 전통적인 치유 방법과 기도에 인지치료 기술을 더한 치료 계획에 합의했고, 마르와는 이를 신앙 치료사와도 동의했습니다.

외상의 의미

다양한 외상 사건의 해석 방식은 종종 다양성 특성에 의해 영향을 받는다. 예를 들어, 티베트 난민들은 종교적 물품의 파괴를 고문보다 더 심각한 외상으로 평가했다(Terheggen et al., 2001). 성폭행에 대한 의미는 공동체마다 크게 다르며, 일부 문화적 맥락에서는 피해자 비난, 낙인 찍기, 거부가 더 흔하다. 다양한 신념 체계도 피해자의 특성과 상호작용하여 공개, 지원 또는 치료에 더 큰 장벽을 형성한다.

예를 들어, 일부 국가에서는 결혼 내 성폭행이 합법이거나 가해자가 피해자와 결혼하면 합법화된다. 다른 나라에서는 남성 성폭행이 사회적 또는 법적으로 인정되지 않으며, 노인 성폭행은 종종 금기 주제이다. 외상의 후속 결과에 부여된 의미도 문화적 규범에 의해 영향을 받는다. 일부 종교에서는 고통이 과거 죄에 대한 '벌'로 해석될 수 있다. 가족의 중요성을 높이 평가하는 문화적 맥락에서 온 사람들은 외상의 심리적 또는 신체적 결과로 인해 가족을 실망시켰다고 느끼거나 다른 사람들의 눈에 더 이상 받아들여지거나 매력적이지 않다고 느낄 가능성이 더 높다. 일부 문화적 배경의 남성들은 심리적 또는 감정적 어려움을 겪는 자신을 약하다고 생각할 가능성이 더 높다. 이러한 평가 중 많은 부분은 PTSD의 친숙한 인지 주제와 감정, 예를 들어 수치심, 죄책감, 분노와 관련이 있다. 외상을 해석하는 문화적 렌즈를 이해하면 내담자와 우리가 그들의 개인화된 평가를 더 잘 이해하고 해결하는 데 도움이 된다.

포괄적 문화적 틀

개인화된 의미는 평가와 대처를 형성하는 더 넓은 문화적 인지 틀 안에 자리잡고 있다. 이러한 틀은 치료사와 내담자 사이에 다를 수 있으므로 우리의 암묵적 가정과 영향을 인식할 필요가 있다. 예를 들어, 동양과 서양 문화 간의 자주 언급되는 차이 중 하나는 집단주의적 관점과 개인주의적 관점이다. 서양 문화 출신의 치료사는 개인의 경험에만 집중하여 중요한 집단적 의미를 놓칠 수 있는 반면, 내담자는 자신의 경험을 가족과 공동체의 경험과 본질적으로 연결된 것으로 인식할 수 있다(Engelbrecht, & Jobson, 2016).

길의 고향 마을은 필리핀에서 태풍으로 파괴되었습니다. 그는 곧바로 영국으로 이주했습니다. 길은 떠난 것에 대해 강한 죄책감을 느꼈으며, 치료사가 제안한 '나는 살아남았고, 나는 살아있다.'와 같은 외상 기억의 업데이트에 어려움을 겪었습니다. 그는 많은 사람들이 죽거나 집을 잃었을 때 자신의 생존이 그에게는 거의 의미가 없으며, 자신의 공동체를 재건할 수 없으면 생존이 무의미하다고 설명했습니다.

치료사로서 우리는 내담자의 문화적 틀에 대해 호기심을 갖고, 개방적으로 탐구하며, 직접적으로 도전하는 것을 피해야 한다. 중요할 수 있는 전형적인 포괄적 신념 체계에는 숙명론, 사후 세계, 환생과 카르마, 유령과 징조, 결정론 대 자유 의지, 그리고 혈맹 등이 포함된다. 문화적 신념을 재구조화하려고 하기보다는, 우리는 그 신념과 함께 그리고 그 틀 안에서 작업한다.

소수자 스트레스

오랜 기간 동안 소수 집단에 속하는 것으로 인해 발생하는 낙인, 차별, 피해 경험은 PTSD 공식화에서 중요한 요소가 될 수 있다. 종종 '소수자 스트레스'로 불리는 이러한 경험은 항상 '기준 A' 외상으로 간주되지는 않지만, 심리적 결과는 여전히 PTSD와 많은 특징을 공유할 수 있다. 예를 들어, Livingston과 동료들(2020)은 LGBTQ+ 커뮤니티 구성원이 직면하는 만성적인 '소수자 스트레스 요인'에 대해 설득력 있게 설명하고 있으며, 여기에는 체계적이고 제도적인 억압, 차별, 미묘한 공격이 포함된다. 이러한 경험은 사람들로 하여금 수치심을 느끼게 하고, 거절을 예상하게 하며, 자신의 정체성의 일부를 숨기고, 자신을 고립시키도록 할 수 있다. 비슷한 반응 패턴은 다른 소수 집단, 예를 들어 민족적 소수 집단(때때로 '인종적 외상'이라고도 함) 및 사회에서 지속적으로 차별받는 집단(예: 신체적 및 학습 장애가 있는 사람들)에서도 경험될 수 있다.

폭력과 희생과 같은 기준 A 외상에 대한 노출 위험이 높아짐에 따라 소수자 스트레스가 PTSD 발달에 대한 취약성을 증가시키고 외상 관련 평가를 강화함으로써 회복을 복잡하게 만들 수 있는 것은 쉽게 이해할 수 있다. 소수자 스트레스 경험과 PTSD 사이의 상호작용은 독립적인 치료 목표가 될 수 있으며, 회복의 장애물이 될 가능성도 있다. 지속적인 차별과 괴롭힘에 직면했을 때, 일반적으로 도움이 되지 않는 것으로 간주되는 일부 대처 전략이 오히려 적응적으로 나타날 수 있다. 예를 들어, 사람들은 부정적인 주의를 피하기 위해 공공장소에서 동성 파트너와 손을 잡지 않을 수 있다. 또는 인종에 따른 차별적 대우를 예상하고 경찰을 피하거나 맞서는 행동을 할 수 있다. 만성적으로 소수자 스트레스에 노출된 사람들에게는 어떤 대처 전략이 도움이 되지 않는지 인식하는 것이 어려울 수 있다. 마찬가지로, 이러한 경험을 하지 않은 치료사는 이러한 대처 전략의 기능적 가치를 이해하기 어려운 '맹점'을 가질 수 있다.

애드리안은 보트 사고로 인해 머리에 부상을 입었습니다. 장기적인 영향으로는 사지 약화로 인한 비정상적인 걸음걸이, 시력 문제, 약간의 말더듬증이 포함되었습니다. 애드리안은 자주 사람들이 자신을 쳐다보며 장애 때문에 무례하게 대한다고 느꼈습니다. 대안 가설로는 애드리안의 PTSD 증상과 외상 관련 평가로 인한 현재 위협감이 이러한 자의식을 악화시킨다는 것이었습니다. 이를 조사하기 위해 애드리안의 치료사는 바쁜 거리에서 애드리안을 멀리서 따라가며 낯선 사람들과 상호작용하는 모습을 관찰했습니다. 그 결과, 사람들이 실제로 애드리안을 쳐다보았고 한 사람이 무례하게 그에게 소리치는 모습을 확인했습니다. 애드리안과 그의 치료사는 설문조사와 행동 실험을 통해 사람들이 애드리안의 장애를 어떻게 인식하는지 더 알아보기로 합의했습니다. 그 결과 대부분의 사람들은 애드리안을 부정적으로 인식하지 않았지만, 일부 사람들은 차별적이고 낙인적인 태도를 보였습니다. 그들은 사람들이 애드리안의 차이에 대해 궁금해하는 것이 아니라 무례하거나 불쾌한 태도를 보일 때 이를 가장 잘 식별하고 대응하는 방법에 대해 작업하기로 동의했습니다.

소수자 스트레스는 사회적 자본 부족과 같은 건강에 대한 다른 취약성 요인과 관련이 있다. 사회적 자본은 긍정적인 결과를 만들어 내는 자원으로 작용할 수 있는 사회적 연결 능력을 의미한다. PTSD 회복에 기여하는 사회적 및 지역사회 자원은 우리가 일하는 사람들, 예를 들어 난민에게는 고갈되었거나 부족할 수 있다. 따라서 이러한 자원과 관계를 육성하는 것이 치료의 중요한 부분을 구성할 수 있다.

치료에 대한 인식

심리치료의 개념과 CBT의 구조 및 기술은 일부 그룹에게 낯설게 느껴질 수 있으며, 심리치료사는 다양한 이유로 의심받을 수 있다. 예를 들어, 일부는 심리학이 동성애를 병리화하고 '전환' 치료를 개발한 역사적 배경을 알고 있을 것이다. 또 다른 내담자들은 강한 정치적 신념을 가진 사람들이 'Prevent' 프로그램(과격화 위험을 식별하기 위해 개발된 영국 기반의 정부 프로그램)에 보고될까 걱정하는 등 치료사가 국가의 대리인으로 행동한다고 생각할 수 있다. 군인이나 응급 서비스 인력은 PTSD 진단이 고용에 영향을 미칠 것을 두려워할 수 있다. 또 다른 내담자들은 정신 건강 서비스 내에서 부정적인 치료 경험을 가지고 있거나 들어본 경험이 있어 강제 정신과 치료를 두려워할 수 있다. 숙제와 같은 CBT의 측면은 읽기, 쓰기나 발달 문제, 또는 학교 교육에 대한 부정적인 경험이 있는 사람들에게 꺼려질 수 있으며,

적극적인 협력적 치료 스타일은 일부 사람들에게 불편하게 느껴질 수 있다. 예를 들어, 일본 문화에서는 자신의 지위가 높은 사람에게 질문하는 것이 무례하거나, 상대방을 바보로 보이게 만드는 질문을 하는 것이 무례하다고 여긴다.

🌿 다양성과 관련된 문제를 다룰 때

다양한 그룹에 속한 사람들과, 특히 우리와 소수자 지위에서 다른 사람들과 일할 때, 우리는 우리의 실천에서 민감하게 접근해야 한다. 이는 차이점이나 문화적 맥락에서 비롯되는 사람들의 경험에 대해 우리가 가진 지식과 인식의 불가피한 격차를 염두에 두는 것을 포함한다. 우리는 또한 조직 내 서비스 제공 방식을 개선하고, 지역사회와 협력하여 우리의 실천을 발전시키고 알리는 방법으로 체계적인 차원에서 평등을 옹호해야 한다(예: Becket al., 2019의 IAPT 긍정적 실천 지침 참조). 다음은 몇 가지 구체적인 권장 사항이다.

기초 작업

내담자와의 초기 상호작용부터 우리는 수용적이고, 존중하며, 사람들의 차이를 존중하는 치료적 틀을 만든다. 이는 개인이 선호하는 이름, 호칭, 대명사를 묻는 간단한 제스처, 성 정체성에 대한 포괄적인 설계(다양한 언어로 제공, 감각 장애나 낮은 문해력을 가진 사람들에게 적응 가능), 세션 참석을 위한 접근성 요구사항을 사전에 확인하는 것, 상호작용에서 문화적 차이에 민감하게 대응하는 것(예: 정통 유대교 신자는 이성과의 신체 접촉을 하지 않으므로 악수나 기타 신체 접촉이 부적절함) 및 가능한 경우 치료사의 선택을 제공하는 것(특히 성별과 관련하여)을 포함한다. 우리는 또한 다양성 문제에 대한 인식과 민감성을 보여 주기 위해 차이에 대한 대화를 시작한다. Beck(2019)은 치료사가 문화, 민족성, 신앙에 대해 일상적으로 질문하고, 이러한 차이가 있을 경우 이를 인정해야 한다고 제안한다. 예를 들어, '제가 당신과 다른 문화에서 왔기 때문에, 당신의 배경에 대해 물어보면 당신과 당신의 어려움을 더 잘 이해하는 데 도움이 될 것입니다.'와 같은 질문이 도움이 될 수 있다. 개인의 역사 조사, 사회 및 커뮤니티 네트워크에 대한 질문, 가계도를 그리는 작업은 다양성 측면에서 대화를 열 수 있다. 또한 차별 경험에 대해 일상적으로 질문하고, 이러한 경험이 언급될 때 이를 탐구하고 인정하는 것을 권장한다.

평가

포괄적인 평가는 주요 외상뿐만 아니라 소수자 스트레스와 관련된 중요한 삶의 경험과 그들의 인지적, 정서적, 행동적, 생리적, 사회적 영향을 포함한다. 이러한 영역 중 일부는 PTSD와 겹치거나 영향을 미칠 수 있지만, 모두 그런 것은 아니다. 우리는 치료에서 집중해야 할 부분을 확립하고, 치료 전달 방법의 적용이 필요한지 여부를 파악하며, 치료적 관계에 영향을 미칠 수 있는 문제를 인식하려고 한다. 소수자 스트레스를 측정하는 여러 평가 도구가 있으며, '일상 차별 척도'(Williams et al., 1997)와 특정 소수자 그룹을 위한 도구(예: '성 소수자 스트레스 및 회복력 측정'(Testa et al., 2015))가 있다. 이러한 도구는 차별과 그 영향에 대한 대화를 시작하는 유용한 출발점이 될 수 있다.

공식화

다양성 문제와 관련된 경험 및 맥락은 개인의 공식화에 여러 가지 방식으로 관련될 수 있다. 이러한 문제는 신념 체계를 형성할 수 있으며, 따라서 외상 사건, 증상 및 대처 방식에 대한 평가에 영향을 미칠 수 있다(예시는 [그림 25-1] 참조). 그러나 우리는 집단 소속에 기반하여 고정관념을 형성하거나 일반화하는 것을 피한다(예: 모든 나이 든 남성 참전용사들이 감정을 약점으로 본다는 것). 대신에, 특정 다양성 그룹의 공통된 특징에 대한 우리의 이해를 임시 템플릿으로 사용하여, 개인의 경험, 신념 및 시스템적 영향을 호기심을 가지고 탐구하여 공식화에 어떻게 반영할 수 있을지 파악한다(예를 들어, '제가 만난 많은 참전용사들은 감정을 드러내는 것이 동료들에게 약점으로 보였다고 이야기했습니다. 당신의 경험과도 맞는 이야기인가요?')와 같이 질문할 수 있다.

치료

차이가 있다고 해서 반드시 치료를 조정해야 하는 것은 아니다. 오히려 조정은 개인에게 맞춰진다. 일부 조정은 실용적이며, 예를 들어 필요시 통역사를 사용하는 것('유용한 팁' 박스 참조), 장애인이 접근하기 쉽게 치료의 구조나 전달 방식을 조정하는 것(372페이지 참조) 등이 있다. 우리의 개입 기법 선택과 전달 강조점도 다양해질 것이다. 예를 들어, PTSD 증상을 주로 신체적으로 표현하고 치료 목표에서 신체 증상을 우선시하는 사람들에게는 초기 세션에서 이에 집중하고, 이들 증상을 개별적 측정 방법으로 추적하며, 심리적 과정과의 상호작용에 대한 공유된 설명을 개발하고 테스트하며(예: 반추 또는 자기 집중적 주의), 상상적 재연과 업데이트 동안 외상 기억의 신체적 요소에 집중한다(21장 참조). 일부 내담자들은 이미지 작업에 어려움을 겪는데, 예를 들어 선호도, 감각 결함, 인지 기능과 관련된 이미지 구성의 어려움 때문일 수 있다. 이러한 경우 우리는 글쓰기 기법, 현장 방문 또는 '보드 게임' 재연을 사용하여 외상 기억을 다루거나, 상상적 방법보다 실제 경험을 우선시하는 더 구체적인 접근을 사용할 수 있다.

션은 처음에는 심리치료에 참여하기를 꺼렸던 군인 출신 참전용사로, 첫 세션에서 자신에게는 너무 '공상적'이라고 농담을 했습니다. 그의 치료사는 다양한 치료 과제에 대해 피드백을 제공해 달라고 요청했고, 션이 모든 것을 한 번씩 시도하되, 너무 '공상적'이라고 느끼는 것은 거부할 수 있도록 합의했습니다. 션은 상상적 재연에는 잘 참여했지만, 이미지 재구성은 너무 '허황된' 느낌이 들어서 그들은 대신 글쓰기와 신체적 업데이트에 집중했습니다. 션은 숙제를 싫어했는데, 이는 학교에서의 부정적인 경험을 떠올리게 했기 때문입니다. 그러나 그는 세션 사이에 '전술 작전'이라고 명명된 행동 과제는 준비가 되어 있었습니다. 그들은 서류 작업을 션이 군사 기동 중에 사용했던 '표준 운영 절차' 카드와 유사한 작은 '플래시 카드'로 제한했습니다.

🦫 유용한 팁: 통역사를 통한 작업

내담자가 우리와 다른 언어를 사용하는 경우, 우리는 일상적으로 통역사와 함께 작업합니다. 치료에 세 번째 사람을 추가하는 것은 여러 가지 문제를 야기합니다. 다음은 유용한 팁입니다:

- 항상 전문 통역사를 사용하고, 친구나 가족 구성원은 절대 사용하지 않습니다.
- 시작하기 전에 통역사와 대화합니다. 만약 그들이 PTSD 치료에 익숙하지 않다면, 치료의 목적과 논리를 설명하고, 외상 관련 내용을 통역하는 것에 대해 어떻게 느끼는지 확인하며, 그들을 어떻게 지원할 수 있는지 논의합니다. 정확한 번역을 요청합니다.
- 내담자가 선호하는 통역사의 성별과 민족을 확인합니다. 비록 같은 언어를 사용하더라도, 특정 민족의 통역사를 원하지 않는 이유가 있을 수 있습니다. 예를 들어, 지역 방언 차이, 해당 그룹의 구성원에 의해 박해를 받은 경험, 지역사회 내 프라이버시 문제 등이 있을 수 있습니다.

- 가능하다면, 내담자와 별도로 통역사에 대한 만족도를 확인합니다. 내담자가 만족한다면, 치료 기간 동안 동일한 통역사를 유지하도록 합니다.
- 더 많은 시간을 허용합니다. 통역을 통한 작업은 시간 소요가 많으므로, 평소보다 긴 세션이나 더 많은 세션이 필요합니다. 통역사와 함께 하는 90분은 통역사 없이 하는 60분과 같습니다.
- 비밀유지에 대해 이야기할 때, 동일한 규칙이 통역사에게도 적용된다는 것을 내담자에게 안심시킵니다.
- 말하거나 들을 때, 통역사가 아니라 내담자에게 직접 말하고 바라봅니다. 비록 서로 이해할 수 없더라도 말입니다. 참여를 나타내는 비언어적 신호를 강화합니다.
- 여전히 확인, 바꾸어 말하기, 요약, 공감의 표현을 사용하는 것을 잊지 말아야 합니다. 이러한 것들은 '번역 과정에서 누락될 수' 있으므로 내담자에게 확실히 전달되도록 합니다.
- 문장을 간결하게 설계하고, '덩어리'로 말하며, 전문 용어와 모호한 비유를 피하여 통역 과정을 도와야 합니다.
- 어려움이 있다면 즉시 이를 해결하고, 필요시 통역사를 교체할 준비를 합니다.
- 각 세션 후 통역사와 대화를 나누어 피드백을 주고받습니다. 외상 관련 내용을 통역하는 것은 고통스러울 수 있으며, 통역사도 부정적인 삶의 사건을 경험했을 수 있으므로 그들이 어떻게 대처하고 있는지 확인합니다.
- 모든 통역된 만남은 또한 문화적 요소가 포함되어 있음을 기억합니다. 통역사는 단순한 번역자가 아니라, 치료사와 내담자가 격차를 메울 수 있도록 도와주는 전문적인 '문화 중개자'입니다.

소수 집단에 속한 사람들은 체계적인 차별이나 지속적인 괴롭힘을 경험할 때, 그들의 관점에서 위협과 관련된 평가와 행동은 적응적일 수 있다. 반면, 우리가 대조적인 다수 집단의 구성원일 때는 그렇지 않을 수 있다. 때때로, 위협과 관련된 신념이 과거에는 정확하고 적응적이었지만, 위협이 지나가거나 줄어들었음에도 불구하고 외상 기억에 의해 유지될 수 있다. 마찬가지로 회피, 경계, 반추, 대면, 방어적 비관주의와 같은 대처 전략이 과거에는, 혹은 여전히 적응적일 수 있다. 이러한 모든 대처가 도움이 되지 않는다고 가정하거나, 모든 위협 중심의 평가가 부정확하다고 가정하기보다는, 내담자들이 직면한 위협을 완전히 이해하고 이를 가장 잘 다루기 위해 함께 노력해야 한다.

트랜스젠더 여성인 미셸은 삶 내내 괴롭힘, 학대를 겪었으며, 심각한 폭행을 당한 적도 있었습니다. 그녀는 집 밖을 나갈 때 당연히 경계심을 가졌고, 가능하면 낯선 사람과의 시선 교환이나 상호작용을 피했습니다. 그녀의 치료사는 그녀의 경험을 타당화하고, 미셸이 자신을 숨길 필요 없이 직면한 차별에 어떻게 대처할 수 있을지에 대해 논의했습니다. 미셸은 자신의 자원을 확장하기 위해 온라인에서 트랜스젠더 커뮤니티와 더 많이 교류하기로 결정했고, 자신의 경험을 공유하면서 많은 지지와 격려를 받았습니다. 미셸은 또한 심각한 폭행 경험이 드물지 않지만 희귀하다는 것과 길거리에서 비난하는 사람들이 실제로 그녀를 공격할 가능성은 거의 없다는 것을 배웠습니다.

일부 내담자들은 차별을 논의하고 탐구하는 것이 그 지속적인 영향을 더 잘 이해하는 데 도움이 된다고 생각한다. 예를 들어, 우리는 사회 심리학의 개념인 '내집단/외집단' 편견에 대해 논의할 수 있다. 이는 내담자들을 부당하게 대하는 다른 사람들의 행동을 정당화하기 위해서가 아니라, 그것을 이해함으로써 개인적으로 받아들이지 않도록 돕기 위함이다. 다양성에 대응하는 개입의 또 다른 초점은 특정 문화적 규범이나 특정 그룹의 구성원으로서 얻을 수 있는 강점과 기술을 활용하는 것이다. 예를 들어, 사회적 지원은 밀접하게 연결된 공동체에서 물리적 또는 가상 영역에서 더 쉽게 제공될 수 있다. 영성과 종교는 커뮤니티(예: 교회 그룹), 대처 전략(명상이나 기도 등), 신앙 지도자로부터의 조언, 종교적 텍스트에서의 비유와 이야기, 그리고 긍정적인 신념의 다른 원천(예: '사망한 사람은 이제 평화로워졌고 사후세계에서 사랑하는 사람들과 재회했다.' '일어나는 모든 일에는 이유가 있으며, 내가 왜 살아남았는지 아직 이해하지 못하더라도 그것은 나를 위한 더 큰 계획의 일부일 것이다.')을 포함하여 많은 자원을 제공할 수 있다.

핵심 인지

- 내 치료사는 내가 겪은 일을 이해할 수 없다.
- 내 커뮤니티의 사람들은 내가 미쳤다고 생각하거나, 나를 탓하거나, 내 경험 때문에 나를 배척할 것이다.
- 나는 차별을 당할 것이므로 경계를 늦추지 말고 최악의 상황을 예상해야 한다.
- 내 커뮤니티 안팎의 사람들과 이런 이야기를 나누는 것은 안전하지 않을 수 있다.

치료 관계에서의 장애물

치료사와 내담자 간의 특성 차이로 인해 이해의 간극이 생기거나 내담자에게 위협을 줄 수 있는 경우가 흔한 장애물 중 하나이다. 내담자는 공통된 생활 경험이 없는 치료사에게 전혀 이해받지 못한다고 느낄 수 있으며, 모든 치료사는 자신의 다양성 특성과 관련된 '맹점'을 가지고 있을 것이다. 예를 들어, 우리는 개인적 기준에 따라 특정 외상에 대해 무엇이 고통스러운지 가정할 수 있지만, 이를 내담자와 충분히 탐구하지 않을 수 있다. 또는 치료사가 외상 가해자나 과거의 공격자와 일치하는 특성(예: 외모, 성별, 억양) 때문에 내담자에게 무심코 촉발 요인이 될 수 있다. 마지막으로, 치료사와 내담자는 그들의 특성에 연관된 익숙한 역할에 빠질 수 있다. 예를 들어, 젊은 치료사가 나이 든 사람과 작업할 때 치료 관계에서 지나치게 공손한 태도를 취하고 그들에게 도전하는 것을 피할 수 있다. 치료 관계에서의 문제는 24장에 서 논의한다. 이러한 문제가 차이로 인해 발생할 때, 치료사와 내담자의 다양한 특성을 연결하여 과도한 동일시를 초래할 수 있는 교차점과 이해의 간극을 초래할 수 있는 차이점을 찾는 것이 도움이 될 수 있다(El-Leithy, 2014). 우리는 내담자에게 호기심을 가지고 개방적으로 대하며, 그들의 정체성과 가치에 대해 질문하고, 그들의 문화적 배경에 대해 적극적으로 배우는 자세를 가져야 한다. 또 다른 장애물은 문화적 신념이 치료 참여와 충돌할 때 발생할 수 있다. 예를 들어, 치료사에 대한 불신, CBT 구조와의 어려움, 특정 기법에 대한 저항 등이 그 예이다. 우리는 이미 개인의 필요에 맞추어 개입을 유연하게 적용하는 방법에 대해 논의했지만, 이것이 불충분할 때는 내담자가 중도에 포기하지 않도록 직접적인 장애를 해결해야 한다.

FAQ 남성으로서 성폭력 피해 여성과 가장 잘 협력하는 방법은 무엇인가요?

성폭력 가해자와 치료사 간의 특징이 일치하는 예는 남성 치료사가 성폭력 피해를 입은 여성 내담자를 치료할 때입니다. 우리는 보통 내담자에게 치료사의 성별에 대한 선택권을 주며, 남성 치료사에게 치료받고 싶어하지 않는 것을 이해하고, 치료 중 언제든지 치료사를 변경할 수 있음을 명확히 합니다. 그러나, 남성 치료사가 이러한 상황에 있는 여성들에게 학대적이지 않은 대안적인 경험을 제공함으로써 치료적으로 유익할 수 있습니다.

치료 관계를 형성하는 데 도움이 되는 추가적인 단계들이 있습니다. 다른 내담자와의 차이점이 있는 경우처럼, 남성 치료사는 여성의 경험을 완전히 이해하지 못할 수 있음을 처음부터 명확히 하고, 잘못된 점이 있으면 알려 달라고 요청합니다. 우리는 폭력의 대부분의 가해자가 남성이라는 사실에 대해 솔직하고 개방적입니다. 또한 피해자 비난과 '창녀 낙인 찍기'를 포함하여 여성에 대한 폭력과 관련된 사회적 편견을 지목하고 논의합니다.

세션 중에 발생할 수 있는 외상 기억의 자극과 가능한 촉발 요인을 인정하고 이를 배우고 연습하는 것이 도움이 될 수 있습니다. 신체적 또는 성적 폭행에 대해 이야기할 때 사용할 용어, 예를 들어 신체 부위에 대한 선호하는 용어 등을 논의하고 합의합니다. 가능한 한 내담자가 세션에서 통제력과 안전감을 느낄 수 있도록 하는 것이 중요합니다. 이는 그 자체로 치료의 중요한 부분이 될 수 있습니다.

크리시는 교통사고 이후 PTSD 치료에 참여하는 데 어려움을 겪었습니다. 크리시의 가족 중 일부는 범죄에 연루되었고, 크리시는 자신이 그들과 같은 취급을 받는다고 느꼈습니다. 그녀는 또한 자신이 공공 주택 단지에서 자랐고, 복지 혜택을 받는 미혼모였기 때문에 무시당한다고 느꼈습니다. 크리시는 치료사가 자신을 무시하거나 깔보는 것으로 느껴지면 종종 화를 냈습니다. 크리시의 치료사는 그녀가 치료를 중단할까 봐 걱정되어, 그들의 차이에 대해 이야기하는 세션을 가질 수 있는지 크리시에게 물었습니다. 크리시는 NHS, 경찰, 사회 복지 서비스 등으로부터 자신과 가족이 겪은 차별에 대해 길게 이야기했습니다. 치료사는 그녀의 경험을 타당화하고, 크리시가 추가적인 부당한 대우를 예상하고 이에 대처하는 방법을 배운 것이 이해된다고 말했습니다. 크리시는 이를 자신의 '경비견'이라고 부르며, 자신이나 가족을 방어해야 할 경우 이를 매우 빨리 작동시킬 수 있다고 동의했습니다. 치료사는 치료가 어떻게 도움이 될 수 있을지, 무엇이 그녀의 '경비견'을 유발할 수 있을지, 그리고 그것이 나타날 경우 어떻게 대처할지를 물었습니다. 또한 크리시의 차별 경험을 그녀의 공식화에 추가하고, 이러한 경험이 그녀의 외상 평가에 어떻게 영향을 미쳤는지 논의했습니다.

🌿 치료실 노트: 콜

콜은 카리브해의 그레나다에서 자라 해외 모집 활동 이후 영국 군대에 입대했다. 콜은 처음 사관 후보생으로 입대할 때부터 인종차별적인 괴롭힘을 경험했으며, 이것은 그가 연대에 합류한 후에도 계속되었다. 두 명의 동료 군인들이 특히 콜을 다양한 미묘하고 명백한 방식으로 괴롭혔다. 그들은 콜에 대해 소문을 퍼뜨리고, 사회적으로 고립시키고, 소셜 미디어에서 악플을 달고, 그의 소지품을 숨기거나 파손하며, 인종차별적 언어를 사용하고, 인종차별적인 농담을 했다. 이것은 결국 그들이 외출 후 콜을 공격하여 심각한 어깨 부상을 입히고 그의 군 생활을 끝내게 했다. 군사 경찰이 개입하였고, 그 남성들은 일반 폭행으로 유죄 판결을 받았다. 콜은 같은 폭행이 흑인 병사에 의해 백인 병사에게 일어났다면 더 심각한 혐의로 기소되었을 것이라고 믿었다. 그의 상급 장교들은 그 공격이 인종차별적인 동기에서 비롯된 것이라는 사실을 인정하지 않았으며, 연대 내에서 인종차별 문제가 있다는 것도 인정하지 않았다. 콜은 그 공격에 대한 대응, 자신의 경력이 끝난 방식에 대해 당연히 분노했으며, 그러한 불공정함에 대해 많은 시간을 숙고했다.

콜은 외상과 관련된 PTSD 증상을 재경험하고, 위험에 대해 과도하게 경계하며, 차별적이거나 인종차별적인 행동에 대해서도 과도하게 민감해졌다. 예를 들어, 그는 아무런 이유 없이 여러 번 경찰에 의해 정지되어, '모든 백인은 인종차별적이다.'와 '사람들이 나를 끌어내리려 한다.'는 신념을 더욱 강화하게 되었다. 그는 또한 정신 건강 서비스와의 부정적인 경험, 자살 생각을 보고했을 때 입원 조치를 받은 경험을 이야기했다. 그는 의사들이 자신을 '미친, 나쁜 흑인'으로 본다고 말했다. 치료 중에 콜은 이러한 경험들을 설명했고, 그의 치료사는 그것들이 얼마나 어려웠을지 공감하며, 콜의 치료가 용납될 수 없고 변명할 수 없는 것임을 인정했다.

콜의 치료사는 백인이었고, 콜의 경험과 백인은 인종차별적이고 신뢰할 수 없다는 그의 신념을 고려하여 이 문제를 논의할 수 있는지 물었다. 콜은 서비스에서 비백인 치료사를 볼 수 있는 선택권을 제공받았지만, 이미 자신의 상황을 설명했기 때문에 현재의 치료사와 계속하기로 결정했다. 그들은 신뢰를 어떻게 쌓을 수 있는지, 콜이 그녀의 말이나 행동에 불만이 있을 때 어떻게 알려줄 수 있을지를 논의했다. 그녀는 그들의 다른 배경으로 인해 '맹점'이 있을 것임을 인정하고, 이해가 부족한 부분이 나타날 때 콜에게 알려달라고 요청했다. 그녀는 또한 다른 내담자들로부터 군대와 건강 서비스 등 다양한 맥락에서 인종차별을 경험한 수많은 이야기를 들었다고 밝혔다. 그들은 함께 공식화를 작업했다([그림 25-1]).

콜의 치료에는 그의 주된 목표인 악몽을 개선하기 위해 외상 재경험, 업데이트, 재구성이 포함되었다. 이러한 증상이 개선되면서, 그들은 콜이 부당한 대우를 받았다는 분노를 극복하는 것을 목표로 삼았다. 콜은 그에게 좋은 경력을 약속하고 인종차별이 확대되도록 방치한 군대에 배신감을 느꼈다. 콜과 그의 치료사는 배신 기반 도덕적 상처를 다루기 위한 기법을 사용했는데, 예를 들어, 콜이 존경하는 고위 인물과의 상상적 대화를 통해 상황을 설명하고 앞으로 나아갈 방법을 묻는 것이었다. 상상 속에서 그는 연대에서 인종차별을 부인한 상급 장교와도 대면하고, 그가 군법회의에 회부되어 불명예 제대하는 것을 상상했다. 이러한

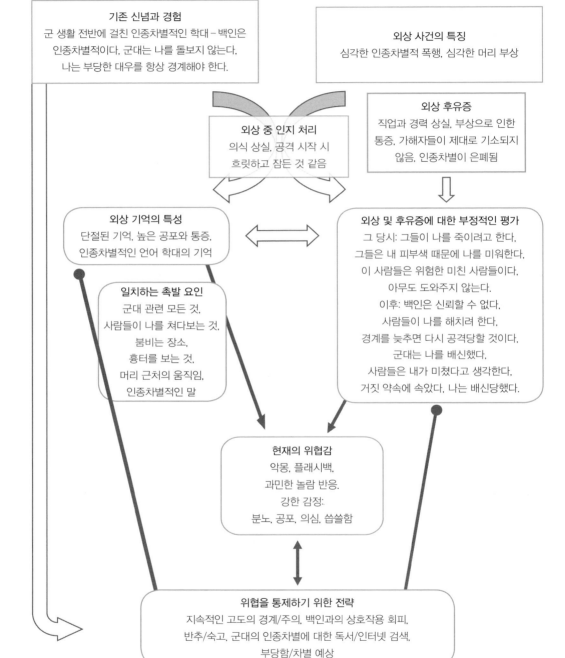

[그림 25-1] 콜의 공식화

대화 후, 콜은 과거에 대한 숙고를 멈추고 PTSD에서 회복될 때까지 자신의 행복을 우선시하기로 결정했다.

이는 콜이 운동, 가족과의 시간 보내기, 새로운 직업 찾기 등 '삶 되찾기' 활동에 더 많이 참여하도록 동기를 부여했다. 콜이 활동 범위를 넓히면서 그는 백인들과 더 많은 시간을 보내기 시작했고, 치료는 그의 차별에 대한 신념을 다루는 것으로 전환되었다. 콜은 이러한 상호작용에서 긍정적인 경험을 했지만, 여전히 차별 경험에 대해 민감하게 반응했다. 그들은 콜이 만나는 모든 백인이 자신을 차별할 것이라고 가정하지 않고, 인종차별의 현실을 어떻게 받아들이며 살아갈 수 있을지를 논의했다. 그는 이 문제에 대해 흑인 친구들과 이야기하고, 차별을 받고 있는지 아닌지 확실하지 않은 모호한 상황들을 확인하기로 계획했다. 치료가 끝날 무렵, 콜은 '모든 백인은 인종차별적이다.'라는 신념이 '일부 백인은 인종차별적이다.'로 바뀌었으며, 이는 더 받아들이기 쉬운 것이라고 보고했다. 그는 또한 백인 치료사에게 치료를 받은 것이 기쁘다고 피드백을 했는데, 자신의 경험을 털어놓고 진지하게 받아들여지며 존중받는 경험이 백인들에 대한 신뢰감을 느끼게 해 주었다고 했다.

추천도서

Beck, A., Naz, S., Brooks, M., & Jankowska, M. (2019). *Improving access to psychological therapies (IAPT): Black, Asian and minority ethnic service user positive practice guide.* Available at: https://babcp.com/Therapists/ BAME-Positive-Practice-Guide-PDF

d'Ardenne, P., Farmer, E., Ruaro, L., & Priebe, S. (2007). Not lost in translation: Protocols for interpreting trauma-focused CBT. *Behavioural and Cognitive Psychotherapy, 35,* 303–316.

El-Leithy, S. (2014). Working with diversity in CBT. In A. Whittington & N. Grey (Eds.), *How to become a more effective CBT therapist: Mastering metacompetence in clinical practice* (pp. 44–62). John Wiley & Sons.

Livingston, N. A., Berke, D., Scholl, J., Ruben, M., & Shipherd, J. C. (2020). Addressing diversity in PTSD treatment: Clinical considerations and guidance for the treatment of PTSD in LGBTQ populations. *Current Treatment Options in Psychiatry, 7,* 53–69.

Chapter 26

자신을 돌보기

제이미는 출근하는 것이 두렵고 한 내담자에 대해 걱정을 멈출 수 없다는 것을 깨달았을 때, 자신이 공감 피로의 징후를 보이고 있음을 알아챘다. 매니저의 지원을 받아, 제이미는 자신의 사례 부담과 슈퍼비전 방식을 변경했다. 그는 또한 외상과 함께 일하는 것에 대한 자신의 생각, 감정, 행동을 되돌아보고, 일부 CBT 전략을 자신에게 적용했다.

PTSD를 치료하는 것은 엄청나게 보람 있는 경험이 될 수 있다. 그러나 동시에 도전적이기도 하다. 우리는 강렬한 외상 사건의 세부 사항을 듣고, 그 과정에서 스스로 상상하게 된다. 공감은 고통스러울 수 있으며, 우리는 내담자가 느끼는 고통의 일부를 흡수하게 되고, 그들의 이야기가 우리의 고통스러운 기억을 자극할 수도 있다. 우리는 내담자와 함께 윤리적, 도덕적, 법적 딜레마에 직면할 수 있다. 우리의 일은 삶의 일부일 뿐이며, 우리는 또한 다른 스트레스 요인, 외상, 정신적 및 신체적 건강 문제를 다루고 있을 수 있다. 우리는 자존감과 가면 증후군과 싸우고 있을지도 모른다. 우리가 일하는 시스템에서 오는 스트레스, 예를 들어 과중한 서비스, 동료나 상사와의 긴장, 건강하지 못한 직장 환경에서도 스트레스가 올 수 있다. 이러한 모든 압력을 고려할 때, 외상을 다루는 심리치료사들이 종종 소진, 공감 피로, 이차 외상 스트레스 증상을 경험하는 것은 이해할 만하다. 이 장에서는 이러한 개념들과 우리가 이 일을 하면서 직면하는 도전 과제에 대해 논의할 것이다. 쉬운 해결책은 없지만, 도움이 되는 증거와 외상과 함께 일할 때 자신을 돌보는 방법에 대한 유용한 팁을 검토할 것이다.

🌿 외상과 함께 일하는 것의 영향

외상과 함께 일하는 것의 심리적 영향을 설명하기 위해 여러 가지 겹치는 용어가 사용된다. '대리 외상'은 종종 신념과 도식의 변화를 의미하며, '이차 외상 스트레스'(Figley, 1995)는 외상 경험을 한 내담자와 일하는 사람들에게서 PTSD 증상이 발현되는 것을 의미한다. 실제로 DSM-5에서 간접적인 외상 노출이 A 기준 사건으로 포함되면서, 심리치료사들은 외상 자료에 반복적으로 노출됨에 따라 PTSD 위험이 있다고 간주된다. '공감 피로'(Figley, 2002)는 처음에는 이차 외상 스트레스 반응의 한 형태로 설명되었지만, 이제는 외상 경험이 있는 그룹과 일하는 전문가들이 겪을 수 있는 정서적 소진과 공감 능력의 감소를 의미하는 보다 포괄적인 용어로 사용된다. '번아웃'은 만성적인 스트레스와 좌절로 인한 극도의 신체적, 정신적 소진을 설명하는 또 다른 일반적인 용어이다. 이론적으로는 다르지만, 이러한 용어들은 문헌에서 상당히 혼용되는 겹치는 개념을 나타낸다. 공감 피로가 포괄적인 개념을 나타내기 때문에, 우리는 이 용어를 사용할 것이다.

공감 피로의 반대는 공감 만족이다. 이는 치료사들이 경험하는 성취감, 기쁨, 만족감을 의미한다. 많은 외상 치료사들이 PTSD 치료 과정에서 이러한 공감 만족을 보고하며(예: Sodeke-Gregson et al., 2013), PTSD 치료의 긍정적인 잠재력을 강조한다. 외상 후 성장의 개념과 유사하게, 공감 만족은 외상 작업의 여러 측면에서 발생할 수 있으며, 특히 끔찍한 외상 경험을 견디고 회복하는 데 있어 내담자들이 보여 주는 놀라운 용기와 회복력을 목격하는 것이 큰 영향을 끼친다. 공감 피로와 공감 만족은 우리의 직장 생활의 다양한 시점에서 모두 변동할 수 있으며, 동시에 두 가지를 모두 경험하는 것도 가능하고 심지어 그럴 가능성이 크다. 우리의 목표는 공감 피로를 최소화하거나 치유하고 공감 만족을 최대화하는 것이다.

🌿 자기평가

공감 피로의 위험을 감안할 때, 치료사들은 정기적으로 자신의 감정을 점검하고 '적신호'를 적극적으로 모니터링해야 한다. 이상적으로, 이는 슈퍼비전에서 항상 다루어야 할 항목이어야 한다. 시간이 지남에 따라, 이는 우리가 개인적인 '피로 신호'를 이해하는 데 도움이 되어 공감 피로의 시작을 더 쉽게 식별할 수 있게 한다. 출발점으로 여러 표준화된 측정 도구가 사용될 수 있으며, 그중에는 전문 생활의 질 척도(ProQol-III; Stamm, 2005)가 있다. 경

고 신호는 다음과 같은 여러 영역에서 나타날 수 있다:

- 정서적 신호: 내담자에게서 분리된 느낌 또는 과도하게 몰입된 느낌, 과민성, 내담자나 치료 결과에 대한 죄책감, 슬픔이나 절망감, 무기력, 소진된 느낌, 압도된 느낌, 출근에 대한 두려움, 불안감
- 생리적 신호: 지속적인 피로감, 수면 장애, 집중력 저하, 두통, 메스꺼움, 소화 및 장 문제, 증가된 놀람 반응, 근육 긴장, 심계항진
- 인지적 신호: 자기 의심과 자기비판, 비관주의와 희망 상실, 특정 내담자에 대한 집착(근무 시간 외에도 지속됨), 안전에 대한 두려움
- 행동적 신호: 긴 근무 시간, 세션 준비 과다, 업무에 대한 반추, 특정 내담자나 치료의 특정 측면(예: 특정 외상의 기억 작업) 회피, 슈퍼비전 중 감추기, 과도한 경계 또는 다른 안전 조치, 과도한 알코올이나 약물 사용

자기 점검의 일환으로, 치료사들은 자신의 안녕감에 대해 정기적으로 성찰적 질문을 해야 하며, 여기에는 다음과 같은 질문들이 포함된다(Meichenbaum, 2007):

- 내가 어떻게 지내고 있는가?
- 무엇을 바꾸고 싶은가?
- 이 일이 가장 어려운 점은 무엇인가? 무엇이 나를 걱정하게 하는가?
- 내 일에서 두려워하는 부분이 있는가? 있다면, 왜 그런지 그리고 이에 대해 무엇을 할 수 있는가?
- 이 일을 시작한 이후로 내가 어떻게 변했는가? (긍정적이든 부정적이든)
- 내가 공감 피로나 번아웃의 징후를 보이고 있는가? 그렇다면, 이에 대해 무엇을 하고 있는가?
- 내 만족도를 감소시키거나 스트레스를 증가시키는 작업 장애물은 무엇이며, 이를 어떻게 해결할 수 있는가?
- 내 일에서 보람을 느끼는 부분은 무엇인가?
- 이 일을 할 수 있게 도와주는 것은 무엇인가?
- 내 개인적 자원과 강점은 무엇인가?
- 사회적 지원을 어떻게 더 효과적으로 사용할 수 있는가?
- 이 일을 돕기 위해 직장에서 어떤 자원을 활용할 수 있는가?

이 질문들은 우리의 안녕감을 모니터링하고, 회복 탄력성을 구축하는 방법에 대한 성찰을 자극하며, 가능한 한 빨리 어려움을 해결할 수 있게 한다.

🌱 우리가 직면하는 압력과 대처 방법

치료사들이 직면하는 압력은 다양한 출처에서 발생하며, 이는 [그림 26-1]에 설명되어 있다. 이러한 스트레스의 원인은 상호작용하며 그 효과는 배가될 수 있다. 예를 들어, 우리는 한 영역의 스트레스를 잘 대처하고 있을 수 있지만, 다른 영역에서도 스트레스가 발생하면 우리의 자원이 과부하될 수 있다.

개인 내적 스트레스 요인

우리 각자는 개인적인 자질과 특성을 직장에 가져온다. 이 중 일부는 스트레스에 대한 우리의 회복탄력성을 향상시킬 수 있지만, 좋은 치료사가 되기 위한 많은 자질은 또한 공감 피로에 취약하게 만들 수 있다. 예를 들어, 공감하는 치료사는 치료 관계에 따뜻함, 연민, 헌신을 가져오지만, 이는 또한 우리가 내담자의 고통을 더 민감하게 받아들이게 하여, 내담자를 더 보호하려고 하게 만들 수 있다. 그 결과, 내담자가 불쾌하게 여길 수 있는 치료 요소를 회피하게 될 수도 있다. 우리 중 많은 사람들은 정신 건강 문제나 외상의 경험을 가지고 있다. 이는 외상 작업에서 강점이 될 수 있으며, 외상을 경험한 내담자와 일하려는 강한 동기가 되지만, 동시에 도전 과제를 야기할 수도 있다.

PTSD와 함께 일하는 것은 특히 경력 초기의 치료사들에게 불안감을 유발할 수 있다. 내담자들은 세션에서 자주 매우 괴로워하며, 많은 치료사들은 그들을 '재외상화'할까 봐 걱정한다. 이로 인해 치료사들이 때때로 외상 기억 재연, 사무실 밖 행동 실험, 외상 현장 방문과 같은 보다 도전적인 치료 부분을 피하게 될 수 있는데, 이러한 것들은 모두 강력한 개입 방법이다. 따라서 이 불안을 극복하는 것은 치료사와 내담자 모두에게 중요하다. 다행히도, CBT 치료사로서 우리는 불안에 대한 효과적인 치료법을 알고 있다. 이상적으로는 슈퍼바이저나 개인 치료사의 도움을 받아 치료사의 인지와 행동을 다루는 것이 크게 도움이 될 수 있다.

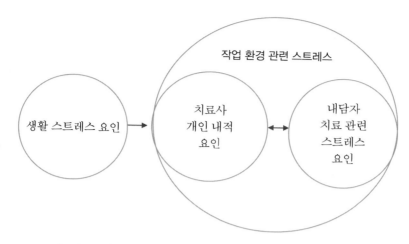

[그림 26-1] 치료사에게 잠재적인 스트레스가 될 수 있는 원인들

　많은 치료사들은 또한 완벽주의 기준을 가지고 자기비판적일 수 있다. 불행히도, 모든 내담자가 회복되지는 않을 것이며, 이는 모든 치료사에게 해당된다. 우리가 이것을 개인적인 효과성의 지표로 받아들일 때, 이는 우리의 자신감을 떨어뜨릴 수 있다. 우리는 충분하지 않다고 의심하며, '들통날까' 걱정하는 자격 부족 증후군을 겪을 수 있다. 이 책에서는 주로 치료가 잘된 예를 제시했지만, 잘되지 않은 예로 다른 책을 쉽게 채울 수 있을 것이다. 우리는 종종 실수를 했으며, 매우 열심히 노력했음에도 불구하고 여전히 회복되지 않은 헌신적인 내담자와의 실망스러운 경험도 있었다.

　우리의 강점과 취약성을 인식하는 것은 중요하며, 성찰적 실천에 참여하는 것도 중요하다. 다음 원칙들은 우리가 공감 피로를 겪고 있든 아니든, 우리 작업 생활 전반에 걸쳐 중요하다.

FAQ 자신의 외상 경험이 있는 경우, PTSD와 어떻게 일할 수 있을까요?

많은 치료사들이 자신도 외상을 경험했으며, 일부는 개인적으로 PTSD나 다른 정신 건강 문제를 경험한 적이 있습니다. 실제 경험은 치료사로서 공감, 진정성, 동기 부여, 연민을 부여하는 잠재적인 강점으로 작용할 수 있습니다. 그러나 여러 연구에서 이는 공감 피로의 위험 요소임을 보여 주었습니다(Turgoose & Maddox, 2017). 아마도 개인적인 동일시가 감정적 부담을 증가시키거나, 일부 내담자나 외상과 일하는 것이 우리의 외상 기억을 자극하여 전문적인 삶과 개인적인 삶의 경계를 유지하기 어렵게 만들기 때문일 것입니다.

이러한 위치에 있는 치료사로서 우리는 특히 자기 인식을 높이고 이 장에서 권장하는 모든 방법으로 우리의 안녕감을 우선시해야 하며, 자신을 돌보는 데 해로울 수 있는 강한 타인을 돌보고자 하는 충동을 피해야 합니다. 우리는 특히 자신의 '감정적 버튼'과 그 버튼이 활성화된 신호를 인식하며 우리의 근본적인 부정적 신념과 도움이 되지 않는 보상 전략에 주의해야 합니다. 때로는 내담자와 과도하게 동일시되는 자신을 발견하면 '공감 브레이크'를 밟아야 할 수도 있습니다. 경험이 있는 사실을 슈퍼바이저에게 알리고, 치료가 우리에게 미치는 영향에 대해 열린 대화를 나누고 지원을 요청하는 것이 바람직합니다. 예를 들어, 우리와 유사한 외상을 가진 내담자를 대상으로 일하기에 너무 어려울 수 있으며, 이러한 경우 치료사에게 사례를 거부할 수 있는 선택권을 주어야 합니다. 개인 치료는 우리의 작업, 개인적, 전문적인 경계에 대해 성찰하는 데 도움을 주고, 또한 이차 외상 스트레스 증상이 나타날 경우 이를 다루는 데도 유용할 수 있습니다. PTSD 증상이 지속되는 경우, 치료사들은 근거 기반 치료를 받아야 합니다.

다른 사람을 돌보기 위해, 우리 자신을 돌보기

많은 치료사들이 다른 사람들의 필요를 자신의 필요보다 우선시한다. 그러나 효과적이고 공감하는 치료사가 되기 위해서는 자신을 돌보는 것도 필요하다. 자기 관리는 사람마다 다르다. 핵심은 직장에서 소모하는 감정적 에너지를 보충해 줄 활동과 균형을 맞추는 것이다. 어떤 사람에게는 운동이 필요하고, 다른 사람에게는 휴식이 필요하다. 일부 치료사들은 개인 치료를 받고, 다른 사람들은 친구와 술 한잔 하거나, 일기를 쓰거나, 창의적인 활동을 선호한다. 우리 모두에게 필요한 한 가지는 휴식 시간이다. 피로의 징후가 나타날 때는 특히 휴가를 꼭 챙기도록 한다.

경계 유지와 균형 맞추기

공감 피로는 일이 우리의 삶의 모든 측면을 침투할 때 발생할 수 있다. 주말에 내담자에 대해 생각하거나, 저녁 늦게까지 일하거나, 내담자의 어려움을 자신의 것처럼 받아들이는 경우, 경계를 재설정하는 것에 대해 신중히 생각해 보아야 한다. 흔한 말이지만, 일과 삶의 균형을 맞추는 것은 매우 중요하다. 더 열심히 일하기보다는 더 스마트하게 일하고, 장기간 최대 용량으로 일하지 않는다. 대신, 전체 용량의 약 80% 정도로 운영하여 예기치 않은 직장 요구에 대응할 여유를 남겨둔다. 치료를 협력적으로 유지하고 내담자와 함께 일을 함으로써 회복에 대한 책임을 내담자와 나누는 것을 기억해야 한다. 성공적인 결과에 대한 모든 압박을 우리가 떠안으면, 치료가 계획대로 되지 않을 때 개인적인 실패로 느껴질 수 있다.

FAQ 집에서 일할 때 경계를 어떻게 유지할 수 있을까요?

디지털 치료의 증가로 집에서 일하는 것이 점점 더 보편화될 수 있습니다. 집에서 PTSD를 치료하는 것은 일과 삶의 경계를 흐리게 할 수 있으므로, 이를 유지하기 위해 실질적인 조치를 취해야 합니다. 예를 들어, 이상적으로는 생활 공간이나 수면 공간으로 사용되지 않는 작업 공간을 찾는 것이 좋습니다. 사무실로 사용할 여분의 방이 없다면, 작업 공간을 구분하는 것이 좋습니다. 고정된 휴식 시간을 확보하고, 컴퓨터를 종료하고 작업 공간의 문을 닫거나 정리함으로써 업무 시간이 자유 시간으로 번지는 것을 방지해야 합니다. 종종 출퇴근의 효과를 재현하고 작업에서 정신적 거리를 두기 위해, 업무가 끝난 후 산책이나 조깅과 같은 '완충' 작업을 만드는 것이 도움이 됩니다. 내담자 세션 시간 동안에는, 전화기와 이메일을 꺼두고 동거인들에게 방해하지 말라고 요청하여 작업 공간에서의 잠재적인 방해 요소를 줄이도록 합니다 (물론, 아이나 애완동물 관련 방해는 때때로 피할 수 없습니다!). 집에서 일하는 것은 또한 더 고립감을 느낄 수 있으므로, 팀과의 연결을 유지하고 사기를 유지하기 위한 계획을 세워야 합니다. 동료들과 정기적으로 대화하고, 어려운 세션에 대해 이야기할 필요가 있을 경우 동료나 슈퍼바이저와 통화할 수 있는 옵션을 마련하십시오. 하루 종일 캐주얼한 '체크인'을 서로 복제할 수 있도록 문자/이메일 '그룹 채팅'을 설정하고, '분산 파일'(예: 귀여운 동물이나 풍경 사진; Rees, 2017)을 공유하는 것을 고려해 봅니다.

긍정적인 면을 붙잡기

외상과 함께 일하면서 낙관적이고 희망을 유지하는 것은 도전적일 수 있으므로, 긍정적인 면을 정기적으로 상기시키는 방법을 찾아야 한다. 치료에서 가장 자랑스러운 성취가 무엇인지 생각하고, 이를 상기시킬 만한 것을 가까이에 두는 것이 좋다. 감사한 내담자들로부터 받은 좋은 이메일, 카드, 편지 등을 모아두고, 낙담할 때 다시 읽어보도록 한다. 진행이 더딜 때는 치료가 오르락 내리락 했지만 궁극적으로 효과가 있었던 이전 내담자들을 떠올리며 끊임없이 희망을 유지해야 한다. 왜 외상과 함께 일하는 것을 좋아하는지(이 책을 읽고 있다면, 당신도 그러하리라 생각한다) 그리고 무엇이 당신에게 공감 만족을 주는지를 상기하는 것도 도움이 될 수 있다. 우리의 내담자들은 그들의 용기와 강인함으로 자주 우리에게 영감을 준다. 우리의 일은 우리가 결코 겪지 못할 경험에 대한 독특한 통찰력을 제공한다. 내담자들의 개인적이고 고통스러운 기억과 내면 세계를 신뢰받는 것은 우리가 가볍게 여기지 않는 특권이다.

우리의 강점을 기억하는 것도 중요하다. 우리는 모두 다르며, 각자의 경험과 개인적 자질을 작업에 가져온다. 당신은 힘든 하루가 끝난 후 동료를 위로해 주는 사람일 수도 있고, 팀

회의 중 모두를 침착하게 만드는 사람일 수도 있으며, 회의 때 최고의 케이크를 구워오는 사람일 수도 있고, 내담자에게 처음으로 진정으로 경청받는 느낌을 주는 사람일 수도 있다. 자신의 결점을 알아차리기는 쉽지만, 강점에도 주의를 기울여야 한다.

치료 기술을 우리 자신에게 적용하기

치료사로서 우리는 항상 우리가 설교하는 것을 실천하지는 않는다. 어려움을 겪을 때, 우리는 고전적인 CBT 질문인 '이 문제에 대해 다른 사람에게 뭐라고 말할 것인가?'를 스스로에게 물어봐야 한다. 아마도 '그냥 해버려'나 '더 열심히 일해' 같은 말은 하지 않을 것이다. 다른 치료 기술들도 유용할 수 있다. 우리는 우리의 반응을 공식화할 수 있고(장 끝부분의 사례 참조), 사고 기록, 활동 일지, '걱정 시간'이나 '걱정 나무' 개입을 사용할 수 있으며, 어려운 기억이나 일과 관련된 악몽을 업데이트하거나 재구성할 수 있다. 또한 위험 확률을 평가하고, 문제적 사고와 행동을 다루기 위해 행동 실험을 사용할 수 있다. 기질적 마음챙김이 공감 피로와 부적 상관관계가 있다는 초기 증거도 있다. 따라서 마음챙김은 치료사에게 유용한 기술이 될 것이다(Turgoose & Maddox, 2017).

도움 요청하기

사회적 지원이 공감 피로와 부적 상관관계가 있다는 사실은 놀랍지 않다(MacRitchie & Leibowitz, 2010). 우리의 지원 네트워크를 구축하고 활용하는 것은 우리의 안녕감을 보호하고 어려움을 겪을 때 의지할 수 있는 중요한 요소이다. 일부 치료사들은 공감 피로를 경험하고 있음을 인정하는 것을 부끄러워하지만, Meichenbaum(2007)이 제안하듯이 이는 헌신적이고 민감한 치료사의 신호이다. 우리는 내담자들에게 말하듯이, 도움을 요청할 때를 아는 것이 강점이다. 이는 감독자, 동료, 개인 치료사, 또는 동료 네트워크에서 얻을 수 있다.

아일라는 우울증 병력이 있었습니다. 그녀는 CBT 치료사로서 자신의 일에 열정을 가지고 있었지만, 때때로 정신 건강 문제로 어려움을 겪었습니다. 아일라는 과거에 치료를 받았고, 기분이 악화되는 경고 신호를 모니터링하고 과거에 효과가 있었던 전략을 실행할 수 있는 자세한 대처 계획을 개발했습니다. 아일라는 또한 정신 건강 문제에 대한 경험이 있는 직장 동료와 2주에 한 번씩 커피를 마시며 서로의 대처 방법에 대해 점검했습니다. 아일라의 감독자도 그녀의 우울증에 대해 알고 있었으며, 아일라가 휴식이 필요하거나 근무 패턴을 변경해야 할 때 지원을 아끼지 않았습니다.

핵심 인지

- 나는 내 일에 능숙하지 못하다/내 동료들만큼 잘하지 못하며, 다른 사람들이 이를 알아챌 것이다.
- 내담자를 구하고/구원하는 것은 나에게 달려 있다 – 내가 그렇게 하지 않으면 실패한 것이다.
- 더 많은 시간을 일하고/더 많이 준비할수록 더 나은 치료사가 될 것이다.
- 외상과 함께 일하면서 세상이 고통과 고난으로 가득 차 있다는 것을 깨달았다.
- 나쁜 일은 언제든지 일어날 수 있다 – 내가 사랑하는 사람들을 보호해야 한다.

생활 스트레스 요인

우리의 전문적인 삶의 다양한 시기마다, 우리는 건강 문제, 가족 요구, 관계 파탄, 사별, 돌봄 책임과 같은 삶의 다른 영역에서 중요한 스트레스 요인에 직면하게 된다. 외상과 함께 일한다는 것은 집에서 겪는 개인적 고통과 직장에서 마주하는 어려움이 서로 겹치면서, 감정적으로 회복하거나 휴식할 여유를 거의 얻기 어렵다는 것을 의미한다. 일부 치료사들은 경쟁적인 요구가 관리 불가능해질 때 시간을 내거나, 근무 시간을 줄이거나, 사례 수를 줄이거나, 특정 내담자나 외상을 피하는 등 시간을 다르게 관리하는 것을 선택한다. 이러한 직업적 변화는 관리자들의 지원과 때로는 직업 건강 부서와의 논의를 필요로 한다.

삶의 스트레스 기간 동안 평소와 같이 일을 계속한다면, 자신에게 친절하게 대하고 필요한 것에 대해 성찰해야 한다. 무엇이 도움이 되고 무엇이 도움이 되지 않는지 생각해 보아야 한다. 당신은 삶의 모든 측면을 통제할 수는 없지만, 대처 방법은 당신의 통제 안에 있다. 이전 섹션에서 언급한 자기 관리는 특히 중요하다.

제니의 파트너 수지가 암으로 인해 심각하게 아프게 되었습니다. 처음에는 제니가 일을 통해 수지를 돌보는 슬픔과 걱정에서 잠시나마 벗어날 수 있었지만, 수지가 더 아프게 되면서 제니는 그녀를 돌보기 위해 특별 휴가를 요청하기로 결정했습니다. 수지가 사망한 후, 제니는 직장에 복귀했지만, 처음에는 사례 수를 줄이고, 외상성 사별이나 의학적으로 관련된 외상 사례는 다루지 않기로 관리자와 합의했습니다.

치료 관련 스트레스 요인

치료사들이 직면하는 일부 스트레스 요인은 업무 자체에서 발생한다. 우리는 하루가 끝날 때 마음을 쉽게 정리하지 못할 수 있다. 예를 들어, 특히 끔찍한 이야기들을 듣거나, 자살 위험이 있거나 타인에게 위험을 초래할 가능성이 있는 내담자를 치료하거나, 폭력을 저지른 사람들과 작업하는 경우가 그렇다. 우리는 업무에서 도전적인 윤리적, 도덕적, 법적 딜레마에 직면할 수 있다. 예를 들어, 기밀 유지를 깨야 할지를 결정하는 것은 두 가지 윤리적 원칙을 충돌시킨다. 내담자의 개인 정보에 대한 프라이버시와 통제권, 그리고 타인을 보호할 권리이다. 내담자가 편견적이거나 경멸적인 발언을 할 때, 공정성과 존중에 대한 우리의 신념과 내담자에 대한 긍정적인 감정을 유지하려는 우리의 욕구 사이에 갈등이 발생할 수 있다. 이러한 갈등을 해결하는 것은 스트레스를 초래할 수 있다.

어려운 치료 상황에 대처하기 위해서는 좋은 감독이 필수적이다. 슈퍼바이저라면, '유용한 팁' 상자를 참조한다. 팀 내에서 '열린 문' 문화를 유지하는 것은 매우 소중한 일이다. 치료사들이 어려운 세션 후에 비공식적으로 '압력을 해소'하거나, 어려운 문제를 논의하거나, 슈퍼바이저가 부재 중일 때 위험 관리에 대한 지원을 받을 수 있다. 혼자 일하거나 원격으로 일하거나 개인 클리닉에서 일하는 치료사들은 이러한 비공식 지원 네트워크를 만들수 있는 방법을 찾는 것이 좋다(단, 내담자의 기밀 유지가 보장되어야 함).

쉬린은 분노 문제를 가지고 있고 이전에 다른 사람들에게 폭력을 행사한 적이 있는 내담자를 치료하고 있었습니다. 세션 중에 내담자는 가끔 쉬린에게 화를 내곤 했습니다. 쉬린은 이 문제를 슈퍼바이저에게 가져갔고, 도전 과제로 여겨지는 것들을 목록화하는 것이 도움이 된다는 것을 알게 되었습니다: 폭력을 행사했고 가끔 쉬린에게 무례하게 대하는 내담자에 대한 공감을 유지하는 것, 내담자가 타인에게 가하는 위험을 관리하는 것, 그리고 치료 세션 내에서의 위험을 평가하는 것이었습니다. 내담자를 공식화하는 것은 쉬린이 첫 번째 문제를 해결하는 데 도움이 되었습니다. 내담자는 다중 학대의 길고 복잡한 역사를 가지고 있었고 감정을 조절하는 데 어려움을 겪고 있었기 때문에 쉬린은 이에 공감할 수 있었습니다. 그럼에도 불구하고, 그녀의 슈퍼바이저는 쉬린에 대한 언어적 학대가 용납될 수 없다는 것을 상기시켰고, 이 문제를 내담자와 논의하여 학대적인 행동에 대한 명확한 경계를 설정하는 방법에 대해 합의했습니다. 그들은 또한 위험 평가 도구를 사용하여 내담자가 타인에게 가하는 위험을 검토했고, 쉬린은 내담자와 함께 폭력 안전 계획을 개발하기로 결정했습니다.

훈련도 도움이 된다. 외상과 함께 일하는 전문 훈련은 공감 피로를 예방하는 데 도움이 되며(Sprang et al., 2007), 근거 기반 실천 역시 마찬가지이다(Craig, & Sprang, 2010). 우리가 제공하는 치료에 대해 유능하고 자신감을 느끼는 것은 도전적인 상황에 직면할 때 우리의 회복력을 높이는 데 중요한 역할을 한다.

🦉 유용한 팁: 효과적이고 공감하는 PTSD 슈퍼바이저가 되는 방법

좋은 감독 실습에 대한 전체 책들이 작성되었으며, 여기서는 이를 반복하지 않겠습니다. 대신, PTSD 치료사를 지도할 때 특히 중요한 몇 가지 원칙을 강조하고자 합니다:

- 안정적인 애착 제공: 따뜻하고, 희망적이며, 명랑하고, 침착한 태도를 유지합니다. 감사함을 표현하고, 그들을 지지하며, 성공을 축하하고, 가능한 한 긍정적인 피드백을 제공합니다.
- '위기 속에서의 침착함'을 모델링: 슈퍼바이지들이 불안해하거나 일이 잘못될 때 '함께 극복할 수 있다.'는 태도를 장려합니다. 그들이 문제를 해결하고 치료에서 문제를 공식화한 후 실행 계획을 세울 수 있도록 도와줍니다.
- 업무의 영향을 검토하고 정상화: 슈퍼비전 일정의 정기 항목으로 안녕감 점검을 포함해야 합니다. 공감 피로의 가능성을 정상화하고, 이를 공개적으로 논의하여 부끄러움을 느끼지 않도록 합니다. 455페이지의 질문을 사용하여 주기적으로 검토합니다.
- 경청할 시간 마련: 압박감이 큰 상황에서는 슈퍼비전에 시간을 할애하기 어렵습니다. 슈퍼비전 시간이 부족하다고 느끼면, 슈퍼바이지들이 어려움을 겪고 있다는 사실을 밝히지 않을 수 있습니다.
- 자기 관리 및 도움 요청 모델링: 슈퍼바이지들은 당신의 예를 따를 것입니다. 따라서 자기 관리를 우선시합니다. 점심 시간을 가지며, 정시에 퇴근합니다. 취약성을 보이고 필요할 때 지원을 요청합니다.
- 슈퍼비전 요소의 균형 맞추기: 슈퍼비전에는 여러 가지 기능이 있습니다. 일반적으로, 교육적, 경험적, 성찰적 실습의 혼합이 최적입니다(Bennett-Levy, 2006). 슈퍼비전은 슈퍼비전을 받는 치료사를 위한 치료가 되어서는 안 되지만, 그들이 어려움을 겪고 있다면 그들의 필요를 논의할 시간을 할애해야 합니다.
- 공식화: 슈퍼바이저는 치료 과정을 한 발 물러서서 전체적으로 조망하며, 치료사가 인식하지 못할 수 있는 것들을 관찰할 수 있는 잠재력이 있습니다. [그림 24-1]은 슈퍼비전에서 치료 관계를 공식화하는 데 유용할 수 있습니다.

> • 안전한 피드백 장려: 슈퍼비전 관계의 권력 불균형 때문에 슈퍼비전을 받는 치료사들이
>   정직한 피드백을 주는 것은 어렵습니다. 피드백을 받을 기회를 만들고, 슈퍼바이저로서
>   의 발전에 적극적으로 참여해야 합니다.

작업 환경의 압력

스트레스는 서비스에 대한 압력에서 발생할 수 있으며, 이는 팀 수준에서뿐만 아니라 조직 전체에서도 발생할 수 있다. 많은 서비스는 제한된 자원 내에서 심리치료에 대한 높은 요구를 직면하고 있다. 이는 종종 대기자 명단, 사례 수, 회복률 목표를 달성하기 어려운 상황으로 이어진다. NHS 및 기타 공공 부분 조직을 통해 치료를 제공하는 서비스는 종종 인력감축을 포함하는 주기적인 '재구조화'를 경험할 수 있다. 시간 압박은 공감의 적 중 하나이므로, 놀랍지 않게도 이러한 스트레스가 많은 상황에서 공감 피로가 발생할 수 있다. 스트레스 요인은 팀 내에서도 발생할 수 있다. 괴롭힘, 희롱, 그리고 부적절한 관리 행동은 직원의 안녕에 엄청난 영향을 미친다. 개인 클리닉에서 일하는 것도 압력에서 자유롭지 않다. 많은 치료사들은 혼자 일하거나 제한된 팀 지원을 받고 있으며, 추천과 수입을 창출하는 도전에 직면하고 있다. 외상과 함께 일하는 치료사로서 우리는 치료를 제공하기 위해 내담자들이 받는 것과 동일한 조건이 필요하다: 사회적 지원, 통제, 예측 가능성, 그리고 안전. 불행히도, 우리의 작업 환경이 항상 이러한 필요를 지원하지는 않으며, 변화를 만들 수 있는 권한이 제한될 수 있다. 다음은 도움이 될 수 있는 몇 가지 전략이다:

• 통제 가능한 것 통제: 작업 환경의 일부는 당신의 통제 내에 있을 것이다. 예를 들어, 슈퍼바이져 요구, 사례 수, 근무 시간, 교육에 대해 관리자와 협상할 수 있을 것이다. 공감 피로가 생길 조짐이 보이면, 이는 중요한 단계이다. 필요하다면 외상 작업에서 완전히 벗어나는 것을 포함하여 근무 패턴을 재고할 필요가 있을 수 있다. 과업 중심의 대처는 공감 피로와 반대관계에 있다(Zeidner et al., 2013).

• 지원 찾기: 특히 슈퍼바이저나 관리자로부터 지원을 받지 못한다고 느낄 때는 다른 곳에서 지원을 찾아야 한다. 조직 내에서 동료 지원 네트워크를 구축하지만, 시스템 외부의 다른 사람들과도 이야기하라. 그들은 종종 귀중한 외부 관점을 제공할 수 있다.

• 당신의 한계를 알아라: 어떤 작업 환경은 용납될 수 없다. 예를 들어, 괴롭힘이나 희롱은 결코 용인되어서는 안 된다. 당신의 권리를 알고, 한계가 넘었을 때 누구에게 이야기해

야 하는지 아는 것이 중요하다. 이는 상급 관리자, 인사 부서, 노조, 또는 전문 기관일 수 있다. 불만족스러운 처우에 대해 문서화하고 지원을 구하라.

- **개인 자원 구축**: 개인적인 회복력을 구축하는 것은 외부 스트레스 요인에 대처하는 데 도움이 될 수 있지만, 회복력의 개념은 양날의 검이 될 수 있다. 이는 공감 피로의 원인을 당사자에게 돌릴 수 있기 때문이다. 스트레스의 영향을 받는 것과 삶의 어느 시점에서 어려움을 겪는 것은 당신이 회복력이 없다는 것을 의미하지 않는다! 우리는 내담자들에게 자기 연민에 대해 이야기하고, 어느 교사가 학생들에게 더 나은 결과를 가져올 것인지 묻는다: 비판적인 교사 또는 지지하고 격려하는 교사. 우리는 자신의 조언을 따라야 한다. 회복력은 자기 관리와 연민, 우리의 강점을 활용하고 어려운 상황에 맞설 수 있는 지원을 구축하는 것이다.

🎙️ 유용한 팁: 심리적으로 건강한 직장 만들기

심리적으로 건강한 직장을 만드는 것은 윤리적 필요성이 있으며, 재정적 필요성도 있습니다. 스트레스를 받는 직원들은 더 많은 휴가를 내고, 업무 효율성이 떨어지며, 더 빨리 사직서를 제출합니다. 우리 모두는 심리적으로 건강한 직장과 지원적인 문화를 조성하는 데 기여할 수 있는 힘을 가지고 있지만, 대부분의 책임은 팀 리더와 더 넓은 조직에 있습니다.

- **결속력 증진**: 모두가 하나의 방식으로 일하고, 함께 일하며, 서로를 지원하는 긍정적인 직장 문화를 촉진합니다. '열린 문' 정책을 모델로 삼고, 서로를 점검하며, 감사의 마음을 표현하고, 다른 사람의 감정을 배려합니다.

- **팀 정신 강화**: 직장을 즐거운 사회적 환경으로 만들어 긍정적인 관계를 장려합니다. 선택적인 사회 활동을 포함시킵니다. 직장의 성공과 중요한 개인적인 날을 축하할 시간을 만듭니다. 직원들이 서로를 지원할 수 있도록 업무와 관련 없는 활동과 토론 시간을 허용합니다.

- **충분한 장비와 교육 제공**: 모두가 안전하고 효과적으로 업무를 수행할 수 있도록 필요한 자원을 제공합니다. 스트레스를 줄이는 적절한 물리적 작업 환경을 포함합니다. 사람들이 기술을 습득할 수 있도록 지원과 감독, 교육을 제공합니다.

- **참여도 증가**: 업무, 팀, 조직에 강하게 몰입한 직원들은 더 많은 동기 부여를 받고, 생산성이 높으며, 더 나은 결과를 얻습니다. 직원들을 의사 결정에 참여시킵니다. 모두가 존중받고, 필요가 고려되는 동적 환경을 만듭니다.

- 강점에 집중: 강점에 집중할 때 몰입도가 증가합니다. 동료들이 무엇에 관심을 가지고 있고, 무엇을 가치 있게 여기며, 무엇을 잘하는지 알아봅니다. 직무 계획을 강점을 살릴 수 있도록 맞추고, 직원들이 전문성을 개발하도록 장려합니다.
- 안녕감 촉진: 동료들이 일과 삶의 균형을 이룰 수 있도록 지원합니다. 특히 개인적인 스트레스 요인이 있는 경우 유연한 근무, 사례 수 조정, 역할 및 기능의 순환을 고려합니다. 휴식 시간, 정시 퇴근, 필요할 때 휴식을 취하는 문화를 팀 문화의 일부로 만듭니다.
- 어려움을 겪는 직원 지원: 어려움을 겪고 있는 동료들을 선제적으로 파악하고, '너무 바빠 보이는' 사람들에게도 손을 내밉니다. 관리하는 사람이 어려움을 보고하면, 성찰하고 재충전하며 실행 계획을 개발할 시간을 제공합니다. 지원 서비스에 대한 낮은 문턱을 유지합니다.
- 읽기 자료 활용: 심리적으로 건강한 직장을 만드는 방법에 대한 많은 자료가 있습니다. 영국심리학회(BPS, 2017)의 지침을 시작점으로 삼아보세요.

🌿 치료실 노트: 제이미

제이미는 바쁜 NHS 심리 서비스에서 근무하는 CBT 치료사이다. 그는 외상에 관심이 있었고, 더 많은 것을 배우기 위해 PTSD 내담자를 추가로 맡기로 관리자와 합의했다. 그러나 얼마 지나지 않아 제이미는 PTSD 내담자, 특히 납치와 성폭행을 당한 한 젊은 여성과의 세션을 두려워하기 시작했다. 그녀는 정기적으로 자살 충동을 경험했으며, 제이미는 세션 사이에도 그녀에 대해 걱정하게 되었다. 제이미는 자신이 잘 자지 못하고, 여자친구 엘이 밤에 외출하는 것에 대해 불안해졌다는 것을 깨달았다. 엘이 혼자 나가면 제이미는 그녀가 집에 돌아올 때까지 기다렸고, 그녀가 혼자 걸어서 집에 가지 않도록 기차역에서 데려오기를 선호했다. 제이미는 또한 매우 바쁘고 정기적으로 슈퍼비전을 취소하는 슈퍼바이저로부터 지원을 받지 못한다고 느꼈다.

어느 날 아침, 제이미는 출근하는 것에 대해 압도적인 불안을 느꼈다. 그는 병가를 내고, 며칠 동안 생각한 끝에 자신의 어려움을 관리자에게 말해야겠다고 결정했다. 관리자는 제이미의 걱정을 진지하게 받아들였고, 함께 제이미의 사례에서 PTSD 내담자의 수를 일시적으로 줄이기로 합의했다. 그는 또한 필요할 때 스트레스를 풀 수 있도록 PTSD 내담자들을 점심시간 직전에 보도록 근무 일정을 계획했다. 제이미는 정기적으로 슈퍼비전을 받지 못하고 있다고 설명했으며, 관리자에게 시간이 더 있는 다른 슈퍼바이저로 배정되었다.

새로운 슈퍼비전 배정 초기에 제이미는 외상 작업에서 겪고 있는 어려움에 대해 솔직하게 이야기하고, 각 슈퍼비전 세션에 자신이 어떻게 대처하고 있는지에 대한 '체크인'을 포함해달라고 요청했다. 제이미는 또한 공감 피로에 대한 설문지를 작성하고, 슈퍼바이저와 함께 그의 답변을 논의하며, 자신의 인지적, 행동적, 감정적, 생리적 요소를 요약하는 '핫 크로스 번'(역주: 영국에 있는 빵으로, 생각, 행동, 신체, 느낌의 영역을 나눌 때 핫 크로스 번과 비슷한 모양이어서, 이 모델을 '핫크로스번'이라고 부른다) 다이어그램을 작성했다([그림 26-2]).

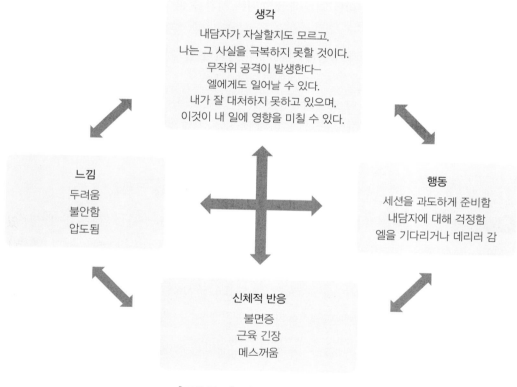

[그림 26-2] 제이미의 핫크로스번

이 연습을 통해 제이미는 젊은 여성에 대한 여러 외상 사례를 다루면서 잠재적 위험에 대한 인식이 높아졌기 때문에 여자친구에 대한 불안이 증가했음을 깨달았다. 제이미는 내담자들과 이러한 공격이 발생할 확률(매우 낮음)을 계산해 보았고, 자신의 경험이 위협의 가능성에 대한 인식을 왜곡시켰다는 것을 깨달았다. 그러한 공격이 매우 드물다는 것을 상기시키는 것이 제이미에게 도움이 되었고, 그는 여자친구와 적절한 수준의 주의에 대해 이야기하기로 결정했다.

제이미의 슈퍼바이저는 또한 그가 다른 불안한 생각, 특히 내담자가 자살을 시도할 수 있다는 두려움을 해결하도록 도왔다. 슈퍼바이저는 이것이 많은 임상의가 가지는 걱정이라는 것을 정상화하고, 함께 서비스의 위험 프로토콜과 내담자의 안전 계획을 검토했다. 이는 제이미가 내담자의 안전을 위해 최선을 다하고 있으며, 그 책임이 그에게만 있지 않고 서비스, 슈퍼바이저, 내담자와 공유된다는 것을 안심시켰다.

제이미는 또한 자신의 자기 관리 전략을 검토하고 몇 가지 변화를 주었다. 그는 달리기가 효과적인 스트레스 관리 전략임을 알게 되었고, 매일 정시에 일을 마치고 달리기를 하기로 계획했다. 그는 또한 세션 준비와 검토에 소요되는 시간을 줄여 근무 시간 동안 더 많은 시간을 확보했다. 점심 시간을 반드시 가지며, 세션 사이에는 동료와 함께 잠깐 산책을 했다. 그는 또한 수면 위생을 개선하기 위해 잠자기 전 독서나 음악 감상을 하고, 카페인 섭취를 줄였다.

다음 몇 달 동안 제이미는 덜 스트레스를 받았다. 그는 계속해서 슈퍼바이저와 자신의 상태에 대해 체크인했다. 제이미는 PTSD 작업에 대한 추가 교육을 받았고, 공감 피로의 징후를 모니터링하며 자기 관리를 유지하면서 서서히 사례 수를 다시 늘렸다.

추천도서

Billings, J., Kember, T., Greene, T., Grey, N., El-Leithy, S., Lee, D., & Bloomfield, M. (2020). Guidance for planners of the psychological response to stress experienced by hospital staff associated with COVID: Early interventions. *Occupational Medicine*, 70(5), 327-329.

Meichenbaum, D. (2007). Self-care for trauma psychotherapists and caregivers: Individual, social and organizational interventions. www.melissainstitute.org/documents/Meichenbaum_SelfCare_11th-conf. pdf

Turgoose, D., & Maddox, L. (2017). Predictors of compassion fatigue in mental health professionals: A narrative review. *Traumatology*, 23(2), 172-185.

Alpert, J. L., Brown, L. S., & Courtois, C. A. (1998). Symptomatic clients and memories of childhood abuse: What the trauma and child sexual abuse literature tells us. *Psychology, Public Policy, and Law, 4*(4), 941–995.

American Psychiatric Association. (2013). *Diagnostic and statistical manual of mental disorders* (5th ed.).

Arch, J. J., & Craske, M. G. (2009). First–line treatment: A critical appraisal of cognitive behavioral therapy developments and alternatives. *Psychiatric Clinics, 32*(3), 525–547.

Armour, C., Fried, E. I., Deserno, M. K., Tsai, J., & Pietrzak, R. H. (2017). A network analysis of DSM–5 posttraumatic stress disorder symptoms and correlates in US military veterans. *Journal of Anxiety Disorders, 45*, 49–59.

Armour, C., Greene, T., Contractor, A. A., Weiss, N., Dixon–Gordon, K., & Ross, J. (2020). Posttraumatic stress disorder symptoms and reckless behaviors: A network analysis approach. *Journal of Traumatic Stress, 33*(1), 29–40.

Arntz, A. (2012). Imagery rescripting as a therapeutic technique: Review of clinical trials, basic studies, and research agenda. *Journal of Experimental Psychopathology, 3*(2), 189–208.

Arntz, A., & Van Genderen, H. (2020). *Schema therapy for borderline personality disorder.* John Wiley & Sons.

Arntz, A., & Weertman, A. (1999). Treatment of childhood memories: Theory and practice. *Behaviour Research and Therapy, 37*(8), 715–740.

Australian Psychological Society. (1994). *Guidelines relating to the reporting of recovered memories.* Carlton, South Victoria.

Baas, M. A., van Pampus, M. G., Braam, L., Stramrood, C. A., & de Jongh, A. (2020). The effects of PTSD treatment during pregnancy: systematic review and case study. *European Journal of Psychotraumatology, 11*(1), 1762310.

Babor, T. F., Higgins–Biddle, J. C., Saunders, J. B., & Monteiro, M. G. (2001). *The alcohol use* disorders identification test: Guidelines for use in Primary Care. World Health Organization.

Back, S. E., Foa, E. B., & Killeen, T. K. (2014). Concurrent treatment of PTSD and substance use disorders using prolonged exposure (COPE): Therapist guide. Treatments That Work.

Barlow, D. H., Farchione, T. J., Bullis, J. R., Gallagher, M. W., Murray-Latin, H., Sauer-Zavala, S., Bentley, K. H., Thompson-Hollands, J., Conklin, L. R., Boswell, J. F., Ametaj, A., Carl, J. R., Boettcher, H., & Cassiello-Robbins, C. (2017). The unified protocol for transdiagnostic treatment of emotional disorders compared with diagnosis-specific protocols for anxiety disorders: A randomized clinical trial. JAMA Psychiatry, 74(9), 875-884.

Barton, S., Armstrong, P., Wicks, L., Freeman, E., & Meyer, T. D. (2017). Treating complex depression with cognitive behavioural therapy. The Cognitive Behaviour Therapist, 10, E17.

Bass, E., & Davis, L. (2002). The courage to heal: A guide for women survivors of child sexual abuse. Random House.

Beck, A. (2019). Understanding Black and Minority Ethnic service user's experience of racism as part of the assessment, formulation and treatment of mental health problems in cognitive behaviour therapy. The Cognitive Behaviour Therapist, 12, E8.

Beck, A., & Naz, S. (2019). The need for service change and community outreach work to support trans-cultural cognitive behaviour therapy with Black and Minority Ethnic communities. The Cognitive Behaviour Therapist, 12, E1.

Beck, A., Naz, S., Brooks, M., & Jankowska, M. (2019). Improving Access to Psychological Therapies (IAPT): Black, Asian and Minority Ethnic service user positive practice guide. Available at: https://babcp.com/Therapists/BAME-Positive-Practice-Guide-PDF

Beck, A. T. (Ed.). (1979). Cognitive therapy of depression. Guilford Press.

Beck, A. T. (1987). Cognitive models of depression. Journal of Cognitive Psychotherapy, 1(1), 5-37.

Beck, J. G., & Clapp, J. D. (2011). A different kind of comorbidity: Understanding posttraumatic stress disorder and chronic pain. Psychological Trauma: Theory, Research, Practice, and Policy, 3(2), 101-108.

Beck, J. G., Coffey, S. F., Foy, D. W., Keane, T. M., & Blanchard, E. B. (2009). Group cognitive behavior therapy for chronic posttraumatic stress disorder: An initial randomized pilot study. Behavior Therapy, 40(1), 82-2.

Bedard-Gilligan, M., Garcia, N., Zoellner, L. A., & Feeny, N. C. (2018). Alcohol, cannabis, and other drug use: Engagement and outcome in PTSD treatment. Psychology of Addictive Behaviors, 32(3), 277-288.

Beierl, E. T., Bollinghaus, I., Clark, D. M., Glucksman, E., & Ehlers, A. (2020). Cognitive paths from trauma to posttraumatic stress disorder: A prospective study of Ehlers and Clark's model in survivors of assaults or road traffic collisions. Psychological Medicine, 1-10.

Bellet, B. W., Jones, P. J., & McNally, R. J. (2020). Self-triggering? An exploration of individuals who seek reminders of trauma. *Clinical Psychological Science, 8*(4), 739-755.

Bendall, S., Jackson, H. J., Hulbert, C. A., & McGorry, P. D. (2008). Childhood trauma and psychotic disorders: A systematic, critical review of the evidence. *Schizophrenia Bulletin, 34*(3), 568-579.

Bennett, H., & Wells, A. (2010). Metacognition, memory disorganization and rumination in posttraumatic stress symptoms. *Journal of Anxiety Disorders, 24*(3), 318-325.

Bennett-Levy, J. (2006). Therapist skills: A cognitive model of their acquisition and refinement. *Behavioural and Cognitive Psychotherapy, 34*(1), 57-78.

Bennett-Levy, J. E., Butler, G. E., Fennell, M. E., Hackman, A. E., Mueller, M. E., & Westbrook, D. E. (2004). *Oxford guide to behavioural experiments in cognitive therapy*. Oxford University Press.

Ben-Zur, H., & Zeidner, M. (2009). Threat to life and risk-taking behaviors: A review of empirical findings and explanatory models. *Personality and Social Psychology Review, 13*(2), 109-128.

Berntsen, D., & Rubin, D. C. (2006). The centrality of event scale: A measure of integrating a trauma into one's identity and its relation to post-traumatic stress disorder symptoms. *Behaviour Research and Therapy, 44*(2), 219-231.

Birchwood, M., Michail, M., Meaden, A., Tarrier, N., Lewis, S., Wykes, T., Davies, L., Dunn, G., & Peters, E. (2014). Cognitive behaviour therapy to prevent harmful compliance with command hallucinations (COMMAND): A randomised controlled trial. *The Lancet Psychiatry, 1*(1), 23-33.

Black, M., Hitchcock, C., Bevan, A., Leary, C. O., Clarke, J., Elliott, R., Watson, P., LaFortune, L., Rae, S., Gilbody, S., & Kuyken, W. (2018). The HARMONIC trial: Study protocol for a randomised controlled feasibility trial of Shaping Healthy Minds – a modular transdiagnostic intervention for mood, stressor-related and anxiety disorders in adults. *BMJ Open, 8*(8), e024546.

Blakey, S. M., Love, H., Lindquist, L., Beckham, J. C., & Elbogen, E. B. (2018). Disentangling the link between posttraumatic stress disorder and violent behavior: Findings from a nationally representative sample. *Journal of Consulting and Clinical Psychology, 86*(2), 169-178.

Blanchard, E. B., Hickling, E. J., Mitnick, N., Taylor, A. E., Loos, W. R., & Buckley, T. C. (1995). The impact of severity of physical injury and perception of life threat in the development of posttraumatic stress disorder in motor vehicle accident victims. *Behaviour Research and Therapy, 33*(5), 529-534.

Blasco-Fontecilla, H., Fernandez-Fernandez, R., Colino, L., Fajardo, L., Perteguer-Barrio, R., & De Leon, J. (2016). The addictive model of self-harming (non-suicidal and suicidal) behavior. *Frontiers in Psychiatry, 7*, 8.

Boals, A., & Ruggero, C. (2016). Event centrality prospectively predicts PTSD symptoms. *Anxiety, Stress, & Coping, 29*(5), 533-541.

Boelen, P. A., de Keijser, J., van den Hout, M. A., & van den Bout, J. (2007). Treatment of complicated grief: A comparison between cognitive-behavioral therapy and supportive counseling. *Journal of Consulting and Clinical Psychology, 75*(2), 277-284.

Boelen, P. A., Van Den Hout, M. A., & Van Den Bout, J. (2006). A cognitive-behavioral conceptualization of complicated grief. *Clinical Psychology: Science and Practice*, *13*(2), 109-128.

Bordin, E. S. (1979). The generalizability of the psychoanalytic concept of the working alliance. *Psychotherapy: Theory, Research and Practice*, *16*, 252-260.

Brady, F., Warnock-Parkes, E., Barker, C., & Ehlers, A. (2015). Early in-session predictors of response to trauma-focused cognitive therapy for posttraumatic stress disorder. *Behaviour Research and Therapy*, *75*, 40-47.

Brake, C., Adams, T., Hood, C., & Badour, C. (2019). Posttraumatic mental contamination and the interpersonal psychological theory of suicide: Effects via DSM-5 PTSD symptom clusters. *Cognitive Therapy and Research*, *43*, 259-271.

Brand, R. M., Hardy, A., Bendall, S., & Thomas, N. (2020). A tale of two outcomes: Remission and exacerbation in the use of trauma-focused imaginal exposure for trauma-related voice-hearing. Key learnings to guide future practice. *Clinical Psychologist*, *24*(2), 195-205.

Brand, R. M., McEnery, C., Rossell, S., Bendall, S., & Thomas, N. (2018). Do trauma-focussed psychological interventions have an effect on psychotic symptoms? A systematic review and metaanalysis. *Schizophrenia Research*, *195*, 13-22.

Brandon, S., Boakes, J., Glaser, D., & Green, R. (1998). Recovered memories of childhood sexual abuse: Implications for clinical practice. *The British Journal of Psychiatry*, *172*(4), 296-307.

Breslau, N., Davis, G. C., Peterson, E. L., & Schultz, L. (1997). Psychiatric sequelae of posttraumatic stress disorder in women. *Archives of General Psychiatry*, *54*(1), 81-87.

Brewin, C. R. (2006). Understanding cognitive behaviour therapy: A retrieval competition account. *Behaviour Research and Therapy*, *44*(6), 765-784.

Brewin, C. R., & Andrews, B. (2014). Why it is scientifically respectable to believe in repression: A response to Patihis, Ho, Tingen, Lilienfeld, and Loftus (2014). *Psychological Science*, *25*(10), 1964-1966.

Brewin, C. R., Dalgleish, T., & Joseph, S. (1996). A dual representation theory of posttraumatic stress disorder. *Psychological Review*, *103*(4), 670-686.

Brewin, C. R., Gregory, J. D., Lipton, M., & Burgess, N. (2010). Intrusive images in psychological disorders: Characteristics, neural mechanisms, and treatment implications. *Psychological Review*, *117*(1), 210-232.

Brewin, C. R., & Patel, T. (2010). Auditory pseudohallucinations in United Kingdom war veterans and civilians with posttraumatic stress disorder. *The Journal of Clinical Psychiatry*, *71*(4), 419-425.

Briere, J. (2019). *Treating risky and compulsive behavior in trauma survivors*. Guilford Press.

British Psychological Society. (2016). *Guidance on the Management of Disclosures of Non-Recent (Historic) Child Sexual Abuse*. www.bps.org.uk/news-and-policy/guidance-management-disclosures-non-recenthistoric-child-sexual-abuse-2016

British Psychological Society. (2017). *Psychology at work: Improving wellbeing and productivity in the workplace*. www.bps.org.uk/news-and-policy/sychology-work-improving-wellbeing-and-productivityworkplace

Brown, R. J., & Reuber, M. (2016a). Towards an integrative theory of psychogenic non-epileptic seizures (PNES). *Clinical Psychology Review, 47*, 55-70.

Brown, R. J., & Reuber, M. (2016b). Psychological and psychiatric aspects of psychogenic nonepileptic seizures (PNES): A systematic review. *Clinical Psychology Review, 45*, 157-182.

Brown, T. A., Campbell, L. A., Lehman, C. L., Grisham, J. R., & Mancill, R. B. (2001). Current and lifetime comorbidity of the DSM-IV anxiety and mood disorders in a large clinical sample. *Journal of Abnormal Psychology, 110*(4), 585.

Bryan, A. O., Bryan, C. J., Morrow, C. E., Etienne, N., & Ray-Sannerud, B. (2014). Moral injury, suicidal ideation, and suicide attempts in a military sample. *Traumatology, 20*(3), 154-160.

Bryan, C. J. (2016). Treating PTSD within the context of heightened suicide risk. *Current Psychiatry Reports, 18*(8), 73.

Bryan, C. J., & Rudd, M. D. (2018). *Brief cognitive-behavioral therapy for suicide prevention*. Guilford Press.

Bryant, R. A. (2019). Post-traumatic stress disorder: A state-of-the-art review of evidence and challenges. *World Psychiatry, 18*(3), 259-269.

Burnham, J. (2012). Developments in Social GGRRAAACCEEESSS: Visible-invisible, voiced-unvoiced. In I. Krause (Ed.), *Culture and reflexivity in systemic psychotherapy* (pp. 139-160). Karnac.

Burns, D. (2008). *Feeling good: The new mood therapy*. Harper.

Buswell, G., Haime, Z., Lloyd-Evans, B., & Billings, J. (2021). A systematic review of PTSD to the experience of psychosis: prevalence and associated factors. *BMC psychiatry, 21*(1), 1-13.

Cadman, L., Waller, J., Ashdown-Barr, L., & Szarewski, A. (2012). Barriers to cervical screening in women who have experienced sexual abuse: An exploratory study. *Journal of Family Planning and Reproductive Health Care, 38*(4), 214-220.

Carey, M., & Wells, C. (2019). Cognitive Behavioural Therapy Suicide Prevention (CBT-SP) imagery intervention: A case report. *Cognitive Behaviour Therapist, 12*. Cambridge University Press.

Carlson, E. B., Dalenberg, C., & McDade-Montez, E. (2012). Dissociation in posttraumatic stress disorder part I: Definitions and review of research. *Psychological Trauma: Theory, Research, Practice, and Policy, 4*(5), 479-489.

Carmassi, C., Akiskal, H. S., Yong, S. S., Stratta, P., Calderani, E., Massimetti, E., Akiskal, K. K., Rossi, A., & Dell'Osso, L. (2013). Post-traumatic stress disorder in DSM-5: Estimates of prevalence and criteria comparison versus DSM-IV-TR in a non-clinical sample of earthquake survivors. *Journal of Affective Disorders, 151*(3), 843-848.

Carragher, N., Sunderland, M., Batterham, P. J., Calear, A. L., Elhai, J. D., Chapman, C., & Mills,

K. (2016). Discriminant validity and gender differences in DSM-5 posttraumatic stress disorder symptoms. *Journal of Affective Disorders*, *190*, 56-67.

Carrigan, N., & Allez, K. (2017). Cognitive behaviour therapy for post-traumatic stress disorder in a person with an autism spectrum condition and intellectual disability: A case study. *Journal of Applied Research in Intellectual Disabilities*, *30*(2), 326-335.

Casey, B. J., Craddock, N., Cuthbert, B. N., Hyman, S. E., Lee, F. S., & Ressler, K. J. (2013). DSM-5 and RDoC: progress in psychiatry research?. *Nature Reviews Neuroscience*, *14*(11), 810-814.

Černis, E., Cooper, M., & Chan, C. (2018). Developing a new measure of dissociation: The Dissociative Experiences Measure, Oxford. *Psychiatry Research*, *269*, 229-236.

Chard, K. M., Ricksecker, E. G., Healy, E. T., Karlin, B. E., & Resick, P. A. (2012). Dissemination and experience with cognitive processing therapy. *Journal of Rehabilitation Research & Development*, *49*(5), 667-678.

Chemtob, C. M., Novaco, R. W., Hamada, R. S., & Gross, D. M. (1997). Cognitive-behavioral treatment for severe anger in posttraumatic stress disorder. *Journal of Consulting and Clinical Psychology*, *65*(1), 184-189.

Chilcoat, H. D., & Breslau, N. (1998). Posttraumatic stress disorder and drug disorders: Testing causal pathways. *Archives of General Psychiatry*, *55*(10), 913-917.

Christianson, S. A., & Safer, M. A. (1996). Emotional events and emotions in autobiographical memories. In D. C. Rubin (Ed.), *Remembering our past: Studies in autobiographical memory* (pp. 218-243). Cambridge University Press.

Chu, J., & Leino, A. (2017). Advancement in the maturing science of cultural adaptations of evidencebased interventions. *Journal of Consulting and Clinical Psychology*, *85*(1), 45-57.

Clapp, J. D., & Beck, J. G. (2012). Treatment of PTSD in older adults: Do cognitive-behavioral interventions remain viable?. *Cognitive and Behavioral Practice*, *19*(1), 126-135.

Clark, D. M. (1986). A cognitive approach to panic. *Behaviour Research and Therapy*, *24*(4), 461-470.

Clark, D. M. (1999). Anxiety disorders: Why they persist and how to treat them. *Behaviour Research and Therapy*, *37*(1), 5-27.

Clohessy, S., & Ehlers, A. (1999). PTSD symptoms, response to intrusive memories and coping in ambulance service workers. *British Journal of Clinical Psychology*, *38*(3), 251-265.

Cloitre, M. (2020). ICD-11 complex post-traumatic stress disorder: Simplifying diagnosis in trauma populations. *The British Journal of Psychiatry*, *216*(3), 129-131.

Cloitre, M. (2021). Complex PTSD: assessment and treatment. *European Journal of Psychotraumatology*, *12*(sup1), 1866423.

Cloitre, M., Garvert, D. W., Weiss, B., Carlson, E. B., & Bryant, R. A. (2014). Distinguishing PTSD, complex PTSD, and borderline personality disorder: A latent class analysis. *European Journal of Psychotraumatology*, *5*(1), 25097.

Cloitre, M., Koenen, K. C., Cohen, L. R., & Han, H. (2002). Skills training in affective and interpersonal regulation followed by exposure: A phase-based treatment for PTSD related to childhood abuse. *Journal of Consulting and Clinical Psychology*, 70(5), 1067-1074.

Cloitre, M., Shevlin, M., Brewin, C. R., Bisson, J. I., Roberts, N. P., Maercker, A., Karatzias, T., & Hyland, P. (2018). The International Trauma Questionnaire: Development of a self-report measure of ICD-11 PTSD and complex PTSD. *Acta Psychiatrica Scandinavica*, 138(6), 536-546.

Coffey, S. F., Schumacher, J. A., Nosen, E., Littlefield, A. K., Henslee, A. M., Lappen, A., & Stasiewicz, P. R. (2016). Trauma-focused exposure therapy for chronic posttraumatic stress disorder in alcohol and drug dependent patients: A randomized controlled trial. *Psychology of Addictive Behaviors*, 30(7), 778-790.

Compean, E., & Hamner, M. (2019). Posttraumatic stress disorder with secondary psychotic features (PTSD-SP): Diagnostic and treatment challenges. *Progress in Neuro-Psychopharmacology and Biological Psychiatry*, 88, 265-275.

Conner, K. R., Lathrop, S., Caetano, R., Wiegand, T., Kaukeinen, K., & Nolte, K. B. (2017). Presence of alcohol, cocaine, and other drugs in suicide and motor vehicle crash decedents ages 18 to 54. *Alcoholism: clinical and experimental research*, 41(3), 571-575.

Contractor, A. A., & Weiss, N. H. (2019). Typologies of PTSD clusters and reckless/self-destructive behaviors: A latent profile analysis. *Psychiatry Research*, 272, 682-691.

Contractor, A. A., Weiss, N. H., Dranger, P., Ruggero, C., & Armour, C. (2017). PTSD's risky behavior criterion: Relation with DSM-5 PTSD symptom clusters and psychopathology. *Psychiatry Research*, 252, 215-222.

Contractor, A. A., Weiss, N. H., Kearns, N. T., Caldas, S. V., & Dixon-Gordon, K. L. (2020). Assessment of posttraumatic stress disorder's E2 criterion: Development, pilot testing, and validation of the Posttrauma Risky Behaviors Questionnaire. *International Journal of Stress Management*, 27(3), 292-303.

Conway, M. A., & Loveday, C. (2015). Remembering, imagining, false memories & personal meanings. *Consciousness and cognition*, 33, 574-581.

Coons, P. M. (1994). Confirmation of childhood abuse in child and adolescent cases of multiple personality disorder and dissociative disorder not otherwise specified. *Journal of Nervous and Mental Disease*, 182, 461-464.

Cordon, I. M., Pipe, M. E., Sayfan, L., Melinder, A., & Goodman, G. S. (2004). Memory for traumatic experiences in early childhood. *Developmental Review*, 24(1), 101-132.

Coughtrey, A. E., Shafran, R., Knibbs, D., & Rachman, S. J. (2012). Mental contamination in obsessive-compulsive disorder. *Journal of Obsessive-Compulsive and Related Disorders*, 1(4), 244-250.

Coventry, P. A., Meader, N., Melton, H., Temple, M., Dale, H., Wright, K., Cloitre, M., Karatzias, T., Bisson, J., Roberts, N. P., Brown, J. V. E., Barbui, C., Churchill, R., Lovell, K., McMillan, D.,

& Gilbody, S. (2020). Psychological and pharmacological interventions for posttraumatic stress disorder and comorbid mental health problems following complex traumatic events: Systematic review and component network meta-analysis. *PLoS medicine*, *17*(8), e1003262.

Craig, C. D., & Sprang, G. (2010). Compassion satisfaction, compassion fatigue, and burnout in a national sample of trauma treatment therapists. *Anxiety, Stress, & Coping*, *23*(3), 319-339.

Craske, M. G. (2012). Transdiagnostic treatment for anxiety and depression. *Depression and Anxiety*, *29*(9), 749-753.

Craske, M. G., & Mystkowski, J. L. (2006). Exposure therapy and extinction: Clinical studies. In M. G. Craske, D. Hermans, & D. Vansteenwegen (Eds.). *Fear and learning: From basic processes to clinical implications* (pp. 217-233). American Psychological Association.

Craske, M. G., Treanor, M., Conway, C. C., Zbozinek, T., & Vervliet, B. (2014). Maximizing exposure therapy: An inhibitory learning approach. *Behaviour Research and Therapy*, *58*, 10-23.

Crime Prosecution Service. (2020). *Guidance on Pre-Trial Therapy*. www.cps.gov.uk/publication/guidance-pre-trial-therapy

Crombag, H. F., Wagenaar, W. A., & Van Koppen, P. J. (1996). Crashing memories and the problem of 'source monitoring'. *Applied Cognitive Psychology*, *10*(2), 95-104.

Cunningham, K. C. (2020). Shame and guilt in PTSD. In M. Tull & N. Kimbrel (Eds.) *Emotion in posttraumatic stress disorder* (pp. 145-171). Academic Press.

Dalenberg, C. J. (2004). Maintaining the safe and effective therapeutic relationship in the context of distrust and anger: Countertransference and complex trauma. *Psychotherapy: Theory, Research, Practice, Training*, *41*(4), 438-447.

Davidson, K. M. (2014). CBT for people with personality disorders. In A. Whittington, & N. Grey. (Eds.). *How to become a more effective CBT therapist: Mastering metacompetence in clinical practice*. John Wiley & Sons.

Deary, V., Chalder, T., & Sharpe, M. (2007). The cognitive behavioural model of medically unexplained symptoms: a theoretical and empirical review. *Clinical Psychology Review*, *27*(7), 781-797.

de Bont, P. A. J. M., van den Berg, D. P. G., van der Vleugel, B. M., de Roos, C. J. A. M., de Jongh, A., van der Gaag, M., & van Minnen, A. M. (2016). Prolonged exposure and EMDR for PTSD v. a PTSD waiting-list condition: Effects on symptoms of psychosis, depression and social functioning in patients with chronic psychotic disorders. *Psychological Medicine*, *46*(11), 2411-2421.

de Jongh, A., Groenland, G. N., Sanches, S., Bongaerts, H., Voorendonk, E. M., & Van Minnen, A. (2020). The impact of brief intensive trauma-focused treatment for PTSD on symptoms of borderline personality disorder. *European Journal of Psychotraumatology*, *11*(1), 1721142.

de Jongh, A., Resick, P. A., Zoellner, L. A., van Minnen, A., Lee, C. W., Monson, C. M., Foa, E. B., Wheeler, K., Broeke, E. T., Feeny, N., Rauch, S. A., Chard, K. M., Mueser, K. T., Sloan, D. M., van der Gaag, M., Rothbaum, B. O., Neuner, F., de Roos, C., Hehenkamp, L. M. J., ··· Bicanic, I. A. E.

(2016). Critical analysis of the current treatment guidelines for complex PTSD in adults. *Depression and Anxiety*, *33*(5), 359–369.

Deliramich, A. N., & Gray, M. J. (2008). Changes in women's sexual behavior following sexual assault. *Behavior Modification*, *32*(5), 611–621.

Department of Health. (2003). *Confidentiality: NHS code of practice*. www.gov.uk/government/publications/confidentiality-nhs-code-of-practice

Derogatis, L. R. (1993). *Brief Symptom Inventory. Administration, scoring, and procedures manual* (4th ed.). National Computer Systems.

Dixon, L. E., Ahles, E., & Marques, L. (2016). Treating posttraumatic stress disorder in diverse settings: recent advances and challenges for the future. *Current Psychiatry Reports*, *18*(12), 107–117.

Dougall, A. L., & Baum, A. (2004). Psychoneuroimmunology and trauma. In P. P. Schnurr & B. L. Green (Eds.), *Trauma and health: Physical health consequences of exposure to extreme stress* (pp. 129–155). American Psychological Association.

Drescher, K. D., Rosen, C. S., Burling, T. A., & Foy, D. W. (2003). Causes of death among male veterans who received residential treatment for PTSD. *Journal of Traumatic Stress*, *16*(6), 535–543.

Duffy, M., & Wild, J. (2017). A cognitive approach to persistent complex bereavement disorder (PCBD). *The Cognitive Behaviour Therapist*, *10*, 1–19.

Dunmore, E., Clark, D. M., & Ehlers, A. (2001). A prospective investigation of the role of cognitive factors in persistent posttraumatic stress disorder (PTSD) after physical or sexual assault. *Behaviour Research and Therapy*, *39*(9), 1063–1084.

Eccles, J. A., Owens, A. P., Mathias, C. J., Umeda, S., & Critchley, H. D. (2015). Neurovisceral phenotypes in the expression of psychiatric symptoms. *Frontiers in Neuroscience*, *9*, 4.

Egede, L. E., & Osborn, C. Y. (2010). Role of motivation in the relationship between depression, selfcare, and glycemic control in adults with type 2 diabetes. *The Diabetes Educator*, *36*(2), 276–283.

Ehlers, A., & Clark, D. M. (2000). A cognitive model of posttraumatic stress disorder. *Behaviour Research and Therapy*, *38*(4), 319–345.

Ehlers, A., Clark, D. M., Hackmann, A., McManus, F., & Fennell, M. (2005). Cognitive therapy for posttraumatic stress disorder: development and evaluation. *Behaviour Research and Therapy*, *43*(4), 413–431.

Ehlers, A., Clark, D. M., Hackmann, A., McManus, F., Fennell, M., Herbert, C., & Mayou, R. (2003). A Randomized controlled trial of cognitive therapy, a self-help booklet, and repeated assessments as early interventions for posttraumatic stress disorder. *Archives of General Psychiatry*, *60*(10), 1024–1032.

Ehlers, A., Grey, N., Wild, J., Stott, R., Liness, S., Deale, A., Handley, R., Albert, I., Cullen, D., Hackman, A., Manley, J., McManus, F., Brady, F., Salkovskis, P., & Clark, D. M. (2013).

Implementation of cognitive therapy for PTSD in routine clinical care: Effectiveness and moderators of outcome in a consecutive sample. *Behaviour Research and Therapy, 51*(11), 742–752.

Ehlers, A., Hackmann, A., Grey, N., Wild, J., Liness, S., Albert, I., Deale, A., Stott, R., & Clark, D. M. (2014). A randomized controlled trial of 7-day intensive and standard weekly cognitive therapy for PTSD and emotion-focused supportive therapy. *American Journal of Psychiatry, 171*(3), 294–304.

Ehlers, A., Maercker, A., & Boos, A. (2000). Posttraumatic stress disorder following political imprisonment: The role of mental defeat, alienation, and perceived permanent change. *Journal of Abnormal Psychology, 109*(1), 45–55.

Ehring, T., Kleim, B., & Ehlers, A. (2012). Cognition and emotion in posttraumatic stress disorder. In M. D. Robinson, E. Watkins, & E. Harmon-Jones (Eds.), *Handbook of cognition and emotion* (pp. 401–420). Guilford Press.

Elbogen, E. B., Fuller, S., Johnson, S. C., Brooks, S., Kinneer, P., Calhoun, P. S., & Beckham, J. C. (2010). Improving risk assessment of violence among military veterans: An evidence-based approach for clinical decision-making. *Clinical psychology review, 30*(6), 595–607.

Elbogen, E. B., Johnson, S. C., Wagner, H. R., Sullivan, C., Taft, C. T., & Beckham, J. C. (2014). Violent behaviour and post-traumatic stress disorder in US Iraq and Afghanistan veterans. *The British Journal of Psychiatry, 204*(5), 368–375.

Ellard, K. K., Fairholme, C. P., Boisseau, C. L., Farchione, T. J., & Barlow, D. H. (2010). Unified protocol for the transdiagnostic treatment of emotional disorders: Protocol development and initial outcome data. *Cognitive and Behavioral Practice, 17*(1), 88–101.

El-Leithy, S. (2014). Working with diversity in CBT. In A. Whittington, & N. Grey. (Eds.). *How to become a more effective CBT therapist: Mastering metacompetence in clinical practice* (pp. 44–62). Routledge.

Ellis, A. E., Simiola, V., Brown, L., Courtois, C., & Cook, J. M. (2018). The role of evidence-based therapy relationships on treatment outcome for adults with trauma: A systematic review. *Journal of Trauma & Dissociation, 19*(2), 185–213.

Elrassas, H. H., Elsayed, Y. A., El Nagar, Z. M., Abdeen, M. S., & Mohamed, A. T. (2020). Cognitive impairment in patients diagnosed with tramadol dependence compared to healthy controls. *International Clinical Psychopharmacology, 36*(1), 38–44.

Elwood, L. S., Hahn, K. S., Olatunji, B. O., & Williams, N. L. (2009). Cognitive vulnerabilities to the development of PTSD: A review of four vulnerabilities and the proposal of an integrative vulnerability model. *Clinical Psychology Review, 29*(1), 87–100.

Engelbrecht, A., & Jobson, L. (2016). Exploring trauma associated appraisals in trauma survivors from collectivistic cultures. *Springerplus, 5*(1), 1–11.

Espay, A. J., Aybek, S., Carson, A., Edwards, M. J., Goldstein, L. H., Hallett, M., LaFaver, K., LaFrance, W. C., Lang, A. E., Nicholson, T., Nielsen, G., Reuber, M., Voon, V., Stone, J., & Morgante, F.

(2018). Current concepts in diagnosis and treatment of functional neurological disorders. *JAMA Neurology, 75*(9), 1132-1141.

Fairbrother, N., & Rachman, S. (2004). Feelings of mental pollution subsequent to sexual assault. *Behaviour Research and Therapy, 42*(2), 173-189.

Faw, B. (2009). Conflicting intuitions may be based on differing abilities: Evidence from mental imaging research. *Journal of Consciousness Studies, 16*(4), 45-68.

Feinstein, A., & Phil, M. (2006). *Journalists under fire: The psychological hazards of covering war.* JHU Press.

Figley, C. R. (1995). Compassion fatigue: Toward a new understanding of the costs of caring. In B. H. Stamm (Ed.), *Secondary traumatic stress: Self-care issues for clinicians, researchers, and educators* (pp. 3-28). The Sidran Press.

Figley, C. R. (Ed.). (2002). *Treating compassion fatigue.* Routledge.

First, M. B., & Williams, J. B. W. (2021). *Quick Structured Clinical Interview for DSM-5 Disorders (QuickSCID-5).* American Psychiatric Association.

First, M. B., Williams, J. B. W., Karg, R. S., & Spitzer, R. L. (2016). *Structured Clinical Interview for DSM-5 Disorders, Clinician Version (SCID-5-CV).* American Psychiatric Association.

Fisher, J. (1999). The work of stabilization in trauma treatment. *Trauma Center Lecture Series, Boston, Massachusetts.* https://janinafisher.com/pdfs/stabilize.pdf

Flood, A. M., Boyle, S. H., Calhoun, P. S., Dennis, M. F., Barefoot, J. C., Moore, S. D., & Beckham, J. C. (2010). Prospective study of externalizing and internalizing subtypes of posttraumatic stress disorder and their relationship to mortality among Vietnam veterans. *Comprehensive Psychiatry, 51*(3), 236-242.

Foa, E. B., Ehlers, A., Clark, D. M., Tolin, D. F., & Orsillo, S. M. (1999). The posttraumatic cognitions inventory (PTCI): Development and validation. *Psychological Assessment, 11*(3), 303-314.

Foa, E. B., Gillihan, S. J., & Bryant, R. A. (2013). Challenges and successes in dissemination of evidencebased treatments for posttraumatic stress: Lessons learned from prolonged exposure therapy for PTSD. *Psychological Science in the Public Interest, 14*(2), 65-111.

Foa, E. B., Hembree, E. A., & Rothbaum, B. O. (2007). *Prolonged exposure therapy for PTSD: Emotional processing of traumatic experiences: Therapist guide.* Oxford University Press.

Foa, E. B., & Rothbaum, B. O. (1998). *Treating the trauma of rape.* Guilford Press.

Foa, E. B., Steketee, G., & Rothbaum, B. O. (1989). Behavioral/cognitive conceptualizations of posttraumatic stress disorder. *Behavior Therapy, 20*(2), 155-176.

Focht-New, G., Clements, P. T., Barol, B., Faulkner, M. J., & Service, K. P. (2008). Persons with developmental disabilities exposed to interpersonal violence and crime: Strategies and guidance for assessment. *Perspectives in Psychiatric Care, 44*(1), 3-13.

Forbes, D., Creamer, M., Bisson, J. I., Cohen, J. A., Crow, B. E., Foa, E. B., Friedman, M. J., Keane,

T. M., Kudler, H. S., & Ursano, R. J. (2010). A guide to guidelines for the treatment of PTSD and related conditions. *Journal of Traumatic Stress, 23*(5), 537-552.

Forbes, D., Parslow, R., Creamer, M., Allen, N., McHugh, T., & Hopwood, M. (2008). Mechanisms of anger and treatment outcome in combat veterans with posttraumatic stress disorder. *Journal of Traumatic Stress, 21*(2), 142-149.

Frankland, A., & Cohen, L. (1999). Working with recovered memories. *Psychologist, 12*(2), 82-83.

French, C. (2006). Recovered and false memories. *Psychologist, 19*(6), 352-355.

Frewen, P. A., Dozois, D. J., Neufeld, R. W., & Lanius, R. A. (2008). Meta-analysis of alexithymia in posttraumatic stress disorder. *Journal of Traumatic Stress, 21*(2), 243-246.

Friedman, M. J., Schnurr, P., & Keane, T. M. (Eds.). (2021). *Handbook of PTSD: Science and practice* (3rd ed.). Guilford Press.

Galovski, T. E., Monson, C., Bruce, S. E., & Resick, P. A. (2009). Does cognitive-behavioral therapy for PTSD improve perceived health and sleep impairment?. *Journal of Traumatic Stress, 22*(3), 197-204.

Gauntlett-Gilbert, J., Keegan, A., & Petrak, J. (2004). Drug-facilitated sexual assault: Cognitive approaches to treating the trauma. *Behavioural and Cognitive Psychotherapy, 32*(2), 215-223.

Gawande, A. (2010). *Complications: A surgeon's notes on an imperfect science*. Profile Books.

Ghomi, M., Wrightman, M., Ghaemian, A., Grey, N., Pickup, T., & Richardson, T. (2020). Development and validation of the Readiness for Therapy Questionnaire (RTQ). *Behavioural and Cognitive Psychotherapy*, 1-13.

Gillespie, K., Duffy, M., Hackmann, A., & Clark, D. M. (2002). Community based cognitive therapy in the treatment of post-traumatic stress disorder following the Omagh bomb. *Behaviour Research and Therapy, 40*(4), 345-357.

Giourou, E., Skokou, M., Andrew, S. P., Alexopoulou, K., Gourzis, P., & Jelastopulu, E. (2018). Complex posttraumatic stress disorder: The need to consolidate a distinct clinical syndrome or to reevaluate features of psychiatric disorders following interpersonal trauma?. *World Journal of Psychiatry, 8*(1), 12-19.

Glass, K., Flory, K., Hankin, B. L., Kloos, B., & Turecki, G. (2009). Are coping strategies, social support, and hope associated with psychological distress among Hurricane Katrina survivors?. *Journal of Social and Clinical Psychology, 28*(6), 779-795.

Gradus, J. L., Qin, P., Lincoln, A. K., Miller, M., Lawler, E., Sørensen, H. T., & Lash, T. L. (2010). Posttraumatic stress disorder and completed suicide. *American Journal of Epidemiology, 171*(6), 721-727.

Granello, D. H. (2010). The process of suicide risk assessment: Twelve core principles. *Journal of Counseling & Development, 88*(3), 363-370.

Gray, M. J., Nash, W. P., & Litz, B. T. (2017). When self-blame is rational and appropriate: The limited utility of Socratic questioning in the context of moral injury: Commentary on Wachen et al. (2016). *Cognitive and Behavioral Practice, 24*(4), 383-387.

Greenberger, D., & Padesky, C. A. (1995). *Mind over mood: A cognitive therapy treatment manual for clients.* Guilford Press.

Grey, N. (2007). Post-traumatic stress disorder: Investigation. *The Handbook of Clinical Adult Psychology* (pp. 82-102). Routledge.

Grey, N. (2009). Imagery and psychological threat in PTSD. In Stopa, L. (Ed.). *Imagery and the threatened self: Perspectives on mental imagery and the self in cognitive therapy.* Routledge.

Groschwitz, R. C., & Plener, P. L. (2012). The neurobiology of non-suicidal self-injury (NSSI): A review. *Suicidology Online, 3*(1), 24-32.

Grossman, D. (1996). *On killing: The psychological cost of learning to kill in war and society.* Black Boy Books.

Guarnaccia, P. J., Lewis-Fernandez, R., & Marano, M. R. (2003). Toward a Puerto Rican popular nosology: Nervios and ataque de nervios. *Culture, Medicine and Psychiatry, 27*(3), 339-366.

Gwozdziewycz, N., & Mehl-Madrona, L. (2013). Meta-analysis of the use of narrative exposure therapy for the effects of trauma among refugee populations. *The Permanente Journal, 17*(1), 70-76.

Hagengimana, A., & Hinton, D. E. (2009). 'Ihahamuka', a Rwandan syndrome of response to the genocide. In D. E. Hinton, & B. J. (Eds.), *Culture and panic disorder* (pp. 204-229). Stanford University Press.

Haney, C., Banks, C., & Zimbardo, P. (1973). Study of prisoners and guards in a simulated prison. *Naval Research Reviews, 26*(9), 1-17.

Hardy, A. (2017). Pathways from trauma to psychotic experiences: A theoretically informed model of posttraumatic stress in psychosis. *Frontiers in Psychology, 8*, 697.

Hardy, A., Emsley, R., Freeman, D., Bebbington, P., Garety, P. A., Kuipers, E. E., Dunn, G., & Fowler, D. (2016). Psychological mechanisms mediating effects between trauma and psychotic symptoms: the role of affect regulation, intrusive trauma memory, beliefs, and depression. *Schizophrenia Bulletin, 42*, S34-S43.

Hardy, A., Fowler, D., Freeman, D., Smith, B., Steel, C., Evans, J., Garety, P., Kuipers, E., Bebbington, P., & Dunn, G. (2005). Trauma and hallucinatory experience in psychosis. *The Journal of Nervous and Mental Disease, 193*(8), 501-507.

Harned, M. S. (2014). The combined treatment of PTSD with borderline personality disorder. *Current Treatment Options in Psychiatry, 1*(4), 335-344.

Harned, M. S., Korslund, K. E., Foa, E. B., & Linehan, M. M. (2012). Treating PTSD in suicidal and selfinjuring women with borderline personality disorder: Development and preliminary evaluation of a dialectical behavior therapy prolonged exposure protocol. *Behaviour Research and Therapy, 50*(6), 381-386.

Harvey, M. R. (1999). Memory research and clinical practice: A critique of three paradigms and a framework for psychotherapy with trauma survivors. In L. Williams, & V.L. Banyard. (Eds.), *Trauma and memory*. Sage.

Herman, J. L. (1992). Complex PTSD: A syndrome in survivors of prolonged and repeated trauma. *Journal of Traumatic Stress, 5*(3), 377-391.

Hinton, D., Hinton, S., Um, K., Chea, A., & Sak, S. (2002). The Khmer 'weak heart' syndrome: Fear of death from palpitations. *Transcultural Psychiatry, 39*(3), 323-344.

Hinton, D. E., & Lewis-Fernandez, R. (2011). The cross-cultural validity of posttraumatic stress disorder: Implications for DSM-5. *Depression and Anxiety, 28*(9), 783-801.

Hinton, D. E., Rivera, E. I., Hofmann, S. G., Barlow, D. H., & Otto, M. W. (2012). Adapting CBT for traumatized refugees and ethnic minority patients: Examples from culturally adapted CBT (CA-CBT). *Transcultural Psychiatry, 49*(2), 340-365.

Hoeboer, C. M., de Kleine, R. A., Oprel, D. A., Schoorl, M., van der Does, W., & van Minnen, A. (2021). Does complex PTSD predict or moderate treatment outcomes of three variants of exposure therapy?. *Journal of Anxiety Disorders*, 102388.

Hoeboer, C. M., De Kleine, R. A., Molendijk, M. L., Schoorl, M., Oprel, D. A. C., Mouthaan, J., Van der Does, W., & Van Minnen, A. (2020). Impact of dissociation on the effectiveness of psychotherapy for post-traumatic stress disorder: Meta-analysis. *BJPsych Open, 6*(3), e53.

Holmes, E. A., Brown, R. J., Mansell, W., Fearon, R. P., Hunter, E. C. M., Frasquilho, F., & Oakley, D. A. (2005). Are there two qualitatively distinct forms of dissociation? A review and some clinical implications. *Clinical Psychology Review, 25*(1), 1-23.

Horowitz, M. J. (1975). Intrusive and repetitive thoughts after experimental stress: A summary. *Archives of General Psychiatry, 32*(11), 1457-1463.

Hyland, P., Shevlin, M., Karatzias, T., & Cloitre, M. (2020). *The International Trauma Exposure Measure (ITEM)*. Unpublished measure. www.traumameasuresglobal.com/item.

Imel, Z. E., Laska, K., Jakupcak, M., & Simpson, T. L. (2013). Meta-analysis of dropout in treatments for posttraumatic stress disorder. *Journal of Consulting and Clinical Psychology, 81*(3), 394-404.

International Society for Traumatic Stress Studies Guidelines Committee. (2019). ISTSS guidelines position paper on complex PTSD in adults. *International Society for Traumatic Stress Studies*.

Jacobsen, L. K., Southwick, S. M., & Kosten, T. R. (2001). Substance use disorders in patients with posttraumatic stress disorder: A review of the literature. *American Journal of Psychiatry, 158*(8), 1184-1190.

Jaffe, A. E., DiLillo, D., Gratz, K. L., & Messman-Moore, T. L. (2019). Risk for revictimization following interpersonal and noninterpersonal trauma: Clarifying the role of posttraumatic stress symptoms and trauma-related cognitions. *Journal of Traumatic Stress, 32*(1), 42-55.

James, E. L., Lau-Zhu, A., Clark, I. A., Visser, R. M., Hagenaars, M. A., & Holmes, E. A. (2016).

The trauma film paradigm as an experimental psychopathology model of psychological trauma: Intrusive memories and beyond. *Clinical Psychology Review*, *47*, 106-142.

James, L. M., Strom, T. Q., & Leskela, J. (2014). Risk-taking behaviors and impulsivity among veterans with and without PTSD and mild TBI. *Military Medicine*, *179*(4), 357-363.

Janoff-Bulman, R. (1989). Assumptive worlds and the stress of traumatic events: Applications of the schema construct. *Social Cognition*, *7*(2), 113-136.

Janoff-Bulman, R. (1992). *Shattered assumptions: Towards a new psychology of trauma*. Free Press.

Janoff-Bulman, R. (2010). *Shattered assumptions*. Simon & Schuster.

Jones, R. S., & Banks, R. (2007). Behavioural treatment of PTSD in a person with Intellectual Disability. *European Journal of Behavior Analysis*, *8*(2), 251-256.

Jung, K., & Steil, R. (2012). The feeling of being contaminated in adult survivors of childhood sexual abuse and its treatment via a two-session program of cognitive restructuring and imagery modification: A case study. *Behavior Modification*, *36*(1), 67-86.

Jung, K., & Steil, R. (2013). A randomized controlled trial on cognitive restructuring and imagery modification to reduce the feeling of being contaminated in adult survivors of childhood sexual abuse suffering from posttraumatic stress disorder. *Psychotherapy and Psychosomatics*, *82*(4), 213-220.

Karatzias, T., Howard, R., Power, K., Socherel, F., Heath, C., & Livingstone, A. (2017). Organic vs. functional neurological disorders: The role of childhood psychological trauma. *Child Abuse and Neglect*, *63*, 1-6.

Kaysen, D., Atkins, D. C., Moore, S. A., Lindgren, K. P., Dillworth, T., & Simpson, T. (2011). Alcohol use, problems, and the course of posttraumatic stress disorder: A prospective study of female crime victims. *Journal of Dual Diagnosis*, *7*(4), 262-279.

Keane, T. M., Zimering, R. T., & Caddell, J. M. (1985). A behavioral formulation of posttraumatic stress disorder in Vietnam veterans. *Behavior Therapist*, *8*(1), 9-12.

Keen, N., Hunter, E., & Peters, E. (2017). Integrated trauma-focused cognitive-behavioural therapy for post-traumatic stress and psychotic symptoms: A case-series study using imaginal reprocessing strategies. *Frontiers in Psychiatry*, *8*, 92.

Keller, S. M., Zoellner, L. A., & Feeny, N. C. (2010). Understanding factors associated with early therapeutic alliance in PTSD treatment: Adherence, childhood sexual abuse history, and social support. *Journal of Consulting and Clinical Psychology*, *78*(6), 974-979.

Kessler, R. C., Chiu, W. T., Demler, O., & Walters, E. E. (2005). Prevalence, Severity, and Comorbidity of 12-Month DSM-IV Disorders in the National Comorbidity Survey Replication. *Archives of General Psychiatry*, *62*(6), 617-627.

Killgore, W. D., Cotting, D. I., Thomas, J. L., Cox, A. L., McGurk, D., Vo, A. H., Castro, C. A., & Hoge, C. W. (2008). Post-combat invincibility: Violent combat experiences are associated with increased risk-taking propensity following deployment. *Journal of Psychiatric Research, 42*(13), 1112–1121.

Killikelly, C., Zhou, N., Merzhvynska, M., Stelzer, E. M., Dotschung, T., Rohner, S., Han Sun, L., & Maercker, A. (2020). Development of the International Prolonged Grief Disorder Scale for the ICD-11: Measurement of core symptoms and culture items adapted for Chinese and Germanspeaking samples. *Journal of Affective Disorders, 277*, 568–576.

Kircanski, K., Lieberman, M. D., & Craske, M. G. (2012). Feelings into words: Contributions of language to exposure therapy. *Psychological Science, 23*(10), 1086–1091.

Kleim, B., Ehlers, A., & Glucksman, E. (2007). Early predictors of chronic post-traumatic stress disorder in assault survivors. *Psychological Medicine, 37*(10), 1457–1467.

Kleim, B., Grey, N., Wild, J., Nussbeck, F. W., Stott, R., Hackmann, A., Clark, D. M., & Ehlers, A. (2013). Cognitive change predicts symptom reduction with cognitive therapy for posttraumatic stress disorder. *Journal of Consulting and Clinical Psychology, 81*(3), 383–393.

Klonsky, E. D., Saffer, B. Y., & Bryan, C. J. (2018). Ideation-to-action theories of suicide: A conceptual and empirical update. *Current Opinion in Psychology, 22*, 38–43.

Kopelman, M. D. (2002). Disorders of memory. *Brain, 125*(10), 2152–2190.

Kozlowska, K., Walker, P., McLean, L., & Carrive, P. (2015). Fear and the defense cascade: Clinical implications and management. *Harvard Review of Psychiatry, 23*(4), 263–287.

Krakow, B., & Zadra, A. (2010). Imagery rehearsal therapy: Principles and practice. *Sleep Medicine Clinics, 5*(2), 289–298.

Kubany, E. S., & Manke, F. P. (1995). Cognitive therapy for trauma-related guilt: Conceptual bases and treatment outlines. *Cognitive and Behavioral Practice, 2*(1), 27–61.

Kubany, E. S., & Ralston, T. (2008). *Treating PTSD in battered women: A step-by-step manual for therapists and counselors*. New Harbinger Publications.

Kulkarni, J. (2017). Complex PTSD: A better description for borderline personality disorder?. *Australasian Psychiatry, 25*(4), 333–335.

Lang, P. J. (1977). Imagery in therapy: An information processing analysis of fear. *Behavior Therapy, 8*(5), 862–886.

Leahy, R. L. (2002). A model of emotional schemas. *Cognitive and Behavioral Practice, 9*(3), 177–190.

Leahy, R. L. (2003). Emotional Schemas and Resistance. In R. L. Leahy (Ed.), *Roadblocks in cognitivebehavioral therapy: Transforming challenges into opportunities for change* (pp. 91–115). Guilford Press.

Leahy, R. L. (2007). Emotional Schemas and Resistance to Change in Anxiety Disorders. *Cognitive and Behavioral Practice, 14*(1), 36–45.

Lechner-Meichsner, F., & Steil, R. (2021). A clinician rating to diagnose CPTSD according to ICD-11 and to evaluate CPTSD symptom severity: Complex PTSD Item Set additional to the CAPS (COPISAC). *European Journal of Psychotraumatology, 12*(1), 1891726.

Lee, D. A. (2005). The perfect nurturer: A model to develop a compassionate mind within the context of cognitive therapy. In P. Gilbert (Ed.), *Compassion: Conceptualisations, research and use in psychotherapy* (pp. 338-363). Routledge.

Lee, D. A., Scragg, P., & Turner, S. (2001). The role of shame and guilt in traumatic events: A clinical model of shame-based and guilt-based PTSD. *British Journal of Medical Psychology, 74*(4), 451-466.

Lillie, M., & Strelan, P. (2016). Careful what you wish for: Fantasizing about revenge increases justice dissatisfaction in the chronically powerless. *Personality and Individual Differences, 94*, 290-294.

Linehan, M. M. (1987). Dialectical behavior therapy for borderline personality disorder: Theory and method. *Bulletin of the Menninger Clinic, 51*(3), 261-276.

Linehan, M. M. (2014). *DBT? Skills Training Handouts and Worksheets*. Guilford Press.

Linehan, M. M., Bohus, M., & Lynch, T. R. (2007). Dialectical behavior therapy for pervasive emotion dysregulation. *Handbook of Emotion Regulation, 1*, 581-605.

Litz, B. T., Lebowitz, L., Gray, M. J., & Nash, W. P. (2017). *Adaptive disclosure: A new treatment for military trauma, loss, and moral injury*. Guilford Press.

Litz, B. T., Stein, N., Delaney, E., Lebowitz, L., Nash, W. P., Silva, C., & Maguen, S. (2009). Moral injury and moral repair in war veterans: A preliminary model and intervention strategy. *Clinical Psychology Review, 29*(8), 695-706.

Livingston, N. A., Berke, D., Scholl, J., Ruben, M., & Shipherd, J. C. (2020). Addressing diversity in PTSD treatment: Clinical considerations and guidance for the treatment of PTSD in LGBTQ populations. *Current Treatment Options in Psychiatry, 7*, 53-69.

Loewenstein, R. J. (2018). Dissociation debates: Everything you know is wrong. *Dialogues in Clinical Neuroscience, 20*(3), 229-242.

Loftus, E. F. (1993). The reality of repressed memories. *American Psychologist, 48*(5), 518-537.

Loftus, E. F., & Pickrell, J. E. (1995). The formation of false memories. *Psychiatric Annals, 25*(12), 720-725.

Lombardo, M. (2012). EMDR target time line. *Journal of EMDR Practice and Research, 6*(1), 37-46.

Looney, K., El-Leithy, S., & Brown, G. (2021). The role of simulation in imagery rescripting for posttraumatic stress disorder: a single case series. *Behavioural and Cognitive Psychotherapy, 49*(3), 257-271.

Lukowiak, K. (1993). *A Soldier's Song*. Harvill Secker.

Lundorff, M., Holmgren, H., Zachariae, R., Farver-Vestergaard, I., & O'Connor, M. (2017). Prevalence of prolonged grief disorder in adult bereavement: A systematic review and meta-analysis. *Journal of Affective Disorders, 212*, 138-149.

Lusk, J. D., Sadeh, N., Wolf, E. J., & Miller, M. W. (2017). Reckless self-destructive behavior and PTSD in veterans: The mediating role of new adverse events. *Journal of Traumatic Stress, 30*(3), 270-278.

Maccallum, F., & Bryant, R. A. (2013). A cognitive attachment model of prolonged grief: Integrating attachments, memory, and identity. *Clinical Psychology Review*, *33*(6), 713-727.

MacRitchie, V., & Leibowitz, S. (2010). Secondary traumatic stress, level of exposure, empathy and social support in trauma workers. *South African Journal of Psychology*, *40*, 149-158.

Maguen, S., Lucenko, B. A., Reger, M. A., Gahm, G. A., Litz, B. T., Seal, K. H., Knight, S. J., & Marmar, C. R. (2010). The impact of reported direct and indirect killing on mental health symptoms in Iraq war veterans. *Journal of Traumatic Stress*, *23*(1), 86-90.

Marks, E. M., & Hunter, M. S. (2015). Medically unexplained symptoms: An acceptable term?. *British Journal of Pain*, *9*(2), 109-114.

Maslow, A. H. (1943). A theory of human motivation. *Psychological Review*, *50*(4), 370-396.

McCann, I. L., & Pearlman, L. A. (1990). Vicarious traumatization: A framework for understanding the psychological effects of working with victims. *Journal of Traumatic Stress*, *3*(1), 131-149.

McDonald, S. (2000). *Five steps to tyranny*. Available for free viewing at www.youtube.com/watch?v=PeBisBQblFM (January 2022)

McFarlane, A. C. (2017). Post-traumatic stress disorder is a systemic illness, not a mental disorder: Is Cartesian dualism dead. *Medical Journal of Australia*, *206*(6), 248-249.

McFetridge, M., Hauenstein Swan, A., Heke, S., & Karatzias, T. (2017). *UK Psychological Trauma Society (UKPTS) guideline for the treatment and planning of services for complex Post-Traumatic Stress Disorder in adults*. UKPTS (United Kingdom Post Traumatic Stress Society).

McLaughlin, A. A., Keller, S. M., Feeny, N. C., Youngstrom, E. A., & Zoellner, L. A. (2014). Patterns of therapeutic alliance: Rupture-repair episodes in prolonged exposure for posttraumatic stress disorder. *Journal of Consulting and Clinical Psychology*, *82*(1), 112-121.

McNally, R. J. (2018). Recovered memories of childhood sexual abuse. In R. Rogers, & S. D. Bender. (Eds.), *Clinical assessment of deception and malingering* (pp. 387-400). Guildford Press.

McNally, R. J., Lasko, N. B., Clancy, S. A., Macklin, M. L., Pitman, R. K., & Orr, S. P. (2004). Psychophysiological responding during script-driven imagery in people reporting abduction by space aliens. *Psychological Science*, *15*(7), 493-497.

McNally, R. J., Litz, B. T., Prassas, A., Shin, L. M., & Weathers, F. W. (1994). Emotional priming of autobiographical memory in post-traumatic stress disorder. *Cognition and Emotion*, *8*(4), 351-367.

McNeil, J. E. (1996). Can PTSD occur with amnesia for the precipitating event?. *Cognitive Neuropsychiatry*, *1*(3), 239-246.

Meichenbaum, D. (2007, May). Self-care for trauma psychotherapists and caregivers: Individual, social and organizational interventions. In *11th Annual Conference of the Melissa Institute for Violence Prevention and Treatment of Victims of Violence, Miami, FL*. www. Melissainstitute. org/documents/Meichenbaum_SelfCare_11thconf. pdf

Merckelbach, H., Muris, P., Horselenberg, R., & Rassin, E. (1998). Traumatic intrusions as worse case scenarios. *Behaviour Research and Therapy, 36*(11), 1075–1079.

Messman-Moore, T. L., & Long, P. J. (2003). The role of childhood sexual abuse sequelae in the sexual revictimization of women: An empirical review and theoretical reformulation. *Clinical Psychology Review, 23*(4), 537–571.

Milgram, S. (1963). Behavioral study of obedience. *The Journal of Abnormal and Social Psychology, 67*(4), 371–378.

Miller, M. W., & Resick, P. A. (2007). Internalizing and externalizing subtypes in female sexual assault survivors: Implications for the understanding of complex PTSD. *Behavior Therapy, 38*(1), 58–71.

Miller, W. R., & Rollnick, S. (2012). *Motivational interviewing: Helping people change.* Guilford Press.

Millgram, Y., Joormann, J., Huppert, J. D., & Tamir, M. (2015). Sad as a matter of choice? Emotionregulation goals in depression. *Psychological Science, 26*(8), 1216–1228.

Monson, C. M., & Fredman, S. J. (2012). *Cognitive-behavioral conjoint therapy for PTSD: Harnessing the healing power of relationships.* Guilford Press.

Moorey, S. (2013). Cognitive Interpersonal Worksheet. Downloaded from: www.cognitiveconnections.co.uk/

Moorey, S. (2014). Transference and counter-transference. In A. Whittington, & N. Grey (Eds.), *How to become a more effective CBT therapist: Mastering metacompetence in clinical practice* (pp. 132–145). John Wiley & Sons.

Moorey, S., & Lavender, A. (2018). The therapeutic alliance: Building a collaborative relationship and managing challenges. In S. Moorey, & A. Lavender (Eds.), *The therapeutic relationship in cognitive behavioural therapy* (pp. 16–31). Sage.

Morey, L. C. (2003). *Essentials of PAI assessment.* John Wiley & Sons.

Morrison, A. P. (2017). A manualised treatment protocol to guide delivery of evidence-based cognitive therapy for people with distressing psychosis: Learning from clinical trials. *Psychosis, 9*(3), 271–281.

Morrison, A. P., Frame, L., & Larkin, W. (2003). Relationships between trauma and psychosis: A review and integration. *British Journal of Clinical Psychology, 42*(4), 331–353.

Moulds, M. L., Bisby, M. A., Wild, J., & Bryant, R. A. (2020). Rumination in posttraumatic stress disorder: A systematic review. *Clinical Psychology Review*, 101910.

Mowrer, O. (1947). On the dual nature of learning-a re-interpretation of 'conditioning' and 'problem-solving.' *Harvard Educational Review, 17*, 102–148.

Mowrer, O. (1960). *Learning theory and behavior.* John Wiley & Sons.

Mullins, J. A. (1996). Has time rewritten every line?: Recovered-memory therapy and the potential expansion of psychotherapist liability. *Washington and Lee Law Review, 53*(2), 763–802.

Murray, H., & El-Leithy, S. (2021). Behavioural experiments in cognitive therapy for posttraumatic stress disorder: Why, when, and how?. *Verhaltenstherapie*, 1–11.

Murray, H., Merritt, C., & Grey, N. (2015). Returning to the scene of the trauma in PTSD treatment:

Why, how and when? *The Cognitive Behaviour Therapist*, 8, e28.

Murray, H., Merritt, C., & Grey, N. (2016). Clients' experiences of returning to the trauma site during PTSD treatment: An exploratory study. *Behavioural and Cognitive Psychotherapy, 44*(4), 420–430.

Murray, H., Pethania, Y., & Medin, E. (2021). Survivor guilt: A cognitive approach. *The Cognitive Behaviour Therapist, 14*.

Murray, J., Ehlers, A., & Mayou, R. A. (2002). Dissociation and post-traumatic stress disorder: Two prospective studies of road traffic accident survivors. *The British Journal of Psychiatry, 180*(4), 363–368.

Najavits, L. (2002). *Seeking safety: A treatment manual for PTSD and substance abuse.* Guilford Press.

Najavits, L. M., Schmitz, M., Gotthardt, S., & Weiss, R. D. (2005). Seeking safety plus exposure therapy: An outcome study on dual diagnosis men. *Journal of Psychoactive Drugs, 37*(4), 425–435.

Nandi, C., Crombach, A., Bambonye, M., Elbert, T., & Weierstall, R. (2015). Predictors of posttraumatic stress and appetitive aggression in active soldiers and former combatants. *European Journal of Psychotraumatology, 6*(1), 26553.

National Institute for Health and Care Excellence. (2009). Borderline personality disorder: recognition and management. Clinical guideline [CG78].

National Institute for Health and Care Excellence. (2014). Psychosis and schizophrenia in adults: Prevention and management. Clinical guideline [CG178].

National Institute for Health and Care Excellence. (2018). Posttraumatic stress disorder. NICE guideline [NG116].

Neimeyer, R. A. (2001). The language of loss: Grief therapy as a process of meaning reconstruction. In R. A. Neimeyer (Ed.), *Meaning reconstruction and the experience of loss* (pp. 261–292). American Psychological Association.

Neimeyer, R. A. (2017). Complicated grief: Assessment and intervention. In S. N. Gold (Ed.), *APA handbook of trauma psychology: Trauma practice* (pp. 343–362). American Psychological Association.

Nijs, J., Roussel, N., Van Oosterwijck, J., De Kooning, M., Ickmans, K., Struyf, F., Meeus, M., & Lundberg, M. (2013). Fear of movement and avoidance behaviour toward physical activity in chronic-fatigue syndrome and fibromyalgia: State of the art and implications for clinical practice. *Clinical Rheumatology, 32*(8), 1121–1129.

Norman, S., Allard, C., Browne, K., Capone, C., Davis, B., & Kubany, E. (2019). *Trauma informed guilt reduction therapy: Treating guilt and shame resulting from trauma and moral injury.* Academic Press.

Novakova, B. (2019). *The mechanisms of imagery rescripting for post-traumatic stress disorder in asylum seekers and refugees* [Unpublished doctoral thesis]. Royal Holloway, University of London.

O'Cleirigh, C., Safren, S. A., Taylor, S. W., Goshe, B. M., Bedoya, C. A., Marquez, S. M., Boroughs,

M. S., & Shipherd, J. C. (2019). Cognitive behavioral therapy for trauma and self-care (CBT-TSC) in men who have sex with men with a history of childhood sexual abuse: A randomized controlled trial. *AIDS and Behavior*, *23*(9), 2421-2431.

Olff, M., Amstadter, A., Armour, C., Birkeland, M. S., Bui, E., Cloitre, M., Ehlers, A., Ford, J. D., Greene, T., Hansen, M., Lanius, R., Roberts, N., Rosner, R., & Thoresen, S. (2019). A decennial review of psychotraumatology: What did we learn and where are we going?. *European Journal of Psychotraumatology*, *10*(1), 1672948.

Orcutt, H. K., Erickson, D. J., & Wolfe, J. (2002). A prospective analysis of trauma exposure: The mediating role of PTSD symptomatology. *Journal of Traumatic Stress*, *15*(3), 259-266.

Otto, M. W., & Hinton, D. E. (2006). Modifying exposure-based CBT for Cambodian refugees with posttraumatic stress disorder. *Cognitive and Behavioral Practice*, *13*(4), 261-270.

Oulton, J. M., Strange, D., Nixon, R. D., & Takarangi, M. K. (2018). PTSD and the role of spontaneous elaborative "nonmemories". *Psychology of Consciousness: Theory, Research, and Practice*, *5*(4), 398-413.

Pacella, M. L., Hruska, B., & Delahanty, D. L. (2013). The physical health consequences of PTSD and PTSD symptoms: A meta-analytic review. *Journal of Anxiety Disorders*, *27*(1), 33-46.

Padesky, C. A. (1993). Socratic questioning: Changing minds or guiding discovery. In *A keynote address delivered at the European Congress of Behavioural and Cognitive Therapies, London* (Vol. 24).

Padesky, C. A. (1994). Schema change processes in cognitive therapy. *Clinical Psychology & Psychotherapy*, *1*(5), 267-278.

Panagioti, M., Gooding, P., & Tarrier, N. (2009). Post-traumatic stress disorder and suicidal behavior: A narrative review. *Clinical Psychology Review*, *29*(6), 471-482.

Patihis, L., Lilienfeld, S. O., Ho, L., & Loftus, E. F. (2014). Unconscious repressed memory is scientifically questionable. *Psychological Science*, *25*(10), 1968-1969.

Paulik, G., Newman-Taylor, K., Steel, C., & Arntz, A. (2020). Managing dissociation in imagery rescripting for voice hearers with trauma: Lessons from a case series. *Cognitive and Behavioral Practice*. https://doi.org/10.1016/j.cbpra.2020.06.009.

Paulik, G., Steel, C., & Arntz, A. (2019). Imagery rescripting for the treatment of trauma in voice hearers: A case series. *Behavioural and Cognitive Psychotherapy*, *47*(6), 709-725.

Pearson, D. G., Deeprose, C., Wallace-Hadrill, S. M., Heyes, S. B., & Holmes, E. A. (2013). Assessing mental imagery in clinical psychology: A review of imagery measures and a guiding framework. *Clinical Psychology Review*, *33*(1), 1-23.

Perkonigg, A., Kessler, R. C., Storz, S., & Wittchen, H. U. (2000). Traumatic events and post-traumatic stress disorder in the community: Prevalence, risk factors and comorbidity. *Acta Psychiatrica Scandinavica*, *101*(1), 46-59.

Piaget, J. (1970). Piaget's theory. In P. H. Mussen (Ed.), *Carmichael's manual of child psychology, third edition, Vol. 1*. John Wiley & Co.

Possis, E., Bui, T., Gavian, M., Leskela, J., Linardatos, E., Loughlin, J., & Strom, T. (2014). Driving difficulties among military veterans: clinical needs and current intervention status. *Military Medicine, 179*(6), 633-639.

Prigerson, H. G., Kakarala, S., Gang, J., & Maciejewski, P. K. (2021). History and status of prolonged grief disorder as a psychiatric diagnosis. *Annual Review of Clinical Psychology, 17*, 109-126.

Psychotherapy and Counselling Federation of Australia. (2017). *Consensus guidelines for working with recovered memory*. www.pacfa.org.au/consensus-guidelines-for-working-with-recovered-memory/

Pugh, M. (2018). Cognitive behavioural chairwork. *International Journal of Cognitive Therapy, 11*(1), 100-116.

Rees, G. (2017). *Handling traumatic imagery: Developing a standard operating procedure*. Dart Centre for Trauma and Journalism. https://dartcenter.org/resources/handling-traumatic-imagery-developing-standard-operating-procedure

Resick, P. A., Monson, C. M., & Chard, K. M. (2016). *Cognitive processing therapy for PTSD: A comprehensive manual*. Guilford Press.

Resick, P. A., & Schnicke, M. K. (1992). Cognitive processing therapy for sexual assault victims. *Journal of Consulting and Clinical Psychology, 60*(5), 748-756.

Resick, P. A., & Schnicke, M. K. (1993). *Cognitive processing therapy for rape victims: A treatment manual* (Vol. 4). Sage.

Reynolds, M., & Brewin, C. R. (1998). Intrusive cognitions, coping strategies and emotional responses in depression, post-traumatic stress disorder and a non-clinical population. *Behaviour Research and Therapy, 36*(2), 135-147.

Richards, L. (2009). Domestic abuse, stalking and harassment and honour based violence (DASH, 2009) risk identification and assessment and management model. *Association of Police Officers (ACPO)*.

Rizvi, S. L., & Ritschel, L. A. (2014). Mastering the art of chain analysis in dialectical behavior therapy. *Cognitive and Behavioral Practice, 21*(3), 335-349.

Robichaud, M., Koerner, N., & Dugas, M. J. (2019). *Cognitive behavioral treatment for generalized anxiety disorder: From science to practice*. Routledge.

Rubin, D. C., & Umanath, S. (2015). Event memory: A theory of memory for laboratory, autobiographical, and fictional events. *Psychological Review, 122*(1), 1-23.

Runeson, B., Odeberg, J., Pettersson, A., Edbom, T., Adamsson, I. J., & Waern, M. (2017). Instruments for the assessment of suicide risk: A systematic review evaluating the certainty of the evidence. *PLoS one, 12*(7), e0180292.

Salkovskis, P. M., Warwick, H. M., & Deale, A. C. (2003). Cognitive-behavioral treatment for severe and persistent health anxiety (hypochondriasis). *Brief Treatment & Crisis Intervention*, *3*(3), 353-367.

Salmon, K., & Bryant, R. A. (2002). Posttraumatic stress disorder in children: The influence of developmental factors. *Clinical Psychology Review*, *22*(2), 163-188.

Salomons, T. V., Osterman, J. E., Gagliese, L., & Katz, J. (2004). Pain flashbacks in posttraumatic stress disorder. *The Clinical Journal of Pain*, *20*(2), 83-87.

Schauer, M., & Elbert, T. (2010). Dissociation following traumatic stress. *Zeitschrift Fur Psychologie*, *218*(2), 109-127.

Schauer, M., Neuner, F., & Elbert, T. (2011). *Narrative exposure therapy: A short-term treatment for traumatic stress disorders*. Hogrefe.

Schnyder, U., & Cloitre, M. (Eds.). (2015). *Evidence based treatments for trauma-related psychological disorders: A practical guide for clinicians*. Springer.

Schnyder, U., Ehlers, A., Elbert, T., Foa, E. B., Gersons, B. P. R., Resick, P. A., Shapiro, F., & Cloitre, M. (2015). Psychotherapies for PTSD: What do they have in common? *European Journal of Psychotraumatology*, *6*(1), 28186.

Schottenbauer, M. A., Glass, C. R., Arnkoff, D. B., Tendick, V., & Gray, S. H. (2008). Nonresponse and dropout rates in outcome studies on PTSD: Review and methodological considerations. *Psychiatry: Interpersonal and Biological Processes*, *71*(2), 134-168.

Schry, A. R., Rissling, M. B., Gentes, E. L., Beckham, J. C., Kudler, H. S., Straits-Troster, K., & Calhoun, P. S. (2015). The relationship between posttraumatic stress symptoms and physical health in a survey of US veterans of the Iraq and Afghanistan era. *Psychosomatics*, *56*(6), 674-684.

Seebauer, L., Froβ, S., Dubaschny, L., Schonberger, M., & Jacob, G. A. (2014). Is it dangerous to fantasize revenge in imagery exercises? An experimental study. *Journal of Behavior Therapy and Experimental Psychiatry*, *45*(1), 20-25.

Sharp, T. J., & Harvey, A. G. (2001). Chronic pain and posttraumatic stress disorder: Mutual maintenance?. *Clinical Psychology Review*, *21*(6), 857-877.

Shay, J. (1994). *Achilles in Vietnam: Combat trauma and the undoing of character*. Simon & Schuster.

Shear, K., Frank, E., Houck, P. R., & Reynolds, C. F. (2005). Treatment of complicated grief: A randomized controlled trial. *Jama*, *293*(21), 2601-2608.

Shear, K., & Shair, H. (2005). Attachment, loss, and complicated grief. *Developmental Psychobiology*, *47*(3), 253-267.

Sheehy, K., Noureen, A., Khaliq, A., Dhingra, K., Husain, N., Pontin, E. E., Cawley, R., & Taylor, P. J. (2019). An examination of the relationship between shame, guilt and self-harm: A systematic review and meta-analysis. *Clinical Psychology Review*, *73*, 101779.

Sippel, L. M., & Marshall, A. D. (2011). Posttraumatic stress disorder symptoms, intimate partner violence perpetration, and the mediating role of shame processing bias. *Journal of Anxiety Disorders*, *25*(7), 903-910.

Smith, D. W., Davis, J. L., & Fricker-Elhai, A. E. (2004). How does trauma beget trauma? Cognitions about risk in women with abuse histories. *Child Maltreatment, 9*(3), 292–303.

Smith, K. V., & Ehlers, A. (2021). Prolonged grief and posttraumatic stress disorder following the loss of a significant other: An investigation of cognitive and behavioural differences. *PLos One, 16*(4), e0248852.

Smith, K. V., Wild, J., & Ehlers, A. (2020). The masking of mourning: Social disconnection after bereavement and its role in psychological distress. *Clinical Psychological Science, 8*(3), 464–476.

Smith, S. M., & Greaves, D. H. (2017). Recovered memories. In M. P. Toglia, J. D. Read, D. F. Ross, & R. C. L. Lindsay (Eds.), *The handbook of eyewitness psychology: Volume I: Memory for events* (pp. 299–320). Psychology Press.

Sodeke-Gregson, E. A., Holttum, S., & Billings, J. (2013). Compassion satisfaction, burnout, and secondary traumatic stress in UK therapists who work with adult trauma clients. *European Journal of Psychotraumatology, 4*(1), 21869.

Southwick, S. M., Morgan, C. A., Nicolaou, A. L., & Charney, D. S. (1997). Consistency of memory for combat-related traumatic events in veterans of Operation Desert Storm. *American Journal of Psychiatry, 154*(2), 173–177.

Spiller, T. R., Schick, M., Schnyder, U., Bryant, R. A., Nickerson, A., & Morina, N. (2017). Symptoms of posttraumatic stress disorder in a clinical sample of refugees: a network analysis. *European Journal of Psychotraumatology, 8*(sup3), 1318032.

Sprang, G., Clark, J. J., & Whitt-Woosley, A. (2007). Compassion fatigue, compassion satisfaction, and burnout: Factors impacting a professional's quality of life. *Journal of Loss and Trauma, 12*(3), 259–280.

Stamm, B. H. (2005). *The ProQOL manual: The professional quality of life scale: Compassion satisfaction, burnout & compassion fatigue/secondary trauma scales.* Sidran.

Steel, C., Fowler, D., & Holmes, E. A. (2005). Trauma-related intrusions and psychosis: An information processing account. *Behavioural and Cognitive Psychotherapy, 33*(2), 139–152.

Stott, R. (2007). When head and heart do not agree: a theoretical and clinical analysis of rationalemotional dissociation (RED) in cognitive therapy. *Journal of Cognitive Psychotherapy, 21*(1), 37.

Stott, R. (2009). Tripping into trauma: Cognitive-behavioural treatment for a traumatic stress reaction following recreational drug use. In N. Grey (Ed.), *A casebook of cognitive therapy for traumatic stress reactions* (pp. 65–76). Routledge.

Stott, R., Mansell, W., Salkovskis, P., Lavender, A., & Cartwright-Hatton, S. (2010). *Oxford guide to metaphors in CBT: Building cognitive bridges.* Oxford University Press.

Strange, D., & Takarangi, M. K. (2012). False memories for missing aspects of traumatic events. *Acta Psychologica, 141*(3), 322–326.

Strange, D., & Takarangi, M. K. T. (2015). Investigating the variability of memory distortion for an analogue trauma. *Memory, 23*(7), 991-1000.

Tarrier, N., Harwood, S., Yusopoff, L., Beckett, R., & Baker, A. (1990). Coping strategy enhancement (CSE): A method of treating residual schizophrenic symptoms. *Behavioural and Cognitive Psychotherapy, 18*(4), 283-293.

Taylor, S., Fedoroff, I. C., Koch, W. J., Thordarson, D. S., Fecteau, G., & Nicki, R. M. (2001). Posttraumatic stress disorder arising after road traffic collisions: Patterns of response to cognitive-behavior therapy. *Journal of Consulting and Clinical Psychology, 69*(3), 541-551.

Taylor, S., Frueh, B. C., & Asmundson, G. J. (2007). Detection and management of malingering in people presenting for treatment of posttraumatic stress disorder: Methods, obstacles, and recommendations. *Journal of Anxiety Disorders, 21*(1), 22-41.

Terheggen, M. A., Stroebe, M. S., & Kleber, R. J. (2001). Western conceptualizations and Eastern experience: A cross-cultural study of traumatic stress reactions among Tibetan refugees in India. *Journal of Traumatic Stress, 14*(2), 391-403.

Terr, L. (1988). What happens to early memories of trauma? A study of twenty children under age five at the time of documented traumatic events. *Journal of the American Academy of Child & Adolescent Psychiatry, 27*(1), 96-104.

Testa, M., Hoffman, J. H., & Livingston, J. A. (2010). Alcohol and sexual risk behaviors as mediators of the sexual victimization-revictimization relationship. *Journal of Consulting and Clinical Psychology, 78*(2), 249-259.

Testa, R. J., Habarth, J., Peta, J., Balsam, K., & Bockting, W. (2015). Development of the gender minority stress and resilience measure. *Psychology of Sexual Orientation and Gender Diversity, 2*(1), 65-77.

Thompson, C. T., Vidgen, A., & Roberts, N. P. (2018). Psychological interventions for post-traumatic stress disorder in refugees and asylum seekers: A systematic review and meta-analysis. *Clinical Psychology Review, 63*, 66-79.

Thompson-Hollands, J., Jun, J. J., & Sloan, D. M. (2017). The association between peritraumatic dissociation and PTSD symptoms: The mediating role of negative beliefs about the self. *Journal of Traumatic Stress, 30*(2), 190-194.

Tomasulo, D. J., & Razza, N. J. (2007). Posttraumatic stress disorders. In R. Fletcher, E. Loschen, C. Stavrakaki, & M. First (Eds.), *Diagnostic manual-intellectual disability: A textbook of diagnosis of mental disorders in persons with intellectual disability* (pp. 365-378). National Association for the Dually Diagnosed.

Turgoose, D., & Maddox, L. (2017). Predictors of compassion fatigue in mental health professionals: A narrative review. *Traumatology, 23*(2), 172-185.

van den Berg, D. P., de Bont, P. A., van der Vleugel, B. M., De Roos, C., de Jongh, A., van Minnen, A., & van der Gaag, M. (2015). Trauma-focused treatment in PTSD patients with psychosis: Symptom exacerbation, adverse events, and revictimization. *Schizophrenia Bulletin*, *42*(3), 693-702.

van den Berg, D. P., van de Giessen, I., & Hardy, A. (2020). Trauma therapies in psychosis. In J. Badcock, & G. Paulik (Eds.), *A clinical introduction to psychosis* (pp. 447-463). Academic Press.

van den Berk-Clark, C., Secrest, S., Walls, J., Hallberg, E., Lustman, P. J., Schneider, F. D., & Scherrer, J. F. (2018). Association between posttraumatic stress disorder and lack of exercise, poor diet, obesity, and co-occurring smoking: A systematic review and meta-analysis. *Health Psychology*, *37*(5), 407-416.

van der Kolk, B. A. (2003). The neurobiology of childhood trauma and abuse. *Child and Adolescent Psychiatric Clinics of North America*, *12*(2) 292-317.

van der Kolk, B. A., & Fisler, R. (1995). Dissociation and the fragmentary nature of traumatic memories: Overview and exploratory study. *Journal of Traumatic Stress*, *8*(4), 505-525.

van Voorhees, E. E., Dennis, P. A., Neal, L. C., Hicks, T. A., Calhoun, P. S., Beckham, J. C., & Elbogen, E. B. (2016). Posttraumatic stress disorder, hostile cognitions, and aggression in Iraq/Afghanistan era veterans. *Psychiatry*, *79*(1), 70-84.

Varese, F., Smeets, F., Drukker, M., Lieverse, R., Lataster, T., Viechtbauer, W., Read, J., van Os, J., & Bentall, R. P. (2012). Childhood adversities increase the risk of psychosis: A meta-analysis of patientcontrol, prospective-and cross-sectional cohort studies. *Schizophrenia Bulletin*, *38*(4), 661-671.

Vlaeyen, J. W., & Linton, S. J. (2000). Fear-avoidance and its consequences in chronic musculoskeletal pain: a state of the art. *Pain*, *85*(3), 317-332.

Vogt, D. S., Shipherd, J. C., & Resick, P. A. (2012). Posttraumatic maladaptive beliefs scale: evolution of the personal beliefs and reactions scale. *Assessment*, *19*(3), 308-317.

Ward-Brown, J., Keane, D., Bhutani, G., Malkin, D., Sellwood, B., & Varese, F. (2018). TF-CBT and EMDR for young people with trauma and first episode psychosis (using a phasic treatment approach): Two early intervention service case studies. *The Cognitive Behaviour Therapist*, *11*.

Waszczuk, M. A., Ruggero, C., Li, K., Luft, B. J., & Kotov, R. (2019). The role of modifiable healthrelated behaviors in the association between PTSD and respiratory illness. *Behaviour Research and Therapy*, *115*, 64-72.

Watkins, J. G. (1971). The affect bridge: A hypnoanalytic technique. *The International Journal of Clinical and Experimental Hypnosis*, *19*(1), 21-27.

Watson, H., Rapee, R., & Todorov, N. (2016). Imagery rescripting of revenge, avoidance, and forgiveness for past bullying experiences in young adults. *Cognitive Behaviour Therapy*, *45*(1), 73-89.

Weathers, F. W., Blake, D. D., Schnurr, P. P., Kaloupek, D. G., Marx, B. P., & Keane, T. M. (2013a). *The Life Events Checklist for DSM-5 (LEC-5)*. Instrument available from the National Center for PTSD at www.ptsd.va.gov

Weathers, F. W., Blake, D. D., Schnurr, P. P., Kaloupek, D. G., Marx, B. P., & Keane, T. M. (2013c). *The Clinician-Administered PTSD Scale for DSM-5 (CAPS-5)*. American Psychological Association.

Weathers, F. W., Litz, B. T., Keane, T. M., Palmieri, P. A., Marx, B. P., & Schnurr, P. P. (2013b). *The PTSD Checklist for DSM-5 (PCL-5)*. National Center for PTSD.

Webster, C., & Kingston, S. (2014). *Poverty and crime*. Joseph Rowntree Foundation.

Weingardt, K. R., Loftus, E. F., & Lindsay, D. S. (1995). Misinformation revisited: New evidence on the suggestibility of memory. *Memory & Cognition, 23*(1), 72-82.

Weiss, N. H., Sullivan, T. P., & Tull, M. T. (2015). Explicating the role of emotion dysregulation in risky behaviors: A review and synthesis of the literature with directions for future research and clinical practice. *Current Opinion in Psychology, 3*, 22-29.

Westbrook, D. (2014). The central pillars of CBT. In A. Whittington, & N. Grey (Eds), *How to become a more effective CBT therapist: Mastering metacompetence in clinical practice* (pp. 17-30). Routledge.

Westbrook, D., Kennerley, H., & Kirk, J. (2011). *An introduction to cognitive behaviour therapy: Skills and applications*. Sage.

Westra, H. A., Dozois, D. J., & Marcus, M. (2007). Expectancy, homework compliance, and initial change in cognitive-behavioral therapy for anxiety. *Journal of Consulting and Clinical Psychology, 75*(3), 363-373.

Wheatley, J., Brewin, C. R., Patel, T., Hackmann, A., Wells, A., Fisher, P., & Myers, S. (2007). 'I'll believe it when I can see it': Imagery rescripting of intrusive sensory memories in depression. *Journal of Behavior Therapy and Experimental Psychiatry, 38*(4), 371-385.

Whisman, M. A. (1999). Marital dissatisfaction and psychiatric disorders: Results from the national comorbidity survey. *Journal of Abnormal Psychology, 108*(4), 701-706.

White, M. (1998). Notes on externalizing problems. In C. White & D. Denborough (Eds.), *Introducing narrative therapy: A collection of practice-based writings* (pp. 219-224). Dulwich Centre Publications.

Whittington, A. (2014). Working with co-morbid depression and anxiety disorders. In A. Whittington, & N. Grey. (Eds.). *How to become a more effective CBT therapist: Mastering metacompetence in clinical practice* (pp. 65-82). John Wiley & Sons.

Whittington, A., & Grey, N. (2014). Mastering metacompetnece: The science and art of CBT. In A. Whittington, & N. Grey (Eds.), *How to become a more effective CBT therapist: Mastering metacompetence in clinical practice* (pp. 3v16). John Wiley & Sons.

Wild, J. (2009). Cognitive therapy for post-traumatic stress disorder and permanent physical injury. In N. Grey (Ed.), *A casebook of cognitive therapy for traumatic stress reactions* (pp. 147-162). Routledge.

Wild, J., & Clark, D. M. (2011). Imagery rescripting of early traumatic memories in social phobia. *Cognitive and Behavioral Practice, 18*(4), 433-443.

Wilker, S., Kleim, B., Geiling, A., Pfeiffer, A., Elbert, T., & Kolassa, I. T. (2017). Mental defeat and cumulative trauma experiences predict trauma-related psychopathology: Evidence from a postconflict population in northern Uganda. *Clinical Psychological Science, 5*(6), 974-984.

Williams, D. R., Yu, Y., Jackson, J. S., & Anderson, N. B. (1997). Racial differences in physical and mental health: Socio-economic status, stress and discrimination. *Journal of Health Psychology, 2*(3), 335-351.

Williams, L. M. (1995). Recovered memories of abuse in women with documented child sexual victimization histories. *Journal of Traumatic Stress, 8*(4), 649-673.

Williamson, V., Murphy, D., Phelps, A., Forbes, D., & Greenberg, N. (2021). Moral injury: the effect on mental health and implications for treatment. *The Lancet Psychiatry, 8*(6), 453-455.

Williamson, V., Murphy, D., Stevelink, S. A. M., Jones, E., Wessely, S., & Greenberg, N. (2020). Confidentiality and psychological treatment of moral injury: The elephant in the room. *BMJ Military Health, 167*(6), 451-453.

World Health Organisation. (2018). *International Classifications of Diseases: 11th Revision.*

Yeterian, J. D., Berke, D. S., Carney, J. R., McIntyre-Smith, A., St. Cyr, K., King, L., Kline, K., Phelps, A., Litz, B. T., & Moral Injury Outcomes Project Consortium. (2019). Defining and measuring moral injury: Rationale, design, and preliminary findings from the moral injury outcome scale consortium. *Journal of Traumatic Stress, 32*(3), 363-372.

Young, J. E., Klosko, J. S., & Weishaar, M. E. (2006). *Schema therapy: A practitioner's guide.* Guilford Press.

Young, K., Chessell, Z., Chisholm, A., Brady, F., Akbar, S., Vann, M., Rouf, K., & Dixon, L. (2021). A cognitive behavioural therapy (CBT) approach for working with strong feelings of guilt after traumatic events. *The Cognitive Behaviour Therapist, 14,* E26.

Zayfert, C., & Becker, C. B. (2019). *Cognitive-behavioral therapy for PTSD: A case formulation approach.* Guilford Press.

Zayfert, C., & DeViva, J. C. (2004). Residual insomnia following cognitive behavioral therapy for PTSD. *Journal of Traumatic Stress, 17*(1), 69-73.

Zeidner, M., Hadar, D., Matthews, G., & Roberts, R. D. (2013). Personal factors related to compassion fatigue in health professionals. *Anxiety, Stress & Coping, 26*(6), 595-609.

Zimmerman, M., Rothschild, L., & Chelminski, I. (2005). The prevalence of DSM-IV personality disorders in psychiatric outpatients. *American Journal of Psychiatry, 162*(10), 1911-1918.

Zlotnick, C., Mattia, J. I., & Zimmerman, M. (1999). Clinical correlates of self-mutilation in a sample of general psychiatric patients. *The Journal of Nervous and Mental Disease, 187*(5), 296-301.

Zoellner, L., Graham, B., Marks, E., Feeny, N., Bentley, J., Franklin, A., & Lang, D. (2018). Islamic trauma healing: Initial feasibility and pilot data. *Societies, 8,* 47.

Zortea, T. C., Cleare, S., Melson, A. J., Wetherall, K., & O'Connor, R. C. (2020). Understanding and managing suicide risk. *British Medical Bulletin, 134*(1), 73-84.

찾아보기

저자 소개

Hannah Murray 박사는 옥스퍼드 대학교 불안장애와 외상 센터(Oxford Centre for Anxiety Disorders and Trauma)에서 활동하는 연구 임상 심리학자로, PTSD의 인지치료를 개발, 실험 및 보급하는 작업을 주로 수행하고 있다.

Sharif El-Leithy 박사는 생명 위협 외상에 대한 심리적 반응을 전문으로 하는 상담 임상 심리학자로, 전쟁, 고문, 가정폭력 및 아동학대 피해자를 포함한 복합 외상 경험에서 발생한 PTSD를 치료하는 데 20년 이상의 경험이 있다.

역자 소개

유나래(You, Narae)

가톨릭대학교 간호학과 학사

서울불교대학원대학교 상담심리학 석사 및 박사

미국 Tamalpa Institute, Movement based Expressive Arts Therapy and Education 수료

University of Oxford, Oxford Mindfulness Center, MBCT Teacher Training 비학위과정 수료

Harvard Medical School, MBCT Teacher Intensive 수료

전 삼성서울병원 간호사

　　가톨릭대학교 간호대학 연구강사 및 선임연구원

　　목포가톨릭대학교 전임상담사

　　삼성화재애니카손사 책임상담사

　　Saint Paul American Scholar 국제학교 상담교사

현 삼성물산 리조트부분 책임상담사

〈자격〉

한국상담심리학회 상담심리사 2급

한국가톨릭상담심리학회 상담심리사 1급

International Expressive Arts Therapy and Education Association, Registered Expressive Arts Therapist(REAT)

Oxford Mindfulness Foundation, MBCT Competence Teacher

ACCESS MBCT, Registered MBCT Teacher

〈주요 역서〉

트라우마와 몸(공역, 학지사, 2019)

박성현(Park, SungHyun)
연세대학교 경영학과 학사
가톨릭대학교 상담심리학 석사 및 박사
전 (사)한국상담심리학회 회장 역임
현 서울불교대학원대학교 상담심리학과 교수

〈자격〉
한국상담심리학회 상담심리사 1급

〈주요 저서 및 역서〉
자아초월심리학과 정신의학(공역, 학지사, 2008)
자비중심치료(공역, 학지사, 2014)
자비의 심리학(공역, 학지사, 2014)
마음챙김과 자비(공역, 학지사, 2020)
명상과학입문 (공저, 담앤북스, 2021)
자비중심치료 가이드(공역, 학지사, 2021)
자비과학핸드북(공역, 학지사, 2023)

트라우마 치유를 위한 최신 인지치료

−PTSD 복합성 다루기−

Working with Complexity in PTSD:
A Cognitive Therapy Approach

2025년 3월 15일 1판 1쇄 인쇄
2025년 3월 20일 1판 1쇄 발행

지은이 • Hannah Murray · Sharif El-Leithy
옮긴이 • 유나래 · 박성현
펴낸이 • 김진환
펴낸곳 • ㈜ 학 지 사

04031 서울특별시 마포구 양화로 15길 20 마인드월드빌딩
대표전화 • 02-330-5114   팩스 • 02-324-2345
등록번호 • 제313-2006-000265호

홈페이지 • http://www.hakjisa.co.kr
인스타그램 • https://www.instagram.com/hakjisabook

ISBN 978-89-997-3353-6 93180

정가 27,000원

출판미디어기업 학지사

간호보건의학출판 **학지사메디컬** www.hakjisamd.co.kr
심리검사연구소 **인싸이트** www.inpsyt.co.kr
학술논문서비스 **뉴논문** www.newnonmun.com
교육연수원 **카운피아** www.counpia.com
대학교재전자책플랫폼 **캠퍼스북** www.campusbook.co.kr